uma empresa e seus segredos
COMPANHIA MARIA DELLA COSTA

Gestão de projeto:

SARAU

Diretora de produção: Andréa Alves
Assistente de prestação de contas: Fernanda Veiga
Assistente de planejamento: Priscila Marques

Produção editorial:

PERSPECTIVA

Supervisão editorial: J. Guinsburg
Preparação de texto: Luiz Henrique Soares
Revisão: Elen Durando
Capa e projeto gráfico: Sergio Kon
Produção: Ricardo W. Neves
        Sergio Kon
        Raquel Fernandes Abranches

Tania Brandão

uma empresa
e seus segredos:
companhia
maria della costa

Dados Internacionais de Catalogação na Publicação (CIP)
(Câmara Brasileira do Livro, SP, Brasil)

Brandão, Tania
　　Uma empresa e seus segredos: Companhia Maria Della Costa: / Tania Brandão. – São Paulo: Perspectiva; Rio de Janeiro: Petrobras, 2009.

　　Bibliografia.
　　ISBN 978-85-273-0863-2 (Perspectiva)

1. Companhia Maria Della Costa – História 2. Teatro – Brasil – História I. Título.

09-05960　　　　　　　　　　　　　　　　　　　　CDD-792.09

Índices para catálogo sistemático:

1. Companhia Maria Della Costa: 1948-1974: Teatro: História
792.09

Direitos reservados à

EDITORA PERSPECTIVA S.A.

Av. Brigadeiro Luís Antônio, 3025
01401-000 São Paulo SP Brasil
Telefax: (11) 3885-8388
www.editoraperspectiva.com.br
2009

Sumário

p. 11   Nota do Patrocinador
p. 13   Agradecimentos
p. 17   O Teatro Brasileiro Moderno em Questão
        [João Roberto Faria]

p. 27   I
        Introdução

p. 39   II
        ***Modernos*, Moderno**

p. 69   III
        **História do Teatro Brasileiro Moderno:
        A Aventura Moderna no Brasil**

p. 135 IV
        **Companhia Maria Della Costa:
        Um Novo Comércio**

p. 223 V
        **O Mito Moderno /
        O Comércio do Novo**

p. 337 VI
        **O Moderno Brasileiro /
        Moderno Moreno**

p. 405 VII
        Anexos
        p. 405   Fichas técnicas
        p. 437   Fontes e Bibliografia

p. 449 Índice Remissivo

Nota do Patrocinador

Maria Della Costa tinha 18 anos quando estreou no teatro, ao lado de Bibi Ferreira, na peça *A Moreninha*, de Joaquim Manuel de Macedo. Até então, ela trabalhara no Golden Room do Copacabana Palace. E participava de desfiles de moda: era manequim e modelo fotográfico, a primeira jovem a exercer esta profissão no Brasil. A partir da estreia no palco, tudo mudou – e não só para ela, mas para a própria história do teatro contemporâneo brasileiro.

Logo depois de *A Moreninha* a jovem atriz foi estudar teatro no Conservatório Dramático de Lisboa. Ao voltar ao Brasil retornou aos palcos, integrando o grupo Os Comediantes. As plateias se impressionavam com sua beleza formidável e ela precisou lutar para comprovar o seu talento. Em 1948, com Itália Fausta e Sandro Polônio, ela participou da fundação de uma nova companhia, o Teatro Popular de Arte. O TPA foi um marco histórico, graças a montagens ousadas e polêmicas, dirigidas por Ziembinski. Em 1954 foi inaugurada a sede da companhia, o Teatro Maria Della Costa, com outra ousadia: da Itália veio o diretor e cenógrafo Gianni Ratto, um nome de prestígio internacional. O espetáculo foi *O Canto da Cotovia*, de Jean Anouilh, com Maria Della Costa no papel de Joana D'Arc – uma de suas maiores e mais notáveis consagrações nos palcos. Ratto acabou ficando por aqui e contribuiu de forma indelével para a história do palco brasileiro.

O Teatro Maria Della Costa abrigou espetáculos e recebeu diretores, consagrados ou iniciantes, que marcaram de forma definitiva as artes cênicas do Brasil. Flavio Rangel, por exemplo, era um jovem e praticamente desconhecido diretor quando encenou *Gimba*, do também jovem e desconhecido Gianfrancesco Guarnieri. A primeira montagem profissional de um texto de Bertolt Brecht, *A Alma Boa de Se-Tsuan*, foi obra da companhia. A série de espetáculos marcantes é longa e ampla e inclui textos de Jorge Andrade, Arthur Miller, Plínio Marcos, Edward Albee. A companhia de Maria Della Costa apresentou-se em Paris, Madri, Roma, Lisboa...

História que se revive agora no livro *Uma Empresa e seus Segredos – Companhia Maria Della Costa*.

Patrocinado pela Petrobras através da seleção pública do Programa Petrobras Cultural, o projeto vem contribuir para o registro e a divulgação da memória das artes brasileiras. Afinal, em seu período de atividades

UMA EMPRESA E SEUS SEGREDOS: COMPANHIA MARIA DELLA COSTA

mais intensas e luminosas, Maria Della Costa não apenas se firmou no universo das grandes atrizes brasileiras, como a companhia que ela manteve tornou-se marco essencial no panorama do teatro em nosso país.

PETROBRAS

Agradecimentos

A redação de um livro, apesar da impressão de solidão, é uma jornada coletiva: não existe a torre de marfim. Muitos são aqueles que viabilizaram este trabalho. Os agradecimentos, então, são inúmeros, emocionados e sinceros – e peço as desculpas antecipadas de praxe para qualquer omissão involuntária que possa cometer aqui.

Em primeiro lugar, vale o respeito aos mortos: este livro não teria sido escrito se o teatro brasileiro não tivesse contado com a existência luminosa de Carlos Miranda, um legítimo administrador cultural, a primeira pessoa que despertou a minha atenção para a provável importância de Maria Della Costa na história do teatro brasileiro. Ao solicitar que eu fizesse uma pesquisa sobre o Teatro dos Sete (1959-1966) para o antigo Serviço Nacional do Teatro, ele me proporcionou a chance de entrar em contato pela primeira vez com este tema. Como sou carioca e fruto dos idos de 1968, não cheguei a ter a felicidade de ver a companhia em atividade, nem vivi sua época de esplendor.

Devo também um outro agradecimento póstumo comovido ao funcionário da UNIRio José Nestor Alem Castro de Barros, colaborador paciente e devotado para a digitação de um volume inacreditável de originais durante a etapa de pesquisa de campo.

Passando dos mortos aos vivos, devo antes agradecer a Deus a abençoada rotina doméstica existente ao meu redor. E dentre os vivos, está em primeiro lugar a minha pequena Marta, por sua infinita capacidade para compreender as horas roubadas às brincadeiras; mais do que agradecimento, dedico-lhe a minha mais profunda emoção. É preciso também agradecer a David Szpacenkopf, por seu carinho e pelos esforços visíveis para colaborar. A fiel secretária Cleusa Gomes de Oliveira foi peça decisiva para que eu pudesse conciliar tantas atribuições domésticas e profissionais com a paixão pelas letras.

De grande valia para o domínio do objeto de estudo foram os meus alunos da Escola de Teatro da Universidade do Rio de Janeiro. Graças à sua atenção, pude muitas vezes raciocinar em voz alta e testar a densidade de algumas formulações. E mais – este livro foi beneficiado em boa parte pelo trabalho desenvolvido em meu programa de pesquisa institucional, Teatro Brasileiro, a Invenção do Moderno, iniciado em 1992, que contou com algumas equipes de estagiários de dotados de particular habilidade para o trabalho em pesquisa histórica. Devo destacar entre todos Ana Bevilaqua Penna Franca – por ter se revelado a colaboradora mais eficiente que encontrei naquele ponto em que o ritmo do trabalho começa a se tornar intenso demais, exigindo dedicação extrema.

Palavras de reconhecimento especial devem ser dirigidas também à aluna estagiária Célia Maria Grespan e ao conjunto da equipe com que contei – Jana Eiras Castanheira, Christine Junqueira Leite de Medeiros, Zeniude da Costa Pereira, Kátia Cristina da Silva Agarez, Adriana de Oliveira, Djalma Thürler e Márcia Renata de Andrade. A possibilidade de trabalhar em equipe foi viabilizada através do sistema de bolsas oferecidas pela Universidade do Rio de Janeiro. Por um tempo infelizmente muito pequeno o nosso projeto contou com bolsas do CNPq; foram, todavia, de extrema importância para o ritmo alcançado: raras vezes se pôde, com certeza absoluta, trabalhar em História do Teatro com tanto conforto como naquele saudoso (e curto) ano.

Alguns colegas de magistério estiveram bem próximos neste percurso – Ângela Materno de Carvalho, Maria Helena Werneck e Flora Süssekind não poderiam ser esquecidas. Em São Paulo, Mariângela Alves de Lima revelou-se uma intelectual de grandeza indizível ao me franquear todo o material que reunira sobre a Companhia Maria Della Costa para uma edição da revista *Dionysos* que não saiu, vitimada pelos cortes do governo Collor. João Roberto Faria revelou-se um interlocutor atencioso, ao ler os originais e opinar sobre a sua pertinência. Maria Thereza Vargas esclareceu dúvidas, trocou ideias e informações. No Rio de Janeiro, o Professor Doutor Luiz Antônio Cunha solucionou um enigma difícil, relativo às leis do ensino no início do século. Ao amigo Marcelo Jefferson, ardoroso fã do teatro brasileiro e espectador histórico de inúmeros sucessos teatrais, agradeço a disponibilidade permanente para esclarecer dúvidas, ouvir histórias e bater papo... sobre teatro.

As dificuldades de edição seriam maiores e opressoras se não tivesse tido a benção de conhecer o ímpeto de realização de Marcelo Del Cima, um exemplo de amor ao teatro brasileiro e um apoio decisivo para o trabalho com a iconografia, qualidades que ao fim e ao cabo influenciaram a elaboração final do livro. Todas as palavras carinhosas de agradecimento do idioma são poucas para louvar a excelência da Coleção Marcelo Del Cima, bem como o espírito de trabalho em equipe de seu organizador. Graças à pesquisa, pude conhecê-la e testemunhar o precioso trabalho de tratamento e recuperação do Acervo Maria Della Costa, em Paraty, iniciado em 2006, e constatar a importância do acervo da Coleção para as Artes Cênicas no Brasil. E mais: este foi o caminho para conhecer Ana Carolina Baptista Freitas Braga e sua notável maestria no trato de imagens, um legítimo presente dos deuses, sem falar em sua perspicácia e sensibilidade para o trabalho em História. Ao seu lado, agradeço também a Anderson de Souza Dias da Rocha, hábil nas técnicas do *scanner* e outro auxiliar importante para o tratamento das imagens.

É preciso agradecer aos objetos de estudo: Maria Della Costa e Sandro Polônio, este na época ainda vivo, suportaram estoicamente quase uma semana de entrevistas, perguntas, fotos, filmagens e mergulho no passado.

AGRADECIMENTOS

As atividades de pesquisa exigiram a boa vontade e a colaboração eficiente de outros tantos profissionais. Em primeiro lugar, devo considerar o pessoal da Funarte, o principal centro de referência deste trabalho. Foi importante contar com a compreensão de Helena Ferrez, mas nada poderia ser feito sem a participação dinâmica de José Luciano de Carvalho, Mosquito e Márcia Cláudia, ao lado de todos os que atuaram, nestes últimos anos, no Centro de Documentação em Arte da Funarte, na Biblioteca Edmundo Moniz e no Arquivo Fotográfico da Funarte. Foi um longo período de pesquisa, de 1992 a 1998, a princípio, e de 1998 a 2008, para a elaboração do livro.

A Biblioteca da Escola de Teatro da UNIRio também foi referência constante da pesquisa; lá foi possível contar com a atenção e mais do que a boa vontade de Erotildes de Lima Mattos, Miguel Luiz de Araújo Ferreira e Sônia Maria Galvão Guimarães. A Biblioteca Nacional deve ser citada como instituição sempre eficiente. Para os trabalhos com a SBAT e por sua esclarecedora entrevista, o professor e diretor José Renato precisa ser lembrado. Não posso deixar de mencionar a acolhida que sempre tive no Arquivo do Estado de São Paulo, cujos funcionários se esmeraram na busca até de documentos impossíveis de encontrar, porque definitivamente perdidos.

Finalmente, e não em último lugar, pois aqui afloram as minhas emoções mais legítimas, quase memórias adolescentes, devo agradecer ao Instituto de Filosofia e Ciências Sociais da Universidade Federal do Rio de Janeiro por mais esta aventura intelectual privilegiada: este texto, amplamente reescrito, foi em sua origem a minha tese de doutorado em História no IFCS da UFRJ, defendida em 1998. Só posso compará-la com a experiência da minha graduação, quando estava descobrindo o mundo e ele me pareceu ser pura obra da História, a musa que nos orientava generosa, apesar da ditadura insuportável ao redor. E o agradecimento estará bem formulado se puder ser traduzido na pessoa do mestre inigualável que aceitou a dura tarefa de ser o meu orientador no doutorado, professor doutor Francisco José Calazans Falcon.

Não poderia esquecer – e o sentimento juvenil de querer aprender e de querer ousar tentar mudar o mundo que há tanto tempo nos uniu pelos corredores do IFCS é aqui o que fala mais alto – não poderia esquecer de externar a minha gratidão ao Professor Doutor Afonso Carlos Marques dos Santos, amigo de sempre, ausência que hoje todos sentimos. Através de sua imagem, agradeço a todos os mestres e professores que contribuíram para esta pesquisa, seja por sua participação na banca da defesa, seja por suas aulas, cursos, conselhos, interlocuções. Tenho a certeza de que o convívio com os seus saberes foi o complemento ideal para o trabalho desenvolvido. As suas intervenções ajudaram a enxergar o ponto mais fraco, ali onde falhei ou onde o meu próprio gesto começou a me iludir e a trair minha verdadeira intenção. A todos devo as qualidades desta pesquisa, na certeza de que as falhas são minhas e devem ser problemas para superar nos próximos trabalhos.

O Teatro Brasileiro Moderno em Questão

A história do teatro brasileiro ganha, com este livro, uma contribuição notável. Ao longo da leitura, percebemos que estamos diante de um estudo denso e refletido, resultado de muitos anos de pesquisas. Os argumentos são trabalhados com cuidado, com base em documentação segura e confronto de fontes, quase sempre primárias, bem como com o apoio de obras publicadas ou de depoimentos orais. Tania Brandão palmilha detalhadamente a trajetória percorrida pelo Teatro Popular de Arte (TPA), companhia teatral de Sandro Polônio e Maria Della Costa, desde sua fundação, em 1948, no Rio de Janeiro, com a participação de Itália Fausta, até seu fechamento, em 1974, em São Paulo, quando tinha outro nome: Companhia Maria Della Costa. E repara uma injustiça histórica: ninguém, antes dela, soube enxergar o papel fundamental que esses artistas desempenharam no processo de modernização do teatro brasileiro. Para reconhecer e demonstrar tal mérito, Tania põe em questão a própria historiografia do nosso teatro, que de fato não deu ao TPA/CMDC a importância que teve, deixando a companhia à sombra do grupo Os Comediantes e do Teatro Brasileiro de Comédia, o legendário TBC.

Quando começa o teatro moderno no Brasil? A questão é simples apenas na aparência. E as respostas podem ser, como são, diversas. Há quem leve em conta as primeiras tentativas de Renato Vianna (Batalha da Quimera, Colmeia, Caverna Mágica, Teatro de Arte, Teatro-Escola), de Alvaro Moreyra (Teatro de Brinquedo) e de Flávio de Carvalho (Teatro da Experiência), nas décadas de 1920 e 1930, para defender a ideia de que o teatro moderno já está aí, plantado nos poucos espetáculos realizados por esses artistas e à espera de melhores frutos. Há quem considere que essas primeiras tentativas não deram em nada, não tiveram continuidade, não fundaram o teatro moderno entre nós. Foram manifestações isoladas, de homens com noções apenas esboçadas do que deveria ser o teatro moderno, formadas com base em leituras de revistas europeias e algumas informações sobre o trabalho lá feito. Também sem repercussão foi a publicação das peças teatrais de Oswald de Andrade, em 1934 (*O Homem e o Cavalo*) e 1937 (*A Morta, O Rei da Vela*). O escritor não conseguiu colocá-las em cena, frustrando-se e não participando da instauração da modernidade em nosso palco.

Para alguns estudiosos, o moderno nasce com o Teatro do Estudante do Brasil (TEB), criado por Paschoal Carlos Magno no Rio de Janeiro, em 1938. A estreia de *Romeu e Julieta*, dirigida por Itália Fausta, teria dado início a uma nova maneira de fazer teatro, em tudo diferente do que se via no panorama carioca e brasileiro. Para outros especialistas, os créditos devem ser dados ao grupo Os Comediantes, que em 1943, no Rio de Janeiro, encenou *Vestido de Noiva*, de Nelson Rodrigues, sob a direção de Ziembinski. Tania transcreve várias opiniões que corroboram a ideia de que nesse momento teria havido uma verdadeira ruptura com o teatro do passado. A presença de um diretor com experiência trazida da Europa teria sido fundamental para se considerar a montagem como o primeiro espetáculo moderno realizado em terras brasileiras.

Por fim, há quem pense que o TBC, criado em São Paulo, em 1948, pelo empresário Franco Zampari, foi o verdadeiro responsável pela aclimatação do moderno entre nós. Afinal, a dimensão do empreendimento – com a construção de um teatro e a contratação de diretores e cenógrafos italianos, bem como de artistas do nível de uma Cacilda Becker –, a continuidade do trabalho, os espetáculos de altíssima qualidade artística e a receptividade do público e da crítica são evidências da importância e das conquistas do conjunto paulista.

Tania Brandão estudou esse panorama atentamente e percebeu três graves problemas, ligados entre si. Em primeiro lugar, falta uma discussão profunda sobre o que se deve entender por teatro moderno em nossa historiografia. Estudiosos e críticos não se preocuparam com a questão e acabaram por escrever ensaios e obras de caráter histórico com base na dramaturgia. Para Tania, só se pode compreender o moderno como história da cena: a era teatral moderna é a era da encenação. Esse é o ponto de partida das considerações teóricas que faz neste livro, polemizando às vezes duramente com nossos principais especialistas na matéria.

O segundo problema diz respeito à valorização excessiva da encenação de *Vestido de Noiva*. Seria longo resumir todos os bons argumentos da autora, mas ela não aceita que se considere esse espetáculo de 1943 como o início do teatro moderno no Brasil, ou seja, como um *acontecimento fundador*. A seu ver, criou-se um mito, com base em depoimentos entusiasmados – o que revela que a montagem foi de fato muito bonita –, mas se perdeu aí a perspectiva histórica, isto é, deixou-se de considerar o que veio antes e o que veio depois. Nesse sentido, a estreia de *Vestido de Noiva* não teria provocado a ruptura de que tanto se fala, porque resultava de proposições formuladas anteriormente pelo TEB, que trocara o ensaiador pelo diretor, que suprimira o ponto, que melhorara o repertório e que fazia teatro de equipe, com um novo tipo de ator, desinteressado do vedetismo. Tania teve acesso ao caderno de montagem de *Romeu e Julieta* e pôde constatar que Itália Fausta, apesar de presa ainda à antiga marcação para movimentar os artistas no palco, dirigiu a peça, isto é, imprimiu ao espetáculo uma ideia de conjunto, uma visão unificadora. Essa novidade foi incorporada às encenações do TEB que se seguiram. Outro ponto desfavorável a Os Comediantes é que tiveram fôlego curto. Grupo amador, à margem das companhias profissionais, sua trajetória foi instável, conturbada, descontínua e culminou numa fracassada tentativa de profissionalização. Para Tania, é inegável que o grupo adensou a ideia de que a encenação teatral deve se dar sob a responsabilidade de um diretor, mas o *papel inaugural* coube de fato ao TEB. Isso não significa diminuir a importância da encenação de *Vestido de Noiva*, mas compreendê-la no interior de um processo em curso.

O terceiro problema diagnosticado pela autora em nossa historiografia teatral, e já referido acima, diz respeito ao fato de se considerar o TBC como uma espécie de continuação do grupo Os Comediantes, sem levar em conta outra iniciativa importante em termos de teatro moderno: o TPA, de Sandro Polônio, Itália Fausta e Maria Della Costa, que, em abril de 1948, dando início aos seus trabalhos, pôs em cena *Anjo Negro*, de Nelson Rodrigues, com direção de Ziembinski. Antes disso, Sandro havia participado dos dois últimos espetáculos de Os Comediantes, *Desejo*, de O'Neill, e *Terras do Sem Fim*, adaptação do romance homônimo de Jorge Amado. Este último contou também com Maria no elenco. Logo, mais que o TBC, o TPA é que deu continuidade à aventura do teatro moderno, prolongando profissionalmente no Rio de Janeiro o trabalho do grupo que precisou fechar as portas. Tania acompanha a trajetória do TPA, comentando um a um os espetáculos que se seguiram, entre os quais *Lua de Sangue (Woyzeck)* e *A P... Respeitosa*, que revelaram dois grandes dramaturgos à plateia brasileira, Büchner e Jean Paul Sartre.

O ano de 1948 foi de atividade intensa para o conjunto, liderado pelo empresário Sandro e pela atriz e diretora Itália Fausta; Maria Della Costa, aos 22 anos, linda, era ainda uma atriz que buscava aprimorar-se. Peças artísticas se alternaram no cartaz com peças comerciais – como futuramente também fará o TBC –, mas o TPA começa a sofrer do mesmo mal que acometeu Os Comediantes: falta de público e de verbas oficiais que pudessem garantir a continuidade do teatro moderno na cena carioca. O retrato dos bastidores da atividade teatral é desalentador. O modo pelo qual as verbas eram distribuídas, a campanha das companhias profissionais contra os novos, ao longo dos anos 1940 e 1950, a falta de edifícios ou o aluguel exorbitante, tudo contribuiu para inviabilizar e atrasar a modernização do teatro no Rio de Janeiro. Apesar dos esforços das gerações mais moças, formadas por estudantes e amadores, não se criou nessa cidade uma *ambiência* ou *dinâmica cultural* capaz de promover as formulações modernas e torná-las moeda corrente junto aos artistas do *velho teatro*, que tinham público cativo.

Para sobreviver, o TPA faz excursões pelo Brasil, começando por São Paulo, onde, no início de 1949, apresenta parte do seu repertório e consegue o reconhecimento da crítica como companhia teatral moderna. Em março de 1950, de volta a São Paulo, o TPA inaugura o Teatro Cultura Artística e se radica na cidade para se tornar rival do TBC. Assim como fez com a fase carioca, Tania Brandão segue passo a passo o percurso paulista do TPA/CMDC. É enorme o volume de informações que nos são dadas. Programas de peças, críticas teatrais, depoimentos, todo o material é aproveitado para o estudo dos espetáculos em termos de direção, cenografia, figurinos e interpretação, para se avaliar o quanto avançam, ou não – quando se trata de uma montagem mais comercial –, na construção da nossa cena moderna.

A grande cartada do TPA é dada em novembro de 1954, quando Sandro e Maria Della Costa – agora uma atriz de talento reconhecido –, inauguram seu próprio teatro, com a encenação de *O Canto da Cotovia*, de Jean Anouilh, e direção de Gianni Ratto, especialmente contratado para ser diretor artístico da companhia. Os depoimentos da época são unânimes quanto à superioridade do edifício – acústica e visibilidade excelentes, 450 lugares – em relação ao teatro do TBC, menor, com 365 lugares e com menos recursos técnicos. A rivalidade entre as duas companhias se acirra e até o final da década de 1950 ambas farão de São Paulo a capital do teatro moderno brasileiro, oferecendo espetáculos de alto nível artístico, alternando-os com peças comerciais, uma estratégia de sobrevivência. Ao mesmo tempo, surgem na cidade outras companhias modernas, desempenhando papel semelhante, entre as quais se destacam: Nydia Licia-Sérgio Cardoso, em 1954; Cacilda Becker e Pequeno Teatro de Comédia – este dirigido por Antunes Filho –, em 1958.

Nessa altura do livro, salta aos olhos a importância do TPA, agora transformado em Companhia Maria Della Costa (CMDC). O conjunto revelou um dos melhores dramaturgos brasileiros modernos, Jorge Andrade, de quem encenou *A Moratória*, em 1955; em 1958, foi responsável pela primeira montagem profissional de Brecht no Brasil, apresentando *A Alma Boa de Se-Tsuan*. O TMDC acolheu o bem-sucedido Abílio Pereira de Almeida (*Moral em Concordata*) e abriu as portas para a dramaturgia engajada de Gianfrancesco Guarnieri (*Gimba – Presidente dos Valentes*); versátil, a companhia encenou *Mirandolina*, de Goldoni, e *A Lição* e *A Cantora Careca*, de Ionesco. Além de Gianni Ratto, teve como diretores Ruggero Jacobbi, Flaminio Bollini, Luís de Lima e Flávio Rangel em início de carreira.

Não é pouco o que fez o TPA/TMDC pela vitória da modernidade no teatro brasileiro. Cabe-lhe inclusive a precedência em relação ao TBC, afirma Tania, porque surge como companhia profissional em 1948, antes da companhia paulista, inicialmente um grupo amador, que se profissionaliza em 1949. Ela lembra ainda que o TPA teve como fundadores artistas já imbuídos da ideia de modernização teatral, que haviam participado do TEB e do grupo Os Comediantes, como já referido. Assim, para fazer justiça a todos que lutaram contra o *velho teatro*, Tania propõe uma síntese histórica bastante pertinente. Entre 1938 e 1948, a seu ver, ocorrem no Rio de Janeiro, as primeiras formulações do moderno, com o trabalho desenvolvido pelos grupos acima mencionados e com a criação do TPA. O reconhecimento do diretor como um novo demiurgo dá a medida da transformação que se deseja. Mas, em função da impossibilidade da vitória dos novos na cena carioca, é em São Paulo que se inicia de fato a era do teatro moderno no Brasil, com a criação do TBC – e sobretudo com a sua profissionalização em 1949 – e com a transferência do TPA para essa cidade, onde pouco tempo depois se torna CMDC. São esses dois conjuntos que dividem as atenções do público e da crítica especializada, instaurando definitivamente a modernidade teatral na cena brasileira, ao longo da década de 1950, com a colaboração posterior de outras companhias e de novos artistas, como Sérgio Cardoso, que já em 1948 surpreendera a todos no papel de Hamlet, em encenação do TEB.

Nos anos 1960, a CMDC sofre a concorrência de grupos como o Arena e o Oficina e se rende ao teatro comercial, embora consiga obter o seu maior sucesso artístico com a encenação de *Depois da Queda*, de Arthur Miller. Autores brasileiros como Plínio Marcos e Antonio Bivar também são encenados pela companhia. Mas o país passa por enormes transformações com o golpe militar de 1964 e o recrudescimento do autoritarismo em 1968. Os reflexos no teatro são imediatos e a crise não poupa as companhias profissionais. O TBC fecha as portas em 1964 e a CMDC começa a dar sinais de que o modelo de companhia estável não é mais viável economicamente. Sandro e Maria Della Costa vendem o seu teatro, pondo um ponto final a uma trajetória que desconhecíamos em seus detalhes e extensão: entre 1948 e 1974, a companhia encenou 42 peças.

Estas poucas linhas de apresentação deste belo livro, fartamente ilustrado por fotografias que também ajudam a contar a história do TPA/CMDC – e, por extensão, a história do processo de modernização do teatro brasileiro –, não dão conta da riqueza e profundidade do estudo empreendido por Tania Brandão. Ficam aqui para estimular o leitor a avançar nas páginas seguintes e como prova da minha admiração pela pesquisadora e amiga, que me honrou com o convite para escrevê-las.

JOÃO ROBERTO FARIA

NOTA DA EDIÇÃO: As variações nos nomes das peças, personagens ou pessoas se deve à fidelidade à fonte original, o que, em se tratando de uma pesquisa exaustiva como a aqui apresentada, houve-se por bem manter e o mesmo se aplica no caso da ortografia. Por esse mesmo motivo nem sempre foi possível apresentar ao leitor as referências bibliográficas completas, uma vez que a própria natureza do material trabalhado tornou isso inviável, como a própria autora observa na Apresentação da presente obra.

Ao longo da pesquisa, houve uma preocupação constante de estabelecer a autoria das fotos e imagens das cenas e personalidades. O hábito de assinar as fotografias não era, no entanto, durante a maior parte do período estudado, corrente no meio teatral; sempre que foi possível, a autoria das imagens foi atribuída. O Teatro Popular de Arte e a Companhia Maria Della Costa contrataram diversos fotógrafos e as suas fotos eram usadas exaustivamente. Foi possível identificar em alguns programas de sala a menção a alguns profissionais: em *Anjo Negro*, fotos de Halfeld; *Canto da Cotovia*, Studio Cassius para as fotos do programa; *Moral em Concordata*, *Rosa Tatuada* e *Manequim*, em 1956, fotos de J. Mauro Pontes e Eduardo Ayrosa; *Gimba – Presidente dos Valentes* e *A Alma Boa de Se-Tsuan*, fotos Eduardo Ayrosa; *Depois da Queda*, fotos do Studio Hejo; *Tudo no Jardim* e *Abre a Janela e Deixe Entrar o Sol e o Ar Puro da Manhã*, fotos de Eliseu Ricardo; *Golpe Sujo*, fotos de Ton Rica. Agradecemos toda e qualquer informação sobre a autoria das fotos não identificadas, lacunas que poderão ser sanadas nas próximas edições.

Uma Empresa e seus Segredos:
Companhia
Maria Della Costa

Para Marta.

I

Introdução

> Todas as práticas, sejam econômicas
> ou culturais, dependem das representações
> utilizadas pelos indivíduos para darem
> sentido a seu mundo.
>
> LYNN HUNT[1]

Este é um texto de História do Teatro Brasileiro. A frase simples, direta, encerra um mar de discussões. E elas são de múltiplas procedências. Em primeiro lugar, sem que se tente enveredar aqui sobre o difícil problema da definição da História, é importante reconhecer que o caso é o de uma certa metodologia. Sim, há um método em uso e em experimentação nestas páginas e a ele se deveria propriamente chamar histórico.

Histórico – porque preso sempre à percepção do espaço e do tempo, ansioso por resgatar essas coordenadas tão objetivas em meio a um fluxo por vezes caudaloso de informações. Enorme dificuldade, já se pode imaginar – pois a pretensão é a de fixar no espaço e no tempo um fazer que acontece no espaço e no tempo como inscrição efêmera, arte sem suporte, desdobramento sensível do próprio corpo do ator. Quais as fontes desta História que a tornam possível, plausível, aceitável? O ofício do historiador não é o ofício da leitura das fontes, das materialidades do fazer? – e a que materialidade recorrer quando o objeto é a cena?

Longe da poética evolução cênica dos corpos, a banalidade objetiva, poeirenta de pilhas de arquivos-papel. Esta é a fonte primeira de pesquisa, o ajuntamento de papelório aleatório – posto que não preocupado com a História, mas com outras lógicas – que restou envolvendo a realidade da produção. Não existe ainda um sentido histórico nítido norteando o fazer teatral em nosso país: ele acontece voltado para a plateia dos contemporâneos, para a aclamação dos circundantes, no momento vivido, de resto a preocupação histórica essencial do teatro. Pois ele não é feito mesmo para ficar, mas para a representação. E começa aí um debate muito objetivo, acerca do ato de escrever História do Teatro. É possível escrever a história da cena quando as fontes existentes são, em sua esmagadora maioria, vestígios espectadores e não vestígios atuantes?

[1] *A Nova História Cultural*, p. 25.

UMA EMPRESA E SEUS SEGREDOS: COMPANHIA MARIA DELLA COSTA

Parece que sim. Mas como se mover nesse meio em que as referências diretas sobre o fato são muito escassas, enquanto o que mais se tem são as referências exteriores, contemplativas? Neste caso aqui, a operação realizada foi comparável à tessitura de delicadas tramas, à sutil articulação de engrenagens pacientemente realizada pelos relojoeiros – a partir de uma percepção exterior, do tempo social e do tempo teatral mais amplo, procurou-se situar cada uma das pequeninas peças localizadas, estudando-se o seu contexto e a sua dinâmica peculiar. O ponto de partida foi o zero ou quase. Quando o projeto de pesquisa começou, não existia nenhum texto escrito sobre o movimento estudado, a Companhia Maria Della Costa. Pior: a impressão incômoda que estava se consolidando com o passar do tempo era a de que o teatro moderno, no Brasil, fora iniciado por uma montagem de Os Comediantes e depois gravitara ao redor do Teatro Brasileiro de Comédia, o seu templo máximo.

Na Fundação Nacional de Artes – Funarte, uma surpresa – montanhas de papéis desorganizados constituíam os restos da Companhia Maria Della Costa, doados pelo casal Sandro Polônio-Maria Della Costa quando optaram por encerrar as atividades de sua empresa. A este conjunto demos o nome de Acervo Maria Della Costa, AMDC, coleção de materiais ainda não tratados depositados no Centro de Documentação da Fundação.

A partir dele é que se pode tentar indicar como foi feito este estudo. A principal fonte estudada acabou sendo o recorte de jornal. A princípio, quando a pesquisa estava em seus primeiros momentos, tentou-se qualificar o jornal como fonte secundária, mesmo as críticas de teatro, pois os recortes preservariam sempre, por mais informado que fosse um crítico, um ponto de vista de fora, da recepção, da plateia, sujeito inclusive a tremendas variações quanto à exatidão das informações, imposições do veículo etc.

A ambição parecia ser a mais correta; mas logo se revelou descabida, em particular no caso em estudo, pois não existia qualquer pesquisa anterior sobre a companhia, não fora escrita uma história prévia e a realidade "de campo" era a escassez quase absoluta daquelas que se pretendia enquadrar como fontes primárias por excelência, posto que vestígios diretos, atuantes, do palco. Restaram uns poucos fiapos a respeito da dinâmica quotidiana da cena da companhia – um ou outro roteiro de direção, de contrarregra, de luz e som; umas poucas plantas de implantação de cenário, um alentado acervo de fotos, um volume desconhecido de originais de cenografia e figurino, estes ainda não franqueados para pesquisa pela Funarte, depoimentos, alguns filmes da época transformados em vídeo, sendo que apenas um – *Moral em Concordata* – associado diretamente ao caso em estudo. Outros acervos examinados – de Procópio Ferreira, Jaime Costa, Ziembinski, Itália Fausta – apresentavam contornos similares, situação também vigente no acervo doado pela atriz Maria Della Costa ao Arquivo do Estado de São Paulo (AMDC/AESP).

Em tais condições, foi relegada a um segundo plano a ambição de discutir a hipótese de uma metodologia especial para o trabalho em História do Teatro: mesmo os materiais da imprensa passaram a figurar como fontes primárias. Em diversos casos, o material dos jornais foi só o que se pôde encontrar. Os jornais, com suas enxurradas de letras, o que fazer com eles, a não ser duvidar diante de tanta eloquência? Em especial porque a maior coleção disponível de recortes para estudar era formada por aquilo que decidimos nomear como matérias recortadas por dentro – textos de jornal que foram recortados "por dentro", sem identificação de local, data, autor, coluna etc... Quer dizer – são materiais desiguais inclusive quanto à possibilidade de identificação de uma boa parte do conjunto; alguns contavam com uma identificação parcial, atribuída (escrita na época por alguém ou por uma empresa de clipagem) ou eventualmente extraída do veículo (quando quem recortou deixou, sem querer, algum pedaço da margem ou da paginação que identificava algo da procedência do recorte); muitos podiam ser situados por crítica interna ou externa e outros não podiam ser com facilidade identificados, apesar de apresentarem informações relevantes para o estudo de caso realizado.

Uma das questões delicadas de interpretação foi relativa precisamente à natureza do texto de jornal, o material mais abundante. A rigor, ele é produzido a partir de uma gama considerável de injunções, da tecnologia das comunicações ao valor individual de quem escreve, passando pelo escorregadio terreno dos poderes e dos interesses pessoais, com todo o seu séquito de desdobramentos. De toda forma, ele surge sempre ao sabor das rotativas, seguindo sua velocidade, fruto do poder material mais mesquinho do tempo, pois imediato, que não faz caso nem mesmo de grandes genialidades. O texto de jornal, ligeiro e transitório, é necessariamente uma impressão – é falho, digamos, exatamente por ser o que é. A rapidez de elaboração impõe ao crítico mais um julgamento de valor do que uma análise. Assim, as críticas foram olhadas antes em seu fazer e depois como fontes.

Elas foram divididas em categorias diferentes. Em primeiro lugar, buscou-se localizar os textos em que efetivamente se desvelava o exercício de um pensamento teatral, segundo conceitos e informações relevantes, pertinentes, talvez até mesmo traduzindo um projeto cultural definido para o teatro brasileiro. Este sempre foi o caso do trabalho do crítico Décio de Almeida Prado, referência importante para o objeto. Um outro nome de valor ímpar, se bem que com volume menor de críticas para o período em estudo, foi Sábato Magaldi. A partir dessas referências – até porque a análise da crítica, em cada período de estudo da História do Teatro, só pode ser concreta, objetiva, diretamente relacionada com o material disponível – foram cunhadas as outras categorias: a do exercício de jornalismo mais ou menos rigoroso (apuração isenta ou pretensamente isenta dos fatos); a do jornalismo informal ou de perfil personalista (uso de *release*, atmosfera de *fait divers* e *potin*); a dos juízos impressionistas episódicos; a do mero jogo institucional; a dos *companheiros de viagem* (textos comprometidos com a proposta comentada por diferentes motivos, não necessariamente espúrios).

É verdade que as categorias só existem tão nítidas na lista de enumeração e que cada crítica com frequência mistura duas ou mais modalidades.

Mas pensar essas categorias e lidar com elas foi de profunda utilidade para a análise de material tão variado e numeroso. Por vezes, essa abordagem classificatória foi útil também para a análise de reportagens.

A exposição sumária desses procedimentos não se justifica apenas como esclarecimento prévio ao leitor ou como esboço rápido de um debate fundamental, dedicado à metodologia de pesquisa na área, que ainda está engatinhando. Na verdade, a exposição da metodologia importa para evidenciar os limites do trabalho realizado. Afinal, não se foi tão longe aqui quanto se desejava. Em lugar de uma história da cena, o que se conseguiu obter foi uma História do Espetáculo no sentido de ser uma história do fazer, reconhecendo-se a materialidade desta prática social e rompendo-se a tradição da História da Dramaturgia, vista como uma modalidade tradicional de trabalho inadequada para dar conta do *teatro* moderno.

Para chegar a esse resultado, muitas variáveis foram examinadas a cada passo da análise. Apesar do predomínio dos textos de jornal, os documentos considerados relevantes possuíam formatos bastante díspares, do manuscrito ao processo administrativo, do diário confidencial (ou nem tanto, posto que espécie de caderno de camarim de artista) ou do caderno da fã até as fotos, os programas, os desenhos, os esboços, os filmes, os pôsteres, os prêmios, as filipetas, os convites, os borderôs, a nota, a reportagem, a matéria paga, a crítica paternalista, a crítica conivente, a crítica ressentida, a crítica interessada, a crítica explosiva, a crítica honesta, a crítica isenta, a crítica celebratória.

Consequentemente, portanto, não se fez uma desejada história da cena. Foi impossível explorar com intensidade a história da cena como imagem, fato visual. Uma conclusão importante atingida foi a constatação da necessidade urgente de pesquisas básicas, diacrônicas, de estudos de casos, para a redação da História do Teatro Brasileiro: a história da cena, sincrônica, necessita deste chão para poder se estabelecer.

Mas parece justo afirmar que foi feito um roteiro histórico conceitual apto para indicar as abordagens essenciais ao estudo do moderno no palco brasileiro. O quadro conceitual proposto indica não apenas o que se fez, mas o limite do que se fez, pois o estudo do moderno entre nós é intrigante porque não consegue nos fazer perder de vista o fato de que se trata da história de uma perda, um pouco como se o objeto proposto se esvaísse antes de se concretizar completamente. A sensação se adensa na medida em que se tenta ver, depois de localizar as matrizes de "nosso moderno", o mapa geral das intervenções realizadas ao longo da História.

Traçar o histórico da Companhia Maria Della Costa leva a este resultado: de 1948 a 1974 se deu uma espécie de naufrágio, se houver o desejo de um verbo pessimista, ou uma aventura macunaímica, para recorrer a uma expressão mais ufanista. As duas opções são inadequadas por seu sentido de valor, mas produtivas na revelação de um movimento de mudança da cena que foi terrivelmente ambicioso e se encerrou sem indicar ainda a chance de uma dinâmica institucionalizada para que se faça teatro sob uma cor local. Ou sob qualquer cor estável e concreta, reveladora de continuidades culturais e não meros frutos de personalidades arrojadas. Porque o projeto de teatro em questão, o teatro moderno, significava exatamente a existência de um projeto cultural, mais amplo e mais ambicioso do que episódicas intervenções personalistas.

Imagem, moderno – os termos parecem guardar um parentesco profundo. Outros esclarecimentos se impõem. Avaliar a dimensão do *moderno* no Teatro Brasileiro poderia ser, em princípio, considerar parâmetros do processo de *modernização* do país. Mas a opção é reducionista: a história da cena não pode ser reduzida à cena da História, pois o que se arrisca a perder é o teatro em si, uma instância específica de trabalho que conta com uma história e uma dinâmica peculiares. Foi preciso defrontar-se, no interior do processo de transformação da sociedade brasileira, com o próprio fato teatral. Até que ponto podem ser tecidas linhas de identidade entre esses domínios é uma questão para pensar, difícil de responder.

Na verdade, o inventário puro e simples da cronologia do teatro moderno brasileiro desperta a atenção para as condições sociais contemporâneas: o que acontecia ao redor era a industrialização do país. Por mais que se queira fugir, a História se impõe, indicando que há uma confluência inegável. Em boa parte, portanto, posto que o teatro é, dentre as artes, uma das mais sociais, depende diretamente de muitas coordenadas socialmente dadas, depende do jogo social para acontecer, é em si um encontro coletivo, é básico reconhecer que o processo histórico-social contribui para esclarecer algo da situação da cena. No entanto, tal só pode ocorrer como iluminação legítima se a referência histórica surgir como plano de fundo.

Além disso, a própria abordagem histórica precisa ser purgada de qualquer relação-fetiche com o moderno, quer dizer, a ultrapassagem de leituras antigas do processo de industrialização, preocupadas com o *desenvolvimentismo* e embebidas daquilo que já se convencionou chamar *razão dualista*[2]. O moderno não é uma positividade, um julgamento de valor. O enfoque já ultrapassado, de situar o "desenvolvimento" como resultado de uma pressão mecânica externa, desembocando automaticamente no "subdesenvolvimento", modalidade de conflito entre dois Brasis antagônicos, um positivo e outro negativo, tem que ser descartado, em favor da percepção da existência de uma nova realidade emergente como condição específica, particular do país. Situar um núcleo dinâmico, um sistema articulado, frente a um outro setor, aquele que seria uma espécie de materialidade pura do atraso, abrangendo assim realidades econômico-sociais diferentes em seus ritmos e orientação (a cafeicultura e a indústria de um lado; a agricultura ligada ao mercado interno, presa a formas arcaicas de organização que caracterizam as regiões pré-capitalistas, de outro), exige o reconhecimento de uma relação de *complementaridade* entre essas partes e não de confronto mecânico.

Quer dizer, compreender a história da modernização do Brasil no século XX seria localizar um processo de transformação econômica em

[2] F. Oliveira, *A Economia Brasileira: Crítica à Razão Dualista*.

UMA EMPRESA E SEUS SEGREDOS: COMPANHIA MARIA DELLA COSTA

que existe interdependência entre setores radicalmente diferençados, mas que não mantêm uma relação do gênero "atrasado x moderno"[3]. As consequências dessa orientação são nítidas, até porque permitiram traçar uma distância expressiva frente à visão da História que boa parte do próprio teatro defendia na época estudada, um capítulo alentado no interior da interpretação dualista do Brasil. Portanto, o texto supõe sempre como plano de fundo o jogo da História do país em suas múltiplas implicações. Mas não se trata de um texto de história política ou econômica e a História *tout court* só aparece aqui como uma espécie de figuração sem fala, quando foi absolutamente necessário trazê-la à tona para esclarecer determinadas situações.

Assim, o ponto de partida do trabalho, voltado para avaliar a dimensão do moderno no teatro brasileiro a partir do estudo de uma companhia que acabou sendo a mais duradoura de todas as que surgiram no seu tempo, supõe a existência de uma reavaliação do processo histórico que o país viveu após 1945 naquilo em que ele é significativo para a reflexão a respeito das artes. O desenho geral da história do teatro moderno brasileiro só pode aparecer nítido, acabado, se for considerado esse processo mais geral, que necessita da existência de desigualdades, se alimenta delas, condição histórica que talvez explique a situação secundária a que tem sido condenado o próprio teatro. Aparece latente aí o tema do Estado; mas o que se pode fazer é apenas indicar a ocorrência. É preciso frisar que o moderno impõe necessariamente a reflexão a respeito do poder – responsável, aliás, em grande parte, pela viabilização dos modelos modernos de teatro, europeus, seguidos aqui. Nesta pesquisa, alguns indícios foram cogitados; foi iniciado um primeiro trabalho de análise dos processos administrativos de subvenção do Serviço Nacional do Teatro, em sua maior parte ainda não liberados para os historiadores.

A Companhia Maria Della Costa – e essa nomenclatura será usada sempre que se desejar falar em geral do empreendimento, desprezando-se a sua variação histórica de nomes – foi um meio privilegiado para o estudo desse processo histórico até por causa de sua localização cronológica; infelizmente, como já se observou, não fora estudada até o presente. A empresa foi a única que fez a mediação direta com os diferentes momentos do teatro moderno no Brasil, das primeiras manifestações isoladas até a dissolução do projeto moderno, passando-se pelas agruras da profissionalização. Da sua fundação participou a atriz Itália Fausta (1878?-1951), considerada a primeira figura a tentar, em 1916, através do Teatro da Natureza, a mudança do repertório limitado vigente em nossos palcos, ousando propor uma densidade mais adequada às propostas modernas. Em 1938 ela se tornou a primeira diretora do teatro brasileiro, ao assinar a montagem de *Romeu e Julieta*, do Teatro do Estudante do Brasil, de Paschoal Carlos Magno; da produção participou o seu sobrinho, que ela criava, o ator, diretor, cenógrafo, produtor, empresário e iluminador Sandro Polônio. Em 1946 Sandro ingressou no grupo Os Comediantes, já em fase profissional, que fora o primeiro *grupo* brasileiro a propor a encenação no sentido mais rigoroso do termo, com a montagem amadora de *Vestido de Noiva* (1943).

[3] "No plano teórico, o conceito de subdesenvolvimento como uma formação histórico-econômica singular, constituída polarmente em torno da oposição formal entre um setor 'atrasado' e um setor 'moderno', não se sustenta como singularidade: esse tipo de dualidade é encontrável não apenas em quase todos os sistemas, como em quase todos os períodos. Por outro lado, a oposição na maioria dos casos é tão somente formal: de fato, o processo real mostra uma simbiose e uma organicidade, uma unidade de contrários em que o chamado 'moderno' cresce e se alimenta da existência do 'atrasado', se se quer manter a terminologia". Idem, p.12.

INTRODUÇÃO

Durante a tentativa fracassada de transformação desse grupo em companhia profissional, ele se aproximou da atriz Maria Della Costa. Os três foram os fundadores e os principais animadores do Teatro Popular de Arte, companhia que mais tarde acabará absorvendo o nome do teatro que construíram em São Paulo: Companhia Maria Della Costa. O ponto de vista que se deseja provar aqui é o de que foi esta a companhia que formulou o conceito básico de teatro moderno praticado no Brasil, uma corruptela dos modelos europeus transpostos, que não puderam nunca ser exercitados plenamente, posto que jamais se conseguiu uma mobilização institucional e social ao seu redor. Até para sobreviver, o teatro moderno tornou-se uma redução, um modo de fazer realista, logo desprezado e diminuído sob termo pejorativo – teatrão.

Portanto, há uma trajetória intelectual extensa, mas nítida, a percorrer – a conceituação de moderno, os seus sentidos e a sua multiplicidade; a situação brasileira do conceito e a trajetória do teatro moderno no Brasil a partir da historiografia e a partir das fontes; os quadros histórico-institucionais ao redor deste palco moderno; a dinâmica específica da Companhia Maria Della Costa e o saldo geral do processo.

Algumas observações adicionais sobre a metodologia adotada neste trabalho precisam ser feitas. Elas são relativas aos temas essenciais de História Oral que foram trabalhados ao longo da pesquisa. Para a História do Teatro, o documento oral é de importância decisiva, pois ilumina o objeto de forma privilegiada ao revelar uma parte importante de seu desejo, dada a condição radical do teatro de acontecimento presente. A reconstituição do acontecimento teatral é uma perda, em especial se acontece apenas a partir dos vestígios materiais secundários, distantes da cena – que decidimos chamar de vestígios espectadores. É imprescindível, portanto, recorrer aos documentos e fontes orais – aos quais poderíamos chamar *vestígios materiais primários*, diretos, vestígios atuantes[4].

"Ora, direis ouvir estrelas!", exclamaria o historiador, ecoando o antigo verso do poeta com certo grau de desalento – é preciso ouvir as estrelas e seus fãs? No caso, a resposta foi afirmativa, a História Oral figurou como opção perfeitamente utilizável e produtiva, consideradas as datas em estudo. Os depoimentos pontilham este texto e, na maior parte dos casos, a crença que norteou o seu uso é a de que eles lançariam uma luz especial sobre a pesquisa, a partir da verbalização de um processo vivido. Além dos documentos orais produzidos pelo SNT/Funarte[5] e outras instituições, foram produzidas entrevistas específicas visando ao esclarecimento de temas e questões relativas à trajetória da Companhia Maria Della Costa.

Ao longo da pesquisa, os principais líderes da companhia, Maria Della Costa e Sandro Polônio (1922-1995), estavam disponíveis e interessados em gravar depoimentos. Durante três dias, 23, 24 e 25 de agosto de 1995, com pequenos intervalos de descanso, em Paraty, o casal gravou, de manhã à noite, os relatos de suas carreiras, com informações biográficas,

4 Na pesquisa as *fontes primárias* foram divididas em vestígios materiais primários, atuantes, e secundários, espectadores. Existem vestígios imateriais do teatro: são simbólicos, comportamentais, idiomáticos etc. Os vestígios materiais primários englobam tudo o que se relaciona diretamente, sem mediação, à cena, além das fontes orais: fotos, cadernos de direção, vídeos etc.

5 A série *Depoimentos*, de I a VI, publicada, além de outros da série não publicados, disponíveis na Instituição. A entrevista concedida pelo casal à jornalista Mariângela Alves de Lima, emprestada pela autora, foi feita para uma edição da revista *Dionysos* que não chegou a ser publicada.

UMA EMPRESA E SEUS SEGREDOS: COMPANHIA MARIA DELLA COSTA

respondendo ao roteiro de perguntas que o trabalho de pesquisa, iniciado em 1994, gerou[6]. Foram entrevistas mistas, abrangendo as histórias de vida e temas específicos. Mais tarde, em São Paulo, foi feita entrevista com Antunes Filho, o último diretor a trabalhar na companhia, e, no Rio de Janeiro, com José Renato, líder do Arena, grupo contemporâneo. Os dois, ao lado de Graça Mello (1914-1979), foram os primeiros diretores brasileiros a surgir em função do advento do teatro moderno. Foi entrevistada ainda a atriz Sônia Oiticica (1918-2007), em São Paulo.

Foi a última entrevista de Sandro Polônio – ao longo do segundo semestre, o seu estado de saúde, que já era bastante delicado, agravou-se. Em dezembro ele faleceu. Deixou, no entanto, um depoimento longo, em alguns momentos dado em parceria com Maria Della Costa, em um total de cerca de quinze horas de gravação – algo de seu projeto de vida certamente estará materializado aqui, bem como do projeto de Maria Della Costa: como vida de estrela, certamente o caminho que escolheram.

Para chegar a tanto, foi necessário situar a densidade específica do trabalho com a História Oral. Trata-se de um método de pesquisa relativamente novo: nada pode exigir tanta cautela por parte do estudioso como uma mudança desse tipo, que supõe uma revisão de atitudes e de procedimentos incorporados ao longo do tempo. Sedutora, a proposta oferece a chance de uma renovação e acena com hipóteses instigantes de ampliação do próprio campo de trabalho eleito. Mas alguns cuidados são essenciais. Em princípio, não se deveria recorrer às fontes orais ou à documentação oral[7] supondo-as como meros equivalentes simétricos da documentação escrita convencional; as perguntas a fazer e a análise a construir não são as mesmas. Ainda assim, em diversos momentos desta pesquisa os depoimentos foram usados como *documentação oral* e como complementos simétricos às outras fontes convencionais. Vale perguntar o que é o *depoimento* para a construção da *verdade histórica*, o que é a *verdade histórica* em contraponto com o sujeito e a *verdade* do sujeito, em especial do sujeito artista?

É preciso reconhecer o valor da História Oral na História do Teatro, especialmente para aquela História do Teatro voltada para a história do espetáculo. Trata-se de um território em que o recurso à oralidade atinge um grau de radicalidade notável, já que o próprio objeto de estudo só existiu em boa parte como verbo, segundo procedimentos trabalhados e transmitidos predominantemente sob forma oral e recorrendo-se – pelo menos no ponto de vista deste trabalho – a depoimentos como uma das formas para que se possa tentar reconstituir o processo histórico.

Um outro item, contudo, com frequência negligenciado nos estudos e nas análises, merece ser ressaltado: obra de amadores ou de profissionais, o teatro existe historicamente a partir de emaranhados de procedimentos práticos, técnicos, específicos. É o que se designa em jargão teatral como *saber de coxia*. Não pode haver dúvida, assim, sobre a importância do assunto para o estudo da História do Teatro, pois a própria existência técnica do teatro é basicamente uma construção oral. Nesta pesquisa, foram usados

---

[6] As gravações foram realizadas na residência do casal, contígua ao Hotel Coxixo; a equipe ficou hospedada no hotel, exigência feita pelo casal, por amabilidade e também para melhor organização das sessões de depoimento de Sandro Polônio, cuja dieta exigia rigor de horário. Participaram da gravação: Tania Brandão – entrevistadora, coordenadora geral; Christine Junqueira – auxiliar de entrevista; Célia Grespan – apoio técnico; Ana Bevilaqua – fotografia. Os depoimentos, em fita cassete e papel, integram o acervo da autora.

[7] Cf. terminologia estabelecida por Danièle Voldman, em M. M. Ferreira, *Entrevistas: Abordagens e Usos da História Oral*, p. 11. Além da precisão conceitual, de extrema importância, é preciso valorizar a metodologia. Cf. V. Alberti, *História Oral: A Experiência do CPDOC*.

documentos orais para tentar estabelecer o conceito de teatro vigente no Teatro Popular de Arte, construído e praticado ao longo de sua existência, em estudo comparado com outras fontes. Os documentos orais construídos pela pesquisa foram pensados a partir de uma orientação bem nítida: em diversos momentos, a história da companhia estudada arriscava confundir-se com a história da vida dos entrevistados e foi preciso estabelecer diferenças nítidas de conceituação e de ação. Em alguns momentos a história de vida iluminou o estudo do processo histórico.

De saída, esteve em pauta a necessidade de definição de vida e, logo, de história de vida, temas de Pierre Bourdieu. Foi necessário trabalhar com a percepção de que uma vida contém vários agentes e que, para cada agente, são muitas as histórias de vida possíveis. Assim, a existência humana obedece a uma estrutura de rede, a personalidade é o conjunto de relações objetivas que uniram o agente considerado sob a abstração do nome e se apresenta como o produto da interseção de séries causais parcialmente independentes[8]. Vale destacar o fato de que o artista em geral apresenta dois nomes, duas identidades – elas significam a necessária constatação da ampliação do número de agentes possíveis.

Não há que temer, aqui, a ameaça de uma ilusão objetivista, uma abordagem que possa vir a reduzir o perfil das personalidades estudadas. A necessidade é, ao contrário, a de adotar medidas que neutralizem o subjetivismo elevado corrente no meio artístico e que auxiliem até o controle da identificação com os entrevistados, em virtude de seu carisma. Em tais condições, é fundamental observar que a História Oral não se faz, com artistas de nosso tempo, como se faz com homens comuns: os artistas possuem uma fala para a fama, uma construção de versão glamourizada dos fatos que é fundamental perceber. A história de vida é, então, formulada como anseio de reconhecimento, pretende ser uma história para a posteridade, em sintonia sempre com uma versão de mercado, construída para a mídia. Vida de artista, a história de vida se transmuda em versão de vida.

A classe teatral, com sua maestria no trato do verbo e sua vivência dos jogos de sedução e de projeção social, não tem um projeto de vida e uma oralidade, associáveis ao seu projeto, ingênuos, isentos de um cálculo peculiar, à busca do reconhecimento social, de visibilidade. Mais ainda: existe aí um uso intenso da memória, e os lapsos ou as variações nos relatos têm um sentido estratégico não negligenciável. Não se trata pura e simplesmente de um cálculo para ganhar fortunas ou poder, como se pode encontrar no estudo das elites, dos políticos, empresários, ou das pessoas comuns. Existem substâncias um tanto inefáveis norteando as memórias e o dizer: a fama, o encantamento do próximo, a admiração dos contemporâneos, o reconhecimento e até mesmo o lugar na história depois do lugar ao sol. Estas variáveis se articulam intensamente nas falas, moldando as versões da história de vida, versões, aliás, construídas e reconstruídas ao longo de toda a existência. Os atores em questão, *gente de teatro*, não são inocentes do verbo, passaram suas vidas em intimidade com a alquimia das palavras.

[8] P. Bordieu, A Ilusão Biográfica, em M. M. Ferreira; J. Amado (coords.), *Usos e Abusos da História Oral*.

UMA EMPRESA
E SEUS SEGREDOS:
COMPANHIA
MARIA DELLA COSTA

Os depoimentos de Maria Della Costa e Sandro Polônio apontaram para este fato – raros foram os momentos em que surgiram versões que não eram versões da vida, sustentadas a vida inteira, para a mídia e os fãs. Os atores, no caso, em especial Sandro Polônio, souberam sempre orientar com precisão a relação do outro com sua imagem. Em certo sentido, não existiria aí verdade histórica em um sentido ingênuo e unívoco, mas versões construídas a partir de determinados agentes, aqueles voltados para o cálculo de celebração – o que é uma forma determinada da verdade.

Quer dizer, sob esta orientação, a História Oral surge em larga medida como um estudo de identidade. E para levá-lo adiante, a contribuição de Gilberto Velho[9] foi decisiva. O ponto de partida que propõe é exatamente o conceito de identidade, que não situa precisamente uma linha contínua, progressiva e coerente de ser, mas um momento ou um processo de individuação que pode ser mutante, na sociedade moderna, em virtude da multiplicidade de referências favoráveis à fragmentação e ao descontínuo. O indivíduo, aí, se torna o valor básico da cultura e a noção de biografia é fundamental; a memória individual se torna socialmente relevante, contrariamente ao que acontece em uma sociedade tradicional, em que o indivíduo só pode ser compreendido como parte de uma totalidade (clã, linhagem, tribo) e em que a memória valorizada é a memória holística ou englobante. É o indivíduo-sujeito, basicamente, o polo social que formula projetos – uma noção – usada pelo autor a partir de Alfred Schutz: "conduta organizada para atingir finalidades específicas". Para Gilberto Velho, na constituição da identidade social dos indivíduos, a memória e o projeto são amarras fundamentais: a "consciência e a valorização de uma individualidade singular, baseada em uma memória que dá consistência à biografia, é o que possibilita a formulação e a condução de projetos".

Segundo o autor, se a memória viabiliza uma visão retrospectiva mais ou menos organizada da trajetória e da biografia do indivíduo, "o projeto é a antecipação no futuro dessas trajetória e biografia, na medida em que busca, através do estabelecimento de objetivos e fins, a organização dos meios através dos quais esses poderão ser atingidos". A memória fornece os indicadores básicos de um passado que é o produtor das circunstâncias do presente. Sem a consciência dessas circunstâncias, é impossível ter ou elaborar projetos. Assim, a consistência do projeto depende, segundo o autor, da memória.

O autor não possui uma visão crítica muito aguda do conceito de sujeito, mas, ainda assim, a sua análise apresenta a vantagem de permitir algumas visões a respeito de memória e projeto muito produtivas, ao observar que a memória é fragmentada -"O sentido de identidade depende em grande parte da organização desses pedaços, fragmentos de fatos e episódios separados. O passado, assim, é descontínuo". Os projetos seriam os doadores de sentido e continuidade para o passado e a memória, pois pressupõem a existência do Outro: "sobretudo, o projeto é o instrumento básico de negociação da realidade com outros atores, indivíduos ou coletivos. Assim ele existe, fundamentalmente, como meio de

△ Maria Della Costa em sua casa, em Paraty, em 1995, conta histórias de sua vida e de sua carreira no teatro. (Fotos de Ana Bevilacqua, acervo da autora.)

9 Em Memória, Identidade e Projeto: Uma Visão Antropológica, na revista *Teatro Brasileiro*, n. 95, p. 119-126.

comunicação, como maneira de expressar, articular interesses, objetivos, sentimentos, aspirações para o mundo". Estas reflexões surgiram como ferramentas hábeis para a análise dos depoimentos, viabilizando sua articulação com o estudo da trajetória teatral dos entrevistados.

Existem distâncias consideráveis entre História do Espetáculo e História Oral, é bom frisar. A proposta foi a de trabalhar com a primeira, figurando a segunda como uma possibilidade metodológica produtiva, mas não única, excludente ou exclusiva. Ao contrário: não se abriu mão de outros procedimentos metodológicos, voltados à lide com fontes escritas e iconográficas, como já se observou. Até mesmo alguns filmes foram de importância decisiva para o trabalho, sem que se fale, ainda, na extrema variedade de fontes escritas trabalhadas. A História Oral figurou neste trabalho como meio operacional eficiente para distinguir uma metodologia em trabalho histórico específica, diferente, dotada de procedimentos peculiares e irredutíveis, apta a gerar uma qualidade particular de fonte, de extrema relevância para a área de estudo em foco: a fonte oral.

No entanto, a fonte oral não foi o recurso básico, foi usada raramente; em seu lugar surgiu o documento oral. Isto significa, como já se indicou acima, que os procedimentos da História Oral foram acessórios ou complementares aos documentos de outra natureza, em certos momentos, e foram meios privilegiados para estabelecer e esclarecer as histórias de vida. Assim, os documentos produzidos por entrevistas esclareceram e complementaram as informações já reunidas, preencheram lacunas, estabeleceram versões. A produção de contraprovas foi por vezes necessária; não foi, contudo, cogitada sempre: em diversos pontos do trabalho a fala solicitada não foi a voz da verdade, mas a voz do agente diante de seu projeto, expressando uma solução em sintonia com um processo coletivo.

A linha de trabalho pretendida, portanto, tentou se aproximar daquela "que privilegia o estudo das representações e atribui um papel central às relações entre memória e história, buscando realizar uma discussão mais refinada dos usos políticos do passado", no dizer de Marieta de Moraes Ferreira[10]. Portanto, nem sempre houve a preocupação com a *apuração da verdade*, ou foi feita a *verificação* de versões para a obtenção de relatos sem contradições. Em muitos casos foram consideradas antes as versões e procurou-se indagar sobre o seu sentido e função. Portanto, também por esta razão, a oralidade não foi associada à verdade histórica em um sentido estreito. A fala do casal foi usada exaustivamente no texto, usando-se a denominação singela de *depoimento*, para entremear histórias de vida e História, reduzindo-se as notas.

O ponto que se tentou atingir com os depoimentos foi o do desvelamento máximo do projeto teatral defendido por Sandro Polônio e Maria Della Costa. Os dois, depois de encabeçarem de 1948 a 1974 a mais longeva equipe teatral moderna, se retiraram drasticamente da cena; passaram a se dedicar à hotelaria, enquanto a vida teatral do país se tornava um campo de ação de individualidades independentes, distantes das políticas que, pouco antes, foram o cavalo de batalha dos modernos.

△ Sandro Polônio, criador do Teatro Popular de Arte e da Companhia Maria Della Costa, em sua última entrevista, concedida a Tania Brandão (Paraty, 1995.) (Fotos de Ana Bevilacqua, acervo da autora.)

10 Para as ideias expostas, M. M. Ferreira, op. cit., em particular História Oral: Um Inventário das Diferenças.

UMA EMPRESA
E SEUS SEGREDOS:
COMPANHIA
MARIA DELLA COSTA

Eles ainda assinaram algumas produções, mas elas próprias estiveram distantes da dinâmica de seu passado.

Em tais condições, a fala dos dois atores pôde permanecer contínua, quase inalterada, ao longo da vida e nos depoimentos gravados com a equipe: se no passado, no calor da atividade, buscavam imprimir seus nomes no jogo duro do mercado, o problema no retiro relativo que escolheram era o desejo de reconhecimento e imortalidade, a aclamação histórica, enquanto percebiam suas imagens de outrora se desfazendo no cenário teatral. Este projeto de vida transpareceu sobremaneira no depoimento de Sandro Polônio. A busca da reação contra o esquecimento popular ficou materializada à perfeição na expressão recorrente que pontilhou todo o seu depoimento: "Mas eu fiz, fiz, fiz... eu fiz!" A flutuação da identidade não se traduziu, portanto, em alteração decidida de projeto, pois a companhia dos atores não conquistara, em seu próprio tempo, o reconhecimento com que eles sonhavam, como se comentará adiante. A verdade do estrelato norteou o verbo, o que não é nenhum demérito, apenas uma constatação.

O objeto escolhido pôde, portanto, ser desvelado: espelhos singelos surgiram para indicar os contornos básicos de sua imagem, embora ela tenha surgido esfumada aqui e ali, imprecisa ou trêmula adiante. Imagem – a palavra tem precisão cirúrgica para dimensionar o que se quis mostrar. Sem recair em apreensões sociológicas, sem tentar reduzir as dimensões de continentes irredutíveis, parece que foi possível oferecer uma imagem do Brasil diferente daquela que a História *tout court* tem mostrado, a imagem da sua sensibilidade enquanto percepção coletiva e imediata, viva e presente, o que o teatro faz.

△ Entrevista com Sandro Polônio e Maria Della Costa, em sua casa (Paraty, 1995.) (Fotos de Ana Bevilacqua, acervo da autora.)

II

Modernos, Moderno

> A arte, o artista, a poesia e o modernismo,
> por associação, não tratam das essências,
> mas do mundo em mutação dos sentidos
> e das sensações.
>
> FREDERICK R. KARL[1]

Os Artifícios da Palavra

Uma trajetória para o singular. Ou melhor: o sujeito do percurso é obrigado a se negar a si próprio, trair sua própria essência – modernos, moderno. Este parece ser um eixo explicativo privilegiado para a análise da geração e da movimentação do teatro brasileiro moderno. A afirmação tem impacto. E o impacto reside em sua densa história intelectual, pois é muito o que se deseja formular em tão pouco texto. É necessário enveredar por múltiplos desvelamentos, tentar indicar o que há por trás dos rótulos, na esperança de alguma transparência. Trata-se da indicação da ocorrência de uma redução histórica. Enquanto tal, ela não vale por si; cumpre detalhar a operação empreendida. O que significaria o nome *moderno*, termo responsável pela liquidação do plural? Qual a sua tessitura?

De saída, um enorme risco. Ingenuidade suspeita: o diagnóstico é inevitável quando a palavra *moderno* é usada sem maior reflexão para qualificar um objeto. Exaurida pela intimidade abusiva com que tem sido tomada em nosso século, tornou-se uma palavra-ônibus, inclinada a múltiplos roteiros intelectuais. A rigor, não poderia ser usada. Ou melhor: só pode ser usada se for submetida a uma análise crítica cuidadosa de suas acepções. Ao sugerir etimologicamente uma identidade com o tempo presente, imediato, portanto uma aura de familiaridade que logo se transforma em positividade, suspensão do sentido do tempo que desafia diretamente o historiador, solicita que se exercite o pensamento crítico até a exaustão.

Ou nem tanto – na verdade, basta chegar ao menos até o desvelamento cristalino do contorno dos objetos de trabalho que se deseja

[1] *O Moderno e o Modernismo*, p. 25.

UMA EMPRESA
E SEUS SEGREDOS:
COMPANHIA
MARIA DELLA COSTA

expor. É o que se pretende fazer aqui, pois o objetivo em pauta é o de um estudo de caso, não é o caso de um estudo teórico. A teoria se impõe muito mais como explicitação do objeto estudado do que como esgotamento de suas próprias formulações. Assim, a opção consciente é a de atingir uma enunciação direta, deliberadamente ingênua, portanto, do sentido da expressão *teatro moderno*, recorrendo-se apenas às reflexões essenciais para a proposta em causa.

Operação paradoxal: a desconfiança frente à ingenuidade deverá ser abolida por esclarecimentos prévios, sumários, preocupados em enunciar rapidamente o que é o *moderno* de que se deseja falar, um *moderno* primeiro, um conceito, portanto uma pluralidade, que irá transmudar-se em um outro *moderno*, singular, que é em si uma redução. Ou que se deseja apontar como tal, para que se possa, então, situar o contorno histórico do teatro brasileiro moderno e o papel desempenhado em seu interior pela Companhia Maria Della Costa.

A proposta, assim, é a de atuar em dois sentidos distintos; o primeiro, conceitual, relativo à História do Teatro propriamente dita, aquele em que é necessário constatar a vigência do *moderno* enquanto pluralidade, ainda que tal se faça de forma sumária. O segundo, preso diretamente ao objeto de estudo escolhido, capaz de delinear a trajetória de uma redução, de uma perda, em que a multiplicidade original se esvaiu para se revelar como *o moderno*, uma negação de si, afinal a questão que estará em pauta ao longo do conjunto deste texto.

É importante caminhar por partes, passo a passo, cuidadosamente. Pois em princípio, ironicamente, a opção de trabalho dedicada ao *teatro moderno* exige uma delimitação conceitual importante – a própria História da Cultura com que se deseja trabalhar é duplamente *moderna* em si. Trata-se de uma *História do Teatro* que deseja ser *História do Espetáculo* e não *História da Dramaturgia*, como costumam ser as Histórias do Teatro convencionais, em alguma medida herdeiras de Aristóteles. Ou, na realidade, da leitura que o classicismo francês propôs para o texto da *Poética*, tema controverso já bastante esclarecido pelos estudos de Marco de Marinis[2]. Desta forma, o objetivo a atingir é a história de uma companhia de teatro, uma companhia brasileira dedicada ao *teatro moderno*: portanto história da cena moderna, razão pela qual se falou em duplicidade do moderno.

E qual seria o caminho de definição deste moderno? De saída, um novo sentido, restrito, para *moderno* deve ser traçado. Termo com história extensa na área das artes em geral, percurso que não será possível explorar aqui, ele será estudado no que se refere ao teatro propriamente dito. Seria, portanto, uma segunda acepção a explorar, diferente daquela relativa à vida da sociedade ou dos homens. O seu alcance transparece, aí, muito diferenciado. Não se trata mais de um processo social amplo, mas de uma forma de produção de bens culturais, portanto estreitamente dependente da decisão e da ação individual.

Não se pode, tampouco, no caso dos estudos de teatro, recorrer à facilidade de uma tradição analítica consolidada para daí extrair meca-

[2] Ao contrário de uma leitura tradicional da *Poética*, bastante difundida, de extração francesa, a partir da qual se convencionou estabelecer que o filósofo afirmou peremptoriamente a importância do texto contra a encenação, Marco de Marinis procurou ressaltar a condição de Aristóteles como um possível defensor do *espetáculo* ou ao menos indicar a condição contraditória da definição de espetáculo na *Poética*. Ver Aristotele teorico dello spettaculo, em *Teoria e storia della messinscena nel teatro antico. Atti del Convegno Internazionale*. Para o texto aristotélico, ver entre outros Samuel H. Butcher, *Aristotle's Theory of Poetry and Fine Art*, p. 29-31 : "O espetáculo tem, de fato, uma atração emocional por si próprio, mas, de todas as suas [da tragédia] partes, é o menos artístico, e menos conectado com a arte da poesia. O poder da tragédia, nós podemos ter certeza, é sentido até mesmo independente da representação e dos atores. Além disso, a produção de efeitos espetaculares depende mais da arte do maquinista de palco do que da arte do poeta".

nicamente o conceito, como se tentará expor. Se as obras dedicadas ao moderno, nas artes em geral, são omissas, reticentes ou limitadas com relação ao teatro, as obras dedicadas ao teatro moderno são econômicas no que se refere à exposição dos cálculos conceituais. As poucas obras que se voltam para o teatro brasileiro, em sua totalidade se abstêm de estabelecer qualquer definição mais elaborada dos termos[3]. Algumas, inclusive, sugerem o trabalho com a expressão apenas no sentido etimológico mais imediato: "moderno. dos nossos dias, recente, atual, hodierno"[4].

Aliás, a rigor este sentido não pode ser completamente evitado – trata-se mesmo de referência imediata para a construção do conceito e como tal deve ser a primeira a ser focalizada criticamente. É preciso, justamente, esvaziar a possibilidade de uma percepção familiar do termo: a sensação de "contemporaneidade" e "convivência", digamos, de que se falou a princípio, tão comprometedora, necessita ser projetada historicamente.

O presente deve ser convertido em um tempo de historiador: história do tempo presente[5]. Se a produção de bens culturais se dá profundamente em função de individualidades, estas individualidades não são seres comuns, banais, encerrados em suas vidas imediatas, mas momentos do processo histórico, de alguma forma viabilizadas pelo processo histórico. São socialmente (e pessoalmente, por escolha deliberada) transformadas em artistas. Uma situação que sublinha a necessidade de que se observe o limite da pessoalidade: aquilo que é do nosso tempo não é relativo ao momento pessoal, subjetivo, mesmo em se tratando de personalidades ímpares, mas decorrência do *devir* histórico, que precisa ser nitidamente reconhecido. Também o artista é uma construção sujeita aos azares de seu tempo.

É importante frisar, ainda, que o moderno de que se tratará aqui já abrange, em sua trajetória cronológica, mais de uma geração[6]. A constatação é de extrema importância: ela problematiza um bocado a etimologia como possibilidade de definição. No que se refere à história da arte em geral, o moderno pode ser confortavelmente situado há cerca de um século; outro tanto equivalente deve ser considerado para o caso do teatro europeu. Para o teatro brasileiro, as contas são mais modestas, remontando no máximo ao período do entre guerras, ou menos; situação que, ainda assim, já permite considerar o envolvimento de mais do que um estrato demográfico. Há, portanto, um momento anterior, cuja cronologia deverá ser definida oportunamente, posto que ele não é obrigatoriamente tão distante, que viabilizou a emergência da geração moderna. Está presente neste nascimento uma operação que é, ela própria, digamos, moderna.

Nestas condições, alguns critérios devem ser estabelecidos para que se possa situar o moderno como sinalizador da existência de duas práticas diferentes, antagônicas. O moderno se propõe e se define como tal *contra* o que ele próprio qualificou como antigo. A partir de análise desenvolvida por Jean Clair[7], é possível assumir uma atitude crítica,

MODERNOS, MODERNO

3 A enumeração dos textos considerados será feita adiante, caso a caso, em especial no próximo capítulo.

4 A. G. Cunha, *Dicionário Etimológico*.

5 A definição de História do Tempo Presente foi formulada a partir de D. Peschanski, M. Pollak e H. Rousso. Le Temps présent, une démarche historienne à l'épreuve des sciences sociales, *Histoire politique et sciences sociales*. Considere-se em especial: "Singular, o campo do tempo presente apresenta-se como tal em sua própria definição. Ele abrange uma sequência histórica marcada por duas balizas móveis. Além disso, esta sequência remonta até os limites da duração de uma vida humana, o que significa um campo marcado primeiramente e antes de tudo pela presença de 'testemunhas' vivas, o traço mais visível de uma história ainda por fazer", p.14.

6 Sobre o conceito de geração, escreveu Ortega y Gasset que a geração é: "como um órgão visual com que se vê em sua efetiva e vibrante autenticidade a realidade histórica" – "não se pode tentar saber o que na verdade aconteceu em tal ou qual data se não se verifica antes em que geração aconteceu, isto é, dentro de que figura de existência humana aconteceu", *Esquema de las crisis, Obras Completas*. Além desta ótica a partir do indivíduo, que pode ter significado produtivo no interior da história cultural, é possível identificar uma abordagem preocupada com o processo: J. – F. Sirinelli, A Geração, em J. Amado; M. M. Ferreira (coords.), *Usos e Abusos da História Oral*. O conceito de geração proposto pelo autor será o adotado aqui. A seu ver, além de estrato demográfico, isto é, dado natural, a consistência da geração será considerada a partir de um acontecimento inaugurador, em nosso caso o advento do moderno. Assim, não há como negar a existência da geração como "um fato cultural, por um lado modelado pelo acontecimento e por outro derivado [...] da autorrepresentação e da autoproclamação, o sentimento de pertencer a uma faixa etária com forte identidade diferencial". A geração será bem menos, aqui, portanto, "uma reconstrução do historiador que classifica e rotula"(p. 136-137).

7 Innovatio et renovatio: de l'avant-gard au post-moderne, *Le Débat*.

não ingênua, com relação ao uso das expressões antigo e moderno em arte. O moderno lançou mão da qualificação que lhe seria oposta com um sentido de poder e de negação. O autor observou que, ao mesmo tempo em que o moderno se formulava apagando o critério geográfico, ele erigia um outro, mais insidioso, de ordem agora cronológica. Quer dizer, para os modernos, a divisão passaria a ser feita entre "modernos" e "antigos", isto é, entre "os que sabem e os que não sabem". Pior: mais exatamente entre os que ainda não sabem, os que sabem e os que já sabem. Em tais condições, o critério não será mais o do saber ou do não saber, mais da menor ou maior anterioridade do mesmo saber. As consequências são decisivas, pois assim se poderá fazer não apenas a distinção entre povos atrasados, retardatários ou subdesenvolvidos, e sociedades modernas, mas ainda, no interior destas últimas, entre as microssociedades de vanguarda, compostas por iniciados. Vale reproduzir o comentário agudo do autor: "É inútil perguntar-se, como relembra Octavio Paz, atraso em relação ao quê ou a quem"[8].

A ressalva é importante para liberar o uso dos termos em um sentido diferencial, que ainda é temporal, porém não é valorativo. O estudo que está sendo proposto não pretende reconstituir o gesto dos modernos para endossá-lo; antes, o que se deseja é, claramente, o estudo histórico, isto é, aquele em que o tempo é condição primordial, mas em que é necessário vislumbrar a alquimia dos conceitos. Assim, antigo e moderno devem ser localizados enquanto manifestações históricas, temporais, criticamente consideradas.

Portanto, o ponto de vista deste livro é o ponto de vista moderno, que deve ser considerado, no entanto, como uma abordagem crítica. Pois este é o primeiro grande tema deste trabalho, o da necessidade de se escrever a História do Teatro Moderno como história da cena, história de libertação e de ruptura frente a um eixo tradicional do Ocidente. Se a história do teatro pôde, em larga medida, ser história da dramaturgia, a história do teatro moderno não pode de forma alguma ser reduzida a tal condição, sob pena de que não se compreenda o seu movimento essencial, definidor. Que tal tenha ocorrido, em escala crescente, no interior de uma sociedade que se tornou cada vez mais uma sociedade do espetáculo, do *show*, da exposição – tema auxiliar de que não iremos tratar – é uma condição que só corrobora esta linha de argumentação. Só a cena – vale dizer, a presença, densa e articulada – poderá traduzir os movimentos próprios da percepção e da conceituação do ser ocidental, cada vez mais fragmentário, cada vez mais sinônimo de multiplicidade. É importante destacar que, ao longo do século, as artes plásticas caminharam das formas perenes, etéreas e estatuárias para as formas da performance, da presença ativa. Os estudos mais recentes da cena sublinham inclusive esta aproximação[9].

São necessários conceitos adequados, portanto, para permitir a análise deste outro objeto que não é a forma cristalizada do texto, não é necessariamente a tradução concreta das letras. Mas não existe ainda um elenco estabelecido de conceitos: trata-se de uma área de estudos nova, em processo de afirmação. As vertentes mais recentes de análise do fato

[8] Idem, p. 13.

[9] Considerar em particular a obra monumental de Giovanni Lista; ver também nota 15.

teatral que fortalecem a reflexão realizada, centrada no reconhecimento da importância da cena, estão localizadas no âmbito da semiologia e oferecem ferramentas interessantes para o estudo que está sendo proposto. Precisam, no entanto, ser analisadas criticamente: mesmo neste campo de ação, boa parte do quadro conceitual é ainda constituída a partir da consideração do *texto* como referência privilegiada[10]. Vale indicar o tema: essa análise também não é a preocupação deste texto. Este estudo precisa seguir uma outra orientação.

Por uma Definição de Teatro Moderno

Qual o sentido que se pode atribuir ao jogo de palavras modernos, moderno em relação ao teatro brasileiro? Será que existiu um *teatro brasileiro moderno*? As perguntas têm sentido e são importantes, se o objeto em foco for o movimento teatral brasileiro entre os anos de 1940 e 1970. As respostas – e por ora não pretendemos ousar respondê-las integralmente – poderão surgir sob muitas variantes, de acordo com o interlocutor e a *leitura* que se escolha. Para que ele a construa, deverá partir de conceitos prévios decisivos – o que é *moderno*, o que é *brasileiro* e o que é *teatro* serão objetos mínimos de discussão. Em princípio, é importante reconhecer que o teatro brasileiro do período em questão discutiu tudo isso. E muito mais. E que uma fatia generosa deste debate está presente na história da Companhia Maria Della Costa. Para expô-la aqui, exatamente enquanto empreendimento teatral moderno, iremos recorrer a referências conceituais simples, diretas.

Uma parte dessas referências será explorada ao longo do próprio texto, nas ocasiões oportunas. Há, contudo, uma referência que consideramos mais importante e que deve ser de saída comunicada ao leitor: é o conceito de moderno. Não nos alongaremos em demasia no cuidado com a sua análise – como já se observou, esta seria uma tarefa para uma outra obra. O que parece essencial no caso é uma conceituação direta, operacional, importante não só para delinear o objeto de estudo, mas também o contorno local que é preciso atribuir ao termo.

Em tais condições, como já foi exaustivamente esclarecido acima, não iremos considerar o moderno em sua acepção etimológica: moderno não é simplesmente o que é de nossa época, mero fruto de uma proximidade temporal. Iremos considerá-lo a partir da História do Teatro Europeu, como um capítulo da História da Arte Moderna, seguindo uma prática bem difundida que tende a situá-lo como um fato histórico *necessariamente* de ruptura, em que a *tradição* – ou mesmo práticas consideradas até então como paradigmáticas – foi posta em suspenso através de empreendimento de mudança coletivo, geracional, que marcou de forma profunda a história da arte do mundo ocidental. Trata-se de uma virada histórica, um fato inaugural ou um acontecimento fundador[11].

---

[10] Os autores básicos considerados para a proposição desta nova abordagem foram P. Pavis, *O Teatro no Cruzamento de Culturas*, em especial o artigo Do Texto para o Palco: Um Parto Difícil; C. Balme, Beyond Style: Typologies of Performance Analysis, *Theatre Research International*. Um débito extremo à literatura – ou antes, à análise literária – parece ser ainda o limite da semiologia. É bem verdade que Patrice Pavis trabalha com a diferença entre texto e cena segundo uma precisão cirúrgica, mas o *modelo actancial*, formulado por Anne Übersfeld, é inteiramente tributário da *textocracia*. Veja-se P. Pavis, *Dicionário de Teatro*.

[11] Ver a propósito J.-F. Sirinelli, op. cit., e D. Peschanski, M. Pollak e H. Rousso, op.cit.

UMA EMPRESA
E SEUS SEGREDOS:
COMPANHIA
MARIA DELLA COSTA

Se o tema tem consistência na história da arte em geral, o seu tratamento no teatro está longe de ser simples, em boa parte porque o teatro não é um objeto de estudo com perfil consolidado no panteão da teoria da arte, assim como o cinema, guardadas as devidas proporções. Ao que tudo indica, durante boa parte do século XX existiu uma *resistência acadêmica* contra o cinema, uma espécie de recusa diante de sua concretude de mercado: a escala industrial de produção e a bilheteria afetavam o inefável da arte, traziam uma dificuldade razoável para os analistas[12].

Com relação ao teatro, a resistência também existe, mas o seu contorno é um pouco diferente. Ao longo da história ocidental, o *status* do teatro já oscilou bastante; ele já foi visto com frequência como arte menor. A mudança relativa de avaliação, em especial em tempos recentes, se deu em boa parte por sua condição de *arte tradicional*, com seu nascimento fincado na própria dinâmica institucional da antiga sociedade grega. Contudo, apesar dessa nobre condição original, houve uma reversão da sorte não negligenciável, posto que plasmou uma dinâmica peculiar ao Ocidente – logo depois do esplendor grego, o teatro apareceu como arte decaída, em razão dos interditos religiosos, cristãos, impostos à *presença* da carne, razão de ser da cena. O duplo registro, de celebração e de proibição, tem sido marca definidora importante da história do teatro.

Em *nossos tempos*, a antiguidade da origem favoreceu a sua promoção: a mácula do jogo de mercado pôde ser contornada, se bem que a favor do texto, da redução do palco ao fato da literatura, de acordo com uma certa tradição *aristotélica*, quer dizer, uma leitura de Aristóteles proposta a partir do classicismo francês, já comentada aqui. Pesou também na construção deste desvio relativo, recuperador, o sentido *educacional* e *moralizador* atribuído ao teatro no século XIX, em particular pelo realismo, que fez muito em prol de sua *reabilitação* social. Contudo, foi uma trajetória longa e acidentada. O teatro de bulevar, de feira, dos pavilhões das periferias urbanas, impregnado do suor do populacho até porque buscava abocanhar alguns trocados dessa invenção recente chamada salário, em uma situação histórico-social nova, pois até então nunca os *populares* tinham tido a chance de um acesso comparável ao dinheiro, foi em si um peso contrário aos esforços de exaltação da arte da cena.

De qualquer forma, vale destacar que, no caso dos estudos do teatro, não existe propriamente uma ausência maciça de abordagem, como ocorreu com frequência com o cinema, mas uma lacuna em que a própria natureza do fato teatral, espetacular, é subestimada. O teatro, quando é considerado sem preconceitos positivistas, para ser aceito nas lides acadêmicas, tende a ser visto como um *gênero literário*. Tal condição é duplamente nociva, duplamente contrária ao teatro, pois é impossível tratar o tema do teatro moderno ignorando-se a realidade da cena.

Dentre os autores que estudaram o tema, esta *restrição* ao teatro é constante – o procedimento usual é o de tecer observações isoladas sobre diferentes autores teatrais modernos, estes sim modernos, buscando-se, portanto, oferecer uma visão a um só tempo unificadora e específica. As análises padecem das sérias limitações resultantes da formulação de um

---

[12] No caso brasileiro, o tema é em parte abordado por M. R. Galvão, *Burguesia e Cinema: O Caso Vera Cruz*, p. 21 e 26, quando considera o tratamento dado ao cinema na revista *Anhembi*: "Já não precisamos consolar-nos com a certeza de que a nossa arquitetura e a nossa música colocam-se em nível idêntico ao das melhores, nem aliviar-nos com a convicção de que as nossas artes plásticas estão à altura da inteligência do país. Também nas *artes menores*, que pareciam enjeitadas, podemos falar sem acanhamento, pois se um dia viremos a ter um cinema, desde já podemos falar num teatro brasileiro" [grifo nosso]. E também quando trata da relação tradicional dos intelectuais com o cinema: "O desinteresse da burguesia e da intelectualidade brasileiras pelo cinema nacional sempre foi notório – pelo menos até o início dos anos 50".

falso problema como ponto de partida, exatamente a consideração do texto sem relação com o fato da mudança da cena. Não há, seguindo-se o percurso que propõem, a possibilidade de construção de um objeto de análise, que seria, justamente, o teatro moderno. A ótica destes autores não lhes permite ver além da literatura dramática: ela é literária. O que ignoram – e que parece fora de dúvida – é que o tema fundante do teatro moderno é o advento da cena como princípio de formulação do fato teatral, em rompimento com o que se poderia chamar de longa tradição textual, que se pretendia de raiz aristotélica, anterior.

A proposta de abordagem que se pretende defender aqui é bastante diversa: seu centro de formulação é o reconhecimento do valor da cena. A proposição da encenação como forma específica de ser do teatro moderno, se não promoveu a derrocada do texto – que continuará a ser de grande relevância para uma determinada vertente de trabalho em teatro, em função mesmo de uma certa compreensão da cena, responsável pela difusão do chamado teatro da palavra, de matiz idealista, o valor da cena – subverteu sem dúvida todos os parâmetros da produção artística teatral. Garantiu, inclusive, a emancipação da literatura dramática. Isto é, foi precisamente o advento da encenação o fato que viabilizou o aparecimento dos textos teatrais como liberdade, expansão ilimitada das opções poéticas possíveis frente às convenções teatrais e dramatúrgicas, situação que gerou uma multiplicidade impressionante de vertentes de trabalho autoral. Surgiu até mesmo o teatro da palavra já citado, em que a *cena* podia pretender ser representação efetiva de uma "essência" do texto. O caráter desta multiplicidade é de uma tal ordem que, para os autores presos à explicação literária do moderno no teatro, só é possível entendê-la como uma "dificuldade" proposta pelo objeto de estudo, o encontro de disparidades irredutíveis[13].

Quer dizer, o teatro moderno se tornou multiplicidade – inclusive como texto dramático – objetivamente, em função direta do advento de sua condição moderna por excelência, exatamente a era da encenação. As convenções e os cânones anteriores, que geriam *a priori* a estruturação dos textos dramáticos – situações, unidades, algarismos de colocação, ocupações dramáticas[14] – foram abolidos. Houve uma explosão das referências convencionais, que vinham se cristalizando desde a Renascença como se fossem uma forma fixa para fazer teatro.

Esta outra abordagem viabiliza a compreensão cristalina, no interior do teatro moderno, da polaridade Ibsen e Beckett, por exemplo, autores tão diferentes que já foram usados como exemplos para ilustrar o caráter desafiador do teatro moderno[15]. O abandono de parâmetros tradicionais de escritura dramatúrgica, determinado pelo advento de uma era da encenação, embora diferenciado em cada um dos dois autores (e em tantos outros...), é por si só o fator explicativo por excelência, fundamental para a possibilidade de compreensão e análise das divergências e contradições.

A razão de ser do teatro realizado até então era o texto, mas no sentido de uma *desclassificação da cena*, um tanto como se a cena fosse uma

[13] Considere-se, por exemplo, e em particular, M. Bradbury e J. McFarlane (orgs.), *Modernismo: Guia Geral*.

[14] A propósito do poder e da rigidez da prática teatral antiga, estabelecendo uma hierarquia de atores e de papéis, os primeiros e os *característicos*, é interessante observar o verbete *emploi*, em M. Corvin, *Dictionnaire encyclopédique du théâtre*, p. 290-291, que revela como as antigas *ocupações* surgiram a partir do classicismo e do contato com o teatro italiano – *Commedia dell'Arte* – e se estenderam até o século XX, posto que, traduzindo poderes pessoais e sociais, só puderam ser abolidas da própria Comédie Française lentamente.

[15] J. Fletcher e J. McFarlane, O Teatro Modernista: Origens e Modelos, em M. Bradbury e J. McFarlane (orgs.), op. cit.

espécie de mal necessário, veículo inferior para uma entidade maior. Os textos teatrais, por sua vez, não eram criações livres do espírito, mas um amálgama de procedimentos mais ou menos fixos, que, sem dúvida, derivavam de um universo considerável de convenções *a priori* de dupla origem – em especial do classicismo francês, com suas normas inflexíveis, e da *Commedia dell'Arte*, com suas padronizações do ofício. É certo que o dramaturgo poderia criar algo novo, inexistente nas convenções em voga: criava novas convenções, equivalentes, complementares e aparentadas às demais, logo, por sua vez, cristalizadas como tradições.

Assim, elaborado segundo um jogo convencional cerrado, o teatro era uma cena da palavra – a constituição plástica da cena não importava em si em nenhum grau, era pretexto, sugestão, obediência *utilitária* às coordenadas literárias[16]. Para cada montagem, existia um rol das *utilidades* necessárias, que era preciso ter ou *arranjar*. Em tais condições, o teatro, notadamente após o século XVIII, acabou se traduzindo em uma *era do dizer*, logo gradualmente transmudado de certa forma em uma *era do ator*, o seu *arquiteto por palavras*, embriagado pelo verbo, este o guia supremo de seu gesto e de seu corpo. Curiosamente, foi uma longa aventura, da interdição à aclamação, pois o ator fora maldito, banido, servo, ser inferior, passível das piores sevícias, no início da Idade Moderna, excomungado ainda no tempo de Molière, situação que justificara, ao longo da Renascença e até um pouco além, o impedimento do exercício da profissão pelas mulheres, em diversos países europeus[17]. Até que finalmente os atores se tornaram seres dignos de celebração social, muito embora ainda no século XIX parisiense confinassem existencialmente com o submundo[18].

Foi sem dúvida a longa luta pelo exercício da profissão que acabou levando a uma *era das divas*, no século XIX, quando o teatro despontou como a principal diversão – ou uma das principais diversões populares, escola informal de moral e bons costumes[19]. Era o bulevar, que precisava tanto das convenções rígidas como das vedetes, para faturar em ritmo veloz. O teatro moderno enquanto consciência aguda de sua condição cênica explodiu todos estes referenciais anteriores e, exatamente por causa dessa virada, promoveu uma libertação generalizada da arte teatral, em direção a uma multiplicidade absoluta. Embora diversos teóricos discutam a possibilidade de se considerar o teatro naturalista como moderno, em função de seu positivismo e de sua crença ingênua na ciência, é inegável o papel que exerceu neste sentido de libertação – e não é outro o motivo pelo qual o teatro de Antoine foi batizado como *Libre*.

Tudo indica, portanto, que é impossível analisar com clareza o teatro do século XX, mesmo o tema da dramaturgia, transformada então em extrema liberdade, se não se considera o fato da cena. O *teatro moderno* é, na verdade, a eclosão vertiginosa dos múltiplos, quer dizer, *modernos*, que precisam ser vistos enquanto tal.

É essencial, portanto, situar o teatro moderno em um quadro bastante nítido: o plano de fundo a considerar quando se cogita tratar de sua formulação é o de uma radical mudança do pensamento ocidental, mais exatamente uma das maiores crises do pensamento ocidental, a crise do

---

[16] Em mais de um sentido é possível constatar a existência da cena por longo tempo como uma espécie de aberração, ou melhor, uma arena técnica abaixo dos valores do espírito. Um indicador é o uso das luzes da ribalta, invenção cuja história está por ser escrita, mas que remontaria aos séculos XVII ou XVIII, quando à luz de teatro existia em boa parte simplesmente para iluminar, e que teria surgido do hábito de dispor castiçais no chão, para a realização de ensaios, na falta de luzes melhores. A precariedade teria feito o expediente virar procedimento, mesmo que fosse agressivo à acuidade visual. Outras referências importantes são a presença de público em cena (até o século XVIII) e a distribuição de assentos diferençados na sala, à revelia das condições de visibilidade. Sobre a história da técnica da cena, ver entre outros P. Sonrel, *Traité de scénographie*.

[17] Ver a propósito o clássico texto de W. Smith, *Italian actors of the Renaissance*.

[18] É notória a aproximação entre as atrizes e o mundo da prostituição. O caso de Sarah Bernhardt, filha de uma cortesã e frequentadora do salão da mãe por algum tempo, enquanto tentava tornar-se alguém no meio teatral, é significativo. A situação é estudada por A. Gold, Arthur e R. Fizdale, *A Divina Sarah*.

[19] Esta condição do teatro levou Strindberg a clamar por teatros pequenos – o teatro de câmara – para que pudesse efetivamente fazer *teatro*, em lugar de socialização esquemática de pequenos burgueses. O tema foi tratado pelo autor no Prefácio e no próprio texto da peça *Senhorita Júlia*.

sujeito, a derrocada da razão. Visto em relação com a própria trajetória da aventura humana – ou da aventura ocidental – ele deve ser localizado como a proposta de mudança da linguagem cênica difundida em especial a partir do final do século XIX, a qual postulou o abandono do teatro das divas, das convenções e hierarquias de cena, em favor da noção de encenação e da subordinação de todo o processo criativo ao diretor-encenador.

Não existiu ao longo da história ocidental nenhuma outra mudança teatral de dimensão comparável. Não foi apenas o fazer que se modificou, mas até mesmo as formas de viver que necessariamente estariam vinculadas ao fazer – quer dizer, as próprias noções de *estrelato* e de *artista* foram atingidas. Em boa parte o teatro suspendeu o interdito que, de diferentes maneiras, o separou sempre do estatuto pleno da arte, desde que se distanciou, em tempos remotos, das relações de aproximação com as formas do sagrado. Uma das questões fundamentais é o seu novo contorno social, a sua crescente corporeidade, a sua afirmação como fazer plenamente humano – e digno. O teatro – bem como o exercício desta profissão – tornou-se uma positividade.

E tal se deu em um momento específico da história do Ocidente e do pensamento ocidental, o momento da Segunda Revolução Industrial, da derrocada do sujeito renascentista-cartesiano, patente em Marx, Nietzsche e Freud; esta seria a condição fundante do moderno. O pensar, a estética, a poética e a técnica, assim, aparecem profundamente transformados: o saber e o fazer que se modificam indicam efetivamente o advento de um mundo novo.

Curiosamente, ao contrário do que se deu no espaço pictórico, esta revolução, no palco, não derrotou o olhar e a ótica renascentistas. Ao contrário – o derrotado foi o ator-diva ou ator-divindade, vedete, gênio da cena, astro ao redor do qual gravitava toda a economia da caixa e do fazer teatral, pois que ele era o seu *arquiteto por palavras*. O palco era uma *forma de dizer*, digamos assim, uma técnica do dizer; tudo o que se referia ao teatro acabava remontando às palavras que, em cena, adquiriam vida através do ator. O reinado deste *monstro sagrado*[20], a que já se fez referência aqui, construído ao longo dos séculos pós-renascentistas, atingiu o apogeu no século XIX e se materializava em convenções e hierarquias de cena minuciosas, cunhadas exatamente para viabilizar uma materialidade discursiva como forma de ser da cena[21].

Em tais condições, é justo afirmar que o teatro moderno europeu foi um processo de mudança iniciado no final do século XIX que gerou não um estilo, mas múltiplas tendências. Assim, a derrocada das convenções e hierarquias do "antigo regime" cênico levou ao poder a democracia visual, a possibilidade mesma de elaborar cenas de ilusão, perspectivadas, no sentido do que se convencionou chamar de olhar renascentista, privilegiando-se a concepção de conjunto, o efeito estético. O cenário deixou de ser funcional, de ambientação, e rompeu decididamente com a bidimensionalidade[22]. Sumiram os *atores*, surgiram os *comediantes*, intérpretes que não expressavam mais uma individualidade excepcional sempre igual a si mesma ou uma função dramatúrgica, e sim uma arte maleável,

20 Sobre o conceito de *monstro sagrado*, sua fundamentação técnica na voz e no excesso e sua relação com o advento do diretor, ver J.-J. Roubine, *Théâtre et mise en scène*, p. 146 e s.

21 O artificialismo e o naturalismo grotescos, convencionais, da época, faces de uma mesma moeda, espécies de variações em torno de uma mesma modalidade de representação sentimental, são focalizados com aguda percepção sob o ponto de vista da encenação por Gordon Craig, que os qualificou como grotescos, em especial quando comparados com a densidade do êxtase descrito por Heródoto, contando sua visita ao teatro sagrado de Tebas, no ano de 800 a.C., ver G. Craig, *Da Arte do Teatro*, p. 110 e s.

22 É conhecido o clamor de Gordon Craig contra o pintor no teatro, pois considera que a sua arte não tem qualquer valor do ponto de vista cênico, isto é, de movimento. Os mesmos motivos permitem uma compreensão do sucesso, então, dos cenários de *pintor* e do sucesso dos pintores em cena, para preencher um espaço que concretamente estava se abrindo.

emocionante e emocionadora, não espontaneísta e histriônica, mas factível de ser apreendida a partir de métodos. Nesse momento surgiram os métodos de interpretação e começaram a se afirmar e a se tornar importantes as escolas de teatro, em uma escala inédita. Também é o momento a partir do qual se pode falar em História do Teatro como História do Espetáculo com mais propriedade, nitidez e conforto.

Em tais condições, é justo afirmar que o teatro moderno europeu foi um processo de mudança iniciado no final do século XIX que gerou não um estilo, mas múltiplas tendências. O processo significou o advento de um mecanismo de transformação frequente do mercado teatral enquanto jogo de linguagens; em decorrência dessa forma de ser do moderno, foram propostas variadas opções de trabalho para os artistas, do fim do século até meados do século XX. E é preciso voltar a frisar que o que se apresenta aí é uma multiplicidade: *moderno, modernos*.

Os Meandros da Redução: As Matrizes

Algumas destas vertentes foram, em particular, decisivas para o teatro brasileiro – basicamente o caso francês, o caso italiano e a personalidade de Ziembinski. Porque o teatro brasileiro moderno foi formulado em função de algumas formas específicas de ser do teatro moderno. E tudo indica que esta relação, bastante fechada, conduz a um dos pontos de reflexão mais importantes do tema. A hipótese a considerar é a de que teria ocorrido no Brasil uma redução do alcance do moderno, o teatro moderno teria se transformado: em lugar de múltiplo, ele teria se tornado singular.

É preciso considerar sumariamente as proposições teatrais existentes nos "modelos" absorvidos pelo palco nacional. Nos dois casos, o francês e o italiano, existiu um teatro comercial aviltado, desprezado, entregue ao exercício vaidoso do vedetismo, que se pretendeu combater. Surgiram personalidades ímpares decididas a transformar o palco, reaproximando-o do panteão das artes. Houve inclusive aproximação entre lideranças e processos, identificações e intercâmbios. Mas as situações particulares de cada país traem diferenças, bem como as poéticas propostas.

O caso francês apresenta coloridos próprios, gerados pelo teatro de pintor e pela proliferação da cena naturalista, ao lado do bulevar. Ao mesmo tempo, o positivismo se propunha a combater o teatro, desqualificado por Auguste Comte[23], que o via como arte híbrida e inferior. Assim, o panorama teatral expunha de um lado, em meio ao comercialismo desenfreado, a pobreza das cenas de pintor e de submissão ao cotidiano; do outro, uma outra desqualificação, radical, em nome da razão e da elevação espiritual. Neste cenário surgiu a figura de Jacques Copeau (1879-1949), cuja obra de transformação do teatro francês ultrapassou bastante a dos contemporâneos voltados para projetos semelhantes, pois

23 A. Veinstein, *La Mise en scène théâtrale et sa condition esthétique*: ("Para ele o teatro [...] não pode ser admitido no ramo das Belas Artes, que compreendem exclusivamente a poesia, a pintura, a escultura, a música e a arquitetura. O teatro é apenas uma forma secundária e provisória da poesia", p.19.

proclamou como nenhum outro o retorno do teatro à pureza de suas origens e alcançou maior repercussão junto às gerações seguintes[24].

Copeau não foi uma figura *profissional* do teatro, em princípio. Aos 34 anos, crítico e homem de letras, diretor da *Nouvelle Revue Française*, amigo de Gide e de Schlumberger, transformou sua vida ao se tornar diretor, encenador, ator, fundando o Vieux-Colombier. Publicou um manifesto na *Nouvelle Revue Française* para expor seu ponto de vista aos que se admiravam de sua decisão: o motor principal de sua opção foi o sentimento de indignação contra a degradação da cena francesa, o comercialismo e a baixeza, a indisciplina, a ignorância e a tolice. Assim, o enfrentamento se fazia diretamente contra a própria negação do teatro – nos programas do Vieux-Colombier, a epígrafe era de Mallarmé:

> Você vai ao teatro? – Não, quase nunca.
> – Pois bem! eu também não[25].

O manifesto do Vieux-Colombier expunha o objetivo da empresa, através da enumeração dos pontos considerados como básicos; estes foram também, na realidade, as grandes linhas de ação traçadas por Copeau[26]. Elas envolveram a *recuperação* do *repertório*, cujo conceito foi estabelecido a partir da preocupação com o repertório clássico, as reprises, as peças inéditas e a política de apresentação dos espetáculos (alternância). A um só tempo era buscado o reencontro com a tradição, a recuperação do gosto do público por Musset, Marivaux, Beaumarchais, Molière, e a abertura para os dramaturgos estrangeiros – *A Noite de Reis*, de Shakespeare, foi o primeiro grande sucesso do pequeno teatro. Promoveu ainda uma renovação da farsa, da *Commedia dell'Arte*, sob uma forma moderna. E encorajou a reconciliação entre escritores e gente de teatro.

Outro ponto importante foi tratado na segunda parte de seu manifesto, intitulada La Troupe. Exprimia seus projetos partindo da condenação tanto dos teatros subvencionados como dos teatros do bulevar, que a seu ver careciam de direção e de ideal coletivo. Considerava que a última companhia homogênea no país teria sido o grupo de Antoine, unido por uma fé comum. Como Stanislávski, Copeau foi muito ligado à pedagogia. Inspirado também pelos trabalhos de Gordon Craig em Florença, abriu, em 1921, a Escola do Vieux-Colombier, com o ideal de levar o ator à escola da poesia e o poeta à escola da cena. O objetivo maior era o de fazer uma equipe, deixando de valorizar indivíduos excepcionais, para formar um coro no sentido antigo. A proposição fez com que mais tarde os seus seguidores diretos, os *copiaux*, propusessem o recurso aos números para nomear seu conjunto – a Compagnie des Quinze, de 1929 – indicador da diluição do divismo. Por sua ação e exemplo, contribuiu para reabilitar a profissão de ator, por longo tempo em descrédito.

O gosto pelo ensino fez com que se tornasse líder da geração de Dullin, Jouvet, Baty, Ghéon, Chancerel e dos inumeráveis movimentos oriundos deles, formados na mesma escola e exemplo. Trata-se da formulação de um conceito de diretor, uma espécie de líder conceitual e intelectual, além

MODERNOS, MODERNO

24 P. Norman, L'Apport de Copeau, em *Aux sources de la verité au théâtre moderne*.

25 "Allez-vous au théâtre? – Non, presque jamais. / – Eh bien! moi non plus", em Stephane Mallarmé, *Pages*.

26 Copeau definiu quatro princípios necessários para provocar o renascimento do teatro – levar o comediante a pensar o seu papel, levar o poeta a escrever para a cena, dotar a obra literária de um estilo de arquitetura teatral, atingir uma profunda unidade no espetáculo, Redondo Jr., *Panorama do Teatro Moderno*, p. 19.

de mestre artesão. Copeau considerava que ao diretor cabia a tarefa de organizar os diversos elementos do espetáculo, a fim de atingir a profunda unidade cênica que fez sua grandeza, função que a seu ver exigia uma cultura literária sólida, para compreender e assimilar o pensamento do autor; uma formação técnica completa, para organizar e executar a representação; discrição, tato e humildade a fim de não pretender substituir o autor. As qualidades do bom diretor supunham a existência de sólidas virtudes – a modéstia, a maturidade, a reflexão, o ecletismo; antes de tudo, era preciso o encontro das ideias e não a invenção, para traduzir o texto, captar sua inspiração, como o músico lê as notas e as canta.

Na terceira parte do manifesto, Copeau descreveu suas intenções de renovação da encenação, centradas no texto e no ascetismo da cena, com uma declaração de princípios fundamental. A proposta levou à mudança do conceito de *mise-en-scène* junto ao público:

> Por encenação nós entendemos: o desenho de uma ação dramática. É o conjunto dos movimentos, dos gestos e das atitudes, o acordo das fisionomias, das vozes e dos silêncios, é a totalidade do espetáculo cênico, emanando de um pensamento único que o concebe, o regulamenta e harmoniza, inventa e faz reinar entre as personagens este elo secreto e visível, esta sensibilidade recíproca, esta misteriosa correspondência das relações, em cuja ausência o drama, mesmo interpretado por excelentes atores, perde a melhor parte de sua expressão[27].

Trata-se de uma poética teatral, portanto, firmemente ancorada no texto – meio eficiente para a reaproximação com o que seria o universo inefável da arte. A frase emblemática de Copeau é direta e inequívoca – "Que les autres prestiges s'évanouissent, et pour l'oeuvre nouvelle, qu'on nous laisse le tréteau nu" ("Que os outros artifícios de encenação se apaguem e para a obra nova nos deixem o tablado nu", p.163). As formulações se aproximam, mais uma vez, dos ideais de Craig; houve entre os dois um ativo intercâmbio e Copeau, como se pode deduzir, foi bastante influenciado por Craig, sem que, no entanto, se inclinasse pela defesa do predomínio do fato plástico-visual da cena[28]. Ou questionasse em grau elevado o poder do texto ou do ator. Ao contrário, a cena pretendida por Copeau é uma modalidade de encarnação da palavra, muito embora totalmente controlada pelo diretor, em sintonia com a interioridade do ator, portanto bastante diversa daquela proposta por Craig.

O último tema a tratar em Copeau, de grande importância, é relativo ao público. A renovação do teatro significava formar um novo público – e o próprio conceito de público foi objeto de reflexão, pois não significava uma reunião ao acaso de seres preocupados em se distrair, mas um conjunto de pessoas unidas pela mesma necessidade e desejo de experimentar uma série de paixões humanas. Foi empreendida, então, uma conquista gradual do público, inclusive com ingressos baratos (os mais baratos de Paris), pois ele reconhecia que os meios intelectuais, que formavam o seu maior potencial de público não são, em geral,

---

[27] "Par mise en scène nous entendons: le dessin d'une action dramatique. C'est l'ensemble des mouvements, des gestes et des attitudes, l'accord des physionomies, des voix et des silences, c'est la totalité du spetacle scénique, émanant d'une pensée unique qui le conçoit, le règle et l'harmonise, invente et fait régner entre les personnages ce lien secret et visible, cette sensibilité réciproque, cette mystérieuse correspondance des rapports, faute de quoi le drame, même interprété par d'excellents acteurs, perd la meilleure part de son expression", p. 163., apud P. Norman, op. cit.

[28] A aproximação entre os dois e a influência de Craig sobre Copeau e o teatro francês são examinadas em G. Craig, op. cit. Outras influências importantes foram sem dúvida Appia, Jacques-Dalcroze e Stanislávski.

afortunados. Para constituir um público fiel e homogêneo, que julgasse não apenas cada espetáculo, mas a trajetória completa do seu teatro, buscou estabelecer verdadeiras relações com o público, inclusive com a publicação dos Cahiers du Vieux-Colombier. No entanto, o seu objetivo último não era o de um teatro apenas para intelectuais: acreditava que o teatro era um patrimônio comum. A incapacidade para conquistar esse outro público foi uma das razões que alegou para o fechamento de seu teatro, com a busca de novo público, fora de Paris. Era o tema da descentralização, que terá amplos desdobramentos logo a seguir na França, tanto no sentido da regionalização quanto no da popularização, com forte repercussão posteriormente no Brasil.

O projeto de Copeau tinha tal densidade que, em 1924, após o recesso provocado pela Primeira Guerra, a temporada americana que se seguiu e a reabertura do teatro em Paris, em 1920, ele abandonou o teatro Vieux-Colombier, com 45 anos, para se consagrar à renovação de sua energia e ao ensino. Mais tarde ele retornaria a Paris, tornando-se diretor da Comédie Française, posto que conservou durante o governo Pétain e que permite algumas discussões políticas graves a respeito de suas opções estético-políticas[29]. Se Copeau não revolucionou o teatro, ao menos ele propôs os problemas do teatro em termos novos. Para alguns, todo o teatro francês lhe deve a vida. E a afirmação é válida para a história do Cartel, ainda que ela seja focalizada aqui através de uma avaliação sumária.

O Cartel foi uma continuação da obra de Copeau – a reunião de um grupo de diretores (Dullin, Jouvet, Pitoëff, Baty) voltados para a renovação teatral, sem que fossem imitadores, mas "inovadores extraordinários, concedendo um lugar predominante à arte visual sem para tanto sacrificar o texto, mas ao contrário, sublinhando-o"[30]. Logicamente seus pontos de vista traduzem outras influências, sobretudo Craig, Appia e Stanislávski. Na realidade, defenderam em graus variados a justaposição do texto e da encenação, cada um segundo suas próprias iniciativas, propondo e definindo uma estética dramática capaz de elevar o teatro enquanto arte, contra a comercialização do teatro francês, em particular contra o teatro de bulevar.

Eles contribuíram para estabelecer, na França, a autonomia da arte da cena: abriram a porta para a história moderna do teatro. No entanto, o Cartel dos Quatro surgiu um tanto como fruto do acaso – Dullin, furioso com os críticos e o público *seleto* da plateia, que chegavam ao teatro quando queriam, decidiu fechar as portas ao abrir das cortinas. Um jornalista excluído protestou e convidou os pares a não dar mais espaço para os espetáculos do Atelier. Jouvet, indignado, tomou a iniciativa de reunir Baty e Pitoëff a favor do diretor atacado; em comum acordo, os quatro suspenderam a publicidade aos jornais. A imprensa acabou cedendo. Assim, por razões de eficácia e de economia, os quatro diretores fizeram um acordo tácito e espiritual, agrupando sua publicidade, mesmo nos programas. O pacto foi redigido em 1927 e abrangia os temas profissionais, preservando a plena liberdade artística de cada associado. A consagração surgiu quando foram chamados para dirigir na Comédie

29 Ver a propósito I. C. Costa, *Sinta o Drama*.

30 F. Anders, Jacques Copeau et le Cartel des quatre, p. 19 ("innovateurs extraordinaires, donnant une place prédominante à l'art visuel sans pour autant sacrifier le texte, mais au contraire, le rehaussant").

Française. Seus sucessores imediatos foram Jean Vilar e Jean-Louis Barrault, cujas viagens ao Brasil nos anos cinquenta marcaram profundamente a vida teatral nacional.

Apesar de criticados por alguns, por permanecerem muito conservadores, os integrantes do Cartel assinaram espetáculos que foram considerados arrebatadores e marcaram época. Dullin e Pitoëff, por suas pesquisas a favor do despojamento cênico, atraíram uma elite fervorosa, jovem e intelectual; Jouvet e Baty tocaram mais um público burguês e esnobe por seus gênios decorativos menos espartanos. Para eles, todavia, o texto se tornava, depois de longamente estudado, uma revelação privilegiada.

Charles Dullin (1885-1949) foi aluno de Copeau, viveu e trabalhou no Vieux-Colombier; separou-se do mestre para voar só e, para muitos analistas, teve melhores resultados em sua escola do que na cena – formou diversos atores e teve como discípulos Vilar e Barrault. Ao dar o nome de Atelier ao seu teatro, espaço em que se fixou em 1922, exprimiu a humildade operária e o espírito reformador que o animaram, formando os atores para que fossem ferramentas do teatro. Mais do que seus parceiros do Cartel, tinha necessidade do contato com o público e organizou sua companhia como cooperativa, exigindo fraternidade entre palco e plateia. Inquieto, conferia sempre a cada peça uma emoção profunda, um sentido plástico de grande sobriedade e um sentimento de arrebatamento – é "impossível, sem atenuar a intensidade dramática, sem lhe retirar uma parte de seu poder evocativo e encantador, não levar em conta a conjunção do pensamento e do lirismo verbal"[31]. Não descobriu uma literatura nem impôs um estilo, como Jouvet, mas tudo o que era novo passou por ele. Teve, entre os seus colaboradores, Artaud. Em 1943 deu a primeira chance a Sartre, encenando *Les Mouches* – peça que o público viu como o símbolo da França naquele momento. Depois da guerra, procurou um teatro maior (Sarah Bernhardt), mas fracassou.

Louis Jouvet (1887-1951) foi o colaborador mais próximo de Copeau, de quem aprendeu o ofício de ator, a imaginação de diretor, a técnica escrupulosa, a habilidade e a exigência de produção. Não era um lutador humilde, como Dullin, mas um conquistador em busca do sucesso a partir do próprio edifício dramático – foi o criador do dispositivo cênico fixo para a reabertura do Vieux-Colombier, em 1920. Instalou-se primeiro na Comédie des Champs-Elysées e, em 1934, no Teatro de l'Athénée, quando pôs em prática o que aprendera com seu mestre. Não fundou uma escola propriamente dita, mas dirigiu sua companhia segundo concepções precisas e restaurou a proeminência e a dignidade da literatura dramática; inculcou-lhe o sentido do ritmo, da música e sobretudo o sentido da respiração e da interpretação cênica do texto. Foi um artesão da cena, um poeta do espetáculo, procurando um método rigoroso e inteligente, não deixando nada ao acaso. Apelava a todas as disciplinas para realçar o espetáculo; sabia se ocupar de tudo.

Talvez o seu momento mais decisivo tenha sido o encontro com Jean Giraudoux (1882-1944): a concepção de teatro que formulou impunha a

---

31 Idem, p. 179 ("impossible, sans atténuer l'intensité dramatique, sans lui enlever une partie de sa puissance évocatrice et incantatoire, de ne pas tenir compte de cette conjonction de la pensée et du lyrisme verbal").

valorização – e até a busca – do autor. Seus espetáculos eram tirados de autores antigos e dos modernos, inclusive de textos de jovens talentos: Achard, Savoir, Crommelinck, Cocteau; montou *Les Bonnes*, de Genet, e *Knock*, de Jules Romain, foi o seu sucesso permanente. Durante a guerra, se exilou voluntariamente na América do Sul e exerceu razoável influência sobre o teatro brasileiro. O estilo de Jouvet derivava de sua própria natureza de ator, da sua busca de uma bela linguagem e de sua habilidade de diretor atraído pelas formas geométricas e pelas cores brilhantes.

Outro integrante do Cartel, Georges Pitoëff (1884-1939), é figura sempre associada à de Ludmilla, sua mulher. Como Dullin, conheceram grandes dificuldades financeiras, mas não se acovardaram. Emigrados da Rússia, ele estudou arquitetura e direito, ela seguiu os cursos do Conservatório em Paris. Muito jovem, ele fundara um teatro em São Petesburgo; em Genebra, fizeram a primeira companhia Pitoëff, em 1918, com espetáculos franceses e estrangeiros. Sua reputação se espalhou e Georges foi acolhido em Paris por Copeau, montando algumas peças para ele. Jacques Hébertot os instalou algum tempo na Comédie des Champs-Élysées e até 1934 erraram de teatro em teatro até se fixar no Mathurins.

Sua vida era o teatro, completamente: em vinte anos montaram 174 espetáculos. Representar para eles era um ato de espiritualidade e coragem: "Transpor, ultrapassar a vida, é para nossa arte a grande questão. O rei do teatro é o ator porta-voz das palavras do autor"[32]. Enquanto diretor, Pitoëff sacrificava o lado decorativo ao texto, mas sem se tornar escravo. Propunha que se entrasse em comunhão direta com a obra; o ator estava no centro da peça e percebia sua totalidade – "despido de todo acessório e abandonado a si próprio, o ator representará ainda e existirá interpretação cênica do todo"[33]. Montou Pirandello (*Seis Personagens à Procura de um Autor*), Bernard Shaw (*Joana D'Arc*), Sêneca, Shakespeare, Tchékhov, Strindberg, Ibsen, Synge, O'Neill, Goldoni, Gide, Anouilh, Claudel. Ia do realismo poético a um certo ibsenismo. Baniu o fausto inútil de suas peças, como Dullin, até por necessidade. A atmosfera era construída por alguns elementos significativos, uma cortina negra, uma iluminação intensa, uma geometria do espaço, além de dispositivos que sugeriam todos os lugares da ação. Existiu o estilo Jouvet, mas também o estilo Pitoëff, espécie de lirismo desesperado, despojado. Nunca escreveu livros com suas concepções artísticas, deixou apenas notas e desenhos.

O último nome do Cartel a ser considerado é o de Gaston Baty (1885-1952). Oriundo de uma família da alta burguesia católica de Lyon, obteve uma formação cultural superior à da classe teatral da época. Estudou em Lyon os clássicos e história da arte na Alemanha, recebendo dos alemães e do romantismo de Reinhardt a sua concepção do jogo dramático e a sua noção metafísica do papel do teatro, cuja função, para ele, era a de promover a síntese de todas as artes. Considerou sempre o espetáculo como uma réplica carnal da criação em sua dualidade espiritual. Começou a fazer teatro a partir do encontro com Gémier, em 1919, a quem se associou na aventura do Circo de Inverno e que, a seguir, lhe

[32] Idem, p. 185 ("Transposer, dépasser la vie, c'est pour notre art la grande question. Le roi du théâtre, c'est l'acteur porteur des paroles de l'auteur").

[33] Idem, p. 185 ("denué de tout accessoire et abandonné à lui-même, l'acteur jouera quand même et il y aura interprétation scénique du tout").

confiou o teatro da Comédie des Champs-Elysées, onde ele desejava que fosse feito um teatro de arte. Em 1922 fundou o Les Compagnons de la Chimère, que se manifestava sucessivamente na Comédie, nos Mathurins e na barraca que construiu no bulevar Saint Germain. O empreendimento durou pouco, mas permitiu que encontrasse sua estética teatral: queria *reteatralizar* o teatro, contestando a primazia do texto e do ator-todo-poderoso e conferindo ao cenário e à luz um papel cada vez mais importante.

À diferença dos outros integrantes do Cartel, adaptava textos literários e com frequência mexia nos textos das peças; foi o que levou mais longe as audácias da encenação, que trouxe o expressionismo para a França, além de outras influências do teatro alemão. Se não contestou a primazia do texto, pelo menos sacudiu o reconhecimento de seu poder. Promoveu um movimento de reação contra a soberania do "Sire le Mot", em que procurou demonstrar que o papel do texto "c'est le rôle du mot dans la vie" ("é o papel da palavra na vida"). Pretendia com seus atores representar tudo o que podia exprimir o texto, mas também prolongá-lo naquela margem em que as palavras, apenas, não podem dar conta. Caberia ao diretor, espécie de *arquiteto*, realizar o que outro concebeu, o escritor, espécie de *pedreiro*. Um outro aspecto também o fazia um pouco diferente dos outros diretores do Cartel – jamais foi ator; mas escreveu dois dramas e peças para marionetes. Também não devia nada ao Vieux-Colombier, mesmo tendo sido um teórico e um reformador como Copeau.

Muito influenciado por Jacques Maritain, tornou suas as palavras do autor – "A beleza pertence à ordem transcendental e metafísica. Por isto ela tende por si própria a elevar a alma acima da criação"[34]. Deu ao seu teatro esta função de evasão para todas as perfeições possíveis; amava as atmosferas nostálgicas, as imagens coloridas, a magia, a inspiração que emanava dos Mistérios e Soties* medievais. Para ele, a dramaturgia tinha o primeiro papel, pois era o *trouveur*, mas ela precisava de toda a orquestração teatral, para que a visão total surgisse. Queria, através de meios técnicos refinados, exprimir um universo invisível. Usou bastante a mecânica, com palcos giratórios. Sábio calculista, trabalhava incansavelmente seus quadros, eliminava todo o acaso, buscava este estado puro da proeminência do diretor. Imaginava, escrevia e só depois realizava seus quadros – "Além das palavras, o pensamento consegue se exprimir pelo gesto, a cor e o som"[35].

Sua famosa teoria do silêncio, ridicularizada por diversos críticos, partia de sua necessidade de traduzir o inexprimível, o inefável, de maneira sensível, povoando esses silêncios, com frequência mais pesados, de pensamentos e emoções em vez de palavras. Deixou o teatro de Montparnasse em 1947, tendo se dedicado às marionetes no final da carreira. Dirigiu o Centro Dramático de Aix-en-Provence, mas já estava no fim da existência.

É preciso destacar que muito deste projeto de modernização teatral, cujo eixo remonta a Copeau, foi marcado pela instabilidade e pela descontinuidade até a Segunda Guerra. Isto porque ele supunha um processo de institucionalização-afirmação na sociedade. Era um modelo,

[34] Idem, p. 188 ("La beauté appartient à l'ordre transcendental et métaphysique. C'est pourquoi elle tend d'elle-même à porter l'âme au-dessus du crée").

* Ou Sottie, peça teatral curta, característica da Europa do final da Idade Média, cf. J.-Cl. Aubailly, *Le Monologue, le dialogue et la sottie*, Paris: H. Champion, 1976 (N. da E.).

[35] Idem, p. 188 ("Au-delà des mots, la pensée achève de s'exprimer par le geste, la couleur et le son").

digamos assim, integrado pelo diretor, por uma nova concepção do ator, um repertório (no sentido de textos poeticamente significativos e densos, para o momento ao menos, mantidos alternadamente em cartaz e retornando a qualquer momento), uma nova visão da cena, um público, um edifício próprio – conjunto que supunha, em algum grau, a participação de um terceiro elemento, o Estado, para ser plenamente viabilizado. O Estado francês só irá se engajar plenamente nesta aventura no pós-guerra, favorecendo já uma outra geração, de Jean Vilar e Jean-Louis Barrault, o que torna a consecução deste modelo diferente daquela que será encontrada na Itália.

Além do teatro francês, portanto, há uma outra referência de importância fundamental para a reflexão sobre o teatro brasileiro moderno – o processo de renovação do teatro italiano. Na Itália, a renovação do teatro obedeceu a coordenadas um pouco diferentes, em que houve até alguma dívida para com o teatro francês, pois o processo foi posterior. Uma das fontes mais importantes a respeito é Silvio D'Amico, a um só tempo analista, testemunha e artífice da transformação que se estendeu do entreguerras até os anos seguintes à Segunda Guerra Mundial[36]. Em um texto sintético e ágil, ele observa que, apesar dos atores europeus em geral, dois séculos após Shakespeare, terem abandonado a condição de ciganos a favor da fixação em teatros estáveis que logo assumiram uma identidade definida, na Itália o edifício teatral continuara a ser uma espécie de albergue para pernoites mais ou menos breves de diferentes companhias.

Estas companhias dramáticas, em seus diferentes tipos – *primarie, secondarie* e *di guitti* – eram constituídas como as dos cômicos *dell'arte* do século XVI; em lugar das máscaras, havia os *ruoli*. Seu gerente econômico, diretor artístico e primeiro ator era, em regra, uma só pessoa – o *capocomico* – que, mais do que diretor do espetáculo, era o guia da companhia. A jornada de trabalho era longa e absorvia praticamente todo o tempo disponível dos atores; faltava tempo simplesmente para viver ou respirar fora da rotina teatral itinerante. Eram raros os *capocomici* que se davam ao trabalho de explicar à companhia um trabalho novo, seus sentidos, caráter, estilo. Tudo devia vir da recitação mecânica das "partes" ou, quando muito, da imitação das soluções dadas pelo *capocomico*. Também quanto aos figurinos (antigo, medieval, de Goldoni e atual, em geral propriedade dos atores) e cenários (foro, templo, castelo, bosque, prisão, praça, jardim, salão, sala de jantar, quarto rústico) existia uma padronização, com poucas exceções. As individualidades notáveis existiam mesmo nas companhias primárias, que podiam ser *a mattatore*[37] ou *di complesso*[38].

Tais conjuntos possuíam continuidade temporal, até porque os contratos eram assinados por três anos, e eram uma escola de formação dos novos atores. Segundo a versão de Silvio D'Amico, começou-se a clamar por reformas radicais para o teatro. De empresa comercial, exigia-se que ele retornasse ao que era em sua origem: divulgador da arte, transmissor da mensagem do poeta à multidão. Pedia-se o fim do nomadismo e do

---

36 S. D'Amico, Dal capocomico al regista, *Cinquant'anni di Teatri in Italia*. Todo o volume é de notável importância para o tema, com destaque também para o texto de R. Radice, Verso il teatro stabile, p. 27-40.

37 Eram companhias que existiam ao redor de um grande ator (ou dois – homem e mulher), com escolha de repertório próprio, i.e., adequado à manifestação de sua personalidade, sem que houvesse propriamente desprezo pelo autor. Ao contrário: existia até mesmo uma grande boa fé, de que o ator era o grande servidor do poeta, capaz de compreendê-lo, ainda que fazendo todo o texto girar ao seu redor; para interpretar um drama bastava uma personagem: a sua.

38 Este tipo de companhia fundava-se no *afiamento* dos membros em seus *ruoli*; cada qual sabia exercitar a aptidão que lhe cabia.

capocomicato, a instauração de teatros estáveis de arte dirigidos não mais por atores, mas por homens de cultura.

A reação contra a velha cena e seus métodos, que começara ainda no final do século XIX, se adensou após a Primeira Guerra Mundial e teve grandes adeptos nos pequenos teatros, sem que se fale no apoio de Eleonora Duse, figura de primeira grandeza, nunca reduzida pelos historiadores ao papel de diva caduca de um palco velho. A busca da renovação, liberação, purificação, que Duse procurava, ela entreviu na escola, na prática de Jacques Copeau: era necessária a renúncia franciscana, a maceração ascética, o estudo experimental. A atriz pretendia organizar um centro de atividades teatrais, um pequeno teatro e uma escola experimental quando morreu.

Entre os pequenos teatros, o de maior destaque e que durou por anos foi o Teatro degli Independenti, de Anton Giulio Bragaglia (1890-1960), batizado com o mesmo nome usado pelos ingleses que propuseram a mudança da cena em seu país. Iniciativa discutível, para Silvio D'Amico: parece que o diretor, a seu ver, enquanto partia em guerra contra o velho teatro, definindo-o como palavroso e literário, e pregando o teatro teatral no sentido etimológico da palavra – espetacular, visual – teria transformado sua casa no receptáculo da literatura italiana mais esnobe e estéril do momento. Não é de admirar essa visão, posto que D'Amico foi o líder da vertente oposta, que, aliás, será a vencedora, em termos institucionais, a do teatro da palavra.

Assim, o surgimento do teatro novo se deu ao longo de um processo que contou com disputas na imprensa, ataques ao velho *capocomico*, às companhias nômades e ao *mattatore* e debates teatrais decisivos entre concepções teatrais bem opostas. Em que pese a existência de acusações políticas de adesismo contra Bragaglia, a vertente vitoriosa institucionalmente, vale frisar, foi a de Silvio D'Amico e não se pode falar com muita clareza de independência teatral frente à questão fascista quando havia até mesmo uma sólida disputa pelo apoio do Estado[39].

Justamente a reivindicação e a conquista da ajuda do Estado (a primeira de todas as *corporações* italianas que surgiram foi a *dello spettacolo*, criada em 1930) foi decisiva. Levou até ao oferecimento de modelos práticos de teatro: convites aos melhores diretores estrangeiros (Copeau, Reinhardt) para montar, com atores italianos, grandes espetáculos ao ar livre que fizeram época. Em 1932, a revista *Scenario* propôs as palavras *regia* e *regista*, logo adotadas com sucesso para identificar as novas funções que surgiam na orquestração da cena. Em 1935 foi criada junto ao Sottogretariado Stampa (depois Ministero della Cultura Popolare), uma Direzione General del Teatro e, no Ministero dell'Educazione Nazionale, a Regia Accademia Nazionale d'Arte Drammatica ("Era, finalmente, o encontro do caminho certo: inovar conservando; injetar o estímulo, inclusive o mais moderno, na disciplina da preparação metódica e, digamos, pura de um mister; salvar a serviço da arte nova certos princípios e métodos daquela italianíssima *Commedia dell'Arte*, que de resto todos os mestres da cena europeia por toda parte tomaram como modelo")[40].

---

[39] Sobre o tema, em especial a respeito do ideário de Silvio D'Amico, foram usados elementos reunidos por M. L. R. Giannella, *Contribuição para o Estudo do Moderno Teatro Brasileiro*.

[40] S. D'Amico, op. cit., p. 22. ("Era, finalmente, il ritrovamento della strada giusta: inovare conservando; innestare l'estro, anche il più liberamente moderno, sulla disciplina d'una preparazione metodica, e diciamo pure d'un mestiere; salvare a servizio dell'arte nuova certi principi e metodi di quella italianissima commedia dell'arte, che del resto tutti i maestri della scena europea avevano per tanta parte presa a modello").

Logo surgiram os jovens diretores italianos, em boa parte saídos da Accademia. De 1939 a 1941, foi apresentado ao público um grupo batizado Compagnia dell'Accademia, dentre os quais, além de atores de projeção, se revelaram os diretores: Orazio Costa, Sandro Brissoni, Wanda Fabro, Ettore Giannini. Outros diretores, de outra origem, surgiram e se projetaram, vindos particularmente do cinema: Alessandro Blasetti, Luchino Visconti (direção de novidades de Cocteau, Sartre, Anouilh), Conrado Pavolini. Bragaglia, depois de falida a sua primeira aventura, tentou outra em um novo teatro, subvencionado, Teatro delle Arti, com atores profissionais e outros diretores. Em 1945, a situação era de crise e de desorientação, mas já existiam elementos para solucionar os impasses e logo a solução foi conquistada, através da intervenção do Estado, da revelação de novos diretores, da criação de teatros estáveis de arte e de pequenos teatros e da mudança do público, apesar do quadro de desolação que resultara da guerra.

Ao final da guerra, a produção italiana era extremamente pobre e não se enriqueceu rapidamente em seguida[41]. Algumas ilusões foram desfeitas – a esperada notável contribuição estrangeira foi na verdade rapidamente absorvida; os textos inéditos censuráveis na verdade eram inexistentes, posto que se existissem seriam conhecidos, ao menos de um pequeno grupo. Dos estrangeiros, descontando O'Neill, Eliot e o último Miller, o sabor de novidade era pouco, posto que já estavam envelhecidos. Os que esperavam vozes novas tiveram apenas o eco de uma voz bem conhecida, Pirandello, e Eduardo de Filippo, a que foram devidas algumas das comédias mais vivas do imediato pós-guerra.

Perguntou-se até se a crise não era geral, pois entre os outros países apareciam dificuldades semelhantes. O teatro absorvia elementos não propriamente teatrais, mas de outros meios; a crise derivava principalmente da carência de suas formas expressivas. Iniciativas estatais, comunais e privadas buscaram assegurar a sobrevivência do teatro, com conceitos programáticos contrastantes, o que levaria a uma nova configuração teatral. A reação foi lenta, desordenada, quase sempre ocasional. Não houve um movimento de autores como o de 1918. O teatro não atraía escritores firmados em outros campos – os novos nomes de destaque só começaram a surgir em 1949. Também se propôs a recuperação dos autores antigos (ou velhos), em especial da capacidade de atração de Goldoni. Eram espetáculos apresentados segundo o gosto de trinta ou quarenta anos atrás, em que a ortodoxia esquálida mascarava a polêmica contra a influência do diretor, já delineada antes da guerra. Ainda havia a esperança de que seria possível organizar companhias como as dos Oitocentos, com a reunião de atores por três anos, com repertório adequado e a viagem pelas praças, descortinando-se um cenário não muito alentador para os novos diretores. Mas é bastante provável que tal se tenha dado enquanto reação, em função da existência de uma estética vencedora informando a dinâmica teatral – era o teatro da palavra, proposto por Silvio D'Amico.

E por seu intermédio caminhou muito da resolução da crise. Um fator importante para tanto foi a fundação, em 14 de maio de 1947, do Piccolo

[41] As indicações sobre o pós-guerra foram extraídas de R. Radice, op. cit.

Teatro de Milão. Antes, Strehler e Grassi montaram *Os Pequenos Burgueses*, de Górki no Teatro Excelsior; a carreira de sua casa foi iniciada com *Ralé*, do mesmo autor, mas só com a montagem de *Arlequim Servidor de Dois Amos*, de Goldoni, o Piccolo "aconteceu" – era o quarto espetáculo, último da primeira temporada. Em Roma, Orazio Costa, aluno e depois professor da Accademia, fundou um pequeno teatro também. Logo os pequenos teatros se espalharam – Gênova, Bolzano, Pádua, Bolonha, Veneza, Florença – mas com organização diferente e às vezes bem discutível, sendo o de Milão uma realidade ímpar.

O movimento teatral depois de 1945, de um lado marcado pelo advento do diretor, do outro pelo aparecimento de uma organização teatral contraditória, que pretendia ser estável, mas não podia renunciar completamente ao nomadismo, revelou a agonia do teatro-divertimento. Este objetivo absorveu até mesmo os espetáculos de revista e dos *capocomici* e levou a uma mudança do comportamento do público – o intervalo foi reduzido ou abolido, a aura hedonista freada, o aplauso passou para o fim.

Esta atmosfera, o teatro como arte, diretamente tributária de Silvio D'Amico, influenciada por Copeau, com diferentes nuanças, foi a referência central para a formação dos italianos que participaram ativamente da implantação do teatro brasileiro moderno – Adolfo Celi, Ruggero Jacobbi, Aldo Calvo, Flaminio Bollini Cerri, Luciano Salce, Alberto D'Aversa, Bassano Vaccarini, Túlio Costa. Até mesmo Gianni Ratto pode ser considerado como parte deste grupo, com certas diferenciações. É preciso detalhar algumas das propostas relacionadas a este conjunto antes de encerrar estas observações, posto que foram informações e conceitos decisivos para o caso brasileiro.

Para estabelecer a sua concepção de teatro, Silvio D'Amico enfrentou não só a realidade teatral italiana, a seu ver corrompida pelo comercialismo, pelo *mattatore* e pelos *virtuosi*, mas ainda o diálogo com a estética croceana, de extração hegeliana, voltada a considerar o teatro enquanto fato poético de existência textual[42]. Croce buscou uma estética nova, em que a arte deveria ser concebida como intuição lírica, dissociada de uma concepção antiga derivada do conceito de Beleza Absoluta ou harmonia cósmica; em tais condições, estaria diretamente vinculada ao sujeito e, logicamente, ao sentimento. Caberia ao crítico, então, situar a inclinação espiritual do poeta: a matéria da arte seria, basicamente, a forma de sentir do artista e a aproximação da obra, uma operação de ordem íntima. Segundo este raciocínio, as representações teatrais não manteriam uma relação de fidelidade para com o texto do poeta, pois seriam criações de novas obras de arte, devido à mediação dos atores. Portanto, a situação do teatro seria necessariamente problemática: a representação da obra se daria em uma instância fora da questão da arte, em que não estaria presente a fidelidade, condição essencial para o acontecimento da arte, mas, antes, variações – quer dizer, em algum grau, *deturpações*.

Continuando a obra de Croce, mas buscando promover uma conciliação com o fato do palco, Silvio D'Amico defendeu a realidade da

[42] Para as observações que se seguem, considerar B. Croce, *Breviario di estetica*. No texto Il carattere di totalità dell'espressione artistica, p. 126, ele observa que: "É portanto intrinsecamente inconcebível que na representação artística possa afirmar-se o mero particular, o abstrato individual, o finito em sua finitude; e quando acontece disto ocorrer, e em certo sentido acontece de verdade, a representação não é artística, ou não é completamente artística".

cena como depositária legítima e fiel da palavra escrita. Em sua opinião, existiam dois tipos diferentes de ator: os que faziam do texto mero pretexto e os que se dedicavam à obra de transmitir o autor, um debate historicamente acirrado no teatro italiano. Dedicou-se, então, à defesa do teatro de autor, o teatro da palavra, em confronto com uma outra vertente, que via o ator como o valor legítimo da cena e que não submetia o palco ao dramaturgo, uma corrente que remontava de Pirandello a Croce, passando por Craig, Bragaglia e todos os poetas da cena. A seu ver, o raciocínio correto era aquele que sustentava que a obra de literatura dramática é, ideal e praticamente, destinada àquela forma de divulgação que é a cena. Assim, a representação só poderia ser serviçal dos autores dramáticos. O ator deveria reduzir-se à sua personagem, zelar para que houvesse sempre e apenas uma disparidade mínima em relação à obra original, opção que faria do ator um artesão do espírito, graças à existência de um mestre, o diretor, e ao reconhecimento da noção de conjunto.

O diretor desponta, então, como a garantia da leitura mais exata possível da obra do autor, portanto como uma modalidade precisa de direção, prevalecendo frente a dois inimigos – o poder corrosivo do ator, negando o texto ou o conjunto, e o poder traiçoeiro do diretor enquanto inventor cênico. Para tanto, o diretor deveria ser formado em uma escola, aprimorar a inteligência e a sensibilidade, para conseguir incutir no ator o espírito que deverá mover a peça. Para a definição precisa do tema do ensino, o autor considera a existência de duas modalidades de ensino da interpretação – o método de Ermete Novelli, em que ele recitava para o ator imitar, de acordo com sua capacidade, bem ou como papagaio; o método do diretor de estudar os atores e suscitar neles as energias necessárias para o trabalho proposto. A já citada criação da Regia Accademia Nazionale d'Arte Drammatica, em 1935/1936, ofereceu os meios para viabilizar a formação de atores e diretores.

Na academia, a formação intelectual era uma exigência prévia, a combinar-se com o virtuosismo e a genialidade; a orientação inicial – a que nos interessa considerar aqui para o nosso objeto de estudo – era a de que o diretor deveria aprender a interpretar e, a seguir, saber ensinar a interpretar. Tratava-se de construir um processo capaz de garantir a transformação do ator em agente adequado para o teatro da palavra, induzindo o intérprete, ator, *mattatore* ou virtuoso, no sentido da leitura dirigida atenta da obra dramática, leitura que se traduzia em abordagens musicais (método Guido Salvini) e/ou de uma espécie de arqueologia do dizer (Orazio Costa), com a exploração da ressonância da palavra nos movimentos de imitação. O respeito ao texto como norma da academia que formou os diretores que vieram para o Brasil é evidente; o caso era o da construção da soberania do verbo.

As linhas gerais desta proposta foram formuladas por Silvio D'Amico, sem que ele chegasse a elaborar um *manual* da nova interpretação, com *regras* para o abandono dos gestos e da dicção tradicionais. Ele chegou

<small>UMA EMPRESA E SEUS SEGREDOS: COMPANHIA MARIA DELLA COSTA</small>

apenas a indicar o que evitar do velho estilo e a sugerir formas de evasão do virtuosismo. Para tanto, é importante destacar as diferenças que apontou entre a criação *mattatoriale*, responsável por gerar tipos sempre iguais a si mesmo, e a criação moderna, do intérprete, voltada para a interpretação da obra dos poetas com fidelidade, em especial de espírito, capaz de criar diversas interpretações, ainda assim reveladoras de um estilo próprio[43]. A dicção, logicamente, era a base da proposta, cujo núcleo central era o realismo interpretativo. Quanto ao gestual, ele deveria ser vinculado à revelação de um drama interior, através de evocação e sugestão, e não de evidência, para a tradução de uma problemática espiritual inerente à personagem e ao drama e nunca para expor capacidade técnica. Era preciso buscar uma naturalidade gestual, do falar de todos os dias, despojada, em contraposição à estilização da interpretação lírica e à devoção às convenções dominantes no repertório cômico.

O centro do trabalho teatral, portanto, continuava a ser a interpretação, só que em bases completamente mudadas; o diretor era proposto como o verdadeiro mestre da nova arte. Silvio D'Amico atacava, inclusive, o conservatório de Paris, por ensinar a dicção e o gesto segundo critérios antigos. Era preciso empreender uma atualização, para promover a interpretação moderna, pois os maiores exemplos na direção e nas escolas estavam no estrangeiro. E Copeau foi o exemplo dominante, inclusive convidado em 1938 para ensinar direção na academia, possibilidade vetada por Mussolini.

Silvio D'Amico destacava que a interiorização, chave-mestra do ensino de Copeau, anteriormente trabalhada pela escola russa – era a garantia necessária para o êxito do teatro da palavra. Outro fator importante seria a aproximação da escola de teatro dos procedimentos fervorosos das "famílias de arte" antigas tradicionais, em que havia coincidência entre escola e vida e em que a ascensão era bastante gradual, da *ponta* ao *protagonista*. O processo de formação do ator conduzido pelos diretores resultava, a seu ver, na afirmação despótica do diretor, ao contrário do método de Copeau, exatamente porque o seu ponto de partida era a interioridade do ator, sua intimidade, e não uma construção diretorial.

Assim, em resumo, a escola deveria oferecer uma gramática; mais, um estilo; a base do trabalho era a dicção no seu sentido mais completo, da respiração até a emissão da voz, a pronúncia correta, a articulação clara, até que se atingisse a verdadeira e adequada recitação; o objetivo da escola era artístico e politicamente preciso. Portanto, resultava de sua visão uma proposta estética nítida, em que o centro era a necessidade imposta pelo texto, sem cair sob uma exigência de exumação arqueológica. Até mesmo a cenografia deveria ser moldura para a palavra. Silvio D'Amico se opunha aos diretores que entendiam o teatro como espetáculo, em que a visão prevalecia sobre a palavra; a seu ver, o mais importante era o drama, que subordinava todo o resto e cunhava a forma de ser por excelência do teatro.

---

[43] Eleonora Duse foi para Silvio D'Amico o modelo da interpretação fiel ao texto; o seu desempenho tinha sempre como ponto de partida o pressuposto de sua anulação, condição claramente enunciada na resposta que teria dado a Sarah Bernhardt: "Alguns alegaram que, em meu último repertório não criei nenhum personagem novo. Ninguém poderia ter-me feito maior elogio", G. Pontiero, *Eleonora Duse, Vida e Arte*, p. 234.

Resta uma terceira vertente a ser esboçada aqui, ainda, materializada por uma individualidade específica e ímpar, que não pode ser contida dentro de um teatro nacional, como o francês ou o italiano, por razões objetivas de ordem histórica. Trata-se de Zbigniew Marian Ziembinski (1908-1978), o primeiro diretor no pleno sentido da palavra do teatro brasileiro, cujo perfil enquanto proponente do moderno deve ser esboçado em relação às referências europeias em que se formou[44].

Natural da Polônia, Ziembinski cedo optou pela carreira teatral, ingressando na Escola de Arte Dramática de Cracóvia e, por exigência de sua mãe, na Faculdade de Letras da Universidade Jagielonska, cursos que não chegou a concluir por ter conquistado em exame profissional específico o direito de ingresso na carreira de ator. Assim, em 1927, iniciou a carreira profissional, trabalhando como ator e logo, em 1929, graças a outro exame profissional, começou a trabalhar também como diretor. A sua vida passou a obedecer a um ritmo febril de dedicação ao teatro. Em geral, apesar de não ter se transformado em um artista de primeira linha, rapidamente se afirmou como um jovem de grande talento, em ascensão vertiginosa, com provável conhecimento do ativo teatro russo, por ter viajado ao país. Era um diretor apaixonado, obstinado, dotado de muita imaginação, mas inclinado ao uso de *efeitos*, os quais manipulava com talento e classe, a um ponto que este defeito deixava de incomodar, segundo depoimentos reunidos por Yan Michalski.

Ziembinski vivenciou um número considerável de textos, dos clássicos aos modernos, sem falar nos autores nacionais, poloneses, com quem mantinha uma razoável relação de aproximação. Mas a maioria dos textos em que trabalhou revela um repertório predominantemente comercial e convencional, com uma pequena margem de textos consagrados[45]. Também esteve em sintonia com o teatro francês – em 1936, ano que teria sido o mais importante de sua carreira polonesa, ainda segundo Michalski, atuou em *Tessa*, comédia adaptada por Giraudoux de romance de M. Kennedy e B. Dean, sob a direção do consagrado Aleksander Wegierko, com muito sucesso. O texto fora criado em Paris e o papel de Lewis Dodd, defendido por Ziembinski, coubera a Louis Jouvet. Em 1937 a sua direção de *O Jardim das Cerejeiras* deixou transparecer aquela que será uma de suas mais discutidas características: a lentidão, o clima arrastado, uma outra evidente aproximação com o Teatro do Cartel, identificada, sem dúvida, com as proposições de Baty. Segundo um ex-aluno citado por Michalski, Ziembinski possuía aptidão para o ensino, revelada no curto período – 1935/36 – em que atuou como professor no Instituto Nacional de Arte Teatral:

> Ziembinski era o mais jovem dos nossos professores. Tinha 28 anos e uma experiência relativamente grande; muita informação para a sua idade – hoje posso avaliá-lo à distância – e uma excepcional habilidade no campo das técnicas de ator. Trabalhamos com ele, a título de introdução à arte do ator, *As Estepes de Akerman*, de Mickiewicz. Não obstante termos como professores, além dele, figuras de destaque nos

[44] As observações aqui reunidas foram obtidas em particular através de Y. Michalski, *Ziembinski e o Teatro Brasileiro*, e F. Fuser; J. Guinsburg, A Turma da Polônia na Renovação Teatral Brasileira, *Diálogos sobre Teatro*.

[45] Ver a propósito enumeração detalhada efetuada por Y. Michalski, op. cit., p. 34 e s.

domínios da encenação e da atuação, e até mesmo alguns verdadeiramente grandes, ele era um dos mestres mais queridos, devido ao seu modo delicado e muito sensível de marcar a individualidade do aluno. Utilizava os métodos geralmente adotados (sugestões de climas, demonstração de características), mas diferenciava as suas abordagens de acordo com o talento revelado por cada aluno. Não reprimia as imaginações, não violentava as personalidades, procedia com cada ator, como já disse, de maneira muito sensível, quase diria sutil, embora exercendo sobre ele uma intensa influência[46].

Nada indica, segundo estas fontes, o padrão de comportamento *ditatorial* que seguirá no Brasil como diretor, que causará consideráveis polêmicas. Em entrevista de 1956, convidado a falar sobre o estilo dos seus espetáculos, o diretor refutou a acusação de *ziembinskianismo*, vinculando as cópias, que então se dizia que os atores faziam dele próprio, à imaturidade de iniciantes, destinada a ser resolvida logo, com a vivência[47]. Na mesma entrevista, solicitado a expor "o que é direção", observou que a seu ver "a tarefa do diretor está em exprimir e tornar claro, do seu ponto de vista pessoal, independente, e do seu próprio estilo, o estilo particular da peça e mostrar a sua mensagem de forma acessível e esteticamente eficaz junto ao público".

Mas algumas outras observações são importantes para caracterizar o seu perfil enquanto diretor moderno formado no teatro europeu e o contorno de sua ação no Brasil. Ainda segundo Michalski, a formação de Ziembinski se dera nos moldes do realismo tradicional da primeira metade do século ou da estilização cômica convencional típica de propostas voltadas para provocar o riso, mais do que qualquer outra tendência estética.

A afirmação é importante: ela desmente a versão geralmente aceita de que Ziembinski teria chegado aqui com uma vivência artística prévia que o predestinaria a realizar grandes experiências expressionistas ou simbolistas (*Vestido de Noiva, Pelleas e Melisanda, Anjo Negro* etc.). Para Yan Michalski, a realidade é bem outra – a vida teatral de Ziembinski na Polônia estaria muito mais inclinada para "a rotina ecumênica do TBC" do que para o período revolucionário de Os Comediantes. A suposição do pesquisador é a de que ele teria desembarcado por aqui com muito mais conhecimento de Stanislávski (muito embora não tenha feito referência explícita a isto, vale ressalvar) do que de Max Reinhardt ou Gordon Craig, apesar do método Stanislávski não ser ainda moeda corrente na Polônia. O domínio das linguagens não realistas que ele possuía e com que surpreendeu o meio teatral brasileiro teria sido adquirido antes na Escola de Teatro e na Faculdade de Letras e através da vivência em um meio cultural denso, em que pôde ver vários espetáculos de Meierhold, do que através do teatro que se acostumou a fazer no seu país. No Brasil, ele teria contado com espaço e estímulo muito maiores para liberar a sua criatividade do que os que ele dispusera na Polônia.

[46] Idem, p. 34.
[47] *Teatro Brasileiro*, São Paulo, n. 5, mar. 1956, p. 5-8.

Os outros analistas, contudo, são bem mais rigorosos em suas avaliações[48]. A seu ver, Ziembinski esteve à margem do processo de transformação do teatro polonês e participou em raríssimas produções de significação histórica. O seu campo foi o teatro comercial e a sua dimensão em relação ao tema da inquietação intelectual e teórica deplorável. Os autores observam que:

> Em sua ativíssima vida teatral, Ziembinski cruzou com muitos dos maiores encenadores do teatro polonês, mas não compartilhou de suas inquietações, nem de suas afirmações estéticas. Pelo menos é o registro que ficou. Sua vida nos palcos poloneses foi absolutamente conservadora. Seu teatro, convencional, ligeiro e melodramático.
>
> Não escreveu um ensaio, um artigo, uma conferência, uma única observação sobre a modernização teatral que acabava de se consolidar em seu país. Aqui também não. [...]
>
> Deixou de nos dizer (e nos teria sido muito útil) da organização teatral polonesa, a TKKT – Sociedade de Propagação da Cultura Teatral; deixou de falar sobre Wyspianski, parente teatral de Appia e Gordon Craig; silenciou-nos o drama poético romântico e neorromântico de Slowacki, Mickiew e Krasinski. Por sua reserva, não nos foi dado a conhecer o teatro poético monumental, o teatro de ideias, a escola do teatro psicológico moderno e as buscas de vanguarda na dramaturgia e na montagem, e o estilo grotesco de ironia; enfim, os grandes rumos seguidos pelo teatro polonês a partir da Polônia de novo independente – justamente o período de sua vida artística na terra natal[49].

Portanto, apesar da dinâmica teatral intensa que viveu, Ziembinski na Polônia não formou entre os reformadores ou formuladores de um novo palco – esteve muito mais ligado às pequenas comédias e aos melodramas de ocasião e não dirigiu espetáculos de grande significação histórica. Como ator, apenas três de suas peças ficaram registradas para a posteridade como relevantes[50]. Diante deste quadro, parece evidente que Ziembinski, em larga medida, *fará a América*, ou seja, seguirá aqui uma trajetória especial, mais densa, que não poderia ou não pretendia seguir em seu próprio país, ainda que não tenha atuado no teatro brasileiro como o legítimo revolucionário da cena que poderia ter sido. Na entrevista citada, de 1956, o diretor observou, seguindo uma ótica personalista estreita: "Sou muito orgulhoso da minha ação, no Brasil, mas não quero, com esse orgulho, parecer pernóstico ou vaidoso. Acho, na verdade, que trouxe para o Brasil a consciência do teatro. [...] Acho que implantei no Brasil consciência do que é e como se faz teatro..." Mas estes desdobramentos, no entanto, nos levam mais longe – este é um outro tema.

[48] F. Fuser e J. Guinsburg, op. cit.
[49] Idem, p. 78.
[50] Idem, p. 77.

<small>UMA EMPRESA
E SEUS SEGREDOS:
COMPANHIA
MARIA DELLA COSTA</small>

Dependência Cultural e Teatro Moderno

Estes últimos tópicos remetem ao problema que precisa ser tratado nesta altura – exatamente o tema da importação cultural. Como se deu a transposição do teatro moderno para o palco brasileiro? Em que medida o *teatro moderno*, tal como formulado no Brasil, realizou as suas proposições, o seu destino, após a sua implantação em nossa sociedade? Quais teriam sido estas proposições? São perguntas extensas e necessárias; essenciais mesmo em um estudo sobre a Companhia Maria Della Costa. É bem verdade que as respostas são este livro; caberá a esta seção a simples indicação das referências intelectuais escolhidas para a análise dos temas. Mas é possível – mais uma vez – recorrer a outra forma, reconhecer que as respostas estão contidas em uma formulação sintética: *modernos, moderno*. Esta seria uma trajetória para o singular, adequada em detalhe para a história recente de nossa cena. Aqui mais do que nunca é preciso abordar o tema cuidadosamente, sem precipitação.

Vale destacar que uma palavra figurou exaustivamente nestes comentários sem receber atenção especial, sem ser definida, como se fosse transparente. Tal se deu em parte intencionalmente, para firmar a necessidade de se submeter o discurso ao seu jugo, e em parte porque efetivamente o seu poder é decisivo para o tema tratado. É a palavra *encenação*, usada com contundência e exaustivamente, abusivamente mesmo, ao lado de mise-en-scène. Nos textos de semiologia já citados, mise-en-scène é a pedra de toque dos estudos; não se costuma traduzir a expressão, que tem circulação internacional. Acreditamos, todavia, que no Brasil, em que os estudos semiológicos ainda não têm a mesma densidade, a palavra encenação pode ser adotada com o mesmo alcance. Em um outro texto de Pavis existem subsídios produtivos para a fixação do conceito:

> A encenação em geral não existe, e é sempre preciso definir em que tipo de encenação se está interessado, o que não facilita a formulação de uma teoria. Por outro lado, foi questão nesta obra sobretudo da encenação ocidental, expressão aliás pleonástica, já que é essa uma invenção do final do século XVIII, localizada no Ocidente, e que é também o ponto de chegada da estética do teatro própria à Europa, local onde "o prazer esperado da representação e dos simulacros que ela arruma é inseparável da produção de um sentido e de um mecanismo de reapropriação do mundo, de conhecimento de si..."[51].

O tema tem sido tratado na História do Teatro e vale a pena chamar a atenção para o verbete existente no *Dictionnaire Bordas*[52]. É verdade que, dentre os dicionários de teatro mais conhecidos, só o *Bordas* e o *Larousse*, fiéis à tradição francesa, tratam de definir o termo[53]. A obra de referência que escolhemos apresenta particular interesse porque, além do verbete por extenso, há um belo caderno ilustrado de fotos, tradutor se não fiel, com certeza muito adequado, para a exposição do conceito – diversos momentos de particular impacto do teatro ocidental do século XX aí estão

---

<small>51 P. Pavis, *A Análise dos Espetáculos*, p. 287 (*L'Analyse des spetacles*, p. 278). Do mesmo autor, o *Dicionário de Teatro*, "encenação", p. 122 (*Dictionnaire du théâtre*, "mise-en-scène", p. 210), tem um longo verbete dedicado à expressão, com uma observação singular – e bastante discutível – extraída de Bernard Dort: "A partir da segunda metade do século XIX, não há mais, para os teatros, um público homogêneo e nitidamente diferenciado segundo o gênero dos espetáculos que lhe são oferecidos. Desde então, não existe mais nenhum acordo fundamental prévio entre espectadores e homens de teatro sobre o estilo e o sentido desses espetáculos" ("Dès la seconde moitié du XIXe. siècle, il n'y a plus pour les théâtres un public homogène et nettement différencié selon le genre des spectacles qui lui sont offerts. Dès lors, aucun accord fondamental préalable sur le style et le sens de ces spectacles n'existe plus entre spectateurs et hommes de théâtres"). De qualquer forma, o que é preciso ressaltar é que em todas as acepções, dos teóricos ou dos homens de teatro, há sempre dois traços comuns, o da *unicidade* e o da *espacialidade* como definidores da encenação.

52 M. Corvin, op. cit., p. 561-565.

53 *Dictionnaire du théâtre français contemporain*. Os outros dicionários que devem ser considerados e que, na tradição anglo-saxã, não consideram o conceito, são P. Hartnoll, *The Oxford Companion to the Theatre*; e M. Banham, *The Cambridge Guide to World Theatre*.</small>

reunidos em imagens, desde Antoine (1904) e Reinhardt (1920) até J.-P. Vincent (1989) e Lavaudant (1987) ou Vitez (1981). A acepção geral exposta no primeiro parágrafo é sucinta:

> Atividade artística que consiste em conceber e estruturar os componentes da representação teatral a partir de um ponto de vista diretor. A atividade de encenação se caracteriza por uma vontade de controlar todos os elementos cênicos necessários à representação. O espaço, a atuação, os figurinos, a luz, o som, a maneira de conduzir os efeitos, tudo deve estar submetido a um ponto de vista que se encarna na concepção que o diretor tem da obra e do que é representá-la[54].

Não nos importa a redação de uma história da encenação: o objetivo aqui é a construção de um quadro geral de conceitos para o estudo de um caso específico do teatro brasileiro moderno, mas a localização do conceito de encenação em termos históricos e estéticos é um passo importante. Parece possível sustentar que ele revela uma transformação de densidade considerável na prática do teatro, associável ao advento do moderno, que se traduz no que temos chamado era da encenação e que significa a ruptura, a diluição do conceito tradicional de sujeito, enquanto percepção, predominante no Ocidente até o século XIX. Por isto, também, a opção por *modernos* como forma automática de definição do *teatro moderno*.

A semiologia do teatro importa para indicar este movimento: na verdade, o diretor não é uma subjetividade que se sobrepõe às demais ou que derrotou as divas de um teatro *anterior*. Ao contrário, vale uma certa despersonalização – ele é um *fechamento*, uma *passagem*, um *tópos*; reúne em sua leitura múltiplas leituras; enquanto tal, significa a própria diluição de um velho conceito de sujeito artístico, em que pese a tensão, tipicamente moderna, entre a celebração da personalidade artística, da assinatura da obra, a que o diretor também está sujeito, e a estrutura teatral coletiva, vertentes da encenação moderna. Estas condições não importam; pois, no caso, esta individualidade incensada é relativa ao mercado de arte e não ao processo de produção teatral. No ato poético da criação teatral, há um enfrentamento que se transformará em autoria diretorial, uma modalidade de subsunção.

Em resumo, é possível afirmar que surge assim um quadro do teatro moderno bastante nítido, em que o fato da arte pôde ser situado contra um plano de fundo de mudança do pensamento ocidental, e em que a objetividade da resposta do teatro se traduziu no aparecimento da encenação. Parece justo, então, absorvendo inclusive contribuições de estudiosos da história do teatro de diversas vertentes, estabelecer como conclusão primeira o conceito de teatro moderno. Trata-se de um momento revolucionário da história da cena, em que o palco foi capaz de habilitar-se para o diálogo com as transformações da sociedade ocidental, ainda que estivesse se preparando para deixar de ser a diversão popular por

[54] "Activité artistique qui consiste à concevoir et à structurer les composants de la représentation théâtrale à partir d'un point de vue directeur. L'activité de mise en scène se caractérise par une volonté de maîtrise de tous les éléments scéniques nécessaires à la représentation. L'espace, le jeu, les costumes, la lumière, le son, la manière de régler les effets, tout doit être soumis à un point de vue qui s'incarne dans la conception que le metteur en scène se fait de l'oeuvre et de ce que c'est que de la représenter".

excelência, derrota que lhe será infligida no século XX. De certa forma, ainda que não deixasse de ser uma prática local, aldeã, o teatro passou a poder pretender ter a cara do mundo, situação que torna natural a sua difusão em diferentes países.

Concluindo, portanto, o teatro moderno significou a valorização da cena, ou melhor, a descoberta da cena enquanto natureza teatral, fato visual. Vale dizer que a questão do espaço renascentista, o olhar e o espaço perspectivados, em que pese sua enunciação e emprego a partir da Renascença para o tratamento dos planos (pintura) e dos volumes (escultura, arquitetura) só se realizou plenamente na cena à italiana com o advento do *moderno*, posto que neste momento é que se tornou possível a construção livre da cena a partir de sua essência e dinâmica, de sua *espacialidade* pura. A luz elétrica, muito mais intensa do que as fontes de iluminação anteriormente usadas, contribuiu para o advento da cena em volume, em que a cenografia, ocupação nova, tridimensional, prolongava o efeito da presença do corpo do ator, em lugar de recorrer aos planos oferecidos pela pintura, bidimensional. Por isto, a perspectiva permaneceu em pauta, sob as leis da composição livre, que passou a ser a nova modalidade de tratamento da cena – que poderia até estar nua[55].

O que não quer dizer que a palavra ou o texto fosse em princípio negligenciado ou desvalorizado. Ao contrário, até: em boa parte, a modernidade significou uma restauração do valor do texto do autor, contra o texto do ator e seus recursos histriônicos, vistos a partir de então como *apelativos*, como se comentou em geral no caso do teatro francês e em especial no teatro italiano. O que ocorreu, portanto, foi a instauração da cena como o fato teatral primordial – a idade moderna teatral é a idade da encenação, logo a idade do diretor. Houve uma dupla derrota do ator: a derrota diante da cena (diretor) e diante do texto (autor).

Se o teatro moderno europeu foi um processo de mudança que se iniciou no final do século XIX gerando não um estilo, mas múltiplas tendências, se este processo significou o advento de um mecanismo de transformação frequente do mercado teatral enquanto jogo de linguagens, é considerável, portanto, o quadro de opções construído ao longo de sua trajetória, do fim do século até meados do século XX. E é preciso voltar a frisar que o que se apresenta aí é uma multiplicidade: moderno, modernos, vale repetir. Consideramos acima algumas vertentes em particular, linhas que traduzem determinadas orientações e que foram de particular importância para o Teatro Brasileiro. Porque o teatro brasileiro moderno foi formulado em função de algumas formas específicas de ser do teatro moderno. E tudo indica que esta relação, bastante fechada, conduz a um dos pontos de reflexão mais importantes do tema.

Em primeiro lugar, cabe deduzir naturalmente da argumentação exposta uma constatação simples: não há nenhuma alternativa a não ser a condenação a ser moderno. Quer dizer, não é possível conjeturar *contra* a implantação do teatro moderno no Brasil supondo-o como uma linguagem *estranha* ou *importada*, alheia aos valores locais, pois se trata da forma de ser

---

55 P. Sonrel, op. cit., p. 89 e s.

do palco em nosso próprio tempo e até mesmo as poéticas teatrais que se pretendem locais, autóctones e nacionalistas são manifestações deste mesmo teatro moderno. Resta, contudo, especular a respeito da natureza deste processo de *troca* ou *importação* cultural, rastrear as suas peculiaridades, pois decididamente não se estabeleceu no Brasil um teatro moderno nos moldes praticados no palco europeu. A reflexão sobre este processo será sempre o norte deste texto e, assim, as conclusões cabíveis não poderão ser trabalhadas nesta altura.

Por ora, importa localizar o sentido mais amplo que lhe pode ser atribuído e que pode ser iluminado a partir de considerações desenvolvidas por Patrice Pavis[56]. O autor propõe a imagem de uma ampulheta para o estudo das trocas culturais, em especial no teatro, se bem que o seu objeto de estudo seja muito mais o teatro pós-1968. Desenvolvendo a proposta, ele observa que a troca obedece a uma dinâmica peculiar:

> Na bola superior, encontra-se a cultura estrangeira, a cultura-fonte que está mais ou menos codificada e solidificada em diversas modelações antropológicas, socioculturais ou artísticas. Essa cultura deve passar, para podermos absorvê-la, através de um estreito gargalo de afunilamento. Se os grãos da cultura, o seu conglomerado, forem suficientemente finos, escoarão sem problemas, mesmo que lentamente, para a bola inferior, a da cultura destinatária, ou cultura-alvo, a partir da qual observamos o escoamento. Tais grãos se incorporarão a um agrupamento que pareceria gratuito, mas que no entanto é regulado, em parte, pela passagem por entre a dezena de filtros colocados pela cultura-alvo e pelo observador. Com efeito, a transferência cultural não apresenta um escoamento automático, passivo, de uma cultura para a outra. Ao contrário, é uma atividade comandada muito mais pela bola "inferior" da cultura-alvo e que consiste em ir procurar ativamente na cultura-fonte, como que por imantação, aquilo de que necessita para responder às suas necessidades concretas[57].

A abordagem é ágil: descarta um debate ocioso e datado a propósito do *imperialismo cultural* e reconhece uma instância dinâmica de produção cultural que importa e contextualiza a cultura de origem. O *colonizado* não é objeto passivo e indefeso de uma dominação, mas alguém que procura conquistar um poder cultural no interior de um jogo pré-existente, alguém que está submetido a uma dinâmica histórica específica e que solicita determinado universo de opções culturais. Quer dizer – existe uma relação orgânica entre a "cultura dominada" e a "cultura dominante" e o que é *importado* está nesta condição porque responde a uma demanda local peculiar.

A primeira dificuldade de relevo de nosso tema, que irá percorrer todo esforço conceitual e analítico, é exatamente esta: diz respeito à condição específica do trabalho de arte no Terceiro Mundo. A leitura proposta pretende indicar um caminho novo: não se trata de situar

---

[56] P. Pavis, *O Teatro no Cruzamento de Culturas*, p. 3-5.

[57] Idem. Na edição francesa, p. 9 ("Dans la boule supérieure, on trouve la culture étrangère, la culture-source qui est plus ou moins codifiée et solidifiée en diverses modélisations anthropologiques, socio-culturelles ou artistiques. Cette culture doit passer, pour nous parvenir, à travers un étroit goulot d'étranglement. Si les grains de culture, leur conglomérat, sont suffisamment fins, ils s'écouleront sans peine, quoique lentement, dans la boule inférieure, celle de la culture d'arrivée, ou culture-cible, d'où nous observons ce lent écoulement. Ils se replaceront dans un ordonnancement qui paraît gratuit, mais qui est en partie réglé par le passage à travers une dizaine de filtres mis en place par la culture-cible et par l'observateur. En effet, le transfert culturel n'est pas automatique, passif d'une culture dans l'autre. C'est plutôt, au cointraire, une activité commandée par la boule "inférieure" de la culture-cible et qui consiste à aller chercher activement, comme par aimantation, dans la culture-source ce dont elle a besoin pour répondre à ses besoins concrets").

qualquer mecânica sociologizante ou o recurso à velha razão dualista[58], contrapondo avanço e retardo, vanguarda e retaguarda, ou a teoria do espelho em que o fato estético só se torna transparente se submetido a temas derivados da luta de classes. Tampouco se trata do exercício de um reducionismo mecânico, o inventário simplório dos efeitos da submissão do país periférico aos moldes do capitalismo avançado, no interior dessa dinâmica. Nem muito menos a escolha é um julgamento de qualidade.

O que antes se torna possível é a constatação dos mecanismos de produção dos discursos artísticos no interior da realidade histórica particular vivida aqui, em que a proposição original surge sob uma nova roupagem, por vezes marcada por alterações decisivas de seu contorno e densidade.

Assim, diante do quadro, vasto, inquieto, desafiador – quantos seriam os adjetivos necessários, se é que eles dão conta do objeto? – do modernismo e do teatro moderno, a necessidade é a de historiar os mecanismos usados pelo teatro brasileiro para a sua inserção nesta dinâmica de produção. *Modernos, moderno*: o que se deseja propor é o reconhecimento de uma busca de atualidade, essencial aos nossos tempos e vital para o palco brasileiro, em que a única chance de adesão ao novo foi viabilizada por sua redução; quer dizer, uma trajetória do plural para o singular.

---

58 F. de Oliveira, *A Economia Brasileira*.
A propósito, ver a Apresentação.

III

História do Teatro Brasileiro Moderno: A Aventura Moderna no Brasil

> Que se mantenha acesa a chama sagrada e havemos de vencer os obstáculos ainda a transpor para atingir o nosso ideal: um teatro brasileiro autônomo, caracteristicamente nacional, um teatro enfim que se possa colocar ao lado dos de qualquer país civilizado.
>
> ALFREDO MESQUITA[1]

Vestido de Mito

Por tradição, a data de 1943 é usada hoje para situar o início do *teatro moderno* no Brasil. Trata-se de uma *tradição* contraditória, pois é bastante recente, está ainda recém saída de sua gestação. E o que é pior: esta *jovem tradição* pode ser uma *vilã nefasta*, paradoxalmente, pois bem pode ser olhada sob suspeita de usurpação – precisa ser questionada profundamente, posto que a sua eleição talvez possa encerrar uma dose elevada de arbitrariedade.

É apenas uma *convenção*, é verdade, mas é inegável que a convenção, aqui, indica bem menos do que o reconhecimento universal de um *acontecimento fundador*[2]. Trata-se, antes, de um cálculo, uma busca, uma bandeira de luta, logo uma intervenção política. Ao defendê-lo como marco, o objetivo a atingir é a construção imaginária de uma realidade cultural que é política – e será preciso adiante indagar as razões que motivaram tal procedimento. Por ora, vale delinear melhor a constatação. Ela é evidente se alguns depoimentos ou comentários forem levados em conta.

O diretor de teatro Antunes Filho, comentando em artigo de jornal a montagem de *Vestido de Noiva*, de 1943, que não chegou a ver, afirmou que ela foi um mito e situou no processo histórico o significado que, em sua opinião, ela teria tido[3]. O diretor se perguntava a respeito do *sentido* do episódio, para concluir precisamente a favor de um reconhecimento antes de tudo político – "Finalmente, o que terá sido o *Vestido de noiva* de 1943? Não posso recuperar a visão que nunca tive. É pena. Mas o fenômeno

[1] *Notas para a História do Teatro em São Paulo*, p. 8.

[2] D. Peschanski, M. Pollak e H. Rousso, *Le Temps présent, une démarche historienne à l'épreuve des sciences sociales*. *Histoire politique et sciences sociales*, p. 15, discutem as peculiaridades da periodização na História do Tempo Presente. Destacam a particularidade do século XX, muito rico em subversões de todos os tipos: políticas, econômicas, tecnológicas, culturais. E frisam que, nelas, o acontecimento devastador ou fundador, tais como as guerras, as crises e as revoluções, desempenharam um papel essencial.

[3] Antunes Filho, Montagem de 43 Foi Um Mito, *Folha de S. Paulo*, 26 dez. 1993, Mais, p. 6-9.

estético, em si mesmo, não tem importância. Importa sim o seu significado no processo cultural"[4]. E a sua conclusão foi enfática:

> nesse sentido, o *Vestido de Noiva* de 1943 foi a sementeira na qual germinou o moderno teatro brasileiro. Se hoje o teatro brasileiro é um dos mais importantes do mundo (e lá fora reconhece-se este fato), muito devemos a esses dois grandes artistas já falecidos. As datas são marcas, são símbolos. E a data de 28 de dezembro de 1943 é marca importante para o teatro e para a cultura brasileira. Porque foi nesse dia que estreou no Teatro Municipal do Rio de Janeiro o *Vestido de Noiva*, de Nelson Rodrigues, no cenário de Santa Rosa, dirigido e iluminado (em todos os sentidos) por Ziembinski. Nós, os profissionais de teatro, devemo-lhes a reverência[5].

O diretor comentava o método de direção de Ziembinski, cujas atividades acompanhou na qualidade de assistente, nos anos cinquenta, no TBC, ressaltando que o que mais lhe impressionava era o sentido musical do trabalho e o caráter das personagens, algo de mágico e mítico. O diretor polonês teria indicado, a seu ver, aos jovens encenadores de então, "as imensas possibilidades expressivas contidas em um bom texto". Admirador de seu método, com o qual, no entanto, não concordava, Antunes Filho observou que ainda na atualidade, no momento da entrevista, mantinha essa admiração, apesar de se encontrar no caminho inverso, pois os seus procedimentos para levar o ator ao encontro da personagem se tornaram muito diferentes daqueles ensinados pelo velho diretor.

E descreveu o autoritarismo de Ziembinski, que virou lenda – "Ele ficava em cima dos atores, fazia questão do dedinho, do gesto, da unha, da boca, do olho e exigia aquela inflexão exata, nem mais nem menos do que o que estava na sua cabeça". A "diretocracia", contudo, estava a serviço de algo que lhe dava legitimidade, pois, "partindo da realidade explícita, escarafunchando o realismo, ele extrapolava, transcendia. Rompia o chão e chegava ao Hades, aos infernos, atingia o mítico". Assim, na visão de um dos integrantes da primeira geração brasileira de diretores, o *teatro moderno* surgira aqui indo além do realismo, condição que é importante destacar.

Outra referência obrigatória, ainda na mesma edição comemorativa do jornal, é o texto de Sábato Magaldi – *Vestido de Noiva* Completa 50 Anos Como Marco do Teatro – em que o crítico observou:

> Não me lembro de peça que, no cinquentenário de sua estreia, provocasse a celebração de "Vestido de Noiva". Comemoram-se o centenário de nascimento ou morte dos autores e algumas datas mais. O que se passa agora é inusitado. Talvez a razão dos festejos, além da grande voga que Nelson Rodrigues goza hoje, esteja em que no dia 28 de dezembro de 1943, no Municipal do Rio de Janeiro, nascia o teatro brasileiro moderno[6].

---

[4] Idem, ibidem.
[5] Idem, ibidem.
[6] *Folha de S. Paulo*, 26 dez. 1993, Mais.

O nascimento ilustre não seria obra pura e simples da dramaturgia; Sábato Magaldi defende o reconhecimento de uma situação especial, um clamor histórico, mesmo que o estudioso não tenha visto o espetáculo, pois ainda não estava vivendo no Rio de Janeiro:

> O marco não se deve apenas às inovações do texto. Por feliz coincidência, o espetáculo do grupo amador Os Comediantes transplantava para estas plagas os novos conceitos de encenação. O polonês Ziembinski, foragido da Segunda Grande Guerra, impunha a noção de equipe, contra a anterior hegemonia do astro sobre o restante do elenco, e valorizava todos os elementos de uma arte que se queria autônoma. Ficaram famosos os seus mais de uma centena de efeitos luminosos, quando a norma era uma luz para a manhã, outra para a tarde e uma para a noite. E Tomás Santa Rosa desenhou um cenário insuperável, pelo arrojo da concepção e pela pureza de linhas. Na verdade, a *intelligentsia* teatral estava madura para o salto[7].

Décio de Almeida Prado não destoou desta linha de comentários, em entrevista publicada também no jornal citado. Ele relatou que, na qualidade de crítico da revista *Clima*, assistiu à encenação e escreveu sobre a montagem. Tanto tempo depois, comentou na entrevista que "a novidade dos Comediantes é que eram uma companhia [sic] dirigida não por atores, mas por homens de teatro. Era uma nova ideia de teatro, organizada a partir de um princípio estético. Não eram autores nem encenadores. Eles contrataram o Ziembinski como um profissional da encenação". A avaliação mitológica foi sustentada por Prado, que considerou a peça como um marco inicial de uma era de ouro do teatro brasileiro.

A promoção da montagem a um estatuto tão elevado se justificaria plenamente, no seu dizer, porque estivera aí consolidada "a grande novidade do modernismo", que seria justamente passar a atribuir à parte formal uma importância muito grande, abandonar a crença ingênua de que a forma era transparente, serviria apenas para fazer transparecer o fundo. A peça revelara *uma nova maneira de contar*. O crítico destacou que o próprio assunto já era em si muito diferente dos temas correntes; simplesmente jogava em cena o ciúme entre duas irmãs que disputavam o mesmo homem. Mas, no fundo, a mudança formal era o que chamava mesmo a atenção, já que a encenação revelou esta nova maneira de contar elevada ao quadrado, pois Ziembinski recorreu a *uma nova maneira de representar*: "O Ziembinski fez as partes realistas serem representadas de uma maneira naturalista, realista. Mas, por exemplo, na parte da imaginação, aí a movimentação, a colocação da voz, a maneira de falar, tudo era completamente fantástico".

É fundamental destacar outro detalhe da reflexão do crítico, que importa particularmente para o tema tratado – é a abordagem do significado da proposta para a posteridade:

7 Idem, p. 4-6.

Não se pode dizer que houve uma repercussão imediata. Havia muita admiração por Nelson Rodrigues, *mas ele era um fenômeno isolado*. Em todo caso, foi o *Vestido de Noiva* que abriu a porta para um teatro não exclusivamente realista, da realidade das comédias anteriores, dessa linha de sala de estar, meio pequeno-burguesa[8]. [grifo nosso]

Na entrevista, Prado destacou a existência de outro espetáculo de repercussão na mesma época, também direção de Ziembinski – *Desejo*, de O'Neill, na verdade posterior à temporada de 1944 em que São Paulo viu *Vestido de Noiva*. *Desejo* foi vista já no início da fase profissional de Os Comediantes, em 1947, também apresentado em excursão no Teatro Municipal de São Paulo. Ele acrescentou que já existiam os espetáculos dos amadores, mas destaca que "os espetáculos que vieram do Rio, *feitos por profissionais*, abalaram mais". A sua influência teria sido decisiva: "E aí nasce o teatro paulista, com o TBC (Teatro Brasileiro de Comédia). Franco Zampari me disse que foi muito tocado por esses espetáculos vindos do Rio, *Vestido de Noiva* e *Desejo*, dos Comediantes, e o *Hamlet*, do teatro do Estudante, do Sérgio Cardoso" (grifo nosso).

Nestes depoimentos, o lado mítico e o lado político que cercam a celebração da montagem aparecem nítidos; eles surgem claramente mais fortes do que o real poético efetivo e a densidade histórica, pois o que se percebe de imediato é que o fato posto em destaque não está situado na tessitura de seu próprio tempo, é visto como simples fato isolado. Quer dizer, algo que, na posteridade, foi escolhido como fato de repercussão. Torna-se patente, portanto, a necessidade de questionamento de tal marco: vale esquadrinhá-lo em detalhe.

Em primeiro lugar, é preciso situar exatamente por que a data de 1943 é discutível – afinal ela aparenta conter todos os predicados essenciais para ser transformada em símbolo justo do início de uma nova era. Ela representou a *encenação* – pela primeira vez se podia usar, com segurança absoluta, a expressão para uma montagem nacional, como bem se observou na época e já se comentou anteriormente – do texto *Vestido de Noiva*, de Nelson Rodrigues, dirigida pelo *diretor* Ziembinski, à frente do *grupo* Os Comediantes.

Grupo – a palavra tem sentido restrito. Era uma equipe amadora, de diletantes, responsáveis, segundo algumas fontes desde 1938, data questionável porque parece muito recuada, por uma linha de trabalho esporádica, intermitente, *amadora* em toda a extensão do termo, com um projeto de trabalho também hesitante. O *grupo* não obteve ressonância decisiva no meio ao redor, exatamente por ser amador. Tais condições não têm sido valorizadas nas análises e nos estudos, como se pôde ver nos materiais comemorativos dos cinquenta anos da estreia da peça. A tendência é ou ajudar a construir ou obedecer ao que já se pode denominar *abordagem tradicional dos fatos*.

Esta abordagem tradicional foi construída através de uma dupla extração: em boa parte contemporânea, em boa parte fixada por contemporâneos, revelando-se aí uma aproximação entre o fazer e a reflexão que,

---

8 *Folha de S. Paulo*, 26 dez. 1993, Mais.

no caso, reduz bastante a possibilidade de uma compreensão mais lúcida da história do teatro brasileiro moderno.

É necessário questionar a data escolhida – na verdade, ela não seria um divisor de águas no que se refere ao advento do *moderno* no teatro brasileiro, apesar de ter sido de imediato transformada em *acontecimento fundador*. Ela foi muito mais um fato corrente, se bem que importante, no interior de uma dinâmica cultural *sui generis*, transformado em ícone por parte da geração que o promovera e que precisou bastante deste ícone, dado o caráter acidentado, aqui, da história do *teatro moderno*.

Não houve uma similaridade com o processo europeu, de resto impossível. Os esquemas eleitos – que poderíamos chamar de *modelo francês* e *modelo italiano* – não puderam ser colocados em prática no Brasil, apesar das tentativas realizadas; apenas puderam ser seguidos em algumas de suas formulações, o bastante para impedir uma efetiva organicidade. Portanto, a abordagem histórica necessita partir do reconhecimento da diferença, inclusive examinando a cronologia seguida, os conceitos e as operações intelectuais que ela supõe. Este é o primeiro ponto da tradição dos estudos recentes de História do Teatro Brasileiro que se pretende questionar aqui.

Antes de tratar do próprio tema da data, da cronologia e da prática teatral, no entanto, cabe ressaltar outro tópico fundamental – este *teatro moderno* que se considera iniciado em 1943 é localizado pelos estudiosos, mas não é definido, em qualquer sentido: é antes muito mais uma supressão, uma negação esquemática de algo anterior mais ou menos nebuloso, do que uma afirmação teórica precisa. Se o seu impacto na época foi inegável e está registrado em diversos textos, muitos dos quais de valor conceitual e histórico indiscutível, não deixa de ser curioso observar que tal se deu exatamente muito mais em função da letargia do teatro que era praticado ao redor do que da repercussão teatral efetiva daquilo que era proposto. Isto é – o seu valor para a transformação imediata da cena foi bastante reduzido, ainda que se trate de intervenção exaltada e louvada.

Portanto, o episódio *Vestido de Noiva* parece ser mais um impacto construído, provocado, do que o marco efetivo do início de um processo. Assim, faz sentido lógico e claro que os textos de história proponham, ao mesmo tempo, o episódio como um marco do *teatro moderno*, sem que, no entanto, definam o que é este *teatro moderno*. É o que se pretende provar a seguir.

A Roupa da História

Vamos focalizar textos de história do teatro brasileiro convencionais[9]. Os volumes apresentam densidades diferenciadas, pois lidam com abordagens únicas, irredutíveis, da História do Teatro, sem um grande diálogo ou debate entre si. O primeiro caso, o livro de Galante de Sousa, é o mais antigo (1960) dentre os considerados que tratam da História do Teatro Brasileiro. Revela, no entanto, o autor que manipula o conceito mais

[9] G. de Souza, *O Teatro no Brasil*; S. Magaldi, *Panorama do Teatro Brasileiro*; G. Dória, *Moderno Teatro Brasileiro*; D. de Almeida Prado, *O Teatro Brasileiro Moderno*. Deste autor, também foram considerados: *Peças, Pessoas, Personagens* e as obras referentes às críticas – *Apresentação do Teatro Brasileiro Moderno*, *Teatro em Progresso* e *Exercício Findo*.

multifacetado da operação histórica específica, posto que, com todas as restrições que lhe possam ser feitas, é o único que considera, se bem que separadamente, as diferentes instâncias envolvidas no fato teatral. Ele apresenta dados tanto da literatura dramática (ocasião em que com frequência segue comentários de outros autores, em especial os de Décio de Almeida Prado), como das peculiaridades da cena e das condições sociais da categoria artística, das formas de montagem, dinâmicas sociais e de poder importantes para o teatro. "Teatro" é aí, portanto, um dinâmico jogo de forças que ultrapassa o problema dramatúrgico, muito embora sob tratamento muito discutível, posto que por demais empírico e compartimentado.

Após refutar a hipótese da História do Tempo Presente, ao reduzir a possibilidade de estudo do objeto que nos interessa – "De 1920 para cá, torna-se mais difícil a análise histórica e a crítica dos fatos, porque sua proximidade ao presente nos impede a visão panorâmica, necessária ao exame imparcial" – o autor encadeia "duas palavras" sobre o movimento modernista de 1922[10]. Comenta, sem maiores análises, a falta de "repercussão apreciável e imediata" do modernismo em nosso teatro. O tom é mais de enumeração. A pretensão é simplesmente a de registrar o fato, considerando como escassos momentos de intervenção moderna o Teatro de Brinquedo de 1927, de Álvaro Moreira, a dramaturgia (não encenada) de Oswald de Andrade, as iniciativas de Renato Viana e Os Comediantes. Dulcina de Moraes e Paschoal Carlos Magno são apenas citados, Ziembinski merece algumas palavras.

O grupo Os Comediantes se destaca no conjunto porque figura como marco decisivo de transformação: "A verdade é que a nova orientação só se concretiza com 'Os Comediantes', em 1938 [sic]". O alfabeto da cena teria sido mudado, pois o conjunto, preocupado com a renovação da cena nacional, deu a conhecer as "marcações" ousadas, "em completa desobediência às regras tradicionais, e o maior aproveitamento do palco e adjacências. Com 'Os Comediantes' ficou demonstrada a importância do 'diretor' e os cenários passaram a ser um convite à imaginação e à fantasia do espectador".

Assim, não há nem uma palavra sequer de definição de *moderno*, mesmo nas três páginas seguintes, sobre "Modernas Correntes da Dramaturgia Brasileira". E o autor chegou a cometer pelo menos uma considerável injustiça ao comentar a situação dos atores após a *Revolução Cênica*. Ele afirmou que, paralelamente ao movimento renovador, "sem aderir propriamente, mas também sem hostilizar, continuam figuras da geração anterior gozando o favor do público, como Jaime Costa, Alda Garrido, Eva Todor, Rodolfo Mayer, Procópio Ferreira". Pode ser que eles gozassem ainda o favor do público, mas não se pode sustentar que não havia hostilidade.

Juízo assemelhado pode ser feito em relação ao texto de Sábato Magaldi. De saída, é importante considerar que o ponto de vista deste outro autor em relação à História do Teatro é bem diferente: o seu interesse predominante é sempre a dramaturgia, mais do que qualquer outra cogitação,

10 Op. cit., p. 243-247.

o que, a nosso ver, como procuramos demonstrar, é uma abordagem discutível para que se trate as condições do *moderno*. Na verdade, Sábato Magaldi não valoriza a preocupação com o fato *moderno*, cênico, prioriza antes o tema da dramaturgia. O limite do enfoque transparece no tratamento que o autor dispensa ao grupo Os Comediantes, em especial no juízo a propósito da política de repertório da equipe. Mas neste seu texto aparece nítido o que estamos tentando situar, a história do processo de *celebração* da montagem de 1943, sem dúvida uma condição mais do que deduzida ou atribuída, *construída*.

Em princípio, Sábato Magaldi afirma, no texto que é de 1962, que a "maioria da crítica e os intelectuais concordam em datar do aparecimento do grupo Os Comediantes, no Rio de Janeiro, o início do bom teatro contemporâneo no Brasil". E acrescenta: "Ainda hoje *discute-se a primazia de datas e outros animadores reivindicam para si* o título de responsáveis pela renovação do nosso palco" [grifo nosso]. Mesmo assim o seu parecer é cristalino: "Está fora de dúvida: pelo alcance, pela repercussão, pela continuidade e pela influência no meio Os Comediantes fazem jus a esse privilégio histórico".

O reconhecimento, porém, não alcançava ainda o grau de certeza – e de exclusão dos outros possíveis candidatos – que se estabeleceria depois, como se pôde perceber claramente nos primeiros documentos citados acima. Até porque a "continuidade" de trabalho associada ao grupo parece ser constatação forçada, arbitrária. E também porque pelo menos outro candidato ao papel ainda não podia ser esquecido – o mesmo texto observa: "Foi seu precursor imediato, na tentativa de disciplinar a montagem, o Teatro do Estudante do Brasil, fundado por Paschoal Carlos Magno em 1938".

Finalmente, um último trecho é interessante por deixar em destaque o caráter hesitante – quer dizer, amador, sem que haja desmerecimento na palavra – do empreendimento: "Reunindo amadores, lançaram-se Os Comediantes à tarefa de reforma da estética do espetáculo. Não se observou uma diretriz em seu repertório, nem coerência nos propósitos artísticos". O que poderia, então, conceder unidade ao conjunto? – é a pergunta importante a fazer, que o analista responde de forma bastante direta: "Um lema apenas pode ser distinguido na sucessão algo caótica de montagens, em meio a crises financeiras, fases de alento e de desânimo: todas as peças devem ser transformadas em grande espetáculo".

Portanto, a principal modificação associável ao trabalho do grupo teria sido, ainda seguindo o raciocínio do crítico, a transferência para o encenador do papel de vedeta, modificando-se por este meio o panorama brasileiro, já que, no mercado, no meio profissional, quem assegurava o êxito da representação junto ao público era o intérprete principal; o texto e todo o resto eram irrelevantes. Buscava-se acertar o passo com o que se praticava na Europa e tal só foi possível graças à presença aqui de Ziembinski, trânsfuga da guerra, que assumiu a função de diretor, é a conclusão do texto. Vale sublinhar que em parte alguma de seu livro o autor explicita como teria ocorrido a aludida mudança do "panorama brasileiro", já que se tratava de um instável grupo diletante e os intérpretes principais da cena ao redor, que deveriam perder o poder, eram os *monstros sagrados* da época.

O autor a considerar a seguir, Gustavo Dória, apesar de usar o adjetivo *moderno* para titular o seu volume, limita-se a usar o termo no sentido etimológico corrente, sem tentar estabelecer uma definição precisa do moderno em teatro em qualquer momento. Usa, no entanto, como critério indireto de qualificação deste teatro, afinal mais atual do que moderno, "a valorização do espetáculo"; este seria o signo diferencial frente ao que se fazia, o teatro profissional anterior. Gustavo Dória foi crítico teatral e um dos integrantes históricos do grupo Os Comediantes. Portanto, as suas observações, no volume que foi o primeiro a surgir dedicado ao moderno teatro brasileiro, devem ser olhadas sob uma ótica especial: existe aí a busca nítida da construção de uma versão a respeito do moderno. Não há má-fé ou desonestidade, é importante destacar, mas apenas envolvimento intenso, vivência direta dos fatos estudados.

Em tais condições, Dória não valoriza de saída, diretamente, nem a montagem de *Vestido de Noiva*, nem a mera intervenção do grupo; antes, institui primeiro a consideração de um processo curioso, que teria seu ponto de partida nos precursores (Itália Fausta e Renato Viana), para enveredar por manifestações inaugurais que procura considerar como encadeadas – Teatro de Brinquedo de Álvaro Moreira, as peças *Deus lhe Pague*, de Joraci Camargo, e *Amor*, de Oduvaldo Vianna, Flávio de Carvalho, Teatro do Estudante, Teatro Universitário, Os Comediantes, Artistas Unidos, Teatro Brasileiro de Comédia. Na verdade, tais manifestações, muito diferentes entre si, só formam um *continuum* no desejo do autor. Após a preocupação em fixar uma noção linear de processo, evidente até mesmo na estruturação dos capítulos do livro, dois momentos de ruptura são considerados importantes. O primeiro é relativo ao Teatro do Estudante, com a montagem de *Romeu e Julieta*, de Shakespeare, em 1938, dirigida por Itália Fausta, louvada em trecho cuja autoria não é firmada – o autor usa aspas, mas não identifica a fonte a que recorreu[11]:

> Esse teatro obteve a ressonância nacional. Impôs a presença de um diretor, responsável pela unidade artística do espetáculo. Acabou com o ponto. Valorizou a contribuição do cenarista e do figurinista, trabalhando sob a orientação do diretor. Exigiu melhoria do repertório e maior dignidade artística. Destruiu também o preconceito contra a profissão do teatro. Impôs a fala brasileira no nosso palco, onde até então imperava o sotaque lusitano. Abriu caminho, serviu de exemplo. Copiando-lhe o processo e os ideais, multiplicaram-se os teatros de estudantes, operários, comerciários, industriários, bancários, funcionários etc.

O segundo trecho é relativo a *Vestido de Noiva*:

---

[11] G. Dória, *Moderno Teatro Brasileiro*, p. 49. O mesmo texto, sem aspas, figura em A. Maranhão, Paschoal Carlos Magno e o Teatro, *Dionysos*.

E na noite de 28 de dezembro de 1943, Os Comediantes confirmavam de maneira definitiva a importância de seu movimento dentro do nosso modesto panorama teatral. *Vestido de noiva*, como espetáculo, em seu todo era um marco definitivo. Despertava ele a atenção para o teatro que nos estava faltando; encorajava o novo autor brasileiro, o de importância intelectual, com a sonhada oportunidade, enquanto que destruía o tabu de que o teatro, como profissão, servia apenas a um determinado grupo[12].

Portanto, surge neste caso outro enfoque, em que haveria uma progressão cumulativa de mudanças, coroada pela montagem de Os Comediantes e esta, na verdade, se projetaria em função de uma ausência – "o teatro que nos estava faltando".

Um outro autor de significação bastante especial deve ser considerado. Neste caso, vários são os volumes e diversa a sua natureza – trata-se do crítico, ensaísta e professor Décio de Almeida Prado, já citado acima, também participante direto, aliás, do movimento de renovação do teatro brasileiro, quer como líder do movimento amador, diretor em São Paulo do Grupo Universitário de Teatro (GUT), quer como crítico e professor[13]. Assim é possível ir mais além em suas ideias, ultrapassando-se o que já foi extraído acima, de entrevista jornalística.

Em seu texto mais próximo do objeto ora em exame, o *moderno* do título é qualificação que não se explicita enquanto conceito. Em nenhum momento o autor se propõe a tarefa de sua definição. Mas a análise exposta não é uma construção simples ou ingênua, nem se aproxima do relato fatual vivenciado afetivamente, tal como ocorre no texto de Dória, nem se prende em sua essência à evolução da dramaturgia, como em Magaldi, apesar de manter-se com frequência no simples terreno da enumeração e do relato preocupados com os textos das peças.

A chave de leitura está contida na apresentação do texto, que o autor expõe no prefácio. Ele observa que a origem do livro foi um ensaio de natureza histórica precisa, publicado com o título "Teatro: 1930–1980", na *História Geral da Civilização Brasileira*[14]. A menção dos acréscimos feitos posteriormente serve de veículo para que o crítico defina a estrutura conceitual básica de seu texto: "Os acréscimos agora feitos referem-se, quase todos, à literatura dramática, chamada comumente de *drama* em inglês, em oposição a *theatre*, que seria a parte relativa ao espetáculo". Portanto, o seu "intuito principal foi o de estudar o 'drama', quer dizer, os autores, mas sem nunca perder de vista o 'teatro', pano de fundo sem o qual as próprias peças não adquirem o necessário relevo".

O trecho final sublinha a ausência, dolorosa para o autor, de cenógrafos e críticos, duas categorias deixadas de lado e que, para serem incluídas, exigiriam uma mudança considerável do plano inicial – "elaborado em torno de autores, com referências ocasionais a atores e encenadores, dos quais os cenógrafos (e figurinistas: outra ausência) são tributários". E estabelece uma conclusão bastante interessante: "Contento-me, pois, em lembrar

12 G. Dória, op. cit., p. 92.

13 Dentre os autores considerados, Galante de Sousa é o único que nunca atuou diretamente no movimento teatral. Sábato Magaldi não teve envolvimento de ordem prática, mas militou como crítico, ensaísta e professor.

14 D. de Almeida Prado, *Teatro: 1930-1980*.

alguns nomes ligados à minha geração, aquela que fez a passagem, naquele momento tão problemático, do velho para o novo teatro"[15].

Conforme trecho já citado anteriormente a propósito do advento da encenação em nosso país, em relação à montagem de *Vestido de Noiva*, é importante reconhecer que toda a arquitetura deste texto de Prado supõe a valorização da encenação e do diretor como o critério de formulação do moderno, mas com as abordagens muito centradas na dramaturgia. Todas as análises expostas giram ao redor deste eixo; revelam, outrossim, o conceito de moderno dominante em sua geração, aquele de inspiração textocêntrica e de valoração extrema da dramaturgia, tributário a um só tempo dos teatros italiano e francês, considerados anteriormente.

É possível situar no volume um movimento peculiar, em que o autor considera o moderno, vivido e formulado por sua própria geração, como experiência fundante e suprema, ápice do processo histórico do teatro brasileiro no século. Para a percepção deste movimento, é necessário cotejar dois trechos diferentes, um encerrando a primeira parte do ensaio, em que Prado aborda o processo de esgotamento do teatro antigo; o outro, quando o autor está fechando a sua apreciação do que se poderia chamar de aventura moderna.

No primeiro, ele comenta a atitude do veterano ator Procópio Ferreira diante da crise de esgotamento do velho teatro que praticava, de convenções e hierarquias, em que comediógrafos, atores e espectadores formavam um círculo que seria perfeito se não estivesse completamente obsoleto. E recorre a uma declaração do velho ator, de 1948, em que ele não dava ao teatro mais do que quinze anos de vida – a morte viria, fossem quais fossem os remédios, mesmo os esforços heroicos tentados pelos amadores. A seu ver, tais remédios eram injeções de álcool canforado, quer dizer, novidades que não adiantavam nada. Nas declarações feitas a um jornalista, o velho ator (na época, não tão velho pela idade, mas pela técnica) chegou até a sentenciar: "repare como procuram novidades, sofisticações – *Tobacco Road*, *Desejo*, *Hamlet* – no afã de agitar o público, tentando uma revivescência inútil". Estas tentativas ousadas iriam, aos seus olhos, permitir que os amadores no máximo formassem alguns atores, mais nada, pois ninguém haveria de resistir à crise econômica que era um fato consumado. O velho ator nem hesitava, ao declarar, cinco anos depois de *Vestido de Noiva*: "Eu, contudo, prefiro ficar no que chamam de *ramerrão*. É a única maneira de resistir temporariamente à morte"[16].

No segundo trecho, no final do volume, o assunto que interessa a Décio de Almeida Prado é bem outro, mas o tom é, por ironia, aparentado com o pessimismo de Procópio Ferreira. Ele comenta que a situação do teatro brasileiro, nos anos de 1980, parecia ser inversa àquela existente nos tempos heroicos do amadorismo do século XX; existia então um certo complexo de inferioridade que impedia – ou inibia – o ato de escrever ou dirigir peças, com todos esmagados diante da superioridade estrangeira.

Por contraste, cerca de uma quarentena depois, a expansão crescente do culto da criatividade fazia com que se alargasse aceleradamente o círculo

15 Idem, p. 9-11.
16 Idem, p. 37.

daqueles que se julgavam capazes de tentar o teatro. Só que a democratização, "possivelmente benéfica", não vira surgir uma doutrina central capaz de ajudar a transformar a *quantidade* em *qualidade*. Faltaria então um apoio teórico e prático eficiente, para aglutinar e organizar o esforço coletivo. A vanguarda se esgotara, depois de se autodevorar e de derrubar todas as verdades, e o teatro estacou no meio do deserto – "à espera do profeta que nos ajude a atravessá-lo". E a pergunta que brotaria desta situação, como as certezas do velho ator, também estaria associada à perspectiva da morte do teatro, em meio a tanta tecnologia: "Enquanto aguardamos, uma dúvida insidiosa infiltra-se em nosso espírito. Renascerá o teatro sob formas ainda inimagináveis, como tantas vezes sucedeu, ou morrerá, havendo cumprido honrosamente o seu destino histórico?" (p. 139-140).

Vale observar o detalhe impressionante: esgotados os ciclos produtivos, as atitudes assemelhadas, sentimentais, relativas à localização da morte do teatro, afloraram em duas gerações sucessivas e em boa parte antagônicas. Procópio Ferreira, apesar de sua dimensão grandiosa enquanto artista, foi de certa forma um símbolo de tudo o que a geração de Décio de Almeida Prado combateu e enfrentou[17]. E Procópio foi um guerreiro feroz contra o teatro do Manequinho Chupa-ovo, forma pejorativa que usou para falar (mal) da nova geração – o tom sentimental sem dúvida indica a carência de abordagem conceitual do objeto, mais distanciada e intelectual, e denuncia a condição de vivência[18].

A dimensão do inimigo impôs uma densidade forte à oposição. Em outros livros de Décio de Almeida Prado, mais engajados posto que reuniões de críticas, é possível perceber a construção histórica do conceito de moderno, inserida no interior de um embate objetivo. Não há, portanto, uma operação intelectual pura, reflexiva. O crítico, com uma formação requintada e uma dedicação exemplar ao teatro, tornou-se o crítico de teatro mais influente de São Paulo, uma "eminência parda positiva", influenciando muito, decididamente, a orientação e os rumos do teatro moderno[19].

A situação é bem evidente nas apresentações dos três volumes de críticas publicados pelo autor em diferentes momentos de sua carreira e da história do teatro brasileiro. Os trechos escolhidos parecem eloquentes para revelar o investimento de uma vida e a carga sentimental em jogo, condições limites para o exercício da reflexão, o que não supõe uma redução de seu significado, mas uma tentativa para vislumbrar a arquitetura dos textos. Trata-se do maior intelectual da história de nosso teatro. Os trechos escolhidos dimensionam também o conceito de moderno em pauta, a sua genealogia, as suas implicações, o que impõe o recurso a citações longas, mas obrigatórias. Os trechos são os seguintes, por ordem cronológica de publicação:

> Não escondo, por exemplo, a minha preferência pelos atores que estão agora na casa dos vinte ou dos trinta. Respeito e admiro os mais velhos por terem alimentado o teatro em épocas ingratas, vendo as condições adversas frustrarem-lhes as melhores possibilidades de progresso. Mas

[17] Décio de Almeida Prado tratou do tema em diversos momentos, em especial em *Procópio Ferreira – Um Pouco da Prática e Um pouco da Teoria, Peças, Pessoas, Personagens*, p. 45, 91.

[18] Ao que tudo indica, o apelido era contra Ziembinski, capaz de virar dias e dias *levantando* uma peça e comendo apenas ovos para se manter de pé, situação que se tornou folclórica durante o nascimento do Teatro Popular de Arte. A pista foi encontrada em Y. Michalski, op. cit.

[19] Ver a propósito J. R. Faria; V. Arêas; F. Aguiar (orgs.), *Décio de Almeida Prado, Um Homem de Teatro*.

é aos mais novos que me acho ligado pelas ideias, aos que vieram, de uma maneira geral, depois e não antes de Ziembinski (no teatro brasileiro moderno a atividade de "Os Comediantes" ainda é *o melhor divisor de águas*). O que caracteriza tanto a eles quanto a mim são os mesmos modos de encarar o espetáculo, as mesmas concepções sobre o que seja representar bem, ideias que podemos reunir numa só: a de que toda peça tem de ser encenada, isto é, interpretada em todas as suas minúcias, materiais ou espirituais, por uma só pessoa[20].

A seguir o crítico lançava mão de Jacques Copeau e de sua definição de encenação, observando que do encenador francês "todos descendemos", para concluir:

> Por pensar como Copeau, preferi não poucas vezes a inexperiência dos amadores, nos quais a técnica é pequena mas grande a compreensão da peça, às qualidades de desembaraço cênico, ao tirocínio, ao hábito profissional de estar no palco como em sua própria casa, quando desacompanhadas de maior penetração literária. *O entendimento e a transmissão do que quis dizer o autor*, foram, na medida do possível, os critérios que me serviram de base[21]. [Grifo nosso]

A citação atesta com precisão exemplar a definição de moderno engajada, prática e geracional que desejamos pôr em destaque; explicita inclusive a condição de Copeau como mentor influente de um contingente razoável do teatro moderno brasileiro, ao menos de um contingente poderoso, pois sem dúvida a reflexão envolve parte expressiva do teatro paulista.

O segundo texto fala do teatro brasileiro moderno como obra em andamento e é parte do mais lacônico dos prefácios do autor:

> Antes de considerá-lo terminado, James Joyce publicou vários fragmentos de "Finnegans wake" sob o título de "Work in Progress" — isto é, obra em andamento, ainda não concluída. É esse o primeiro sentido de "Teatro em progresso". Não há dúvida de que toda a obra de arte, todo o gênero literário, jamais deixa de evoluir. Mas não é bem a isto ou apenas a isto que me refiro. A poesia e o romance brasileiro da fase propriamente modernista, por exemplo, alcançaram por vezes plenamente os seus objetivos. Dentro das perspectivas estéticas que eram as suas, realizaram-se com perfeição. Foram aquilo que a sua época esperava e desejava que fossem. Podemos atribuir-lhes maior ou menor valor, conforme as nossas preferências pessoais ou de escola, mas não lhes negar o caráter de obras acabadas, completas, prontas para entrar na história. Ora, é essa plenitude, embora relativa, que buscaríamos em vão no moderno teatro brasileiro. Para todos os efeitos, ele permanece ainda "a work in progress"[22].

O livro reuniu textos elaborados no período de 1955-1964, período em que muitas das certezas anteriores foram desmontadas e em que

---

20 D. de Almeida Prado, *Apresentação do Teatro Brasileiro Moderno*, p. xx.

21 Idem, p. 5 e 6. A definição de encenação, de Copeau, é a que foi citada anteriormente, no capítulo II.

22 D. de Almeida Prado, *Teatro em Progresso*, p. 7.

ruiu o templo dourado que as abrigava – o Teatro Brasileiro de Comédia. Muito do esforço da primeira geração moderna parecia ter se perdido, com a primeira grande crise de seu modelo de teatro estourando em 1961. Assim, se o *moderno* surgiu mais indefinido e hesitante aqui do que no texto anterior, a indefinição foi acompanhada pelo despontar da dúvida a respeito do perfil do próprio teatro, qualificado como *teatro em progresso*, ao menos ainda uma positividade.

Finalmente, o último trecho a considerar, apresentação do volume que marcou o final da carreira do crítico:

> De 1946 a 1968, que princípios, formulados ou encobertos, me teriam guiado? Onde fui buscar os pressupostos teóricos que me autorizavam a julgar, a indicar o que era bom e o que era mau para o teatro? Alguns deles estavam claros e me acompanharam desde os primeiros passos porque eram os da minha geração. Em resumo, direi que desejávamos: para o espetáculo, mais qualidade e mais unidade, coisas essas, ambas, a serem obtidas através do encenador, que fazia assim a sua entrada bastante atrasada em palcos brasileiros; para o repertório, fronteiras menos acanhadas, não com a exclusão da comédia, que devia ser retrabalhada, mas com a inclusão, ao lado dela, de outros gêneros, tais como o drama e a peça poética; para o teatro, como um todo, que fosse considerado arte e não apenas diversão ligeira. A proposta dizia respeito a tudo, desde a arte de representar, julgada rudimentar, estratificada, até a maneira de encarar o teatro, que para nós se comercializara excessivamente e a baixo nível, transformando-se numa mercadoria barata e desprezada[23].

Finalmente, em um volume que possui natureza totalmente diferente dos citados até esta altura, posto que é uma coletânea recente de escritos, variados em seus formatos, datas e ambições, Décio de Almeida Prado aborda, no primeiro deles, justamente o assunto que nos interessa – O Teatro e o Modernismo[24]. Mas infelizmente o crítico não realiza neste texto uma operação intelectual muito diferente das que já foram expostas. Em lugar de definições ou conceitos a propósito do teatro moderno, ele enveda mais uma vez por um estudo de caso e agora, por sinal, aborda um tema peculiar – a *ausência* do teatro na Semana de Arte Moderna de 1922 – tema recorrente sempre que está em pauta o problema do moderno no nosso teatro.

De certa forma, a propalada ausência é contestada; o exercício da crítica sob ideário moderno nos anos de 1920 por Antônio de Alcântara Machado – afinal um crítico sem objeto, posto que circundado por objetos rejeitados *in totum* – seria o indicador da presença do palco no movimento. A observação é polêmica; mas não interessa abordá-la e sim considerar aonde ela permite ao crítico chegar.

Prado observa, segundo um enfoque por demais discutível, que, a seu ver, o que Alcântara Machado propôs como vertente de modernização – a defesa da necessidade de dois *trancos*, um de integração ao universal e

23 D. de Almeida Prado, *Exercício Findo*, p.23.

24 D. de Almeida Prado, *Peças, Pessoas, Personagens*.

outro ao nacional – fora exatamente o caminho que o teatro brasileiro moderno percorrera ao longo de sua própria geração. Assim, ao fazer um balanço do teatro brasileiro 37 anos após a morte de Antônio de Alcântara Machado, o crítico se surpreendia "com a lucidez com que ele *previu* a nossa evolução dramática, a ponto de quase poder servir de guia para uma revisão da história do teatro brasileiro nos últimos decênios". O uso do grifo é importante. O autor raciocina como se a análise da história cultural pudesse ser efetivamente questão de *previsão* e supõe que o crítico anterior fosse manter intacto, com o passar do tempo, o mesmo esquema conceitual que forjara e, além do mais, fosse enveredar pelo raciocínio proposto pelo próprio Décio de Almeida Prado tantos anos depois.

A seu ver, o "tranco" de integração ao universal fora realizado pelos Comediantes, pelo Teatro Brasileiro de Comédia, pela importação de diretores estrangeiros que difundiram "fórmulas" modernas – realismo, simbolismo, expressionismo, teatro épico (aliás, a enumeração de tantas vertentes bem pode comportar muito debate, que por ora convém apenas assinalar). A outra etapa, o "tranco" da integração ao próprio país, coubera basicamente ao Teatro de Arena – o qual "buscando um estilo de representação, uma linguagem de palco especificamente nossa, acabou por encontrar a velha comicidade farsesca preconizada por Antônio de Alcântara Machado"[25].

O resultado teria sido bastante positivo: "O riso popular, subindo do circo e da revista, foi a chave para uma interpretação genuinamente brasileira de textos brasileiros, servindo ainda, de passagem, para a reavaliação de clássicos franceses e espanhóis"[26]. O que é importante ressaltar por enquanto é este conceito indiretamente construído, a um só tempo confuso e híbrido, em que o *moderno*, em lugar de representar a dissolução do sujeito e a multiplicidade, deve ser unidade sentimental e temporal – já que a noção de nacionalidade é apenas identidade e uma noção histórica. E deve ser naturalmente *uno* enquanto estilo, redução – o critério do genuinamente brasileiro precisa ser, ao menos no caso do Arena, realista e até naturalista. Outro problema é a existência de uma avaliação positiva, produtiva, do processo histórico, como se dos dois trancos tivesse surgido o moderno, em contradição com o texto pessimista analisado acima e com o resultado histórico efetivo, de dissolução do modelo moderno adotado.

O texto nos parece eloquente para demonstrar, portanto, em primeiro lugar, a ausência de um trabalho de reflexão, de garimpagem intelectual, a respeito da definição mesma de moderno, até por parte da geração moderna. Em seguida, ele revela claramente a formulação – bastante calcada na empiria – de um modelo de teatro moderno enquanto realidade unívoca e estanque, que seria uma mera atualização em relação ao palco internacional. Finalmente, ele indica mais uma vez, entre todos os citados até aqui, a condição de acontecimento fundador muito mais atribuída do que real em relação ao *Vestido de Noiva* de Os Comediantes. É este ponto que nos resta analisar.

A reflexão pode partir deste último texto de Décio de Almeida Prado com resultados interessantes. Em primeiro lugar, vale destacar o uso da

[25] Idem, p. 25.
[26] Idem, Ibidem

△ (no alto) Cenário típico de gabinete do velho teatro brasileiro, com a companhia em pose de cena; o telão pintado e a decoração traduzem a moda e o gosto da época (Companhia Jaime Costa, anos 1930). (Acervo Cedoc/Funarte.)

△ (acima) Cenário de gabinete com teto, caixa do ponto e fosso da orquestra (Acervo Cedoc/Funarte.)

[27] A opção por este limite cronológico – o século XIX – se fez intencionalmente, para evitar controvérsias marginais, relativas às relações entre nacionalidade e *status* colonial. Provavelmente no século XVIII o Rio de Janeiro deve ter sido o centro teatral mais dinâmico do país, mesmo não sendo, possivelmente, o mais antigo.

[28] A biblioteca da Escola de Teatro Martins Pena conta, na sua coleção de manuscritos, com pelo menos um exemplar elaborado por um escritório de cópias do Méier. Trata-se de pequeno texto de João Ribeiro, escrito para servir de base para aulas práticas. Ao longo desta pesquisa, foi constatado um movimento curioso: o grosso das edições ocorria a princípio no Rio. Com o advento do teatro moderno, a cada ano São Paulo ampliou sua projeção como centro editor. A situação foi abordada em T. Brandão, *Teatro Brasileiro no Século XX*. Sobre a Editora, ver *Livros Úteis ao Teatro*. Anuário da Casa dos Artistas..

[29] A expressão foi usada com brilho por Flávio de Carvalho, em artigo publicado no jornal *O Homem do Povo*, São Paulo, 31 de março de 1931. Graças a esta sugestão, foi aproveitada em T. Brandão, *A Máquina de Repetir e a Fábrica de Estrelas*.

[30] O panorama geral aqui considerado a respeito destes dois atores foi construído a partir de levantamento sumário de suas vidas e obras, examinando-se a documentação existente no Setor de Documentação da Funarte, inclusive o extenso material inédito doado pela família de Jaime Costa, que forma o Acervo Jaime Costa. É conhecida a agressão que Jaime Costa procurava fazer aos "poloneses", em particular contra Ziembinski, afixando cartazes nos teatros em que se apresentava com os dizeres: "Hoje: peça polonesa do Grande Bronikokowski".

expressão tranco – de certa forma, ela traduz o reconhecimento de certo caráter abrupto, brusco, o oposto do que se poderia encontrar em um processo. Outro dado importante é o reconhecimento da importância dos encenadores estrangeiros, condição que também aponta para a natureza de corte, mais do que para a localização de uma continuidade. Assim, o teatro moderno no Brasil teria sido mais uma *invenção* do que uma *criação*, no sentido de que ele se sobrepôs intempestivamente às condições vigentes na prática do teatro e só muito lentamente foi verdadeiramente absorvido pelo meio teatral por excelência – posto que começara na *periferia* (os amadores). Na verdade, como o crítico não absorveu, como de resto toda a História do Teatro Brasileiro Moderno, as intervenções da Companhia Maria Della Costa, persistiu como explicação para o advento do moderno a ideia de transição brusca, de certa forma o que fez o TBC. Mas este assunto deve ser tratado mais adiante. O foco agora ainda é outro.

A Capital Antiga

Em outros termos: a capital teatral do Brasil desde o século XIX era o Rio de Janeiro[27]. Na cidade se formou uma estrutura de produção teatral de considerável solidez – ou no mínimo dotada de minuciosa articulação, já que absorvia os diversos setores possíveis de trabalho no meio teatral, inclusive a edição de textos, com a existência até de ao menos uma editora especializada em teatro, a Talmagráfica, junto à Praça Tiradentes. Curiosamente, existiram mesmo escritórios de *copistas*, mais ao redor do século XIX, especializados em copiar peças ou *partes* – provavelmente entre outros textos – dos originais para o uso em ensaios[28].

É natural, em tais condições, que o mercado teatral, articulado, apresentasse resistência às possibilidades de mudança, mesmo que estivesse morrendo ou fosse deficitário: ao final, a classe teatral preferia lamentar sua penúria, correr – embora sempre com escassos resultados – em busca do apoio do Estado, do que pensar em mexer profundamente na máquina de repetir que conseguira montar[29]. Apesar do sucesso considerável que obtivera no século XIX, em que acabara se revelando o grande divertimento da sociedade, o teatro não conseguiu, no século XX, tornar-se uma paixão nacional, ultrapassar o *status* de moda ou de produção descartável, circunstancial, não essencial. É bastante evidente, como se comentará adiante, o recurso ao escândalo, ao sensacionalismo, por parte da classe teatral, para arrebatar o público – ou melhor, o *não público*, pois exatamente o que não existe é esta entidade, o público de teatro.

Desta forma, compreende-se perfeitamente porque a mesma classe teatral, conservadora, como Procópio Ferreira e Jaime Costa[30], que não queria mudar essencialmente nada do que se fazia, se preocupasse sempre em descobrir e se apressasse para lançar novidades internacionais, não só do gênero que mais praticavam, o bulevar, mas até mesmo autores um tanto complexos para as suas companhias, como Pirandello e Feydeau. A condição de existência e de sobrevivência do teatro aqui, no século XX, até mesmo do teatro comercial, passou a ser a sensação, sentimento ao redor do qual se articulava segundo certo cálculo comercial estreito – Procópio Ferreira, depois de lançar sua filha no mercado, convidou-a a abrir sua própria companhia com o imbatível argumento de que é melhor ter duas bolsas do que uma[31].

Foi este o cenário que cercou o advento do grupo Os Comediantes. Cabe observar que tanto este grupo como os eventos anteriores que buscaram de alguma forma alterar o ideário da cena teatral brasileira não apresentavam um projeto nítido, próprio, consistente, contínuo, mesmo no caso de Flávio de Carvalho, talvez o mais radical de todos[32]. Limitavam-se a proclamar o desejo de *atualização* do teatro brasileiro, segundo formatos variados[33]. Estes formatos traduziam, em cada caso, a sintonia com uma infinidade de vertentes, o que fazia com que o *moderno* pretendido acabasse sendo sempre um moderno vago, impreciso, desfigurado, mais desejo do que formulação poética[34].

A formação e a história de Os Comediantes ratifica esta visão: além do ritmo de trabalho lento e oscilante, não se conseguiu nunca ter no grupo um projeto nítido de teatro; as escolhas oscilaram bastante em função de alquimias de momento, amores e humores pessoais. O grupo teve uma existência instável, conturbada, aliás, como em geral acontece com os grupos amadores. É difícil, portanto, situar em Os Comediantes continuidades: a qualidade moderna transparece bastante aí mais como estalos pessoais de momento do que projeto desenvolvido em uma rota coletiva cumulativa.

Assim, segundo a versão em geral aceita, estabelecida por Dória, o grupo surgiu no interior da Associação de Artistas Brasileiros, localizada no antigo Palace Hotel, na avenida Rio Branco, então ainda o centro vital da cidade em que as elites – econômica, política e cultural – se encontravam. Sob a gestão de Celso Kelly[35], sem dúvida um elo de ligação decisivo entre o meio intelectual mais avançado, o poder e o teatro, teria sido organizado um concurso de peças em um ato, com prêmio de montagem em temporada regular, no Teatro

---

[31] D. de Almeida Prado. *Procópio Ferreira*.

[32] Em 1933 Flávio de Carvalho instalou no Clube dos Artistas Modernos, em São Paulo, o Teatro de Experiência, que pretendia buscar uma nova forma para o teatro. Por três dias foi apresentado o *Bailado do Deus Morto*, sem dúvida a proposta mais radical do teatro moderno brasileiro em sua primeira etapa, peça falada, dançada e cantada por amadores que usavam máscaras de alumínio e camisolas brancas, em um palco nu, iluminado por efeitos coloridos em *flashes* rápidos. O teatro foi fechado pela polícia. Ver Dória, op. cit., p. 44-45.

[33] Por exemplo: é certo que Itália Fausta (1878? – 1951) buscou propor mudanças, ainda que relativas, na qualidade do repertório, se bem que o seu repertório tivesse sido sempre oscilante e discutível em várias de suas escolhas. O Teatro de Brinquedo (1927) propôs uma revisão do conceito de teatro em um sentido que Álvaro Moreira chamava moderno, mas era controvertido e amador. O Teatro do Estudante procurou formar um ator (e um público) completamente novo, dentro de um novo conceito de teatro, mas também era ainda à margem do mercado. Já o CAM, onde Flávio de Carvalho apresentou *O Bailado do Deus Morto*, era um corte radical em todos os sentidos, mas aconteceu em São Paulo, fora do mercado e era muito mais uma manifestação associável às artes plásticas; além disso, o trabalho de Flávio de Carvalho em teatro não teve continuidade.

[34] O melhor exemplo aqui ainda é a verborragia do *pioneiro* Álvaro Moreira: "Eu sempre cismei um teatro que fizesse sorrir, mas que fizesse pensar. Um teatro com reticências...[...] Um teatro de ambiente simples, até ingênuo, bem moderno, para poucas pessoas cada noite... Tal qual foi o Vieux-Colombier, tal qual é o Atelier, em Paris, o Teatro degli Independenti, o Teatro da Villa Ferrari, em Roma, uma chusma em Milão, em Brescia, em Berlim, em Viena, o Dailer, em Rigal, o Kammerny, em Moscou, o de Tsukiji em Tóquio... Podia citar mais. Cito ainda o Teatro Maly que ocupa a sala do Teatro Nacional de Varsóvia, cedida pela Municipalidade". Em Dória, op. cit., p. 27. Quer dizer, muita citação e pouca reflexão.

[35] Sua aproximação com o teatro era considerável. Uma portaria de 14 de setembro de 1936 do ministro Gustavo Capanema instituiu a Comissão de Teatro Nacional, integrada por Múcio Leão, Oduvaldo Vianna, Francisco Mignone, Sérgio Buarque de Holanda, Olavo de Barros, Benjamin Lima e Celso Kelly. A Comissão foi substituída pelo Serviço Nacional de Teatro, criado por decreto de 21 de dezembro de 1937. Ver G. Sousa, op. cit., p. 269. Celso Kelly escreveu algumas peças de teatro, sem grande repercussão histórica.

**UMA EMPRESA
E SEUS SEGREDOS:
COMPANHIA
MARIA DELLA COSTA**

Regina (atual Dulcina)[36]. O grupo vencedor – ou um dos grupos vencedores – Os Independentes, dirigido por Sadi Cabral e Mafra Filho, teria como atrizes de destaque Luiza Barreto Leite e Margarida Bandeira Duarte e teria dado origem ao grupo teatral da associação. Como os dois diretores originais teriam se decidido pela profissionalização e deixaram o grupo, tornou-se diretor Jorge de Castro, jovem fotógrafo amador educado na Inglaterra, onde fizera um curso de teatro. Mas logo ele abandonaria a função. A coordenação passou então para Brutus Pedreira e Santa Rosa, que convidaram Gustavo Dória e Agostinho Olavo para ingressar na equipe[37]. Todos estes nomes já possuíam alguma circulação no meio de teatro.

Ao longo de todo este tempo, a discussão central foi a definição de repertório. Para Santa Rosa, o programa do grupo "deveria ser uma interpretação brasileira do movimento de Copeau, na França, assim como já antes acontecera com o Teatro de Brinquedo, francamente inspirado nos princípios que nortearam o mestre do Cartel"[38].

Em tais condições, acreditava também que, se não fosse criada uma escola paralela, pouco aproveitamento existiria no trabalho proposto. Os outros integrantes da equipe, no entanto, logo chamavam a atenção para a realidade brasileira: o que conviria de imediato, seria "colocar o espetáculo em cena, causar o impacto e depois então lutar pela permanência da obra acabada". Foi este o princípio vencedor – e a ótica de impacto já estava evidente até mesmo no nome escolhido por Santa Rosa – *comediantes* – um enfrentamento direto, explícito, do teatro histriônico ao redor, na medida em que o conceito de *comediante* se opõe frontalmente ao de *ator*. Segundo Dória, o primeiro esforço do grupo foi o de encontrar um original que "marcasse o surgimento de um movimento de moldes revolucionários para a plateia média do teatro brasileiro de então".

Após a fixação do repertório e do elenco, a produção foi articulada e, com a previsão de custos elevados, foi solicitado o apoio do recém criado Serviço Nacional de Teatro, que não teria podido conceder qualquer verba em 1938, mas teria liberado ajuda para os três primeiros espetáculos, previstos para o final de 1939. Estas datas, aliás, traduzindo idas e vindas do projeto, parecem insinuar uma falta de sentido na escolha do ano de 1938 para marcar o início da história do grupo: afinal, o início de um grupo é a sua estreia. Um pouco adiante, houve também o oferecimento do acervo da Comédia Brasileira, inclusive de um sistema de painéis que viabilizava a construção de qualquer cenário[39].

A primeira temporada foi iniciada a 15 de janeiro de 1940, no Teatro Ginástico, com *A Verdade de Cada Um*, de Pirandello, direção de Adacto Filho que teria sido esquematizada por Brutus Pedreira a partir de estudos de Copeau e Baty. Ao acender das luzes, a plateia aplaudiu o cenário de Santa Rosa, que teria sido *arranjado* com os tais painéis da Comédia Brasileira e decorações emprestadas. Não houve consagração crítica, pois era um espetáculo amador e os críticos não costumavam frequentar tais espetáculos ou, caso o fizessem, dificilmente escreveriam a respeito. Na semana seguinte apresentou-se o segundo espetáculo – *Uma Mulher e Três Palhaços*, de M. Achard, texto

---

[36] Segundo a documentação existente no Dossiê do Teatro Regina (Dulcina), na Funarte, em 1936 ocorreu um Concurso de Amadores Teatrais que levou à montagem das peças *A Mulher que Furtou*, de Maria Rosa Moreira Ribeiro, *Por Causa de Um Beijo*, de Lourdes Moreira Ribeiro, e *Doidos de Amor*, de Júlia Lopes de Almeida. Os textos indicam em seus títulos a adequação aos padrões correntes no mercado teatral. Esta teria sido a primeira edição do concurso. Segundo Dória, Os Independentes montaram *Uma anedota*, de Marcelino Mesquita, *Que Pena Ser Só Ladrão*, de João do Rio, *Uma Tragédia Florentina*, de Wilde, *D. Beltrão de Figueiroa*, de Dantas.

[37] Foram considerados nesta versão dados fornecidos por Sadi Cabral em seu depoimento ao SNT. Mas há outra versão da história de Os Comediantes, bem diferente, apresentada por Luiza Barreto Leite, *Depoimentos II*, Rio de Janeiro: Funarte, 1977. A atriz declarou que, estudante da Escola de Teatro Martins Pena, fez parte de um grupo amador, ao lado de Sadi Cabral, Mafra Filho, Margarida Estrela e Bandeira Duarte, também alunos, que ganhou o primeiro lugar no concurso promovido pela Associação dos Artistas Brasileiros, em 1937, iniciativa do SNT (sic). A equipe teria passado a cuidar do setor de teatro da AAB e o grupo só seria fundado formalmente três anos depois, com a mudança dos integrantes.

[38] G. Dória, op. cit., p. 74. Destaque-se aqui que o Teatro de Brinquedo não foi inspirado só no movimento de Copeau.

[39] A informação parece ser contestável ou bem problemática – a Comédia Brasileira apresentou o seu primeiro espetáculo no dia 9 de agosto de 1940. Os painéis, se já existiam, eram recursos de cena bem pouco associáveis ao moderno, pois à frente da companhia oficial estava Otávio Rangel, um dos maiores defensores do teatro de convenções que dominava a cena carioca.

que esteve na programação de Álvaro Moreira, do Teatro de Brinquedo, mas que ele só conseguiu apresentar na temporada de 1931, no Municipal. A terceira récita foi cancelada: a verba acabou. Para conseguir recursos, foi planejada uma reprise do Pirandello que demorou a ser realizada.

Quando a reprise se deu, aos 14 de novembro de 1941, o grupo incorporara mais um *amador*, o diretor Zbigniev Ziembinski, que chegara ao Brasil neste mesmo ano; ele supervisionou a direção de Adacto Filho e criou a iluminação. Há a seguir o contato com Jouvet, radicado por algum tempo no Rio com sua companhia, para fugir da guerra; o diretor francês teria recomendado aos líderes do grupo que valorizassem a literatura nacional, para pensar em obter um teatro de qualidade. E a busca de um autor nacional teria se tornado uma obsessão, ao mesmo tempo em que o grupo era juridicamente organizado.

A segunda temporada foi planejada e levou à apresentação de *Capricho*, de Musset, *Escola de Maridos*, de Molière, *O Leque*, de Goldoni, *O Escravo*, de Lúcio Cardoso, direções de Adacto Filho; *Fim de Jornada*, de Sheriff, *Pelleas e Melisanda*, de Maeterlinck, e *Vestido de Noiva*, de Nelson Rodrigues, direções de Ziembinski. A estreia se deu no Ginástico, em 27 de novembro de 1943, com espetáculo duplo (*Capricho* e *Escola de Maridos*). Na noite de 28 de dezembro de 1943, no Municipal, foi iniciada a segunda parte da temporada, com a estreia de *Vestido de Noiva*.

Após uma apresentação em São Paulo, em junho de 1944, o grupo passou por um novo período de paralisação, até a reestreia de *Vestido de Noiva*, a 23 de novembro de 1945, com mudanças na escalação do elenco (ingresso de Maria Sampaio, consagrada atriz portuguesa, e Irina Stipinska, polonesa). Em função do sucesso, o grupo decidiu montar na nova temporada outro texto de Nelson Rodrigues, *A Mulher sem Pecado*, direção de Turkow, com estreia a 18 de janeiro de 1946; seguiu-se *Era Uma Vez Um Preso*, de Anouilh.

Novos integrantes levaram à profissionalização do conjunto e ao acréscimo de um V ao nome (Os V Comediantes); a estreia se deu no dia 17 de junho de 1946, no Ginástico, com *Desejo*, de O'Neill, com enorme sucesso, inclusive de crítica, seguida por *A Rainha Morta*, de Montherlant, que não agradou e que teria sido escolhido por Ziembinski em função de interesses pessoais de escalação de elenco. O grupo agora passara a contar com a participação de Olga Navarro, Graça Melo, Jardel Filho, Maria Della Costa, Margarida Rey, Jackson de Souza, Sandro Polônio, Magalhães Graça, Orlando Guy, Virgínia Vanni, Berta Scliar, Waldir Moura, Amalita, Aloísio D. Moraes, Nestor Lindenberg. A mudança do nome, segundo depoimento de Luiza Barreto Leite, teria sido por superstição. Ou foi determinada por cálculo legal, para evitar embates com os integrantes que deixaram o conjunto, situação bem mais provável.

O elenco sofreria ainda mais uma mudança na denominação original – passou a ser Comediantes Associados – e reapareceu no Ginástico a 8 de agosto de 1947, com uma adaptação de *Terras do Sem Fim*, de Jorge Amado, seguida de *Não Sou Eu*, de Edgard da Rocha Miranda. No Carlos Gomes, logo depois, foi feita nova reprise de *Vestido de Noiva*, agora com Maria Della Costa e Cacilda Becker nos principais papéis. Foi o último trabalho da equipe[40].

40 Miroel Silveira era um dos novos integrantes da equipe, fazendo as vezes de empresário; foi o responsável pela presença de Cacilda Becker nesta fase. Ver *Depoimentos II*, p. 125-129, em C. E. Barsante, *A Vida Ilustrada de Tomás Santa Rosa*, há uma versão indicando a saída de integrantes originais (segundo Luiza Barreto Leite) por divergência conceitual com novos componentes. O nome Sandro Polônio, encontrado nas fontes com uma infinidade de grafias, será sempre escrito aqui nesta versão mais atual, por indicação do próprio.

▷ Maria Della Costa e Ziembinski, *A Rainha Morta*, observe-se que a geometria do cenário e da composição plástica ecoa na performance dos atores. (AMDC, Paraty.)

▽ *A Rainha Morta*, visão geral da cena, concepção plástica do espetáculo, com destaque para a integração entre marcação, gestual e cenografia. (AMDC, Paraty.)

◁ Maria Della Costa e Sandro Polônio, *A Rainha Morta*, de Montherlant, direção de Ziembinski, com elogiados cenários e figurinos de Santa Rosa (Os V Comediantes, T. Ginástico, 1946). (AMDC, Paraty.)

▽ *A Rainha Morta*, visão geral da cena: o elenco e a cenografia formam um conjunto harmônico e integrado. (AMDC, Paraty.)

UMA EMPRESA
E SEUS SEGREDOS:
COMPANHIA
MARIA DELLA COSTA

A partir deste rápido resumo, algumas considerações precisam ser feitas – a primeira, é a constatação da curta existência do grupo. Segundo as versões mais tradicionais, ele teria durado de 1938 a 1947, mas com muitas interrupções, a história descontínua de sempre dos amadores. Ou poderia, na verdade, ser considerado ativo entre 1941 (primeira estreia) e 1947, um período que parece bem mais plausível do que a cronologia anterior, quando o início das atividades figura muito distante da primeira estreia[41]; aliás, não é aceitável em historiografia a indicação do início de um grupo a partir da manifestação de intenções, pois com frequência elas são insuficientes para garantir a sobrevivência do conjunto. Neste decurso de tempo, a equipe teve personalidades variadas (chegou até à tentativa fracassada de ter um perfil profissional), alguma flutuação de poder interno, integrantes diferentes e oscilação considerável de projeto(s).

O período de trabalho efetivo foi curto – as produções em sua maior parte foram geradas em um ritmo amador, em nada parecido com o ritmo vigente no teatro profissional da época, que chegava a oferecer uma peça por semana ou mais, rapidamente montada; os componentes do grupo eram quase todos profissionais liberais, não viviam de teatro. Para um período de nove anos, atingiram o total quinze montagens, com temporadas curtas e longo período de gestação, ao menos durante a fase amadora. Foram cinco textos nacionais contra dez estrangeiros, variando bastante a densidade estética dos originais e os critérios de escolha.

É importante observar que a trajetória do elenco não se deu sem oposição: ela foi ferrenha, segundo as campanhas consideradas acima e também enquanto ação política direta, conforme registrou Dória. De acordo com o testemunho do autor, uma assembleia monstro da categoria foi convocada em dezembro de 1943 para solicitar o apoio do governo para o teatro. As reivindicações eram inúmeras, abrangiam tanto a construção de teatros como a isenção fiscal e o subsídio, mas havia uma "que constituía uma enormidade: a negativa de auxílio de qualquer espécie, por parte de autoridades, a espetáculos amadorísticos! Tudo isso, segundo o noticiário, foi solicitado ao presidente Getúlio Vargas, numa entrevista coletiva".

Houve, portanto, uma reação forte, efetiva, do teatro profissional conservador contra os novos. Mas esta reação começara antes da estreia de *Vestido de Noiva* – e com certeza não se deu apenas porque se vislumbrara uma ameaça, a existência de uma dinâmica específica, de mudança, diametralmente oposta, em sua essência, ao teatro de mercado e do poder que praticavam. Parece evidente que os antigos não acreditavam no novo teatro; julgavam existir uma arte eterna que dominavam e que no seu entender os jovens são sabiam bem como alcançar. O que estava na verdade em jogo era a disputa das verbas oficiais, às vezes bastante generosas, como se comentará no próximo capítulo; e por vezes os teatros, pois os edifícios de qualidade não eram numerosos.

Apesar da dimensão notável de Santa Rosa como cenógrafo, logo contratado também pelos *veteranos*, e da projeção dos novos atores, que também irão ingressar no mercado, a questão da transformação da linguagem só

[41] Barsante apresenta outra versão – "Em 1938, estimulados pelo ambiente, propício à criação de um teatro renovador de valores, Tomás Santa Rosa, Luiza Barreto Leite e Jorge de Castro resolveram fundar Os Comediantes, grupo de intenções divorciadas dos propósitos de Os Independentes. Algo mais na linha de Copeau, Dullin, Baty, Pitöeff e Jouvet, na França". O autor, porém, não indica as fontes a que recorreu para estabelecer esta cronologia. Idem, p. 23.

adquiriu maior impacto com a adesão efetiva de Ziembinski e de Nelson Rodrigues (esta temporária) ao grupo, quer dizer, com as montagens de 1943, temporada em que foi encenada a peça *Vestido de Noiva*. A forma como a linguagem de renovação se articulou no interior do grupo é outro problema. Parece que o processo se deu em escala crescente, cada vez com maior repercussão, situação que irá fazer com que a reação cresça. É importante fixar as linhas gerais dos acontecimentos, o contorno do jogo.

Em resumo, Dória comenta que, como já se observou, a reação da crítica foi de início quase nula ou reticente, pois os críticos não comentavam os espetáculos amadores; Os Comediantes contaram, até por sua origem, pois alguns eram jornalistas, com o apoio da intelectualidade, naquela época bem mais presente nos jornais – e nos teatros: "Jornalistas, escritores, cronistas, etc., comentavam e escreviam sobre as atividades das duas iniciativas, o Teatro do Estudante e Os Comediantes, salientando as novas perspectivas abertas"[42]. Além disso, as pessoas envolvidas, até certo momento ao menos, não viviam de teatro.

Com a escolha do original de Nelson Rodrigues para montagem, a situação mudou um bocado de figura – jornalista, filho de homem da imprensa, em uma família de jornalistas, Nelson Rodrigues sabia como ninguém *produzir um acontecimento imediato*, esta condição peculiar de nosso tempo, a vivência coletiva de um fato específico. Dória observou que Nelson Rodrigues, conhecendo bem o valor da propaganda, "seguiu o exemplo de Paschoal Carlos Magno", que fizera um lançamento especial para a estreia do Teatro do Estudante, recorrendo a referências e comentários de intelectuais ilustres a favor da peça. Assim, o dramaturgo conseguiu, por exemplo, que Manuel Bandeira e Augusto Frederico Schmidt se pronunciassem, enquanto Astrogildo Pereira chegou a afirmar que *Vestido de Noiva* deveria marcar novos rumos para o teatro brasileiro[43].

Portanto, se a crítica foi econômica, o mesmo não se pode dizer dos intelectuais. Artigos isolados começaram a surgir com elogios em suplementos e até no corpo dos jornais[44]. O destaque histórico é o texto de Álvaro Lins, do suplemento do *Correio da Manhã*.

> Os Comediantes – um grupo de amadores empreenderam a tarefa de reformar o teatro brasileiro, sobretudo com a temporada de fins de 1943 no Teatro Ginástico e no Teatro Municipal. Talvez seja mais exato: a de lançar fundamento para a criação de um grande e autêntico teatro Brasileiro. Seria mais fácil a pregação técnica, o doutrinarismo estético. Mas ninguém cria ou reforma um teatro com teorias. Só o espetáculo opera no concreto[45].

O trecho revela mais do que a aclamação de uma obra: houve aí o reconhecimento de um projeto cultural de perfil peculiar, pois se pretendia atingir o jogo político da dinâmica da cultura. Parece evidente que a repercussão da montagem na imprensa foi em larga medida um mecanismo construído ou estimulado, conforme observou o próprio Nelson

---

42 G. Dória, op. cit., p. 82.

43 Idem, p. 91. Sobre a ação de Nelson Rodrigues nas redações, ver R. Castro, *O Anjo Pornográfico*.

44 G. Dória, op. cit., afirma que – "Apenas Lopes Gonçalves, no Correio da Manhã, salienta a importância do espetáculo, ao lado do responsável pela crítica teatral em A Noite". Segundo Ruy Castro, no entanto, a ação do autor na imprensa foi decisiva; Guilherme Figueiredo (*O Jornal*), R. Magalhães Jr. (*Diário de Notícias*) e Mário Hora (*O Globo*) escreveram críticas celebratórias louvando o dramaturgo.

45 De 9 de janeiro de 1944, p. 93.

Rodrigues em depoimento de dimensão preciosa, sob este aspecto, que é de fundamental importância reproduzir na íntegra:

> Eu comecei minha carreira teatral com uma vaidade homicida. Isto eu confesso: eu tinha ódio do Joraci Camargo, por causa do sucesso de *Deus lhe Pague*, ódio do Raimundo Magalhães Jr., por causa do *Carlota Joaquina*, tudo anterior a mim. Mas não importa, eu incluía o passado no meu presente, no meu ressentimento. Qualquer sujeito que tivesse, quisesse ter ou tivesse tido algum êxito teatral, dava-me uma irritação de extrema malignidade, não perdoava. O êxito de *Vestido de Noiva* banhou em mel a minha vaidade: os admiradores são realmente nocivos para o artista.
> *Mas isto depois que a gente os tem.*
> Depois. Naquele tempo eu ainda precisava do êxito, do artigo no jornal. Eu fazia qualquer coisa para ter artigo no jornal e escrevi muito artigo sobre mim mesmo, com pseudônimo[46].

É possível afirmar, diante destes dados, a existência de um ímpeto de mudança em atrito direto com a realidade existente, realidade esta que aos poucos se tornou bem hostil aos novos, revelando um claro jogo de poder. Mas este processo fora iniciado anteriormente. É preciso discutir o reconhecimento da existência de um marco, de um corte acarretando um início, em relação à montagem, pois não foi iniciada de imediato qualquer dinâmica teatral associável ao gesto do grupo. Mais, até – a própria continuidade do grupo será problemática.

Apesar de ter usado afirmativas bombásticas dizendo o contrário, o trecho acima e alguns outros da mesma entrevista indicam um diálogo intenso de Nelson Rodrigues com seu tempo, com o teatro ao redor, matéria-prima que justamente ele parece ter elevado ao limite máximo, explorando e explodindo a ebulição afetiva dos textos em voga, o cadinho de afetos derramados que fazia com que as peças de então arrebatassem a massa. Se a *retórica da recusa* for examinada de perto (e com que veemência ele disse sempre que *não* conhecia nada de teatro), esta será a sua revelação: em lugar do Nelson Rodrigues de negação simplória do seu fazer, de seu tempo e lugar, surgirá o Nelson Rodrigues farejador agudo das pulsações latentes, recônditas, do palco de sua época, cavador do sucesso e do escândalo, da manchete de jornal. O que significa reconhecer que a transformação não começara aí.

Ao que tudo indica, parece que é necessário reconhecer certo clima de mudança que teria percorrido os anos de 1930. Décio de Almeida Prado situa com insistência indícios de desconforto relativo no teatro profissional da década – os textos *Amor*, de Oduvaldo Vianna, *Deus lhe Pague*, de Joraci Camargo, e *Sexo e Deus*, de Renato Viana, ao lado da inquietude *amadora* dos textos escritos e não montados de Oswald de Andrade e Mário de Andrade. Aliás, a criação do Serviço Nacional de Teatro, em 1937, foi um episódio desta agitação, em que o Estado foi pressionado pela classe teatral a colaborar com o palco, para remediar o esgotamento de

---

[46] N. Rodrigues, *Depoimento*, p. 10. O depoimento revela com precisão o procedimento de choque da sensibilidade do outro sempre perseguido por Nelson Rodrigues. Por exemplo: é bem visível o perfil do Nelson Rodrigues leitor de teatro, amante de Ibsen, O'Neill e Shakespeare, assim como é patente sua relação com o teatro brasileiro contemporâneo. Pode-se afirmar que um vetor nítido da obra do autor foi a reversão profunda do sentimentalismo, da verborragia e da *melodramaticidade* que predominavam então no palco nacional.

bilheteria do desgastado *ramerrão*, que acusava o cinema e o rádio de ajudar a esvaziar as suas salas. Logo ele poderia acusar também os amadores de desestabilizar as tradições da cena.

Um relato *sui generis* é encontrado em Luiza Barreto Leite[47]. Ela oferece uma visão ainda não estudada a respeito de certa movimentação moderna contra o teatro antigo nos anos trinta. Segundo o seu depoimento, após curta estada em Paris, ela retornou ao Rio e passou a frequentar os cafés e bares dos intelectuais. Surgiu então um grupo de teatro, que nunca se concretizou, mas que teria levado Oswald de Andrade a escrever um texto especial para o momento. Os encontros se deram após o fechamento do Teatro de Experiência, em 1933, em São Paulo, que reunira Flávio de Carvalho, Oswald, Mário de Andrade. A sua vinda frequente ao Rio fez com que um grupo se apegasse aos três e resolvesse fundar um grupo de teatro, que se reunia na casa de alguns intelectuais. Jorge de Castro chegara da Inglaterra depois de fazer um curso de teatro por lá e seria o diretor; o texto seria *O homem e o Cavalo*, de Oswald, mas o projeto não chegou a sair do papel. Outro texto teria sido escrito nesta ocasião por Oswald. Ainda segundo a versão da atriz, ele namorava uma moça muito bonita e queria que ela fosse atriz; um dia brigou com ela e teria dito que iria escrever uma peça com o título de *A Morta*, "porque ela estava morta e não sabia". Propôs, então, que a estreia fosse com este outro texto, mas o grupo se dispersou em 1935 sem montar nada.

Não há dúvida que tais propostas de mudança acabaram por estimular a reação do teatro profissional brasileiro, quer dizer, carioca, que se cristalizaria decididamente ao redor de um fazer que se acreditava rendoso – ou melhor, que se desejava que fosse rendoso. No princípio, existia certo trânsito entre os dois grupos, como se pode ver no Teatro de Brinquedo, de 1927, que conseguiu reunir personalidades tão diferentes como Di Cavalcanti e Luiz Peixoto, este um profissional consagrado da Praça Tiradentes. O clima era de confraternização. Nas declarações de Álvaro Moreira publicadas pela imprensa, ele afirmou que era difícil exigir muito trabalho antecipado de todos os que aderiram e mais difícil ainda fazer uma triagem, pois cada um era "um nome" e era conveniente aproveitá-los. Em tais condições, as deficiências eram desculpadas e o diretor declarava que o Teatro de Brinquedo não devia ser confundido com o teatro de profissionais, com o qual não podia sequer fazer concorrência – "Primeiro porque a qualquer teatro que tenha cunho comercial seria impossível dar espetáculos como os nossos, que não prendem e não podem agradar ao público habitual dos outros. Depois, o nosso teatro só tem duzentos lugares".

O diretor frisava ainda que o elenco não tinha nenhum profissional, mas amorosos, para não dizer amadores de teatro, e que a *mise-en-scène* era de brinquedo, como tudo. As marcações estavam sendo feitas por Luiz Peixoto, que, no dizer de Álvaro Moreira, "entende de teatro", mas como estava saindo tudo muito "certinho", o grupo decidiu acabar com a marcação, para cada um fazer como entendesse, mesmo atrapalhando a companhia[48].

HISTÓRIA DO TEATRO BRASILEIRO MODERNO: A AVENTURA MODERNA NO BRASIL

[47] Op. cit., p. 79-80. A versão, um pouco diferente, afirma a tentativa de organização de um Clube do Artista Moderno (CAM), portanto com o mesmo nome usado em São Paulo, que teria levado os jovens a solicitar o apoio de Itália Fausta e de Eugênia Moreira – ver L. Barreto Leite, *A Mulher no Teatro Brasileiro*.

[48] Entrevista a *O Jornal*, apud G. Dória, op. cit., p. 29.

UMA EMPRESA
E SEUS SEGREDOS:
COMPANHIA
MARIA DELLA COSTA

Portanto, nem se pode com muita nitidez localizar um percurso crescente de busca da renovação, nem se pode considerar que a distância que separava renovadores e conservadores sempre tenha estado clara. Muitos dos pretensos revolucionários da véspera foram absorvidos pela dinâmica de mercado praticada pelos reacionários de sempre. Em 1937 ocorreu um episódio curioso, uma concorrência organizada pela Comissão de Teatro Nacional para a subvenção a companhias que fizessem a "temporada nacional".

Foram doze companhias candidatas: sendo finalista sem restrição a Companhia Jaime Costa e finalistas com negociação de restrições às suas propostas as Companhias dos senhores Álvaro Moreira e Álvaro Pires. Os processos das duas primeiras podem ser analisados de maneira produtiva – são bastante parecidos[49].

A primeira grande diferença entre eles é que a proposta de Álvaro Moreira parece ter sido elaborada apressadamente, à socapa, para entrar na concorrência. A segunda diferença é que a Cia. Jaime Costa apresentou, logo de saída, após o preâmbulo, o elenco com que pretendia trabalhar, exposto de acordo com as *especializações* convencionais, justificando a juventude de muitos com a observação de que havia um calculado interesse em lançar novos talentos[50]. Depois vem o item direção, mas o nome citado é o do "diretor ensaiador Eduardo Vieira, professor da Escola de Arte Dramática" – apenas um *ensaiador*. A seguir, o repertório proposto, com um total de vinte textos, em parte realizados e em alguns casos inéditos, planejados; conta com maioria absoluta de autores nacionais, sendo apenas quatro os autores estrangeiros, incluídos por causa da "projeção universal dos nomes de seus autores". Para fazer os projetos dos cenários, serão convidados Santa Rosa, Paulo Werneck e Alceu Pena.

Espanto – a palavra bem traduz a sensação que se tem diante do processo em que Álvaro Moreira solicita a mesma subvenção. Ao contrário do ator veterano, aqui o processo se inicia com um texto de análise da situação do teatro no Brasil, constatando a existência de um longo intervalo na prática do teatro, que teria feito com que as gerações mais novas perdessem contato com a cena. "Já existiu público aqui. Dele sobraram espectadores", observa o diretor, que pretende, através de atores confundidos nas personagens (vale dizer – e não se mostrando, como os histriônicos da época) e da *mise-en-scène* ajudar a tornar o teatro uma arte unanimemente popular. Em primeiro lugar, o diretor apresenta o repertório, de apenas oito textos, sendo que três estrangeiros; ao longo da temporada o repertório foi alterado e nunca a companhia conseguiu a velocidade de alternância de cartazes que era atingida por Jaime Costa. A seguir, estão previstas palestras gratuitas sobre a evolução do teatro. Finalmente, o elenco; ele aparece primeiro exposto em uma lista simples sem determinar as *especializações*, seguido da cenografia também aqui "sob a direção de Santa Rosa". A veterana atriz Itália Fausta, nessa época sem companhia própria, figurava como primeira atriz e diretora de cena: uma última folha, com o elenco definitivo, expunha as *especializações* e o

[49] Dossiês Companhia Álvaro Moreira e Companhia Jaime Costa. Funarte.

[50] Dois primeiros atores genéricos (Jaime Costa e Teixeira Pinto), dois galãs (Rodolfo Mayer e Custódio Mesquita), um centro característico (Ferreira Maya), um centro (Álvaro Costa), um galã típico (Silva Filho), uma primeira atriz (Lygia Sarmento), uma dama galã (Lú Marival), uma dama característica (Luiza Nazareth), uma dama central (Cora Costa), duas ingênuas (Lourdes Mayer/Nelma Costa), uma *soubrette* (Victória Régia). O ensaiador é Eduardo Vieira, professor da Escola de Arte Dramática. Ver Processo 7.352/37. Acervo Jaime Costa, Funarte.

ponto[51]. Em pauta estavam as mesmas rotinas que eram usadas pelas companhias tradicionais.

É possível constatar, portanto, uma razoável aproximação entre as duas companhias, com a diferença que a segunda, que seria a mais *moderna* e a menos experiente, foi a que encontrou (ou expôs ter encontrado nos recursos apensados ao processo) maiores dificuldades para a realização do que propusera. Itália Fausta logo deixou a temporada e depois a empresa, sob alegação de doença; outros elementos da equipe foram substituídos. Se a companhia mais antiga atribuíra a cenografia aos novos, a companhia moderna acabou modificando o repertório em um sentido de vaga aproximação com a outra empresa. A companhia de Álvaro Moreira não sobreviveu bem a esta temporada; houve uma tentativa de rearticulação, segundo Dória, em 1939, mas a Segunda Guerra Mundial barrou os planos.

A conclusão natural e necessária destes dados parece ser uma primeira constatação: a inexistência de uma densidade contínua de proposição do novo, que pudesse ter conduzido à eclosão súbita do moderno em 1943. A afirmação do *Vestido de Noiva* de Os Comediantes como marco para o nascimento do teatro brasileiro moderno foi feita com um razoável fundamento em vivências pessoais e como um eco do alarido da época. Apesar da aclamação da montagem, não existem ainda monografias, pesquisas básicas e teses desvendando em profundidade o sentido do grupo e a sua história e tampouco foram realizados trabalhos deste tipo com relação a todos os outros conjuntos que por ventura reivindicaram o mesmo papel.

Uma condição importante do grupo foi sempre descuidada nas reflexões, exatamente a sua condição amadora, que vem sendo sublinhada neste texto. Ela exige que se considere a atuação da equipe em uma linha de continuidade específica, de amadores, quer dizer, rarefeita. E mais: é essencial reconhecer que as suas influências no meio teatral, se existiram, foram bastante localizadas e não gerais, pois os profissionais, inclusive por causa da dinâmica altamente personalista e histriônica de seu teatro, jamais admitiriam que amadores viessem ditar padrões de comportamento e de produção teatral.

É fato que os profissionais se mobilizaram contra o que era proposto – a mobilização, aliás, ao que se sabe até o momento, foi anterior à estreia de *Vestido de Noiva*, como já se viu, e contra o SNT. Em outras palavras: como a proposta vinha de amadores, os profissionais sequer cogitavam responder *em cena*, pois o interlocutor, o interpelador, estava fora do mercado; a resposta podia ser política, ou pessoal ou nas folhas dos jornais. A rigor ela se deu muito mais em função da ambição por verbas do que por causa de projetos culturais discordantes. O que quer dizer que a montagem teve pouco efeito de transformação no mercado teatral para que possa ser vista como divisor de águas, se é lícito chegar a considerar que ela tenha tido algum efeito.

Este raciocínio nos remete a duas dificuldades – quando se poderia situar, então, o nascimento do *moderno* no teatro brasileiro e que peso se atribuiria à histórica montagem de *Vestido de Noiva*.

HISTÓRIA DO TEATRO BRASILEIRO MODERNO: A AVENTURA MODERNA NO BRASIL

51 A lista completa é – diretor da Companhia (Álvaro Moreira), diretor de cenografia (Santa Rosa), um *regisseur* (Jorge de Castro), primeira atriz, diretora de cena (Itália Fausta), dama central (Davina Fraga), uma dama galã (Eugênia Moreira), duas ingênuas (Arlette de Souza e Tina Canabrava), dois galãs brilhantes (Adacto Filho, Jesus Ruas), um galã genérico (Lúcio Moraes), dois centros (Álvaro de Souza, Samuel Rosalvo), um utilidade (Alfredo Ruas), um galã cômico (Álvaro Samuel), uma especialista em papéis infantis (Colette), um auxiliar da cenografia (Paulo Werneck), um ponto (Nelson Medeiros), um secretario (Mário Cabral), um fiscal (João Segneri), um publicista (Waldir Medeiros), um *costumier* (Antolin). Processo 7.427/37, Dossiê Cia de Arte Dramática Álvaro Moreira, Funarte.

UMA EMPRESA
E SEUS SEGREDOS:
COMPANHIA
MARIA DELLA COSTA

Está fora de questão, em razão dos conceitos examinados no capítulo II, a possibilidade de se vincular o nascimento do moderno a qualquer modificação na dramaturgia, dentre todas as que já foram cogitadas para tal fim: o moderno não é obra derivada dos textos. Resta a hipótese de outro acontecimento da história do teatro ser analisado, com o intuito de tentar localizar *quando* poderia ter surgido não uma ruptura primeira ou um processo de mudança, posto que já se observou o caráter descontínuo deste novo, mas a geração de uma *ambiência* ou *dinâmica cultural* capaz de permitir o adensamento cada vez maior das propostas que passaram a surgir, mesmo que esta ambiência tenha sido restrita, incapaz de envolver o mercado teatral carioca.

A Agitação Estudantil

Todos os indícios documentais reunidos nesta pesquisa apontaram para um mesmo lugar – ele foi o detonador do gesto decisivo que garantiu o início do processo de afirmação de um movimento teatral amador muito especial. Foi ele que propôs a mudança da cena teatral – o Teatro do Estudante do Brasil, de Paschoal Carlos Magno, com a encenação de *Romeu e Julieta*, de Shakespeare, em 1938. A aclamação de *Vestido de Noiva* foi promovida descartando a montagem do TEB, entre outros pretendentes, mas é importante frisar que tal se fez sem que o *Romeu e Julieta* tivesse sido objeto de estudo monográfico adequado, para que se definisse a sua significação. Não existe, aliás, nenhum estudo a respeito do *Romeu e Julieta* de 1938. Contudo, parece evidente – e inegável – que Os Comediantes foram estimulados pelo empreendimento de Paschoal Carlos Magno (e é esta situação que parece estar embutida, como um fantasma, na discussão a respeito da data em que o grupo Os Comediantes teria efetivamente se formado[52]). E assim não se teria apenas Os Comediantes, um fato isolado, mas todo um movimento estudantil e teatral com a responsabilidade de desencadear objetivamente a mudança do palco brasileiro.

Rigorosamente falando, a montagem de *Vestido de Noiva* sem dúvida possui valor simbólico, até porque foi um momento de arrebatamento de uma geração, a geração que propôs o moderno. Mas o que é fundamental observar é que 1943 não suprimiu nada, não teve qualquer efeito de desdobramento diferente do que já estava no ar do tempo, já estava acontecendo. E o próprio grupo não conseguiu sequer oferecer uma temporada a seguir, a de 1944, questão grave que será tratada no próximo capítulo.

Uma primeira proposta de modificação do teatro teria sido formulada realmente em 1938, com a estreia de *Romeu e Julieta*, a primeira montagem do Teatro do Estudante do Brasil, um evento de caráter institucional, pois vinculado ao *fato escolar*, portanto de maior ressonância social do que o amadorismo. E a modificação viabilizada era de importância decisiva – o TEB deu início efetivo à formação de uma primeira geração de atores modernos ou deu projeção a jovens atores que não sintonizavam bem com o mercado comercial e conservador. Uma *nova* classe teatral era condição prioritária para a possibilidade mesma do moderno, o ponto de partida

[52] São duas as fontes em geral seguidas para indicar 1938 como o ano do início do grupo Os Comediantes – Luiza Barreto Leite e Gustavo Dória. A primeira, jornalista brilhante e autêntica mulher de teatro, com imenso volume de textos escritos, já se comentou em nota um pouco acima como apresentou duas versões diferentes sobre o grupo que se tentou organizar em 1935 e sobre a origem de Os Comediantes. O segundo, muito envolvido com a história do grupo, não usa quaisquer datas no início de seu relato da história de Os Comediantes, mas frisa com muita ênfase que já estavam juntos ensaiando quando o TEB estreou e que torceram por eles, pois iriam "preparar o terreno" para o seu grupo. O fechamento da data depende de novas pesquisas, mas tudo parece indicar a existência de uma disputa pela primazia. E a necessidade de situar Os Comediantes em datas mais tardias do que as sugeridas nestas versões.

decisivo para a viabilidade de qualquer projeto. Além disso, Shakespeare estava sendo montado pela primeira vez no país, em uma guinada histórica no repertório padrão oferecido até então pelo nosso teatro.

Assim, a opção pela montagem do TEB parece essencial, pois ela sugeriu uma mudança radical no pressuposto mais importante do teatro: a pedra de toque para a afirmação do moderno, em um teatro em que os motores da cena eram os atores e os atores eram antigos, teria que ser a formação de uma nova geração de intérpretes, recrutada em novas bases. Até a origem de classe dos atores precisava ser modificada. O desafio era grande porque não existiam diretores capazes de formar atores[53]. Para lançar o novo, Paschoal Carlos Magno procurou tecer uma mediação mínima com o teatro profissional mais inquieto ou intenso, que ele conhecera em alguma medida, até com intimidade: fora ator da Caverna Mágica, de Renato Vianna, e do Teatro de Brinquedo, de Álvaro Moreira; escreveu a peça *Pierrot*, encenada por Jaime Costa em 1931. Nestes empreendimentos conheceu de perto Itália Fausta (1878?-1951)[54].

E foi à veterana atriz Itália Fausta que recorreu, para que ocupasse o cargo de diretora:

> Havia uma mulher, uma extraordinária atriz, pessoa de cultura soberba chamada Itália Fausta. Hoje, quase ninguém sabe que ela existiu. Eu a havia visto, quando menino, em todo um repertório de última classe e essa mulher comandava a cena com uma superioridade genial. Pois esta mulher não tinha encontrado até o momento a oportunidade de dirigir uma peça realmente significativa, a oportunidade de ensaiá-la, representá-la, montá-la e então eu a convidei para comandar meus jovens...[55]

Tudo indica que efetivamente Itália Fausta estava interessada em exercer a função de diretora, que não existia no Brasil. Aqui era ainda a terra por excelência do ensaiador, profissional um pouco mais tarimbado ou simples cabeça de elenco ou chefe de companhia cuja ocupação era a de distribuir as partes, *tomá-las* e organizar a movimentação da cena, para evitar trombadas. Em outro texto exaltado, Paschoal Carlos Magno oferece mais detalhes sobre o TEB, os seus objetivos e a participação de Itália Fausta[56]:

> O que há de bom no teatro brasileiro, eu grito aos brados, fique contrariado quem quiser, o que há de bom no teatro brasileiro saiu

[53] O depoimento de Sandro Polônio ao Projeto de pesquisa Teatro Brasileiro: a invenção do moderno é eloquente: "Era Ana Amélia Carneiro de Mendonça, a diretora presidente da Casa do Estudante do Brasil, daquela época. E foi realmente um acontecimento artístico, o *Romeu e Julieta*, de Shakespeare, feito pelos estudantes. Foi uma coisa muito fora do comum, foi fora daquelas bitolas de teatrinho de amador... foi no Municipal do Rio de Janeiro e aí houve um interesse muito grande, foi uma semente jogada num terreno ótimo. // TANIA – O trabalho da Itália Fausta no Teatro do Estudante e na montagem do *Romeu e Julieta* foi uma valorização do texto? //SANDRO – Do texto, e deu uma *mise-en-scène* também, moderna, ela não montou um *Romeu e Julieta* com aqueles cenários operísticos, foi tudo simples, tudo sintético, foi muito bonito. Ela fez um enterro de Julieta fantástico, numa *mise-en-scène* [...] o texto foi muito bem valorizado, porque teve a sorte de ter uns bons atores. A Sônia [Oiticica] estava excelente como Julieta, Paulo Porto também, tudo gente com uma veia histriônica, artística, fantástica, compreendeu, então ajudou muito o trabalho dela. // TANIA – E a cenografia? O cenário? //SANDRO – Nada, o cenário foi tudo arrumado, arranjado no Rio de Janeiro, dentro do Teatro Municipal com... com um gosto simultâneo de todos, todos dando palpites e deu um espetáculo [incompreensível] foi o que eu te disse, ela não pegou um fundo da praça de Verona que tem muitos lá pintados da ópera e pendurou, não fez isso. // TANIA – Tinha 3 dimensões o cenário? // SANDRO – É, tinha praticáveis, subia e descia o palco e tudo, muita cortina, muita rotunda e luz que tinha na época, era uma maravilha os efeitos, mas ainda tinha algumas coisas de refletores do Municipal, velhos, antigos, mas que funcionava, quebrava o galho entende? // TANIA – Essas ideias novas de Itália Fausta é uma influência de Copeau ou Bragaglia, qual é o novo teatro que ...? // SANDRO – Ela tinha muita influência, você falou o nome dele, Bragaglia, e muito da Duse também. // TANIA – Ela estudou com a Duse? //SANDRO – Estudou com a Duse na Itália e trabalhou muito em uma companhia portuguesa também, em Portugal".

[54] Como já se observou, foi feito um levantamento bastante detalhado sobre a vida de Itália Fausta em diferentes centros de documentação, mas muitas dúvidas persistem, a começar pela data de nascimento e a nacionalidade da atriz, cercadas de controvérsias. Foi examinada a coleção de jornais italianos do início do século XX do Arquivo do Estado de São Paulo, época em que ela era atriz amadora de renome, mas não foram localizadas matérias a respeito.

[55] P. C. Magno, *Dionysos*, n. 4, p.159. Na mesma revista, p. 67-69, Sandro Polônio em seu depoimento afirma que o repertório de Itália Fausta "era muito bem conceituado", coisa que não é bem verdade, mas que andava afastada do palco por ser uma época sem grandes textos.

[56] *Depoimentos II*. Rio de Janeiro: Funarte, 1977.

do Teatro do Estudante. O Teatro do Estudante nasceu de minha mais total loucura. Eu tinha vindo da Europa e vi a situação caótica do teatro brasileiro, um teatro sem orientação teórica, representado por atores e atrizes sem a menor preparação. Aí, eu me lembrei que todos os movimentos do Brasil tiveram suas origens no meio estudantil. Assim foi a revolução, a abolição da escravatura, a república. Tudo foi feito pelos estudantes. Então eu os chamei à casa de minha mãe, que foi uma heroína, coitada. Havia uma mulher notável, hoje já esquecida por todos, só lembrada por mim, a Itália Fausta, uma das maiores atrizes do Brasil. Quando fui procurá-la para dirigir o Teatro do Estudante, ela chorou: "Mas eu nunca tive uma chance de fazer isso!" Ela foi então e dirigiu *Romeu e Julieta*.

Segundo Luiza Barreto Leite, em seu último texto citado, após a dissolução em 1935 do núcleo que tentara sem sucesso fazer teatro em moldes diferentes, descrita acima, os remanescentes teriam ido procurar Eugênia e Álvaro Moreira para organizar outro conjunto e da equipe participava Carlos Lacerda. A peça cogitada não era mais um inédito nacional, passara a ser *A Ressurreição*, de Tolstói, e a diretora seria Itália Fausta. Mas ainda aqui não houve estreia, pois o grupo também se dissolveu – não conseguiu se organizar a contento, pois, segundo a mesma fonte, Eugênia Moreira quis ser a protagonista, mas teria que fazer par com Lacerda, muito mais moço, o que resultava em um efeito cômico.

A primeira – e única – notícia específica de Itália Fausta enquanto diretora é a respeito de um curioso festival, em honra de D. Sebastião Leme no seu jubileu Episcopal[57]. A apresentação teria ocorrido no Teatro Municipal, em 1936, com a montagem de *A Rosa do Carmelo*, drama lírico de Marcel Gosselin e Jullien, e a *direção cênica* é atribuída a Itália Fausta. Portanto, apesar da escassez de dados, tudo indica que a atriz não chegou a *dirigir* efetivamente, no sentido moderno, qualquer trabalho de maior repercussão antes de seu ingresso no TEB, tendo no máximo atuado como ensaiadora.

Já a aproximação entre os dois líderes do TEB sem dúvida aconteceu no meio teatral. No citado processo de 1937 da Companhia de Comédia de Jaime Costa, em que o autor solicitou subvenção ao Ministério da Educação e Saúde, de acordo com edital da Comissão de Teatro Nacional, ao resumir "a sua folha de serviços de dez anos consecutivos na direção e manutenção de suas companhias", o ator incluiu entre os ensaiadores de sua empresa a atriz Itália Fausta, que então constava no processo de Álvaro Moreira como primeira atriz e ensaiadora. Entre os diretores artísticos figurava Paschoal Carlos Magno. A mesma informação aparece em diferentes programas da *troupe*, mas o material não precisa ano, nem peças.

O que teria sido, no entanto, a direção de Itália Fausta? Os depoimentos são lacônicos, reticentes. Sobre Ester Leão, sua sucessora no TEB, existe um material bem mais vasto, até contraditório. Se no número especial da revista *Dionysos* há um alentado artigo de Maria Jacinta enumerando as

[57] Os dados reunidos são de um programa encontrado no Acervo Maria Della Costa, da Funarte, que oferece a data de 8 de agosto de 1936. No entanto, não há registro do evento social na detalhada listagem oferecida por E. B. Chaves Jr., *Memórias e Glórias de Um Teatro*.

△ Itália Fausta, postal inspirado em representação de peça religiosa, fase amadora, São Paulo. (Acervo da autora.)

■ Itália Fausta, *Anjo Negro* (1948), detalhe da expressão facial, foto postal para divulgação (Foto de Halfeld, Acervo da autora.)

▷ *(à direita)* Itália Fausta, detalhe da expressão facial, representação de cena religiosa (*O Mártir do Calvário*). (Acervo da autora.)

▷ *(à esquerda)* , Itália Fausta, pose para cartão postal autografado, brinde do início do século XX oferecido pelo remédio Luetyl. (Acervo da autora.)

qualidades e descrevendo os procedimentos que Ester Leão usava, ao lado de referências anedóticas, em particular de Paulo Francis, insinuando que a sua cultura era muito limitada, na mesma revista não há riqueza de informação sobre o que teria sido a atuação da veterana atriz enquanto diretora.

Paulo Porto, o Romeu da peça Romeu e Julieta, comentou a voz fantástica de Itália Fausta e sua interpretação para ensinar os atores: "ela pegava uma vassoura, abraçava-a, fazendo-a de Romeu ou de Julieta e transformava até a voz quando se fazia de Romeu. E todos ficavam encantados"[58].

Sônia Oiticica, a Julieta, fez questão de frisar em entrevista à autora que Itália Fausta foi uma diretora legítima, pois trabalhava com o domínio da compreensão do texto como forma básica para conduzir o espetáculo.

Algumas conclusões fortes e precisas, no entanto, podem ser extraídas a partir do exame de uma fonte primária valiosa – o livro – texto usado como caderno de montagem de Romeu e Julieta[59]. O documento sem dúvida merece ser objeto de estudo monográfico, tal a multiplicidade de aspectos que apresenta; o que se fará aqui é uma espécie de estudo objetivo, uma primeira abordagem hermenêutica preocupada apenas em esclarecer os significados poéticos históricos da montagem, de interesse imediato.

Trata-se de um pequeno volume encadernado: Shakespeare, Romeu e Julieta. Porto: Livraria Chardron, de Lélo & Irmão Ltda. Editores, 1924. A sua aparência externa é a de um livro bastante manuseado, mas em bom estado, forrado em pele de chagrém castor. Na capa anterior tem filigranas em baixo relevo, com motivos florais e geométricos, motivos alusivos à tragédia e à comédia e, ao alto, no centro, a representação do rosto do autor, embaixo de seu nome e do título, outrora dourados. Na parte posterior da capa, há a logomarca do editor em relevo. A lombada conta com o mesmo motivo floral e geométrico, abaixo do nome do autor e do título e acima do nome da editora, originalmente em douração, que também se perdeu com o tempo.

Abre-se o livro e na guarda impressa com mosaico vermelho e branco e com propagandas de obras da editora há à direita um recorte de revista colado ao centro, com a legenda abaixo, também em recorte de revista. "Benjamino Gigli, o tenor n. 1 do mundo, em duas de suas mais famosas interpretações, Romeu e Julieta e Manon". As páginas brancas a seguir, o verso da guarda e a falsa folha de rosto com o título Romeu e Julieta foram usadas para a realização de desenhos a lápis, encimados com as legendas: "Jardim de Baile e Cenas do Balcão", "Quarto de Julieta ou Sala dos Capuletos" (abaixo do desenho: "Substituídos os móveis"), "Planta baixa – Situação da torre", "Praça e Rua".

O verso da falsa folha de rosto apresenta a relação, impressa pelo editor, das "Obras de Shakespeare" em 46 volumes. A folha de rosto apresenta ao alto o nome do autor, Shakespeare, seguido do título, Romeu e Julieta, abaixo do qual foi escrito, com caneta de tinta preta, sublinhado a lápis vermelho: "em 18 quadros e 4 actos". A letra é de Itália Fausta; a autoria foi estabelecida por análise comparativa com outros documentos – um diário que faz parte do "Baú da Atriz", em que existem anotações de diversas

58 A Permanência do Teatro – Seminário, Teatro João Caetano. Rio de Janeiro, 09/11/1994, anotações da estagiária de pesquisa Célia Maria Grespan.

59 O livro integra uma coleção de documentos variados – objetos de toucador, recortes de jornal, diário de lembranças, livros, cartazes, passaporte, carteira de trabalho, objetos sentimentais – pertencentes à atriz. O conjunto, designado "Baú da Atriz", está em poder da pesquisadora; foi conservado por Sandro Polônio até a sua morte e, então, doado pela atriz Maria Della Costa.

pessoas, mas que conta com algumas de próprio punho, e cadernos manuscritos da atriz em que ela anotou traduções de peças do italiano.

Segue-se na mesma página: "Tradução do Dr. Domingos Ramos Terceira edição" e a identificação da editora. No verso da página, mais dois desenhos: "Cela de Frei Lorenço, Cena entre Romeu e Boticário". No final do volume, após o fim do texto da peça, na página 166, mais dois desenhos: "Cena do Túmulo", "Cena entre F. Lorenço e F. João".

Na página 167 há um esboço ligeiro, sem legenda e sem identificação fácil do tema, traçado rapidamente acima do título que está ao meio da página, identificando os comentários ao texto coligidos pelo tradutor.

Não foi possível estabelecer a autoria dos desenhos. Provavelmente são de Tilde Canti, que aparece no programa da montagem como responsável por "desenhos"; segundo o depoimento de Sandro Polônio citado anteriormente, eles devem ter orientado a concepção da cenografia, sem chegar a propor realmente a criação de cenários[60]. A mesma letra da legenda dos desenhos, ainda usando lápis preto, fez a distribuição, anotando o nome dos atores ao lado da lista de personagens; alguns poucos estão sem identificação. Quase a totalidade absoluta das restantes anotações – e são inúmeras – parecem ser de Itália Fausta. Foram feitas com materiais diferentes – lápis preto comum, caneta tinteiro preta e azul, lápis azul e lápis vermelho – indicando um processo longo de trabalho, com diferentes intervenções no texto durante esse tempo. Os textos de apresentação ("Advertência") e notas ("Comentários") foram lidos e sublinhados a lápis, mas não foram anotados.

Basicamente, em um primeiro exame, as anotações podem ser classificadas em cinco categorias: estrutura do espetáculo, tratamento de texto, concepção/implantação de cenário, ambientação cênica e marcação de cena. Logo na página V começam as anotações relativas à estrutura do espetáculo; elas significam a operação de dissecar a estrutura do texto e registram o número de quadros por atos, para chegar à conta de "21 quadros – 4 actos". Na página XXVI, ao final da distribuição, o espaço em branco foi usado para listar todos os quadros de cada ato identificando os cenários; chega-se aí ao total: "4 actos – 21 quadros – 8 scenarios". Na página 209, a última, no espaço em branco existente, são listados os "Planos" e no seu verso e no verso da guarda posterior, em letra miúda, há a listagem completa das "Entradas pela ordem", com todos os quadros e cenários de cada ato. Todas as anotações foram textualmente deduzidas, não há qualquer criação.

As anotações mais numerosas são as de tratamento de texto: poucas são as falas que permaneceram sem qualquer modificação, no sentido de corte, algum abrasileiramento, objetivação da fala. Na realidade o texto foi adaptado, com cortes diversos, o expurgo dos lusitanismos e ampliação da atmosfera coloquial. Três pequenos blocos de texto, cortados, tiveram suas páginas coladas com papel gomado ou presas por alfinete (p. 57-62, 129-132, 137-144), situação que indica que o texto nunca mais foi consultado em sua versão integral. Outros muitos cortes estão feitos diretamente no texto com lápis de cor azul e são tantos que permitiram a redução dos 5 atos para 4.

---

60 O Theatro do Estudante do Brasil apresenta Romeu e Julieta Shakespeare. Programa da peça, dossiê da peça Romeu e Julieta, Arquivo da Funarte. Ver a ficha técnica no anexo. Para Dória, op. cit., p. 48, Itália e Paschoal desejavam cenários e figurinos novos, mas seria muito dispendioso; então, apenas os figurinos principais foram novos, desenhados pela pintora Clotilde Cavalcanti (Tilde Canti), diretora de arte da Casa do Estudante; as outras roupas, cenários e adereços foram arranjados nos depósitos do Teatro Municipal.

As anotações mais esquemáticas e resumidas são as de concepção e implantação de cenário. A iniciativa parece ter partido da direção: ao transformar o texto em quadros, estes fixaram o local da ação. Assim, o que se tem é apenas a nomeação dos lugares da ação e o rol de utilidades, a listagem dos objetos essenciais, dedutível do texto, manuscrita na página 168[61]. Os oito cenários foram traduzidos em sete desenhos, pois um serve para dois lugares de ação e o último desenho existente, como já se observou, é um mero esboço, sem finalização e sem qualquer legenda.

Já as anotações relativas à ambiência cênica apresentam colorido importante – fora as ações textuais desdobradas, quer dizer, anotações que simplesmente trabalham com indicações textuais, que não são muitas, tem interesse particular a luz. Ela é quase toda *ambiental* e *natural*, digamos, quer dizer, também é deduzida esquematicamente da ação proposta no texto, girando ao redor do tempo da ação (dia/noite), mas conhece algumas variações e algum cálculo simbolista-psicológico. Está anotada em detalhes, quadro por quadro, como se fosse um roteiro geral, na página 167 e em um cantinho da página 166, além de estar marcada de forma sumária, direta, com algumas diferenças frente ao roteiro geral, em cada início de cena – vale perguntar se a luz realizada foi a planejada no roteiro ou se houve afinal alguma modificação. No planejamento detalhado, estão previstas ao todo 21 mutações[62].

Finalmente, as anotações mais numerosas, após aquelas dedicadas ao tratamento do texto, são as notações de marcação. E aqui aflora certo desencanto: não há nada no trabalho de Itália Fausta que não seja a forma mais tradicional e *antiga* de movimentar os atores através dos planos e algarismos de colocação[63]. É certo que a peça foi toda trabalhada, em todos os seus aspectos, pela diretora, que só não fez anotações relativas ao figurino. Mas a distância revelada aí em relação ao papel dos grandes ensaiadores ainda não é tão grande, ao menos no que se refere à técnica de marcação da cena. Cada cena, cada quadro, cada ato é esmiuçado enquanto entrada, saída e movimentação de ator, seguindo as convenções que dividem o palco em alto, baixo, centro, esquerda, direita e números de colocação.

HISTÓRIA DO TEATRO BRASILEIRO MODERNO: A AVENTURA MODERNA NO BRASIL

[61] A lista completa, na grafia original, é: "palio – estandartes – mascaras// 15 espadas, cabo em cruz, 10 lanças, 10 capacetes, 6 tochas acezas, um cristo grande para parede de cela, uma lanterna de azeite, portátil para o Boticario – 2 esteiras para sala Capuleto, quarto de Julieta – um cesto para Frei João – uma escada de cordas do comprimento do balcão para a Ama – um punhal para Romeo, outro menor para Julieta os 2 de estilo florentino – 2 cornetas para 2 guardas – um corneteiro para tocar dentro – 2 bolsinhos de panno com dinheiro – 2 frasquinhos para veneno, um para o Frei outro para Romeo – umas rosas soltas para Julieta – uma trepadeira de rosas para o balcão. Um ramo de flores para Páris – um veo para cobrir o corpo de Julieta no tumulo – uma ventarola da epoca para a Ama – um anel para Julieta – uma lista com nome dos convidados, 2 cartas, uma para Frei João mostrar para Baltazar, tendo um papel grosso enrolado, preso com fita e lacre. Veneno para o Boticario. Vitrola com discos, orgão e sinos; lona para chão, couraça, capacetes – genuflexorio – banco jardim. Lanternas de azeite da epoca, rica para a sala dos Capuletos, simples para quarto de Julieta. Uma de convento para cela de Frei Lourenço. Tochas – Brandões, lanternas de jardim para iluminar o baile, de mão para Frei e Boticario. Uma cama – uma poltrona, um movel com espelho para o quarto de Julieta. Uma banqueta grande, rica para sala Capuleto, area no chão esteiras no chão. Um banco antigo para Jardim. Um genuflexorio para a cela, festom verde, rosas".

[62] A transcrição integral da lista, sem atualização ortográfica e tentando-se reproduzir um pouco a disposição das anotações no papel é a que se segue:
1º acto
1º Quadro – Dia – manhã de sol, raios solares invadem a scena.
2º Quadro – Tarde de verão – Por do sol – Invade a scena, luz crepuscular
3º Quadro – Luz acesa em scena, luz mortiça de candeeiros de azeite.
4º Quadro – Luar em scena
5º Quadro – Luar em scena, e reflexos de archotes, lanternas ect –

2º acto
1º Quadro – Noite de luar, foco sobre Romeo e Julieta.
2º Quadro – Luz aceza en scena, luz mortiça de lanternas de convento.
3º Quadro – dia – sol, toda luz em scena
4º Quadro – tarde – escurecendo
5º Quadro – Luz aceza de lanterna de azeite
6º Quadro – Luz de dia, tarde, sol – ocaso –
3º acto
1º Quadro – Noite, em scena luz mortiça de candeeieiros de azeite
2º Quadro – Noite – luz aceza de lanterna de azeite
3º Quadro – Luz aceza em scena
4º Quadro – Madrugada começa amanhecer.
5º Quadro – Em scena luz apagada, entra pela janella, luz fraca da madrugada
4º acto
1º Quadro – Dia Em scena forma luz quando a porta abre ou pela janella entram raios de sol.
2º Quadro – Luz aceza (trecho indecifrável)
3º Quadro – Noite.
4º Quadro – Luz aceza em scena
5º Quadro – Scena escura clareia quando entram tochas

[63] A melhor explicação sobre o processo de marcação antigo é de Prado (1988): "Para efeito de marcação, dividia-se idealmente o palco. Olhando-se da plateia para a cena [...] obtinham-se três setores: esquerdo, centro, direito. Partindo-se agora do palco, e já que este, para facilitar a visão do espectador, diminuía de altura à medida que avançava para o público, chegava-se a outro critério classificatório: alto (o fundo do palco), centro e baixo (o plano mais próximo da ribalta). Da multiplicação da largura pela profundidade resultavam nove posições, que se costumava numerar. A posição 1, por exemplo, seria a da esquerda baixa, ou seja, a do ator que, dentro da faixa mais próxima do espectador, estivesse igualmente mais à sua esquerda" (p. 16). Ver também P. de Magalhães, *Como Se Ensaia Uma Peça: Aula de Técnica Teatral*; e O. Rangel, *Escola Teatral de Ensaiadores: Da Arte de Ensaiar e Técnica Teatral*. É importante notar que os dois últimos livros, manuais técnicos antigos, foram publicados nos anos de 1950.

Vale observar, nesta primeira leitura do livro, um legítimo caderno de montagem, que as anotações são decididas, rápidas, objetivas, apesar de realizadas em etapas sucessivas; são bem poucas as hesitações. Aliás, as anotações rabiscadas ou sobrescritas localizadas foram resultado de erro mesmo, involuntário, por distração, e não de mudança de ideia, revisão do processo criativo. Quer dizer – o que se percebe é uma inteligência técnica operando, realizando o seu ofício, aplicando procedimentos de rotina, muito mais um automatismo, e não exatamente uma sensibilidade criando uma encenação. Mas, ao mesmo tempo, diante da riqueza dos detalhes e da monumentalidade do empreendimento, em confronto com o real do elenco – são estudantes inexperientes em um espetáculo que conta até com orquestra e bailados – não há como deixar de situar aí uma operação de *passagem*: há uma visão unificadora buscando uma leitura do texto que é nova. Há um conceito de conjunto e de totalidade impedindo qualquer transbordamento egocêntrico.

É evidente a atuação de Itália Fausta como alguém que concebe e orienta uma abordagem da peça, voltada para a localização do que seria a sua essência, à diferença da proposição de um *show* histriônico em que o texto seria muito mais pretexto do que obra de arte; não se pode dizer com tranquilidade que ela foi mera *ensaiadora*. De acordo com o depoimento da atriz Sônia Oiticica, a orientação aos atores era para a busca da naturalidade, do despojamento, contra o artificialismo e a impostação exacerbada que caracterizavam o teatro profissional da época. A busca do *moderno* começava a acontecer como descoberta progressiva, transição, e estas constatações podem ser articuladas em especial a partir do exame de diversas fontes[64]. Além disso, o texto foi bastante trabalhado no sentido de um falar brasileiro, distante da fala lusitana então vigente nas cenas. E vale repetir – o texto era de Shakespeare, autor inédito nos palcos nacionais, posto que só fora montado no século XIX por João Caetano, em versões adaptadas, de Ducis. Ou seja, o TEB promoveu uma revolução de repertório: uma tragédia proposta em um teatro avesso até ao simples drama, completamente devotado ao clima ligeiro, que predominou no primeiro quartel do século XX.

É certo que não houve unanimidade em relação à montagem[65]:

> Um grupo de estudantes levou à scena, hontem, à noite, o Romeu e Julieta de Shakespeare. Depois do acontecimento lutuoso de sua morte é este o segundo rude golpe soffrido pelo poeta genial. Apesar disso, o sr. Paschoal Carlos Magno (os poetas dizem que elle é prosador e os prosadores attribuem-lhes traços de poeta) recebeu muitas palmas e até duas "corbeilles" de flores. E a vida vae continuar...

Trata-se, no entanto, de caso isolado, uma nota escrita com sabor anedótico bastante comum então. Os textos disponíveis – há uma quantidade surpreendente de críticas da montagem – insistem, no mínimo, no sentido progressista da proposta, mesmo que lancem mão de inegável paternalismo, que não conseguem (ou nem tentam) disfarçar, pois com certeza muitas matérias foram "arrancadas" dos autores ou dos editores por força do

---

[64] Tanto o caderno de direção de *Romeu e Julieta* como o programa da peça e recortes de reportagens da época, que também pertenceram a Itália Fausta, estes últimos arquivados na Funarte, AMDC, não indicam a existência de *ponto*. A mesma conclusão pode ser atingida através do exame do número especial da revista *Dionysos* dedicada ao TEB. A atriz Sônia Oiticica declarou à pesquisadora que o *ponto* existiu apenas como funcionário do teatro, um empregado que tinha que estar lá – mas os jovens atores pediram para que se calasse, pois não conseguiam trabalhar com ele.

[65] Revista *Dionysos*, número especial TEB, p. 135.

jogo de poder que Paschoal Carlos Magno era mestre em acionar, sempre hábil para mobilizar a imprensa. Já se comentou anteriormente o quanto Nelson Rodrigues se inspirou nele para promover a sua peça.

A Capital da Reação

Não há a menor dúvida de que estas proposições foram adensadas em 1943, com o aparecimento de um *diretor*, assinando a *encenação* do primeiro texto moderno de autor nacional de que se tem notícia, com o grupo amador Os Comediantes. Mas a possibilidade de renovação estancou logo adiante, indicando a impossibilidade absoluta de transformar o moderno em teatro profissional na cidade do Rio de Janeiro. Por isto é que se pode afirmar que 1943 não suprimiu nada – o processo fora iniciado antes e a inovação teatral possível nos moldes do teatro do Rio de Janeiro estava chegando ao seu limite. A festa e a confraternização acabaram. E os anos 40 foram, em realidade, progressivamente, anos de crescente reação ou retração, de rearticulação do passado contra o novo, mesmo que o velho precisasse ceder um pouco, para uma atualização mínima frente à marcha do mundo...

Um panorama da década leva à constatação da existência de companhias profissionais mais ou menos estáveis, algumas até bem antigas, oscilando em diferentes graus ao redor das proposições de mudança e renovação. Há que considerar de saída a continuidade de trabalho do Teatro do Estudante. Depois da primeira montagem, já em 1939 a direção passou para Ester Leão, atriz portuguesa que estudara em Paris e aqui se radicou, tornando-se, por sua atuação contínua, a responsável pela formação da primeira geração de atores modernos. O repertório programado foi *Os Romanescos*, de Rostand – cuja direção chegou a ser iniciada por Itália Fausta, que a abandonou e viajou para a Europa – *Leonor de Mendonça*, de Gonçalves Dias, *A Duquesa de Pádua*, de Wilde, *Antígona*, de Sófocles. Apenas os dois primeiros foram realizados, com espetáculos grandiosos bem ao gosto de Paschoal Carlos Magno, com música ao vivo, bailados e detalhes diversos que surpreendiam o público. A transferência do diplomata do Brasil para a Inglaterra, no entanto, fará com que se ausente a trabalho do país por cerca de oito anos, apenas com visitas curtas; a dimensão do TEB diminuiu um pouco no período, apesar de ter continuado a funcionar sob a coordenação geral de Maria Jacinta (depois José Jansen) e direção de Ester Leão.

Assim, o TEB encenou *O Jesuíta*, de José de Alencar, *Dias Felizes*, de Claude André Puget, *Como Quiseres*, de Shakespeare, *3200 Metros de Altitude*, de Luchaire, em 1940/1941, e em 1945 *Auto da Mofina Mendes*, de Gil Vicente, *Auto d'El Rei Seleuco*, de Camões, *A Escola de Mães*, de Marivaux, uma lista curta, marcada por hiatos temporais, em que a ausência de Paschoal se percebe na oscilação forte da escolha de repertório e em espetáculos que não eram tão grandiosos. Entre os dois períodos, em 1944, de licença no Rio por quatro meses, Paschoal Carlos Magno resolveu agitar a tranquilidade que encontrou organizando um curso de férias de teatro no Teatro Fênix. Atuou ao longo do período, assinando cenários e figurinos de muitas das montagens, um jovem ator que estivera no *Romeu e Julieta*, Sandro Polônio. Finalmente, com o retorno de Paschoal ao país, foi montado *Hamlet*, de Shakespeare, estreia de 1948, direção de Hoffmann Harnish que lançou o ator Sérgio Cardoso. A partir daí a história do TEB foi adquirindo coloridos diferentes, que não interessam à proposta deste texto. *Hamlet* foi um dos espetáculos históricos do teatro brasileiro moderno e marcou fortemente a sua época.

Segundo a tradição, a atmosfera de mudança teria repercutido de maneira positiva sobre alguns setores da categoria. A Companhia Dulcina-Odilon, que surgira em 1935, no ano seguinte ao da temporada carioca de *Amor*, de Oduvaldo Vianna, consagrada como a quintessência do bom teatro pelas companhias tradicionais (ou antigas), foi, segundo os textos tradicionais de história do teatro brasileiro, a empresa líder no reconhecimento dos novos tempos. Praticava o que se poderia chamar de um *teatro de conciliação*.

Dulcina se tornara célebre em função do nível de acabamento de suas montagens, muito embora os textos fossem basicamente comédias de bulevar. O elenco que liderava se apresentava vestido com esmero e os melhores nomes da cenografia eram convocados para conceber a cena. Ainda assim, a avaliação que o experiente Eduardo Victorino fez do seu perfil em 1937 revela uma atriz que se considerava um *monstro sagrado* e se comportava como tal na escolha de seu repertório[66]. Para a historiografia tradicional, particularmente para Gustavo Dória, a sua empresa teria percebido a atmosfera de mudança ao escolher originais mais qualificados para aquelas que ficaram conhecidas como *temporadas culturais*.

No entanto, segundo Sérgio Viotti, a inclinação de Dulcina a favor de maior qualidade de produção e até de dramaturgia não foi reação direta nem aos novos tempos nem muito menos a Os Comediantes: foi anterior, provocada pelo impacto que a atriz recebeu ao conhecer o teatro americano, em sua viagem para Nova York, em 1937[67]. Esta versão parece mais aceitável – pelo menos está mais claramente fundada em dados e fontes objetivas.

Ainda segundo Dória, durante o ano de 1943 correu o boato nos jornais de que a atriz cogitava a possibilidade de se apresentar à frente de um elenco formado pelo Teatro do Estudante. A parceria não aconteceu; o que ocorreu na realidade foi a organização da temporada cultural que marcou época, em 1944, no Teatro Municipal, com o patrocínio de Gustavo Capanema, ministro da Educação, em que foram apresentados *César e Cleópatra*, de Shaw, *Anfitrião*, de Giradoux, e *Santa Joana*, também de Shaw.

No ano seguinte a atriz marcaria outro tento com *Chuva*, de John Cotton e Clemence Randolph, montagem histórica até pelo artifício cenográfico da chuva torrencial em cena, antecedida por *Rainha Vitória*, de Housman, e *O Pirata*, de Beherman. Na temporada de 1947 a companhia apresentou *A Filha de Iório*, de D'Annunzio, e *Já é Manhã no Mar*, de Maria Jacintha[68]. As temporadas culturais eram ousadias de texto e de decoração,

---

[66] *Actores e actrizes*. Rio de Janeiro: A Noite, 1937, p. 128 e s.

[67] "O resultado imediato desse encontro com produções de altíssimo gabarito se faria sentir nas montagens futuras da Companhia Dulcina-Odilon, o que seria impossível não acontecer. // A transição foi, em si, um marco no destino da Companhia, refletindo-se no panorama do teatro carioca e, portanto, nacional, que muito pouco continuava sendo feito fora do Rio de Janeiro", em S. Viotti, *Dulcina, Primeiros Tempos 1908-1937*, p. 224.

[68] E. B. Chaves Jr., op. cit.

de certa forma, mas não se tornavam rotina na empresa da atriz ou no meio ao redor, apesar do padrão sempre elevado de todas as produções de Dulcina. Elas funcionavam no mesmo sentido de sensação anteriormente comentado. E nos anos de 1944 e 1945 atestaram o projeto político do Estado Novo de estímulo à mudança do palco brasileiro.

Em dimensão menor, há que registrar as peculiaridades que cercaram a fundação da Companhia de Comédias de Luiz Iglezias, em 1940, a primeira empresa profissional a incorporar os jovens atores modernos, inclusive Sônia Oiticica, a Julieta do TEB. Ester Leão foi contratada como diretora dos espetáculos e coordenadora do elenco, ao mesmo tempo em que era escolhido *Feia*, de Paulo Magalhães, para a estreia – texto frágil de um autor de forte sucesso popularesco.

As companhias de Procópio Ferreira e Jaime Costa mantiveram seus ritmos e procedimentos habituais, mas, em 1940, após as duas primeiras temporadas do TEB e a estreia de Os Comediantes, Procópio declarava ao jornal O Globo que pretendia incluir em seu repertório textos de Molière – *O Avarento*, *Travessuras de Scarpino* –, de Shakespeare – *A Megera Domada* – e de autores nacionais históricos, entre outros, como Martins Pena, França Júnior, Artur Azevedo. Possivelmente o TEB pesou de forma mais clara na decisão, pois o repertório pretendido se aproximava mais dos clássicos eleitos pelo TEB do que do repertório percorrido pelo grupo amador, que estreara com Pirandello e Marcel Achard.

Jaime Costa revelou-se menos sensível, sustentando inclusive uma orientação nova de teatro que o Estado Novo, em uma outra vertente, com o apoio do DIP e da censura, favoreceu e estimulou, que foi a produção de espetáculos históricos. O seu D. João VI, na peça *Carlota Joaquina*, de 1939, transformou-se no seu *cavalo de batalha* e autêntico ícone do teatro de seu tempo. É fundamental frisar que o ator tinha uma admiração pessoal forte por Getúlio Vargas[69]. O político era, por sinal, uma personalidade de grande carisma junto à classe teatral em seus mais diferentes segmentos devido à Lei Getúlio Vargas, de 1928, proposta pelo então deputado, que concedera condições trabalhistas mínimas consideradas importantes pela categoria[70].

Em 1946, na temporada paulista em que ainda ecoava a primeira apresentação de Os Comediantes, de 1944, Jaime Costa experimentou uma forte reação contra o seu trabalho, estampada na crítica de O Estado de S. Paulo[71]:

> A Companhia Jaime Costa é das poucas que não tomaram conhecimento do surto renovador que invadiu o palco brasileiro. Depois das experiências vitoriosas de Dulcina e dos "Comediantes", a maioria dos nossos empresários se convenceu de que o público aceita e deseja o bom teatro. Infelizmente não pertence a esse número o Sr. Jaime Costa. Sua temporada no Boa Vista, ao que revelam os anúncios, foi concebida e organizada dentro do mesmo espírito que reinou longamente no nosso teatro e que acabou por afugentar o público exigente: peças novas todas as sextas-feiras, o que significa espetáculos

[69] O Acervo Jaime Costa da Funarte contém diversos panfletos elaborados pelo ator e dedicados ao político: acrósticos, proclamações, homenagens; existe também correspondência trocada entre os dois. Em um panfleto assinado, em forma de cartão, ao lado da foto do presidente o ator conclama a classe a *venerar* a data de 19 de abril, "aniversário do legislador, do presidente e do amigo".

[70] A. Vidal, *O Teatro e a Lei (Estudos)*. O exemplar consultado, anotado, pertenceu ao ator Labanca.

[71] Recorte de jornal, sem identificação de autor, data ou coluna, anotado a lápis: "*Estado de S. Paulo*" *13-10-1946*. Acervo Jaime Costa, Funarte. Ao que tudo indica, pelo estilo e teor do texto, a crítica foi assinada por Décio de Almeida Prado, que começara a atuar como crítico do jornal em 1946.

baratos e feitos às pressas, e repertório de plena concessão ao mau gosto popular.

No primeiro relatório apresentado pela Companhia Dramática Álvaro Moreira, datado de 30 de setembro de 1937, após a temporada em São Paulo subvencionada pelo SNT, no entanto, um dos fatores alegados para a situação deficitária era absolutamente contrário ao argumento do crítico: "a aversão perfeitamente vencível do público ao teatro novo e ao teatro com cunho oficial; a preferência desse mesmo público pelo cinema ou pelo teatro de comédias espalhafatosas ou revistas; o custo dos ingressos, inacessível às classes pobres"[72]. Pode-se muito bem conjeturar se o público paulista teria se modificado – e quanto – ou não, nesses quase dez anos; mas fica patente que a companhia de Jaime Costa não mudara.

Ela fora a outra companhia contemplada com subvenção oficial em 1937, mas não pôde ser estudada com tantos detalhes – não foi encontrada prestação de contas tão minuciosa quanto a apresentada pela primeira. Ao que tudo indica, Jaime Costa não enfrentara os mesmos problemas. Na temporada paulista de 1946, contudo, pesou contra ele uma acusação reveladora, feita ainda por parte do mesmo crítico de *O Estado de S. Paulo*. O crítico assegurou que reencontrara na peça de estreia, *Onde Está Minha Família?*, repetidos pela centésima vez, os mais elementares e estafados recursos para fazer rir.

Mas encontrara também uma única surpresa – "a dose inesperada de certo sentimentalismo barato que julgamos estivesse para sempre afastada dos nossos palcos". Para o crítico, o sentimentalismo era grave: significava uma ameaça perigosa, a penetração da novela de rádio no teatro, que, no seu julgamento, teria ressuscitado o velho melodrama sentimental enterrado há cinquenta anos. Na verdade, a observação do crítico soa hoje como uma injustiça contra Jaime Costa. Preocupado talvez em preservar e estimular os feitos dos amadores paulistas, próximos do próprio jornal em que escrevia, sem dúvida deixava de considerar que a ponte entre o palco, o rádio e até o cinema já existia há muito tempo e agora se solidificava.

O sentimentalismo migrara do teatro para o rádio, junto com muitos atores e outros diferentes profissionais, assim como migrara para o cinema[73]. Em 1916 Leopoldo Fróes participara do filme *Perdida*, direção de Luiz de Barros, baseado na peça de Oscar Lopes; em 1924 Jaime Costa estreara no cinema em *A Gigolette*, distribuição da Empresa Brasileira de Filmes Serrador & Cia. A carreira cinematográfica do popular ator paulista Genésio Arruda fora iniciada em 1929, com *Acabaram-se os Otários*. A Cinédia lançou seu primeiro filme em 1933 e a Atlântida em 1943 – aliás, o mesmo ano de *Vestido de Noiva* – trabalhando com as referências do velho teatro da Praça Tiradentes.

Aquilo que o crítico condenava era o teatro popularesco de sempre, atualizado e revisitado e não liquidado há cinquenta anos, nem um pouco estranho à essência da trajetória do ator. Curioso observar

---

[72] Relatório da Companhia Álvaro Moreira à Comissão de Teatro Nacional. Dossiê Companhia Álvaro Moreira, Funarte, p. 4. A prestação de contas realizada confirma ao menos em parte a afirmação – a bilheteria em São Paulo rendera 24:958$800, contra subvenção relativa a dois meses de 50:000$000. Observe-se: a empresa parece cara, anacrônica, mal administrada financeiramente.

[73] Ver S. Augusto, *Este Mundo é um Pandeiro*.

que Jaime Costa foi astro notável no teatro e no cinema, alcançando sempre mais sucesso no Rio do que em São Paulo, terra bem mais identificada com o seu contemporâneo e rival, Procópio Ferreira. Contudo, Jaime Costa acabaria, ao longo dos anos de 1950, se integrando completamente às novas formas da cena e morreria praticamente em cena, no Teatro Opinião.

Procópio Ferreira, no entanto, jamais aceitou o advento do teatro moderno, a transformação da cena, e acabou seus dias de trabalho militando tristemente nos palcos da periferia das cidades. No cinema, porém, Procópio apareceu em *O Comprador de Fazendas*, de 1951, direção Alberto Pieralise, ao lado de Henriette Morineau, um grande nome associado ao teatro moderno: integravam o *star system* da Maristela, em São Paulo, empresa em que figurava também o então jovem ator Sérgio Britto, que fez a assistência de direção e teve uma pequena participação na fita[74]. Houve, portanto, algumas aproximações entre as diferentes gerações teatrais conflitantes.

Foi justamente entre Morineau e Jaime Costa que se deu a maior briga da época, capaz de ilustrar o confronto entre modernos e antigos, em falta de nomenclatura melhor. Nos jornais, em especial através da coluna do crítico Brício de Abreu, que parecia estimular a cizânia, e em panfletos assinados ou não, que, tudo indica, foram distribuídos na cidade, a guerra ferveu. Um ponto nevrálgico foi a concessão, em 1949, da Ordem Nacional do Cruzeiro do Sul à atriz francesa, combatida por Jaime Costa porque, a seu ver, não montava autores nacionais e não conhecia o teatro brasileiro. Para ele, que era conhecido no meio teatral como o "rei da bronca", era preciso repetir até a exaustão: "nada deve o teatro brasileiro à senhora Morineau"[75].

A guerra não envolveu só a atriz francesa, mas *os jovens* e os diretores estrangeiros, e ficou bastante acalorada em virtude da distribuição de verbas pelo SNT. Em trecho de carta de duas folhas datilografadas, a partir de certa altura dirigida a "Meu caro Paschoal", sem assinatura e sem data, o ator esbravejou contra o Teatro dos Doze, grupo formado por atores egressos do TEB[76]. Frisava, em primeiro lugar, que sempre acolhera generosamente os jovens desde que começara a sua carreira de empresário; lançara diversos autores e atores jovens. Porém, destacava que a sua proteção não era para qualquer iniciante, apenas para aqueles que se lançavam na "aventura da arte de representar", qualificada como aventura por suas incertezas: "Agora os jovens que se tornam profissionais por vaidade, que não têm vida própria, que se dizem profissionais porque contam antecipadamente, antes mesmo de se organizarem, com os dinheiros do Governo. Esses não! Esses não são profissionais, esses são os vaidosos".

Em sua opinião, esses jovens "dizem-se profissionais por uma vaidade mórbida de afrontar os profissionais de verdade e gozando intimamente, alguns até publicamente, dizem: fazemos o que os profissionais não fazem!" Nisto, todavia, a sua opinião era de que se enganavam redondamente, porque o que faziam era simplesmente *trabalho amador*

[74] Cf. F. Ramos (org.), *História do Cinema Brasileiro*. Ver também S. Britto, *Fábrica de Ilusões. 50 Anos de Teatro*, p. 39.

[75] Panfletos "Um ator brasileiro e uma atriz francesa/Para o público julgar", Rio de Janeiro, 5 de julho de 1948, dirigido ao jornalista Brício de Abreu e "Para justificar a completa auzência de peças brasileiras no seu repertorio: Ela disse...". Acervo Jaime Costa, Funarte.

[76] Acervo Jaime Costa, Funarte. O texto é diabólico Paschoal vira o grupo como traidor, pois a seu ver eles deixaram o TEB precocemente, para formar companhia própria (os Doze). Contudo, pressionado pelos discípulos da véspera, ele cedeu, revoltado, o Ginástico para a estreia; o teatro era administrado pelo SNT e estava cedido ao TEB.

com *rótulo profissional*. Um pouco mais adiante, a fúria se torna explícita e sem retoques:

> No dia em que me disserem: acabou o teatro dos 12, pode ser um dia de luto para você, para certos existencialistas, para o S.N.T., mas para mim, será um dia de festa e aí sim, talvez aqueles moços ingressem em companhias de profissionais e aprendam o que é ser profissional na acepção da palavra e talvez assim, o teatro brasileiro ganhe alguns elementos que realmente têm valor. Talvez que assim possamos eliminar-lhes aquela doentia vaidade "shakespereana" [sic], "goldoniana", "jacobiana" e "ziembinskiana" e dizer-lhes: olhem, vocês vão hoje representar uma peça brasileira que vocês ainda não representaram.

O principal endereço cogitado parece ser em especial um só grande alvo – Sérgio Cardoso, também um dos que Procópio Ferreira visara a atingir, nas declarações comentadas acima, ao qualificar as iniciativas dos jovens – *Hamlet*, *Desejo*, *Tobacco Road* – como *injeções de álcool canforado*. Um outro alvo era o nascente grupo Teatro Popular de Arte, que encenava *Desejo* e *Tobacco Road* e contava também com Ruggero Jacobbi na direção, além de ter trabalhado com Ziembinski.

Um outro sintoma importante para dimensionar a dificuldade de mudança do mercado carioca é precisamente a movimentação daquela que fora a *grande mãe* do Teatro do Estudante do Brasil, aliás, onde surgira, em 1948, com o *Hamlet*, o fulgurante Sérgio Cardoso. Itália Fausta, que precisava do teatro para sobreviver, não esteve ao longo dos anos de 1940 fazendo qualquer revolução, mesmo tímida que fosse.

Ao contrário – o que foi possível localizar de sua carreira é pelo menos melancólico, até o ano de 1948: a densidade é inferior até à dos anos de 1930. E o caso parece muito sintomático para ilustrar as condições do teatro carioca. A trajetória da atriz oscilou entre o retorno ao seu repertório mais antigo, tradicional, inclusive com a presença do *ponto*, sob uma indisfarçável aura caça-níquel, até o desempenho de funções cívicas, institucionais, de engajamento patriótico. Não há dúvida de que se tratava de uma espécie de monumento da cena, mas monumento decaído, sem os brilhos de outrora.

Mesmo assim, o material localizado não chegou a ser pródigo. Na linha de atuação junto aos estudantes, há um recital cívico em 1940[77], de exaltação à Lei Áurea, no Teatro João Caetano, promovido pela Secretaria Geral de Educação e Cultura – Departamento de História e Documentação, em que a segunda parte é a representação de *Cenas da Escravidão*, de Maria Rosa Moreira Ribeiro. Trata-se de "um ato de tradição brasileira", com encenação da professora Itália Fausta e elenco da Confederação de Amadores Teatrais.

Houve ainda um espetáculo promovido pelo Partido Comunista do Brasil, no Teatro João Caetano, com a peça *Maria Cachucha*, de Joraci Camargo, seguida de ato variado, em 1945, a favor da Constituinte livremente

[77] Ver programas, filipetas e cartazes, AMDC/Funarte.

eleita e pregando "Vote no Programa de Luiz Carlos Prestes". O nome de Itália Fausta[78] figura apenas como atriz (Maria Cachucha) e a montagem não indica diretor; mas tem *ponto* (Eva e Fernando Costa) e cenário e ornamentação da cena "gentilmente cedidos" por diversas lojas, uma condição de trabalho que sempre surge indicando um limite explícito da inventividade poética.

Dois outros documentos oferecem curiosas informações sobre a época e sobre os envolvidos. O primeiro deles é um recorte de jornal, sem qualquer identificação de veículo, lugar ou data, em que se anuncia a apresentação, no Teatro Carlos Gomes, da peça *Mãe!*, de Santiago Rusiñol, em termos retumbantes: "Itália Fausta, intérprete máxima do Grande Teatro Mundial, apresenta a sua suprema criação – a peça do momento"[79].

A montagem é de 1944-1945, talvez 1945, pois faz parte do elenco o ator Sadi Cabral, que estivera em 1944-1945 em Belém do Pará, com o Teatro da Guerra, apresentando-se para as tropas e depois na cidade. Além disso, há, entre outros dados, a indicação de Sandro Polônio apenas como ator e não como empresário, função que estava assumindo por esta época, pois obteve a carta de empresário em 1944, e a atriz Júlia Dias, que será por algum tempo membro da companhia, estava sendo *apresentada* ao público carioca por Itália Fausta. Pode-se qualificar a peça como *desimportante* para a mudança da cena teatral não só por ser um trabalho *antigo*, sem direção: o ator Sadi Cabral, em seu depoimento ao SNT, não chegou a citá-la e nem mesmo fez menção à temporada ou à companhia.

O documento seguinte é uma *filipeta* da mesma peça, anunciada no "Teatro Phoenix, da Empresa Bibi Ferreira", companhia que a jovem atriz constituíra em 1945, após a separação de seu pai. O Prefeito Henrique Dodsworth ordenara a remodelação do prédio, em completo abandono depois de alguns anos funcionando como cinema *poeira*, e cedeu-lhe a nova casa, que adquiriu um *status* sofisticado. Tratava-se de uma temporada "Itália Fausta, Sob os auspícios do SNT do Ministério da Educação" e anunciava-se "Cenário e direção técnica de Sandro", que também figurava como ator ao lado de mais ou menos os mesmos nomes. Há notícias de que as peças *Ré Misteriosa* e *Dona e Senhora* foram representadas no período de 03/01 a 17/01/1945, no mesmo teatro[80]. Estas três peças, aliás, eram muito frequentes na vida da atriz, em especial a *Ré Misteriosa*.

As apresentações se estendiam para o interior, atingindo Macaé, Niterói, Campos. No período, quase não se vê o nome da companhia: o que se usa é o nome da atriz, legítimo nome de bilheteria. Sandro Polônio – cujo nome varia terrivelmente de grafia, o que revela a fluidez ainda de sua identidade artística – está sempre presente na direção técnica, cenário e elenco. Existe com frequência algum apoio do governo.

Estes dados parecem suficientes para garantir uma abordagem nova do tema – é preciso reconhecer que as mudanças ocorridas no período têm o seu ponto de partida em uma aceleração da inquietude que remonta às proposições formuladas pelo TEB. Parece lícito supor que a análise da

---

78 O elenco reunido é o mesmo de algumas das montagens da atriz no período: José Mafra, Delfim Gomes, Suzana Negri, Carmem de Azevedo, Maria Izabel, Jackson de Souza, Itália Fausta, Joraci Camargo, Aimée Lemos, Elpidio Camara, Joe Leste.

79 O momento da peça parece ser longo. A primeira notícia a respeito de sua montagem pela atriz é de 1921, quando foram feitos desenhos (estudos) de cenário. Deste mesmo ano é o programa e a *filipeta* encontrados no AMDC/Funarte. Programa de 25/12, talvez 1921. Companhia Itália Fausta. Noite de Natal, Theatro 7 de abril, provavelmente Pelotas, Peça: Mãe.

80 AMDC/Funarte. Foram examinados programas, anúncios, filipetas. O repertório básico da Companhia nesta época, anunciado nos programas, é: *Dona e Senhora*, A. Torrado e L. Navarro; *Barbara Heliodora*, Anibal de Matos; *Madre Alegria*, L. Sevilha (novidade); *A Tormenta*, Amaral Gurgel (novidade); *Mal Querida*, J. Benevente; *Mãe*, José de Alencar; *Raio de Sol*, A. Nota (novidade); *Tereza Raquin*, Émile Zola (anunciada pela primeira vez desde a montagem de 1919); *Ré Misteriosa*, A. Bisson; *Leôa*, Lopes Pinilo; *Volúpia de Honra*, Pirandello; *O Noviço*, Martins Pena (anunciado pela primeira vez fora da Cia. Álvaro Moreira). Portanto, um repertório tímido e antiquado, ou melhor, sem importância, pois o que contava era a presença da atriz.

história do teatro brasileiro moderno adquire uma clareza bem maior se é considerado este ponto de partida, pois a estreia de *Vestido de Noiva* não provocou alteração efetiva do que já estava acontecendo. Quando, em janeiro de 1940, o grupo Os Comediantes apresentou a sua primeira montagem, o Pirandello, o TEB já promovera duas temporadas com grandes espetáculos e apresentaria a terceira ainda neste mesmo ano e o movimento de teatro estudantil fervilhava pelo país graças à capacidade de agitador de Paschoal Carlos Magno. Convém assinalar que Pirandello, o texto de estreia de Os Comediantes, com o qual propunham um moderno que era também mudança de repertório, não era um nome estranho aqui: fora lançado por Jaime Costa.

Assim, a proposta mesma dos Comediantes, e em particular a estreia de *Vestido de Noiva*, apesar de seu impacto, existiu no interior de um debate que fora formulado pelo TEB e alcançou de imediato menos ressonância no interior da classe teatral do que a iniciativa – e a continuidade – do teatro dos estudantes. E isto em particular porque as montagens do grupo eram amadoras e o movimento amador na época era bem intenso, espalhado por toda a cidade, ao contrário do que se vê hoje (e por isto os críticos não iam ver as suas montagens), situação que fez com que Nelson Rodrigues justamente necessitasse mobilizar os intelectuais, estimular um clima de polêmica e sensação.

Para Miroel Silveira (1914-1978)[81], a importância da iniciativa de Paschoal Carlos Magno foi decisiva – segundo o seu depoimento, as encenações estavam ligadas a concepções muito limitadas, restritas a salas de visitas, com a predominância das comédias de costumes: "os espetáculos maiores só começaram em 1938, quando Itália Fausta dirigiu *Romeu e Julieta* para o Teatro do Estudante do Rio de Janeiro [sic]. Foi a primeira encenação que se voltou novamente para um grande palco, quarenta pessoas em cena, dança, música, vários cenários". A seu ver, a montagem teria provocado o início de uma reformulação, porque a regra até o momento era a de encenações muito pobres.

[81] Depoimentos II, p. 136.

HISTÓRIA DO TEATRO BRASILEIRO MODERNO: A AVENTURA MODERNA NO BRASIL

Um indício importante para avaliar o processo de mudança é precisamente o recurso ao *ponto*. A sua supressão revela um colorido moderno inegável, posto que indica atores a cavaleiro do texto, embebidos por completo por uma ótica de conjunto e de autoanulação em prol de um efeito poético. Ele fora banido da montagem de *Romeu e Julieta*, segundo depoimento da atriz Sônia Oiticica à autora, como já se observou. Também nos documentos disponíveis a respeito do grupo Os Comediantes não se pôde encontrar vestígio do *ponto*. Nos programas de Os V Comediantes, havia sempre uma observação importante: "No Teatro dos V Comediantes não há ponto, nem há claque". Ainda assim – para que se tenha ideia da distância que separava as duas dinâmicas – o ponto teve morte lenta no cenário carioca. Aliás, nem só carioca: ele esteve presente na noite de inauguração do Teatro Brasileiro de Comédia, em São Paulo, em 1948, e figurou em diversas fichas técnicas dos amadores paulistas. No TBC, por sinal, o ponto conquistou um lugar nobre na história – Hélio Pereira de Queiroz, ponto do GTE – Grupo de Teatro Experimental, é que teria encontrado o imóvel que, reformado, deu origem ao teatro.

Dulcina de Moraes manteve-o em suas peças até a década de 1950, sob a alegação de que sua mãe, Conchita de Moraes, não conseguia se adaptar aos novos tempos. É possível encontrar em 1948 uma Companhia de Espetáculos Modernos, responsável pela montagem da peça *Manjar dos Deuses*, de Mário Gabriel, no Teatro Regina (atual Dulcina), em que a direção e os ensaios estiveram a cargo de Carlos Machado, mas em que não se dispensava o ponto. A Companhia de Bibi Ferreira também o manteve por bastante tempo: na montagem de *Senhorita Barba Azul*, de G. Drégely, de 1955, em que a direção coube a Sadi Cabral, consta a figura do ponto no programa da peça.

É importante assinalar que o ponto não é um detalhe isolado, ele ilustra a resistência conservadora do teatro carioca, uma fortaleza que não foi liquidada nos anos de 1940. Em São Paulo, o TBC se transformou em companhia estável, com elenco profissional, em 1950 (e suprimira

◁ (ao lado e na página anterior) *Dias felizes*, espetáculo do Teatro do Estudante do Brasil, primeiro cenário assinado por Sandro Polônio; visão geral do cenário e foto com o elenco (1941, Teatro Regina, atual Dulcina, RJ). (AMDC/Cedoc/Funarte.)

UMA EMPRESA E SEUS SEGREDOS: COMPANHIA MARIA DELLA COSTA

o ponto). Em 1951 a companhia fez a sua primeira excursão ao Rio de Janeiro, sem que alcançasse uma acolhida de crítica muito entusiasmadora. Os críticos possuíam uma relação de proximidade bastante forte com o teatro convencional do Rio – tanto era assim que os "novos" críticos, entre os quais esteve Luiza Barreto Leite, fundaram em 1958 uma nova associação, o Círculo Independente de Críticos Teatrais, para romper com a Associação Brasileira de Críticos Teatrais, propondo um novo ideário, uma nova orientação poética e uma nova ética.

Em 1954, no Teatro Ginástico, o TBC abriu a sua sucursal carioca, com *Assim é... Se lhe Parece*, de Pirandello, direção de Adolfo Celi, o mesmo texto com que o grupo Os Comediantes começara a sua carreira. A sucursal durou até 1960, apresentando montagens realizadas em São Paulo ou mesmo produzidas aqui. Em 1955 Adolfo Celi saiu da empresa, com Tônia Carrero e Paulo Autran, para formar sua própria companhia.

No ano seguinte, deu-se a estreia no Rio da Companhia Tônia-Celi-Autran, com uma revolucionária montagem de *Othelo*, de Shakespeare, em que o palco era apenas vestido por rotundas pretas[82]. Os dois atores, cariocas, tentaram iniciar carreira no Rio nos anos de 1940, migraram para São Paulo e estavam finalmente retornando à cidade, fundando uma companhia moderna em um panorama em que os rituais antigos ainda não estavam totalmente banidos. De certa forma, parece que foi a partir da segunda metade dos anos de 1950 que o teatro moderno se tornou referência dominante no mercado teatral carioca e a mudança se deu de fora para dentro, isto é, foi estimulada a partir de São Paulo. Em certo sentido, a Cia Tônia-Celi-Autran foi responsável pela aclimatação da proposta tebecista no Rio de Janeiro.

Muitos teatros construídos nos anos de 1950 contaram ainda com a caixa do ponto entre os seus aparatos técnicos. Ao mesmo tempo, mudanças consideráveis começaram a ocorrer ao longo da década. Em 1951, um processo de pedido de subvenção feito pela Companhia Jaime Costa ao Serviço Nacional de Teatro não mais enumerava o elenco segundo as antigas *especializações*. Em 1953, houve uma sintomática briga entre Jaime Costa e a instituição; o ator dissolvera a companhia, alegando dificuldades de bilheteria, e o diretor do órgão o acusou de fracassar por fazer um teatro comercial e ruim, de má qualidade, que não mais interessava ao público[83]. Os fatos parecem sugerir, portanto, a propriedade da localização da mudança efetiva das condições teatrais do mercado carioca nesta década. E de forma lenta e instável. Ao que tudo indica, a primeira companhia moderna carioca que conseguirá se estabelecer na cidade com identidade própria frente ao teatro moderno paulista será o Teatro dos Sete, em 1959.

A Revolução Paulista

[82] Dossiê Teatro Regina (Dulcina), Funarte.

[83] Acervo Jayme Costa, Funarte.

É preciso detalhar mais o processo de mudança, formular uma versão sobre a sua natureza, indagar ao menos algo sobre a sua origem. O que, em última instância, poderia decididamente explicá-lo? Foi preciso que um outro valor se erguesse para que a era moderna efetivamente despontasse – este valor foi a existência de uma nova *ambiência* ou *dinâmica ambiental*, em vigor na cidade de São Paulo. Parece imprescindível, para a compreensão do teatro de nosso tempo no Brasil, reconhecer esta situação histórica. O moderno, aqui, surgiu em função da mudança do eixo teatral do país e foi a partir de São Paulo que, nos anos de 1950, ele domou a cena carioca – o TBC, afinal, abriu uma filial no Rio de Janeiro e este dado é revelador.

Uma evidência eloquente desta situação pode ser situada na trajetória artística de Cacilda Becker (1921-1969), *a* musa moderna por excelência, que veio para o Rio de Janeiro pela mão de Miroel Silveira[84]. Na então capital do país, ela trabalhou com Maria Jacinta, no Teatro do Estudante, e com a Companhia Raul Roulien. Mas o que lhe teriam dito no Teatro do Estudante – Maria Jacinta e Ester Leão – como sendo "a verdade teatral" para o estudo dos textos era a prática em vigor no meio teatral comercial, isto é, o estudo das *deixas*. Segundo seu depoimento, a prática não a convenceu. Durante dois anos, ela declarou que fez teatro com Raul Roulien, uma companhia comercial rotineira; um dia, em Campos, por acaso caiu em suas mãos o texto inteiro da peça *Na Pele do Lobo*. A atriz estudou o texto às escondidas e afirmou que então compreendeu "o que era representar". No primeiro ensaio, Raul Roulien olhou-a com admiração e disse: "deu o estalo". A partir daquele dia, a atriz passou a exigir sempre os textos das peças em que era contratada para trabalhar[85].

Houve, portanto, uma oscilação de procedimentos no interior do próprio TEB, notadamente ao longo do período de ausência de Paschoal Carlos Magno, se bem que ele tenha sido sempre o responsável pela escolha das lideranças que o substituíam ou auxiliavam. Oscilações deste tipo eram bem frequentes – no programa de 1945 de *Vestido de Noiva*, um box comentava a temporada afirmando que o grupo contava com dois *ensaiadores*, o que revelava uma indefinição, ainda, a respeito da nomenclatura. Já o programa de *A Mulher sem Pecado*, cartaz que se seguiu, fazia os agradecimentos de praxe pelos móveis gentilmente cedidos[86].

Tanto o depoimento de Cacilda Becker como os outros indícios citados – e muitos outros que poderiam ser reunidos aqui – são indicadores eficientes da ausência de um projeto de teatro estruturado rigorosamente segundo uma conceituação límpida de teatro moderno. O sentido de tais movimentos parece antes apontar para uma dinâmica acidentada, instável, sujeita inclusive a uma reação do clima dominante, estranho, distante e até desfavorável à renovação.

Para o esclarecimento maior do que está sendo proposto, se poderia falar em termos de periodização. A cronologia para o estudo do teatro brasileiro moderno precisa traduzir com mais clareza as peculiaridades que cercaram a sua afirmação. O esquema que pretendemos propor envolve alguns marcos reconhecidos, mas com um cálculo reflexivo e não mais como decorrência da necessidade de luta de uma geração, que foi o fator que, sem dúvida, fez com que a data de 1943 fosse super valorizada, pois fora preciso transformá-la em bandeira de luta e os promotores de sua aclamação, transformados em historiadores, não mudaram a sua óptica e o seu olhar.

[84] Para as informações aqui reunidas, C. Becker, *Depoimento*, p. 2. S. Britto, op. cit., p. 62, o autor afirma que a atriz se desiludiu com o profissionalismo do Rio.

[85] Outra referência importante em relação à *ambiência* ou ao nascimento de nova sensibilidade de geração, está em depoimento de Fernanda Montenegro prestado à autora: a atriz declara que nunca conseguiu trabalhar com ponto, a ferramenta de trabalho por excelência da geração *anterior*. Ver T. Brandão, *A Máquina de Repetir e a Fábrica de Estrelas: Teatro dos Sete*.

[86] N. Rodrigues, *Vestido de Noiva e A Mulher Sem Pecado*, Programas, Rio de Janeiro, 1945. Exemplares da coleção da autora.

Em tais condições, teríamos de 1884 (data da estreia de O Mandarim, de Artur Azevedo e Moreira Sampaio, primeira *revista* de sucesso) até 1938 (data da estreia de *Romeu e Julieta*, de Shakespeare, com o Teatro do Estudante, espetáculo em frontal oposição ao que o mercado teatral carioca propunha e oferecia) uma época que poderia ser denominada como *era do teatro ligeiro*. De 1938 a 1948 ter-se-ia a *era de formulação do moderno*, em condições amadoras, flutuantes, em conflito crescente com a máquina teatral comercial antiga, com a afirmação progressiva da figura do diretor, a partir de Itália Fausta, passando por Ziembinski e indo até o encontro dos dois em 1948.

Finalmente, em 1948, data da fundação do Teatro Popular de Arte[87], no Rio, a única companhia profissional estável de longa duração que surgiu do TEB e de Os Comediantes, e também data da construção do ainda amador Teatro Brasileiro de Comédia, em São Paulo, teria início a *era do teatro moderno* no Brasil, em especial a partir de São Paulo, cidade que logo estará dotada de um *teatro moderno* com projeto bem delineado, sob um ritmo profissional.

A necessidade de reformulação é evidente quando se considera a história do teatro em São Paulo. Diversos textos jornalísticos recentes permitem traçar esta nova versão para o advento do moderno, na medida em que situam, apesar de alguma variação de intensidade, o caráter de bandeira que *Vestido de Noiva* adquiriu, como forma para dar notoriedade a mudanças que já estavam acontecendo[88]. Na verdade, elas eram localizadas, não eram universais e surgiram antes da apresentação do espetáculo de Ziembinski, vale repetir mais uma vez, pois o TEB detonara uma agitação teatral estudantil que alcançou diferentes pontos do país. Portanto, parece fora de dúvida o fato de que o Teatro do Estudante ativou as inquietudes existentes e fomentou a eclosão de ambiências culturais em escala nacional, mais ou menos influentes em virtude das condições locais.

Outro tanto não aconteceu com Os Comediantes e sua encenação mais aclamada; na medida da oportunidade, ela foi consagrada como *acontecimento fundador* para adensar um processo de luta anterior, que ela fortaleceu, sublinhar o que já era fato e contribuir para a instauração do novo, ou seja, do que ainda não era exequível em termos concretos. O objetivo não é o de negar ou retirar importância de *Vestido de Noiva*, mas compreender até mesmo as razões que *permitiram* que ela ecoasse, ainda que muito mais como bandeira do que como prática corrente – pois uma montagem bastante radical já acontecera antes, o *Bailado de Deus Morto*, de Flávio de Carvalho, sem conseguir repercutir nos palcos e nas ruas do país.

O texto jornalístico de Maria Thereza Vargas, "A Idade do Teatro Paulista: 430 Anos", por exemplo, sequer faz alusão à montagem de 1943, que a pauliceia só viu em 1944; já o seu texto em parceria com Sábato Magaldi, "Cem Anos de Teatro em São Paulo", situa no interior da dinâmica paulista a repercussão do grupo carioca, deixando que se perceba a instabilidade do que estava sendo proposto. Na verdade, é fundamental frisar que, se existia um trabalho de encenação, se esta encenação valorizava uma nova dramaturgia, preocupada decididamente com o *como contar* e com uma construção explícita da cena enquanto fato de palco, não

---

[87] Sobre a fundação do Teatro Popular de Arte, existe uma possibilidade de controvérsia, como se verá oportunamente. Mas foi decidida a adoção da nomenclatura porque quando a sigla começou a ser usada ela foi sobreposta a uma dinâmica de trabalho que já existia.

[88] Considere-se os artigos de revisão ou avaliação geral destes temas publicados nos jornais: M. T. Vargas, A Idade do Teatro Paulista: 430 anos. Folhetim, *Folha de S. Paulo*, Domingo, 16 de agosto de 1981; S. Magaldi e M. T. Vargas, Cem Anos de Teatro em São Paulo, Suplemento do Centenário, *O Estado de S. Paulo*, de 3 de janeiro de 1976 a 17 de janeiro de 1976; Vestido para Mudar, Mais!, *Folha de S. Paulo*, 26 de dezembro de 1993. Um caso curioso, que indica a atmosfera de bairrismo e de paixão que ainda percorre o tema, pode ser analisado na *homepage* dedicada ao TBC na Internet, acessível em 1998; no texto, o TBC teria surgido do movimento estudantil e amador de São Paulo e não se faz qualquer referência a Os Comediantes – e nem mesmo ao TEB, que obrigatoriamente teria que ser citado como detonador do movimento do teatro estudantil. Em *Cenas do século – TBC*, na web.

existia um projeto poético coerente e constante, nem uma densidade ou continuidade de trabalho de ator e muito menos um diálogo da arte à altura na cena profissional carioca.

Mais uma vez se pode considerar o contorno da carreira de Cacilda Becker nestes primeiros tempos, pois é bastante revelador. Buscando a profissionalização, ela se desdobrou entre Rio de Janeiro e São Paulo em idas e vindas; esteve trabalhando em escritório, no rádio, retornou ao Teatro do Estudante sob nova contratação, ingressou na fase profissional de Os Comediantes – "Os Comediantes faliram logo depois porque não tinham dinheiro e nenhuma assistência do governo, nem de ninguém para continuar"[89]. Mais uma vez ela retornou a São Paulo, foi convidada por Alfredo Mesquita para lecionar comédia na EAD, fundada por ele no final de 1947, e lá ela acabou sendo contratada para trabalhar na inauguração do TBC, casa em que será, logo, a primeira atriz *moderna* a ser contratada.

E o que acontecia em São Paulo para viabilizar o poder teatral que a cidade vai exercer no final dos anos de 1940 e ao longo dos anos de 1950? Para Marly Silva da Motta, existiu um projeto de conquista do poder, formulado por parte da elite paulista, voltado para a construção de sua hegemonia cultural e ideológica frente à nação, articulado ao longo dos anos de 1920[90]. A conclusão parece justa, apesar das críticas possíveis à obra da autora, em particular a um certo tom algo bairrista que a leva a, em lugar de simplesmente estudar o processo, tender a enquadrá-lo sob a óptica de julgamento de valor, como se tivesse ocorrido uma espécie de *usurpação paulista*. É inegável que o projeto resultou objetivamente em liderança teatral inequívoca, nos anos de 1950, com o eclipse da cena carioca enquanto centro de proposição inventiva: São Paulo estava construindo suas duras esquinas concretas e erguendo coisas belas, aquilo que as pessoas, ansiosas pelo futuro, desejavam ver.

Há pelo menos uma fonte documental que registrou o processo enquanto ele acontecia. Em 1952 um americano andarilho, Stanley Applebaum, percorreu em vão livrarias de São Paulo à procura de um pequeno livrinho, opúsculo que fosse, dedicado ao teatro brasileiro contemporâneo. Não conseguiu nada. Da sua frustração, nasceu um pequeno volume, que redigiu após formular um questionário e "entrevistar as pessoas cujo trabalho, lutas e sacrifícios, permitiram a existência de um teatro brasileiro"[91]. Curiosamente, o autor não conseguiu publicar o seu texto através de editoras, livrarias ou do Serviço Nacional do Teatro – mas sim graças à Imprensa Oficial do Ceará. Só foi possível localizar o primeiro volume da série nele anunciada, que iria perfazer um total de quatro partes, as duas primeiras, dedicadas ao teatro de São Paulo e do Rio de Janeiro, no volume que está sendo citado; as duas outras, que versariam *Pernambuco* e *Outros Estados*, até o momento não encontradas, não se sabe se foram editadas ou não. Vale a pena comentar alguns aspectos da obra, para revelar elementos que conduziram à tese sustentada acima.

A obra apresenta dez perguntas sobre o teatro em São Paulo, nem sempre rigorosamente dentro do assunto, formuladas pelo autor e,

---

89 Op. cit., p. 3.

90 *A Nação Faz Cem Anos*.

91 S. Applebaum, *Teatro Brasileiro. Impressões de Um Norte-americano*, p. 8.

segundo declara, respondidas por diversas pessoas do meio teatral, não identificadas[92]. As respostas não foram publicadas: o autor delas se serviu para elaborar a *sua* resposta, sem identificar claramente as fontes consideradas e muito raramente citando nomes. Apesar de declarar-se um entusiasta do teatro nacional, cujas transformações recentes via com muito bons olhos, o autor atacou a infantilidade política e *corporativa* (digamos, em falta de nome melhor: a escolha é da autora) da categoria, que fazia com que não existisse uma densidade institucional a favor da expansão da atividade, a seu ver. E não existia nem mesmo uma pressão no sentido de favorecer uma existência atuante do Estado, como *Estado estruturante* (também termo e definição de nossa responsabilidade) – construção de edifícios teatrais, incentivos às excursões pelo interior e medidas para a formação de plateia nos centros principais, em particular através da educação. Mergulhada em ciumeiras e em vaidades infantis, o autor indicou claramente uma fragilidade que considerou lamentável na classe teatral brasileira, a pressão a favor do que chamaremos *Estado assistencialista*. Algumas companhias, controladas por empresários dotados de influência política, por vezes conseguiam "receber alguma esmola dos políticos". Mas o "sistema de caridade" só causava mesmo era mais ciúme entre os artistas: "muitos não conseguem compreender por que algumas companhias recebem somente Cr$ 25.000,00 e outras obtêm Cr$ 50.000,00", afirmou o pesquisador[93].

Os dois centros teatrais do país, Rio de Janeiro e São Paulo, foram esquematizados pelo autor rapidamente, em suas características básicas, mas com argúcia suficiente para indicar as mudanças profundas que estavam acontecendo. Já no Prefácio ele contornou a possibilidade de controvérsia observando que, como o seu trabalho iria se intitular *Teatro Brasileiro*, não poderia ser realizado apenas em São Paulo, pois muito embora ele fosse "deveras importante" naquela capital, não se poderia afirmar que representasse o teatro brasileiro em sua totalidade. O Rio de Janeiro, a seu ver, era a "mãe do teatro brasileiro" e outros Estados tinham bastante importância, como Pernambuco.

Mas o autor tratou em primeiro lugar de São Paulo; nas entrelinhas, aparece claramente a insinuação de que São Paulo estaria na dianteira da produção teatral do país, graças ao Teatro Brasileiro de Comédia, que teria destruído o "malfadado sistema teatral" das estrelas, forma de produção ainda típica do Rio de Janeiro na época. O autor situou desde o início uma diferença marcante entre as duas cidades. A explicação da diferença é direta, quando o autor examina a questão "O que causou o desenvolvimento do teatro paulista quer quantitativa como qualitativamente?"

A resposta considerou, de saída, que São Paulo possuía uma grande indústria, tivera dinheiro para auxiliar o crescimento de um bom movimento teatral. A Prefeitura e o Governo do Estado puderam dispor de mais recursos para ajudar a construção de teatros, apoiar as escolas e companhias, mas também o público possuía mais dinheiro, condição que lhe permitia a ida mais frequente ao teatro e, "no caso de alguns indivíduos ricos, mesmo subvencionar por vezes companhias teatrais inteiro [sic].

---

[92] No entanto, no Prefácio, p. 9, o autor observa: "Quero agradecer particularmente a determinadas pessoas, tanto pelo grande auxílio que me prestaram, como pelo trabalho maravilhoso que realizaram em São Paulo e Rio, no sentido de se criar um melhor teatro brasileiro: Cacilda Becker, Sérgio Cardoso, Procópio Ferreira, Ruggero Jacobbi, Graça Mello, Alfredo Mesquita, Paulo Magalhães, Lourival Gomes Machado, Madalena Nicol, Décio de Almeida Prado, ao diretor do Teatro de Cultura Artística, Sandro, Ziebgniev [sic] Ziembinski, Geysa Boscoli, Ricardo Braga, Jaime Costa, Bibi Ferreira, Luiza Barreto Leite, Paschoal Carlos Magno, Madame Marinaux [sic], Henrique Pongetti, Santa Rosa, Silveira Sampaio, Serviço Nacional de Teatro, Claude Vincent e Renato Viana". As inclusões e exclusões são significativas no conjunto do texto.

[93] Idem, p. 14.

Um exemplo excelente é o do Teatro Brasileiro de Comédia, um grupo formado somente há 4 anos atrás"[94] (Idem, p. 15). Sem dúvida houve um tanto de simplificação e exagero – nem os governos ajudavam tanto, nem existiam tantos *mecenas*, nem o público era deliberadamente de teatro.

Com relação ao Rio de Janeiro, o trecho mais interessante é a resposta à pergunta número 1 – "É verdade que o Rio de Janeiro é o centro do teatro brasileiro?" A existência da pergunta denota, por si só, uma mudança radical no teatro do país, já que ela não poderia nem por sombra ser cogitada dez ou mesmo cinco anos antes da data da publicação, pois não teria razão de ser – o Rio era então o centro incontestado do teatro. A pergunta adquire um colorido especial em confronto com as seguintes, em que ficou patente a indicação de uma atmosfera pessimista na classe teatral carioca, em contraste com o otimismo que vicejava em São Paulo: "Embora exista a possibilidade de que São Paulo se torne, em 20 anos, o centro que liderará o teatro brasileiro, não há dúvidas que atualmente, o Rio de Janeiro ainda é o coração do teatro brasileiro".

Diversos fatores justificavam ainda, a seu ver, a superioridade – "uma maior tradição artística, quase o dobro de teatros, um movimento de amadores estudantis muito maior, mais influente, um público teatral 40% maior, críticos melhores e mais importantes, dez vezes mais companhias profissionais". Observe-se a desinformação razoável com relação ao problema da crítica, pois ela se tornara *moderna* primeiro em São Paulo. Mas, para o americano curioso, até o público seria mais caloroso. E o Rio – embora não mais tanto quanto *antes* – continuava 'amamentando' São Paulo". Pois, na avaliação do autor, mais de 80% das companhias teatrais que atuavam em São Paulo eram cariocas, bem como algumas das principais estrelas paulistas; o Rio funcionava ainda como um "reservatório" de talentos, que eram canalizados para São Paulo, possuidor do interesse e do dinheiro necessários para aproveitá-los. O êxodo característico da época foi bem registrado, bem como a incapacidade de São Paulo para obter ressonância nacional.

O comentarista observou que o Rio de Janeiro persistia sendo a meca teatral do país – ou seja, onde quer que se produzisse uma estrela ou alguém com bastante habilidade, logo ela se deslocaria para o Rio, em busca de projeção. Portanto, segundo o autor, mesmo que o "reservatório" estivesse sendo sempre esvaziado por São Paulo, ele era constantemente renovado pelos outros estados.

A referência ao americano perguntador dimensiona habilmente a contraposição Rio-São Paulo que começa a se consolidar neste momento. Mas restam ainda alguns aspectos por considerar. Em primeiro lugar, vale destacar que, de fato a renovação proposta pelos amadores levou ao aparecimento de uma nova crítica, em particular em São Paulo, cidade em que os novos nomes surgiram bem antes do que no Rio. Ao mesmo tempo, vale lembrar que a renovação só foi atingindo o teatro comercial (carioca) muito lentamente. Assim, o resultado foi a existência de oscilações razoáveis na imprensa, com abordagens do trabalho teatral muito variadas. Surgiu aí, também, uma diferença geral, de óptica, entre a crítica do Rio e

[94] Idem, p. 15.

**UMA EMPRESA
E SEUS SEGREDOS:
COMPANHIA
MARIA DELLA COSTA**

a de São Paulo. Um fato importante a reconhecer é a própria variedade de gêneros e de linhas de trabalho que caracterizavam o palco carioca: em certa medida, o mercado solicita a existência da crítica que lhe é adequada.

Na revista, costuma-se afirmar que algum cálculo de renovação, com um certo toque de modernidade, teria sido incorporado nos cenários e figurinos pelo *ensaiador* português Chianca de Garcia, que em 1948 contou com a colaboração de Ziembinski na direção da revista *Tou Aí Nessa Boca...*, algo que na verdade só se explica pela imperiosa necessidade do diretor polonês de aceitar propostas de trabalho profissionais. Pois o mesmo Chianca de Garcia assinara, em 1946, um dos mais violentos ataques contra Ziembinski e os novos, dentre todos os que se tem notícia publicados na imprensa, o que insinua a pergunta obrigatória sobre a *densidade* e a possibilidade de sua *conversão*[95]. Ainda nos anos de 1960, no teatro de revista da Praça Tiradentes eram usados procedimentos de marcação de cena herdados do velho teatro de convenções.

Houve também, ao lado de ataques frontais, uma espécie de resistência debochada, em que o teatro antigo sobrevivia escarnecendo do novo. O relato é de Miroel Silveira[96] – a peça *Desejo* tinha alcançado muito sucesso, explorando uma tessitura *erótica* que muitos críticos, modernos, até condenaram como *apelativa*. E o sucesso não foi ignorado pelo empresário de revistas Walter Pinto, da Praça Tiradentes: ele encenou uma paródia da cena famosa em que os dois enamorados, em quartos geminados, ansiavam por se encontrar, separados por uma parede. E o quadro foi feito por Oscarito, vestido de mulher, com uma cabeleira descabelada, se esfregando pelas paredes, gemendo, suspirando. Do outro lado da parede, Grande Otelo fazia a mesma coisa.

Em segundo lugar, vale destacar a ocorrência de iniciativas favoráveis às mudanças, importantes porque atestam a existência da atmosfera hostil. Uma forte reação a favor dos *novos*, indício das dificuldades que encontravam, apareceu na primeira bibliografia crítica de que se tem notícia no teatro brasileiro[97]. Bibliografia *crítica* – portanto seletiva e comentada, com um rigor acadêmico nos juízos de particular interesse. O ponto de partida foi o reconhecimento da carência de estudos e pesquisas na área do teatro: "O drama brasileiro, como forma de literatura, está ainda por ser estudado"[98].

A óptica do texto é francamente favorável aos renovadores da cena, amadores quando da redação do texto, pois a data mais avançada de edição dos livros comentados é 1944, data em que ainda não existia nenhum conjunto moderno e profissional. O teatro antigo, que segundo o autor era praticado pelos profissionais, defendido pela SBAT e apadrinhado pelo SNT em larga medida, é atacado frontalmente. O autor lamenta mesmo a fraqueza do SNT diante das pressões conservadoras, que tentavam distanciar a Instituição dos esforços de mudança da cena; no seu entender, eles deveriam nortear sua ação. Como se verá no capítulo seguinte, a situação não era tão simples.

Apesar de tudo, a obra apresenta pelo menos um erro crasso de informação (ou de imprensa), que é a localização da estreia de *Vestido de Noiva*, de Nelson Rodrigues, com os Comediantes, em 1939, quando a data certa

---

95 Ver Y. Michalski, op. cit.. No livro é reproduzida boa parte do artigo arrasador que o revisteiro escreveu contra Ziembinski e os novos em 1946, p. 90-91.

96 *Depoimentos II*, p. 127.

97 L. Kirschenbaum, Teatro, R. B. de Morais; W. Berien, *Manual Bibliográfico de Estudos Brasileiros*.

98 Idem, p. 727.

é 1943. Se não for erro de impressão, o equívoco indica precisamente que a condição de marco fundador atribuída à montagem se deu de maneira gradual e posterior; foi a construção de uma bandeira de luta, como se deseja defender aqui.

Finalmente é preciso pensar algumas outras implicações resultantes da valorização do episódio de 1943. Não há dúvida de que a operação tem funcionado em diversos sentidos ambíguos. Em primeiro lugar, ela tem permitido associar ao teatro carioca uma projeção no processo de implantação do teatro moderno que é, digamos, senão falsa, ao menos inadequada, seguramente distorcida. O mito do *Vestido de Noiva* escamoteia a condição verdadeira que prevaleceu no mercado teatral do Rio de Janeiro até os anos de 1950, que era a de ser a cena profissional por excelência dos antigos, gradualmente transformada. Ao mesmo tempo, a capacidade e as condições do teatro paulista para formular o novo aparecem ofuscadas, situação que, ao que tudo indica, ajuda a manter obscuros alguns pontos de importância fundamental do jogo que se deu em São Paulo, em especial o seu caráter abrupto, de *invenção*, digamos, em vez de maturação ou de formulação, dadas as fragilidades da vida profissional do teatro em São Paulo até os anos de 1940. O moderno pôde ser importação súbita, até autoritária, entre os paulistas, porque não existia uma prática teatral consistente o suficiente para oferecer-lhe oposição. Antes do moderno, São Paulo não tinha teatro e a evidência está no fato de que nem edifícios teatrais possuía, como se comentará adiante. O teatro paulista era amador, dos filodramáticos e a seguir dos estudantes (estes por influência do TEB), ou popularesco, quase de feira, manifestações que mereceram escassos estudos até o momento. O teatro de Nino Nello (1895-1969) seria o modelo exemplar, de pavilhão de arrabalde. Em tais condições, em São Paulo mesmo este *moderno de invenção* ofuscou tudo ao redor, dificultando a percepção das singularidades existentes.

◁ Teatro de pavilhão nos arrabaldes de São Paulo, o teatro habitual praticado na cidade antes do ciclo moderno. (Cedoc/Funarte.)

UMA EMPRESA E SEUS SEGREDOS: COMPANHIA MARIA DELLA COSTA

Mesmo assim, a situação deste moderno-brasileiro-paulista-inaugural não foi reconhecida no país até hoje, não se tornou evidência irrefutável porque a hegemonia paulista não era decididamente aceita – São Paulo conseguiu se tornar a *capital teatral* do país, atraindo todos os que estavam interessados no *teatro moderno* para si, mas a cidade não era a *capital cultural*, ou seja, não possuía ressonância, não era capaz de projetar o seu efetivo poder, logo não alcançou poder efetivo na política cultural.

A condição extemporânea do Teatro Brasileiro de Comédia, criado primeiro para ser a casa dos amadores paulistas, nascidos, em sua origem, por influência do TEB, e repentinamente transformado em companhia, transparece em diversos relatos e depoimentos de artistas, que fazem questão de frisar o seu deslumbramento ou ao menos o deslumbramento da época com a grandiosidade do empreendimento. Mas esta condição deixa de ser destacada, então. Valorizando-se a montagem de 1943, vendo-se aí o início do moderno, reduz-se o impacto possível que possa vir a ser atribuído a algo que se iniciou em 1948, como edifício, ou 1949, como companhia permanente: são fatos que aconteceram *depois*. O gesto do industrial mecenas, construindo o teatro e em seguida bancando a organização de uma companhia estável de teatro, *moderna*, nos moldes dos *teatri stabili* italianos, até mesmo com a importação de diretores e cenógrafos, parece se inserir em um fluxo anterior que, a rigor, não existiu. Chega-se, assim, ao cerne do que se deseja propor neste trabalho.

O ponto de vista que se deseja defender é bem simples: a Companhia Maria Della Costa – ou melhor, o Teatro Popular de Arte e a sua sequência empresarial, a Empresa Teatro Maria Della Costa – teria sido o centro de formulação do moderno na cena brasileira, ao lado e adiante, portanto, do TBC, que teria sido o *inventor* do moderno. A companhia teria conseguido promover uma intervenção muito mais orgânica, mais identificada com o jogo de cena vigente ao redor, muito menos abrupta. Contou, para tanto, com condições de possibilidade que faltavam ao TBC, rechaçado, ao menos a partir de certa época, como *coisa de granfino*. Além disso, o TPA tem precedência cronológica: foi fundado antes do TBC[99].

Criada no Rio de Janeiro como uma espécie de sequência natural do primeiro modernismo heroico, pois os seus integrantes participaram ativamente do Teatro do Estudante de Paschoal Carlos Magno e do grupo Os Comediantes (fase profissional), a companhia organizada, inicialmente um pouco ao acaso, em 1948, contava com a presença da celebrada atriz Itália Fausta, ao lado de seu sobrinho, Sandro Polônio, e da atriz Maria Della Costa. A intérprete veterana representou assim, nos primórdios da equipe, a garantia de sua inserção na tradição teatral brasileira. Sem dúvida procedimentos empresariais antigos – como as viagens mambembes – foram incorporados ao perfil moderno proposto, inclusive com o apoio de empresários e entidades que estiveram com frequência associados à atriz ao longo de sua carreira. A gênese da empresa é bastante curiosa e é narrada com precisão por Miroel Silveira[100].

Em seu depoimento, ele afirmou que veio ao Rio e viu o grupo Os Comediantes acabado; fez um contrato particular com Ziembinski e

[99] Sobre os problemas de data e nomenclatura, ver infra, cap. IV.

[100] Loc. cit., p. 125-127. A versão contada por Miroel Silveira coincide com os dados existentes nos processos de pedido de subvenção – Arquivos Administrativos, Funarte, material que será analisado no capítulo seguinte.

retornou a Santos, para levantar capital com alguns amigos. Com o pouco que conseguiu, retornou ao Rio para empresar o Teatro Popular de Arte, pois "o empresário existente no teatro brasileiro não estava preparado para Ziembinski e não era mais possível que ele e outras pessoas continuassem no amadorismo. Ziembinski era obrigado a trabalhar em cassinos ou fazer *shows* aqui e ali; era do que ele vivia".

Diante de tais fatos, Miroel teria tomado uma decisão radical – assumir o papel do *louco* que *fingiria* ser empresário, para que não se perdesse "esta evolução, este passo que Os Comediantes deram". Na sua versão, ele sustentou que aceitou o papel por causa de uma convicção muito precisa – "Eu achava que a reforma colocada pelo Ziembinski só tinha sentido no teatro profissional porque o amadorismo não resultava em nada, tinha um público limitado. Fui ao Rio e aí, conversando com o Ziembinski, escolhemos *Desejo*, de O'Neill, para a estreia".

O desdobramento a seguir foi rápido – apesar do capital, eles não tinham teatro. E Brutus Pedreira, diretor de Os Comediantes, grupo ainda amador, conseguira o Teatro Ginástico. A princípio teriam decidido por uma temporada conjunta, mas, como os amadores não tinham dinheiro, Miroel Silveira *abafou* o nome Teatro Popular de Arte e manteve-se o nome Os Comediantes, mas agora profissionais, juntando-se as duas vertentes: Os V Comediantes. A seguir, houve a temporada paulista, que se prolongou até Santos, local em que o estado de saúde de Miroel Silveira teria se tornado crítico. Por isto, ele solicitou afastamento temporário do grupo, que retornou ao Rio e não conseguiu obter capital suficiente para se reestruturar.

Houve um movimento contra Miroel, acusado de ser mau empresário[101]. Os remanescentes tentaram se reorganizar com uma cooperativa, mas o grupo só sobreviveu para mais uma montagem, a direção de Turkov para *Terras do Sem Fim*. Sandro Polônio e Maria Della Costa foram visitar o amigo em Santos e convidaram-no a "ressuscitar o nome Teatro Popular de Arte". O convite foi aceito e, segundo Miroel, eles teriam trabalhado juntos até 1954, com Miroel Silveira exercendo a função de um assessor literário, traduzindo e adaptando peças, mesmo que seu nome não apareça com tanta frequência nas fichas técnicas e que a versão não apareça em outras fontes.

O estudo da companhia, que sobreviveu até 1974, segundo escolha desta pesquisa, será exposto com a preocupação de demonstrar a pertinência da principal hipótese de trabalho formulada – a de que ela foi o cadinho de proposição do moderno no teatro brasileiro, de saída porque constatou a impossibilidade do *teatro moderno* no Rio de Janeiro, transferindo-se para São Paulo. E só desempenhou tal papel porque participou da implantação de uma ambiência cultural privilegiada, em que houve o diálogo entre diferentes núcleos de trabalho teatral, às vezes debate agressivo, mas sem a atmosfera de antagonismo hostil que caracterizava o Rio de Janeiro e impedia que se pudesse manter aqui qualquer esforço continuado, independente, de renovação.

Não se deve, entretanto, supor a existência de facilidades absolutas em São Paulo, à disposição dos que enveredaram por este caminho. Em primeiro lugar, o Teatro Brasileiro de Comédia, por praticar o *moderno de invenção*,

101 A briga separou Cacilda Becker de seu descobridor, Miroel Silveira, a quem ela acusou duramente de fraude. A atriz nunca divulgou sua versão final, a respeito da reconciliação; as versões conhecidas são as de Miroel Silveira, publicadas em *Depoimentos II*, na revista *Dionysos*, Os Comediantes, e em N. Fernandes; M. T. Vargas, *Uma Atriz: Cacilda Becker*.

será uma força de opressão ímpar, capaz de esmagar, pelo simples fato de sua presença, os empreendimentos menores, segundo comentário de Décio de Almeida Prado quando da inauguração do Teatro Maria Della Costa.

Em 1952, ano em que o TPA não esteve em atividade contínua, em um balanço de fim de ano da revista *Anhembi*, comentava-se que só o TBC mantivera sua vida normal, "as demais companhias dissolveram-se na paisagem". Com longa agonia ou de estalo, segundo o texto, desapareceram as companhias Armando Couto, Graça Mello, Madalena Nicol, Nicette Bruno. O artigo criticava ainda o plano da Prefeitura Municipal, de construir "teatros de periferia" que eram tão afastados do centro que ninguém os procurava – a classe teatral preferia pagar aluguel do que ficar lá de graça[102].

Mesmo assim, com uma grande diferença entre os interlocutores, o diálogo foi multifacetado. O sentido a ser atribuído a esta trajetória depende de seu estudo mais minucioso, que será efetivado adiante. Por ora, o importante a frisar é que existiu sempre uma questão política, de poder, importante – o TBC era o templo da elite paulista e esta condição se refletiu até mesmo na escritura da história do teatro, com o esquecimento e a falta de reconhecimento envolvendo o TPA e todo o emaranhado de companhias que surgiram na época buscando revestir de moderno diferentes aspectos da sensibilidade brasileira.

Este tema, aliás, é um dos mais importantes para este texto – há uma timidez nos estudos de História do Teatro Brasileiro que está condenando ao esquecimento uma quantidade enorme de iniciativas importantes para a configuração de nossa dinâmica teatral. A impressão que se acaba tendo a partir da estante de História do Teatro Brasileiro disponível é a de que existiu um teatro moderno particularmente ativo nos anos de 1950 cujo centro, o destino e a fisionomia era simplesmente o TBC.

Para que se possa ter uma ideia do que foi esta ambiência, promover uma primeira avaliação geral, esboçamos a seguir um quadro sumário das companhias modernas formadas no primeiro impulso de afirmação do teatro moderno[103]. Elas se caracterizavam pelo fato de contarem com atores modernos – a primeira geração de atores modernos, formada a partir do TEB – liderados por um diretor (ou vários diretores, cada qual contratado por montagem). O seu capital era em boa parte constituído a partir do trabalho dos atores ou de suas fortunas pessoais, quando era o caso, ou através de empréstimos bancários, sobretudo até meados dos anos de 1950, quando a inflação ainda não era tão paralisante. A figura do puro empresário, sem vida teatral, era rara, apesar de em diversos casos os atores ou homens de teatro organizadores das companhias fundarem uma sociedade por cotas para gerir o empreendimento, uma outra origem do capital.

O outro quadro a seguir reúne os grupos, aquela que seria a segunda geração moderna, provavelmente a que mais contundência crítica alcançou com relação ao próprio moderno e cuja intervenção foi sem dúvida importante para a superação e o abandono das fórmulas teatrais dos primeiros modernos. Nos grupos, a liderança do diretor ou dos diretores era mais decisiva, com frequência eles é que estavam à frente do empreendimento, eram líderes ou cabeças da equipe; o conjunto de

[102] Apud *Dionysos*, Teatro Brasileiro de Comédia, p. 90. Neste ano o TPA esteve em viagens, portanto de certa forma estava dissolvido na paisagem...

[103] Os dois quadros estão sendo elaborados progressivamente, durante anos, a partir de extensa bibliografia, mas ainda não são quadros finais, posto que este levantamento exigiria razoável trabalho específico: trata-se de um *work in progress*. Estas condições dificultaram a enumeração da bibliografia usada.

atores era mais homogêneo, mais anônimo, por causa da ideologia de grupo, muitas vezes organizado como cooperativa, estrutura dominante em particular a partir do final dos anos de 1960, resultante em parte do movimento de contestação jovem iniciado então.

As Modernas Companhias de Atores: Quadro Comparativo

NOME/DATA	COMPONENTES	ORIGEM	REPERTÓRIO	IMPORTÂNCIA
Teatro do Estudante do Brasil/TEB (1938-1952) – RJ	Paschoal Carlos Magno, Itália Fausta, Sonia Oiticica, Paulo Porto, Sandro Polônio, Ester Leão, Maria Jacinta, Pedro Veiga, José Jansen, Sérgio Cardoso, Sérgio Britto…	Teatro amador, estudantes; absorveu o Teatro Universitário de Jerusa Camões.	Pretendia, a princípio, modificar a concepção de repertório vigente, com textos clássicos.	Início do processo de atualização do teatro brasileiro frente ao teatro moderno; formação de uma nova classe teatral; proposição do diretor.
Os Comediantes/ Os V Comediantes/ Os Comediantes Associados (1941?-1947) – muitas interrupções – RJ	Brutus Pedreira, Santa Rosa, Gustavo Dória, Luiza Barreto Leite, Ziembinski, Miroel Silveira, Sandro Polônio, Maria Della Costa	Amadores, intelectuais, profissionais liberais; profissionais modernos.	Moderno, mais elevado do que o padrão comercial; múltiplas tendências – realismo, simbolismo, expressionismo; primeiro texto moderno.	Advento da encenação; proposição do diretor, do cenógrafo e do conceito de elenco/comediante.
Comédia Brasileira (1940-1945) – RJ	Otávio Rangel, Abadie Faria Rosa, Rodolfo Mayer, Brandão Filho, Teixeira Pinto, Amélia de Oliveira, Vitória Régia.	SNT e teatro antigo, de hierarquias e convenções. Deveria montar apenas textos nacionais; o de N. Rodrigues foi imposto por razões políticas (Dumas foi exceção).	Eclético: Caxias, de Carlos Cavaco; Guerras do Alecrim e Manjerona, de Antônio José, o Judeu; O Caçador de Esmeraldas, de Viriato Corrêa; Esquecer, de Tobias Moscoso, Luiz Peixoto, Herbert de Mendonça; A Dama das Camélias, de Dumas Filho; A Mulher sem Pecado, de N. Rodrigues; Amanhã Será Outro Dia, de Dias Gomes; Deus, de Renato Viana.	Primeira companhia oficial de teatro criada pelo SNT – controlada pelos antigos.
Teatro Acadêmico (1941) – RJ	Paulo Soledade, Hildegard Naegele, Antônio de Campos, Luis Tito, Agostinho Olavo (cen.), Ziembinski (dir.).	Amadores, gente da sociedade.	Montagem de À Beira da Estrada, de Jean Jacques Bernard, 28/12/41, Ginástico.	Difusão de nova possibilidade de espetáculo teatral – primeiro espetáculo com iluminação de refletores e cenário desenhado. Sete récitas. Estreia de Ziembinski.
Teatro dos Novos (1942) – RJ	Paulo Soledade, Zezé Pimentel, Fadah Gattass, Eloi Brandão, Luís Tito, Graça Mello, Maria Barreto Leite, Lígia Walker, Mário Brasini, Ernesto Souza, Armando Riedel, Osvaldo Eboli, Marcelo Muricy, José Mauro. Gustavo Dória e Agostinho Olavo (cen./fig.). Ziembinski (dir.).	Amadores, gente da sociedade.	Montagem de Orfeu, de Cocteau, e As Preciosas Ridículas, de Molière. 30/8/42, T. João Caetano.	Difusão de nova possibilidade de espetáculo teatral, novo conceito de repertório, difusão do trabalho de Ziembinski.
Companhia Bibi Ferreira (1944-?) – Teatro Fênix – RJ	Bibi Ferreira, Carlos Lage, Miroel Silveira.	Classe artística, amadores, proposta comercial.	Comercial ligeiro, sem maiores pretensões.	Reabertura de teatro que se transformara em cine poeira, com apoio da Prefeitura do DF.

HISTÓRIA DO TEATRO BRASILEIRO MODERNO: A AVENTURA MODERNA NO BRASIL

UMA EMPRESA
E SEUS SEGREDOS:
COMPANHIA
MARIA DELLA COSTA

NOME/DATA	COMPONENTES	ORIGEM	REPERTÓRIO	IMPORTÂNCIA
Teatro Experimental do Negro (1944-1957) – RJ	Abdias do Nascimento, Aguinaldo de Oliveira Camargo, Arinda Sefarim, Ironildes Rodrigues, Ruth de Souza, Claudiano Filho e Léa Garcia.	Abdias do Nascimento.	*Imperador Jones, Todos os Filhos de Deus Têm Asas* e *Moleque Sonhador*, de Eugene O'Neill; *O Filho Pródigo*, de Lúcio Cardoso, *Auto da Noiva*, de Rosário Fusco; *Orfeu*, de Vinícius de Morais; *Filhos de Santo*, de José M. Pinho; *Calígula*, de Albert Camus.	Valorização do ator negro, no interior do conceito de teatro moderno.
Sociedade Amigos do Teatro (1945-1946) – Teatro Fênix segundas--feiras – RJ	Maria Sampaio (portuguesa), Nelson Vaz, Stella Perry, Paulo Moreno, Wallace Vianna, Eugenia Levy, Pedro Veiga, Rodolfo Arena, David Conde, Wahita Brasil, Castro Viana, Ziembinski.	Profissionais e elementos de Os Comediantes.	*A Família Barret*, de Rudolf Besier.	Tentativa de profissionalização do teatro moderno.
Modernos Comediantes (1945-?) – SP	Direção O. A. Vampré.	Pequeno conjunto organizado em SP.	Teria montado apenas peças insignificantes.	Indica a repercussão do trabalho dos Comediantes e dos amadores, segundo S. Magaldi e M. T. Vargas (1976).
Os Artistas Unidos (1946-1959) – RJ	Carlos Brant e Hélio Rodrigues – empresários; Henriette Morineau; elencos contratados, com diretores ou não, Manoel Pêra, Flora May, Luiza Barreto Leite, Adriano Reys, Fernanda Montenegro, Fernando Torres.	Admiradores de madame, projeto de melhoria do teatro comercial.	Bulevar requintado *Frenesi*, de Chapuis; *Medeia*, de Eurípedes; *Mademoiselle*, de Jacques Deval; *Uma Rua Chamada Pecado*, de Tennessee Williams; *Jezebel*, de Jean Cocteau.	Profissionalização de jovens atores, alguns egressos do TEB, reforço da influência francesa, elevação do repertório um pouco acima do bulevar.
Os Artistas Amadores/SP (1947 •) – SP	Madalena Nicol; Paulo Autran.	Amadores.	*Esquina Perigosa* e *I Have been Here Before*, de Priestley; *Dois Destinos*, Noel Coward; *A Mão do Macaco*, de W. W. Jacobs.	Lançamento e formação de jovens atores modernos, difusão do conceito de direção.
Teatro de Comédias Sadi Cabral (1947?-?) – RJ	Sadi Cabral, Pedro Veiga.	TEB, Os Comediantes.		Início de profissionalização dos primeiros atores modernos, alguns formados nos padrões do teatro antigo.
Teatro de Câmera/ RJ (1947-1948) – RJ	Lúcio Cardozo; Agostinho Olavo, Gustavo Dória, Esther Leão; Alma Flora, Maria Sampaio, Maria Paula, Luiz Tito, Edmundo Lopes; Santa Rosa; Burle Marx.	Projeto de grupo semi-profissional para montagem de textos nacionais. Apoio SNT.	*A Corda de Prata*, L. Cardozo; *Para Além da Vida*, Alberto Rebelo d'Almeida; *Mensagem Sem Rumo*, Agostinho Olavo; *O Anfitrião*, Antônio José.	Tentativa de estimular a dramaturgia nacional, que não se modificara muito após *Vestido de Noiva*.

HISTÓRIA DO TEATRO
BRASILEIRO MODERNO:
A AVENTURA MODERNA
NO BRASIL

NOME/DATA	COMPONENTES	ORIGEM	REPERTÓRIO	IMPORTÂNCIA
CENA (1948) – cooperativa – T. Serrador, segundas-feiras – RJ	Adacto Filho (dir.); Luiza Barreto Leite; Ziembinski (dir., ator); Sadi Cabral; Orlando Guy.	Comediantes. Projeto profissional, moderno.	*Vestir os Nus*, L. Pirandello.	Tentativa de mudar o mercado carioca.
TPA - Cia Maria Della Costa (1948-1974)* – RJ/SP	Itália Fausta, Maria Della Costa, Sandro Polônio, Miroel Silveira, Ziembinski, Ruggero Jacobbi, Gianni Ratto…	TEB, Comediantes, amadores.	Derivado de Os Comediantes; eclético, inovador, nacional e internacional.	Proposição do moderno em condições profissionais.
TBC – (1948-1964) – SP (RJ – 1954-1960)	DIVERSOS: Franco Zampari, Adolfo Celi, Cacilda Becker.	Mecenato, amadorismo (GTE, GUT, TEB/TU), ambição moderna.	Eclético, inovador, internacional e nacional.	Afirmação do diretor (importação de diretores estrangeiros), de uma nova ideia de cia e de encenação, ampliação do repertório, garantias profissionais, novo estrelismo, afirmação da relação entre cia e edifício.
Conjunto de Arte Teatral (maio/1949) – SP	Eagling (diretor), Paulo Autran.	Amadores, sob influência de Franco Zampari.	*A Noite de 16 de Janeiro*, de Ayn Rand.	Mudança da forma do teatro, transformado em tribunal, com participação do público.
Teatro dos Doze (1949) – RJ	Sérgio Cardoso, Sérgio Britto, Beyla Genauer, Zilah Maria, Luiz Linhares, Carlos Couto, Jaime Barcelos, Rejane Ribeiro, Elísio de Albuquerque, Antônio Ventura, Wilson Grey e Tarcisio Zanotta.	TEB. Direção: Hoffmann Harnish e Ruggero Jacobbi	Derivado do TEB; teatro da palavra italiano. *Hamlet* (TEB), *Arlequim Servidor de Dois Amos*, de C. Goldoni; *Tragédia em Nova York*, de M. Anderson; *Simbita e o Dragão*, de Lúcia Benedetti.	Início da profissionalização de estrelas e atores do TEB; a empresa terminou com a ida de Sérgio Cardoso e Ruggero para o TBC.
Fernando de Barros (1949-1950) – RJ	Fernando de Barros (produtor), Tônia Carrero, Silveira Sampaio, Ziembinski, P. Autran, Carlos Thiré.	Amadores, estudantes, mercado, society.	*Um Deus Dormiu Lá em Casa*, de Guilherme Figueiredo; *Amanhã, Se Não Chover*, de Pongetti; *Helena Fechou a Porta*, de Accioly Netto.	Tentativa de teatro comercial moderno.
Produções Artísticas Ziembinski (1950) – RJ	Ziembinski, Josef Guerreiro, Nely Rodrigues.	Amadores e mercado.	*Assim Falou Freud*, de Cvojdzinski; *Adolescência*, de Vanderbergh.	Empresa organizada por Zimba; convidada para o Teatro das Segundas, por Zampari, marcou ingresso de Zimba no TBC.
As Desconhecidas (1950) – RJ	Ziembinski, Pascoal Bruno (prod.), Santa Rosa, Luiza B. Leite, Nieta Junqueira, Rosita Gay, Dulce Rodrigues, Eleonor Bruno, Maria Fernanda.	TEB, amadores, primeira geração de profissionais modernos.	*Doroteia*, de Nelson Rodrigues.	Empresa organizada para a montagem do texto.
Cia Olga Navarro (1950 •) – SP	Olga Navarro, Fregolente, Luís Linhares, Orlando Guy, Dionísio Azevedo.	Mercado e amadores.	*A Edemoniada*, Karl Schoernher (1867-1943); *Nina*, André Roussin.	Supervisão de Ziembinski; fez ecoar em SP algo do projeto de Os Comediantes.

UMA EMPRESA
E SEUS SEGREDOS:
COMPANHIA
MARIA DELLA COSTA

NOME/DATA	COMPONENTES	ORIGEM	REPERTÓRIO	IMPORTÂNCIA
Madalena Nicol (1949) e R. Jacobbi (1950)– SP	Ruggero, Madalena Nicol, Miriam Carmem, Rejane Ribeiro, Luiz Linhares, Elísio de Albuquerque, Tito Fleury, Sérgio Britto, Zilah Maria, Carla Civelli.	Amadores, TEB, TPA, TBC. Financiador: Mário Audrá (Maristela Filmes).	Eletra e os Fantasmas, de E. O'Neill; *Lady Godiva*, de Guilherme de Figueiredo; *Antes do Café*, de O'Neill e *O Homem, a Besta e a Virtude*, de Pirandello; *O Atentado*, W. Somin; *A Voz Humana*, de Cocteau; *Pancada de Amor*, de Coward.	Uma das primeiras cias profissionais a surgir à margem do TBC. Favoreceu o processo de profissionalização de jovens atores.
Sociedade Paulista de Teatro (1951) – SP	Ruggero, Madalena Nicol, Sérgio Britto, Jaime Barcelos, Elísio de Albuquerque, Armando Couto (dir), Silvia Orthof, Adauri Dantas, Carla Civelli (dir)...	Amadores, TEB, TBC, Governo do Estado/ Prefeitura de SP.	Remontagem de *Arlequim, Servidor de Dois Amos*; inauguração do T. Artur Azevedo (SP); *A Tia de Carlitos*, de B. Thomas; *O Atentado*, Somin; *A Tempestade*, de Mário Brassini; *O Tenor Desafinou*, de Feydeau.	Tentativa de criar uma cia oficial. Favoreceu a profissionalização de jovens atores, tentou o teatro subsidiado.
Os Quixotes (1951) – RJ	Péricles Leal, Antonio Patiño, Wanda Kosmo, Ody Fraga, Virgínia Valli, Carlos Murtinho, José Maria Monteiro, Orlando Silva.	CPT.	*O Regresso*, de Leal; *Gerusa*, de Fraga; *Abertura de Um Testamento*, de Monteiro; *As Desencantadas*, de Leal.	Lançamento de atores, autores, diretores, em particular alunos egressos do CPT/SNT.
Teatro de Equipe (1952-1953) – SP	Graça Mello, Santa Rosa, Labanca, Sérgio Britto, Mario Brasini, Carlos Couto; Lídia Vani; Maurício Sherman, Walter Duarte, Araci Cardoso, Clóvis Garcia.	Profissionais e amadores, busca de renovação; apoio da Prefeitura.	Inauguração do T. Artur Azevedo/SP, *Amanhã Será Diferente*, Pascoal; *O Massacre*, E. Robles; *O Magnífico*, de Crommelynck; *Volta, Mocidade*, de Inge.	Uma das primeiras cias profissionais a surgir à margem do TBC. Favoreceu a profissionalização de jovens atores modernos.
Cia Nicette Bruno (1953) – SP	Nicette Bruno, Abelardo Figueiredo, Antunes Filho (dir.).	Cia Dulcina de Moraes, TPA.	*Weekend•*, de Coward.	Uma das primeiras cias profissionais a surgir à margem do TBC; profissionalização de jovens atores modernos, lançou um dos primeiros diretores brasileiros.
Cia Dramática Nacional (1953-1954) – RJ	Diversos: Sérgio Cardoso, Nydia Licia, José Maria Monteiro, Bibi Ferreira, Leonardo Vilar, Waldir Maia, Sonia Oiticica, Maria Fernanda, Wanda Marchetti, Natália Timberg, Orlando Macedo, Magalhães Graça, A. Fregolente, Elísio de Albuquerque.	Governo – SNT (TEB, amadores, estudantes, mercado).	Nacionalista: *Canção Dentro do Pão*, de Magalhães Jr.; *A Raposa e as Uvas*, de Figueiredo; *A Falecida e Senhora dos Afogados*, de N. Rodrigues; *As Casadas Solteiras*, de M. Pena; *Poeira de Estrelas, Ceia dos Cardeais*, de Dantas; *Cidade Assassinada*, A. Callado; *Lampião*, Raquel de Queiroz.	Tentativa de criar companhia oficial. Valorizou o trabalho com o autor nacional.
Cia Delmiro Gonçalves (1953) – SP	Direção: Rubens Petrilli de Aragão, Jayme Barcelos, Margarida Rey, Sylvia Orthoff, Irênio Maia (cen.) e Célia Biar (fig.).	Nova geração, moderna; amadores, TEB, jovens profissionais.	*A Falecida Mrs. Black*, de Dinner e Morum; *A Ilha das Cabras*, de Betti; *A Toga Branca*, de André Len.	Uma das primeiras cias profissionais a surgir à margem do TBC; acabou no mesmo ano, por dívidas.

HISTÓRIA DO TEATRO
BRASILEIRO MODERNO:
A AVENTURA MODERNA
NO BRASIL

NOME/DATA	COMPONENTES	ORIGEM	REPERTÓRIO	IMPORTÂNCIA
Companhia Municipal de Comédia (1954•) – SP	Sérgio Cardoso, Nydia Licia.	Primeiros modernos.	*A Filha de Iório*, de D'Annunzio.	Tentativa de criar cia oficial.
Nydia Licia – Sérgio Cardoso (1954-1959•) – SP	Titulares e diversos: Leonardo Vilar, Dina Lisboa, Jorge Chaia, Carlos Zara, Odete Lara, Eduardo Suhr, João Maria dos Santos, Ruggero Jacobbi, Bibi Ferreira, Jaime Costa, Irênio Maia, Aldo Calvo, Clóvis Garcia.	TEB, GTE, GUT, TBC, mercado tradicional.	Tebecista- nacionalista; *Lampião*, Rachel de Queirós, *Sinhá Moça Chorou*, de Ernani Fornari; *Hamlet*, de Shakespeare; *A Raposa e as Uvas*, de Figueiredo; *O Comício*, Abílio Pereira de Almeida; *Chá e Simpatia*, de Robert Anderson.	Profissionalização de atores em bases modernas.
Teatro Suicida (1955) – RJ	Nelson Rodrigues, Santa Rosa, Leo Jusi, Morineau, Dulce Rodrigues, Beatriz Veiga...	Nelson Rodrigues.	*Vestido de Noiva*, *Valsa n. 6*, *Dorotheia*, de N. Rodrigues.	Tentativa de profissionalização do teatro moderno.
Tonia-Celi-Autran (1956-1962) – RJ	Titulares e diversos.	TBC..	Tebecista, mas mais polarizado; chegou a lançar textos e autores.	Consagração de atores modernos. Profissionalização de atores em bases modernas; lançou atores; primeira cia moderna pós-tebecista no Rio.
Teatro Nacional de Comédia (1956-1966) – RJ	Dir. Brutus Pedreira, Agostinho Olavo. Beatriz Veiga. José Renato (1961). Contratos ocasionais. Paulo Francis, Gianni Ratto, Rodolfo Mayer, Milton Moraes, Beyla Genauer, Magalhães Graça, Glauce Rocha, Oswaldo Louzada, Dália Palma.	Governo – SNT – atuação de Edmundo Moniz.	Sem projeto definido, instável e personalista – *Memórias de Um Sargento de Milícias*, M.A. de Almeida; *O Telescópio e Rasto Atrás*, de Jorge Andrade; *As Três Irmãs*, de Tchékhov; *Boca de Ouro*, de N. Rodrigues; *O Pagador de Promessas*, de Dias Gomes; *O Círculo de Giz Caucasiano*, de Bertold Brecht.	Tentativa de criar cia oficial.
Pequeno Teatro de Comédia (1958-1960•) – SP	Dir. Antunes Filho, Amir Haddad, Ademar Guerra; Felipe Carone, Dina Lisboa, Walter Avancini, Raul Cortez, Francisco Martins, Maurício Barroso, Célia Biar, Marina Freire.	Amadores; TBC.	*O Diário de Anne Frank*, de G. E. Hackett; *A Ilha Nua*, de J. R. Souza; *Doce Pássaro da Juventude*, de T. Williams; *As Feiticeiras de Salém*, de Arthur Miller.	Tentativa de profissionalização de atores modernos; estreia profissional de Amir Haddad.
Teatro Moderno de Comédia (1957•) – SP	Danilo Bastos, Dercy Gonçalves, Manoel Carlos (ator/organizador); primeiros diretores brasileiros.	Antigos, ambição renovadora.	*Society em Baby-Doll*, de Henrique Pongetti; *A Valsa dos Toureadores*, de Jean Anouilh; *Juventude Sem Dono*, de Michael Vincent Gazzo.	Tentativa de renovação da comédia, com incorporação de jovens diretores, inclusive Boal e Flávio Rangel.
Cacilda Becker (1958-1969) – SP	Cacilda, Walmor, Ziembinski(1959), Cleide Yáconis, Freedi Kleeman, Kleber Macedo e contratados diversos.	TBC.	Tebecista, mas com mais ousadia e densidade (lançamento de Beckett).	Consagração de atores modernos. Profissionalização de atores em bases modernas; revitalizou o repertório, lançou autores e atores.

UMA EMPRESA
E SEUS SEGREDOS:
COMPANHIA
MARIA DELLA COSTA

NOME/DATA	COMPONENTES	ORIGEM	REPERTÓRIO	IMPORTÂNCIA
Teatro dos Sete (1959-1966) – RJ	Gianni Ratto, Fernanda Montenegro, Fernando Torres, Ítalo Rossi, Sérgio Britto e contratados.	TEB/TMDC/TBC.	TMDC, mas com predomínio de comédias.	Consagração de atores modernos. Primeira companhia moderna carioca. Profissionalização de atores em bases modernas, formação de diretor (Fernando Torres), associação com a TV.
Companhia Nydia Licia (1960-1964•) – RJ	Nydia Licia, Amir Haddad, Célia Biar, Sebastião Campos, Ruth de Souza, Tarcísio Meira, Miriam Mehler, Marina Freire, Wolney de Assis, Rosamaria Murtinho.	TBC, Cia Nydia Licia – Sérgio Cardoso, estudantes e amadores, EAD.	*Apartamento Indiscreto, Oração para Uma Negra, Um Elefante no Caos*, de Millôr Fernandes; *Chá e Simpatia*, de R. Anderson; *Quarto de Despejo*, de Carolina de Jesus Castro; *A Ferreira, Guerras do Alecrim e Manjerona*, de Antônio José; *Esta Noite Improvisamos*, de Pirandello.	Consagração de atores modernos, profissionalização de alunos da EAD. Busca de uma linha de trabalho conciliatória entre o primeiro moderno, de extração europeia, e a voga de colorido nacional populista que se ampliou no final dos anos de 1950.
Cia Carioca de Comédia (1966) – RJ	Rosita Tomás Lopes, Ítalo Rossi, Beyla Genauer, Célia Biar, Napoleão Muniz Freire. Diretor artístico: Flávio Rangel. Produtor: Bobsy Carvalho e Silva.	TBC. Teatro dos Sete; society.	*A comédia sinistra* (*A Coleção e O Amante*), de Pinter; *O Sr. Puntila e o seu Criado Matti*, de Brecht.	Consagração de atores modernos. Tentativa de continuidade do modelo moderno dos anos de 1950, mas recorrendo à comédia.
Cia Torres – Britto (1966-1967) – RJ	Fernanda Montenegro, Fernando Torres, Sérgio Britto e contratados.	Teatro dos Sete.	*O Homem do Princípio ao Fim*, de Millôr; *Volta ao Lar*, de H. Pinter.	Consagração de atores modernos, tentando continuar o modelo moderno.

* A companhia foi incluída aqui para completar o quadro geral obtido, mas foram reunidas apenas informações esquemáticas.
• Sempre que for usado este símbolo, a informação foi a última obtida nas fontes consultadas, sem que se possa garantir sua exatidão absoluta.

Sobre os amadores em relação ao moderno:
1. A partir de 1936, sob a direção de Alfredo Mesquita, foram realizadas montagens amadoras (futuro GTE); o grupo English Players, do Clube Inglês de São Paulo, fundado em 1939, por Georges Readers e universitários, encenou *Noite de Reis*, de Shakespeare, sob influência do êxito do TEB; em 1942, fusão dos dois; nota publicada n' *O Estado de S. Paulo*, a 12/8/1943, anunciou a constituição formal do GTE.
2. Na segunda metade dos anos trinta, na Associação de Artistas Brasileiros, apresentou-se o grupo Os Independentes, dirigido por Sadi Cabral e Mafra Filho, com Luiza Barreto Leite e Margarida Bandeira Duarte entre as atrizes. O núcleo teria originado o setor de teatro da Associação e logo Os Comediantes. Como já se observou, parece estranha a data de 1938 para datar o início do grupo.
3. Em 1943, Décio de Almeida Prado e alunos da Faculdade de Filosofia, sob os auspícios da reitoria da Universidade de São Paulo, organizaram um grupo (GUT).
4. Em 1946, Paulo Autran e Madalena Nicol fundam a Sociedade dos Artistas Amadores.
5. Após a estreia do TBC, em outubro de 1948, buscou-se uma fórmula conciliadora entre o amadorismo e o teatro profissional, com a organização do Grupo de Arte Dramática do TBC — Cacilda Becker, Madalena Nicol e Maurício Barroso.

A partir deste quadro geral, algumas conclusões básicas podem ser fixadas: a primeira é a inegável precedência paulista no amadorismo, cujo movimento se iniciara em 1936 (ou antes, até, mas sem continuidade) com Alfredo Mesquita, muito embora a prática do teatro amador fosse uma coqueluche na sociedade brasileira desde o século XIX. Será preciso adiante avaliar a densidade destes primeiros amadores de São Paulo entre os quais, como já se sublinhou, o ponto era figura relevante e a cena canhestra construção de papel pintado. Além disso, vale destacar a existência, sempre ignorada, de um movimento amador muito amplo ao redor que não tem sido nunca considerado: todos estes movimentos foram sacudidos pelo surgimento do TEB. Assim, a segunda conclusão é a constatação do papel decisivo do TEB para a disseminação do moderno: foi o núcleo de formação, lançamento ou articulação de toda uma nova qualidade de atores e do fato teatral. Finalmente, é visível o destaque de São Paulo como pátria do teatro moderno.

Já a segunda geração moderna, dos grupos, concedeu o destaque maior para o diretor; os atores fulguravam muito mais como conjunto; ela está sintetizada no quadro a seguir. Os nomes de maior impacto e inaugurais foram de São Paulo (Arena e Oficina). Houve depois uma mobilização carioca razoável, mas o Rio de Janeiro não conquistou uma temperatura tão inquieta como a que predominou por largo tempo em São Paulo e nem despontou como proponente de questões, figurando antes, ainda, como centro repetidor ou amplificador de propostas cuja origem era a nova capital teatral do país. O que importa ressaltar é o fato de que a Companhia Maria Della Costa atravessou as duas *gerações* distintas, dialogando com as diversas vertentes de trabalho em pauta. Esta constatação impôs a elaboração dos quadros aqui apresentados.

Os Grupos Modernos: Quadro Comparativo:

NOME DATA	COMPONENTES	ORIGEM	REPERTÓRIO	IMPORTÂNCIA
Arena (1953-1972)– SP	José Renato, Guarnieri (56), Vianinha (55), Boal (56).	EAD, teatro de estudantes e amadores. 1955 – casa própria.	Influência tebecista; textos nacionais/internacionais. Ótica nacional-populista-engajada. Seminário de Dramaturgia.	Difusão do espaço em arena, valorização da busca de referenciais nacionais; difusão do engajamento; discussão da interpretação.
Oficina (1958-1972) – SP	José Celso Martinez Correa, Renato Borghi, Amir Haddad, Carlos Queirós Teles, Etty Fraser, Flávio Império, Fernando Peixoto, Ítala Nandi.	Amadores – teatro universitário. Na França, de 1922 a 1940, direção de Dullin, existiu o teatro de l'Atelier, após sua morte dir. de André Barsacq.	Proposta de dramaturgia nacionalista; internacionalismo. Influência tebecista/Arena.	Pesquisa de despojamento da linguagem cênica; nova valorização do coletivo; novo conceito de repertório; questionamento das estruturas convencionais de expressão e do indivíduo.

UMA EMPRESA
E SEUS SEGREDOS:
COMPANHIA
MARIA DELLA COSTA

NOME DATA	COMPONENTES	ORIGEM	REPERTÓRIO	IMPORTÂNCIA
Oficina, Samba e outros (1972) – SP	José Celso e equipe flutuante.	Oficina. Contatos com grupos Living Theatre e Lobos: ideias de Grotowski.	Recriações de textos convencionais, revisões de montagens do grupo (*Galileu*, *Rei da vela*).	Questionamento do fato teatral, da recepção, do elenco, da sociedade, do ser e do nada – dissolução da linguagem cênica convencional.
Teatro do Rio/ Ipanema (1959-1996) -RJ	Ivan de Albuquerque, Rubens Corrêa, Leila Ribeiro.	Tablado e escola de teatro de Dulcina de Moraes.	Textos internacionais/ nacionais, extração tebecista. Proclamação do nacionalismo tropicalista e da contra-cultura.	Difusão do realismo moderno. Questionamento das estruturas convencionais do teatro (inclusive elenco e estratégias de recepção) e do indivíduo.
CPC (1961-1964) – SP/RJ	Vianinha, Leon Hirzman, Carlos Estevam Martins.	Arena, esquerda, movimento estudantil.	Teatro/cultura engajados, textos nacionais engajados.	Difusão da noção de teatro agit-prop.
Opinião (1964-1970) – RJ	Cepecistas e outros. Cia: Gullar, Vianninha, Paulo Pontes, Pichin Plá, João das Neves, Tereza Aragão, Armando Costa.	CPC. Arena. Esquerda.	Shows de música, textos nacionais engajados. Seminário de Dramaturgia. Feiras de Opinião.	Difusão de valores nacionalistas, engajados. Resistência política. Agit–prop.
Teatro de Grupo (1963-1964) – SP	Egydio Eccio (dir.), Roberto Vignati.	Teatro infantil.	*Nu para Vinicius*, Renata Pallottini e Lauro César Muniz (1964).	Apresentação no TBC em 1964, valorização do autor nacional, preocupação com pesquisa de linguagem.
Grupo Decisão (1963-1965) – SP	Antonio Abujamra; Sérgio Mamberti, Emilio Di Biasi, Lafayete Galvão.	Paulista, se projetou com *O Patinho Torto*, de Coelho Neto.	*Os Fuzis da Sra. Carrar e Misérias do III Reich*, de Brecht; *O Inoportuno*, de H. Pinter.	Pesquisa sobre a linguagem realista.
Teatro Jovem (1960-1964) – RJ	Kleber Santos, Nelson Xavier, Cecil Thiré, Isabel Ribeiro, Maria Gladys.	Experimental-nacionalista-engajado (também denominado Movimento de Arte Popular).	Francisco Pereira da Silva, Jorge Andrade, Dias Gomes (1966).	Valorização ao autor nacional, busca de uma escola de arte teatral brasileira.
Comunidade (1968-1970) – RJ	Amir Haddad, Grisolli, Joel de Carvalho, Maria Esmeralda.	Oficina/...	Textos nacionais e internacionais sob a óptica de desconstrução da linguagem.	Pesquisa sobre os limites da linguagem realista, indagação sobre a estrutura do espaço cênico.

Quanto à linguagem da cena, se o início do teatro moderno foi marcado por uma razoável libertação formal (Ziembinski assinou *encenações* de cores realistas, expressionistas e simbolistas; muitos contemporâneos louvaram os requintes simbolistas de *Pelleas e Melisanda* como o seu momento máximo, superior ao *Vestido de Noiva*, como já se observou), a realidade do teatro moderno foi o seu encerramento progressivo no realismo. No saldo final, ele foi dominante – constatação corroborada por um contemporâneo:

> O que o teatro brasileiro colocava era uma estética haurida principalmente de comédias de costumes, um teatro, vamos dizer, de um realismo menor, pequeno-burguês, acanhado. O neorrealismo que Salce, Bollini e Celi traziam, era um neorrealismo mais moderno, mais realizado e que visava uma certa ampliação desse campo pela colocação de elementos poéticos na encenação, não elementos de uma libertação formal maior, mas principalmente através de um contexto poético, de uma ligação com as formas poéticas. Então, esse campo realista era ampliado principalmente através de sentimentos poéticos[104].

As palavras de Miroel Silveira transcritas acima, extraídas de seu depoimento ao SNT, apresentam um julgamento estético conciso. E são também ímpares: não foi possível encontrar nenhum outro depoimento assemelhado. Trata-se de uma versão contemporânea, um testemunho, um documento oral, ainda que tenha sido construído em um tempo posterior, quando as *paixões do momento* já estavam encerradas no passado. Por isto mesmo, parece justo valorizar o comentário como um indício importante da revolução teatral que estava acontecendo em São Paulo: ao mesmo tempo em que se pretendia mudar tudo, na verdade o que se mudava era muito pouco, se for considerado o significado do teatro moderno, a inspiração original para o que se pretendia fazer. Na verdade, a extensão da revolução é retórica: ela se esconde atrás de um gesto um tanto tímido. Vale indagar por que – mas para isto é necessário contemplar o nosso objeto um pouco mais de perto.

[104] M. Silveira, *Depoimentos* II, p. 122.

IV

Companhia Maria Della Costa: Um Novo Comércio

> Quando me lembro de São Paulo dos anos 50, sinto saudades. Parecia uma província alucinada pela cultura. Falava-se de teatro, de cinema, de música, de dança em cada esquina, em cada boteco da cidade.
>
> Quando cheguei lá, pelas mãos do Ruggero Jacobbi, fui contratado por quatro meses e acabei ficando dez anos, cheguei a pensar que nunca mais voltaria ao Rio.
>
> SÉRGIO BRITTO[1].

São Paulo: Metropolização, Teatro e Capital

Um uso político da tradição é particularmente pernicioso: quando ele impede ou ofusca a percepção do novo. No final dos anos de 1940, Rio de Janeiro e São Paulo eram cidades com perfis antagônicos, podiam ser definidas como polos opostos em relação ao favorecimento do teatro moderno. Tais condições persistiram ao longo dos anos de 1950. A hipótese mais plausível a considerar é a de que, a partir da transformação de São Paulo na capital do teatro moderno, o Rio de Janeiro foi sendo *atualizado por pressão*. Ou por contágio. Mas, a rigor, o Rio de Janeiro nunca chegou a conseguir superar o padrão de teatro comercial século-dezenovista que praticara por longo tempo, para ingressar em uma dinâmica de projetos culturais – mesmo comerciais – que seriam a rotina do teatro moderno, por definição, até os anos de 1960.

Assim, a história da aventura do teatro moderno no Rio de Janeiro está por ser escrita, é completamente diferente da história paulista. Entre os cariocas, ao lado da resistência às mudanças, existiu um processo de formulação do moderno, lento e gradual, no interior das velhas companhias de primeiros atores, estrutura de produção hegemônica até o final dos anos de 1950. O seu peso era de tal ordem que contaminava tudo ao

[1] *Fábrica de Ilusões*, p. 37.

◁◁ (em cima) *Vestido de Noiva*, encenação de Os V Comediantes, visão geral do cenário, apresentação de 1947, Teatro Municipal (SP.) Em cena, Maria Della Costa, Cacilda Becker, Margarida Rey. (Foto de Koczerny). (Cedoc/Funarte.)

◁◁ (embaixo) *Vestido de Noiva*, Cacilda Becker, David Conde e Maria Della Costa na encenação dos Comediantes, em 1947, SP. (Acervo da autora.)

redor e esta constatação parece importante para a compreensão da ótica personalista predominante no Rio de Janeiro, em que ainda hoje existe extrema dificuldade para a manutenção de equipes.

Em São Paulo, a história em princípio foi outra, foi a do moderno por invenção, com as sociedades anônimas, as companhias modernas de atores e os diretores estrangeiros, como já se observou. No vazio de mercado existente na cidade, foi possível implantar estruturas comerciais novas para tentar viabilizar o novo teatro. É interessante detalhar as condições desta história, situar o que existia ali onde o moderno surgiu como teatro moderno, um novo comércio, cuja implantação e a prática foram, no entanto, instáveis, descontínuas. Esclarecer este quadro geral é operação básica para que se possa situar a contribuição específica do Teatro Popular de Arte e as razões do seu sucesso em São Paulo.

O tema solicita que se considere algo da história recente do país: trata-se da perda da liderança industrial do Rio de Janeiro para São Paulo, que começou nos anos vinte do século passado e se tornou muito evidente nos anos de 1940. O Rio de Janeiro, depois da Primeira Guerra Mundial, enquanto crescia o mercado nacional integrado, perdeu a competitividade, chegando a ter seus produtos batidos pelos paulistas até mesmo no Rio[2].

A indústria paulista, segundo Wilson Cano, deu seu grande salto qualitativo entre os anos de 1907 e 1919, período em que cresceu, em termos nominais, mais do que o dobro do que a indústria de todo o resto do país[3]. A seguir, de 1919 a 1929, ela deu um salto quantitativo decisivo, com a diversificação da produção e a introdução, mesmo incipiente, de segmentos industriais de bens de produção, já instalados com dimensão eficiente para suprir um mercado nacional. Com a "Grande Depressão", a compressão violenta na capacidade de importação e os mecanismos para a defesa do nível de renda da cafeicultura, acionados pelo Estado, o maior beneficiário foi a região industrial mais avançada.

Desta forma, a indústria paulista consolidou a conquista dos mercados do restante do país. Mas tal fato se deu sobretudo a partir do dinamismo de sua própria economia e não pela apropriação de recursos oriundos da "periferia nacional". Em tais condições, a "periferia" perdeu, por sua própria conta, o bonde da história: em virtude de sua débil integração ao comércio internacional e em particular "por não ter desenvolvido relações capitalistas de produção mais avançadas e, por isso mesmo, não ter diversificado suficientemente a sua estrutura econômica"[4].

Na década de 1950, São Paulo consolidou sua posição de maior parque industrial da América Latina. A cidade se transformou consideravelmente, sob um ritmo desenfreado. É importante observar, contudo, que as duas cidades começaram um processo de modernização que se adensou nos anos de 1950 e percorreu também o resto do território: 36% da população vivia em cidades em 1950, contra 45% dez anos depois. Os centros urbanos todos começaram a sofrer um "inchaço", cada vez mais acentuado nessa década, em especial após as grandes secas nordestinas de 1956 e 1958. As favelas e os bairros de periferia surgiram com tanta intensidade quanto os novos bairros de classe média e de grã-finos. A construção civil alcançou um tal ritmo

[2] As considerações aqui expostas foram construídas a partir do texto de M. B. Levy, *A Indústria do Rio de Janeiro Através de suas Sociedades Anônimas*, especialmente p. 195 e seguintes.

[3] As informações e as análises são de W. Cano, *Raízes da Concentração Industrial em São Paulo*.

[4] Idem, p. 259.

que a vida urbana se estendeu para além dos tradicionais "centros", uma trajetória que foi importante para as casas de espetáculo: além dos bairros crescerem e se multiplicarem, eles começaram a definir identidades locais.

O perfil das duas cidades continuou a apresentar uma diferença considerável – o Rio de Janeiro se tornou cada vez mais uma cidade administrativa e turística, sede de companhias e de bancos, sede da capital até 1960. Em 1950, eram 2, 3 milhões de habitantes, dos quais 60 mil eram funcionários públicos. São Paulo contava com 2, 2 milhões de almas, uma população fortemente marcada por um índice muito alto de imigrantes nacionais e estrangeiros. A aparência da cidade ficou cada vez mais marcada pelas indústrias que se instalaram ao longo das modernas estradas de rodagem, formando um cinturão industrial ao seu redor[5].

A explosão urbana significou uma efervescência teatral, com uma febre de construção de teatros. Ao que tudo indica, acreditou-se mesmo que *construir teatro* era um bom negócio – um anúncio da Companhia Construtora Esmeralda, na capa da revista *Teatro Brasileiro*, em 1956, anunciava a decisão de construir um teatro no grande edifício Los Angeles por causa do sucesso de público do Teatro Natal, construído anteriormente, e para tanto se afirmava que os dirigentes da empresa deixaram de lado "outras propostas de natureza comercial"[6].

A aproximação entre burguesia, industrialismo e expansão cultural já foi realizada ao menos em um grande trabalho de pesquisa, publicado apenas em parte. Trata-se da tese sobre cinema de Maria Rita Galvão[7]. O objetivo aqui não é o de enveredar pelo debate – tenso – sobre a hipótese da geração sociológica da cultura. Não vamos discutir se a expansão burguesa *determinou* a produção cultural ou não e em que grau a relação precisaria ser tecida. O que parece ser irrefutável e que nos interessa particularmente é a demonstração, feita no texto, do processo de crescimento constante de São Paulo ao longo do movimento de teatro que se quer estudar, pois o teatro é dependente dessa materialidade, até mesmo em função da construção de edifícios teatrais. É espantosa a transformação do perfil da cidade neste período e o teatro integrou este quadro de mudança.

Assim, o primeiro grande tema tratado no livro é a relação entre burguesia, cultura e cinema – o ponto de partida da autora foi a "tentativa de compreensão da Companhia Cinematográfica Vera Cruz enquanto manifestação de uma burguesia paulista suficientemente forte e amadurecida para poder dar-se ao luxo de financiar a produção de cultura" (p. 11). Para assegurar este ponto de vista, a autora considera que a Companhia Vera Cruz, o braço cinematográfico do TBC, surgiu em um momento de grande efervescência cultural em São Paulo: museus de arte, companhia de teatro de alto nível (TBC), edifício teatral, filmoteca, bienal internacional, foram construções do momento – se bem que, a seu ver, não há garantia de que tais eventos constituíssem um conjunto, um movimento, além de sua contemporaneidade.

No entanto, o simples fato de que tais manifestações foram todas promovidas pela burguesia é significativo para os seus propósitos, pois claramente se delineia uma postura cultural da burguesia paulista. Como hipótese de trabalho, a autora tomou "tais manifestações como infraestrutura

COMPANHIA
MARIA DELLA COSTA:
UM NOVO COMÉRCIO

5 M. Rodrigues, *A Década de 50. Populismo e Metas Desenvolvimentistas no Brasil.*

6 *Teatro Brasileiro*, n. 6, São Paulo: abril, 1956.

7 M. R. Galvão, *Burguesia e Cinema.*

para a elaboração de um sistema de produção cultural que pudesse estender-se para toda a sociedade, veiculando uma determinada visão do mundo" – destacando-se a condição de produção cultural baseada em instituições, não simplesmente o sustento direto de artistas. De qualquer modo, a autora frisou que o processo deu-se em São Paulo aos saltos, sem acompanhar o movimento econômico, e poderia ter-se dado por outras vias, pois Mário Pedrosa chamou a atenção para o fato de que no Rio o motor principal do processo foi o poder público. Pudera, é essencial contrapor, para que não se tenha uma conclusão distorcida – há muito o ritmo de crescimento e de expansão da burguesia no Rio era nulo ou quase; portanto, não havia disponibilidade para a hipótese de um investimento burguês. Ao mesmo tempo, o Rio era a capital federal, ou seja, *contava* com a iniciativa direta do Estado, além de ter uma dinâmica de produção de arte assentada o suficiente para formular reivindicações[8].

Mas, com relação à dinâmica paulista, a autora destacou uma peculiaridade importante – trata-se de refletir sobre uma *atitude nova* da burguesia paulista em face da cultura, procurar o mecanismo que desencadeou esses acontecimentos, que possibilitou até mesmo a inclusão do cinema no rol das artes respeitáveis. Para Rudá de Andrade, citado exaustivamente pela autora, era um meio da burguesia resolver o seu complexo de subdesenvolvimento, por isso o desejo de estimular o cinema, arte industrial por excelência. A proposta de um cinema brasileiro *de qualidade*, diferente do que já existia e que era desprezado como popularesco, industrializado em padrões internacionais, sempre correspondeu a um anseio de ver demonstrada a nossa capacidade técnica, índice do nosso progresso e da nossa inteligência.

O pleno domínio de uma atividade industrial tão complexa seria ao mesmo tempo a demonstração do desenvolvimento paulista, e um meio de divulgar à nação e ao mundo a sua capacidade, o seu dinamismo e a sua "cultura". Outro tanto faria o teatro – pode-se acrescentar de nossa parte – enquanto arte gregária por excelência, capaz de favorecer uma aura urbana civilizada para a cidade do interior, provinciana, apinhada de imigrantes, operários e devotos capitães de indústria, além de oferecer um espaço social para o regozijo, a ode ao progresso[9].

Ainda segundo Maria Rita Galvão, no final da década de 1940 o mecenato burguês adquiriu uma amplitude inédita, diferente do cálculo voltado para o desejo de aristocratização, vigente na cafeicultura, ou do mecenato benemérito: passou a ser um mecenato eminentemente burguês, de uma burguesia industrial rica, capaz de gastar muito dinheiro. A configuração também era nova, com a criação de *sociedades anônimas*, empreendimento híbrido de mecenato e capitalismo, inadequação entre forma e conteúdo que marcou a Vera Cruz, em sua oscilação entre um polo e outro.

A fórmula, segundo o depoimento de Miroel Silveira, teria sido proposta pela primeira vez por Os Comediantes amadores, que teriam contado com subvenção de um grupo da *aristocracia carioca*[10]. A informação, todavia, não aparece plenamente confirmada nas fontes e nas análises disponíveis. Segundo Michalski, fora uma verba oficial de dez contos que viabilizara a temporada de estreia e a estrutura organizada a seguir

---

[8] A situação de crescimento nulo é abordada por M. S. da Motta, *A Nação Faz Cem Anos*. No entanto, existe alguma participação do Estado – Governo Federal ou Prefeitura – no processo de construção de edifícios teatrais que marcou os anos de 1950-1960.

[9] É importante chamar a atenção para a caracterização de São Paulo, no século XIX e no início do século XX, como cidade de caipiras, provincianos e ingênuos, à diferença do cosmopolitismo carioca. Peças de Martins Pena, José de Alencar, França Júnior e Artur Azevedo registram esta situação. Em Alcântara Machado, em particular em *Cavaquinho e Saxofone*. Obras completas, é possível perceber os sinais do início da transformação da cidade e de seus moradores. Eles começam a considerar como caipiras os "outros", os do interior.

[10] *Depoimentos II*, p. 129.

teve contorno nítido. Ela surgiu após a temporada de novembro de 1941, enquanto preparavam a temporada de 1943, ocasião em que o grupo formalizou a sua estrutura administrativa enquanto pessoa jurídica.

COMPANHIA
MARIA DELLA COSTA:
UM NOVO COMÉRCIO

Houve uma assembleia de fundação em que o escritor Aníbal Machado foi eleito primeiro presidente do grupo. Integraram ainda a diretoria Santa Rosa, diretor artístico, Carlos Perry, diretor financeiro, Gustavo Dória e Agostinho Olavo. O prestígio de Aníbal Machado e os seus contatos na área da cultura teriam permitido ao grupo pleitear uma verba para a nova temporada planejada. O ministro da Educação, Gustavo Capanema, mecenas dos movimentos de renovação da época, empenhou-se pessoalmente, através do seu chefe de gabinete, Carlos Drummond de Andrade, para que o pedido do grupo fosse atendido e eles teriam recebido, para garantir a temporada, uma "verba bastante generosa, de 360 contos de réis segundo o diretor financeiro Carlos Perry"[11].

Ainda segundo Miroel Silveira, a constituição da sociedade anônima foi a atitude que ele próprio tomou, quando cogitou a profissionalização do grupo Os Comediantes, e reuniu cotas de amigos santistas ricos para fundar o Teatro Popular de Arte em 1946, como já se comentou.

Maria Rita Galvão observou que foi também a forma básica do Teatro Brasileiro de Comédia. Um pequeno grupo burguês se misturou à antiga elite, à elite italiana mais recente, incorporou à velha intelectualidade burguesa uma nova intelectualidade surgida de seu seio ou das classes médias, conseguindo mudar totalmente o ambiente cultural de São Paulo e tornar a cidade, ao menos por um bom tempo, o centro cultural do país. A burguesia não estava só – ao seu lado, estava a primeira geração formada pela Faculdade de Filosofia de São Paulo, que vira a cultura deixar de ser uma distração de ricos.

Neste panorama geral, vale frisar que a atmosfera do pós-guerra era bastante peculiar. Significou a redemocratização, a esperança da vitória do capital privado, a regressão da intervenção estatal. A prosperidade econômica e o crescimento populacional eram patentes, com forte êxodo rural e emigração estrangeira; era a *metropolização* de São Paulo. O mercado mínimo para o consumo de cultura passou a ser um mercado satisfatório e a impressão é a de que existiria uma burguesia cada vez mais forte e ascendente. No entanto, precisamente neste momento, as grandes iniciativas de infraestrutura econômica, capazes de definir o poderio de um determinado setor da sociedade sobre o todo, eram do Estado e não da burguesia. Mas o Estado não se mobilizou decididamente (nunca o fará) em função da cultura, em especial quanto à estruturação da produção.

Existiu, portanto, um processo objetivo de transformação da cidade de São Paulo, em que o teatro (e o cinema) fez figura forte na construção civil[12]. É preciso esboçar as suas linhas gerais. Em 1946, o teatro teria perdido terreno enquanto diversão, ao menos se for considerado o número de edifícios em atividade – dez salas no Rio, apenas três em São Paulo (Boa Vista, que será fechado em 1947, Santana e Municipal, este bem pouco acessível aos elencos nacionais, por causa das companhias estrangeiras, das festas de fim de ano, das formaturas e dos bailes)[13].

11 Y. Michalski, *Ziembinski e o Teatro Brasileiro*, p. 53. Como se abordará mais adiante, parece claro que o impacto alcançado pelos movimentos de renovação cariocas, o TEB e Os Comediantes, resultara mais da ação pessoal direta, do personalismo, do que de uma dinâmica estrutural. No segundo caso, inclusive, foi notável o papel do ministro Capanema, que voltará a ser abordado adiante.

12 Os dados são parte da pesquisa *Construção de Teatros na Cidade de São Paulo nas décadas de 40 e 50*, realizada na Funarte, nos dossiês Casas de Espetáculo/São Paulo e no catálogo *Teatros do Brasil – 1995*, em que não há datas, apenas listagem. Foram consideradas ainda as obras: G. de Sousa, *O Teatro no Brasil*, e M. R. Galvão, op. cit.

13 S. Magaldi; M. T. Vargas, *Cem Anos de Teatro em São Paulo*, Suplemento Centenário, *O Estado de S. Paulo*, p. 2.

UMA EMPRESA
E SEUS SEGREDOS:
COMPANHIA
MARIA DELLA COSTA

Maria Rita Galvão assinalou que em 1946 ocorreu a organização de um movimento pela construção de mais teatros. Foi realizada uma caravana a São Paulo de membros da SBAT; ao lado de atores de teatro e de circo, eles promoveram uma passeata pedindo "mais teatros e menos impostos", ao mesmo tempo em que os autores eram recebidos em audiência pelo prefeito Abrahão Ribeiro e pelo interventor Macedo Soares. Neste mesmo ano, os grupos amadores, apesar da falta de teatros, começaram a se apresentar no Boa Vista em temporada conjunta, a preços populares. Portanto, existiu uma movimentação importante, a articulação dos novos começou a crescer em um ritmo acelerado e o movimento conduziu à construção do TBC e, a seguir, de vários edifícios teatrais.

Um quadro geral, esquemático, sintetizando o movimento de construção dos teatros em São Paulo, mesmo não sendo conclusivo, apresenta um panorama impressionante[14]:

14 Alguns teatros não puderam ser completamente localizados na documentação existente: Teatro ou cine-theatro República, Teatro Santana, Teatro Casa do Ator D. Leonor Mendes de Barros, Teatro Leopoldo Fróes (era da prefeitura, na Vila Buarque; em 1953 reabriu após um ano fechado; talvez tenha sido inaugurado em fins de 1940), Teatro Esplanada, Teatro Brigadeiro (depois Teatro Jardel Filho), Teatro Martins Pena, Teatro Conchita de Moraes, são exemplos de teatros sem documentação precisa. O Teatro Bela Vista foi construído em 1900 e teve o nome de Cine-Teatro Espéria; em 1954 a Empresa Bela Vista o arrendou, transformou-o em teatro, inaugurado pela Companhia Nydia Licia-Sérgio Cardoso em 1956.

* É o mesmo Teatro de Alumínio, segundo a pasta nominal do Arquivo da Funarte, inaugurado em 1952; foi uma concessão do Município a uma empresa privada; a iniciativa foi de Nicette Bruno (que já tinha um teatro na rua Aurora); era para ser um teatro desmontável, como outros que ela queria fazer, mas por erro, em vez disso, foi feito sólido, de alvenaria e zinco. Mesmo assim, em 1952 chegou a ser comparado aos melhores teatros. No início era só para comédias; depois *revistas de gabarito*, teatro de variedades e enfim revistas pornográficas; em agosto de 1967 foi demolido.

DÉCADA DE 1940:

TEATRO BRASILEIRO DE COMÉDIA

R. Major Diogo, 315, alugado/reformado em 1948
(Franco Zampari/Sociedade Brasileira de Comédia)

DÉCADA DE 1950

TEATRO CULTURA ARTÍSTICA

Av. Nestor Pestana – (Sociedade de Cultura Artística),
em fins de 1947 começa a construção; inauguração: 8/3/1950

TEATRO JOÃO CAETANO (TEATRO POPULAR JOÃO CAETANO)

R. Borges Lagoa, 650 – da Prefeitura; inauguração: 25/12/1952.

TEATRO ARTUR AZEVEDO

Avenida Paes de Barros, 955 – inauguração: 2/8/1952

TEATRO DAS BANDEIRAS*

Pç. das Bandeiras; propriedade: G Halfeld,
inauguração: 1952 (antigo Teatro de Alumínio Nicette Bruno)

TEATRO ÍNTIMO NICETTE BRUNO

inaugurado em 1953

TEATRO MARIA DELLA COSTA

inaugurado em 1954

TEATRO SÃO PAULO

construído em 1928, em 1955 foi reformado.

TEATRO DE ARENA

Rua Theodoro Bayma, 94; inauguração 1/2/1955

TEATRO NATAL

R. Júlio Mesquita, 73/75 (Salas Azul e Vermelha);
inauguração: 1955 – dir. artístico Miroel Silveira.

TEATRO EDIFÍCIO LOS ANGELES

R. Aurora c/ Guaianazes; construção 1956.

TEATRO NOVOS COMEDIANTES

R. Jaceguai, 520; inauguração: 1/1/1956;
1959 – alugado para o Grupo Oficina

TEATRO BELA VISTA
R. Conselheiro Ramalho, 574; inauguração: maio de 1956

AUDITÓRIO MUNICIPAL SANTOS DUMONT
Av. Goiás, 1111 – São Caetano; inauguração: 31/3/1957

TEATRO PARAMOUNT
Av. Brigadeiro Luiz Antônio, 411
(arrendado para a Cia Cinematográfica Serrador;
Bregman e Wall Empresários fizeram o palco;
depois reformado por Walter Pinto, inaug. 18/1/1957)

TEATRO MUNICIPAL PAULO EIRÓ (antes Santo Amaro)
R. Adolfo Pinheiro, 765; construção em 1952,
Convênio Escola e Prefeitura; inauguração: 1957 (ou 1954)

CINE BROADWAY
Av. São João - 1957,
após longa campanha foi entregue ao SNT

GINÁSIO DO IBIRAPUERA
inauguração: 1957

TEATRO CACILDA BECKER
Av. Brigadeiro Luiz Antônio, 971
(T. da Federação Paulista de Futebol; alugado para Cia Cacilda Becker, 5/3/1958)

DÉCADA DE 1960

TAIB – TEATRO DE ARTE ISRAELITA BRASILEIRO
Rua Três Rios, 252 – Bom Retiro
fundação: 08/1960

TUCA – TEATRO DA UNIVERSIDADE CATÓLICA
R. Monte Alegre, 1024 – construção iniciada em 1961.

TEATRO ALIANÇA FRANCESA
Rua: Gal. Jardim, 182; inauguração: 18/11/1963 – inicio da construção em 1959.

TEATRO RUTH ESCOBAR
construção: 1961/64 – inauguração: 1964

TEATRO ANCHIETA (SESC)
inauguração: 1967

O quadro não é definitivo, não está completo, como se observou, é apenas a objetivação do material de arquivo e do material publicado consultado, organizado para sugerir a mudança que se processou rapidamente na cena teatral paulista, em ritmo febril. Da construção de um teatro em uma década (TBC), em que houve a demolição de pelo menos um teatro (Boa Vista), passou-se ao frisson dos anos de 1950. Vale destacar que, ainda que não exista um levantamento exato e minucioso da história das casas de espetáculo em nosso país, ou mesmo apenas de São Paulo, é notável o fato de que, se em 1947 a cidade de São Paulo estava reduzida a dois teatros, em 1995 o catálogo oficial de casas de espetáculo, da Funarte, listava 88 espaços cênicos, contra 114 do Rio. A expansão foi brutal e a diferença entre as duas cidades conta a favor de São Paulo, se for projetada historicamente, considerando-se a situação privilegiada do Rio de Janeiro, que sempre contara com a primazia na matéria, em especial com verbas e iniciativas do Governo Federal.

A atriz Itália Fausta, em suas lutas a favor da expansão do teatro, sempre declarava que, no início de sua carreira (quando ainda havia uma ressonância do gosto teatral do século XIX), São Paulo contava com vinte teatros; no final (1948), eram só dois. Observe-se que Itália Fausta, para fazer teatro, migrou de São Paulo para o Rio duas vezes, na sua estreia profissional, em 1906, após ter sido descoberta entre os *filodrammatici* por Lucinda Simões e Cristiano de Sousa, e na segunda década do século, para poder trabalhar; desta forma conseguiu transformar a sua Companhia Dramática de São Paulo em Companhia Dramática Nacional, em 1917. A empresa foi administrada por Gomes Cardim e não sobreviveu à sua morte, em 1932. Em 1951, quando morreu, Itália Fausta estava cogitando voltar a fixar-se em São Paulo, para onde a sua última companhia tinha acabado de se transferir, fazendo um percurso inverso ao que marcara a sua vida...

Evidentemente, São Paulo não pretendeu apenas apresentar-se como a sede do moderno – além da ambição local, existiu um *projeto* para o Brasil, muito embora o peso da palavra projeto pareça inadequado, pois opera no interior de uma ideia de intencionalidade que não parece muito precisa para o caso em questão. De toda forma, a constatação é importante por permitir que se vislumbre a ocorrência de um descompasso entre as duas maiores cidades do país.

Alguns indícios dos ritmos contrastantes e do projeto de poder podem ser localizados com facilidade. O primeiro tema importante a tratar é o tema da origem do capital investido na transformação do teatro. Durante o período de proposição do moderno, isto é, de 1938 a 1948, as novas propostas foram financiadas pelo mecenato, pelos próprios agentes e em certo grau pelo Estado, mas a participação do Estado se deu sob uma óptica muito peculiar, na realidade, pois o que moveu o Tesouro foi muito mais a relação pessoal, o jogo de influências, do que uma concepção estruturada ou mesmo a adoção de um projeto formulado no jogo social.

A análise de uma amostra razoável de processos administrativos tramitados junto ao Serviço Nacional do Teatro envolvendo personalidades de destaque da época revelou claramente a inexistência de um projeto cultural nítido por parte do Estado: quando muito se poderia falar em projeto de sobrevivência, até porque os valores de rotina eram baixos. E não indicou tampouco a adoção de critérios precisos de atuação.

O conjunto dos processos confirma um encaminhamento instável das verbas; tanto elas beneficiaram os setores mais convencionais (e eles parecem ter sido os preferidos), consolidados no poder, como os novos, apesar de se tratar de um campo de pesquisa em que ainda há muito que estudar[15]. Em uma primeira abordagem, os indícios são fortes de que as verbas caminhavam em boa parte de acordo com os jogos de poder social; a norma, com certeza, não era beneficiar os setores mais avançados, mas atender a um sistema de pressão, de compadrio

---

15 Foram examinados, no Arquivo Administrativo da Funarte, ainda não inteiramente franqueado à consulta, processos diversos até o ano de 1956, data em que a Instituição parou a indexação, pesquisando-se os nomes Os Comediantes, Itália Fausta, Teatro Popular de Arte, Sandro Polônio, Maria Della Costa. Foram encontrados os processos: 37.658/42, 65.674/43,17 SNT/44, 122/45, 21.087/45, 45.061/45, 2/46, 29/46, 52/46, 80/46, 16.151/46, 107.649/46, 14/47,14.037/47, 52.531/47, 52.948/47, 63.365/47, 1.188/48, 381.42/48, 30/50, 47.804/51, 230/53, 149/56, 121.280/56. Outros processos foram localizados nos dossiês nominais de alguns artistas e empresas. Não foi possível – e não foi considerado essencial – realizar um estudo da moeda, com sua conversão ao dólar ou ao real para obtenção de uma ideia de grandeza atual.

ou de benesse aos pares. Quando os novos eram contemplados, sem dúvida despertavam reações contrárias intensas por parte dos profissionais, que procuravam agir contra os usurpadores.

Assim, três constatações foram feitas com o estudo dos processos, de impacto considerável para a hipótese de trabalho considerada aqui. Em primeiro lugar, apareceu com evidência a desenvoltura dos antigos para controlar as verbas do Serviço Nacional de Teatro. Em segundo lugar, saltou aos olhos a intervenção direta do ministro da Educação e Saúde do governo Vargas, Gustavo Capanema, para bancar os planos do grupo Os Comediantes. Isto significa que o grupo na realidade só existiu como existiu em função de um investimento direto do governo, portanto em descompasso efetivo com a realidade do teatro carioca de seu tempo. Após o fim da gestão Capanema, a situação mudou de figura e não se encontrou mais qualquer iniciativa do governo para subsidiar a mudança da cena. Aliás, nenhuma outra companhia moderna, nem mesmo um grupo amador, conseguiu se projetar e conquistar um mínimo de estabilidade no Rio de Janeiro até os anos de 1950. Portanto, Os Comediantes foram em boa parte um acontecimento de exceção. A terceira constatação é a impossibilidade de associação do SNT a uma política cultural nítida, muito embora pareça justo supor que ele se manteve inclinado para o lado do poder – um termo vago o bastante para explicar verbas para Álvaro Moreira e Jaime Costa em uma mesma concorrência.

Um inventário rápido dos processos estudados comprova estas conclusões. Eles devem ser considerados em conjuntos temáticos e, nos conjuntos, em ordem cronológica. O primeiro grupo, com quatro processos, é relativo ao grupo Os Comediantes, com datas de 1942 a 1945; solicitavam auxílio em dinheiro e/ou teatro[16]. Quase todos os processos foram acionados e movimentados pelo próprio ministro, com encaminhamentos de próprio punho ou através da pena de seu chefe de gabinete, Carlos Drummond de Andrade, comprovando a situação de patrocínio que foi comentada anteriormente.

O primeiro, talvez o mais significativo de todos, foi aberto por ordem do ministro ao SNT, através de um documento assinado por seu chefe de gabinete e dirigido ao diretor de administração em que foi solicitado o auxílio de 160 contos, a incluir no orçamento do SNT para 1943. O empenho do ministro foi de tal ordem que o texto observou a ressalva de que, se o orçamento já tivesse sido encaminhado, seria necessária a negociação com os órgãos competentes, para aumentar a dotação. Ao longo do processo, a Divisão de Orçamento argumentou que o auxílio ao grupo já estava embutido no crédito de 1.500 contos proposto pelo SNT. O percentual envolvido era alto, se for considerado o total previsto. Afinal, a comissão deu ao SNT 1.100 contos, segundo despacho de 23/10/1942, mas estaria estudando os argumentos do órgão, dirigido por Abadie Faria Rosa, para ampliar o valor. Não foi consignado quanto o grupo Os Comediantes efetivamente recebeu[17].

O segundo processo também foi aberto por interferência do ministro, que tomou a iniciativa de pedir ao prefeito Henrique Dodsworth a cessão do Teatro

[16] Processos 37.658/42, 65.674/43, 17 SNT/44, 17 SNT/44, 8/45. Arquivo Administrativo, Funarte.

[17] Tudo indica que receberam os 160 contos pedidos. Teria sido a notável quantia de 360 contos de réis, citada pelo tesoureiro Carlos Perry anteriormente? Ou o tesoureiro teria considerado em sua conta as duas maiores dotações feitas ao grupo, a primeira, de 160.000,00 e a segunda de 200.000,00, para chegar ao total de 360? Acreditamos que a segunda hipótese é a mais provável.

Municipal para a temporada de Os Comediantes, patrocinada pelo Ministério da Educação e Saúde. O ministro conseguiu apenas o mês de outubro.

Em seguida, em condições bastante especiais, há um processo que exigiu de saída a intervenção do olhar atento do pesquisador, tal era o seu estado de desordem[18]. As condições em que o processo se encontrava foram os primeiros indícios de que se tratava de algo de teor bombástico; revelam que ele foi exaustivamente mexido e remexido; aliás, ele não contém qualquer documento a respeito de seu encerramento.

Com a data mais antiga, há um primeiro documento que foi dirigido pela Divisão do Orçamento do Ministério ao presidente do Banco do Brasil; solicitou o adiantamento dos 200.000, 00 cruzeiros a Tomás Santa Rosa Júnior, diretor de Os Comediantes, concedidos pelo presidente da República, quantia que seria restituída pelo Ministério.

Ao longo dos diferentes despachos, acompanha-se a tramitação do pagamento do dinheiro ao Banco e sabe-se que Os Comediantes, "no ano passado" (1943), e Dulcina-Odilon, "neste ano" (1944), receberam dinheiro graças ao mesmo procedimento. A seguir, há um despacho seco do diretor do SNT solicitando ao grupo até 31/12/1944 a documentação de prestação de contas, que não parece ter sido atendido, e um aviso em que consta o nome datilografado do ministro, sem assinatura, pedindo que as companhias sejam notificadas para o compromisso de realizar um número determinado de espetáculos. Finalmente, de 3/1/1945, há um despacho assinado por Abadie Faria Rosa de particular importância – no documento, ele afirma que o grupo Os Comediantes não realizou a temporada para a qual recebeu o auxílio de 200.000, 00, "importância esta destinada ao amadorismo em geral, no plano então em vigor, e dada integralmente àquele grupo, com dispensa do parecer deste Serviço. A viagem dos mesmos a São Paulo não só não mereceu consulta desta diretoria, como está em desacordo com o despacho presidencial". O texto observa ainda que o ofício pedindo prestação de contas não obteve resposta.

Os papéis deste processo estavam misturados com documentos que parecem formar o processo seguinte, o 8/45-SNT. Reuniu-se aqui a prestação de contas do grupo, pelo diretor de Os Comediantes, Brutus Pedreira, mas foi citado o nome de Tomás Santa Rosa e a assinatura é ilegível. Os principais esclarecimentos prestados foram que o dinheiro do auxílio foi usado no preparo e montagem das peças de 1944, ano em que faltou teatro e o Ginástico foi cedido à Companhia Dulcina-Odilon devido ao incêndio do Teatro Regina. O grupo iria ocupar o Ginástico a seguir, mas em novembro foram avisados de que tal não seria possível e o Municipal não foi cedido. Entenderam-se, então, diretamente com o ministro, com a apresentação prevista para início de 1945. Do lado do SNT, foi registrada a queixa contra o entendimento verbal – "que traz prejuízo".

A história desta dotação tão alta e tão confusamente empregada está para ser escrita: como bem se pode deduzir a partir do resumo das atividades do grupo, realizado no Capítulo III, não houve uma *temporada* de 1944, só uma pequena viagem a São Paulo com peças já montadas. O certo é que com certeza a situação causou mal-estar e problemas. Um mal-estar

---

[18] Processo n. 17 SNT/44. Era um emaranhado de quinze papéis soltos, de formatos e cores diferentes, numerados à mão de forma incompreensível, sem a última capa, que foi organizado e lido em ordem cronológica, apesar de possivelmente estar incompleto, pois à primeira data relacionada na distribuição não corresponde nenhum documento e não há um desfecho nítido do caso.

com relação aos novos parece ter se projetado sobre o meio teatral neste momento, fechando portas e naturalmente favorecendo os antigos.

A partir daí – e também se seguiu a mudança do governo, com a deposição de Vargas e a constituição de governo democrático – o grupo Os Comediantes parece não ter tido mais apoio comparável por parte do Estado. Os últimos processos em que Os Comediantes estiveram envolvidos, ao menos os que foram localizados no Arquivo da Funarte, em um total de treze, são bem mais simples, em comparação com os que reunimos no primeiro grupo. A equipe já não parece ter a influência que exercera sob a gestão Capanema, pois todos os processos foram formados por iniciativa do próprio grupo[19]. E a sombra dos 200.000, 00 cruzeiros paira sobre os papéis. Os processos, na realidade, são relativos também a um grupo de pessoas um pouco diferente, pois são da fase de profissionalização da equipe, e englobam dois processos iniciados por Miroel Silveira, em nome do Teatro Popular de Arte, solicitando o empréstimo do Teatro Ginástico.

No primeiro, de 28/12/1945, o interessado afirmou, como sócio gerente, que a empresa estava em organização, por sistema de cotas, para criar o Teatro Popular de Arte "com o objetivo de elevar o nível do teatro nacional", com capital que considerava relativamente grande (Cr$ 300.000, 00), a maior parte já depositada pelos cotistas, direção de cena competente com "*metteur en scène* conhecido: Ziembinski" e "elenco sem estrelismo, tão prejudicial nos elencos nacionais, onde às vezes uma figura boa é rodeada de nulidades". O repertório era proposto sob adjetivação vigorosa: "nível esplendido artístico e cultural". E incluía os textos *O Imperador Galante*, de Magalhães Jr., *O Gosto da Vida*, de Maria Jacinta, *O Que Leva Bofetadas*, de Leonid Andrêiev, *Nuestra Natascha*, de Alejandro Casona, *Os Homens e as Armas*, de Shaw, e a teatralização dos romances *Inocência* e *Iracema*. Portanto, sem maiores arroubos de transgressão.

A seguir, o pedido: "O T.P.A. com as melhores credenciais artísticas e econômicas requer por meu intermédio: preferência para ocupação do Ginástico em 1946; se não for o ano todo, ao menos de junho a dezembro". O despacho do dia 4/1/1946 foi lacônico: "Pedido indeferido – o Ginástico, a partir de janeiro, só será usado pelo Curso Prático e outros empreendimentos do SNT". O processo foi arquivado, desarquivado no início de 1946 pelo interessado para pedir retirada de seus documentos.

Logo a seguir, novo processo do mesmo proponente, datado de 28/2/1946. Entre os dois foi encontrado um processo encaminhado por Brutus Pedreira pedindo também a cessão do Teatro Ginástico. O diretor alegou, em 1946, que precisava do teatro para dar continuidade à temporada patrocinada pelo SNT, com o auxílio de 1944, e que fora iniciada no Teatro Fênix a 23 de novembro de 1945, com a remontagem de *Vestido de Noiva* (Maria Sampaio e Irina Stipinska) e a encenação de *A Mulher Sem Pecado*, de Nelson Rodrigues, e *Era Uma Vez Um Preso*, de Anouilh.

A situação, no entanto, não parecia tranquila, posto que o diretor se alongou em explicações. Ele observou que a equipe não tinha fins comerciais e de lucro e que poderia, portanto, ter um repertório que não seria tentado por outras, devido às dificuldades técnicas e ao custo. Procurou destacar a difusão cultural promovida. Nas justificativas com relação aos

[19] O Processo 2/46 é um pedido de empréstimo de uma rotunda cinza, do SNT, para a montagem de *A Mulher Sem Pecado*, de Nelson Rodrigues, que foi conseguida. Os restantes são os de números 122/45, 16.151/46, 29/46, 52/46, 80/46, 107.649/46, 14.037/47, 14/47, 52.531/47 e 63.365/47.

$ 200.000, 00 conseguidos, não há prestação de contas; o diretor explicou que os trabalhos tinham sido imediatamente iniciados, mas foram interrompidos devido à falta de teatro. Para driblar a paralisação, foram para São Paulo, onde alcançaram êxito de público e de imprensa.

Ele observou que a temporada imprevista em São Paulo não foi computada nas obrigações contratuais com o SNT, razão pela qual não usou estas despesas para a prestação de contas e permaneceu em débito com o órgão. Com a persistente falta de teatros e a perspectiva de não renovação de contrato entre o SNT e o Teatro Ginástico, o ministro Capanema mudara o acordo – Os Comediantes ficariam desobrigados desde que montassem três peças com comprovantes no valor da subvenção. Apesar dos esforços, no entanto, não conseguiram nem o Ginástico, nem o Municipal, nem o João Caetano ou o República. A atriz Bibi Ferreira cedeu o Fênix por um período menor do que o necessário para o saldo dos compromissos e ao final da temporada o grupo não mais conseguia se manter. Mas, como o Ginástico continuou com o SNT, o grupo subsistirá, continuará sua difusão cultural, bastaria que recebesse o teatro. O despacho foi favorável e Brutus Pedreira declarou que queria o Ginástico por seis meses, a contar de 1 de abril.

O segundo processo em nome de Miroel Silveira, citado acima, foi dirigido ao novo diretor do SNT, Carlos Alberto Nóbrega da Cunha, que declarara em sua posse a decisão de fazer o Teatro Ginástico voltar a funcionar como teatro – Miroel Silveira argumentou que lhe cabia a preferência, pois havia requerido em primeiro lugar. E enumerava as vantagens oferecidas por seu projeto, destacando, além da qualidade, o fato de prescindir de subvenção oficial. Contava ainda com a experiência do próprio Miroel Silveira, ex-diretor artístico da Companhia Bibi Ferreira, e iria ter a "valiosa direção de cena do grande *ensaiador* polonês Z. Ziembinski, o realizador de *Vestido de Noiva* e de outros inesquecíveis espetáculos" (grifo nosso). Há mais adjetivos: o repertório era de alto nível artístico, "incluindo momentos de construtiva brasilidade, como a montagem de *Iracema*, de José de Alencar, *O Imperador Galante*, de Raimundo Magalhães Júnior, e *Jubiabá*, de Jorge Amado".

A cessão foi solicitada nas condições dadas à Companhia Dulcina-Odilon, de junho ao maior prazo possível, pois não era "possível consolidar econômica e artisticamente um elenco em pouco tempo". Além de documento assinado por Ziembinski, o processo contava também com um recorte de jornal[20], reportagem-entrevista celebratória dedicada a Miroel Silveira com o título "O Teatro Brasileiro em Fase de Ressurgimento". Na entrevista publicada, ele declarou que considerava o momento favorável ao teatro: a seu ver, o cinema cansara, estava se repetindo, o rádio levantara o interesse por uma história e, como o rádio era limitado, o público ia ao teatro. E encerrava afirmando que os planos da companhia que estava fundando eram de fazer teatro artístico para o povo, peças humanas, não transcendentais e nada de teatro mambembe ("fábrica de gargalhadas"). O processo acaba sem estar fechado, sem maiores informações. A insistência aqui nos detalhes se fez porque eles parecem apontar para uma retórica de convencimento ou sedução muito reveladora a respeito da política de gestão das verbas.

20 *A Tribuna*, 4 nov. 1945.

Em seguida, um processo de outra ordem: Brutus Pedreira, de Os V Comediantes, e Miroel Silveira, do Teatro Popular de Arte, aos 14/5/1946, pediram cessão do Teatro Ginástico – "chegaram a acordo para realizar atividades em conjunto". Por isto, eles requeriam que seus requerimentos anteriores ficassem sem efeito e pediam o Ginástico "para fina temporada de teatro artístico sob a denominação Os V Comediantes". O pedido foi aceito. O novo conjunto, que resolvia o interesse das duas partes, pois um conseguira o teatro e o outro tinha o dinheiro dos investidores, iniciou temporada, como já se observou, de retumbante sucesso, a 17 de junho de 1946 com a estreia de *Desejo*, de O'Neill. Após quatro meses, encenaram *A Rainha Morta*, de Montherlant, um fracasso redondo, escolha questionada pelos críticos até pelo fato do autor ter sido repudiado pelos franceses como colaboracionista. É provável que o sucesso de *Desejo* tenha recuperado bastante do prestígio da equipe, mas a rigor o débito de 1944 não foi completamente resolvido.

A seguir, mais dois processos oferecem uma situação peculiar – foram iniciados pelo diretor do SNT, Carlos Alberto Nóbrega da Cunha, e registraram a concessão de $ 50.000, 00 ao grupo, nomeadamente a Miroel Silveira; um processo registrou a liberação da verba e o outro comunicou a aprovação da prestação de contas.

Ao que tudo indica, a concessão de auxílios aos novos foi se estreitando ao longo da década, a julgar pelos valores em causa nos processos e em particular pela perda do patrocínio direto do Estado – as subvenções de rotina do SNT eram afinal mais pobres. De toda forma, é de se supor também que Miroel Silveira, muito embora fosse advogado, tradutor e adaptador de textos encenados a partir de 1940 no TEB e depois em várias companhias profissionais, filho de família tradicional e intelectual de Santos, não possuía ainda *nome* bastante para ter grande facilidade de acesso às verbas federais, como fora o caso dos primeiros mentores do grupo[21].

O último grupo de processos relativos a Os Comediantes é do final de sua história. São seis; os três primeiros envolvem o pedido de cessão do Teatro Ginástico por seis meses, a partir de 1/5/1947, e um auxílio para montagem. Os pedidos foram feitos por Miroel Silveira, no primeiro dos processos, em que se pediu o teatro; e por Brutus Pedreira, para o auxílio, personalidade que na verdade acompanhou o desfecho das propostas, pois Miroel se afastou do grupo. O teatro foi conseguido, mas a própria equipe adiou a estreia e pediu ao SNT que o ocupasse com outra companhia (Alma Flora), solicitação que parece ter sido atendida.

Quanto ao dinheiro, a situação é um pouco diferente. O repertório programado era: *Terras do Sem Fim*, adaptação de Jorge Amado por Graça Mello, *A Procura*, de Edgard da Rocha Miranda, *O Anjo Negro*, de Nelson Rodrigues, *O Inspetor*, de Gógol, *Ratos e Homens*, de Steinbeck[22]. O pedido era de $150.000, 00 e foi concedido o auxílio de apenas $30.000, 00, por uma comissão instituída pelo ministro Clemente Mariani[23]. O valor solicitado, aliás, não foi concedido para qualquer das companhias requerentes, mesmo as profissionais[24].

COMPANHIA MARIA DELLA COSTA: UM NOVO COMÉRCIO

21 Segundo G. Dória, *Moderno Teatro Brasileiro*, p. 53 e s., Miroel Silveira traduziu para o TEB *Dias Felizes*, de Claude André Puget, apresentação em 1940, estreia de Sandro Polônio como cenógrafo, *3200 Metros de Altitude*, de Julien Luchaire, apresentação em 1941, *Como Quiseres*, de Shakespeare, apresentação em 1942. Houve uma quebra de continuidade na produção do TEB e, mudando-se para o Rio em 1943, Miroel Silveira foi trabalhar como tradutor e adaptador para Dulcina de Moraes e para a Companhia Bibi Ferreira; foi diretor artístico desta última.

22 É o texto *Anjo Negro*, como se verá adiante.

23 Os seus integrantes eram Gilson Amado, Ana Amélia Q. Carneiro de Mendonça, Celso Kelly.

24 A comissão chegou "às conclusões que submete ao Ministro" – com o propósito de contribuir para o progresso artístico, em face dos elencos, repertórios e características, resolveu distribuir: Teatro de Arte do Rio de Janeiro (apresentação de Dulcina de Moraes no Teatro Municipal) $ 100.000,00; Companhia Brasileira de Comédia Alma Flora – $ 70.000,00; Companhia de Comédia Procópio Ferreira – $ 50.000,00; Empresa Teatral Luiz Iglezias – $ 50.000,00; Jayme Costa – $ 40.000,00. Como "cooperação do Ministério", a comissão aprovou: Cooperativas Espetáculos de Arte – $ 40.000,00; Teatro de Câmera do Brasil – $ 40.000,00; Os V Comediantes – o Ginástico e auxílio transporte e instalação – $ 30.000,00; Conjunto Lírico Artistas Novos – $ 10.000,00.

UMA EMPRESA
E SEUS SEGREDOS:
COMPANHIA
MARIA DELLA COSTA

Este é considerado, por tradição, o final do grupo; a estreia se deu a 8 de agosto de 1947, no Ginástico, após nova alteração do nome para Comediantes Associados, que registrou a saída de Miroel Silveira, e a apresentação apenas de *Terras do Sem Fim*, a adaptação de Jorge Amado, e *Não Sou Eu...*, de Edgard da Rocha Miranda, espetáculos que encerraram a carreira da equipe, após algumas reapresentações de *Vestido de Noiva*[25]. Um detalhe curioso a observar é a veemência de Miroel Silveira, nos processos em que pediu o Teatro Ginástico, ao afirmar que não necessitava de apoio financeiro, pois se formara uma sociedade por cotas. E o mais curioso é que o capital, no caso, era de Santos.

Um outro indício importante para revelar uma atmosfera restritiva aos novos é a relação da atriz Itália Fausta com a máquina governamental. Foram encontrados cinco processos administrativos em que a atriz esteve diretamente envolvida[26]. O mais importante de todos é o primeiro deles, apesar de todos apresentarem informações preciosas sobre a época; em nenhuma ocasião foi encontrado um processo comparável a este. Ele foi iniciado a 6/3/1945 e arquivado a 23/3/1945, conforme as datas anotadas na "Distribuição". Trata-se da aprovação das despesas efetuadas pela atriz, em virtude de auxílio de Cr$ 75.000,00 que lhe fora concedido para temporada de drama de 1944, sem que o processo de concessão da verba fosse localizado. Foi, portanto, a mesma temporada em que Os Comediantes receberam mais do que o dobro desta quantia e não conseguiram nem realizar as apresentações, nem a prestação de contas.

Dentro do processo, foram reunidos 83 recibos numerados à mão, dos mais diferentes teores e formatos, ilustrando bastante as rotinas de trabalho de uma companhia teatral da época. O total das despesas apresentadas provavelmente supera a dotação obtida – a dúvida decorre do fato de que muitos recibos não são fáceis de decifrar, são confusos ou mesmo ilegíveis. Existem tanto recibos de prestação de serviços – atores, vigias, bilheteiras, copistas de textos, pintores de cartazes e cenários, retoques de cenários – como de aluguel de *utilidades de cena* – perucas, móveis, rotundas – ou compra de material para cenários e figurinos – tecidos, sarrafos e ripas. A quantidade de sarrafos, ripas, metros de algodão e de sarja indica que a cenografia não era nada moderna, não era predominantemente *em vulto**, mas antes pintada e construída como *gabinetes***, de sarrafos e panos, padrão da época, ideal para mambembar. Muitas são as despesas com publicidade e propaganda: impressão de materiais de divulgação, anúncios em jornais e até em *bonds*. Há ainda toda a despesa de organização e legalização de firma, para a obtenção da Carta de Empresário – em três vias – por Alexandre Marcello Polloni, quer dizer, Sandro Polônio.

Surgiu neste momento, portanto, uma nova empresa – ou melhor, um novo empresário. E o seu nome vai estar associado ao da atriz de diferentes formas nos outros processos encontrados. A carteira profissional de Itália Fausta, encontrada no "Baú da Atriz", atesta o estatuto de seu

---

25 Existem mais dois processos relativos a Os Comediantes que mudam um pouco a história do final do grupo. O primeiro é de 26/9/1947; Sadi Cabral (Companhia de Comédias Sadi Cabral) e Brutus Pedreira (Os Comediantes) pedem a cessão do Ginástico a partir de março de 1948, oferecendo em troca a realização das obras urgentes de que o teatro necessita. O despacho do diretor do SNT, de 4/4/1948, orientado pelo parecer do assistente técnico Gilson Amado, observou não dispor de informações atuais sobre a programação de Os Comediantes para 1948 e decidiu pela cessão do teatro à Cia Artistas Unidos, de Morineau. Já o processo de 30/12/1948 é a prestação de contas – atrasada – do auxílio de Cr$ 30.000,00 obtido pelo grupo em 1947. A longa lista de despesas, com 35 recibos, envolve em sua maior parte prestação de serviços técnicos relativa à viagem a São Paulo e Santos. Houve, portanto, uma tentativa ainda que tímida para manter o grupo.

26 Os processos são: 21.087/45, 45.061/45, 52.948/47, 1.188/48, 38.142/48. Este último processo foi encontrado por acaso, no dossiê da Companhia Dramática Nacional. A dispersão dos processos é reveladora da dificuldade para a pesquisa do tema – alguns processos foram encontrados nos acervos doados ao SNT por familiares, como é o caso de Jaime Costa.

* Cenografia que não é só pintada, tem partes em três dimensões e, portanto, vulto, ou seja, volume (N. da E.).

** Gabinete é um padrão antigo de cenografia, convencional, em que os ambientes eram predeterminados; a companhia tinha alguns gabinetes prontos em seu acervo ou encomendava novos a um cenotécnico e eles serviam para várias peças, mas o cenário era reaproveitado; o gabinete era uma caixa feita com sarrafos e madeira, toda desmontável, que subia para o urdimento. (N. da E.)

sobrinho como empresário de teatro a partir de 1944[27]. Nesta ocasião, o salário declarado da atriz era de seis mil cruzeiros mensais, mais dez por cento sobre os lucros. Estes valores não foram incluídos na prestação de contas – é de se supor que fossem retirados da bilheteria. Não é o caso, aqui, de realizar um estudo específico, comparado, destas cifras; o problema é o seu detalhamento, fato raro nestes documentos, fatalmente decorrência dos problemas gerados pela subvenção elevada aos Comediantes, sem prestação de contas.

Os processos restantes, ainda relativos à atriz, também apresentam informações esclarecedoras sobre a época e a dinâmica teatral do Rio de Janeiro. O primeiro processo encontrado, de 1945, é um pedido de auxílio para a temporada desse ano feito através de requerimento por Itália Fausta. Os objetivos da atriz são claros: ela se propunha a "realizar uma temporada de espetáculos cuidadosamente ensaiados, com a experiência e honestidade que a minha longa carreira profissional justifica e encenados sob direção técnica de moderno e competente cenotécnico". Ao final do texto, ela afirmou que pretendia realizar espetáculos artísticos para o povo, em cinemas dos arrabaldes, o que significaria folhas e diárias mínimas de Cr$ 2.000, 00.

Um dos primeiros despachos favoráveis, com assinatura ilegível, observa que: "Tendo em vista o critério adotado pela autoridade superior, no que concerne a destaque, parcelado, da verba global para o corrente ano, em benefício de outras entidades teatrais, informa-se que a requerente comprovou devidamente o auxílio que lhe foi concedido em 1944, colocando-se, por isso mesmo, quites com o Serviço Nacional de Teatro". É possível concluir do texto que a classe teatral tomou conhecimento do episódio relativo às contas de Os Comediantes, devido à insistência no "critério". Outro despacho, dirigido ao ministro, opina pela concessão de Cr$ 35.000, 00, despesa a correr por conta da verba 3, serviços e encargos, na subconsignação "serviços educativos e culturais". A quantia, a considerar a despesa diária alegada, daria para custear dezessete apresentações.

Nos quatro últimos processos, o fracasso é considerável. O primeiro solicitou sem sucesso auxílio de Cr$ 120.000, 00 para realizar um programa de difusão cultural e artística – "Aulas práticas da arte de representar", com obras de autores nacionais e estrangeiros. A seguir, as dificuldades de sobrevivência do teatro transparecem claras, com três processos interligados. São os dois últimos processos iniciados por Itália Fausta e um – o primeiro – em nome de Alexandre Marcello Polloni.

O primeiro dos processos, de 6/1/1948, já é parte da proto-história do Teatro Popular de Arte; mas a empresa citada pela atriz é outra. No requerimento ao ministro Clemente Mariani, Itália Fausta se identificou como empresária, afirmou ter reorganizado sua Companhia Dramática Nacional em convenção coletiva de trabalho, da qual seria diretora responsável, e solicitou auxílio de 120 mil cruzeiros para uma temporada de arte nesta capital e pelos estados do Centro e do Sul.

Os fatos não são verdadeiros: nesta época a atriz não empresava mais; era, na realidade, contratada com interrupções pelo sobrinho, como se

COMPANHIA MARIA DELLA COSTA: UM NOVO COMÉRCIO

[27] Ministério do Trabalho, Indústria e Comércio. Departamento Nacional do Trabalho. Carteira profissional n. 83698 série 21ª., em nome de Itália Fausta Polloni. A atriz tirou a carteira aos 3 de dezembro de 1934. A carteira só foi assinada em 1941 e em 1942, por dois dias em cada ano, no início de abril, por Walter Pinto, empresário do Teatro Recreio, seguramente para montagens de *O Mártir do Calvário*, espetáculo convencional na Semana Santa. Em 1946 ela voltou a estar no Teatro Recreio, mas de 22 de março a 21 de abril, sem que se saiba ao certo o teor da temporada. Todos os demais lançamentos são feitos pela Empresa Alexandre Marcello Polloni. Em 1944/1945 (de 15 de novembro a 15 de fevereiro de 1945), em 1946 (22 de abril a 22 de maio), em 1947 (15 de janeiro a 15 de abril) e em 1948 (1 de março a 30 de novembro), no Rio de Janeiro. Ele usava como endereço da empresa, aliás, o mesmo da residência em que morava com a tia – Rua Joaquim Murtinho 144, Santa Teresa. Existem mais quatro lançamentos realizados em São Paulo: 1948 (1 de março a 30 de novembro), 1949 (1 de fevereiro a 30 de junho), 1950 (1 de março a 30 de abril) e 1950/1951 (1 de junho a 15 de janeiro). O primeiro destes lançamentos foi acompanhado de carimbo com o nome do empresário e dos dizeres – Companhia Itália Fausta; o último foi feito com o nome M. A. Polloni "Teatro Popular de Arte".

viu em sua carteira profissional, este sim empresário. De resto, toda a ficha técnica apresentada no processo é a da companhia dirigida por Sandro Polônio, Alexandre Marcello Polloni, que assinou requerimento no mesmo dia, em outro processo, solicitando auxílio de Cr$ 50.000, 00 para a montagem de O *Anjo Negro*, de Nelson Rodrigues, com o qual "pretende concorrer, e de maneira efetiva, para a solução do problema máximo do nosso teatro, qual seja o da criação de um repertório nacional".

Os processos revelam a curiosa tentativa de restauração da antiga Companhia Dramática Nacional, extinta desde 1932. Foi sem dúvida um artifício, tentado para conseguir dinheiro, mas sem sucesso. Os dois processos foram anexados pelo diretor do SNT, que acusou em seu despacho a situação esdrúxula de remeterem, os dois, para a mesma companhia, já que envolviam o mesmo assunto e as mesmas pessoas, e foram enviados juntos para o ministro. Ao que tudo indica, os processos não foram atendidos.

Itália Fausta usou ainda mais uma vez o seu nome e o da Companhia Dramática Nacional para tentar conseguir auxílio do governo, para o prosseguimento das atividades, após a montagem de O *Anjo Negro*, no processo 39142/48, de 4/5/1948. O texto defendeu ardorosamente a necessidade de apoio à montagem de autores nacionais, para "desenvolver o teatro como Arte, em nosso país". Mas a nova investida também parece não ter tido sucesso qualquer, pois dois meses depois um novo processo deu entrada, no dia 7/7/1948, agora assinado por Alexandre Marcello Polloni.

Neste novo processo, o empresário comentou o sucesso das apresentações populares de *Tobacco Road* que realizou e pediu auxílio para prosseguir suas atividades montando dois originais nacionais. O parecer foi favorável e ele recebeu a dotação de Cr$ 60.000, 00, a mais alta das que foram então concedidas. Note-se que o pedido foi feito no calor da luta contra a falta de teatros no Rio, que a empresa pusera a nu através do episódio conhecido como a greve do Fênix[28], iniciada a 05/06/1948, por Itália Fausta. Em tais condições de exposição, não seria possível negar qualquer verba, mesmo que o projeto apresentado, desta vez, não parecesse nada claro. Até porque não foi montado nenhum original nacional então: a estreia seguinte se deu em setembro, do original de Guido Cantini, *Sonata a Quatro Mãos*, muito comercial e discutível[29].

Foram encontrados apenas mais cinco processos relativos à empresa, todos em nome de Alexandre Marcello Polloni, e o seu exame reserva momentos de perplexidade e até de um certo humor, um tanto negro[30]. Ao que tudo indica, apenas um, de 1956, recebeu despacho favorável, o que fez com que um outro fosse só o empenho da verba obtida. O primeiro e o segundo deles possuem datas relativas ao início da mudança da companhia para São Paulo. No primeiro processo, de 1950, o empresário solicitou Cr$ 100.000, 00 de ajuda para transporte de material e artistas em excursão ao Norte. Não foi concedida, mas no despacho observa-se que "ficará assegurada prioridade ao interessado, no caso de se habilitar ao auxílio, no exercício de 1951".

O que não foi fato – pois o processo seguinte, de 18/5/1951, solicitando auxílio para excursão de Cr$ 120.000, 00, também foi indeferido,

---

28 Ver aqui p 164 e s.

29 No programa da peça foi feito um agradecimento ao ministro e a seu chefe de gabinete, aos quais Sandro e seus artistas atribuíram o mérito de viabilizar a temporada. G. Cantini. *Sonata a Quatro Mãos*. Programa. AMDC, Funarte.

30 Processos números 30/50, 47.804/51, 230/53, 149/56, 121.280/56.

sob a alegação de que o programa não contava com maioria de peças nacionais – logo para quem, alguns processos antes, defendera sem ganhar a necessidade de montar autores nacionais.

O processo a seguir, de 22/4/1953, espécie de relatório das desventuras de uma excursão teatral pelo país, é uma joia de documentação, com relato minucioso das condições da prática do teatro na época, à mercê de muitos azares, dos vapores, das estradas, da polícia e dos *cinegrafistas*, na verdade donos de cinemas ou empresários de cinema que impediam a ocupação teatral tranquila das casas de espetáculos. Ao que tudo indica, após um primeiro exame, não foi deferido também. Finalmente, o último processo, de 1956, em que o empresário, já sediado em São Paulo, solicitou "auxílio financeiro para amenizar as despesas que tem para a manutenção da companhia". O processo foi deferido, com a dotação de Cr$ 90.000,00, descontando-se 20% para a Casa dos Artistas, gerando um último processo, de prestação de contas.

O ritmo teatral inventivo não se tornou moeda corrente no Rio de Janeiro, portanto, pois, ao lado da máquina econômica tradicional de fazer teatro, não surgiu nenhuma iniciativa permanente que custeasse a produção do novo palco. Faltaram até mesmo as verbas. O empresário Alexandre Marcello Polloni, enquanto esteve no Rio, só recebeu o auxílio de Cr$ 60.000,00, em 1948, quantia bastante inferior ao total que o grupo Os Comediantes recebera, quatro anos antes, na realidade através da interferência direta do ministro.

Em tais condições, parece bem fundamentado o ponto de vista defendido neste texto, de que o grupo foi muito mais a produção de um acontecimento imediato, geracional, até por suas decorrências políticas, do que um autêntico *acontecimento fundador*. A iniciativa de Os Comediantes não foi marcada pela continuidade, não ultrapassou os limites do amadorismo, não reverteu as referências teatrais em circulação a ponto de gerar uma nova ambiência cultural, além do exercício dos vetores que já estavam formulados.

Assim, não é de se admirar que a história de Os Comediantes, ao tentar se desdobrar em profissionalismo, tenha se transformado na história de uma mudança para São Paulo. Esta mudança – sustentamos – é a história mesma do teatro moderno brasileiro. E para contá-la será necessário recorrer ao foco que consideramos privilegiado, a história do Teatro Popular de Arte (mesmo que em seus primeiros momentos o conjunto ainda não usasse este nome), empresa fundada em 1948 por Sandro Polônio e que reunia também em seu núcleo original Itália Fausta, Maria Della Costa, Ziembinski e Nelson Rodrigues.

De imediato, portanto, o Teatro Popular de Arte foi o prolongamento profissional de Os Comediantes, apesar da retirada de diversos de seus fundadores, sob a alegação de discordância artístico-cultural, como já se comentou no capítulo anterior. Mas ele foi também, em escala maior, a continuidade do Teatro do Estudante do Brasil, pois Itália Fausta e Sandro Polônio participaram muito mais do TEB do que do grupo de Santa Rosa e Brutus Pedreira. As primeiras montagens da nova empresa, contudo, cujo nome viria a ser cedido por Miroel Silveira a Sandro Polônio e Maria Della Costa, foram continuidades imediatas de Os Comediantes – a estreia do conjunto se deu com *Anjo Negro*, que estivera na programação do grupo, como se comentou acima, e o primeiro diretor foi Ziembinski. Assim, a empresa nasceu no redemoinho dispersivo carioca e a princípio nem nome definido possuía, uma oscilação que aparece clara nos processos de solicitação de verbas ao SNT comentados anteriormente.

Um outro valor precisa ser tratado antes desta história, contudo. Permaneceu até o momento na sombra uma personalidade ímpar que acabará se tornando a figura central do conjunto. É preciso tratar um pouco de seu perfil, para que se possa falar com cores nítidas da trajetória do Teatro Popular de Arte.

Anatomia de uma Estrela

A personalidade em questão é Gentile Maria Marchioro Polloni, nascida Gentile Maria Marchioro no dia 1 de janeiro de 1926, em Flores da Cunha, no Rio Grande do Sul, filha de imigrantes italianos oriundos de Veneza, junto da Áustria, para o Rio Grande do Sul, terra em que se dedicaram à agricultura. As informações relativas à sua história de vida foram retiradas em sua maior parte do depoimento prestado pelo casal para a pesquisa. Em geral, estas informações coincidem com a vasta coleção de reportagens e entrevistas concedidas pela atriz ao longo de sua carreira; as variantes terão o sentido analisado, quando necessário. Em princípio, vale destacar que há um conceito geral norteando os dados; um conceito de vida percorre a história de vida apurada. Trata-se de uma vida de estrela e, diante de sua trajetória, é difícil ter outra visão dos fatos.

Em seu depoimento, a atriz não hesitou em nenhum momento em exibir uma requintada capacidade para contemplar o mundo como poesia, em uma atitude existencial que se poderia qualificar como uma espécie de positividade estética. As vivências são verbalizadas sob uma aura peculiar, mesmo os fatos que encerram uma grande dor e que poderiam sofrer com facilidade uma forte exploração trágica; elas brotam com espontaneidade, doçura e leveza, sob um certo distanciamento, como se fossem histórias contadas e não vividas. O seu tom, de *confidência esfriada* que é incessantemente transformada em lição positiva de vida, permite que seja acionada a disponibilidade integral do ouvinte – há um potente mecanismo de sedução em movimento. As vivências colaboram, então, para construir uma certa mística, uma elevação acima do cotidiano, e revelam uma estrela para ser contemplada com admiração:

> MARIA: Eu nasci na roça também, praticamente eu nasci no chão, no capim. Minha mãe teve as dores e não teve tempo de chegar em casa. Naquela época, era parteira. Ela saiu, saltou do cavalo e ela começou a passar mal e ela ficou de cócoras, depois ela deitou e começou a gritar, para ver se vinha alguém, e eu nasci ali. Então eu digo assim:

"até sozinha eu nasci" [risos] [...] Eu acho que ninguém nasceu no meio do campo assim, sozinha, na roça. Aí vieram o meu tio e a minha tia e ajudaram.

TANIA: E eram muitos filhos, muitos irmãos?

MARIA: Não, da minha mãe, só eu. Porque a minha família é uma família muito incrível. Eu tenho praticamente doze irmãos e primos, ao mesmo tempo, porque a minha mãe se separou do meu pai e ele se ajuntou, como a gente dizia, com a minha tia, com a irmã da minha mãe. Ele queria as duas ao mesmo tempo, em casa, e a minha mãe não aceitou. Porque ele era muito machista, machão, ele tinha muitas mulheres, ele tinha carro e... cavalos. Era um homem que estava bem de vida, era mecânico, sabia fazer de tudo. Era um homem muito habilidoso, mas, pelo que dizem, era muito mulherengo e... e... Ele viveu com a minha tia até ela morrer. Eu sei que ele teve muitos filhos e eu, mais ou menos, eu acho que eu tenho uns doze, que eu conheço. Irmãos e irmãs... É uma família grande, mas ao mesmo tempo a gente está separado. Eu sou muito da família, porque eu acho que eu perdi muito tempo... Por causa da minha vida artística, eu acho que eu não tive filhos, eu sempre queria, mas não tive tempo nem de fazer um tratamento para ter bebê. Então eu fiquei muito afastada da minha família.

Há uma longa trajetória implícita nesta fala sempre doce e bastante bem humorada: da vida pobre no campo semidesértico sulino ao estrelato fulgurante em São Paulo, com aclamações por todo o Brasil, Argentina, Uruguai, Portugal e Paris. Todo o relato da atriz Maria Della Costa sobre as suas origens terá a marca desta óptica da estrela, a que dissemina a luz, o sorriso, a alegria, por onde quer que se mova – trata-se, porém, de uma estrela moderna, despojada, simples, amante da natureza e da vida humana. O tom predomina em seus relatos, em especial naqueles em que conta outros momentos de sua formação, particularmente sofridos, mas sempre envoltos nesta maneira especial de ver. A dor sempre traz algum aprendizado, é um caminho para a vitória:

> Se eu não tivesse sofrido, se eu não tivesse passado fome, na minha vida, entende, na roça... Porque eu passei fome também. Eu me lembro que feijão e arroz é a coisa de que eu mais gosto, caldo de feijão. Naquela época, na roça, eram aqueles fogões com as correntes, aquelas panelas de ferro, a lenha. E a vizinha estava fazendo caldo de feijão com arroz dentro e os meninos, ela chamou os filhos para comer e eu cheguei até a porta e ela não me convidou para comer. E eu fiquei olhando aquilo fumegando, aquele feijão, aquele caldinho de feijão com aquele arrozinho... e eu fui para casa morta de fome. Passei fome sim, muitas vezes. Mas eu devo agradecer a Deus, hoje, que hoje eu tenho. Hoje, se eu estou sentada à mesa, jamais eu deixo alguma coisa no prato. Então, tudo o que eu passei na minha vida, porque eu sofri muito, sofri demais, mas eu acho

COMPANHIA MARIA DELLA COSTA: UM NOVO COMÉRCIO

▽ A modesta casa de madeira típica do interior sulista, em Flores da Cunha, em que Maria Della Costa passou a sua infância. (AMDC/Cedoc/Funarte.)

**UMA EMPRESA
E SEUS SEGREDOS:
COMPANHIA
MARIA DELLA COSTA**

que foi lindo para mim, se eu tivesse que passar, passaria tudo de novo, o mesmo sofrimento.

Não há, em geral, ressentimento ou rancor diante de sua própria vida, ela é sempre *experiência de vida*, quer dizer, episódio dotado de sentido produtivo, construtivo. Uma nota de humor baila no ar sempre, como se a memória fosse parte de um ritual de superação e de beleza, em que a percepção objetiva do tempo é irrelevante ou mesmo inconveniente.

Esta óptica é clara em seu relato sobre a infância e a sua formação escolar. Depois que se separou do marido, abandonando a pobre casa de madeira do interior, sua mãe seguiu para Porto Alegre e o trabalho que conseguiu, na casa de uma família, "de um homem muito rico, Peres Cardoso, dono da maior fábrica de biscoitos", não permitia que permanecessem juntas. Maria Della Costa, segundo o seu depoimento, foi criada em colégio de freiras com bastante dificuldade, para sua mãe, para custear os estudos. Mas a história surge sob algumas variações. De saída, sua mãe teria tentado empregá-la como babá e empregadinha, funções que teria exercido, segundo declarações em entrevistas publicadas em jornais, até o momento em que teria ficado muito doente e sua mãe teria decidido (e conseguido) interná-la em um colégio de freiras.

Em seu depoimento, a atriz não fez qualquer referência ao seu trabalho como empregada doméstica, detendo-se mais nas memórias dos tempos do colégio, que seria uma vitória de sua mãe – com a ajuda de um vizinho português, ela conseguiu internar a filha[31]. A decepção com o colégio de freiras – um lugar em que vigorava um duro jogo de dissimulação e falsidade – fez com que a vida de trabalho começasse mais cedo. Mas logo a sorte da jovem iria mudar, em uma sucessão célere de episódios bem sucedidos, que fizeram com que saísse de sua terra para a capital federal. Neste quadro, a trajetória artística possui um sabor especial, de descoberta a um só tempo maravilhosa e natural; *faz sentido*, digamos assim, no interior do fluxo dos acontecimentos, apesar de ser, na realidade, uma reviravolta impressionante do destino.

A carreira de Maria Della Costa começou cedo, motivada por sua beleza ímpar, que arrebatava as pessoas e que fez com que ela debutasse em Porto Alegre como modelo fotográfico, capa de revista, para, meteoricamente, começar a virar estrela no Copacabana Palace, segundo o seu depoimento, falsificando a idade para poder estrear. Alguns trechos, mesmo longos, do relato desta saga são preciosos, pois denunciam, mais do que qualquer outro momento de seu depoimento, a densidade da estrela que é necessário começar a esboçar aqui, pois terá importância acentuada mais adiante:

> Você, quando tem dezoito anos, dezessete anos, você é manequim, como eu fui, a melhor manequim do país, a manequim mais fotografada, que foi descoberta por ele, por Fernando de Barros, em Porto Alegre. Ele foi, ... O Justino Martins, não sei se você ouviu falar no Justino... [pausa de emoção] ...Ele ficou muito tempo em Paris

---

31 "E eu fui interna do Colégio Santa Terezinha, em Porto Alegre, na Glória, e ele, o que faltava, ajudava a minha mãe. A minha mãe lavava roupa para ele, para a família, ia fazer a limpeza da casa para eles quando podia. Eu adorava artesanato, mas não podia fazer nada no colégio, porque tinha que pagar tudo separado. Aí as freiras me disseram: 'Olha, se você quiser aprender tudo isso, você pode ser freira, porque você tem tudo para ser uma boa freira'. Eu disse: 'Pois eu quero ser freira'. Só para fazer, para aprender o artesanato [risos]. E tinha uma irmã, chamada irmã Branca, que era muito simpática, linda, e ela começou a me ensinar. A minha consciência começou a me dizer: 'Mas eu, ser freira!' Aí eu aparecia no Festival no fim de ano. Eu comecei a ver toda a manobra das freiras, que não era nada daquilo que eu pensava, aquela educação, era tudo artificial". As variações consideradas constam das matérias: De Babá e Empregadinha à Maria Della Costa, Mulher, Ano 2, n. 75, Suplemento da *Folha de S. Paulo*, São Paulo, 11 de setembro de 1983; Maria Della Costa – A Dama de Ferro, *Jornal de Brasília*, Brasília, 15 de julho de 1984.

também, ele era diretor da revista *Globo*, que foi uma boa revista do Rio Grande do Sul, era vendida no Brasil inteiro e inclusive o escritor, Érico Veríssimo, também fazia parte da família. E o Justino era um grande repórter, grande jornalista de Porto Alegre e diretor da revista. Um dia, eu estava completando quatorze anos, eu trabalhava numa casa de fotografias, cortava fotografias do meu primo Carraro. Eu estou saindo e o Justino era um homem muito bonito [...] e ele virou e disse assim para mim: "Você não quer posar para a revista *Globo*?", eu olhei para ele e disse: "Não, não senhor". Fiquei com medo, digo – "É uma cantada, não". Porque o que eu recebia de cantadas... Eu estava procurando emprego, precisava ajudar a minha mãe, tinha saído do colégio, fugi do colégio, aliás, então eu queria trabalhar para sustentar a minha mãe, para tirar minha mãe de ser empregada doméstica, enfermeira e tal, e procurando, e recebia cantadas... [...] Foi uma coisa terrível. E... O Justino, então, depois ele conversou comigo e disse, não, eu sou casado e muito bem casado, é para você ser manequim — e foi um escândalo em Porto Alegre — para ser manequim de uma capa de revista.

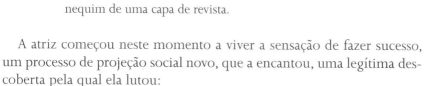

COMPANHIA
MARIA DELLA COSTA:
UM NOVO COMÉRCIO

A atriz começou neste momento a viver a sensação de fazer sucesso, um processo de projeção social novo, que a encantou, uma legítima descoberta pela qual ela lutou:

> Eram grandes fotografias. Colocava nas vitrines da revista do *Globo*, na Rua da Praia. Era uma romaria, todo mundo passava, olhava. Era uma coisa assim, que nunca tinha sido vista, pela primeira vez uma manequim brasileira, porque era muita artista de Hollywood, naquela época. Aquelas atrizes que iam dormir com meio quilo de maquiagem, levantavam, a gente olhava e dizia assim: mas ela dorme tão maquiada... Aquele tempo de Hollywood, da mulher bonita, cabelo todo... [gestual sugerindo a ideia]. E eu apareci ali pela primeira vez, a menininha de Porto Alegre [...] E aí ele convida o Fernando de Barros para vir a Porto Alegre. Assim: arranjei uma menina linda para nossa capa, antes de aparecer, eu quero que você a maquie.
>
> Aí o Fernando chegou, era muito bonito e tal, muito refinado. [...] Ele disse assim, olha eu estou precisando de uma palmeira para fotografar você com uma maçã. Você sabe, Tania, que eu andei, eu acho que uns três quilômetros a pé, eu fui à cata dessa palmeira, e cheguei no centro de Porto Alegre, e para subir com essa palmeira para o estúdio do Kassel, que era o grande fotógrafo... E agora? Nós amarramos com uma cordinha e cada um numa janela ia subindo e eu cheguei lá com essa palmeira e tirei as fotografias, as primeiras fotografias que eu tirei, com maçã, e ficaram lindas as fotos, e aí... Maquiada pelo Fernando, comecei a aparecer nas capas.

△ Maria Della Costa em três momentos da infância – poses elegantes e a convicção da primeira comunhão. (AMDC, Paraty.)

A mudança de rumo, para a projeção nacional, surge neste contexto como um desdobramento natural do vivido, ainda que implique, na

◘ A beleza do rosto nas primeiras fotos, responsável por sua projeção imediata. (AMDC, Paraty.)

◁◁ Primeira foto de capa, publicada na Revista do Globo, RGS (1943?). (AMDC, Paraty)

▣ Os traços equilibrados e a beleza de Maria Della Costa, aliados ao requinte da Casa Canadá, o grande centro da moda brasileira nos anos 1940, ingredientes de uma história de muito sucesso. (AMDC, Paraty)

◼ Maria Della Costa em fotos de moda: ela se projetou inicialmente por seu trabalho como modelo, depois de ter sido girl do Copacabana Palace. (AMDC, Paraty.)

△ Maria Della Costa em fotos de moda. (AMDC, Paraty.)

▷ No casamento com Fernando de Barros, a jovem vestiu-se de noiva para as tradicionais fotos de casamento. (AMDC, Paraty.)

verdade, em transformações imensas da vida e de todos os referenciais — de certa forma, trata-se da aceitação (e da naturalização) do estrelato:

> E o Fernando arranjou um contrato para mim, no Cassino Copacabana, que era um grande cassino, tinha o Cassino da Urca e o Cassino Copacabana. A Urca era mais popular, o Cassino Copacabana era um cassino de alto poderio, muito grã-fino. Ele tinha assim, por exemplo, cinco a seis manequins, mulheres, o que havia de mais bonito. E o Fernando disse: você vai para o Rio de Janeiro. Eu disse: eu?... Mas como, com quatorze anos eu não posso entrar no palco de cassino. A minha mãe ficou horrorizada. Não, mas você leva a sua mãe. Aí eu convenci a minha mãe, comprei um chapeuzinho, com um vestidinho rosa, com um veuzinho aqui. Desci da Panair, acho que era Panair, eles foram me buscar, fui para o Cassino Copacabana.
>
> O barão Stuckart era o diretor[32] do Cassino Copacabana, me olhou e disse assim: essa menina é jeca, tem que aprender a andar, pinte o cabelo dela, sabe, modifique, entende, que ela vai estrear com o Jean Sablon, grande cantor francês, lindo. Eu com quatorze anos. E sobe e desce escada com livro na cabeça, e pintaram meu cabelo de loiro, eu fiquei toda oxigenada e perninhas de fora, e sobe daqui e sobe dali, eu descia de uma escada com uma taça de champanhe, com um vestido comprido, e brindava no copo do Jean Sablon, e levei um tombo na estreia, que eu fraturei aqui o tornozelo e fiquei um mês de cama, e o Jean Sablon se apaixonou por mim, queria casar comigo, queria me levar para a França [risos]. Aí começaram os ciúmes do Fernando de Barros, que também se apaixonou por mim, queria casar comigo. Eu disse não, eu não quero ir embora daqui, eu quero é ficar no meu país. E foi aquele sucesso. Eram seis moças.

Compreender a carreira de Maria Della Costa, no entanto, supõe que se considere a repercussão especial desta temporada no Copacabana Palace, o seu alcance na época:

> O segundo show: "Em Busca da Beleza". Eu fui uma das primeiras a entrar praticamente nua no palco... Surgia de um alçapão, debaixo do palco, só com uma coisinha aqui e uma coisinha no peito aqui [gestos indicando a genitália e os seios], no meio de uma folhagem brilhante, era um corpo muito bonito e a iluminação era muito linda, a aparição em busca da beleza. Depois eu soube até, mais tarde, que tinha uma pessoa, que trabalhava no Copacabana, que todo dia ele corria, atravessava a rua para poder ver do alçapão, lá debaixo, a minha subida. E um dia ele morreu, esse cara, atropelado, por minha causa [risos]... Ele sempre ia... Olha, pelo menos matei um na vida [risos]... Ele corria todo dia para me ver no alçapão, tirar a roupa, as calcinhas e tudo, colocar os apliques... Ele trabalhava lá dentro, ele sabia como entrar ali. Foi aquele sucesso, "Em Busca da Beleza".

COMPANHIA MARIA DELLA COSTA: UM NOVO COMÉRCIO

[32] Na verdade, o barão austríaco Max von Stuckart era o produtor do Golden Room desde 1944 e foi o criador do padrão luxuoso de shows do hotel. Considerando essa data, a atriz não pode ter estreado no cassino aos 14 anos, pois nasceu em 1926. Na verdade, como se verá adiante, sua estreia aconteceu em 1943.

UMA EMPRESA E SEUS SEGREDOS: COMPANHIA MARIA DELLA COSTA

É preciso situar a visão da atriz destes fatos, indicar qual foi, para ela própria, a relação desta trajetória com a sua própria vida. De certa maneira, trata-se de uma história de Cinderela, em que a exposição intensa à mundanidade não ofuscou o clima edulcorado que conferia ao que era vivido, nem matou as fantasias sonhadoras da menina do interior:

> Tinha americano querendo casar comigo, tinha um americano lindo, cheio do dinheiro, eu dizia não, não quero nada, vou casar é com um pobretão mesmo, que era o Fernando. Depois eu soube que o Fernando era um homem rico, de família boa, mas não por causa do dinheiro que eu ia casar com ele, porque eu queria seguir uma carreira, ele ia me dar apoio. Era um brasileiro, que estava ali, português, mas radicado no Brasil. E casei e depois completei 15 anos. Casei virgem, depois de tudo... Olha, com quatorze anos, o que eu andei, o que girei, andei, rodei, colégio de freira, fugi, me empreguei para cortar fotografias, menor de idade, capa de revista em Porto Alegre, quer dizer, eu vivi muito cedo, parece incrível, não é?...

A fragilidade, no entanto, não é componente da personalidade da jovem candidata ao estrelato. A determinação, ao contrário, desponta como atributo importante e pavimenta o seu caminho. Ela chegou mesmo a casar com o primeiro empresário e em suas memórias insiste em delinear um perfil bastante discreto, nada escandaloso, que seria o mais adequado aos padrões do seu tempo:

> E aí o Fernando, casei com Fernando, virgem, com vestido emprestado de uma amiga minha, porque o Fernando disse assim: eu na igreja não caso, e vestida de branco, para quê? Mas eu sou virgem, Fernando, eu quero casar com vestido, de véu e grinalda. Ele nem acreditava naquilo. Eu disse: eu quero porque quero. E ele disse assim: bom, para tirar as fotografias, eu tiro. E aí, pedi da minha amiga o vestido e tirei. Porque eu era virgem, aquela concepção daquela época, a moça tinha que casar virgem[33].

Por trás da história de fadas, de celebração da bela menina da província, aclamada na capital federal, existe, pois, um nome importante – Fernando de Barros (1915-2002). É difícil encerrar a pessoa de Fernando de Barros em um rótulo adequado, seu perfil é arredio à qualificação. Não se trata de um *maquiador* – ou *maquilleur*, como por vezes se dizia na época. Em determinado momento do depoimento, Maria Della Costa se refere a ele como maquiador da Coty. Mas Fernando de Barros era bem mais do que o que se entende hoje ou se entendia na época sob tais designações. Seria mais um conselheiro de beleza ou esteticista, com consultório instalado no Rio de Janeiro, clientela de alto nível, programas de rádio e colunas publicadas em jornais e revistas. E mais, bem mais; ele terminou a sua vida profissional na revista

---

[33] Uma versão um tanto diferente da vida da atriz até 1952 é apresentada na matéria: Helena Silveira, Uma Menina com Uma Rosa na Testa, *Folha da Manhã*, São Paulo: 18/05/1952. A reportagem parece bastante fidedigna; oferece datações mais precisas, além de detalhes curiosos sobre o esforço e a dedicação de Maria, sempre considerados excepcionais. A história da palmeira, por exemplo, adquire um colorido único, pois a jornalista observa que ela não era necessária, fora apenas uma vaga alusão de Fernando de Barros, que Maria teria entendido como exigência – o que a fez vagar pela cidade em busca de um ramo de palmeira e arrastá-lo até o estúdio. O episódio revela, sem dúvida, uma personalidade de cores peculiares. Ainda sobre a época, a carreira de manequim que se seguiu, ver o álbum de fotografias da atriz, AMDC/AESP.

Playboy, veículo em que atuou como um dos editores e respondia pelo tema elegância masculina[34].

Não é nada difícil conhecer o pensamento de Fernando de Barros na época: há uma fonte privilegiada, que espelha a sua concepção da vida, do mundo e, é claro, da beleza. Trata-se do volume *O Livro da Beleza*[35], escrito, de acordo com a "Nota do Autor", em Copacabana, em 1945; as datas de sua trajetória, portanto, consolidam a constatação de que a mudança da atriz para o Rio e o início de sua carreira não se deram em idades tão tenras. O seu olhar é que era um olhar de menina.

Segundo o texto do livro, ele estava no Brasil há cinco anos, viajando muito por todo o território, e era portador "de um cabedal de experiência sobre os assuntos referentes à beleza feminina, adquirido no trabalho nos estúdios cinematográficos da Europa, especialmente nos franceses". As viagens pelo Brasil fizeram com que conhecesse os "problemas da mulher brasileira no que se refere à sua personalidade e à sua beleza". A dedicatória do livro é direta: "Para Maria, cuja beleza eu vi crescer" e na página a seguir: "De uma sei, meu Deus, que era tão linda /Que mais linda ainda não verei talvez", de Augusto Frederico Schmidt.

O livro está dividido em duas partes – "Descubra o seu Mundo Interior" e "Descubra o seu Mundo Exterior. Como se Tornar Ainda Mais Bela". Na primeira parte, o livro busca realizar o objetivo traçado na "Nota do Autor", de vincular procedimentos, dicas e truques de beleza – maquiagem – com uma concepção atual do mundo, coisa que, a seu ver, não é feita pelos manuais técnicos e muito menos pelos livros de etiqueta. Há, portanto, um conceito de mulher bonita muito peculiar. No seu entender, estavam longe os tempos em que "a simples candura angelical, a modéstia e a timidez bastavam para fazer de certa mulher a mais atraente e a mais cobiçada". O tempo em que se vivia fizera a mulher deixar o pé do fogão para penetrar em todas as atividades da vida moderna, com imensas perspectivas. A mulher estava diante da dura realidade da luta pela vida assim como o homem, enveredando por todos os campos profissionais. Agora elas apareciam "não mais como frágeis flores necessitadas de proteção", mas como companheiras de trabalho e até como concorrentes perigosas[36].

Em tais condições, o autor destaca: "Nunca, em tempo algum, se fez tão necessário que a mulher soubesse valorizar e ampliar sua graça, sua formosura, seus encantos femininos, tudo aquilo que faz com que ela seja a senhora dos homens". E relativiza o conceito de moderna – pensando em ser moderna, a mulher tem que ser encantadora e não pode abandonar os cuidados com a beleza e a personalidade. Esta busca, no entanto, não deve conduzir as mulheres aos frascos e potes da indústria cosmética, em especial se a mulher é bonita e não possui defeitos físicos; tais produtos devem ser empregados apenas quando absolutamente necessários. A beleza deve ser cultivada sobretudo por meios naturais – o asseio, o tratamento e a conservação da saúde física e mental.

Assim, a primeira lição efetiva é relativa à personalidade: "uma das formas de encanto mais perduráveis, mais verdadeiras, e mais atraentes é

COMPANHIA MARIA DELLA COSTA: UM NOVO COMÉRCIO

[34] O seu nome completo é Fernando Policarpo de Barros e Silva, segundo original datilografado de contrato de locação de serviços de artista cinematográfico, de 31/03/1949, firmado entre Artistas Associados "Filmes" Ltda e Gentile Maria de Barros e Silva; AMDC, Funarte. Fernando de Barros foi também produtor e empresário no teatro. O verbete a seu respeito em J. Tulard, *Dicionário de Cinema: Os Diretores*, amplia o leque das suas ocupações: "Diretor brasileiro, de origem portuguesa[...] // *Inocência* (co-dir. Luiz de Barros, 1949); *Caminhos do Sul* (1949); *Quando a Noite Acaba* (1950); *Apassionata* (1952); *Uma Certa Lucrécia* (1957); *Moral em Concordata* (1959); *DonaViolante Miranda* (1959); *Riacho de Sangue* (1965); *As Cariocas* (epis., 1966); *A Arte de Amar Bem* (1969); *Lua de Mel e Amendoim* (epis.,1971). // Depois de alguma experiência nos estúdios de Portugal e da França, como assistente de câmera e maquiador, Fernando radicou-se no Brasil. Tornou-se mais conhecido na época da Vera Cruz, como produtor, diretor e descobridor de talentos. Abandonou o cinema para trabalhar como produtor de fotografia e de moda. (EB.)" (p. 52). Segundo Ricardo A. Setti, diretor de redação da Playboy, na Apresentação de F. Barros, *Elegância*, (São Paulo: Editora Negócio, 1997), ele veio para o Brasil em 1939 por acaso, por uns meses, para dar assistência à produção de um filme baseado em *Pureza*, de José Lins do Rego, e acabou adotando o país. O texto relata a vida multifacetada de Fernando de Barros. Uma outra versão a respeito de sua biografia, a do garoto rico e rebelde, aventureiro, que não quis estudar e se enturmou no mundo do cinema, está em *A Cena Muda*, Rio de Janeiro, 16/05/1950, p. 4 e s.

[35] F. de Barros, *O Livro da Beleza*. O autor já assinara antes outra obra, *A Arte de Ser Bela*, mais voltado para a maquiagem.

[36] F. de Barros, *O Livro da Beleza*, p. 7.

a personalidade"³⁷. Definir a personalidade é tarefa contínua: "A personalidade é, quase sempre, um sinônimo de inquietação." Ou mais – "é, mais precisamente, uma luta". O seu alcance é amplo: "O ser procura, por todos os meios ao seu alcance, suportando e vencendo as maiores dificuldades, empregando continuamente um esforço desesperador, superar seu ambiente, desenvolvê-lo e recriá-lo. Desta luta e do enriquecimento do ser surge a personalidade"³⁸.

Há uma "receita" – simples e difícil ao mesmo tempo, segundo o autor – para alcançar tal resultado. Primeiro, não imitar; a influência é até aceitável, mas a imitação, jamais, principalmente a imitação das divas da tela. Depois, atentar para o fato de que a base da personalidade é a educação – a de casa, a da escola e a da observação constante da vida, "a participação no mundo dos homens e mulheres. E também o desejo de melhorar este mundo". Enfim, a lição de mundanismo – "Personalidade é sinônimo de humanidade. E humanizar-se é a tarefa imediata do ser"³⁹. A personalidade está, em ordem de importância, logo após a saúde do corpo e é a base do encanto. E as expressões do encanto são diversas: a harmonia geral entre o corpo e o espírito, uma voz de timbre agradável, mãos suaves, longas e bem tratadas, a elegância do andar e a doçura do sorriso. Todas estas expressões são estudadas em detalhes, com a definição do ideal e recomendações para como atingi-lo; o sorriso é de saída proposto como aliado constante, enquanto a voz, o andar e a silhueta precisam ser cultivados e, se for o caso, tratados com exercícios especiais para se transformarem em encantos.

Mas, como a mulher "só é realmente bela quando [...] alguém nota o seu encanto", é necessário tratar de temas como o traquejo social ("a ciência de se conduzir em público"), o perfeito equilíbrio ("basta que você tenha confiança em si própria"), a convidada perfeita ("pergunte-se sempre: como a minha amiga gostaria que eu fosse, sem modificar a minha personalidade?"), a conversação ("a moça moderna está a par dos fatos diários dos jornais referentes à sua cidade e dos problemas essenciais do seu tempo, tem noções gerais de arte e ciências"). Neste último caso, o conselho é paradoxal: "não fale"; o certo é esperar que os outros falem e tomar os temas emprestados, para evitar as "gafes". O radicalismo da receita prossegue, com o autor recomendando que a jovem mantenha sempre a calma; se o equilíbrio ameaçar ruir, sorria mesmo sem razão e tente se lembrar de um caso cômico para contar (tenha sempre uma história na ponta da língua); lembre-se ainda de que o silêncio é de ouro e em vários momentos o melhor é ficar calada. O problema, afinal, para as mulheres, segundo o autor, é o de como ganhar a simpatia e mais alguns conselhos práticos se seguem com este fim.

Logo a seguir é iniciada a parte técnica, com a abordagem do problema do controle do peso, análise da alimentação e recomendações para emagrecimento, incluindo cardápios, esportes, ginástica – "A mulher moderna considerada bela é antes magra que gorda"⁴⁰ –, além de testes para avaliar o mundo interior das candidatas a beldade de sucesso. A segunda parte, dedicada ao mundo exterior, começa frisando que, para

---

37 Idem, p. 16.
38 Idem, p. 19.
39 Idem, p. 24.
40 Idem, p. 220.

se tornar mais bela, a mulher necessita ser senhora de seu mundo interior: o corpo são, a mente alegre e despreocupada são fundamentais para a beleza. A seguir, são descritos, da cabeça aos pés, todos os cuidados, rotinas e tratamentos básicos para a beleza feminina, inclusive com fórmulas de produtos de higiene, tratamento e embelezamento, com indicação até mesmo das rotinas diárias que devem ser mantidas. No capítulo dedicado ao tronco, Fernando de Barros abre o texto comentando a lenda de Pigmaleão e a peça de Shaw e observa: "Eu poderia dizer-lhes que mais de uma vez tenho bancado nesta vida o Pigmaleão: tenho criado um pouco de beleza trabalhando um material ingrato. E – por que não dizê-lo – muitas vezes tenho me apaixonado pelas Galateias que eu crio". Concluía afirmando que, como na "esplêndida peça de Bernard Shaw", a Galateia não pensa em seu Pigmaleão: "foge nos braços de qualquer Don Juan, mesmo que não seja espanhol nato"[41]. O episódio se repetiria com a bela menina do sul.

Em diversos trechos o autor lança mão de histórias pessoais, reais ou inventadas, para introduzir algum tema técnico; para falar sobre a beleza dos ombros, relembra uma cantora decadente de um café parisiense, dona de ombros a seu ver monumentais, apesar de sua idade e do ambiente triste, sombrio e enfumaçado. Observa que a sua estada em Paris foi interrompida pela guerra e escreve contra a guerra e os alemães. Afinal, trata da maquiagem, ainda seguindo o mesmo espírito geral – a naturalidade é melhor do que tudo e a máscara artificial da maquiagem chega a ser associada, a certa altura, à feiúra crônica. Considerando a situação das leitoras "que vivem em localidades onde não chegam todos os produtos de beleza" o autor fornece inúmeras fórmulas de simples manipulação. Todo o tempo, portanto, há uma concepção da beleza como rotina de vida cotidiana, doméstica, até mesmo com o controle da produção dos produtos a usar.

O autor se despede com tom político preciso, contra as ditaduras; observa que se encantou com a graça da mulher brasileira e que, em troca de tanta hospitalidade, procurava ser útil "à mulher deste país que é também minha pátria pelo coração". Ilustrando a necessidade de estar em sintonia com o mundo, mas de acordo com uma forma que se poderia dizer *light* ou gênero *fait divers*, o autor acrescentava que participara (de longe, é claro) com o Brasil da guerra europeia e a vitória da FEB fora para ele uma alegria. Também era sua aspiração "a marcha do Brasil para a redemocratização – aspiração de todo o povo desta terra magnífica".

Com o povo brasileiro, iria lutar "para que esta volta à liberdade seja conseguida dentro de um ambiente de ordem, de paz e de tranquilidade, ambiente propício à construção da beleza, que é o trabalho organizado pela Democracia". A falta da democracia ele reconhecia conhecer bem, pois sua pátria estava escravizada pelo "salazarismo que é sinônimo de fascismo. Porém, um novo dia, um dia mais belo, raia no horizonte do mundo. Anuncia o progresso, a liberdade de criação e de pensamento, o mundo mais humanizado"[42]. O complemento da beleza, portanto, é uma certa consciência humana e de cidadania.

41 Idem, p. 178.

42 Idem, p. 242-243.

UMA EMPRESA E SEUS SEGREDOS: COMPANHIA MARIA DELLA COSTA

Não se pode duvidar da realização de uma obra de Pigmaleão – Fernando de Barros com certeza foi decisivo para transformar Maria Della Costa em uma musa de seu tempo, consagrada manequim da Casa Canadá. E é possível perceber ainda hoje os traços desta construção. Durante a realização do depoimento do casal, em Paraty, Maria Della Costa se apresentou sempre envolta em simplicidade e simpatia, com roupas discretas e absolutamente adequadas ao seu corpo e idade, pouca maquiagem e enorme poder de sedução natural, mestra na administração de seu encanto. Revelou-se uma personalidade carismática e de extrema gentileza, capaz de se desdobrar em múltiplas atividades ao mesmo tempo sem dar a perceber qualquer desgaste ou irritação, a revelação, enfim, do perfil de doçura e ação que parece ser definidor das mulheres de sua geração.

Talvez a definição mais adequada para o caso precise sintonizar também com o espírito da época. Ou mais: também com a história do Rio de Janeiro. Vivia-se a era mítica da cidade que se tornou maravilhosa e uma lenda ensolarada se afirmava diante do país, com o banho de mar deixando de ser terapia e começando a se tornar moda, programa elegante[43]. Parece justo afirmar que nascera uma *garota Copacabana*, talvez a primeira delas ou uma das primeiras, uma mistura de despojamento calculado, certo amor à naturalidade e uma pitada generosa de ousadia, pois começou aí a exibição do corpo nu em lugar da sugestão de suas formas ou da proposição pura do rosto bonito. A população de Copacabana começava a agir de acordo com padrões locais, *praieiros*, de comportamento, que logo levariam a sanções da Prefeitura e a reações contra o *roupismo* do resto da cidade.

Era, no entanto, um jogo requintado, que tentava tornar a sofisticação um atributo dissimulado, *natural*, como se fosse inerente à pessoa; o despojamento começava a ser tornar palavra de ordem, surgia um jeito – moderno – de ser carioca, mais uma moda que se pretendia propor ao país. Uma moda *avançada*. Neste mecanismo, todas as armas eram válidas para fazer a mulher aparecer como uma joia deslumbrante de uma época de alegria, otimismo, pureza de alma infantil, um pouco o clima que logo faria o povo cantar:

> Existem praias tão lindas cheias de luz
> Nenhuma tem o encanto que tu possuis
> Tuas areias, teu céu tão lindo,
> Tuas sereias, sempre sorrindo...
> Copacabana, princesinha do mar
> pelas manhãs tu és a vida a cantar...
> e à tardinha ao sol poente
> deixa sempre uma saudade
> na gente
> Copacabana o mar eterno cantor
> ao te beijar ficou perdido de amor
> e hoje vive a murmurar
> só a ti Copacabana
> eu hei de amar[44].

[43] A primeira edição da marcha *Cidade Maravilhosa*, de André Filho, é de 1934, cf. Manuel Bandeira; Carlos Drummond de Andrade, *Rio de Janeiro em Prosa & Verso*. Sobre a história de Copacabana, em particular as modas e costumes, E. D. Cardoso et al., *Copacabana: História dos Bairros*; Ricardo Boechat, *Copacabana Palace: Um Hotel e sua História*.

[44] Canção de João de Barro e Alberto Ribeiro, de 1946. Letra e data estabelecidas graças à colaboração do músico Billy Blanco, que revelou também informações sobre a época, inclusive um dos apelidos criados no meio artístico para Maria Della Costa – Maria De Las Pernas.

COMPANHIA MARIA DELLA COSTA: UM NOVO COMÉRCIO

Era um tempo de encantamento, um pouco como se as fadas existissem e governassem a vida. E a capital do encantamento era Copacabana, com suas calçadas ondulantes, sua mistura de natureza, urbanização desenfreada, liberdade e pecado. Os tempos eram tais que a própria Maria Della Costa observou, em seu depoimento, que um dia, no início de sua carreira, saíra na avenida Ipiranga de calças compridas e quase foi apedrejada. O resto do Brasil era espectador do *frisson* que comandava a vida na capital federal, sonhava com a cidade encantadora, mas nem sempre estava disposto a aplaudir.

O contrato com a Companhia Cassino Copacabana foi assinado no dia 8/6/1943 e estipulava um salário de Cr$ 60,00 diários, com termos draconianos[45]. Maria Della Costa era *girl*. O show de Jean Sablon era uma fantasia musical, segunda parte de uma programação dupla – o primeiro número era das Bonecas Mexicanas, "com Chelo Flores revelando segredos de amor"[46]. O programa do espetáculo enumera o elenco artístico; Maria Della Costa é o quarto nome na lista de oito "*Glamour Girls*", mas a sua foto é a primeira, à esquerda, no alto da página que reúne as fotografias das *girls* do *show* de Jean Sablon.

São muitas as matérias de jornal publicadas a respeito da atriz em seu início de carreira e não é possível afirmar se o acervo encontrado e analisado esgota o rol do material produzido então. O certo é que ela conquistou, sem dúvida através de uma máquina de divulgação eficiente, movida pelo experiente Fernando de Barros, um lugar confortável na imprensa escrita. Muitas entrevistas com Maria foram, na realidade, dadas por Fernando de Barros e uma delas, publicada em uma seção intitulada "Página da Mulher", de veículo não identificado, chega ao extremo de noticiar que a atriz recebeu muitos convites para Hollywood, mas que seria melhor ir para lá mais tarde, tratando primeiro de estudar e viajar. Só depois é que ela deveria "voltar ao Brasil e naturalmente trabalhar no teatro, cumprir seus compromissos nos Estados Unidos e finalmente continuar sua carreira recém-iniciada"[47].

O sucesso alcançado no *show* do Copacabana abrira as portas do estrelato para a jovem gaúcha – ela se projetou como modelo e foi convidada por Bibi Ferreira para atuar em sua companhia, na montagem de *A Moreninha*, de Joaquim Manuel de Macedo. Nesta altura, o conto de fadas começou a acinzentar-se um pouco – a sua estreia no teatro não foi muito bem recebida pelos críticos e por uma parte da classe teatral. Os textos reconheciam a sua beleza e a intensidade de sua presença, mas desqualificavam a sua atuação, afirmando que ela não tinha nem voz nem talento.

Há bastante material, também, a respeito de sua decisão de estudar. Ela teria ido para Portugal realizar estudos de teatro, pois estaria "cansada de ser bonita", frase usada nos jornais contemporâneos, mas sempre repudiada por ela, que nunca assumiu a autoria do acesso de tédio que lhe foi atribuído. Aliás, considerando a sua trajetória e a sua formação até a data, parece difícil acreditar que a atriz tenha efetivamente feito tal declaração. Por influência do marido, certamente, ela decidiu fazer o curso de teatro do Conservatório Nacional, em Lisboa, mas concluiu

[45] Contrato de trabalho; cópia original da atriz, AMDC, Funarte.

[46] Programa de sala do espetáculo, AMDC, Funarte.

[47] Reportagem: "De Uma Ruazinha Provinciana Saiu a Modelo nº 1 do Brasil", sem local e sem data, AMDC, Funarte.

◼ A estreia no Copacabana Palace, após a assinatura do contrato para trabalhar como girl, em 1943, número das Bonecas Mexicanas. (AMDC, Cedoc/Funarte.)

▽ Maria Della Costa ao centro da cena, no show *Em Busca da Beleza*, no Golden Room do Copacabana Palace, novo conceito de teatro musicado proposto pelo barão austríaco Max von Stuckart (1944). (AMDC, Paraty.)

◻ A estreia no palco como atriz, na companhia liderada por Bibi Ferreira, em uma montagem de *A Moreninha*, em 1943. (CMDC, Rio) [CMDC – Coleção Marcelo Del Cima].

apenas o primeiro ano (1945/46), período em que teve como professores Maria Matos, Alves da Cunha, Samuel Diniz e "mestre" Carlos de Sousa, com quem teria tido aulas de alta comédia. Há reportagens do Rio de Janeiro e de Lisboa; todas, curiosamente, foram recortadas "por dentro", vale dizer, sem indicação clara de data, local e veículo, atitude frequente em arquivos de recortes de artistas. A fascinação pelo nome no jornal parece implicar em um gesto de colecionar ingênuo, automatizado, voltado apenas para o fetiche do texto.

Os estudos de Maria Della Costa em Portugal foram bastante limitados, situação que pôde ser comprovada através do exame de sua caderneta do Conservatório Nacional, de Lisboa[48]. O documento traz, à caneta, o ano letivo e as anotações de abertura e encerramento de matrícula no "1º ano do curso ordinário da Secção de Teatro", assinadas pelo secretário, cujo nome é ilegível. O nome registrado na caderneta, na página de identificação, logo abaixo de sua foto posada em semiperfil, é seu nome de casada: Gentile Maria de Barros e Silva, acompanhado pelos nomes de seus pais (Amadeus Marchioro e Hermelinda D. Costa) e pela indicação do local de nascimento (Rio Grande do Sul – Brasil). Não há mais nenhuma outra anotação relativa ao curso, que não foi concluído.

Através de correspondência direta, foi confirmada a anotação da caderneta – tanto o Museu Nacional do Teatro quanto a Escola Superior de Teatro e Cinema, em Lisboa, enviaram cartas assegurando que a atriz Maria Della Costa frequentou o primeiro ano do curso ordinário da seção de Teatro do Conservatório Nacional no ano 1945/46[49]. A escolha da atriz, afetiva, encerra uma evidência insofismável – Maria Della Costa não possuía qualquer clareza conceitual a respeito do teatro da época, pois o teatro em Portugal, tanto o ensino quanto a prática, estava longe demais do tempo presente: tratava-se da pátria da reação. É interessante observar que uma outra atriz que irá iniciar carreira teatral no final dos anos de 1940, Tônia Carrero, escolheu Paris mais ou menos na mesma época para realizar estudos de iniciação e formação[50].

No depoimento de Maria Della Costa, o período parece particularmente confuso, com muita alteração do sentido de tempo, inclusive de sua idade e das datas. Ela chegou a afirmar que estava com quatorze ou quinze anos quando foi para Portugal, o que não é verdade. Segundo todos os recortes de jornal encontrados, Maria Della Costa chegou a Portugal com dezenove anos e tudo indica que o seu casamento com Fernando de Barros era recente, posterior à sua estreia no Copacabana Palace, ocasião em que ela estava com dezessete anos.

Com vinte anos, em 1946, ela retornou ao Brasil de férias e ingressou no elenco de Os Comediantes. Não voltou mais aos estudos em Portugal, seguiu um ritmo de carreira progressivo e acelerado. A ascensão da estrela foi tão vertiginosa que provocou reação: a mais violenta saiu nos jornais, assinada por Luiz Iglezias[51]. O empresário da Companhia Eva e seus Artistas comentou indignado as palavras bonitas escritas nos jornais sobre a atriz, que a seu ver só poderiam ser obra de um ou uma grande admiradora, pois apenas alguém tomado por um entusiasmo muito

48 aMDC, Funarte.

49 Cartas-resposta à pesquisadora, de 16/8/1996 e de 27/07/1996.

50 M. Gomes, Tônia Carrero e o Cinema, em *A Cena Muda*, Rio de Janeiro, 26/4/1949.

51 Luiz Iglezias, *Teatro: Sucesso fácil*. [S.l.], [s.d.], recorte de jornal, AMDC, Funarte.

grande poderia dizer tanto de uma artista que foi, simplesmente, girl do Cassino Copacabana, teve um pequeno papel medíocre na peça *A Moreninha*, empresada por Bibi Ferreira em 1945, e estudou apenas um ano no Conservatório Dramático de Lisboa. A seu ver, Maria De La Costa [sic] "nada ainda nos mostrou que justificasse tantos elogios. Amigo ou amiga, quem redigiu tal legenda, está possivelmente na maior boa fé, comprometendo a moça […]. Espera-se da jovem, quando atuar em nossos palcos, um grande trabalho artístico".

O episódio indica duas situações importantes: em primeiro lugar, a importância da atuação decidida de Fernando de Barros na produção da atriz, pois não era efetivamente fácil mobilizar a imprensa para tal fim, situação que em boa parte explica a reação de Iglezias, ele próprio empresário-artesão da estrela Eva Todor. Em segundo lugar, está a suscetibilidade exacerbada do teatro profissional tradicional, de reação às mudanças: um dos trechos citados no artigo de Iglezias, transcrito de uma reportagem sobre Maria Della Costa que sem dúvida o irritou, asseverava que ela "é uma das mais expressivas personalidades da arte dramática da nova geração de artistas brasileiros. Suas inclinações para a cena se revestem de um caráter muito mais sério do que o diletantismo frívolo ou o profissionalismo estreitamente mercantilista".

No entanto, a nova aparição da atriz – o ingresso no grupo Os Comediantes em sua fase profissional (Os V Comediantes) – que ela considera como sua estreia no teatro, não causou repercussão tão forte[52]. O depoimento de Maria Della Costa indica esta situação, bem como a aprendizagem com Ziembinski. Com muito humor, a atriz descreveu a dificuldade que era acompanhar a representação, para o público, em função das pausas impostas por Ziembinski, cuja duração era excessiva. A seu ver, Itália Fausta, Sandro Polônio e ela própria eram mais dinâmicos do que o diretor polonês, de quem ela, todavia, se confessou grande admiradora: "ele trouxe toda uma maravilha para dentro do teatro brasileiro, a iluminação, que o Sandro também aprendeu muito com ele, a direção… Mas ele tinha uma coisa: ele não deixava você se expandir na personagem" Segundo o seu relato, Ziembinski realmente dirigia até o menor gesto, que já trazia resolvido, obrigando o ator a copiar suas indicações de maneira precisa – "você ficava às vezes uma cópia de Ziembinski em cena […]. A gente pegava certos defeitos dele que, para ele, não era defeito, porque ele era um homem que entrava no palco e tinha um carisma!… O público vinha com ele".

Nasce uma Nova Empresa: A Fase Heroica

Portanto, a história final de Os Comediantes não chegou a trazer para Maria Della Costa a consagração límpida; em seu próprio depoimento, ela reconheceu que os críticos costumavam reconhecer a sua beleza e dizer que era péssima atriz. Aos poucos, a avaliação dos críticos foi se

---

[52] Ao que tudo indica, foi Miroel Silveira o responsável pelo ingresso de Maria Della Costa em Os Comediantes (Os V Comediantes) ou pelo menos ele deve ter tido alguma participação decisiva em tal evento, pois esteve na companhia Bibi Ferreira e foi o adaptador de *A Moreninha*, verdadeira estreia da atriz.

modificando, os méritos do seu trabalho começaram a ser reconhecidos, sem, no entanto, chegar à aclamação.

Deste período, dois espetáculos são relevantes para a carreira posterior da equipe, apesar de, no primeiro, a atriz Maria Della Costa não ter participado – *Desejo*, de O'Neill, e *Terras do Sem Fim*, adaptação do romance de Jorge Amado. A importância dos dois provém de qualidades diferentes – o primeiro por ter se tornado um espetáculo forte do repertório do Teatro Popular de Arte, com diversas remontagens, significando sempre o ousado, o novo. O segundo por registrar uma certa concepção, uma certa escolha de repertório que será importante na história da companhia. São considerações de ordem geral significativas para a definição do nascimento do novo conjunto. A escolha destes textos já indicava uma oscilação em que não se fechava o olho para o gosto médio, do mercado. Segundo um recorte de jornal, sem data e sem identificação do veículo ou autor, o romance teria sido adaptado para o rádio, como novela.

A montagem do texto de O'Neill (1888-1953), no entanto, não pode ser desvinculada de uma saga renovadora; o autor sintoniza com Nelson Rodrigues na medida em que os dois nomes estiveram associados em seus países com a afirmação do teatro moderno. Em diversas ocasiões o nome de Nelson Rodrigues foi ligado ao do americano, que ele próprio reconhecia, em sua retórica de negação anteriormente comentada, como a única (ou uma das únicas) influência teatral que teria sofrido em sua formação.

A escolha do texto, contudo, revelou ainda uma outra orientação especial do grupo, em função de uma discussão de época importante: a relação com o cinema. O texto norte-americano conheceu extensa carreira cinematográfica, segundo R. Magalhães Júnior, apesar da versão de maior repercussão ter sido a de 1958, com Sofia Loren[53]. Sem dúvida o fato pesou: no Teatro Popular de Arte, a peça foi integrada ao repertório[54]. As remontagens seguiram a original com algum rigor, ao menos no que se refere às marcações, e foram realizadas por Sandro Polônio. Mas possuem uma constante importante, que ecoa de certa forma o tema da relação com o cinema: o recurso a um colorido emocional forte, mais direto do que aquele efetivamente proposto pelo texto, solução vista como muito comercial e condenada por diversos críticos.

A própria montagem original fora objeto de certa restrição por parte de alguns críticos, como Décio de Almeida Prado, devido a possíveis excessos expressionistas. Posteriormente, então, a peça teria sido transformada em um sentido ainda mais pesado, em algo um tanto *apelativo*. O comentário foi feito por alguém bastante isento, porque amigo próximo da equipe: Miroel Silveira. Em seu texto, ele apontou na versão de 1953 o recurso a procedimentos de alcance popularesco, como o uso do lado cômico, fazendo concessões, mas considerou a montagem digna, com interpretações razoáveis. Fez louvores a Graça Mello, que aceitou fazer uma substituição à última hora. Maria Della Costa, pela primeira vez no papel, enfrentava a sombra de Olga Navarro e Cacilda Becker

[53] R. Magalhães Jr., Um Dramaturgo Moderno, em E. O'Neill, *Desejo*.

[54] Existe material dos jornais e programas de 1946, 1947, 1950, 1953, 1958/1959, 1960 (Lisboa).

◁ *Desejo*, de O'Neill, encenação que marcou a primeira tentativa de profissionalização de Os Comediantes, em 1946, provocou impacto e alcançou sucesso de público em boa parte graças à cenografia arrojada, de Eros Gonçalves. (AMDC, Cedoc/Funarte.)

▽ A transformação da caixa do palco em relação à plateia e a solução para a necessidade de múltiplas áreas de representação, em *Desejo*, de O'Neill. (AMDC, Cedoc/Funarte.)

■ A transformação de Maria Della Costa em atriz reconhecida foi conquistada graças ao trabalho, à dedicação e ao enfrentamento de grandes desafios: um exemplo desta trajetória foi a sua atuação em *Desejo*, de O'Neill. (AMDC, Paraty.)

(representou o texto cinco vezes em Santos, em 1947) sem grandes momentos, apesar do corpo muito juvenil. Em comparação com a primeira montagem, frisou que a atual a seguia bastante, mas a outra era melhor: considerou incômoda a presença de alguns excessos e as marcações consideradas de forma tão rígida que não mudavam nem nas remontagens[55].

COMPANHIA MARIA DELLA COSTA: UM NOVO COMÉRCIO

O outro espetáculo citado, Terras do Sem Fim, foi avaliado por boa parte da crítica como dotado de semelhança de propósitos e técnicas com Desejo. Havia um certo sensacionalismo de concepção, com o uso de muitos efeitos sonoros, recurso então muito em voga nas novelas de rádio; o cenário de Santa Rosa foi qualificado como realista e impressionista ao mesmo tempo. A maior parte da crítica enalteceu a coragem, a tentativa do grupo, mas considerou o espetáculo ruim, não condizendo com os outros realizados. Alguns não salvaram nada, outros indicaram algumas coisas boas. Joraci Camargo, um nome bastante ligado ao palco mais conservador, foi o único a elogiar, opção que talvez tenha sido influenciada por sua identificação partidária com o autor. A direção de Zygmunt Turkov – com exceção de Joraci Camargo – foi considerada o grande erro, o grande problema. As duas cenas cômicas – ou perto disso –, a do júri e a da alfaiataria, foram consideradas gratuitas demais, deploráveis, concebidas com o objetivo expresso de fazer rir. Maria Della Costa ou não foi citada ou foi considerada razoável[56].

O texto sofreu bastante com a censura; o original usado pela equipe apresenta muitos cortes, retirando todos os palavrões[57]. É evidente que um colorido novo fora acrescentado a Os Comediantes – a ambição de fazer sucesso popular (e não foi à toa que Desejo fora apresentada na Praça Tiradentes) coloria as escolhas, mesmo sem que se alcançasse sucesso, como foi o caso desta segunda peça. O namoro de Sandro Polônio e Maria Della Costa com o Partido Comunista, que já estivera em pauta com Itália Fausta e provavelmente foi estimulado por Miroel Silveira, será uma nota persistente ao longo de suas carreiras, se bem que o casal tenha afirmado com veemência em seu depoimento que jamais ingressaram no Partido. A própria relação com a censura – houve polêmica na liberação do texto – parece parte de uma busca de notoriedade: a situação é evidente na escolha seguinte, que marcou exatamente a fundação do novo grupo, o Teatro Popular de Arte.

Portanto, duas referências do passado recente foram importantes para delinear o perfil da companhia nascente: o tema do teatro moderno, herdado de Os Comediantes e mais forte em Desejo, e o tema da viabilização comercial deste teatro moderno, do sucesso, do alcance popular, do sensacionalismo, subjacente em Terras do Sem Fim, montagem que reunia a lenda d'Os Comediantes ao Teatro Experimental do Negro e ao sucesso do autor emergente Jorge Amado, com músicas populares de Dorival Caymmi. Trata-se, afinal, da busca de condições para o comércio do novo.

Estas linhas permaneceram intactas na produção seguinte, a estreia efetiva daquela que virá a ser mais tarde a Companhia Maria Della Costa,

55 Miroel Siveira, "Desejo", São Paulo: Folha da Manhã, 10/10/1953, AMDC, Funarte. Foram considerados também os textos: Mattos Pacheco, sem título, São Paulo: Última Hora, 9/10/1953; Sem autor, sem título, Diário Comércio e Indústria, [S.l.], 10/10/1953; Maria José, São Paulo: O Tempo, 11/10/1953; Carlo Prima, Desejo de O'Neill al Sant'Anna, São Paulo: Fanfulla, 15/10/1953.

56 As matérias consideradas foram: Roberto Brandão, Começo de Terras do Sem Fim, jornal não identificado, sem data; G. Dória, Terras do Sem Fim no Ginástico, Rio de Janeiro: O Globo, 4/10/1946; Mário Nunes, sem título, Rio de Janeiro: Jornal do Brasil, 10/8/1947; Paschoal Carlos Magno, Terras do Sem Fim no Ginástico, Rio de Janeiro: Correio da Manhã, 12/8/1947; R.V. M., Terras do Sem Fim, no Ginástico, Rio de Janeiro: O Jornal, 12/8/1947; Joraci Camargo, Terras do sem fim, Rio de Janeiro: Diário da Noite, 18/8/1947; Jota Efegê, Teatro, Rio de Janeiro: Jornal dos Sports, 19/8/1947 (AMDC, Funarte).

57 O exemplar consultado, datilografado, foi usado na montagem – foi o exemplar examinado pela censura. Apresenta cortes, relacionados na folha de rosto, junto com o carimbo e a assinatura do censor Luiz Coutinho; a data da aprovação é 27 de julho de 1947 (Graça Mello, Terras do Sem fim. Baseada no livro de Jorge Amado), AMDC, Funarte.

UMA EMPRESA
E SEUS SEGREDOS:
COMPANHIA
MARIA DELLA COSTA

administrada pelo empresário Sandro Polônio. Não apareceu ainda, nesta montagem de estreia, a nomenclatura Teatro Popular de Arte, que teria sido, segundo Miroel Silveira, cedida por ele a Sandro e Maria após o final de Os Comediantes Associados. Não foi feita qualquer menção à marca no programa; em sua capa, ao contrário, consta a fórmula que era rotineira no teatro comercial do Rio – o nome do empresário associado à montagem: "Sandro apresenta *Anjo Negro* de Nelson Rodrigues"[58]. Este modelo telegráfico, esta forma nominal de apresentar e de se apresentar juntando nome e verbo ao título da peça, parece ter se tornado procedimento corrente no mercado, em especial devido ao seu uso insistente pelo empresário de revistas Walter Pinto. É possível afirmar que ela se tornou típica do teatro comercial carioca, que fazia das empresas uma iniciativa personalista: os cartazes sempre anunciavam "Walter Pinto apresenta", "Procópio apresenta", "Jaime Costa apresenta", "Bibi apresenta"...

O mais correto é supor que a sigla TPA ainda não existia para a equipe; a conclusão surgiu a partir de diversas constatações. Em primeiro lugar, ela é muito forte para ficar sem uso ou para figurar em um plano secundário. A documentação consultada relativa à temporada do Teatro Fênix não lança mão dela em nenhum momento, inclusive os processos de subvenção comentados acima. Além disso, a sua força exigiria algum manifesto ou declaração complementar, práticas bastante difundidas na época. Ela só foi encontrada pela primeira vez na primeira temporada paulista do conjunto, em 1949, situação bastante lógica, pois o casal deve ter visitado Miroel Silveira por esta ocasião. Ao que parece, a firma passou a existir legalmente apenas em 1950 – a carteira profissional de Itália Fausta, citada anteriormente, passou a ser assinada a partir de 1 de junho de 1950 pela empresa M. A. Polloni "Teatro Popular de Arte", com sede em São Paulo.

Segundo a polêmica que será travada adiante a respeito da ocupação do Teatro Fênix e a documentação sobre a temporada analisada, esta primeira produção foi articulada por iniciativa de Nelson Rodrigues. Sandro Polônio teria sido convidado apenas como produtor executivo e a companhia foi formada para a montagem da peça[59]. A situação explicaria o fato de que, a rigor, ainda não existia uma companhia, mas uma montagem que gerou a seguir um conjunto.

Em seu depoimento, Sandro Polônio negou categoricamente o uso de qualquer outra nomenclatura que não fosse a do TPA nesta época, dando a entender que tomou a iniciativa de organizar o grupo em função do fracasso de Os Comediantes e do desejo de profissionalizar uma nova maneira de fazer teatro, versão que não encontrou respaldo em qualquer outra fonte. Chegou mesmo a declarar que quaisquer outras formas, tais como "Sandro" ou "Sandro e seus artistas" eram *invencionices* da imprensa, o que não é verdade, pois elas foram usadas nos programas. A situação atesta a consciência a respeito do papel que o TPA veio a desempenhar e o desejo de fundamentar uma origem histórica, diretamente ligada a Os Comediantes, como se a empresa fosse decorrência natural do grupo.

58 O exemplar analisado foi doado ao SNT pelo crítico Van Jafa, cujo acervo, desmembrado, foi incorporado ao acervo da Instituição. Na capa figuram autógrafos de Adalgisa Nery, Josef Guerreiro e Nelson Rodrigues, bem como a data da estreia manuscrita – "2 de abril de 1948, sexta-feira".

59 Esta é a versão encontrada na reportagem "Anjo Negro", última produção de Nelson Rodrigues, Rio de Janeiro: *Folha Carioca*, s.d.(1948?). A reportagem foi evidentemente orientada em função do jornalista Nelson Rodrigues. Ao lado de informações que devem ser consideradas como pertinentes, apresenta dados discutíveis, como a afirmação de que Sandro era um iniciante, quando ele já estava produzindo há quatro anos: "Assinale-se a circunstância de que, para a sua encenação, organizou-se um elenco, mobilizaram-se elementos técnicos e artísticos e se revela um novo produtor na figura de Sandro Polônio".

COMPANHIA
MARIA DELLA COSTA:
UM NOVO COMÉRCIO

◁ O ato inicial da história da futura Companhia Maria Della Costa foi a assinatura do contrato para a montagem de *Anjo Negro*, de Nelson Rodrigues, que reuniu Maria Della Costa, Sandro Polônio, Itália Fausta e Ziembinski. (AMDC, Cedoc/Funarte.)

Segundo o empresário, o fim de Os Comediantes se dera em virtude dos fracassos sucessivos de público, após o enorme sucesso que fora *Desejo*. As peças montadas a seguir não conseguiram "pegar". Além disso, no seu entender, era gente demais mandando no grupo: "No teatro, não pode dois mandar, complica, era o mal do teatro dos Comediantes, é que todo mundo mandava; depois, virou 'associados', pior ainda, que aí mandava mais gente ainda: tem que ser um a mexer. Errado, mas mexer um".

Portanto, os diversos materiais documentais encontrados apontam para a mesma versão a propósito da origem da equipe: foi perseguida a profissionalização do novo, do teatro moderno, sob a aura de continuidade de Os Comediantes e debaixo de um clima sensacionalista exacerbado, muito embora fosse um empreendimento comercial isolado, de mercado, a princípio sem uma política de companhia ou um projeto cultural a longo prazo. Interessante destacar que a própria montagem iria contribuir para mudar esta última circunstância.

De qualquer forma, foram estas as condições definidoras de *Anjo Negro*, de Nelson Rodrigues, a peça de estreia. A escolha do texto foi herança direta da fase final de Os Comediantes Associados — como já se observou, era um dos textos que o grupo pretendia montar, segundo o pedido de subvenção apresentado ao SNT. E boa parte da equipe artística relacionada na ficha técnica também tinha a mesma origem, a começar pelo diretor, Ziembinski.

O mais notável, contudo, foi o escândalo jornalístico ímpar, motivado pela proibição da peça pela censura, e a administração do escândalo, pois a interdição causou muita agitação ao redor. Sandro Polônio procurou explorar ao máximo os efeitos da situação[60].

60 Observe-se no Anexo, nas fichas técnicas, que Sandro Polônio, no TEB, foi responsável pela elaboração dos cartazes — sem dúvida cedo a sua atenção foi mobilizada pela questão da propaganda no teatro.

UMA EMPRESA E SEUS SEGREDOS: COMPANHIA MARIA DELLA COSTA

A trama do texto precisa ser considerada – ela foi o motor básico das reações inflamadas. A órfã Virgínia, vivendo com a tia, roubou o namorado de uma prima, que se enforcou ao surpreender a cena amorosa. A tia, por vingança, entregou Virgínia ao negro Ismael, que a violentou e adquiriu a casa. Apesar do casamento, Virgínia sente-se violada todas as noites pelo marido. Ismael procurou a ascensão social através do êxito como médico e, enriquecido, deixou de clinicar, fechando-se na casa com a mulher branca e só permitindo a entrada de homens negros. Em revanche, Virgínia mata todos os seus filhos, que nascem negros. Ismael testemunha, escondido, os crimes da mulher e não os impede porque considera que eles os unem ainda mais e porque o seu desejo se tornou maior depois que soube que ela é assassina.

Um dia, porém, Virgínia recebe a visita de Elias, irmão de criação de Ismael, que ficou cego depois que o irmão trocou propositadamente seus remédios – vingança contra a sua origem branca. Elias se apaixona por Virgínia e é morto por Ismael com um tiro, depois de engravidá-la. Virgínia esperava ter um filho branco. Ironicamente, nasceu Ana Maria, personagem que só aparece no terceiro ato, com quinze anos. Se o negro Ismael já havia cortado todos os vínculos da mulher com o mundo exterior, para que desaparecesse de sua mente a imagem do homem branco, a suposta inferioridade o leva a isolar Ana Maria desde cedo. Cega-a também, para que a enteada o retivesse na memória como o único homem do mundo. Sendo recorrente, no universo rodrigueano, a oposição mãe-filha, é natural que Ana Maria se incline por Ismael, seu pai presumido. Ismael ensinou a Ana Maria que ele era o único branco, num mundo de negros, levando-a a odiá-los como se tivesse alguma noção de cor.

No cenário do último quadro há, no primeiro plano, "um estranho túmulo transparente, feito de vidro, numa sensível analogia com o caixão da Branca de Neve". Ismael informa que o túmulo se destina a ele e Ana Maria. Virgínia o induz a trancar a filha sozinha no mausoléu, ato praticado pelos dois. Consumou-se assim, o sacrifício de Ana Maria, encerrada para sempre em um túmulo transparente, qual Branca de Neve, presença eterna, como o dramaturgo pretendeu simbolizar. Ao chamar Ismael, Virgínia afirma que o "nosso quarto também é apertado como um túmulo", dando continuidade à relação de amor e ódio.

Na imprensa, a primeira notícia que se tem da montagem de *Anjo Negro*, é uma matéria escrita por A. Accioly Netto, em 13/12/1947, ocasião em que a peça provavelmente ainda estava sendo analisada pela censura[61]. Na reportagem foram lançados alguns "ganchos" publicitários que, posteriormente, estarão presentes em outras matérias de lançamento da peça, condição que desvela o projeto de divulgação, provavelmente concebido pelo autor. Accioly Netto observou que o drama de Nelson Rodrigues "foi escrito num momento de regressão do teatro brasileiro". A atmosfera conservadora explicaria a resistência feroz que o texto vinha encontrando, "o pânico que inspira a sua forma cênica tão original, moderna e ousada e o tema racial a que o autor deu um

[61] As matérias jornalísticas consideradas de maior importância e efetivamente usadas foram: A. Acciolly Netto, Finalmente *Anjo Negro*, Rio de Janeiro: *O Cruzeiro*, 13/12/1947; O Titular da Justiça Liberou a Peça Teatral *Anjo Negro*, sem o nome do jornal, sem a data; *Anjo Negro*, Última Produção de Nelson Rodrigues, Rio de Janeiro: *Folha Carioca*, 1948, sem data.; Hoje, a Estreia Sensacional de *Anjo Negro*, Rio de Janeiro: *Jornal dos Sports*, RJ, 02/04/1948; Transferida a Estreia para 1º de Fevereiro, São Paulo: *Diário de S. Paulo*, 28/01/1949 (N. da E.: este *Diário de S. Paulo* pertencia aos Diários Associados, de Assis Chateubriand e fechou nos anos de 1970. O jornal homônimo que existe hoje em São Paulo pertence às Organizações Globo, que compraram o antigo *Diário Popular* e mudaram seu nome).

admirável desenvolvimento dramático e poético". O jornalista comentava ainda que não foi fácil lançar o texto: "Durante um ano e meio, a tragédia de Nelson Rodrigues andou de porta em porta, repetindo o destino de 'Vestido de Noiva' que, antes de encontrar os 'Comediantes', foi rejeitado por todo o mundo".

Acrescentava que, para a apresentação de *Anjo Negro*, foi criada uma "nova organização teatral, com técnicos, artistas, intelectuais e um produtor cheio de audácia e imaginação". Na opinião do crítico, a formação de uma companhia especialmente para montar determinada peça era um fato inédito. Sandro Polônio era apontado como a cabeça dessa companhia, quem tomou a iniciativa e levantou elenco e técnicos. Para dirigir a peça, corretamente escolheu Ziembinski: Accioly via Ziembinski como a pessoa certa para traduzir, em uma linguagem cênica, plástica e poética, as situações do drama de Nelson Rodrigues. O crítico comentou também a escolha do elenco, feita através de "experiências de toda ordem". Maria Della Costa ofereceria, em sua opinião, as condições ideais para encarnar Virgínia, sobretudo fisicamente – "frágil, loura e diáfana". Além de possuir beleza e talento, tem uma "exemplar honestidade profissional" que a faz esquecer de tudo para dedicar-se exclusivamente ao papel. Orlando Guy foi o único, dos que foram "submetidos às experiências necessárias, que revelou as características do papel".

Um acontecimento de relevo que o crítico associava à encenação era a volta de Itália Fausta ao palco. E sublinhava o depoimento da atriz: ela "vê no lançamento de *Anjo Negro* talvez o início de um ciclo de realizações da mais transcendente importância", para o teatro nacional. No papel da Tia, acrescentou, "já se pode prever que dará a esse tipo o relevo de uma grande trágica". Accioly Netto terminou o artigo dizendo que *Anjo Negro* iria abrir a temporada de 1948 no Fênix e que iria ser uma grande experiência para o público carioca, tanto mais que "caracterizará o espetáculo o aspecto monumental, à maneira do velho Marx Reinardth [sic]".

Alguns pontos se destacam, formam o arcabouço publicitário da peça, foram as bases para a divulgação e, de certa forma, decorreram da escolha do texto. Em cima destes pontos – vistos não apenas no artigo de Accioly Netto, mas em outras matérias anteriores à estreia – criou-se uma expectativa para o lançamento de *Anjo Negro*. Os pontos foram: elenco e equipe técnica organizada especialmente para a montagem; projeção de Sandro como produtor, caracterizado pela audácia e pela ousadia; *mise-en-scène* monumental, montagem espetacular nas mãos de Ziembinski; afinidade entre a poesia do texto de Nelson Rodrigues e a plástica da cena criada por Ziembinski; retorno de Itália Fausta ao palco, cooperando com a iniciativa dos jovens atores; projeção de Maria Della Costa como exemplo de jovem atriz dedicada e concentrada em seu trabalho; a questão racial da peça. Somando-se a estes aspectos, havia a questão da censura, na realidade o fato que mais suscitou polêmica e expectativa em torno da montagem.

A peça de Nelson Rodrigues foi primeiramente interditada pela censura em dezembro de 1947[62]. Segundo a cópia do parecer da censura,

[62] "Parecer sobre a peça 'O Anjo Negro' de autoria do Sr. Nelson Rodrigues", AMDC, Funarte.

foram seis votos de interdição (Luiz Fernando de Lacerda Coutinho, José de Mendonça Pinto, Stella Guerra Duval, José Pitta de Castro, Marina de Melo Ferreira, André Carrazzoni) contra um a favor da proibição a menores de dezoito anos (Lailah Ronald de Carvalho). Nelson Rodrigues participou de uma reunião com os censores, na qual forneceu explicações a respeito da peça. Depois disso, dois censores modificaram seus votos para "impropriedade até 18 anos" (José de Mendonça Pinto e Stella Guerra Duval). Ainda assim, a peça continuou proibida. Nelson Rodrigues, no entanto, podia recorrer ao "titular da pasta da Justiça, instância administrativa superior"[63].

Segundo declaração de Maria Della Costa em seu depoimento, Sandro Polônio foi o artífice da liberação do texto: pediu a Nelson Rodrigues que retirasse as rubricas da peça em uma versão para o ministro ler, recorrendo a ele diretamente para a liberação da peça[64].

Assim, segundo os jornais, o ministro da Justiça, Adroaldo Costa, deu ao seu auxiliar, Luiz Carlos Mancini, a tarefa de ler a peça, assistir ao ensaio e dar seu parecer. Como este fosse favorável à liberação do original e, consequentemente, à revogação da decisão dos censores, o ministro da Justiça decidiu ele mesmo examinar o caso e resolver a questão, que já causava discussão nos meios jornalístico e artístico. Ao viajar para o Maranhão, levou o original da peça e, de São Luiz, mandou a sua decisão final: "*Anjo Negro* estava liberado".

Essa "novela" alcançou muita repercussão nos jornais, criou polêmica antes mesmo de a peça estrear. Nelson Rodrigues, após o parecer liberando o texto, declarou que considerava o parecer do Sr. Luiz Carlos Mancini e a decisão do ministro Adroaldo Mesquita da Costa dois verdadeiros acontecimentos na vida teatral do Brasil, em virtude do critério cultural que fora adotado, coisa inédita ou rara no país.

Com tudo isso, a peça já não tinha público no dia seguinte da estreia, de acordo com o depoimento de Sandro Polônio avaliando a montagem, aliás, em contradição com as afirmações existentes no livro do jornalista Ruy Castro e com a opinião do próprio empresário em outro momento de sua entrevista. Mas o possível fracasso não significou recuo imediato – depois da estreia, a produção continuou a usar a polêmica nas suas propagandas, com o objetivo de atrair o público. A polêmica foi reforçada pelos diversos protestos contra o texto, feitos por grupos católicos/conservadores, como o da Juventude Católica, que pretendia incutir em seus associados o dever de "abster-se de assistir a tão ignóbil espetáculo, cujo enredo, simples *congerie* de negragandos crimes e degenerescências, bem longe de

---

[63] Em O Titular da Justiça Liberou a Peça Teatral Anjo Negro, AMDC, Funarte.

[64] "MARIA – Ele vai te contar, o Sandro, porque o Sandro, eu era mais a atriz que ficava no palco representando e trabalhando no texto. Ele era o homem empresário que lutava para salvar o... ele, ele montou o *Anjo Negro*, nós ensaiamos o *Anjo Negro* e a peça foi proibida, a peça estava pronta, me parece, já pronta para estrear e a censura veio e proibiu a peça, com todo aquele elenco... O Sandro virou para o Nelson Rodrigues e disse: 'Nelson, nós aqui temos que nos defender, porque a peça está proibida. Então eu vou dar um conselho a você'. Porque as rubricas do Nelson eram fogo, porque o papel que fazia o preto... 'ele envolve a própria filha com seus braços, as suas mãos vão descendo nos seus seios, vai apertando contra o seu corpo negro'..., aquela coisa do Nelson Rodrigues, sexo! E as rubricas, uma pior do que a outra, [risos] pior no bom sentido. O Sandro virou e disse assim: 'Nelson, corta, tira todas as rubricas fora, porque você diz tudo que tem que ser feito em cena, tira tudo', e o Nelson então passou a máquina, tirou tudo. E foram no aeroporto, ele vai te contar toda a história melhor do que eu, mais engraçado, para levar a peça para o ministro da Justiça. 'Ministro, pelo amor de Deus', ele furou, porque o Nelson era grande jornalista, não repórter. 'Ministro, proibiram a nossa peça, o senhor está no avião, vê se o senhor tem um tempinho para ler, estão dizendo que a peça é um horror, que é um escárnio, não tem nada disso, o senhor faça o favor de ler'. E o ministro leu e dois dias depois mandou um telegrama, dizia assim: 'Pode levar, vai a censura assistir' e foram, parece, vinte censores lá, vinte velhas, sentaram lá na plateia e nós nada, sabe, tudo que havia, santinhas, a Virgínia virou assim, a Nossa Senhora, com aquele vestido branco toda linda, maravilhosa, nada de se tocar em nada, aí a censura, aquelas velhas, os velhos: 'é, não tem nada de mais'. Claro que não tem nada demais. E a peça foi para ser representada" Há uma versão um pouco diferente no que se refere aos contatos com o ministro em R. Castro, op. cit.; o autor, contudo, não indica as fontes que consultou.

◁ *Anjo Negro*, cenografia de Ziembinski e Sandro Polônio, afirmou o reconhecimento da cena teatral como espaço de linguagem, poesia e abstração. (AMDC, Cedoc/Funarte.)

◁ A interpretação, construída em tons fortes, com Itália Fausta e Orlando Guy em cena, indica um desenho de emoções sem cálculo histriônico. (AMDC, Cedoc/Funarte.)

despertar qualquer emoção artística ou literária, [...] só tem conseguido suscitar um movimento de revolta, indignação e nojo incoercível em todos os corações bem formados"[65].

A produção reagiu lançando mão de propagandas nos jornais, até de página inteira, com vários trechos de declarações sobre a peça estampados, feitos por críticos e literatos. Em uma dessas matérias pagas, com a chamada "A Peça mais Discutida do Momento", as declarações são todas de admiração, assinadas por Pedro Dantas, Aldo Calvet, Manuel Bandeira, José Lins do Rego, Paschoal Carlos Magno (Correio da Manhã), Accioly Netto (O Cruzeiro) e Roberto Brandão (Pompeu de Sousa, *Diário Carioca*). Uma outra propaganda, ainda mais curiosa, destacava trechos de críticas que trataram o texto da peça como imoral, ao lado de outros que o qualificaram como obra de arte e, depois, dava o veredicto: "Decida você vendo *Anjo Negro*"[66].

No entanto, a recepção da crítica esteve longe da aclamação unânime – as críticas em sua maioria fizeram restrições ao texto de Nelson Rodrigues, mais do que ao espetáculo; chegou-se até a insinuar que a direção de Ziembinski *salvava* o texto de Nelson Rodrigues. Sérgio Britto, em sua crítica "Um Tema e Outros Acessórios, nº 2", publicada na coluna "Os Novos Críticos", espaço franqueado por Paschoal Carlos Magno a nomes novos no Correio da Manhã, comentou que a tragédia central tinha a intensidade diluída pelas tramas acessórias. Reclamava uma maior unidade de ação; a seu ver, a máscara e a voz de Itália Fausta, por exemplo, faziam da Tia uma personagem impressionante, mas prejudicial ao impacto da ação principal. Sérgio Britto considerou o trabalho de Ziembinski excelente, tanto na direção quanto nos cenários e na luz; só fez restrição a um certo excesso de expressionismo, que fazia os gestos dos atores dançados, chegando ao máximo no 3º ato. Ele considerou a interpretação, no geral, boa. Orlando Guy foi o único que lhe pareceu "deslocado" no papel de Ismael: apesar do "bom físico", "não tem temperamento e voz suficientes para tão difícil criação dramática". Josef Guerreiro foi considerado o melhor do elenco, transmitindo, com sinceridade, "toda poesia que pedia o papel". "A Sra. Maria Della Costa progrediu": a voz e os gestos estavam corretos, no entanto "falta-lhe emoção capaz de transmitir vida aos papéis que encarna e isso, infelizmente, é absolutamente necessário para fazer de uma criatura que representa uma verdadeira atriz". Nicette Bruno, apesar da dicção parecida com a de Dulcina de Moraes, "confirma seu valor". E Itália Fausta "é a mais bela, a mais digna de todas as figuras da tragédia".

Quase todos os críticos estabeleceram julgamentos similares no que se refere à interpretação e à habilidade do encenador. O crítico Roberto Brandão (Pompeu de Sousa) teceu muitos elogios à montagem, da direção de Ziembinski ao conjunto do espetáculo e aos atores; fez uma única restrição a Nicette Bruno – os "vícios de elocução que lhe ficaram da Sra. Dulcina de Morais [sic]".

Já Luiza Barreto Leite escreveu uma crítica de repercussão histórica, pois retificou no texto os ataques que vinha fazendo há algum tempo

65 Recorte de jornal, sem identificação local e data, "Anjo Negro" no Index, AMDC, Funarte.

66 Anúncio A Peça Mais Discutida do Momento, Rio de Janeiro: *Folha Carioca*, 22/04/1948. Anúncio "Decida Você Vendo Anjo Negro", sem jornal, sem data, recorte da Agência Lux, AMDC, Funarte.

ao encenador, verdadeira guerra contra Ziembinski. O conflito começara desde os tempos de Os Comediantes, porque se sentira preterida como atriz na temporada de 1943. Assim, ela observou que desconfiava que o espetáculo seria mais um espetáculo de "marionetes", como *Vestido de Noiva*; ela apelidara Ziembinski de "svengali". Imaginara os atores completamente absorvidos pelo espetáculo, como cópias do encenador e, no entanto, diz ter se surpreendido com a peça: os atores estavam "vivos, palpáveis, humanos na sua desumanidade, senhores de seus papéis e perfeitamente à vontade dentro de suas próprias personalidades".

Afirmava, então, ter finalmente compreendido o diretor polonês, que sobrepunha seus modos e conceitos aos atores amadores, iniciantes, mas que era também capaz de formar profissionais, como se via agora na peça em questão. Maria Della Costa foi quem mais a surpreendeu; a seu ver, os seus trabalhos anteriores não permitiam imaginar que "aquele físico perfeito escondesse tanta capacidade emocional, tanta riqueza de inflexões", ainda lhe faltando, contudo, maior "força interior nas cenas de dramaticidade concentrada". A seu ver, o que Ziembinski conseguiu obter com Maria Della Costa em menos de dois anos prova que "há talentos que não são espontâneos, que só surgem com a técnica".

Paschoal Carlos Magno é o único crítico a comentar que toda polêmica gerada em torno da peça parecia má vontade e exagero: não havia motivos para sua interdição na censura, pois que se tratava de uma tragédia, onde cabia toda a "brutalidade e aspereza" do texto. Para ele, *Anjo Negro* "não é a vitória de um autor, mas de um diretor". Ziembinski "substituiu a interpretação e o texto (que o crítico considerava fraco) pela encenação", o que deu ao espetáculo uma enorme beleza plástica. O crítico condenou de certa forma a opção de Ziembinski por uma cena expressionista, quando seria mais "fácil" para os atores a representação realista. Mas elogiou as marcações estudadas e realizadas com "sensibilidade e inteligência", ainda que por vezes o diretor criasse um "movimento de dança, uma espécie de ritmo de bailado".

Em sua opinião, houve algum erro na escolha dos atores: Maria Della Costa é considerada fisicamente perfeita para o papel, embora lhe falte "experiência cênica" para a intensidade da personagem. Paschoal foi o único crítico a chamar atenção para o fato de que, num país com tantos atores negros talentosos, escolheram justamente um "principiante" branco, pintado de preto, para fazer o papel de um negro. Para ele, Maria Della Costa e Orlando Guy eram muito cerebrais, possuíam técnica, mas faltava-lhes "vibração interior", caindo em *artificialismos*. Itália Fausta deu à sua interpretação "a realidade que a direção de Ziembinski roubou à peça". Nicette Bruno recebeu a mesma crítica já vista e Josef Guerreiro fora quem mais comovera a plateia, interpretando o cego sem exageros, usando com maestria a máscara facial.

Uma outra apreciação, de Mário Nunes, é de fundamental importância — o crítico se declarou "inadaptado às coisas e sentimentos das gerações moças que aí estão", ficando "confuso e atônito" diante de *Anjo Negro*. A seu ver, a peça era uma tragédia que "copia das da era clássica as monstruosidades incestuosas"; o coro é uma "forte expressão de práticas macumbeiras". O crítico resumiu a trama da peça, sempre enfocando as atrocidades que, a seu ver, perpassavam as personagens. E fez uma declaração que foi, em parte, aproveitada na propaganda da peça: "Esse teatro irreal, teratológico, parente próximo dos bonecos de Picasso e de Portinari, com a orelha no lugar do nariz e elefantíase generalizada, foi encarado por Ziembinski com propriedade: aquela gente não se move nem sente como o comum dos mortais: são uma espécie de autômatos e de irresponsáveis". Para o crítico, portanto, tudo fazia sentido: Ziembinski procurou dar essa atmosfera irreal ao espetáculo e Sandro também compreendeu a peça, realizando um "cenário estrambótico". No saldo final, ele teve pena do esforço dos atores.

Mas as objeções levantadas por Mário Nunes foram ínfimas, se comparadas com a enorme polêmica sustentada na Coluna Novos Críticos, de Paschoal Carlos Magno. A protagonista, no caso, foi a senhora Violeta Ribeiro, que conseguiu espelhar com rigor a posição dos conservadores diante da peça. A autora escreveu defendendo a censura, que estivera certa ao proibir o texto, o qual ela não via como outra coisa a não ser como uma sucessão de cenas mórbidas, aberrações, crimes, barbaridades. A campanha que ela desencadeou com seus protestos estimulou os círculos católicos e reacionários, que começaram a se manifestar a favor da censura. Sandro Polônio procurou responder às acusações, em especial contra as acusações de profanação, por causa da reza da Ave Maria em cena. As réplicas e tréplicas se prolongaram até mesmo depois que a peça saíra de cartaz, no dia 16 de maio[67].

Um detalhe curioso a respeito da montagem é o fato de que a autoria dos cenários foi partilhada por Sandro e Ziembinski. Segundo depoimento de Sandro a Yan Michalski, houve um acordo entre os dois: "Como eu já tinha feito a Escola de Belas Artes, esta era para mim uma oportunidade de fazer uma coisa importante. Mas também era muito importante demais, eu precisei de um escudo, e o Ziembinski, eu me lembro, era um verdadeiro pai". O diretor não quis assinar sozinho – atitude que, segundo Sandro Polônio, ele poderia ter adotado se não fosse generoso e de vaidade reduzida. O resultado, a seu ver, foi belíssimo, impressionante com os efeitos de luz, com ângulos claros e escuros, várias mutações – "Aquele túmulo quando ficava envidraçada a menina, a Nicette Bruno, era um negócio de uma luz esverdeada que ele botava, com um pouco de violeta. Era uma loucura. O espetáculo foi uma loucura"[68].

Se a temporada de *Anjo Negro* não foi muito longa, ao que tudo indica, apesar das afirmações contraditórias a respeito, como já se observou, no material de divulgação para a temporada de São Paulo, em 1949, a empresa sustentava que a peça ficara em cartaz durante meses no Rio de Janeiro[69]. Na verdade, a estreia carioca acontecera no Fênix no dia

[67] Foram consideradas as críticas de: Roberto Brandão (Pompeu de Sousa), Sobre Anjo Negro, Rio de Janeiro: *Diário Carioca*, sem data; Sérgio Britto, Um Tema e Outros Acessórios, n. 2. Os Novos Críticos, recorte, sem jornal e sem data; Luiza Barreto Leite, O "Anjo Negro" e o Demônio Branco, Ponto-de-vista, Rio de Janeiro, *Diário Carioca*, sem data; Paschoal Carlos Magno, Anjo Negro no Fênix, sem jornal e sem data [*Correio da Manhã*?]; Mário Nunes "Fênix", Rio de Janeiro: *Jornal do Brasil*, sem data; Violeta Ribeiro, A Respeito de Anjo Negro, Rio de Janeiro: *Correio da Manhã*, 11/4/1948; idem, Algumas Palavras a Sandro, Rio de Janeiro: *Correio da Manhã*, 29/4/1948; idem, Do Fundo das Gavetas, Rio de Janeiro: *Diário de Notícias*, 30/05/48; Sandro Polônio, Sandro, Ator-Produtor, Apresenta-se Como Crítico, Rio de Janeiro: *Correio da Manhã*, 24/4/1948 (AMDC, Funarte).

[68] Y. Michalski, *Ziembinski e o Teatro Brasileiro*, p. 126.

[69] Existe uma superstição teatral, não se sabe ao certo desde quando, asseverando que não se deve nunca falar em insucesso ou fracasso; tais fatos devem ser escondidos ou negados, um tanto no sentido popular de que a fortuna atrai a fortuna.

02/04/1948. Pouco mais de um mês depois, provavelmente no dia 06/05/1948, estreou o espetáculo seguinte, *Tobacco Road*: a peça foi escolhida por Sandro Polônio. A esperança era a de que ela desse retorno, em virtude de ser um grande sucesso na Broadway. "Eu montei no Rio de Janeiro, foi bem, mas não foi... Ninguém tomou conhecimento", asseverou Sandro Polônio em seu depoimento à pesquisadora.

A nova montagem, portanto, também foi um lançamento. E com dose considerável de ousadia. Não estava presente junto à equipe o diretor historicamente associado às transformações recentes do teatro brasileiro. Ziembinski, no ano de 1948, o seu primeiro ano como *freelancer* após a dissolução dos Comediantes, teve um ritmo de trabalho frenético: realizou seis direções[70]. Assim, quem assinou a montagem foi Ruggero Jacobbi (1920-1981), diretor italiano jovem, recém-formado, iniciante na carreira, que teria vindo ao Brasil com uma companhia italiana, a primeira após o fim da guerra, em dezembro de 1946[71]. Seria a Companhia Italiana de Comédias, que deu dois espetáculos, *Vestire gl'ignudi*, de Pirandello, e *La moglie ideale*, de Marco Praga, no Teatro Municipal[72]. A versão tradicional, defendida pelo diretor, é a de que ele foi convidado por Sandro, Itália Fausta e Maria Della Costa para dirigir um espetáculo e teria afinal ficado, *por acaso*, no Brasil – e o acaso duraria quatorze anos.

Na verdade, tudo indica que ele decidiu ficar no Brasil por livre e espontânea vontade, pois em 1946/1947 a empresa dos três artistas sequer existia e Ruggero Jacobbi trabalhou, durante o ano de 1947, como crítico de cinema no *Diário da Noite*, do Rio de Janeiro, o tipo da ocupação que não se conseguia com facilidade, em especial para alguém que era estrangeiro[73]. Portanto, depois de algum tempo aqui Jacobbi estava estreando em *Tobacco Road* e logo a seguir seria convidado por outros membros da classe artística, com quem também trabalhou no início de sua vida no Brasil – Procópio Ferreira, Rodolfo Mayer. É importante frisar, diante de tais fatos, que, apesar da dimensão intelectual do diretor italiano, não foi exatamente a possibilidade de experimentar que o reteve por aqui, já que o seu primeiro trabalho não foi em teatro e logo ele aceitou convites dali onde o que vicejava era o conservadorismo artístico, distante de qualquer desejo de experimentação.

COMPANHIA MARIA DELLA COSTA: UM NOVO COMÉRCIO

70 Y. Michalski, op. cit., p. 116 e s.

71 Ruggero Jacobbi foi um dos diretores de maior envergadura intelectual dentre os diretores italianos que vieram para o Brasil, com uma dimensão semelhante à de Alberto D'Aversa, que não chegou, no entanto, a exercer a direção com tanta intensidade. Crítico, diretor de teatro, dramaturgo, ensaísta, poeta, escritor, ele nasceu em Veneza. A sua estreia como encenador se deu no Teatro da Universidade de Roma, em 1942, foi, a seguir, para o Teatro das Artes, convidado por seu diretor, Giulio Bragaglia. Desta forma, Jacobbi deve ser aproximado em sua formação de uma vertente de direção mais associável à invenção cênica, em lugar da tradição da textualidade. Veio para o Brasil em 1946, com a Cia. de Diana Torrieri e aqui permaneceu até 1960. Os quatorze anos de atividade no Brasil podem ser divididos em três etapas. Começou no Rio, escrevendo para suplementos literários. Estreou na direção com *Tobacco Road*, em 1948. Trabalhou com Rodolfo Mayer, Procópio Ferreira e no TPA. Fundou o Teatro dos Doze – onde dirigiu *Arlequim, Servidor de Dois Amos*, de Goldoni. Foi para São Paulo, convidado por Franco Zampari para ser um dos diretores do TBC, junto com Adolfo Celi, Luciano Salce e Ziembinski. No TBC fez a histórica montagem de *O Mentiroso*, de Goldoni, em 1949. Em 1955 dirigiu para o TMDC *Mirandolina*, de Goldoni. Trabalhou com a Cia. Nydia Licia Sérgio Cardoso e dirigiu Dercy Gonçalves em *A Dama das Camélias*. Em São Paulo, além de dirigir, trabalhou como crítico teatral (*Última Hora* e *O Estado de S. Paulo*) e foi professor da Escola de Arte Dramática. Dirigiu para a Vera Cruz a *Esquina da Ilusão* e para a Cinematográfica Maristela os filmes *Presença de Anita* e *Suzana e o Presidente*; na TV Tupi dirigia o Teatro das segundas-feiras. Os dois últimos anos que aqui ficou, passou em Porto Alegre, onde dirigiu o Curso de Arte Dramática da Universidade do Rio Grande do Sul e também colaborou para o suplemento literário do Correio do Povo. No Brasil, casou-se com a brasileira Deise Santana, com quem teve uma filha, Mariana.

Sua família acompanhou-o no retorno à Itália, em 1960. De volta à Itália, Ruggero dirigiu a escola do Piccolo Teatro de Milão. Nos últimos anos, foi diretor da Academia de Arte Dramática em Roma, presidente da Sociedade Italiana de Autores Teatrais e professor de Literatura Brasileira na Universidade de Roma. Em 1973 traduziu e dirigiu *O Pagador de Promessas*, de Dias Gomes. Traduziu para o português: Pirandello, Goldoni, Alfieri, Betti, Gozzi, Rimbaud, Maeterlinck, Garcia Lorca, Benavente, Molière, Lope de Vega. Traduziu para o italiano: Manuel Bandeira, Mário de Andrade, Cassiano Ricardo, Jorge de Lima, Edgard Braga, Raul Bopp, Dante Milano, Murilo Mendes, Cecília Meirelles, Carlos Drummond de Andrade, entre outros. Publicou em português: *A Expressão Dramática*, edição MEC, 1956; *Goethe, Schiller, Gonçalves Dias*, edição MEC, 1958; *O Espectador Apaixonado*, 1961; como dramaturgo – *O Outro Lado do Rio*, 1959; *Ifigênia*, 1960. Na Itália publicou diversas obras, entre as quais, algumas dedicadas à literatura brasileira: *Lirici Brasiliani*, 1960 (antologia); *Teatro in Brasile*, 1961; *Poesia brasiliana del Novecento*, 1973, Longo Editori. O depoimento de Antunes Filho a seu respeito na revista *Dionysos* TBC é importante: "O Ruggero era camarada, mas ele não estava nem aí com o espetáculo. O lance dele era outro: era falar de Brecht, era falar do teatro novo, da nova dramaturgia alemã, de coisas assim. Ele era um homem teórico, profundamente teórico" (p. 140).

72 E. de B. Chaves Jr., *Memórias e Glórias de um Teatro*, p. 283.

73 A informação consta dos diferentes currículos em italiano existentes no Dossiê Ruggero Jacobbi, da Funarte; não foi possível apurar como o diretor italiano recém-formado conseguiu o emprego no Rio. A mesma fonte identifica-o como diretor de *Poil de carrote*, de Jules Renard, no Teatro Municipal em 1946 e ofereceu os outros dados biográficos relacionados sobre o diretor. Ver ainda A. Vannucci, *Ruggero Jacobbi ou da Transição Necessária: Estratégias da Modernização Teatral no Brasil*, Dissertação (Mestrado em Teatro) – Programa de Pós-graduação em Teatro. UNIRIO, 2000.

UMA EMPRESA
E SEUS SEGREDOS:
COMPANHIA
MARIA DELLA COSTA

E existe, aliás, uma controvérsia evidente quanto à direção da montagem, a partir da avaliação do material publicado. Em seu depoimento, Sandro Polônio colocou o impasse em termos claros[74]: a direção foi atribuída a Ruggero, mas na verdade Itália Fausta foi quem orientou a encenação. A polêmica com relação à direção é importante, pois as diferentes fontes disponíveis oferecem dados desencontrados a respeito. A situação era tão confusa que causou estranheza durante a temporada em São Paulo e levou o crítico do *Estado de S. Paulo*, Décio de Almeida Prado, a afirmar: "Notemos desde já que o programa não atribuiu a ninguém a direção do espetáculo, o que constitui estranho anonimato que não se saberá justificar"[75].

Não foi possível localizar nenhuma cópia do texto da peça. O romance original[76], de Erskine Caldwell (1903-1987), de 1932, é um dos seus textos mais consagrados, fonte de estabilidade financeira para o autor, especialmente depois que virou peça na Broadway, adaptado por Jack Kirkland, atingindo 3.182 representações. Trata-se de um texto que beira o hiper-realismo, influenciado por procedimentos do gênero reportagem-colorida-de-crítica-social que o autor praticou até mesmo em *fronts* de guerra, mas dotado de algum humor corrosivo. No fundo, é um exemplar típico da arte engajada norte-americana do entreguerras. A trama do romance é bastante impressionante e sua arquitetura detalhada é uma das marcas do autor. Oferece um quadro da vida de Jeeter Lester e sua família, paupérrimos e famintos habitantes da Geórgia que moram em uma casa caindo aos pedaços; sua única posse é um velho automóvel. A ação da peça, na realidade, condensa em três atos dois dias da vida dos Lester.

A fonte de renda que lhe resta é a madeira de um velho carvalho que, às vezes, consegue vender como lenha na cidade. Jeeter é casado com Ada; tiveram dezessete filhos, cinco morreram e os outros se casaram e se espalharam pela região. Apenas Dude, de dezesseis anos, e Ellie May, de dezoito, continuam morando com os pais, além da Mãe Lester (Avó). Ellie May tem lábio leporino e por isso ainda não casou quando começa a ação. No início do livro, Lov, casado com Pearl, a filha mais nova dos Lester, de treze anos, que tem longos cachos loiros e lindos olhos azuis, está passando na casa dos Lester para reclamar com Jeeter sobre o comportamento de Pearl. Ela não fala com o marido, foge dele o tempo todo e dorme em uma esteira no chão. Jeeter diz a Lov que só vai conversar com Pearl se este lhe der alguns nabos do saco que acabou de comprar. Lov recusa, Ellie May se aproxima de forma sensual e ele se deixa seduzir, apesar de seu rosto. Durante esse tempo, Jeeter tenta consertar uma bomba de ar para encher os pneus do carro. Jeeter aproxima-se silenciosamente e agarra o saco de nabos. Lov percebe e tenta resgatá-lo enquanto Ellie May procura prendê-lo, mas Jeeter consegue fugir com os nabos. A trama, portanto, foi pensada para contar com impacto a rotina destas pessoas, presas a uma terra em decadência; as diferentes personagens que surgem têm o sentido de mostrar esta podridão humana.

Jeeter é extremamente preguiçoso, sempre deixa para o dia seguinte as coisas que precisa – ou gostaria de – fazer. A única coisa que ele tenta

[74] O trecho do depoimento é o que se segue: "TANIA – E a Itália Fausta dirigiu... ou foi o Ruggero? //SANDRO – E a Itália dirigiu. // TANIA – Porque o Ruggero, já... // SANDRO – Não, não, desculpe, quem dirigiu foi o Ruggero Jacobbi, ela apenas adaptou o romance, quem dirigiu, ela dirigiu foi *A Prostituta Respeitosa*. // TANIA – Mas têm jornais que dizem que a direção é dela... // SANDRO – Bom, a verdade é essa, entre parênteses, ficamos entre nós todos e a maquininha, quem dirigiu a peça no fundo foi Itália Fausta, com a sua presença, com a sua..., ela sabe dirigir, ela sabe, entende dos intérpretes, dos atores, e o Ruggero era novato, ele era a primeira peça que ele fazia, então a gente deixou ele assinar o nome, colaborou, porque também trouxe ideias novas, mas, a parte interpretativa, quem deu o toque mesmo foi Itália Fausta. [risos] Senão, não saía, porque o espetáculo foi muito bonito para a época, foi muito bom, grande espetáculo".

[75] *Tobacco Road*. Palcos e Circos, São Paulo: O Estado de S. Paulo, 04/02/1949. AMDC, Funarte.

[76] *Tobacco Road*.

fazer com toda a força é cuidar da terra. Nos últimos anos, pensou e tentou achar um meio de cultivar o algodão. Jeeter perdeu grande parte de suas terras depois que Capitão John, que controlava a produção de algodão da região, mudou-se para Augusta. A terra de Jeeter pertencia a seu avô e era um solo riquíssimo no qual se plantava tabaco. A rua onde Jeeter mora fora a estrada do tabaco, feita por seu avô para rolar os cestos de tabaco já processados. O pai de Jeeter herdou mais ou menos metade da propriedade original dos Lester; Jeeter perdeu aproximadamente metade disso, pois não conseguia pagar os impostos. O cultivo do algodão não se adaptava ao solo arenoso, sendo necessário o uso de muitos fertilizantes. Jeeter já herdou a fazenda cheia de custos e dívidas; vendeu grande parte das terras e hipotecou o resto. A pessoa que adquiriu as terras no leilão, o Capitão John Harmon, permitiu que Jeeter e sua família vivessem em uma das casas de colono e trabalhassem para ele.

A ação acontece em torno da anunciada volta do filho do Capitão John, o Capitão Tim, às terras. Jeeter pensa que ele trará uma solução para a sua vida, mas ele vem só avisar que perdeu as terras para um banqueiro e que elas devem ser desocupadas. O desfecho da trama é bastante violento. Com a chegada da primavera, Jeeter mais uma vez não conseguiu sementes e fertilizante para plantar algodão. Sente o cheiro das queimadas das plantações distantes. Ele e Ada estão sozinhos em casa e vão dormir. O fogo vem com o vento e toma a casa de supetão, queimando tudo. Jeeter e Ada nem acordam. O movimento geral e o final do romance foram modificados na peça: além de diferenças no destino de alguns filhos, no final da peça, encostado nas ruínas, resta apenas a impotência paralisada de Jeeter, em pé, com um punhado de terra na mão...

O programa da peça, modesta folha dobrada ao meio, apresenta na capa os dizeres: "Sandro apresenta a segunda grande produção da temporada *Tobacco Road* (Estrada do Tabaco) de Erskine Caldwell Trad. R. Magalhães Jr. Teatro Fenix". No interior, está a ficha técnica completa e na última capa um texto curto sobre a peça, seguido do comentário: "Em *Tobacco Road* não há papéis centrais nem papéis secundários. Todo o conjunto é submetido à unidade da ação dramática. Só a presença dum elenco sem 'estrelismos' tornou possível a realização de *Tobacco Road*".

A recepção pela crítica foi bastante razoável, com algumas restrições e apreciações antagônicas. É importante observar que o espetáculo continha um grau razoável de integração ao meio teatral carioca, pois contava com a tradução do texto de R. Magalhães Júnior, experiente homem de teatro, integrado ao mercado e dedicado a múltiplas atividades; ele era, inclusive, crítico do jornal *A Noite*.

E o crítico de *A Noite*, que assinava C.R., foi dos mais favoráveis à montagem[77]. A estrutura da crítica é convencional – inicia comentando o texto, passa ao exame da direção, dos atores, da cenografia e encerra tecendo elogios ao produtor e ao tradutor. O eixo analítico seguido foi a valorização adjetivada da palavra, tal como se dava na apreciação do teatro das divas: "O vigor do texto, da força criadora de Erskine Caldwell, esse bruxo intérprete de brutos, violentos, responderá pela improvisação

[77] *Tobacco Road* no Fênix pela companhia de Sandro Polonius, Rio de Janeiro: *A Noite*, [s.d.], AMDC, Funarte.

[sic] de verossimilhança. [...] tudo acontece num clima de "aceitação", de naturalidade do anormal, do cotidiano, do extranho [sic]". O índice de valorização do diretor também foi um julgamento adjetivo, por vezes em cores surpreendentes, associado à capacidade de compreensão do texto – "o jovem mas experimentado homem de teatro italiano que hospedamos na direção de *Tobacco Road* imprimiu à expressão do texto uma interpretação harmoniosa. Que bom gosto, que medida, que intuição, que afinamento por assim dizer dos intérpretes em consonância com aquela sinfonia de vidas truncadas".

O tema da harmonia e do afinamento não foi, contudo, moeda corrente entre os críticos. Para o crítico D. C., do Correio da Manhã, por exemplo, "Sadi Cabral está razoável, tem talento, mas precisa mais tempo, pois a interpretação oscila". E o que é pior – segundo o crítico, "Outra que está no mesmo caso é a veterana e quase sempre magnífica Itália Fausta, se esta atriz soubesse o papel de cor, muito melhor teria vivido a mãe Ada Lester". A restrição, que não será observação isolada nesta

△ A cena naturalista, pródiga em detalhes e devotada ao retrato da vida, em *Tobacco Road*, de 1948. Cenografia de Lazlo Meitner. Observe-se a integração entre cenário e concepção geral da cena. (Acervo da autora.)

primeira época da empresa, leva à suspeita de que a companhia ainda trabalhava com ponto, apesar de a hipótese ter sido rechaçada com veemência em todos os depoimentos dos envolvidos.

Pelo menos uma voz favorável, celebratória, se ergueu, sem lançar mão de mera adjetivação retórica, em uma avaliação positiva do espetáculo. Foi a voz de um dos jovens críticos da época, lançados por Paschoal Carlos Magno, portanto alguém comprometido com o teatro moderno, no caso um jovem ator ainda não decidido integralmente pela carreira de intérprete: Sérgio Britto[78]. Em seu texto, ele compara a montagem da peça à versão cinematográfica, intitulada *Caminho Áspero*, de John Ford, filme que ele considerava uma obra inacabada, situação que reforça mais uma vez a aproximação já indicada entre a tela e o palco. Em sua opinião, a peça era uma obra-prima dos autores: realista, chocante e bruta, passava da tragédia para a comédia com facilidade. Ao ver a interpretação do elenco de Sandro, contudo, "as qualidades cinematográficas diminuíram aos nossos olhos". Considera Sandro um "louco" que vinha realizando teatro no Brasil, não temendo o fracasso financeiro na montagem deste texto.

78 Sérgio Britto, recorte sem título, Rio de Janeiro: *Diário de Notícias*, [s.d.], AMDC, Funarte.

A direção de Ruggero Jacobbi, a seu ver, possuía ritmo, um mérito, pois a peça era difícil de interpretar, dirigir e mesmo assistir: "*Tobacco*

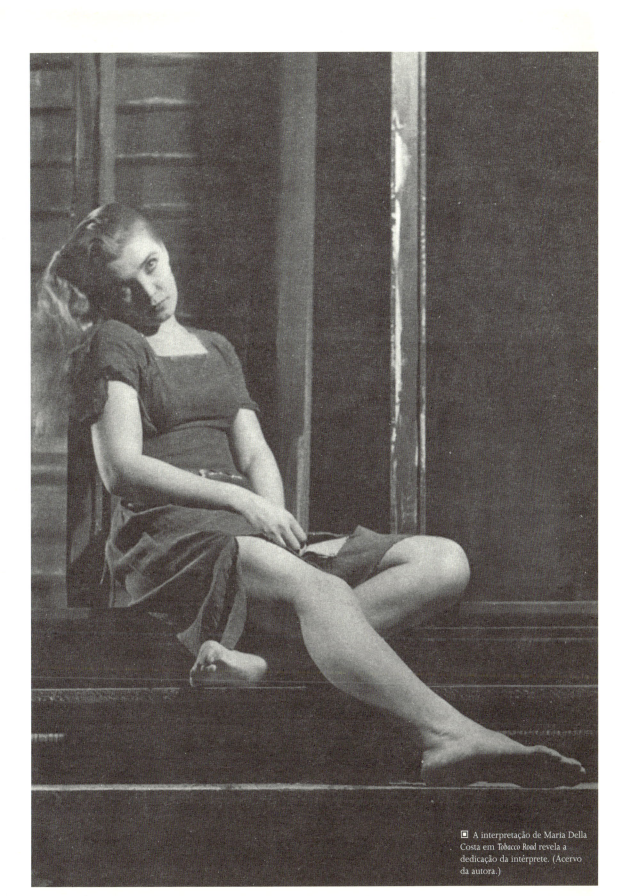

◼ A interpretação de Maria Della Costa em *Tobacco Road* revela a dedicação da intérprete. (Acervo da autora.)

△ ▷▷ O impacto da interpretação de Itália Fausta, uma máscara facial impressionante, e o preciosismo da composição da cena em *Tobacco Road*. (Acervo da autora.)

Road é uma tragédia que se assiste rindo", portanto uma peça paradoxal e inadmissível. O cenário de Lazlo Meitner foi qualificado como um primor de realismo e síntese. Itália Fausta, Sadi Cabral e Josef Guerreiro foram elogiados. O restante do elenco – "pontas" – mantinha-se perfeitamente bem e homogêneo, incluindo-se Maria Della Costa e Sandro Polônio. O saldo final era positivo: "*Tobacco Road* é um espetáculo que podemos recomendar integralmente".

Um outro recorte, sem data e sem identificação do veículo, assinado Arco, fez coro com o que seria um comentário geral da época – a constatação da monotonia da peça – indício expressivo do desejo naturalista da montagem: "E foi exatamente este 'defeito' que aos meus olhos pareceu uma das virtudes da peça". O ritmo era enervantemente lento. A terra surgia empobrecida, árida; a vida tinha uma rotina monótona e os personagens se moviam nessa lentidão, "ação coerente com o ambiente". A seu ver, a interpretação foi equilibrada, harmoniosa e justa; o autor da crítica não hesitou em repetir o texto do programa que define o elenco como um conjunto sem estrelismos e o considera verdadeiro. "Seria injustiça estabelecer escala de valores".

Entusiasmada foi também a crítica de Henrique Oscar: "A segunda realização de Sandro como produtor constitui um belo espetáculo, digno de aplauso, e mesmo, de entusiasmo"[79]. O texto foi iniciado comentando a dificuldade da realização da cena, em função do final, para o crítico um problema grave, no teatro em geral, que foi bem resolvido. E acrescentou um rol descritivo da cena, valioso para a história do espetáculo:

> E já que comecei a cuidar da realização cênica, pelo diretor, não posso negar o meu aplauso a quase toda a marcação [...] a direção de Ruggero Jacobbi parece mesmo filiar-se (depurada de excessos, insisto) ao teatro realista como o concebeu o criador do "Théâtre Libre", André Antoine [...] Assim é que temos no palco do Fênix, terra de verdade, água dentro do barril e legítimos destroços de um velho automóvel. Sadi Cabral e Itália Fausta, ambos excelentes [...] No primeiro ato, o modo de falar, destoando, como o de Sandro, do dos outros intérpretes, me desagradou um pouco pois me pareceu prejudicar a cor local: falando corretamente enquanto os outros falavam errado, a Ada de Itália Fausta estava deslocada naquele ambiente. Mas essa impressão durou pouco [...] E o meu entusiasmo chegou ao auge, fazendo-me esquecer a restrição inicial, diante de sua impressionante atuação na cena final.

E se a harmonia não foi reconhecida no conjunto das críticas como a essência da montagem, ela não foi também o tecido da temporada. Em um episódio que ilustra com rigor a situação teatral do Rio de Janeiro na época e a diferença com relação às condições nascentes em São Paulo, as apresentações da peça foram sacudidas pelo episódio que ficou conhecido como a "greve do Fênix". Em essência, segundo a hipótese que está sendo defendida neste texto, no Rio de Janeiro o teatro

---

[79] Henrique Oscar, *Tobacco Road*, Rio de Janeiro: *Diário de Notícias*, 13/06/1948, AMDC, Funarte.

era fato empresarial de bilheteria, não surgira um projeto cultural consistente no mercado, associável ao teatro moderno. Em tais condições, a fragilidade de bilheteria era uma restrição insuperável contra um elenco que não fosse senhor de sua casa de espetáculo. Mas estavam em jogo estruturas de poder algo complexas. É preciso esboçar uma rápida história do edifício do teatro para que se compreenda mais claramente o episódio.

Em sua origem, ainda no século XIX e na rua da Ajuda, existiu no mesmo local o Teatro Eldorado, inaugurado a 14 de outubro de 1863. Depois de algumas mudanças de nome, passou a ser chamado Fênix Dramática a 3 de maio de 1868, quando foi ocupado pela companhia do ator Vasques. O edifício foi demolido para as obras da Avenida Central (depois Rio Branco), ocasião em que não era mais usado para teatro, pois servia para a extração de loterias. O terreno fora doado à Prefeitura do Rio por uma sociedade dramática, sob a condição de sempre existirem ali um teatro e uma companhia nacional. Quando da construção do Palace Hotel, a firma Guinle, em troca do terreno que lhe foi cedido, construiu no local do antigo Fênix o moderno Teatro Fênix.

Depois de arrendado ao empresário cinematográfico Vital Ramos de Castro, passou a chamar-se Ópera a partir de 1 de julho de 1937. Na administração do prefeito Henrique Dodsworth foi remodelado e cedido à companhia da atriz Bibi Ferreira, ocupação que não durou muitos anos. Explorado indevidamente como cinema até 1945 pela empresa Vital de Castro, transformando-se em cinema poeira de péssima reputação, foi então desapropriado pelo decreto 7.759. O Sindicato dos Artistas conseguira, assim, mais uma casa para que seus associados trabalhassem. De acordo com o decreto, deveria ser entregue às companhias nacionais, sem a intervenção de terceiros. Foi reformado e reaparelhado; a Prefeitura gastou 1.500 contos em obras. Mais tarde, voltou às mãos do Sr. Vital de Castro, arrendado por cinco mil cruzeiros, segundo informou Itália Fausta aos jornais. Ele, em troca, exigia das companhias 35% da renda bruta, sob a condição de que nunca essa renda fosse menor do que duzentos mil cruzeiros mensais. Mas, como não se podia garantir estabilidade de renda, várias companhias saíram prejudicadas. Bibi Ferreira, Maria Sampaio, Iracema de Alencar, Itália Fausta e o Teatro do Estudante, todos tiveram que se retirar da casa com poucos dias de aviso[80].

O episódio conhecido como greve do Fênix foi desencadeado em virtude desta situação[81]. No sábado, 5 de julho de 1948, houve ameaça de despejo da companhia de Sandro Polônio; frustrada a ameaça, o despejo deveria consumar-se no domingo, mas foi impedido devido à intervenção de terceiros e à decisão de Sandro de não abandonar o teatro. Na semana anterior, a empresa não conseguira atingir a renda mínima semanal de cinquenta mil cruzeiros exigida pelo arrendatário. No sábado, à noite, Itália Fausta, em cena aberta, ao final do segundo ato, ainda maquilada falou ao público presente: "Os políticos usaram a praça pública, mas os artistas falam do palco. Este é o nosso púlpito". Em seguida, contou a história dos acontecimentos do Fênix, narrando-os dramatica-

[80] As informações foram retiradas especialmente do caderno de recortes dos anos 1947/1948 e 1950, matérias de O Globo e O Jornal, AMDC, Funarte, e de G. de Sousa, op. cit., v. I, p. 293-296.

[81] Sobre a greve do Fênix há muito mais material na imprensa do que sobre a temporada da peça; Sandro Polônio revelou aqui de forma aguda a habilidade que já lhe atribuímos, a de ser capaz de criar o fato imediato, procedimento eficiente para atrair a atenção do público. Consolidou-se neste momento a identidade do empresário atento e ardiloso, indicada em depoimentos e entrevistas estudados pela pesquisa. Sobre a greve do Fênix, destaque-se o material: A Resistência do Teatro Nacional, Rio de Janeiro, A Noite, 15/06/1948; Apelarão para o Presidente Dutra os Artistas do Fênix, Rio de Janeiro, O Globo, 1948; Sandro Anuncia: Sessão Hoje Ainda que o Público Não Pague Entradas – Luta pela Posse do Teatro Fênix, Rio de Janeiro, O Jornal, junho de 1948; Acampados no Teatro até a Cena Final, Rio de Janeiro, O Globo, 07/06/1948; Abriram-se os Portões do Fênix, Rio de Janeiro, O Globo, 10/06/1948; Roberto Brandão (Pompeu de Sousa), À Margem da Chamada "Batalha do Teatro", Rio de Janeiro, Diário Carioca, 13/06/1948, Rachel de Queiroz, História de Tubarão, Rio de Janeiro, Diário de Notícias, 13/06/1948; Nelson Rodrigues, Novos Aspectos do Caso Fênix, Rio de Janeiro, O Globo, 14/06/1948 e Correio da Manhã, 18/06/1948.

UMA EMPRESA
E SEUS SEGREDOS:
COMPANHIA
MARIA DELLA COSTA

mente, fazendo a plateia chorar. Estava presente o Sr. Roberto de Aguiar Moreira, secretário particular do presidente Dutra, e no final do terceiro ato ele foi aos bastidores e prometeu auxílio.

No domingo Itália Fausta repetiu seus apelos ao público – seria o último espetáculo da companhia, que deveria sair para dar lugar a espetáculos mais lucrativos. Só que os artistas resolveram ficar no teatro, em sinal de protesto, de domingo para segunda. Vieram aplausos e palavras de alento. Representantes das companhias teatrais presentes no Rio se solidarizaram e confraternizaram com Itália e seus companheiros: Henriette Morineau, Procópio Ferreira, Ziembinski, Roberto Fortes, Flora May, Aimée, o Teatro Universitário, o Teatro do Estudante, entre outros, levaram seu apoio. Um registro notável do episódio é a fotografia que mostra a classe teatral nos camarins, em que o centro da foto é a atriz Itália Fausta, enquanto uma ainda anônima Maria Della Costa aparece discreta, no fundo, sem atrair as atenções. A classe teatral foi mobilizada e foi organizado um livro de ouro[82]. Apareceram os deputados Barreto Pinto e Café Filho, que se prontificaram a apoiar a causa.

Itália Fausta falou ao jornal *O Globo* com precisão política exemplar: "Devo dizer de início, que, atingida com a resolução do Sr. Vital de Castro não fui eu, porém toda a classe teatral". A conclusão de sua entrevista é direta: "o mais cruciante problema do teatro brasileiro ainda é a falta de casas de espetáculos". O tom foi mantido nas declarações a *O Jornal*: "O caso do Fênix é o caso do teatro no Brasil. Os artistas querendo trabalhar e não encontrando local, sendo então forçados, como nós o somos agora, a lutar para garantir o local para o trabalho". O presidente do Sindicato dos Artistas, Sr. Floriano Faissal, recebido domingo no teatro, deu o seu depoimento comunicando a ação na justiça contra o empresário ganancioso[83].

82 A concepção do Livro de Ouro deve estar ligada à personalidade de Itália Fausta, pois a organização deste tipo de relicário, às vezes como livro de recordações ou de homenagens, era comum em sua geração. O Livro de Ouro do Fênix foi aberto com um texto manuscrito de autor não identificado: "A classe teatral, solidária com Sandro e seus artistas, firma aqui o seu propósito em dar todo e qualquer apoio na campanha que iniciam contra os absurdos exigidos pelo 'Sr. Vital Ramos de Castro', arrendatário do 'Teatro Fenix'". Seguem-se 88 assinaturas, da classe teatral e personalidades destacadas da época.

83 A matéria de *O Jornal* publicou o discurso, cujos trechos mais importantes são: "O Sr. Vital Ramos de Castro, conhecido em nosso meio como o 'capitão', sendo um homem milionário, já idoso e não gozando boa saúde poderia ter um gesto magnânimo para com a classe teatral. Lembrando-se que sua filha, a Srta. Maria Antônia foi atriz, aliás uma grande atriz, ele deveria ser generoso para os colegas de profissão de Maria Antônia [...] Não é o primeiro caso que o Sr. Vital cria com a Cia. de Sandro. Por várias vezes, tanto *Anjo Negro*, como *Estrada do Tabaco*, já tiveram suas apresentações interrompidas. Um dia é para ceder o teatro aos rotarianos. Outros dois são para a apresentação de um pianista e assim por diante [...] já requeremos [o Sindicato dos Artistas] judicialmente a manutenção de posse e o cumprimento do contrato. Além disso, o sindicato está denunciando o Sr. Vital às autoridades da Delegacia de Economia Popular, em virtude de o mesmo infringir o decreto-lei que dispõe sobre a locação e a sub-locação de teatros".

▷ Itália Fausta posa para os jornais: estava dormindo no Teatro Fênix, em greve, em 1948. (Acervo da autora)

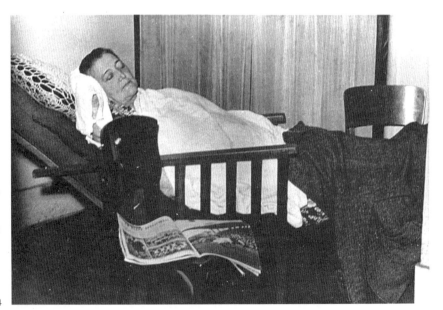

COMPANHIA
MARIA DELLA COSTA:
UM NOVO COMÉRCIO

Ainda segundo o noticiário dos jornais, o empresário Sandro Polônio esteve dia 06/06 (domingo) no Palácio do Catete, a fim de narrar os acontecimentos ao presidente da República. Recebido pelo Sr. Carlos Moreira, secretário particular do presidente Dutra, ficou de voltar dia 07/06 (segunda) para documentada exposição escrita sobre o assunto, para que as providências requeridas fossem tomadas. O caso chegou à Câmara dos Deputados, pois o deputado Café Filho ocupou a tribuna para tratar do assunto.

Como os artistas do Fênix não abandonaram o teatro após a representação de domingo, na manhã de segunda-feira a reportagem dos diversos jornais os encontrou dormindo pelas cadeiras, sofás, bancos e poltronas. Informaram então a sua firme disposição de permanecer no teatro, até que a justiça decidisse a respeito. O caso foi entregue ao advogado de Sandro Polônio, Dr. Clóvis Ramalhete. Em represália, o Sr. Vital Ramos de Castro fechou a bilheteria, mas sem sucesso: apesar disto e de estar a fachada do teatro sem iluminação, os artistas apresentaram o espetáculo para um teatro superlotado (08/06).

Na quarta-feira, dia 09, às 17h00, finalmente, o juiz Augusto Moura, da Quinta Vara Cível, garantiu a posse do Fênix aos artistas de *Tobacco Road*. Abriu-se a bilheteria e franqueou-se o teatro ao público. Em função do caso Fênix, criou-se um projeto de resolução aprovado pela Câmara, de autoria do Sr. Café Filho. Foi formada uma comissão para examinar, no prazo de trinta dias, as condições de funcionamento do teatro nacional, tendo em vista suas relações com os autores, atores, empresários, diretores e locadores de teatro e que também deveria apurar como tinha sido o amparo dos poderes públicos ao teatro nacional, no último quinquênio, promovendo o levantamento das subvenções dadas ou auxílios prestados, às organizações teatrais, sociedades de classe, pessoa ou firmas, e os benefícios resultantes dessa assistência financeira. Não foi possível localizar qualquer resultado concreto dos trabalhos desta comissão.

◁ Durante a Greve do Fênix, em 1948, a solidariedade da classe teatral em visita ao elenco (Modesto de Souza, Álvaro Diniz, Ribeiro Fortes, Itália Fausta, Susana Negri, Henriette Morineau, Procópio Ferreira, Renato Machado, Carlos Faria, Zimba, Perpétua Silva, José Renha, Fregolente, Sadi Cabral, Dary Reis, Maria Della Costa, Ruggero Jacobbi, David Conde.) (Acervo da autora.)

UMA EMPRESA E SEUS SEGREDOS: COMPANHIA MARIA DELLA COSTA

A repercussão do episódio junto aos meios culturais foi bastante razoável. Rachel de Queiroz escreveu no *Diário de Notícias* uma matéria de impacto, historiando o caso, buscando situá-lo no interior da história do teatro brasileiro. De saída, ela declarou que escrevia também para o homem do interior e desejava levar até ele o seu testemunho "para que fique sabendo como em verdade é tratada a arte na capital da sua República". A escritora considerava as transformações recentes do teatro – "Dantes, teatro propriamente não havia, salvo uma ou outra iniciativa isolada de profissionais inteligentes, que a meio de uma temporada de chanchadas, ou peças para rir, rir, rir, ensaiavam algo de mais sério e mais realmente teatral". Destacava, ao lado das transformações da cena, a reação do caluniado público carioca, que prestigiara peças como *Desejo* e *Hamlet*, qualificadas como muito superiores à percepção média da plateia. E acrescentou que Sandro Polônio vinha se destacando entre os empresários da nova escola. Ele conseguiu, para o seu conjunto, o teatro Fênix – bonita casa de espetáculos que durante muito tempo andou degradada em cinema poeira; teve até uma época mais suspeita ainda, na qual servira como cinema dos ditos "só para homens".

"Um dia", prossegue a escritora, "Bibi Ferreira, que estreava como empresária (já em plena batalha do renascimento do teatro nacional), Bibi lembrou-se do velho e conspurcado Fênix, conseguiu que a prefeitura o limpasse e mobiliasse, depois de tantos anos de criminoso abandono, e nele fez a sua vitoriosa temporada". A autora não sabe explicar como o teatro passou para o capitalista: "ninguém sabe direito explicar como é que a referida casa de espetáculo está locada a um dos *trustmen* de diversões deste país, o poderoso 'capitão' Vital Ramos de Castro". O texto é ácido – "O Sr. Vital, que não representa, não possui nem controla cia. teatral, tem um contrato de locação com o Fênix (contrato de mãe para filho – sendo que a prefeitura faz o papel de genitora)". O texto concluía narrando a representação vitoriosa, para casa lotada, na terça-feira, dia 08/06 – "O povo entrou pela caixa do teatro e assinou o nome num livro para que lhe façam a cobrança a domicílio – e lotou a casa" – e proclamando a condição odiosa dos monopólios[84].

Outros aspectos bem diferentes do episódio foram revelados por Nelson Rodrigues. O autor se recusou a assinar o Livro de Ouro da Greve do Fênix; começou a ser publicamente acusado de falta de solidariedade com o empresário que montara uma empresa para encenar *Anjo Negro*. Cansado de ser atacado, o autor falou a O Globo para expor as razões de sua atitude. Sintetizando, Nelson Rodrigues foi acusado de ser um "salvador do teatro nacional", assim mesmo, entre aspas; de ter atirado no fogo o Sr. Sandro Polônio, induzindo-o a aceitar sem pensar um contrato oneroso com um teatro, arrastando-o a um prejuízo enorme com a peça *Anjo Negro*.

As respostas foram precisas: o dramaturgo de saída observou que não desejava salvar coisa alguma, a não ser a sua própria alma, possibilidade que já achava altamente duvidosa. Considerava uma mentira a acusação de que teria lançado o Sr. Sandro Polônio no fogo, pois se entregar uma peça a um empresário é lançá-lo ao fogo, todos os autores são criminosos e mais criminoso ainda é o tradutor de *Tobacco Road*, cujas receitas

[84] Cf. Rachel de Queiroz, História de Tubarão, Rio de Janeiro: *Diário de Notícias*, 13/06/1948.

foram ridículas diante das que a sua peça alcançou. Nelson Rodrigues asseverou que o seu texto era potencialmente um alto negócio teatral, em virtude da publicidade prévia tremenda, decorrente de sua interdição, mas que mesmo assim por diversas vezes tentou fazer com que o empresário desistisse da montagem[85].

Quanto ao contrato com o Fênix, as revelações foram surpreendentes. O autor observou que, para levar seu texto à cena, lhe coube o papel de iniciar as negociações para a obtenção do Fênix, devido às suas relações pessoais com o arrendatário Vital Ramos de Castro, que fizeram com que ele lhe desse preferência, em detrimento de outros candidatos. Mas o Sr. Sandro Polônio esquivou-se na hora de assinar o contrato e o autor foi obrigado a fazê-lo, apesar de ser só autor. Esta situação – e o autor garantia que advertira o Sr. Sandro Polônio quanto ao problema – deixaria o empresário sem meios para fazer reclamações. Quanto à acusação de ter arrastado o empresário a um prejuízo enorme, Nelson Rodrigues refutou-a, pois teria se limitado a lhe dar um texto que ele próprio achava um bom negócio.

E mais: o dramaturgo detalhou a seguir condições da produção, de ordem interna. Afirmou que não havia dinheiro para os ensaios e para pagar o ensaiador foi preciso que o Sr. Mário Filho, irmão do autor, emprestasse ao empresário dez mil cruzeiros, ainda não reembolsados quando a matéria foi escrita, quantia que permitiu que sua obra fosse "lenta e minuciosamente levantada, durante três meses de preparação". Além disso, através de dois amigos, Nelson Rodrigues teria obtido, "em condições maternais", cinquenta mil cruzeiros para a publicidade direta da peça e parte deste dinheiro foi perdida, em função dos termos contratuais, por demais generosos. Finalmente, o autor explicava que não assinou nenhuma lista de solidariedade porque não poderia investir contra um contrato que ele próprio assinara no gozo pleno de sua consciência e liberdade: qualquer discordância, a seu ver, teria que ter sido levantada antes.

Além disso, depois de encerrada a carreira de sua peça, o seu irmão, Sr. Milton Rodrigues, interferiu junto ao Sr. Vital para que a temporada do empresário continuasse. Bastaria que se fizesse um novo contrato, caso o Sr. Milton aceitasse ser fiador, condição aceita pelo empresário. Sandro Polônio assumiu com o Sr. Milton Rodrigues o compromisso de cumprir o contrato e não gerar nenhuma crise. Assim, Milton Rodrigues assinou um contrato com o Sr. Vital Ramos como o único responsável pela situação; um segundo contrato foi firmado entre o Sr. Milton Rodrigues e o Sr. Sandro Polônio[86].

É possível avaliar-se, a partir daí, o jogo intrincado de relações que envolveu a própria fundação da nova companhia, ao que tudo indica organizada apenas para levantar um texto, sem capital e sem teatro, e rodeada de barreiras fortes para que pudesse instaurar plenamente um novo comércio de teatro: o comércio do novo.

Com a vitória legal obtida, que não chegou a transformar *Tobacco Road* em um estouro de bilheteria, a companhia partiu para a sua terceira

[85] A pesquisa não confirmou esta última informação; também não confere com o texto de Ruy Castro, *O Anjo Pornográfico*. Em geral, o que se afirma é o contrário – o autor adorou poder contar com o empresário.

[86] Nelson Rodrigues, Novos Aspectos do Caso Fênix, Rio de Janeiro: *O Globo*, 14/06/1948 e *Correio da Manhã*, 18/06/1948.

produção, agora uma montagem especial, cuja estreia parece ter sido dia 21/07/1948[87]. A peça serviu para a comemoração do jubileu de Itália Fausta, que estaria fazendo cinquenta anos de carreira em 1949. Trata-se, como alguns críticos observaram, de uma escolha marcada por uma certa redução de ousadia, inclinada à busca de maior sucesso popular. O original escolhido foi *Tereza Raquin*, de Zola, adaptado pela própria Itália Fausta; pela primeira vez o texto escolhido não era um lançamento, nem tampouco era o caso de busca de um sucesso de escândalo, chocante, como acontecera com os dois primeiros espetáculos propostos.

Mesmo assim, o original fora, há pouco, um texto proibido, que as moças liam às escondidas. A questão agora era de ressonância, mas ressonância histórica, buscando-se explorar o carisma da velha atriz, que se revelara razoável junto à imprensa, haja vista o espaço considerável obtido nos jornais com a Greve do Fênix. Propunha-se ainda uma continuidade de concepção, se bem que regressiva. A partir do realismo naturalista engajado norte-americano típico do entreguerras, da montagem anterior, dava-se um passo atrás, para o século anterior, em direção ao naturalismo de Zola.

Sandro Polônio, em um pequeno texto publicado no programa, sustentou a escolha em função do seu caráter polêmico: "A atual temporada de Sandro é caracterizada pela apresentação de obras ousadas, dessas que fogem aos repertórios normais". A constatação foi feita considerando-se que *Anjo Negro* fora, até o momento, "a peça mais arrojada de autor brasileiro que tenha sido jamais representada" e que *Tobacco Road* nos Estados Unidos foi "a obra que violou todas as tradições da Broadway". Em relação ao tempo em que foi escrita, se poderia dizer o mesmo de *Tereza Raquin* – embora as polêmicas suscitadas pelo advento do naturalismo já estivessem longe, o empresário achou que a sua significação histórica e a sua vitalidade teatral eram razões suficientes para uma nova apresentação[88].

A peça foi em sua origem um romance de Émile Zola (1840-1902) que marcou época, posto que referência exemplar para a formulação do naturalismo. Adaptado para o teatro pelo próprio autor em 1873, tornou-se um modelo eloquente do que seria a peça naturalista, embora não atingisse muito sucesso de palco. Mesmo assim, a peça teve ampla carreira internacional; por sua capacidade para atrair as grandes atrizes, foi bastante montada. Em 1945 foi produzida em Nova York com o título *Therese*. E ainda em 1947 fora apresentada aqui uma versão que, para alguns críticos, inspirou muito a produção de Sandro Polônio: foi a montagem da Companhia Marie Bell-Jean Chevrien no Teatro Municipal.

Sua carreira também foi razoável no cinema, referência importante para a articulação do repertório inicial da empresa, como já se observou a propósito, opção que ainda se tornará mais evidente no futuro imediato. Duas versões cinematográficas anteriores à montagem carioca da peça estão dicionarizadas: a primeira de 1915, italiana, dirigida por Nino Martoglio; a segunda, de 1928, alemã, dirigida por Jacques Feyder, parece ter sido muito exibida no Brasil e é tida como uma das melhores obras do cinema mudo. Destaca-se nos comentários sobre o filme a cena

[87] Data estabelecida a partir de recorte de anúncio de jornal do "Livro de Recortes 1948-1949", publicado no *Correio da Manhã*, datado pelo jornal *Lux* de 16/07/1948, e que anuncia a estreia para dia 21, AMDC, Funarte.

[88] Programa da peça, AMDC, Funarte.

em que, após o assassinato, os amantes apavoravam-se com o olhar da Sra. Raquin, muda e paralisada, situação que teria permitido a Marie Laurent uma composição notável[89]. O crítico Oswaldo de Oliveira, de *A Manhã*, lembrou-se de citar a fita em sua coluna como curiosidade a respeito da história da peça.

Trata-se de uma opção de trabalho em que o engajamento estilístico é fundamental: a trama está rigorosamente a serviço de uma proposição estética. A personagem-título é filha de um militar e de uma argelina, dividida entre o ardor sensual e a passividade de caráter que seriam típicos da mulher árabe. Órfã, admitiu que a Sra. Raquin, sua tia, decidisse o seu casamento com o primo, um homem doentio e fraco. Todos moram juntos, mantendo uma loja, o pequeno negócio que os sustenta, junto à residência, pois os rendimentos de Camilo como pequeno funcionário são irrisórios. Tereza, uma mulher indefesa exposta a todas as intempéries, é tragada por uma tempestade emocional – ela se apaixona por um amigo de seu marido, Laurent, espécie de homem rústico, de presença, voz e riso fortes.

Não é o verdadeiro amor, mas um frenesi instintivo pelo macho, a que ela se entrega sem reservas. Esta espécie de pulsação primitiva do sangue e da carne faz com que Tereza não hesite nem mesmo diante do crime, para o qual arrasta o amante. Eles matam o marido. A tia e os amigos realizam o casamento dos "amantes" sem saber de nada. Mas o remorso e o medo, que assustam Laurent, fazem os dois discutir. A tia descobre o assassinato cruel de seu filho e fica paralítica. A vida deles se torna um inferno. Na fase do remorso é que o caráter de Tereza Raquin atinge toda a sua intensidade trágica e toda a sua originalidade também, pois foi a primeira vez que Zola empregou os esquemas que fizeram o sucesso da escola naturalista. Não se tratava de uma crise moral ou de remorsos verdadeiros: sua alma permanecia distante, enquanto agiam as exigências invencíveis dos nervos e do sangue. À diferença das heroínas românticas, Tereza não estava às voltas com a fatalidade de uma paixão, mas submetida, sem intervenção possível do livre-arbítrio, a uma necessidade física. O seu remorso é muito mais uma desordem orgânica que acabou dissolvendo a sua personalidade. Sob a pressão de tudo e da tia, os dois amantes se suicidam[90].

O programa de sala da peça defendeu a versão de que Itália Fausta teria sido a primeira intérprete da peça no Brasil. Em sua Companhia Dramática Nacional, ela encenara o texto em 1919, no Rio de Janeiro, e em São Paulo em 1920. A sua atuação ficou famosa, mas a peça não passou a integrar o seu repertório. No entanto, parece difícil sustentar a hipótese de pioneirismo da atriz – se os registros diretos não permitem com facilidade escrever a história do texto no Brasil, os registros indiretos são pródigos. O primeiro é relativo à difusão da obra em Portugal – no *Diccionario do Theatro Portuguez*, de Sousa Bastos, ela aparece indicada no repertório da atriz Maria do Céo (1835-1887), que não foi uma atriz de grande nomeada, mas se projetou em alguns papéis, o que atesta uma certa difusão do texto.

---

89 Cf. G. Sadoul, *Dicionário de Filmes*.

90 Laffont – Bompiani, *Dictionnaire des auteurs.*; Idem, *Dictionnaire des personnages*; P. Hartnoll, *The Oxford Companion to the Theatre*; M. Banham, *The Cambridge Guide to the World Theatre*.

91 J. R. Faria, *Idéias Teatrais*, p. 191-196.

92 E. Zola, *Thereza Raquin*.

93 Na direção, há o mesmo problema detectado na montagem anterior – Ruggero Jacobbi assina a direção, mas houve uma supervisão tão forte de Itália Fausta, com certeza do conhecimento de integrantes da classe teatral e de alguns críticos, que em alguns jornais apareceu o seu nome como diretora. No Programa da peça do Teatro Fênix o diretor é Ruggero Jacobbi; mas no Programa da peça da temporada paulista de 1949, o diretor é Itália Fausta. Cf. "Teresa Raquin", Programas, AMDC, Funarte.

94 Do conjunto de críticas existente no ACMD, Funarte, foram consideradas em especial: *Tereza Raquin* no Fênix, seção Novos Críticos, Rio de Janeiro: *Correio da Manhã*, 07/08/1948; Augusto Mauricio, *Tereza Raquin*, Drama de Émile Zola, em Tradução e Adaptação de Itália Fausta, Rio de Janeiro, jornal não identificado, 19/03/1948; Gustavo Dória, *Tereza Raquin*, no Fênix, Rio de Janeiro: *O Globo*, [s.d.]; Roberto Brandão, Sobre *Tereza Raquin*, Rio de Janeiro: *Diário Carioca*, [s.d.]; Jota Efegê, Teatro, Rio de Janeiro: *Jornal dos Sports*, [s.d.]; Aldo Cavet, *Tereza Raquin*, no Fênix, Rio de Janeiro: *Folha Carioca*, [s.d.]; Brício de Abreu, *Tereza Raquin*, parte I e II, Rio de Janeiro: *O Mundo*, 1948; Oswaldo de Oliveira, *Thérèse Raquin*, Rio de Janeiro: *A Manhã*, [s.d.]; Ana Maria Sussekind de Mendonça, *Tereza Raquin*, no Fênix, Coluna Novos Críticos, Rio de Janeiro: *Correio da Manhã*, 1948; Violeta Ribeiro, *Tereza Raquin*, no Fênix, Coluna Novos Críticos, Rio de Janeiro: *Diário da Manhã*, [s.d.]; Paschoal Carlos Magno, *Thereze Raquin*, no Fênix, Rio de Janeiro: *Correio da Manhã*, [s.d.]; Nataniel Dantas, *Teresa Raquin*, no Fênix, Coluna Novos Críticos. Rio de Janeiro: *Correio da Manhã*, [s.d.]; R. L., *Teresa Raquin*, por Sandro, no Fênix, Rio de Janeiro: *Diário de Notícias*, [s.d.]; R.V. M., Rio de Janeiro: *O Jornal*, [s.d.]; sem autor nomeado, A Evolução Artística de Maria Della Costa, Rio de Janeiro: *A Noite*, 1948.

Além deste indício, que impõe reconhecer uma divulgação considerável da peça no idioma, o original tem data de estreia conhecida, no Rio de Janeiro – foi lançado, no Teatro Lucinda, pela companhia do empresário Furtado Coelho, um ardoroso caçador de novidades, já em 1880, apesar do insucesso da apresentação na França. O papel principal coube à atriz Lucinda Simões, a mesma que seria responsável, em 1906, pelo lançamento profissional de Itália Fausta. O empreendimento alcançou sucesso razoável – conseguiu de saída atingir a cifra de doze récitas seguidas – fato que levou à incorporação do texto ao repertório da empresa[91].

Um outro vestígio importante para que se constate o grau de difusão da obra no Brasil é um manuscrito existente na Biblioteca Nacional em cuja folha de rosto está indicada a data 24 de julho de 1894; há ainda a anotação "Pertence a Caetano Alves" e o carimbo – repetido em muitas páginas internas – "Affonso Baptista actor". Estes personagens não foram localizados, mas o fato em si parece ser eloquente[92]. Finalmente, o crítico Brício de Abreu observa em sua crítica que a peça era muito conhecida por aqui, montada até pelos circos, muito embora em uma de suas colunas ele acabe endossando a versão de que Itália Fausta fora a criadora do texto. Na realidade, considerada a personalidade de Brício de Abreu, é muito pouco provável que ele ousasse refutar uma afirmação da veterana atriz.

Para a montagem de 1948, Itália Fausta fez uma "adaptação modernizada" do próprio original de Zola, voltada para o público da época. Segundo suas declarações, reduziu as falas, cortando "inutilidades", alterou o final e criou um texto de apoio, o "Acendedor de Lampiões", para costurar as cenas. Obteve um texto de dois atos e seis quadros – o original era de quatro atos. A impressão que se tem é que a direção ampliou tudo, reforçou os coloridos, em especial as cenas de sensualidade e a personalidade das personagens. A época foi mantida através do figurino e do cenário[93].

Vária é a apreciação da crítica[94]. Em geral, a iniciativa de Sandro em produzir um teatro novo é elogiada de saída. No entanto, a sua escolha é severamente atacada por Brício de Abreu, que condena o fato de que o produtor estava oferecendo uma peça de Zola quando, na verdade, o que estava em cena era uma adaptação – um "*arranjo*", como se dizia no "teatro antigo" do Rio de Janeiro, muito embora conclua dizendo que a "nova versão do Sr. Sandro (ou da Sra. Fausta) pareceu-me, no geral, boa". Reclama ainda da monotonia dos primeiros quadros e do acendedor de lampiões, enxerto em que não consegue ver qualquer sentido. Sobre a montagem, Brício de Abreu observa que considerou o cenário confuso, decalcado um pouco no de Christian Berard, com uma alcova que o encenador não soube utilizar bem. Diante de todos os defeitos, observa o crítico, "temos que nos curvar e desculpá-los pela magnífica interpretação que o conjunto do Sr. Sandro deu à peça". O ponto mais alto, a seu ver, é Itália Fausta, que mereceria as palavras de Zola à primeira criadora do papel. O seu comentário tem certo alcance corrosivo: "Com todo o seu *demodé*, com todo o seu *vieux jeu*, ou lá o que quiserem, eu não titubeio em aconselhar ao meu amigo Paschoal Carlos Magno e

■ Visão geral da cena de *Tereza Raquin*: o cenário de Lazlo Meitner explora a atmosfera naturalista e o clima de opressão humana. (AMDC, Cedoc/Funarte.)

■ O peso da cenografia, a geometria da marcação e os tons emocionais sublinhados em *Tereza Raquin*. (AMDC, Cedoc/Funarte.)

▷ A interpretação de tons exaltados em *Tereza Raquin* – Sandro Polônio e Maria Della Costa. (AMDC, Cedoc/Funarte.)

▷ *Tereza Raquin* – Maria Della Costa e Itália Fausta construíram desempenhos de forte colorido dramático. (AMDC, Cedoc/Funarte.)

a esse grande Renato Viana que levem os seus discípulos e alunos para verem a senhora Itália Fausta em *Teresa Raquin*".

Já o crítico Oswaldo de Oliveira, de *A Manhã*, reclamou a ausência de um pulso forte, tanto na direção quanto nas performances, recurso a seu ver básico em montagens históricas em que há uma estrutura geral complexa. Nas interpretações, o crítico situa dois desempenhos "absolutamente fora do comum": Maria Della Costa e Itália Fausta. A primeira "soube irradiar toda a agitação e emotividade necessárias para o crescendo das emoções". A outra, logo depois que é envolta em imprevista paralisia, atinge o seu ponto alto – "os seus olhos começam a falar". A sua análise do cenário é francamente oposta à de Brício de Abreu: "avulta o excelente trabalho cenográfico de Lazlo Meitner. O ex-decorador de palcos e estúdios londrinos obteve uma chance à altura de seu talento".

Gustavo Dória inicia seu rápido texto em *O Globo*, na coluna Primeiras Teatrais, afirmando que o teatro naturalista não tem mais atração, a não ser como demonstração de estudo retrospectivo. E se o teatro naturalista é algo que foi ultrapassado, o texto de Zola, por sua, vez, não é daqueles que ficam, mesmo sendo parte de um movimento superado: uma versão original de *Tereza Raquin* só poderia ser vista com dificuldade. Após comentar a adaptação do texto que fora apresentada rapidamente pelos franceses no ano anterior, no Municipal, sem apaixonar o público, Dória observou que a versão feita pela senhora Itália Fausta, do próprio original de Zola, buscou adaptar-se "às exigências da plateia de hoje, contornando as suas asperezas permanentes e deixando, em compensação os momentos de grande emoção, [...] realizou um espetáculo para agrado das plateias que preferem os lances fortes". O resultado foi também um teste muito expressivo para o elenco – que o crítico considerou em geral bem resolvido – e a conclusão de seu texto é a de reconhecimento ao jovem produtor, que merece "todo o apoio do público e a simpatia dos que amam, realmente, o bom teatro".

Sem dúvida o único crítico que foi capaz de levantar bandeiras contra a produção, em seu próprio terreno conceitual – isto é, os pressupostos do teatro moderno, foi Roberto Brandão (Pompeu de Sousa). A sua crítica foi iniciada com uma apreciação taxativa: "Este é artisticamente o mais fraco dos espetáculos da responsabilidade do jovem produtor que é o Sr. Sandro Polônio". Dois são os pontos contra os quais o crítico se bate: a adaptação do texto e a direção. Eles não impedem, contudo, que a montagem surja ainda assim como "trabalho bastante apreciável", não representando "abdicação do nível de qualidade que muito louvavelmente se impôs o mais novo dos nossos empresários dramáticos". A adaptação – cuja autoria o crítico declara ignorar – é atacada em particular por sua linguagem, com o uso inflexível do tratamento pronominal na segunda pessoa; um outro problema é a nota melodramática, "descambando frequentemente para o dramalhão, de um mau gosto que talvez tenha raiz num compreensível desejo de conquistar certa categoria de público". O único acerto do texto a seu ver é a invenção do "Acendedor de Lampiões", recurso atenuante dos desmandos do dramalhão.

UMA EMPRESA
E SEUS SEGREDOS:
COMPANHIA
MARIA DELLA COSTA

Já a direção, "há que reprovar sua frouxidão"; falta unidade de interpretação; há um erro de arquitetura cênica do diretor, de aproximar espaços tão conflitantes quanto a sala e o quarto da moradia, criando situações inaceitáveis para a trama, e há muita fragilidade na iluminação. Na interpretação, o ponto alto absoluto é Itália Fausta, notadamente em sua última aparição, "quando totalmente paralítica, só pelas contrações da face, e principalmente pelos olhos, consegue exprimir-se", oportunidade em que "dá, com sua máscara muito rica, uma demonstração de virtuosismo interpretativo dos mais raros".

Através de uma coleção de recortes de pequenas notas de jornais[95], é possível constatar que a peça ficou em cartaz por um período razoável – pelo menos nove semanas – até porque a trajetória da peça encenada a seguir foi bastante tumultuada. Para compensar a concessão ao gosto médio realizada em *Tereza Raquin*, a companhia ousou lançar um dos textos mais polêmicos da história do teatro contemporâneo, *Woyzeck*, de Georg Büchner (1813-1837), inconcluso, que o autor deixara inacabado ao falecer. A trama do texto – se é que se pode usar este conceito – é um banho de derrisão. A tragédia *Woyzeck* foi deixada fragmentada pelo escritor, embora com todas as cenas delineadas, em três manuscritos, um dos quais contém o esboço de sua sucessão, o desenrolar-se do enredo. A versão usada foi estabelecida a partir do texto contido na última edição da obra, publicada pela Insel Verlag, de Leipzig; como ela se destinava à representação teatral, o tradutor se afastou, num ponto ou outro, do original alemão.

O bom soldado Woyzeck, um ser simplório, é levado ao desespero com as brincadeiras de mau gosto feitas por seu Capitão, que se considera um homem superior e vê no soldado raso Woyzeck um ser inferior e desprezível. Para ter mais algum dinheiro e assim agradar a sua Maria, ele se presta a ser cobaia dos estudos de um médico, um pouco como um grotesco símio de feira, situação, aliás, que tem paralelismo com uma cena de feira em que um charlatão se exibe defendendo a vida natural, que ele ilustra através da apresentação de um cavalo. Woyzeck, submetido a múltiplas pressões, descobre que Maria o trai; enlouquecido, mata sua mulher a facadas[96].

Era um verdadeiro desafio poético, que recebeu o título extemporâneo de *Lua de Sangue*, sem dúvida escolhido para tentar forçar uma aura comercial. Apoiado pelo jovem empresário – e não havia com certeza nenhum outro capaz de lhe proporcionar semelhante aventura – Ziembinski buscou enveredar por uma experimentação da linguagem de palco. A avaliação do episódio por Sandro Polônio em depoimento a Yan Michalski revela muito da trajetória da montagem: "Eu era jovem, cheio de ímpeto, na linha de Ziembinski, e ele botava lenha na fogueira: vamos fazer *Woyzeck*, vamos embora... E fizemos. [...] Ele trazia um outro ator que chegou da Polônia, Samborski, belíssimo ator, que fez um dos personagens importantes de *Woyzeck*". O ator, fugido de guerra, foi protegido por Ziembinski e deu mais um colorido especial à montagem: "Foi um espetáculo muito avançado demais para a sua época, talvez hoje... seria um espetáculo para os dias de hoje mesmo. Foi um avanço

---

95 aMDC, Funarte.

96 G. Büchner, *Woyzeck*, revista *Teatro Brasileiro* n. 3. Foi localizado um exemplar de *Lua de Sangue (Woyzeck)*, de Georg Büchner, tradução de Mário da Silva, com carimbo da censura de "impróprio para menores até 18 anos" (em cada página) e carimbo do S.C.D.P. (Serviço de Censura de Diversões Públicas), datado em 18 de agosto de 1948, com 32 p. O exemplar é datilografado e não tem nenhuma anotação. Personagens: Capitão, Woyzeck, Andrés, Maria, Margarida, Charlatão, Tambor-Mor, Sub-Oficial, Médico, 1º Operário, 2º Operário, Judeu, Mulheres, O Idiota, Crianças, Velha, Mulher, Catarina, Taberneiro, Transeuntes, Policial. AMDC, Funarte.

tão grande que deixou todo mundo perplexo. A crítica ficou assim... não sabia como pegar, como analisar..."

Em sua opinião, o público não entendia, não estava preparado para aquele espetáculo, do qual o empresário lamentava não ter uma foto que fosse. Apesar do diretor ter ficado extasiado com a direção, a montagem foi um rombo[97].

Na verdade, a ideia da montagem não partira de Ziembinski, mas de Ruggero Jacobbi, versão bem mais plausível, pois o jovem diretor italiano de certo conhecia bem menos o mercado de teatro carioca, menos o bastante para ousar tanto. Ruggero Jacobbi contou como teve a ideia, versão confirmada por depoimento de Ziembinski, que deixa entrever a mesma perspectiva do depoimento de Sandro: o *sonho*. O texto foi publicado junto com a edição da peça, na tradução de Mário da Silva.

O volume conta com três textos de apoio – um do próprio tradutor, o de Ruggero Jacobbi e um de Ziembinski. O texto de Mário da Silva diz que a estreia se deu a 26 de agosto de 1948 e que a peça foi "um dos maiores insucessos da temporada", ficando apenas dez dias em cartaz. Em "Nota Sentimental sobre *Woyzeck*", Ruggero Jacobbi confirma o "insucesso". E comenta que foi ele quem apresentou a peça a Sandro, na versão em italiano, e que depois saiu com Mário da Silva à procura de um original em alemão. Também foi ele quem inventou o título *Lua de Sangue*, mas depois se desligou da companhia, indo para São Paulo ensaiar *Esses Fantasmas*, com Procópio Ferreira. Ziembinski assumiu a frente do projeto e montou a peça.

Ruggero Jacobbi admirou o espetáculo dirigido por Ziembinski, que, na sua opinião, soube resolver o "problema das mudanças de cenário com habilidade e simplicidade". No entanto, ele achava que o texto, por sua aspereza e falta de estrutura, "ficou inatingível, obscuro, para o grande público" e que a crítica "demonstrou a incompreensão mais absoluta", à exceção de Roberto Brandão (Pompeu de Souza) que teria escrito uma "louvação"[98].

O texto de Ziembinski – *Ziembinski fala sobre* Woyzeck – é um subsídio valioso, pois revela como Ziembinski pensou o espetáculo, dá uma ideia de como foram os cenários, as mudanças de cena, toda a sua concepção, enfim. Ele começa dizendo que o *Woyzeck* há muito tempo exerce atração sobre ele e que, quando ele foi chamado para dirigir a peça, a concepção do espetáculo veio "fulminante – nasceu por assim dizer de um dia para o outro, com a nitidez, a consequência e a perseverança de que (ele) mesmo não conseguiria mais escapar". Ziembinski sentiu necessidade de se "apoderar" completamente do espetáculo, acumulando as funções de diretor, principal intérprete e cenógrafo. O "estilo" da representação teria surgido espontaneamente e Ziembinski diz ser "a mais sincera evocação poética de um romantismo que se frustrou, esbarrando na amargura da realidade, e adquiriu a forma exterior de uma síntese brutal e violenta, a ponto de se tornar lírica e meiga". No entanto, o diretor assegura em seu texto que o espetáculo foi preparado rapidamente, ficando imaturo e com "pequenas impurezas", porém mantendo a

97 Y. Michalski, op. cit., p. 133.

98 G. Büchner, loc. cit., p. 12-13. Os textos críticos localizados foram: Roberto Brandão (Pompeu de Souza), Louvação de "*Lua de Sangue*"– peça, espetáculo e etc., Rio de Janeiro: *Diário Carioca*, 28/8/1948; J. Rego Costa, *Lua de Sangue*, Rio de Janeiro: *Vanguarda*, 31/08/1948; Gustavo Dória, "*Lua de Sangue*" no Fênix, Rio de Janeiro: *O Globo*, 31/08/1948; Olga Obry,"*Lua de Sangue*", Rio de Janeiro: *Argumentos*, 09/09/1948; Oswaldo Oliveira, "*Lua de Sangue*" – Première no Fênix, Rio de Janeiro: *A Manhã*, 31/08/1948. AMDC, Funarte.

UMA EMPRESA
E SEUS SEGREDOS:
COMPANHIA
MARIA DELLA COSTA

"força de algo poderoso que emana e não quer aceitar cabresto". Bonito, sincero e esmagador – conforme suas palavras.

A concepção visual do espetáculo procurou dar uma unidade "plástica e sentimental" ao "terreno cênico", embora subdividindo-o em proscênio – contendo "o que era vasto e sujeito às alucinações" – e interiores sobre os carros – com sequências rápidas e curtas, representando diversos lugares da história de Woyzeck. O cenário era baseado "num simplíssimo esqueleto de um plano inclinado, de uma escada, dois pilares, plataforma e porão aberto". Ziembinski diz que esse "esqueleto" era recoberto por "diversos revestimentos" que modificavam os ambientes. "Os carros traziam a casa de Woyzeck, a guarita, o consultório médico, com seu ar primitivo e realista" (ou seja, o cotidiano) "e o proscênio, coberto de raios verdes ou azulados de luz, abria o campo, onde o cérebro oprimido de Woyzeck se exprimia e arrebentava na força tortuosa e violenta de sua impotência humana" (o "íntimo"). O encenador afirma em seu texto que não se espantou com a pouca receptividade do público. A "redução humana" de *Woyzeck*, sua secura, provavelmente provocava uma "terrível contração e reação no sentimentalmente e humanamente dissolvido mundo moderno".

Quanto às mudanças rápidas das cenas, feitas dentro de tempos musicais "rigorosamente respeitados (foram feitas mudanças até em 26 segundos e sem nunca fechar a cortina)", foram utilizadas projeções. O telão do fundo "era um gigantesco *écran*", com quatorze metros de largura e doze metros de altura. As projeções "se fundiam com os elementos plásticos do 1º plano introduzidos e substituídos por meio de carros". Havia um véu pintado na boca de cena que surgia e desaparecia conforme a luz e que ajudava a "mascarar os movimentos de mudança", sem dispersar o espectador já que a pintura do véu participava da ação dramática.

A reação da crítica e do público já foi sugerida. Os elogios solitários de Roberto Brandão não significaram muito. O seu texto, porém, não foi uma louvação ampla e acabada – fez coro com as restrições generalizadas ao trabalho de ator de Ziembinski, do qual não gostava no papel do protagonista. Ou melhor, considerava ótimos os detalhes de composição que vinham do diretor e bem maus os que procediam do simples intérprete, tais como o gesticular excessivo, a maneira estereotipada de exprimir emoção por meio de engasgos, no seu entender escolhas imperdoáveis em um ator que era diretor[99].

A crítica estabelecia primeiro o contexto da peça, situando o autor em sua época e comentando tanto a estrutura irregular do texto quanto a "força poética e força dramática na verdade excepcionais". Elogiava a coragem de Sandro como empresário e louvava a encenação, destacando o encontro feliz de Ziembinski com o autor: "as soluções cênicas que o Sr. Ziembinski encontrou para os mil problemas do texto são de uma natureza e de uma qualidade que se equiparam ao valor do original. O escritor pré-expressionista encontra na arte do diretor pós-expressionista uma consonância e uma ressonância extraordinárias". No seu entender, dificilmente se poderia conceber uma "versão tão condizente e bela do drama no espetáculo". A solução era tão boa que se chegava a achar bom

[99] Roberto Brandão (Pompeu de Souza), Louvação de *Lua de Sangue* – peça, espetáculo e etc., Rio de Janeiro: *Diário Carioca*, 28/8/1948. AMDC, Funarte.

o fato do palco não ser giratório, dada a "delícia e beleza" da solução de arquitetura técnica encontrada pelo diretor: "a escada ao fundo, solta no ar, os dois planos, ligados, mais o plano inclinado e as duas carretas laterais sobre trilhos, que são introduzidas e retiradas de cena e compõem, com o resto, toda sorte de sugestões requeridas à imaginação".

Além do elemento arquitetural, os elementos escultóricos e pictóricos que transpareciam nas marcações e nos figurinos, as movimentações ricas de intenções e de efeitos de puro balé e a "sabedoria incomparável no iluminar tudo isso" forneciam meios para que o elemento plástico se tornasse "em si, obra de arte levada ao plano da obra-prima". O texto ainda elogiava o ator Samborski – fosse ou não foragido de guerra – "um ator extraordinário. Seus recursos de máscara, gesto e inflexão são alguma coisa de notável, onde há muitíssimo de estudar e aprender"[100].

O tema do ator colaboracionista não teria sido tão sem importância: a presença de Boguslaw Samborski no Brasil teria irritado profundamente a atriz polonesa Irina Stypinska, que passou informações a seu respeito para a atriz e jornalista Luiza Barreto Leite – pois ele fora condenado duplamente como colaboracionista e criminoso de guerra, pela Resistência e pelo Estado polonês. Uma matéria com a denúncia pública, revelando Ziembinski como protetor do ator fugido, teria sido publicada, o que fez com que ele abandonasse a cena e ajudasse a liquidar a carreira do espetáculo. O ator, que na Polônia trabalhara com Ziembinski, fora aconselhado pelo diretor e pelo ator Labanca a se manter escondido por algum tempo no interior, para evitar confrontos desagradáveis, mas ele não conseguiu suportar o isolamento e forçara a sua inclusão na peça[101]. Mesmo assim, o ator não desapareceu de cena, como supõem Fuser e Guinsburg, pois o seu nome aparece na ficha técnica de algumas chanchadas da Atlântida do início dos anos de 1950[102].

Dois críticos "arrasaram" com o espetáculo e dois outros elogiaram comedidamente[103]. Gustavo Dória discordou das afirmações feitas por Sandro, em sua própria coluna, quando do lançamento da montagem, de que o esboço de peça em que se constituía *Woyzeck* seria uma obra-prima do teatro alemão e Georg Büchner um novo Shakespeare. Para ele, era um exagero; a peça, em seu juízo, era um "texto de teatro romântico mesclado a aspectos realistas", que dificilmente teria um alcance universal. Coincidentemente, então, a *Lua de Sangue* apresentada no Fênix era, possivelmente, o "menos feliz dos trabalhos de Ziembinski como diretor e, principalmente como ator". Gustavo Dória situou ainda uma "tentativa frustrada de ressuscitar um "*mayeroldismo*" já "*demodé*" através de cenas que se sucediam, armadas em diferentes níveis e escadas.

Na sua opinião, esse construtivismo não combinava com o caráter romântico do texto, que pedia cenas de maior leveza e "ambientes quase de cartão postal". Quanto à interpretação, o crítico diz que Ziembinski fez um Woyzeck inexpressivo e que seu aspecto não combinava com o "tipo que se imagina para o papel". A presença de Maria Della Costa foi destacada como sendo "hoje uma atriz que se vem submetendo às mais difíceis provas e sempre vencendo". O ator polonês Samborski é

---

100 Idem, ibidem.

101 F. Fuser e J. Guinsburg, A Turma da Polônia na Renovação Teatral Brasileira, *Diálogos sobre Teatro*. O texto não dá indicações bibliográficas de suas fontes e, no caso Samborski, parece que houve engano quanto às matérias de jornal citadas – o texto de Luiza Barreto Leite, "Svengali e seus Marionetes", é anterior ao episódio; o texto-denúncia citado não foi localizado nas diferentes instituições pesquisadas.

102 Cf. S. Augusto, *Este Mundo é Um Pandeiro*. Os nomes Antônio Samborsky (*Três Vagabundos*) e Anthony Zamborsky (*A Dupla do Barulho* e *Nem Sansão nem Dalila*) estão incluídos nas fichas técnicas.

103 As outras críticas consultadas foram: Gustavo Dória, "*Lua de Sangue*" no Fênix, Rio de Janeiro: O Globo, 31/08/1948; J. Rego Costa, "*Lua de Sangue*", Rio de Janeiro: Vanguarda, 31/08/1948; Oswaldo Oliveira, *Lua de Sangue* – Première no Fênix, Rio de Janeiro: A Manhã, 31/08/1948; Olga Obry, "*Lua de Sangue*", Rio de Janeiro: Argumentos, 09/09/1948. AMDC, Funarte.

visto por Gustavo Dória como um talento que poderá somar-se aos já existentes, quando já estiver dominando a nossa língua. Itália Fausta é uma presença "sempre grande nos menores papéis". O crítico cita o nome dos demais atores sem fazer qualquer comentário, à exceção de Josef Guerreiro, "sem destaque" e Wallace Vianna, responsável por um dos melhores papéis da peça, mas que é "além de suas possibilidades", obrigando-o a distorcer as intenções da personagem. Gustavo Dória concluiu o texto com uma observação dura, afirmando sobre o espetáculo: "nada acrescenta ao grande esforço de Sandro pelo Teatro". E vai adiante contra o texto: "não chega a impressionar".

J. Rego Costa comentou que, em matéria de interpretação, nenhum integrante do elenco se destacava. Admirou os "efeitos cênicos e luminosos", elogiou Ziembinski na direção – "é um ótimo cenarista" e um diretor razoável – mas, como ator, "deixa muito a desejar". Faltava-lhe aquela "matéria-prima que é a pedra de toque da dramaticidade", ele tinha sensibilidade, mas não conseguia traduzir suas emoções. "Isto é claro, não é coisa que se aprenda ou que se ensine: é mal congênito". Já Samborski possuía "razoáveis recursos técnicos e plásticos", "naturalidade de expressão, espontaneidade e conhecimento do seu *métier*", foi responsável pelos "raros instantes" de verdadeira emoção da peça.

Maria Della Costa não teve muita oportunidade "de pôr em prática seus notórios dotes artísticos", Itália Fausta ficou aquém de suas possibilidades. Os demais atores (incluindo Sandro) deram o seu "recado", sem produzir maiores impressões. J. Rego Costa lamentava que o elenco da "cia. de Sandro – um dos poucos conjuntos homogêneos de que dispomos atualmente" tivesse que participar de um "espetáculo tão pouco promissor". O crítico termina aconselhando o grupo a ir preparando outra peça para substituir *Lua de Sangue* em duas semanas.

Uma outra abordagem foi a assinada por Oswaldo de Oliveira: ele elogiou muito o texto de Büchner, achando-o magnífico, apesar das "falhas"; destacou a estrutura em quadros e a caracterização das personagens como pontos altos da obra. Ele louvou os esforços de Sandro e Ziembinski para apresentarem a peça pela primeira vez na América do Sul. O espetáculo, porém, sofreu muito, em sua opinião, com a falta de recursos para adaptar o palco móvel com planos laterais, que o texto pede, às condições existentes. Muitas falhas, no entanto, se devem à falta de "apuro dos ensaios", como o "aparecimento de pessoas ou de apenas mãos gesticulando" da coxia, vazando para o palco, e a movimentação de cortinas e cenários. O crítico reconhece "méritos na direção de Ziembinski", mas acha que o espetáculo estreou "prematuramente", não havendo ainda um "ambiente seguro" para a realização de uma "conjunção artística". A falta de unidade é notada também nas "performances".

O crítico dividiu o elenco em três grupos, de acordo com o desempenho de cada um. Primeiro, o "grupo favorável" em que ele destacou Maria Della Costa, "que viveu bem o papel"; Wallace Vianna, que superou as expectativas no papel do Médico, e Samborski, "um notável Capitão". Esse trio o crítico considerou "magnífico", "os esteios da parte interpretativa". A seguir, em 2º plano, mas satisfatórios, vêm Sandro, Josef Guerreiro, as "pontas" de Carolina Souto Mayor, Itália Fausta, Elídio Costa, Antônio Gonçalves, Pedro Henrique. Em 3º lugar ele cita os demais atores que representaram papéis menores e Ziembinski. O crítico considera Ziembinski um bom diretor, apesar das restrições feitas à "falta de preparo das minúcias"; mas ele não gostou da sua atuação, dizendo que parecia não estar vivendo o papel e sim *representando-o*. Quanto aos cenários, também de Ziembinski, não comprometiam, embora não fossem um de seus melhores trabalhos. Oswaldo de Oliveira terminou a crítica dizendo que a "peça é valiosa, porém exigindo recursos mais amplos de montagem", e que o espetáculo era interessante, apesar de todas as restrições, sendo, contudo, indicado para um "público de elite".

Também há um certo clima elogioso nos comentários de Olga Obry, da revista *Argumentos* – ela chegou a afirmar que daria um "Oscar" de melhor espetáculo teatral da temporada a *Lua de Sangue* se isso fosse possível. Comentou ainda que o pequeno palco do Fênix foi "magistralmente aproveitado" por Ziembinski, dando à peça uma "interpretação moderna". "Nos cenários sóbrios e muito bem arquiteturados, sob os efeitos de luz perfeitamente estudados e sob a direção segura de Ziembinski, esses quadros, um tanto disparatados, formaram uma unidade cênica notável". Enquanto ator, no entanto, Ziembinski fez um "trabalho regular" no papel de Woyzeck, porém foi um "bom ensaiador" do elenco. Ela destacou Samborski no papel do Capitão, que criou um "caráter homogêneo e convincente, da primeira à última palavra de seu papel", trabalhando a mímica, os gestos, o modo de trajar e de andar e as inflexões da voz.

O comentário da crítica é ácido: "Não sendo segredo para ninguém a atitude desleal deste polonês para com a sua pátria durante a última guerra, ele acha-se, interpretando o papel de capitão, numa espécie de inferno existencialista onde a tortura das almas danadas consiste em meditar eterna e inelutavelmente as baixezas cometidas enquanto ainda era tempo de não cometê-las". A época em que se passa a peça não foi respeitada, devido à opção por uma "indumentária moderna". Maria Della Costa fez um "ótimo trabalho", sabendo "cada vez mais aproveitar seus dons naturais". Antônio Gonçalves, no papel do Tambor-Mor, teria dado um tom engraçado à personagem, meio como um soldado de chumbo. Wallace Vianna, com seu Médico, ficou muito exagerado, poderia ter "maior sobriedade na gesticulação", sem prejudicar o seu lado cômico. "Itália Fausta deu um belo exemplo de modéstia aceitando o pequeno papel da Velha Mulher", ao qual soube dar destaque, sendo sua cena, para a crítica, uma das melhores. Ela afirmou ainda, de Sandro, que deu brilho a um papel apagado, e de Josef Guerreiro, "simpático como sempre". Os demais atores "contribuíram para sustentar o alto nível artístico do espetáculo".

Um outro documento a considerar a respeito da efêmera montagem é o programa de sala, singelo folheto composto a partir de uma simples folha dobrada, portanto com quatro páginas, com um único anúncio de página inteira, do novo pó-de-arroz micronizado da Coty, e um outro pequeno anúncio da Casa Lú Modas, da rua da Assembleia. Há ainda, além da folha de rosto e da ficha técnica, um texto de certa importância, sem assinatura, que deve ser atribuído a Sandro, pois é em seu nome que a montagem aparece: "Sandro apresenta sua 4ª produção da temporada"[104].

Em seguida, contraditoriamente, duas percepções claras do processo histórico percorrem o texto – a historicidade e a orfandade do empreendimento: "No dia em que se escrever [a] história da atual fase de renovação do teatro brasileiro, a presente temporada de Sandro, no Fênix, merecerá, sem dúvida, um capítulo especial". O texto prossegue com um certo tom de reclamação pela falta de apoio governamental e, ao mesmo tempo, certo orgulho por conseguir levar adiante a companhia, apesar das dificuldades – foi uma temporada teatral cercada por circunstâncias adversas e desalentadoras. Quer dizer, ao mesmo tempo em que se usa uma forma de apresentação convencional do meio teatral carioca, a projeção da figura do empresário, existe a consciência do novo, traduzido em um formato moderno de companhia e em uma linha de repertório.

O texto fala da falta de "amparo dos poderes públicos, não obstante o elevado nível artístico do repertório programado", a força de vontade do grupo e a coragem de se lançarem sem terem se beneficiado "de uma nomeada adquirida anteriormente, em mais fáceis e rendosos domínios do teatro". O "jovem empresário", Sandro, teve de enfrentar ainda a censura, seguida de problemas com o arrendatário do teatro. A seguir, o texto relembra as peças anteriores desta "dramaticíssima temporada", detendo-se um pouco mais na polêmica suscitada por *Anjo Negro*. Em relação a *Woyzeck*, pouca coisa é dita, além da denominação de "torso dramático". Diz-se que é uma peça pouco representada na Europa devido às dificuldades na montagem, mas que Sandro "não hesitou em encenar pela 1ª vez na América do Sul e, quiçá, em todo o continente americano".

No último parágrafo o texto comenta que Sandro teve o mérito de apresentar ao público três estrangeiros que fizeram sua estreia nos palcos nacionais: Ruggero Jacobbi, diretor italiano (fez *Tobacco Road*), Lazlo Meitner, pintor e cenógrafo húngaro (fez *Tobacco Road* e *Tereza Raquin*) e o ator polonês Antony Samborski (atuando em *Lua de Sangue*). Além disso, Sandro deu oportunidade a jovens atores de mostrarem seu talento e "fez conhecer às mais jovens gerações, em um repertório para ela, a grande arte de Itália Fausta".

As observações são importantes, pois logo se revelava o preço do novo. A peça a seguir – *Sonata a Quatro Mãos*, de Guido Cantini – traduz uma guinada violenta em direção ao comercialismo mais explícito, é uma apelação decidida para fazer caixa, recorrendo a um celebrado galã do rádio afastado havia nove anos do palco, fato que indica a perseguição de um efeito popularesco, colorido que já fora notado antes, na escolha de *Tereza Raquin*. A partir daqui irá se consolidar, cada vez com mais nitidez, uma oscilação de repertório, entre o novo, o cultural, o moderno e o francamente comercial, embora com um verniz profissional requintado.

Esta oscilação tem sido historicamente atribuída ao Teatro Brasileiro de Comédia, que a teria proposto através de Adolfo Celi, como meio para viabilizar o teatro moderno[105]. Mas é preciso reconhecer aqui que

---

[104] *Lua de Sangue*, Programa da peça, Teatro Fênix, AMDC, Funarte.

[105] Ver a propósito: D. A. Prado, *O Teatro Brasileiro Moderno*; A. Guzik, *TBC – Crônica de Um Sonho*.

ela é anterior e é um achado do TPA, mais exatamente de Sandro Polônio, possivelmente por influência de Itália Fausta, aliás, a diretora deste novo texto, pela primeira vez assumindo decididamente a função. Seria possível cogitar alguma influência de Miroel Silveira: mas na verdade não parece justa a hipótese, se forem considerados os repertórios que ele propôs como *artísticos* ao pretender subvenção do SNT. Em seu depoimento, Sandro Polônio reconheceu a fragilidade da peça e se afirmou como o único responsável por este tipo de escolha, opção que seria sua, deliberada, para garantir a sobrevivência do conjunto.

A estreia se deu em outubro de 1948. O programa da peça apresenta padrão editorial humilde, idêntico ao de *Lua de Sangue*, mas o texto existente é diferente. É menor, pois além das fotos de Maria Della Costa e Itália Fausta foram incluídas as de Olga Navarro (uma grande estrela que estava reaparecendo, retornara à cena brasileira em *Desejo*) e Paulo Gracindo; limitava-se a apresentar o espetáculo como veículo de atores, observando que Olga Navarro, Paulo Gracindo e Maria Della Costa "formam um trio amoroso invejável", e abria espaço para um agradecimento: "Aos Exmos. Senhores Clemente Mariani, ministro da Educação e Saúde e Gilson Amado, Chefe do Gabinete, aos quais se deve a possibilidade da realização [sic] desta temporada, os agradecimentos de Sandro e seus artistas".

O processo administrativo que foi comentado acima, em que Sandro conquistou uma pequena verba fatalmente em função da greve do Fênix, é que deve ter determinado o agradecimento, muito embora o processo citado pedisse auxílio para montagem de textos nacionais, como se observou. O programa, aliás, indica mais duas situações curiosas: procedimentos que reduzem as chances de grandes densidades modernas da cena. A primeira é a observação de que as roupas das atrizes Olga Navarro e Maria Della Costa são da Casa Tonay e da Casa Canadá. A segunda é o agradecimento às casas A Renascença, La Royale e Arthur Napoleão, atitude que revela que o cenário de Sandro foi em parte arranjado[106].

O puro resumo da trama permite caracterizar o terreno da comédia sentimental. Clara (Olga Navarro) – mãe dedicada da jovem Diva (Maria Della Costa) – apaixona-se por Conrad Veissl (Paulo Gracindo), seu novo vizinho, músico com o qual compartilha sua paixão pela música através do piano. A filha Diva percebe o romance e, enciumada, sem entender que sua mãe possa desejar um homem, consegue atrapalhar, fazendo cobranças à mãe e exigindo exclusividade na sua atenção e afeto. Assim Clara desiste de partir com Conrad, que vai visitar a mãe doente. Dois anos depois, Diva é uma moça feita e vai se casar com Felipe e morar em Goiás, onde ele conseguiu trabalho. Conrad volta e procura Clara que, nesse tempo todo, não respondeu a nenhuma de suas cartas. Clara, no reencontro com Conrad, percebe o quanto ainda o ama e o erro que cometeu. Ela propõe casamento ao amor antigo, porém Conrad diz que a ama como sempre, mas que está casado. Casou-se com uma jovem porque se sentia muito só e para atender ao último pedido que sua mãe fez

[106] *Sonata a Quatro Mãos*, Programa da peça, AMDC, Funarte.

UMA EMPRESA E SEUS SEGREDOS: COMPANHIA MARIA DELLA COSTA

antes de morrer. Conrad quer fugir com Clara e assumir seu verdadeiro amor. Mas Clara teme estragar com este escândalo o casamento da filha. E não aceita fugir com ele. Clara percebe que é tarde demais para eles. E ajuda a filha nos preparativos para o seu casamento[107].

Foram poucas as críticas localizadas e em todas o destaque que se deu foi ao trabalho de ator, nem sempre com elogios, a não ser para Maria Della Costa, em franca trajetória estrelar. Os colunistas observaram sua capacidade para um trabalho de cena cada vez mais nuançado, através de personagens disparatadas. Ora era destacada a sinceridade de sua interpretação e o seu crescimento – "Vem se notando nesta atriz uma acentuada evolução dramática, denotando estudos e vontade de progredir na arte cênica. Os exageros vão sendo ceifados convenientemente, a tonalidade da voz vai perdendo aquele ímpeto juvenil e arrebatado" – ora estava em pauta a inteligência de sua carreira – "São-lhe sensíveis os progressos, também, lembremos da maneira inteligente dos que lhe distribuem papéis, oferecendo-lhe oportunidade a que nunca se caleje ou se habitue a um tipo de personagem". "Vejamos por exemplo a

[107] Guido Cantini, *Sonata a Quatro Mãos*. Exemplar datilografado, com carimbos de aprovação da censura, AMDC, Funarte. No texto, a personagem recebe o nome de Dina, no programa, no entanto, aparece como Diva.

▽ A oscilação do repertório foi o truque do empresário Sandro Polônio para conquistar estabilidade no mercado; *Sonata a Quatro Mãos* fez também com que Maria Della Costa iniciasse a construção de uma galeria de papéis de extrema variedade. (AMDC, Cedoc/Funarte.)

distância entre Tereza Raquin e D. Inês: aquela Alaíde desta turbulenta Diva – uma sucessão de figuras sem nenhuma ligação; um progresso meridiano". Ao mesmo tempo, o mesmo crítico não hesitou em atacar o galã – "O Sr. Gracindo se esforçou em vão, compreendemo-lhe a luta pela desambientação motivada pelo rádio. Nota-se-lhe na voz radiofonidade da qual não se libertou em todo o espetáculo".

E até quando há total reação contrária ao texto, vendo-se no autor traduzido por Raimundo Magalhães Júnior e Ruggero Jacobbi um "mestre de banalidades, um rei do lugar comum", criador de uma peça "mal feita, monótona", ressaltava-se o brilho da intérprete em ascensão: "De sua vivacidade, da maneira como se movimenta em cena, da profunda compreensão que mostrou possuir da psicologia tão complexa da adolescência, vale a pena ir ao Phoenix, somente para apreciar como se valoriza um papel, com talento e inteligência". O nome de Maria Della Costa começou a ser citado para possíveis prêmios, ao mesmo tempo em que se celebrava a nova direção de Itália Fausta, precisa, exata, eficiente[108].

A duração da temporada da peça parece indicar que o alvo foi atingido – o novo cartaz só estreou no dia 5 de dezembro de 1948. E era novamente uma ousadia, um escândalo – a sexta produção da equipe foi simplesmente *A P... Respeitosa* (*La Putain respectueuse*), de Jean-Paul Sartre (1905-1980) – título escrito com frequência assim mesmo, com reticências, pois nem sempre a prostituta era aceita sob seu próprio nome. Era a estreia de Sartre no Brasil. A peça, de 1946, pode ser enquadrada sem dificuldades na qualificação de teatro de tese, nomenclatura que não é de todo avessa ao teatro do filósofo. Sartre recorreu ao teatro para atingir um público maior do que o seu círculo de leitores, cálculo que explica muitos dos limites e fraquezas do teatro sartreano e aponta para dificuldades de encenação que serão resolvidas de forma contraditória.

Nos textos posteriores a 1944 (*Entre Quatro Paredes*), o autor passou a propor a questão do *ato* como fundador da liberdade, segundo os termos do existencialismo nascente; regularmente, Sartre passou a abordar situações e temas que lhe permitiam reafirmar a responsabilidade plena do indivíduo em um contexto que o negava. O tema do racismo era o pano de fundo geral da peça escolhida pelo TPA. Na realidade, o autor pretendia muito mais do que isto, pretendia conferir evidência dramática às contradições sociais de nossa época, recorrendo a coloridos cômicos de inspiração brechtiana e melodramáticos da tradição da peça francesa bem feita.

O simples resumo da trama é eloquente. Um negro em uma cidade do sul dos Estados Unidos refugia-se na casa de uma prostituta, perseguido por ter tentado abusar de uma mulher branca. Afirma-se que, quando a mulher gritou por socorro, acorreu um branco e ele matou o negro que acompanhava o fugitivo. Mas esta é uma versão falsa, pois, na realidade, o que aconteceu foi uma briga de bêbados brancos que investiram contra os negros e mataram um deles. O assassino é pessoa

COMPANHIA MARIA DELLA COSTA: UM NOVO COMÉRCIO

108 As críticas localizadas citadas foram: J. Rego Costa, "*Sonata a Quatro Mãos*", Rio de Janeiro: *Vanguarda*, 02/10/1948; Nataniel Dantas, "*Sonata a Quatro Mãos*", no Fênix, Rio de Janeiro: *Correio da manhã*, 10/10/1948; e A. Accioly Netto, "*Sonata a Quatro Mãos*", Rio de Janeiro: *O Cruzeiro*, 23/10/1948.

influente, filho de senador, e quer escapar ao peso da lei. Os preconceitos racistas agiram e encontraram uma vítima propícia, veiculando-se uma nova versão dos fatos, mentirosa. Mas o negro se refugia na casa da prostituta e esta é a mulher que se presume violentada, em um paradoxo a que Sartre recorreu buscando um efeito de comicidade.

Assim, a prostituta se acha entre dois adversários que solicitam o seu testemunho – o negro pede a verdade, os brancos pedem ajuda. O próprio assassino vai morar com ela, primeiro para chantageá-la, depois atraído por sua sexualidade a ponto de adotá-la como amante, situação que, no entanto, só se estabelece depois do falso testemunho. A prostituta depõe contra o negro não por sua condição de prostituta patrocinada por um figurão, mas em função de uma moeda com circulação legal em nossa sociedade, a chantagem sentimental, feita pelo próprio senador, que lhe fala da dor de uma mãe branca e do cruel destino de um jovem de futuro, que, sem a sua ajuda, poderiam ser vítimas da morte de um negro vulgar. A opção do autor faz com que a prostituta e o negro surjam como arquétipos da legião de ofendidos e humilhados de nossa própria sociedade[109].

O programa da peça, malgrado a sua simplicidade franciscana, pois desta vez ele se resume a uma única folha impressa frente e verso, procura advertir quanto à dimensão do texto através de uma reflexão assinada por José Lins do Rego. O escritor situava o original diretamente no gosto da época, usando nomes de autores que eram moda para uma plateia mais sofisticada: "No teatro de Jean-Paul Sartre não há nem os anjos de Claudel e nem os fantasmas de Maeterlinck". E traçava a diferença fundamental demandada pelo filósofo – "Há uma realidade maior, uma realidade que é toda composta de fatos que situam rudemente o homem no seu canto de terra. Fugir não é possível no teatro de Sartre. Os personagens de sua tragédia não podem escapar. Têm que sofrer a servidão humana".

Curiosamente, o Acervo Maria Della Costa não conta com muito material a respeito da montagem no Teatro Fênix quando do lançamento do texto, situação, aliás, que é comum a outras peças; não foi possível esclarecer completamente a lacuna. Considerando-se, no entanto, a existência de certo volume de recortes de jornal a respeito de remontagens posteriores do mesmo texto, talvez se possa supor que a ausência de Maria Della Costa na ficha técnica da primeira montagem tenha determinado a fragilidade da coleta de material dos jornais, função de que ela cuidaria com certa atenção. A atriz participará das remontagens do texto, mas não foi ela quem o lançou: a estrela foi Olga Navarro, cuja atuação não pôde ser avaliada a partir de críticas da época, impossíveis de encontrar. De toda forma, tendo participado da história final de Os Comediantes, Olga Navarro estava muito bem sintonizada com o teatro moderno e era louvada como grande atriz, de extrema sensibilidade.

Sobre um trabalho seu, contemporâneo, opinou Décio de Almeida Prado que ela na verdade viera do antigo teatro brasileiro. Mas, frisava o

[109] Sobre Sartre e a peça, foram considerados em particular os textos de J. G. Zamora, *Historia del Teatro Contemporaneo*, v. 3, p. 409 e s.; J. Gassner, *Mestres do Teatro II*; M. Corvin, *Dictionnaire encyclopédique du théâtre*.

crítico, "não trouxe nenhum de seus defeitos, estando entre os poucos veteranos que podem figurar com merecimento e até com vantagem ao lado dos atores novos e novíssimos que vêm recriando de forma tão eficiente o nosso teatro"[110].

Na edição do texto em formato livro, o tradutor, Miroel Silveira, observou na apresentação que a peça teve uma carreira espetacular, iniciada com a "portentosa criação de Olga Navarro"...[111] Nesse ínterim, Maria Della Costa fora para o sul, participar em mais um dos poucos filmes que fez, *Caminhos do Sul*. O diretor do filme era o seu marido Fernando de Barros, que estava filmando para a Capital Filmes, e a outra atriz, ainda praticamente estreante, era Tônia Carrero[112].

Tudo indica que o texto – mais um lançamento ousado de Sandro Polônio que iria marcar época, pois o sartreanismo logo se transformaria em uma coqueluche tropical – teve ótima aceitação. Lançava-se também um novo cenógrafo, que não se tornou famoso, Waldir Moura. E a direção coube novamente a Itália Fausta, item a que se retornará adiante. O fato é que o sucesso fez com que a peça passasse a integrar o repertório da companhia, com inúmeras remontagens, apresentações em excursões pelo país e viagens ao exterior, até 1958 indicando-se a direção original de Itália Fausta. A carreira foi certamente acompanhada por manifestações de fúria conservadora, em particular no sul, região em que a Ação Católica esteve ativa no ataque ao empreendimento.

As críticas de temporadas posteriores do texto insistiram em algumas restrições fortes, contrárias à produção – falou-se com frequência em apelação, vulgaridade e até em vizinhança da chanchada. Um crítico atuante, da nova geração que se projetou nos anos de 1950, Henrique Oscar, foi impiedoso em suas observações demolidoras contra o espetáculo apresentado em 1958. A seu ver, o que havia em cena era a distorção e deturpação da peça; asseverou que foram feitos acréscimos de pedaços inteiros, com muitos *cacos*. Considerou que o texto teria passado de drama a chanchada e o tema principal virado pretexto para piadas e malícias, em uma versão para a praça Tiradentes. Quanto às interpretações, viu o trabalho de Maria Della Costa como apenas aceitável dentro do tom da representação – parecia muito mais uma portuguesa e jamais uma americana. Condenou com veemência o absurdo de se recorrer a um branco pintado de preto. Comentou que as cabeleiras ruins prejudicaram tanto o desempenho falso de Sandro quanto a categoria de Eugênio Kusnet, condição comum a alguns figurinos, ao cenário e à luz. Reconheceu que se tratava de versão popular; mas era mau teatro, mesmo para excursões.

E, como mau teatro, além de macular o prestígio do elenco, até o viciaria, prejudicando-o em suas tentativas para alçar-se a um outro padrão. A pergunta incômoda se seguia – "Agora mesmo, não estão anunciadas como próximas apresentações obras de Brecht, Pirandello e Shakespeare, entre outras? Será que vão ser levadas como esta peça de Sartre?"[113].

COMPANHIA
MARIA DELLA COSTA:
UM NOVO COMÉRCIO

110 D. A. Prado, "A Endemoniada", O Estado de S. Paulo, 28/10/1950, Dossiê Ziembinski, Funarte.

111 J. P. Sartre, *A Prostituta Respeitosa*, p. 10.

112 M. Gomes, loc. cit. A mesma revista anunciara em seu número 44, de 2/11/1948, p. 25, que o ator e empresário Sandro Polônio se submetera a uma intervenção cirúrgica, situação que deve ter determinado um afastamento temporário. Na edição do dia 9/11/1948, p. 25, era noticiada a viagem de Maria Della Costa de avião para o Rio Grande do Sul, para as filmagens.

113 Henrique Oscar, *A Prostituta Respeitosa no Teatro Carlos Gomes*, Rio de Janeiro: Diário de Notícias, 31/05/1958.

▽ A foto registra um procedimento de época para a propaganda das peças; uma de cena de *A Prostituta Respeitosa* serve como suporte para a redação de anúncio do sucesso. (AMDC, Cedoc/Funarte.)

UMA EMPRESA
E SEUS SEGREDOS:
COMPANHIA
MARIA DELLA COSTA

Um Empresário Moderno

De certa forma, este foi o preço pago por Sandro Polônio por sua luta em função do teatro moderno. Obcecado em viabilizá-lo enquanto atividade profissional, sem apoio institucional relevante de qualquer ordem e obrigado a transformar a bilheteria de alguma forma em uma aliada estável, Sandro Polônio certamente foi o grande artífice do teatro moderno enquanto fato singular. Ele não hesitava em apelar, carregar nas tintas ou mesmo optar por alguma mão pesada – formulou o comércio do novo com a precisão de um artesão rigoroso e adquiriu esta aura que se pode perceber nas entrelinhas da crítica de Henrique Oscar, de um comerciante do teatro, um mascate da cena, um capitalista desenfreado, com frequência enunciada como um juízo negativo de valor, pejorativo.

Parece aceitável supor que muito desta eficiência foi aprendida na experiência mambembe que viveu com Itália Fausta no início dos anos de 1940, sua verdadeira escola de produção. Na primeira fase do Teatro Popular de Arte, que pode ser qualificada como heroica e abrange os dois primeiros anos de fundação, marcada pela oscilação pendular do repertório e por alguma preocupação com o popularesco, o sucesso, mesmo que seja através do escândalo, levou à inserção do sonho moderno no princípio de realidade.

Em tais condições, a direção de Itália Fausta para *A P... Respeitosa* tem importância estratégica para a análise. Apesar da escassez de fontes dos jornais, a peça conta com uma rara fonte primária, o esquema ou mapa de direção usado. O documento pode ser comparado com dois outros do mesmo tipo encontrados no Acervo Maria Della Costa – os roteiros de *Mãe*, de Santiago Rusiñol, datado de 1919, e o de *O Dote*, de Artur Azevedo, sem data, nestes dois casos redigidos por letra que pode ser atribuída a Itália Fausta[114].

O esquema que é preciso analisar trata da implantação do cenário da peça de Sartre, com cada item identificado por um número, além da lista dos "Pertences" da cena – os objetos essenciais para a ação – e, em uma

△ Maria Della Costa substituiu Olga Navarro em *A Prostituta Respeitosa*, um dos maiores sucessos de escândalo concebidos por Sandro Polônio. (AMDC, Cedoc/Funarte.)

▷ A cenografia simples e utilitária de *A Prostituta Respeitosa*, espetáculo assinado por Itália Fausta: um *gabinete* modernizado. (AMDC, Cedoc/Funarte.)

114 Foi comparada a letra dos dois documentos com a letra (ou as letras) de Itália Fausta em seu livro de anotações pessoais, encontrado no "Baú da Atriz".

segunda folha, um roteiro de sons e efeitos de contrarregragem. A existência das duas folhas é que indica tratar-se de roteiro de direção, pois foi elaborado para orientar os atores, o cenógrafo e o contrarregra, muito embora a letra não possa ser atribuída a Itália Fausta. Comparando-se os diferentes esquemas, isto é, os dois primeiros da época da Companhia Itália Fausta e o esboço da montagem do TPA, a impressão é a de que está em cena um mesmo conceito básico de tratamento do palco. Está em jogo a mesma *espacialização utilitária* da ação, com o palco transformado em lugar *real* da trama, um pouco como se o espaço lesse o texto de forma direta, instrumental. O cenário que os desenhos sugerem é também da mesma qualidade – uma construção certamente em trainel, praticável, propícia para viagens, o que antigamente era chamado de *gabinete*. Aliás, o cenário de O Dote indica "gabinete rico".

A diferença entre as duas épocas parece ser tênue, singela: maior despojamento, uma cena mais vazia, no caso da montagem de 1948, como se o arcabouço construído dentro da caixa da cena tivesse sido despido, despojado de decoração, reduzido à sua estrutura, ao osso, numa operação muito mais de seguir a voga dos tempos do que de mudança da essência da escolha, mudança do conceito. Sandro Polônio observou diversas vezes, ao longo de seu depoimento, que Itália Fausta era uma hábil diretora de texto, apesar do *espetáculo* que ela teria construído em 1938 com o TEB, mas não era exatamente uma artista da *mise-en-scène*, condição que – neste caso – resulta necessariamente em concepção de cena *utilitária*, quer dizer, mecanicamente deduzida do texto.

Ao mesmo tempo, contudo, ainda em dezembro, o conjunto enveredou por uma aventura paralela, a montagem de uma peça infantil, *O Anel Mágico*, de Alberto Rebello de Almeida, também sob a direção de Itália Fausta. Aqui, desnudando o antigo tecido sob o tênue verniz, a trama foi mais dura – diversos comentários de jornal observaram que o conjunto não conhecia o texto de cor, inclusive a própria Itália Fausta. Portanto, a empresa da direção fora sem dúvida muito mais a distribuição das partes e uma ordenação geral dos movimentos, como outrora faria um antigo *ensaiador*, do que uma legítima encenação. A montagem também apontava para o sentido de oportunidade do empresário: acabara de estrear e de iniciar notável carreira de sucesso, que se prolonga até hoje, o agora clássico *O Casaco Encantado*, de Lúcia Benedetti, abrindo uma nova era para o teatro infantil, na qual Sandro Polônio logo se preocupou em atuar.

Mesmo sofrendo com hesitações tão fortes, como a de conceber uma cena como desdobramento dedutivo mecânico do texto e a de *levantar* uma peça sem a memorização das falas, é importante notar que a fórmula do sucesso fora encontrada – era uma mistura composta, explosiva, em que não faltava sensacionalismo, sintonia com o moderno e com a tradição.

O depoimento de Sandro Polônio valorizou a montagem, buscou destacar a qualidade do repertório na época – "Você vê o meu repertório, *Anjo Negro*, *Tobacco Road*, tudo peça social, *Tereza Raquin*, análise da burguesia da época, *A P... Respeitosa*, uma peça tremenda para a época, era violentíssima, hoje não, hoje é água e açúcar, *Woyzeck* é outra... é repertório muito difícil".

△ O último espetáculo do Teatro Popular de Arte no Teatro Fênix, no Rio de Janeiro, foi o infantil *O Anel Mágico*, cenário de Santa Rosa. (AMDC, Cedoc/Funarte.)

115 *A Cena Muda*, Rio de Janeiro, 8/3/1949.

116 Perdeu o Teatro Fênix o Empresário Sandro Polônio, Rio de Janeiro, *A Noite*, [s.d.]; o recorte apresenta a inscrição manuscrita: "A Noite Rio 1949". "Daqui não saio e não saiu mesmo", Rio de Janeiro: 19/3/1949, recorte de jornal sem indicação do veículo, data e local identificados por carimbo provavelmente de agência de clipagem, AMDC, Funarte.

E enfatizou a condição de *A P... Respeitosa* como acerto empresarial: "foi um sucesso nas duas coisas, artística e financeira, porque eu me segurava, uma peça, tal... Bom foram as duas peças que seguraram a temporada, foi *Anjo Negro* e *A P... Respeitosa*, da temporada do Fênix".

Mas a prosperidade não era tanta: em janeiro de 1949 o conjunto já estava se apresentando em São Paulo. E não era estabilidade. Logo a imprensa anunciou uma guinada decisiva nas condições de trabalho existentes: "Sandro perdeu o Phoenix". A nota era contundente: "O teatro de vanguarda sofre assim um rude e incompreensível golpe. Pelo que se vê, querem esmagar a única força capaz de salvar e engrandecer o teatro brasileiro". A pergunta final era para as autoridades, condenando a sua inércia[115]. Mas nada se fez e a companhia saiu de cartaz. Até porque este final esteve longe de ser pacífico.

Nos jornais outras versões do fato foram publicadas, revelando um perfil bem mais sinuoso para o caso. Dois recortes possuem importância decisiva[116]. O primeiro noticia a ida de oficiais de justiça, com um mandado de um juiz, ao Teatro Fênix, para reintegrar a Empresa Vital Ramos de Castro na posse da casa de diversões. De acordo com a notícia, o caso começara havia quase um ano, por ocasião do lançamento da peça *Estrada do Tabaco*, pois o empresário não estava satisfeito com os rendimentos obtidos – embora as rendas fossem superiores a mais do que o triplo do aluguel pelo qual vinha o Sr. Vital Ramos de Castro arrendando o teatro à Companhia de Hotéis Palace. A matéria afirma que, graças à habilidade de seu advogado, Sandro Polônio conseguira se manter na casa ao longo do ano e encenar três peças. No início de janeiro, contudo, tendo feito um contrato para levar a sua companhia para São Paulo, organizara no Rio outro elenco, montando uma peça política – *Trevas Ardentes*, de Paul Gregor – que não interessou ao público, e uma peça infantil improvisada que teria sido outro desastre – *O Espelho da Rainha Malangangá*[117].

Ainda segundo a matéria, o duplo desastre obrigara Sandro Polônio a voltar ao Rio; aqui, ele teria encontrado um panorama ainda mais desastroso. O Sr. Paul Gregor ou Paul Seboscen se revelara um chantagista internacional e fugira para a França com o dinheiro das subvenções que recolhera, sem pagar os artistas, na véspera da estreia de outra peça de sua autoria, em que iria trabalhar como ator. Como o fato comprovado era de escassez de rendas quase absoluta, a Empresa Vital Ramos de Castro conseguiu a reintegração de posse do teatro.

O outro texto tem cores um tanto mais fortes e ecoou as declarações que anteriormente foram feitas por Nelson Rodrigues a respeito da greve do Fênix. A matéria relatou o desfecho de um "caso sem precedente em nossa história teatral". Observou que o teatro fora "arrebatado" de seu arrendatário em condições singulares, pois Sandro Polônio não assinara nenhum contrato e tomara conta do Fênix com o seguinte argumento: "Daqui não saio". E o redator prosseguia, em tom firmemente parcial: "Foi um episódio altamente patético. Com Sandro à frente, os artistas, antes da providência judicial, dormiam no teatro; e davam entrevistas inflamadas. A classe teatral, com sua boa fé, mostrou-se solidária". Relatava-se a seguir a situação estranha de ausência de contrato, pois os Srs. Nelson Rodrigues e Milton Rodrigues é que tinham firmado compromisso com o arrendatário.

Há logo o ataque – na opinião do texto, cedo se viu que o incidente não era favorável à classe teatral, que fora usada; "tudo se revertera em benefício do Sr. Sandro Polônio e dos seus individualíssimos interesses comerciais". Citava então um balé, em que foi preciso pagar os 35% do arrendatário e 50% para o Sr. Sandro, e a "sinistra aventura de *Trevas Ardentes*, do aventureiro Paul Gregor". A matéria sustentava que a companhia organizada era do Sr. Gregor, mas para fins legais os artistas assinaram contratos com data e quantia em branco em uma única via, em poder do Sr. Sandro. O Sr. Gregor fugiu e a situação recebeu um "paradeiro necessário e moralizante" ao voltar às mãos do verdadeiro arrendatário (o Sr. Vital Ramos de Castro).

A conclusão obrigatória é a constatação de que existia uma situação empresarial bastante complexa no Rio de Janeiro, um quadro comercial no mínimo conturbado, com empresários de fora da cena que controlavam os teatros como se fossem casas de aluguel, arrendando-as dos proprietários para alugá-las aos artistas, em um inusitado empreendimento de triangulação. A voracidade decorrente deste pano de fundo impedia, descartava ou nublava qualquer chance de projeto cultural: parece no mínimo estranho falar de uma busca moderna quando não existe projeto cultural, mas apenas luta acirrada pela sobrevivência. Era uma situação eficiente para imobilizar maiores ousadias, pois a prática do teatro precisava ser pensada em função restrita do retorno de bilheteria.

COMPANHIA MARIA DELLA COSTA: UM NOVO COMÉRCIO

117 Parece incontestável a associação de Sandro Polônio às duas produções: os certificados de liberação pela censura dos dois textos integram a coleção de materiais doados pelo casal à Funarte. A primeira peça obteve certificado com data de 13 de janeiro de 1949; a segunda, 3 de março de 1949. Nos dois casos, não há nome de requerente, nem de produtor, AMDC, Funarte. Optou-se, contudo, por não incluí-las no repertório da empresa.

UMA EMPRESA
E SEUS SEGREDOS:
COMPANHIA
MARIA DELLA COSTA

Temporariamente, é verdade. Uma nota na revista *A Cena Muda*, de 29/3/1949, comenta que Maria Della Costa estava em temporada com a Companhia de Sandro através de alguns estados do Sul. A aventura carioca fora encerrada, apesar de ainda persistir uma certa indecisão para a definição do domicílio. Ainda em 1949, precisamente no dia 31 de março, teria sido assinado no Rio de Janeiro um contrato entre Gentile Maria de Barros e Silva e Artistas Associados "Filmes" Ltda. (diretores Acácio Domingues Pereira e Fernando Policarpo de Barros e Silva), pelo prazo de seis meses, a contar do dia 1 de julho de 1949, para a produção de filmes. Ao que tudo indica, este contrato não resultou na produção de quaisquer fitas, mas significou ainda um vínculo forte da atriz com o Rio de Janeiro. E com Fernando de Barros.

A partir daí, mesmo que a princípio de forma muito ambígua, uma nova dinâmica garantiria a sobrevivência do conjunto por muitos anos – a fixação em São Paulo, cidade em que o elenco conseguirá obter um teatro e se tornará célebre, e a alternância com as excursões pelo interior do país, para fazer caixa, e ao exterior, para fazer a imagem da companhia surgir com uma dimensão histórica incomparável. Nas excursões pelo interior não era montado exatamente o mesmo repertório apresentado no Rio e, logo depois, em São Paulo. Existiram algumas peças que foram montadas especificamente para viajar. Mas a qualidade da encenação era elevada, a produção não despencava porque saía dos grandes centros. Estas condições podem ser atestadas por diversos textos de críticas e reportagens, publicadas em diferentes pontos do país.

O artífice desta trama foi sem dúvida Alexandre Marcelo Polloni ou Alessandro Marcelo Polloni ou simplesmente Sandro Polloni, que se transformou em Sandro Polônio. Em seu depoimento, ele declarou que nasceu no dia 22 de julho de 1922, em São Paulo, filho de Carmo Polloni, que era irmão de Itália Fausta – eram sete irmãos ao todo, dois homens. O seu pai morreu cedo, quando ele estava com 13 anos, e sua mãe não dispunha de meios para educar os três filhos. Itália Fausta, na época, segundo o empresário, ainda era um grande nome do teatro e disse à cunhada que criaria um dos seus filhos; ele foi o escolhido. Ela trouxe o sobrinho para o Rio de Janeiro e o teria matriculado em uma escola "ainda primária", segundo o depoimento.

Na verdade, a partir de uma foto encontrada no Baú da Atriz com a legenda "Escola Técnica Secundária Visconde de Mauá, Diplomados de 1938", foi possível inventariar a vida escolar do empresário. Na escola existe uma pasta relativa a Alexandre Polloni; no seu interior, são poucos os documentos. Uma ficha da Escola Technica Secundária Souza Aguiar atesta que ele cursou no estabelecimento o quarto ano do curso técnico secundário em 1936[118]. Nos dois anos seguintes, concluiu o mesmo curso na Visconde de Mauá – portanto, viera de São Paulo com o primário concluído e o secundário iniciado, para obter o diploma aqui, sem que se saiba ao certo porque mudou de uma escola próxima de casa para uma outra no distante subúrbio de Marechal Hermes.

△ Sandro Polônio e sua tia, Itália Fausta, no Rio de Janeiro, no jardim da casa de Santa Teresa. (AMDC, Cedoc/Funarte.)

118 Nenhuma documentação pode ser encontrada nesta escola, que alegou ter tido destruição de seus arquivos mais antigos por enchente.

COMPANHIA
MARIA DELLA COSTA:
UM NOVO COMÉRCIO

Há uma hipótese bastante plausível – o ensino técnico, segundo o professor Luiz Antônio Cunha, por tradição desde o Império destinado aos órfãos, pobres, marginais, mestiços e negros (libertos), mudara de concepção e estrutura através da Lei Anísio Teixeira, de 1932, em que a ideia dos reformadores foi a de fundir o secundário com o profissional na mesma unidade (2 anos), com diferença de ramos (4 anos), perfazendo 6 anos em ciclo único, secundário. Este seria o curso oferecido na escola técnica secundária e a ambição era a de mudar a concepção preconceituosa relativa à profissionalização, com equivalência absoluta das duas orientações, o ensino regular e o profissionalizante, outrora díspares.

Houve uma reviravolta no ensino, contudo, com a reforma Francisco Campos, concretizada em legislação de 1935 e 1937, derrubando a concepção avançada e restaurando a antiga diferença entre os ciclos[119]. Sandro Polônio certamente ingressou no curso criado em 1932 pela Lei Anísio Teixeira, quando foi matriculado na Escola Souza Aguiar (não se sabe ao certo se ele o teria iniciado mesmo em São Paulo). Com a mudança da lei, deve ter tido que se transferir para a Escola Técnica Visconde de Mauá, onde se formou, para que pudesse concluir o curso[120]. Em seguida, conforme o seu depoimento, tudo indica que ingressou na Escola de Belas Artes, na rua do Lavradio; possivelmente concluiu o curso, mas não foi possível verificar, pois os arquivos da Instituição estão fechados para consultas.

Com certeza o destino escolar de Sandro Polônio foi ditado pelo fato de ser órfão e de pertencer a uma família de imigrantes – o ensino profissional ainda era visto aqui com muito preconceito, sob a marca da herança imperial escravista, como remédio para órfãos, desvalidos, expostos, abandonados, rebeldes, delinquentes, marginalizados. Mas por não ter pai e por pertencer a uma família de origem operária (Itália Fausta teria sido operária quando ingressara no movimento filodramático), outro não pôde ser o seu caminho. Não foi um aluno brilhante e a estrutura dos cursos não deixa bem claro o sentido profissional que lhe foi oferecido[121].

Para Sandro Polônio, no entanto, a sua verdadeira escola foi a convivência com a tia e ele confessou que entrou no teatro por força do sangue, influenciado por ela – "comecei a estudar

119 Luiz Antônio Cunha, Antecedentes das Escolas de Aprendizes Artífices: O Legado Imperial/Escravocrata, *Revista Faculdade Educação*, p. 47 e s. O professor gentilmente ajudou a esclarecer as dúvidas sobre o histórico de Sandro Polônio, através de consultas por telefone. A legislação em vigor no período foi o Decreto de 1932 – 3.763 de 1/2/1932, modificado pela reforma Francisco Campos de 1935 e pelo Decreto do Distrito Federal 5.922/1937? de 27/2/1937, de Joaquim Faria Góes Filho, em que voltaram a existir dois ciclos de estudos, o profissional não sendo mais equivalente ao secundário. Sandro Polônio deve ter se formado pela lei de 1932.

120 A conclusão de que o empresário efetivamente se formou foi atingida graças à análise de sua lacônica documentação escolar localizada, sob a orientação do professor Luiz Antônio Cunha, e ao exame da foto alusiva à formatura citada acima. Ela mostra uma placa grande, que aparenta ser esculpida em madeira, com alto relevo alusivo ao ensino técnico. Em sua base foi pintada a legenda "Escola Técnica Secundária Visconde de Mauá" e ao alto ela mostra duas rodas dentadas esculpidas que se encaixam como uma engrenagem. Uma roda, superior, traz o letreiro "Homenagens" e ao centro um círculo com a imagem do diretor da Escola, E. Mendes Vianna, cercado por outros oito círculos com imagens do Superintendente da Educação Geral e Técnica Joaquim Faria Góes Filho, de um professor da Escola Bento Ribeiro, do diretor da Escola Souza Aguiar, de professores e instrutores. A outra roda, menor, inferior, traz a inscrição "Diplomados de 1938"; no círculo central, a imagem do paraninfo e ao redor as fotos dos oito formandos, figurando em posição central, no lado esquerdo, a imagem de Alexandre Polloni, com a inscrição "Orador" e logo abaixo "S. Paulo". As outras fotos trazem cada uma acima a naturalidade do aluno e abaixo o nome.

121 A análise descritiva da documentação encontrada na pasta do aluno na Escola Técnica Visconde de Mauá é a seguinte: (I). na capa da pasta relativa ao aluno, de número 214, da Escola Técnica Secundária Visconde de Mauá, identificada com o nome Alexandre Polloni, consta a observação "cert. da E.T.M." e no quadro "Recibos dos Documentos Devolvidos" está escrito "cert. de idade". No interior da pasta, foram encontrados: (II). uma ficha de desempenho do aluno da Escola Technica Secundaria Souza Aguiar, relativa ao ano de 1936, do curso técnico secundário, 4º ano, turma A. 4. O nome inscrito é Alexandre Polloni, matrícula 69; nas observações está escrito: "Promovido ao 5º ano". Da grade curricular constam nove matérias (Língua Brasileira, Matemática, Desenho, Física, História Natural, Inglês, Química, Tecnologia, Música). Na lista das médias trimestrais, as notas são baixas ou medianas; as mais baixas são as de Língua Brasileira (há uma nota 20), com média geral, final, de 40; em Física, o aluno foi para prova final, com resultado 51 + 54, e média geral final de 52; há uma nota 15 em História Natural, com média final de 49; há uma nota 100 em Matemática, média final de 75 em Música e de 70 em Desenho; todas as demais oscilam entre 49 e 67. A média global das matérias é 57; (III). uma ficha, relativa ao 5º Ano do curso secundário, de 1937, da Escola Technica Secundaria Visconde de Mauá, em nome do aluno Alexandre Poloni. São nove matérias (L. Bras., Matemática, Desenho, Química, Física, Inglês, Higiene, Est. Cerup., Tecnologia). O aluno obteve um resultado notável em Desenho, com notas 100, 100 e 90 e média final 95; obteve média final de 67 em Língua Brasileira e 60 em Est. Cerup (foi impossível descobrir o que seria "Est. Cerup."), chegando a 40 em Física e à 2ª. época em Inglês, com média geral 24; (IV). ficha de renovação de matrícula, do ano de 1938, sob a forma de requerimento padronizado, sem assinatura mas preenchido por Itália Fausta, como responsável pelo menor Alexandre

UMA EMPRESA E SEUS SEGREDOS: COMPANHIA MARIA DELLA COSTA

com ela, acompanhava nas festas, nos espetáculos que ela fazia, e, e... isso me deixou com a pulga atrás da orelha". O primeiro passo para o ingresso na vida teatral foi ao lado da tia, quando participaram da fundação do "Teatro do Estudante do Brasil, com Sônia Oiticica, Paulo Porto, Geraldo Avellar, eu, Sandro Polloni, Paschoal Carlos Magno, que era o Chefão, e minha tia Itália Fausta, e a Casa do Estudante... ficou por trás, uma espécie de produtora do espetáculo".

A partir daí, o seu rumo não iria mais mudar, seguindo direto e cada vez mais para a vida de teatro, a princípio com múltiplas ocupações – ator, cenógrafo, publicista, iluminador, sonoplasta, contrarregra, empresário – depois cada vez mais empresário, a partir da transferência de sua primeira companhia para São Paulo, cidade em que o Teatro Popular de Arte se sedimentou e projetou. Aos poucos a atriz Maria Della Costa, adorada por Sandro, iria se tornar o centro magnético do conjunto.

Não existiu nenhuma outra empresa teatral no Brasil com densidade comparável à Companhia Maria Della Costa, um nome novo que suplantará rapidamente o original Teatro Popular de Arte. Mas a vertiginosa ascensão foi concretizada, na verdade, em São Paulo: o Rio de Janeiro fora uma iniciação e uma impossibilidade, era a moderna capital de um velho modo de cena.

Polloni, em que ela requer renovação de matrícula para o 6º ano por ter sido promovido do 5º ano cursado em 1937. Há uma anotação abaixo da assinatura do diretor – que autorizou a matrícula – identificando a situação do aluno: "2ª. época". Ao que tudo indica, complementa o formulário de matrícula um "Termo de Responsabilidade", que traduz em dezesseis itens as obrigações e deveres do aluno e do responsável junto à Escola, cujas normas disciplinares parecem bastante rigorosas; (v). ficha relativa ao 6º ano do curso secundário, ano letivo de 1938, turma s.6., aluno Alexandre Poloni, matrícula 791. São sete matérias (Língua Brasileira, Matemática, Artes, Física, Inglês, Const. Civil, Desenho); a única matéria que conta com quatro notas é Matemática; as outras, contam com três notas (Desenho e Física), duas (Língua Brasileira, Inglês), uma (Const. Civil) ou nenhuma (Artes). A oscilação geral das notas continua forte: em Inglês, 30 e 40 e não há média final; em Língua Brasileira, 32 e 50, média final 41; em Desenho, há zero, 100 e 100, com média final 75, a mais alta de todas, seguida por 70 em Física; a média final de Matemática foi 57. Não consta nenhuma anotação explicando a ausência de nota final em Inglês, nem se há aprovação ou não.

V

O Mito Moderno /
O Comércio do Novo

> ...o mito é constituído pela eliminação da qualidade histórica das coisas: nele as coisas perdem a lembrança da sua produção.
>
> ROLAND BARTHES[1]

Em Busca de um Porto

Alguma coisa acontece em São Paulo, faz as malhas de suas avenidas reterem corações, se poderia afirmar parodiando uma canção conhecida... E o fato é que em 1949 muita coisa aconteceu: foi um ano-turbilhão, propenso a materializar um cotidiano teatral inédito na história do país. O sentido da expressão pretende ser mais denso do que o sentido de acontecimento fundador – trata-se de um período temporal em que é preciso localizar diversos acontecimentos decisivos, movidos, portanto, por uma dinâmica conjuntural ou estrutural, no caso muito mais a primeira do que a segunda hipótese. E são acontecimentos voltados para a instauração efetiva de um fazer, uma continuidade, não são fatos encerrados em si. E tais acontecimentos, usados como marcos delimitadores de ordem mais geral, são indicadores efetivos de que algo mudou.

O poder emergente de São Paulo era realidade conhecida de Sandro Polônio, empresário do Teatro Popular de Arte – aliás, esta identidade, do nome associado à equipe, será a dominante na cidade, um tanto diferente do simples "Sandro" do Rio. É justo afirmar, portanto, como já se observou, que o Teatro Popular de Arte surgiu em São Paulo, quando devem ter recebido o nome de Miroel Silveira e decidiram *usá-lo* para o que estavam fazendo. Mas este nascimento significou, na verdade, o batismo de uma experiência que já estava em andamento, dotada de contornos nítidos.

O conhecimento por parte do jovem empresário da dinâmica paulista não era fruto apenas de um burburinho que percorria os setores jovens da classe teatral da época. Vinha mesmo do próprio fato de Sandro ser paulista, como sua tia, Itália Fausta, se é que ela era realmente brasileira. Além disso, Sandro estivera pouco antes em São Paulo, na fase final de

[1] *Mitologias*, p. 163.

Os Comediantes, como já se tratou anteriormente. A estada na cidade não passara despercebida nem fora irrelevante. Segundo análise de Sábato Magaldi e Maria Thereza Vargas, a "vinda de Os Comediantes profissionalizados, sob a direção de Miroel Silveira, marcou o ano de 1947"[2].

A agitação teatral da cidade começara desde os anos de 1930, como já se comentou. Tornara-se acelerada de forma expressiva após a projeção alcançada pelo Teatro do Estudante de Paschoal Carlos Magno e Os Comediantes. Em 1948, ano da fundação da Escola de Arte Dramática por Alfredo Mesquita, depois da representação de uma peça escrita pelo engenheiro e capitão de indústrias Franco Zampari, *A Mulher de Braços Alçados*, nos jardins de uma residência da sociedade paulistana, Zampari e Cicillo Matarazzo conclamaram a elite paulista a fundar a Sociedade Brasileira de Comédia, uma entidade sem fins lucrativos que reuniria os amadores paulistas. É importante destacar que já em 1948 fora fundado o Museu de Arte Moderna de São Paulo por Francisco Matarazzo Sobrinho, o Cicillo, e o Museu de Arte Moderna do Rio de Janeiro por Paulo Bittencourt. Em São Paulo, todavia, a ciranda moderna alcançou de imediato o teatro.

A idea logo se desdobrou em atividade concreta a favor dos amadores – como o seu principal problema era a falta de casa de espetáculos, posto que, como já se demonstrou, restavam na cidade apenas dois teatros, Zampari decidiu-se pela construção de um edifício teatral. E – vale repetir – foi o ponto do Grupo de Teatro Experimental (GTE) liderado por Alfredo Mesquita, Hélio Pereira de Queiroz, que teria descoberto um prédio – uma garagem ou um laboratório na rua Major Diogo, adequado aos planos. A reforma durou três meses – no dia 11 de outubro de 1948 a nova casa foi inaugurada com uma apresentação de Madame Morineau em *La Voix humaine*, de Cocteau, e o GTE em *A Mulher do Próximo*, de Abílio Pereira de Almeida. Os amadores se revezaram durante o resto do ano no novo palco[3].

Em janeiro de 1949, portanto, o TBC era apenas o primeiro edifício teatral moderno construído em São Paulo – ou melhor, adaptado para este fim segundo critérios modernos. Mas este mês justamente marcou o primeiro grande sucesso do edifício. Ainda amador, o TBC assistiu surpreso à aclamação inédita da temporada de *Ingenuidade*, de John Van Druten, que ficou em cartaz durante cinco semanas; até então, o máximo de duração de uma temporada era de três semanas. Ainda no mês de janeiro, em função da própria dificuldade para manter a casa ocupada apenas com o trabalho dos amadores, Franco Zampari contratou Adolfo Celi (1922-1986) como diretor artístico do TBC, que foi localizado na Argentina por indicação de Aldo Calvo, ex-cenógrafo do Scala de Milão, decorador da loja de Fifi Assunção, que recebera o encargo de desenhar o novo teatro.

Em fevereiro o diretor recém-chegado foi apresentado à imprensa e expôs os princípios estéticos que seguia:

> O teatro moderno é um teatro orientado para o mais puro realismo. O teatro atinge sua própria essência através de uma simplicidade realística, uma espécie de realismo "físico", sem contudo chegar ao

[2] Cem Anos de Teatro em São Paulo, Suplemento do Centenário, *O Estado de S. Paulo* v. III.

[3] As informações reunidas neste capítulo sobre o TBC, salvo indicação expressa de outras fontes, foram extraídas da revista *Dionysos*, número especial TBC, Rio de Janeiro: SNT, 1980.

expressionismo. O verdadeiro realismo, aliás, é o do teatro, e não o da vida. Na vida o realismo se apresenta, e ninguém ousa negá-lo, com os maiores defeitos. No teatro os defeitos são corrigidos e o realismo se apresenta artisticamente. Isto quer dizer que o teatro corrige a vida; por conseguinte, a "vida" está "realmente" no palco e não na vida.

Quanto ao espetáculo, não é necessário dizer que precisa ser homogêneo, isto é, artístico e honesto ao mesmo tempo. Por isto mesmo, respeito profundamente o texto de uma peça e jamais me interessou saber o que é que o autor "pretendeu dizer" com esta ou aquela frase ou expressão. O que realmente interessa é o que ele escreveu e não o que pretendeu insinuar. E isto quer dizer, logicamente, obediência ao texto, mas uma obediência consciente[4].

Os parâmetros expostos são claros: pretende-se uma relação crítica, de atrito, com o que estava proposto enquanto teatro moderno, pois não se objetivava chegar ao expressionismo, condição estética que era correntemente associada a Ziembinski, aos Comediantes e sem dúvida, ao menos em parte, ao Teatro Popular de Arte, que estava justamente chegando a São Paulo, com *Anjo Negro* entre outros cartazes, como continuador desta orientação. É indubitável que Celi acompanhou a temporada paulista da companhia, no mínimo como interlocutor no debate que a empresa carioca provocara. E é claro que ele, transformado diretor artístico de um projeto de companhia estável, era uma resposta ao que o TPA estava propondo – profissionalizar o moderno, no seu caso a partir de Os Comediantes.

A posição do diretor diante do texto também guarda alguma acidez em relação a Ziembinski e aos cariocas. Não se pode sustentar que fosse completamente estranha ao polonês a óptica de *buscar o que o autor desejara dizer*, bem como o próprio tema da criação cênica mais valorizada do que a fidelidade textual, apesar da situação de ataque neste ponto estar frontalmente ligada também ao teatro tradicional do ator brasileiro.

O conjunto do ano de 1949 foi, portanto, bastante dinâmico; no TBC, as apresentações amadoras prosseguiram até junho por diferentes conjuntos e, na falta de mais espetáculos amadores, apresentou-se uma temporada de Aimée e sua Companhia de Comédias, do Teatrinho Íntimo do Rio de Janeiro, que estava longe de ter alta densidade, se forem considerados os parâmetros do teatro moderno.

Em julho estreou a primeira montagem profissional do TBC. Fora organizada uma companhia profissional, sob a direção artística de Adolfo Celi; Cacilda Becker, Madalena Nicol e Maurício Barroso eram os primeiros atores contratados. O texto escolhido foi *Nick Bar*, de William Saroyan, nome que será adotado ainda neste mesmo ano para batizar o bar e restaurante do TBC, ao lado do teatro, empreendimento de Joe Kantor apoiado por Franco Zampari – o bar foi importante porque se tornou logo um famoso ponto de encontro social e moldou um conceito de teatro que terá bastante ressonância. A peça de estreia completou cinquenta apresentações; a montagem seguinte – *Arsênico e Alfazema*, de Kesselring, ficou dois meses em cartaz, êxito inédito na época.

4 Idem, ibidem.

Nos programas das peças, divulgava-se o conceito e o *métier* de diretor, com textos assinados que explicavam "como" dirigir uma peça. Constatava-se, através dos sucessos seguidos, a existência de um público virtual de teatro, que até então não frequentara as casas de espetáculo, preferindo o cinema e a literatura. No entanto, não era tão fácil atraí-lo – ainda neste ano, a estreia no TBC da primeira direção de Ruggero Jacobbi, *Ele*, de Alfred Savoir, não fez sucesso. Na mesma época o TBC contratou também o ator Sérgio Cardoso.

Em novembro, a trama cultural seguiu adiante audaciosamente – à frente de um grupo da sociedade paulistana, Franco Zampari fundou a Companhia Cinematográfica Vera Cruz, com instalações suntuosas e uma equipe técnica toda de estrangeiros, sob as ordens de Alberto Cavalcanti, produtor geral. A iniciativa fez com que fosse ampliado o número de diretores italianos em São Paulo; Celi e Jacobbi optaram por chamar da Itália o jovem diretor Luciano Salce, para colaborar nas duas frentes, o teatro e o cinema.

A estreia no mesmo mês de *O Mentiroso*, de Goldoni, marcou o início da carreira do fulgurante Sérgio Cardoso no TBC, sob uma direção bem sucedida de Ruggero Jacobbi e uma cenografia muito requintada de Aldo Calvo. E mais – a sofisticação da proposta, muito bem cuidada, determinou a formulação do que se poderia chamar linha de produção do TBC, com um elevado padrão de elaboração. O ano fervilhante só terminará mesmo em janeiro de 1950, quando se der a profissionalização efetiva do TBC, que passará a contar com um elenco fixo de doze atores, boa parte egressa do amadorismo. A seguir, ainda em janeiro, foi montado um ousado espetáculo duplo, reunindo *Entre Quatro Paredes*, de Sartre, e *Um Pedido de Casamento*, de Tchékhov.

As condições propostas pelo TBC ainda não estavam completamente firmadas, no entanto. O ano de 1950 seria pontilhado por algumas definições preciosas, voltadas para a liquidação da ousadia, em alguns casos, e para a definição de um profissionalismo suntuoso, em outros. Após o espetáculo duplo que conseguiu mobilizar a um só tempo o Partido Comunista e a Cúria, duas entidades antagônicas unidas contra Sartre, o TBC ofereceu à plateia um dos seus sucessos históricos: o digestivo *Os Filhos de Eduardo*, de Sauvajon, direção de Cacilda Becker e Ruggero Jacobbi, que conquistou a marca inédita de nove semanas de casas lotadas. No programa da peça, a Vera Cruz anunciava o seu primeiro filme, *Caiçara*, argumento e direção de Celi.

E era Ruggero Jacobbi, egresso do TPA, quem comentava a escolha do texto, justificando a guinada generosa a favor da bilheteria: "O repertório de um teatro que, embora preenchendo uma função privilegiada de cultura, se dirija a toda espécie de público e que retira desta contribuição constante das plateias a própria razão de continuidade, inclui necessariamente peças leves, divertidas, à margem da atualidade e da sátira". A seu ver, era preciso considerar a existência de dois lados na bilheteria – "Tais comédias servem não apenas para distrair o público, na conquista daquilo a que se gostaria de chamar 'autossuficiência profissional'"[5].

[5] Apud *Dionysos*, número especial TBC, p. 78.

O MITO MODERNO / O COMÉRCIO DO NOVO

Nada mais antagônico a esta peça se poderia encontrar do que a montagem a seguir do TBC – *A Ronda dos Malandros*, uma adaptação de *The Beggar's Opera*, de John Gay, retirada de cartaz após duas semanas de apresentação, pois sem dúvida desagradou profundamente senão a Franco Zampari, com certeza aos seus amigos e associados. A ordem de cancelamento da temporada da peça, que estreara no dia 17 de maio de 1950, foi anunciada no dia 22 de maio. Na mesma data Jacobbi demitiu-se do TBC e da Vera Cruz, tornando clara e pública a qualidade do realismo que poderia ser trabalhado pela companhia, distante de densidades críticas maiores, engajadas. Mais tarde, o diretor retornaria ao TBC; em 1952 foi feita uma remontagem de *O Mentiroso*. Em 1953, por ironia, ele dirigiu o tipo do texto capaz de agradar aos amigos de Franco Zampari: a peça *Treze à Mesa*, de Sauvajon, mais uma vez, para um TBC que precisava fazer dinheiro, ameaçado pelo início do desastre da Vera Cruz, onde ele dirigiu na mesma época *Esquina Perigosa*, filme lançado uma quinzena antes da estreia da peça. No mesmo período, talvez para compensar a escolha tão digestiva, o diretor organizou, para o Teatro das Segundas-Feiras, o grupo Teatro de Vanguarda, que apresentou apenas quatro récitas de *A Desconhecida de Arras*, de Armand Salacrou.

Mas em 1950 não houve conciliação. Jacobbi se retirou do empreendimento, para onde levara, com certeza, a lição carioca do TPA, em especial a mistura de bilheteria e engajamento. Diante da situação de urgência, foi chamado para trabalhar no TBC, no lugar de Jacobbi, o diretor Ziembinski, não exatamente o mais afinado com as linhas tebecistas dominantes. O descompasso, apenas levemente insinuado no texto de Celi citado acima, se tornara evidente em artigos de Alfredo Mesquita, publicados um pouco antes da crise, neste mesmo ano[6]. Em um dos textos, o fundador da Escola de Arte Dramática, que funcionava nesta época dentro do TBC, escrevera que a *nossa grande sorte* era o fato de termos recebido um Ziembinski, "um grande diretor *no seu gênero*" (grifo nosso)[7].

Apesar de *grande no seu gênero*, o "estilo" do diretor não merecia adjetivos positivos – era, a seu ver, "perigoso e ultrapassado", representava um grande perigo para o teatro nacional incipiente, em sua opinião ainda sem diretrizes nem caracteres estabelecidos. A seguir, ele situava em um estatuto ligeiramente mais elevado, substantivo, em uma frase sem verbo – "Um Adolfo Celi, um Ruggero Jacobbi, dois diretores de rara cultura, inteligentes e eficientes, dois homens de teatro, por assim dizer, completos". O julgamento do diretor polonês passa pela avaliação do autor Nelson Rodrigues; um comentário ilumina o outro – Alfredo Mesquita sustentou ainda em seu texto que o autor "nos deu aquela espantosa estreia que foi *Vestido de Noiva*, enveredando depois por um perigosíssimo e escuro caminho que, segundo pensamos, não poderá levá-lo muito longe e que, temos a certeza, não tem saída". A restrição atingia em cheio o carro-chefe do TPA, *Anjo Negro*.

Segundo Miroel Silveira, a situação de Ziembinski no TBC, quando o diretor ingressou na companhia, não era das mais confortáveis. Graças ao seu comentário percebe-se como se formou o mito do Ziembinski

[6] A. Mesquita, *Notas para a História do Teatro em São Paulo*.

[7] Idem, Da Carência de Diretores e Autores Nacionais, p. 7 a 11. Sobre o diretor, Décio de Almeida Prado escreveu que "pelo espírito e pelo temperamento, pertence mais à grande e genial geração de Max Reinhardt e de Meierhold do que a atual", ao criticar a montagem de *Harvey*, de Mary Chase, montada em outubro de 1951 para comemorar os 25 anos de carreira do diretor. Apud revista *Dionysos*, número especial, TBC.

expressionista, de formação expressionista, refutado por Yan Michalski, como se comentou anteriormente:

> o que o Ziembinski havia trazido era uma estética que vinha do expressionismo; *essa era a formação principal de Ziembinski*, embora ele tenha sido injustamente catalogado como um homem só expressionista, o que não é verdade. Para a crítica do momento, que era basicamente representada por Décio de Almeida Prado, no Estadão, Ziembinski era apenas um expressionista [...] [grifo nosso]
>
> Ziembinski foi classificado pelo Décio como um autor e diretor retrógrado porque estava no expressionismo. Isso foi dito mais de uma vez pelo Décio e eu acho que é uma injustiça, porque realmente Ziembinski trouxe o expressionismo com o *Vestido de Noiva*, trouxe o simbolismo com *Pelléas e Mélisande*, que foi uma encenação maravilhosa (como eu nunca vi no teatro profissional, tão linda, foi uma coisa excepcional para a época e hoje seria excepcional), ele fez *A Rainha Morta*, de Montherlant, dentro de um contexto poético também simbolista. Ele abordou vários estilos. O Ziembinski fez tragédia grega de uma maneira maravilhosa, violenta, forte, que se religaria hoje a formas mais modernas de encenação[8].

A estreia de Ziembinski no TBC se deu com as peças que montara em sua recém-fundada companhia, enquanto ensaiava um texto de Marcel Achard, *O Cavaleiro da Lua*. Ainda segundo Miroel Silveira, a proposição do TBC era restrita – "uma estética um pouco limitada, limitada às suas posições melhores de neorrealismo e às piores da comédia internacional". A seu ver, a combinação fracassou, não foi bem formulada: teria naufragado no dia em que o TBC justamente encenou *Os Filhos de Eduardo*, de Sauvajon, "porque aí, o público que assistiria também às outras peças do repertório, quando viu este espetáculo disse: "É isso que nós queremos". E então, nesse "é isso que nós queremos" nunca mais foi ver as outras peças de maior nível..."[9].

Este foi, portanto, o cenário básico em que o Teatro Popular de Arte começou a se mover em São Paulo. Em princípio, não estava bem definida a sua fixação na cidade. Seria apenas mais uma temporada, início de uma excursão pelo país, a primeira mambembada do conjunto, de uma série de muitas viagens, por vezes chegando a lugares que não viam, há décadas, a celebrada Itália Fausta.

A estreia da companhia em São Paulo foi preparada com muita propaganda em torno da peça de estreia e da temporada do TPA. Pequenas notas sobre *Anjo Negro*, com fotos, formam o maior volume de material colecionado sobre a temporada, no Acervo Maria Della Costa. Em uma dessas propagandas, há uma sensível distorção do sentido do tempo: "*Anjo Negro*, provocou sensação quando de sua apresentação no Rio de Janeiro, onde ficou vários meses em cartaz".

Uma sequência de pequenos anúncios – tijolinhos, no dizer de hoje – publicada n'*A Folha da Manhã* e n'*O Estado de S. Paulo*, constitui material

---

8 M. Silveira, *Depoimentos II*, p. 122-123. Sobre a refutação da formação expressionista de Ziembinski, ver Y. Michalski, *Ziembinski e o Teatro Brasileiro*, e comentários no capítulo II.

9 M. Silveira, *Depoimentos II*, p. 123.

interessante sobre o lançamento da empresa. Há um primeiro artigo, do dia 8/1/1949, com uma cena de *A Estrada do Tabaco*, em que *A Folha* divulgava que, na "segunda quinzena de fevereiro, em breve temporada no Municipal, a Cia. De Sandro apresentando o TPA" estaria em cartaz com peças de seu repertório. O texto faz referência à temporada carioca, à luta para lançar *Anjo Negro*, cuja representação só fora autorizada por interferência do ministro da Justiça, e contra o empresário do Teatro Fênix, que ameaçara a companhia de despejo. A matéria foi repetida no dia 14 e dois dias depois começaram a ser publicados os *tijolinhos*, que iriam se tornar a cada dia mais constantes, fazendo a contagem regressiva dos dias para a estreia.

O elenco que se apresentou em São Paulo não foi exatamente o do Rio, sofreu algumas modificações. Orlando Guy foi substituído por Graça Mello no papel de Ismael, Henriqueta Portilho entrou no lugar de Nicette Bruno no papel de Ana Maria. O coro das senhoras descalças e as primas também passaram por mudanças. O programa do Teatro Municipal é semelhante ao do Fênix, com textos sobre Sandro, Ziembinski, Itália Fausta e Maria Della Costa, mantidos como no original, acrescido de foto e pequeno texto sobre Graça Mello e Olga Navarro (por causa de *A P... Respeitosa*, que também foi apresentada na temporada paulista). Aliás, a temporada anunciada reúne as peças do repertório realizado até então, inclusive o infantil *O Anel Mágico*.

No programa há ainda um texto de Ziembinski sobre *Anjo Negro* em que explica ao "público desprevenido" que a peça não trata simplesmente de um conflito racial; sua problemática seria mais ampla e profunda: "a eterna luta entre as duas forças que dilaceram a humanidade" – a força da natureza primitiva e a força da civilização. Isso gera um "conflito sem solução". O diretor coloca que os personagens não são "pessoas", mas "forças totais, elementares", daí o tratamento não realista dado à montagem. O texto – de certa forma uma modalidade resumida de manifesto – não constava no programa original, do Fênix. De resto o programa paulista possuía uma aura mais imponente, sem dúvida porque tratava de uma peça em cartaz no Teatro Municipal.

Uma matéria sem assinatura do *Diário de S. Paulo*, dois dias antes da estreia, comenta o texto de Nelson Rodrigues dizendo que a censura carioca não soubera compreender a sua dimensão poética, proibindo, "sob falsos pretextos", a representação. Tudo indica que tanto o texto do programa quanto a matéria estavam antenados com o que acontecia em São Paulo de tão especial e diferente: a difusão da noção de teatro como fato cultural, em contraste com o Rio de Janeiro, terra em que o palco estava condenado a ser puro comércio e vitrine de personalidades.

A crítica recomendou o espetáculo ao público paulista, apesar das várias restrições observadas[10]. Novamente, a direção de Ziembinski é mais elogiada do que o texto de Nelson Rodrigues. Décio de Almeida Prado escreveu duas críticas, publicadas separadamente, uma sobre o espetáculo, outra sobre o texto. Prado apontou a ousadia como a "característica distintiva" do espetáculo. Ousadia, não pelos "incidentes rumorosos"

O MITO MODERNO /
O COMÉRCIO DO NOVO

10. Foram examinados e usados os textos: "Anjo Negro" (sem nome do autor, sem dúvida de Décio de Almeida Prado), São Paulo: *O Estado de S. Paulo*, 30/01/1949; "Anjo Negro" (sem nome do autor, idem), São Paulo: *O Estado de S. Paulo*, 04/02/1949; "Anjo Negro" no Municipal, por O.C., São Paulo: *Correio Paulistano*, sem data (1949); Helen (?), Está Nu o "Anjo Negro", São Paulo: *Folha da Manhã*, 1949 (o ano manuscrito); Dois Pesos e Duas Medidas, recorte sem indicação do jornal, São Paulo: 23/03/1949, AMDC, Funarte.

que a peça enfrentou (problemas com a censura e com locação de teatro), mas a ousadia de Nelson Rodrigues, ao procurar juntar a tragédia clássica com o teatro de vanguarda, e de Ziembinski, que mostrou-se fiel às intenções do autor. "O melhor do espetáculo está na audácia da marcação e das personificações" fazendo uso acertadamente de elementos coreográficos e declamatórios. Ziembinski criou *mais uma representação expressionista*, dando o melhor de si. No que se refere a cenário e figurino, porém, o crítico acreditava que Ziembinski e Sandro improvisaram, repetindo a fórmula do teatro de vanguarda europeu de onde saiu Ziembinski. O espetáculo como um todo "não se manteve à altura da direção, e os atores contribuíram muito para isso". Graça Mello, um bom ator, não perdia a mania de imitar a direção de Ziembinski, o que dava um tom artificial à personagem. Maria Della Costa "continua a ser mais uma formosíssima promessa do que uma atriz completa". Josef Guerreiro fez bem seu papel, mas sem brilhar.

Na segunda crítica, Décio de Almeida Prado afirmou que o que era mais destoante na realização era a própria peça. A direção era excelente, os atores se empenharam ao máximo, porém "*Anjo Negro* é uma peça má". Nelson Rodrigues não tinha preparo para realizar a ousadia de seus propósitos:"O texto sofre de insuficiência poética, literária e até teatral", os diálogos seriam fracos e o conteúdo não seria poderoso o suficiente para compensar as deficiências na estrutura externa. Apesar de tudo, era uma realização notável, uma "colaboração competente e lúcida" de Ziembinski para o teatro nacional.

Outro ponto de vista aparece no texto do crítico O.C.[*]. Ele elogiou muito o cenário de *Anjo Negro*, que "contribui de maneira precisa" para criar a ambientação imaginada pelo autor. Observou que, embora Sandro e Ziembinski assinassem a sua criação, sentia-se de forma acentuada a orientação e concepção do último. Contudo, o crítico não via essa mesma contribuição na direção: Ziembinski seria um "ditador dos artistas", "forçando-os a expressarem à sua maneira os sentimentos que devem transmitir ao público e em particular à maneira de dizer". O resultado era negativo, pois gerava um artificialismo tendente a esconder a personalidade própria de cada ator – era o que acontecia com Graça Mello, por exemplo. Maria Della Costa "continua sendo, ainda, uma grande esperança", embora tenha adotado uma "forma mecânica de falar sua parte". Itália Fausta, nos poucos momentos em que apareceu, pôde mostrar a "plenitude de seus dotes artísticos". "Ela foi apenas Itália Fausta, que tomou conhecimento da existência de um diretor porque é disciplinada".

Em uma crítica pequena, assinada pelo simples nome Helen, também foi proclamada, como a maioria dos outros críticos fez, a direção de Ziembinski, vista como o grande valor do espetáculo. Nelson Rodrigues fora, para ela, envolvido por Susana Flagg, uma personalidade que deveria ser "destinada apenas a resolver o lado tristemente comercial da vida do comediógrafo", mas "alastrou-se, obscureceu os horizontes e transforma em folhetim qualquer ideia viável de peça teatral que lhe brote

[*] Não foi possível identificar de quem se trata (N. da E.).

na cabeça". Assim, o que se salvava, ou melhor, o que fazia o espetáculo eram o tratamento plástico de Ziembinski e a boa vontade dos atores.

Finalmente, há um fato bastante curioso a considerar: uma notícia veiculada no artigo "Dois Pesos e Duas Medidas". O Teatro Municipal de São Paulo foi cedido a Sandro Polônio e à sua companhia e o procedimento, apesar da escassez de teatros em São Paulo à época, não era corrente com relação às companhias de teatro nacionais, pois a casa era preferencialmente ocupada pela música, pela ópera e pela dança. Enquanto Sandro ainda estava em temporada, o teatro, cuja administração estava a cargo do Departamento Municipal de Cultura de São Paulo, negou o pedido de Jaime Costa para ocupá-lo com sua companhia. A negativa fez com que o autor do artigo protestasse, culpando a administração da casa de ser inimiga do teatro e não ter critérios claros para a concessão do palco.

Logo se vê, portanto, que o Teatro Popular de Arte chegara a São Paulo com um estatuto especial, de "cultura", ou ao menos de intelectualidade e de densidade moderna, denominador que irá envolver muito da produção paulista. Assim, parece plausível a construção que se insinuou nos comentários críticos sobre o *Anjo Negro*, parte de uma forma de pensar da época: deslocar a apreciação para a órbita do julgamento de qualidade, procurando-se localizar a *boa* ou a *má* cultura e enquadrá-la no que já estava estabelecido (Os Comediantes, amadorismo paulista, TBC), em lugar de se desvelar o novo. O tom de repúdio exacerbado às novas ideias, localizado em tantos textos críticos cariocas, não era a tônica paulista; as restrições a Nelson Rodrigues, Ziembinski e ao TPA eram de outra ordem.

O cartaz a seguir foi *Tobacco Road* – ou *A Estrada do Tabaco* ou ainda *A Estrada do Tabacal*, subtítulo usado na capital paulista. A montagem estreou no Teatro Municipal, no dia 16 de fevereiro de 1949; houve uma apresentação posterior, no dia 04 de março de 1949. Uma substituição digna de registro foi a presença de Ziembinski no lugar de Sadi Cabral. A crítica recomendou o espetáculo em geral, mas as restrições feitas foram significativas[11]. Em primeiro lugar, como já se comentou anteriormente, estranhou-se bastante a ausência de indicação de diretor no programa da estreia – informação que consta no programa da récita de março, único localizado pela pesquisa, indício, portanto, de uma resposta à crítica.

A crítica de Décio de Almeida Prado reclamou da falta de indicação do diretor porque aos seus olhos a direção era o ponto fraco da montagem. A seu ver, diante da rudeza dos problemas sociais explorados na obra, era preciso ter cuidado no tratamento de situações profundamente chocantes, se bem que terrivelmente reais. A sua transformação de realismo em caricatura era uma traição ao texto e conduzia a plateia para um objetivo inferior ao proposto pela peça. Outro ponto visto como grave era o tipo construído por Ziembinski, um velho Lester engraçado, colorido inaceitável, restrição que se agravava ainda mais porque sua personagem se apoiava em evidentes reminiscências do Ephraim de *Desejo*. Mesmo assim, o crítico considerava o espetáculo muito bom; observava que ele "precisa ser visto pelo público de São Paulo, pois não se compreende que os admiráveis esforços do 'Teatro

[11] Foram considerados em particular os textos: D. A. Prado, "*Tobacco Road*", São Paulo: *O Estado de S. Paulo*, Seção Palcos e Circos, 04/02/1949; M.J.S., "*Tobacco Road*", São Paulo: *Jornal de Notícias*, seção Teatro, 16/02/1949; O.C., "*Estrada do Tabaco*", São Paulo: *Correio Paulistano*, seção Teatro, 18/02/1949; V.A., "*A Estrada do Tabaco*" no Municipal, São Paulo: *Folha da Manhã*, 18/02/1949.

Popular de Arte' atraiam plateia tão reduzida quanto a da noite, aliás inclemente, de estreia".

Alguns textos ecoaram os comentários de Décio de Almeida Prado, até mesmo sob uma óptica mais condescendente, e alguns até fizeram revelações surpreendentes. *Tobacco Road*, texto publicado no *Jornal de Notícias*, São Paulo, 16/02/1949, com a assinatura M.J.S., reclamou da falta do nome do diretor, informação a seu ver importante diante da deficiência diretiva da peça, que foi conduzida de modo arbitrário. Os problemas mais graves que encontrou foram a falta de cuidado e segurança nas marcações, o tom caricatural do velho Lester de Ziembinski. Afora isso, Ziembinski teria revelado suas boas qualidades de ator, apesar de compor um tipo de velho muito semelhante ao velho Efhraim de *Desejo*. Itália Fausta, uma atriz que realmente se conduziu com segurança e naturalidade, apenas exagerou na cena da morte, prolongando-a demais. Já quanto ao cenário, o crítico observou: "também não sei de quem é, pode ser classificado como de boa qualidade". Mas o conjunto não estava longe de alguma conquista, segundo o crítico: "Enfim, se corrigirem os defeitos de direção, nesta crônica apontados, e se der maior atenção às marcações, os artistas do TPA ainda farão de *Tobacco Road* um espetáculo de classe".

Outras críticas não foram tão benevolentes assim. Em texto do *Correio Paulistano*, São Paulo, de 18/02/1949, assinado por O.C., os comentários também refletiram a abordagem proposta por Décio de Almeida Prado, mas sem a mesma sutileza e com um alcance preocupante. O articulista observou que Ziembinski não compreendeu, ou não quis compreender, a personagem, tornando-a ridícula e risível. Além disso, o artista polonês teria um fantasma a persegui-lo, mais uma vez estava na berlinda o Eben Efraim de *Desejo*, e pouco se lembrava de sua marcação no segundo ato, obrigando o ponto a falar muito alto – observação que evidencia uma possível precariedade de produção, com improviso técnico, apesar de Sandro Polônio e Maria Della Costa não se lembrarem, em seus depoimentos, como já se afirmou, de que tenham usado ponto alguma vez em suas produções. A morte da personagem interpretada por Itália Fausta no terceiro ato foi considerada um pouco melodramática, apesar de a atriz ter provado mais uma vez que continuava sendo uma das mais admiráveis artistas dos palcos nacionais. Maria Della Costa, embora em um papel ingrato, teria chamado a atenção de todos: não se impôs como artista, pois não houve chance para tanto, mas se fez valer como a bela figura de mulher que é.

Já a crítica publicada na *Folha da Manhã*, assinada V. A., chama a atenção para um detalhe importante: a obra "na verdade se filia diretamente ao teatro russo dos últimos dez anos, tendendo para um naturalismo exacerbado, não raro vulgar em suas expressões primárias, e que nesse campo chega a deixar perder de vista até Zola". O crítico enveredou por considerações a respeito do possível alcance político da proposta, sem chegar a uma conclusão clara; ele perguntou um tanto ingenuamente se o autor fixou uma situação existente ou forjou-a para explorar efeitos políticos. São constatações interessantes, posto que elas logo estarão presentes no debate teatral da época.

A temporada paulista ainda levou ao cartaz *Tereza Raquin* e *A P...Respeitosa*. No primeiro caso, as apresentações foram anunciadas nos jornais a princípio para os dias 9 e 10 de abril de 1949, no Teatro Municipal. A primeira noite foi usada para a comemoração do jubileu de Itália Fausta. Possivelmente em virtude do sucesso de público, foram oferecidas mais récitas. Um anúncio do dia 16/4/1949, com foto de cena, avisava que a peça seria novamente apresentada com Sandro, Maria Della Costa e Itália Fausta nos principais papéis – "Serão, definitivamente, os últimos espetáculos do Teatro Popular de Arte, a preços popularíssimos *Tereza Raquin* será levada à cena hoje, à tarde e à noite, e amanhã somente à noite". Não existe, no entanto, no Acervo Maria Della Costa, nenhuma crítica paulista destas apresentações[12].

O certo é que o grupo não se fixou em São Paulo: partiu em excursão para o Sul, início da primeira de suas grandes viagens pelo país. Em 1987, em um longo depoimento inédito para a crítica e historiadora Mariângela Alves de Lima, Sandro Polônio situou de maneira precisa o papel das viagens na trajetória de seu grupo. Em primeiro lugar, ele salientou as dificuldades objetivas para a sua realização – seguiam de caminhão, de avião da FAB (Força Aérea Brasileira), o que fosse possível arranjar – porque "tínhamos também que nos alimentar espiritualmente e não parar. Porque teatro no Rio de Janeiro e em São Paulo não era muito fácil de achar, apesar do sucesso".

Mesmo com sucesso, o retorno era difícil – os teatros eram poucos e os seus contratos estavam sempre nas mãos das companhias de Dulcina, Jaime Costa, Procópio Ferreira, Palmeirim Silva, que procuravam dificultar o acesso para grupos jovens, para não ter concorrência. Segundo o empresário, "Era difícil você furar. A sorte minha do Fênix foi um achado. Então, tinha que viajar para ficar de pé. Foi quando nós pensamos em construir um teatro, porque senão... [ia] ser difícil trabalhar. [...] Mas antes surgiu a inauguração do Teatro Cultura Artística, em 1951" [sic: a data correta é 1950][13].

O próprio empresário relatou então que recorria a uma alternância de cartazes para viabilizar a existência e a continuidade da empresa – usando no meio de todas essas viagens – "viagem para o norte, viagem para o sul..." – peças "um pouco água e açúcar", como *Rebecca*, *O Morro dos Ventos Uivantes*, *Peggy do Meu Coração*. E mais tarde, em outra excursão, ele lançou, também com o mesmo fim, *Come Back, Little Sheba*[14].

Outro ponto de vista a respeito das viagens da empresa é no mínimo bem humorado, tal a ordem de precariedades que revela. Trata-se da autobiografia da atriz Wanda Marchetti, que em 1949 excursionou pelo Sul do país com Sandro. Era uma atriz de velha história profissional, que estreou muito jovem, em 1918, ao lado de seu primeiro marido, Silva Filho, fazendo números de variedades e mambembando muito pelo interior; só ingressou no teatro profissional declamado em 1934, com Oduvaldo Vianna, ao lado de Dulcina de Moraes, em *Amor*.

Em seu texto, Wanda Marchetti comentou que Sandro Polônio conseguiu aviões da FAB para o transporte da companhia. Não havia o menor

12 Os anúncios foram publicados em: *A Gazeta Esportiva*, 07/04/49; *Diário de S. Paulo*, 08/04/49; *Folha da Manhã*, São Paulo, 10/4/1949; *A Gazeta Esportiva*, São Paulo, 16/4/49.

13 M. A. de Lima, *Entrevista com Sandro Polloni e Maria Della Costa*.

14 Idem, ibidem.

UMA EMPRESA
E SEUS SEGREDOS:
COMPANHIA
MARIA DELLA COSTA

conforto para senhoras e Sandro não teria levado em consideração a própria tia, Itália Fausta, segundo a atriz já com quase SETENTA anos, muito alta, gorda e com pressão alta – contraditoriamente, Wanda diz que ela também já teria passado dos sessenta, apesar de afirmar no mesmo livro que nascera em 1902. Ela fora contratada para substituir Itália Fausta, segundo o seu depoimento. O elenco era de QUINZE pessoas. Para ingressar nos aviões precários da época, era uma verdadeira luta; a velha Itália Fausta fazia temíveis malabarismos dependurada na escada de corda. E a atriz sublinhou com acidez: "com Sandro Polônio nem os gênios escapam". Mas ela não acompanhou a viagem até o final – para se ter uma ideia da instabilidade geral, é bom considerar que a própria atriz é quem revela que, em 1950, no Sul (Pelotas), abandonou o TPA e montou, com uma amiga, o cabaré "Rosa da Esperança", que logo acabou por causa de uma briga provocada por um "play-boy" da família Vargas[15].

Algumas das peças escolhidas para excursão eram apresentadas somente no interior e nunca nos grandes centros, Rio e São Paulo; ou melhor: em nenhuma hipótese eram apresentadas no Rio. Nestes primeiros tempos, portanto, em que Sandro Polônio foi ao interior em boa parte para fazer caixa, ele levou montagens completas, cuidadas, de espetáculos que faziam sucesso no Rio e em São Paulo, mas levou também complementos decididamente voltados para um gosto menor, montagens levantadas apenas para viajar. Em geral não eram sequer textos inéditos. Extraídos e adaptados de conhecidos textos literários, *Rebecca* e *O Morro dos Ventos Uivantes* eram espetáculos que possuíam inclusive antecedentes cinematográficos de forte apelo popular, condição explorada como significativa em certo cálculo de bilheteria[16]. Há uma aura de estrela de cinema na caracterização de Maria Della Costa como Rebecca.

A primeira peça fora lançada por Bibi Ferreira no Teatro Fênix, em abril de 1945, com a participação de Ziembinski nos efeitos de luz[17]. A montagem de Sandro causou impacto em particular devido ao efeito obtido na cena final, do incêndio da mansão. Um crítico de Curitiba observou que a cena, como foi realizada no palco, era "cousa inédita para o nosso público e agradou plenamente, dado, principalmente, ao imprevisto. Muitos dos espectadores aguardavam, com ansiedade e desusado interesse aquele final, conhecedores que eram dos recursos empregados pela câmera no filme..." E foram gratamente surpreendidos: "Não podiam imaginar que se levasse para o palco a impressão viva do fogo lambendo as paredes da mansão"[18].

Destaque-se que a trama da peça comportava um tratamento novelesco, a sugestão de um clima de folhetim popular. Em cena, em um único ambiente, uma das salas de Manderley, a casa de Maxim de Winter, na Inglaterra. Maxim se tornara viúvo da inesquecível Rebecca, uma espécie de mulher perfeita, adorada por todos no povoado e pela governanta da mansão. Depois de onze meses, ele estava retornando ao lar com a nova esposa, uma moça simples que trabalhava como dama de companhia. A volta do casal permitirá o duplo desvelamento da trama – a descoberta das condições da morte de Rebecca, que teria sido uma espécie curiosa

15 W. Marchetti, *Diário de Uma Atriz, Reminiscências – Perfis – Estórias (1902-1976)*.

16 A propósito dos dois filmes, as suas fichas técnicas resumidas, transpostas de *Cinemania 96/1* Microsoft Home, oferecem os seguintes dados: *Wuthering Heights*, 1939, direção William Wyler, com Laurence Olivier e Merle Oberon; *Rebecca*, 1940, direção Alfred Hitchcock, com Laurence Olivier, Judith Anderson e Joan Fontaine.

17 Cf. Programa da peça, dossiê *Rebecca*, Funarte. Integravam a ficha técnica, sob a direção de Henriette Morineau, entre outros: Bibi Ferreira, Graça Mello, Sadi Cabral, Angelo Labanca, Henriette Morineau. Os cenários eram de Alcides Vergineli e Luciano Trigo. O único exemplar do texto encontrado foi o que se encontra na Biblioteca Nacional do Rio de Janeiro; é o exemplar da aprovação pela censura e indica a autora (Daphne Du Maurier) e o tradutor (Carlos Lage), os mesmos da montagem do TPA. O requerente à censura é Abigail Izquierdo Ferreira – Cia Bibi Ferreira, em 27/3/1946, com a aprovação em 1/4/1946.

18 Milton Condessa, Do Meu Cantinho, Curitiba: *Diário da Tarde*, 02/12/1949. AMDC, Funarte.

△ O cenário de *Rebecca*, construído ao mesmo tempo para viajar e para causar impacto semelhante ao do filme, por causa do incêndio no final. (AMDC, Cedoc/Funarte.)

◁ O figurino e a caracterização de Maria Della Costa atestam a qualidade da produção. (AMDC, Cedoc/Funarte.)

de suicídio, e a revelação de que ela era, na verdade, uma víbora despótica e infiel.

Sobre a segunda peça, também se poderia indicar em poucas linhas um enredo digno de novela de rádio, malgrado a qualidade do romance original. Um senhor rico abriga em sua casa um garoto cigano, exigindo de seus filhos legítimos que o tratem como irmão. Logo o pai morre e seus filhos revelam sentimentos antagônicos: o filho odeia o cigano, a filha o ama. Ela chega a fazer um pacto de amor com o cigano, mas acaba casando com outro. O cigano desaparece; algum tempo depois, volta rico, compra as propriedades e casa-se com a cunhada da mocinha, mas os dois ainda se amam. A jovem enamorada morre de desgosto e sua alma vagueia pela propriedade, à espera do cigano, em virtude do pacto que fizeram no passado.

A montagem recebeu elogios que esclarecem muitos detalhes da produção. Foram elogiados os efeitos de luz e som, hábeis para insinuar as agruras da natureza, ventos e tempestades, a encenação "moderna", o cenário sugestivo, impressionante, novo, em que a charneca era sugerida através da janela. A estreia da montagem teria ocorrido em Porto Alegre (10/05/1949), no Teatro São Pedro, com apresentações no Teatro Coliseu (28/06/1949) e, em Pelotas, no Teatro 7 de Abril[19]. Até 1958, permaneceu no repertório da companhia, sempre como um texto para viagem, para fazer caixa.

Sobre as características de produção, Sandro Polônio deixou claro em seu depoimento que fazia sucesso em boa parte com uma cenografia de ambientação, ainda não de interpretação poética. Na montagem de *Rebecca*, era construído "um salão fantástico de beleza, com panos [...], com cenário armado; o telão era mandado pintar por um cenógrafo de categoria, para dar a impressão de casa antiga". Esta tela pintada era armada em sarrafos e o pano virava o salão.

O terceiro espetáculo levantado especificamente para a viagem foi *Peg do Meu Coração*, de John Hartley Manners (1870-1928), tradução de Miroel Silveira[20]. Trata-se de um original que foi escrito para servir de veículo para a mulher do autor e se tornou uma peça constante do repertório das companhias itinerantes, por seu sabor sentimental e esperto. Apresenta a imagem de uma doce pequena caipira, a sobrinha órfã, às voltas com as estripulias de sua família, aristocrática e falida, que deve aceitar e educar a pequena em troca de uma oportuna pensão, até o desfecho final, em que tudo acaba bem, com a pequena tomando conhecimento da trama em que estivera envolvida, pois ela não sabia dos termos do testamento. Como se pode imaginar, era um texto muito favorável para a afirmação da atriz Maria Della Costa como estrela sentimental[21].

Mais até, como se comentará adiante, pois a montagem era apresentada ao lado do polêmico texto de Sartre, pretexto para a eclosão do ódio e da reação mais agressiva de setores católicos conservadores, e Maria Della Costa passara a fazer o papel da prostituta criado por Olga Navarro. Em Pelotas, em especial, a Ação Católica promoveu campanha sistemática contra a companhia e os textos apresentados, publicando anúncios

19 O material considerado sobre a carreira da peça foi: Teatro Popular de Arte, Programa da peça, Direção: Itália Fausta, Cine Teatro Pax, Mossoró, RN., 22/10/1950; Moacir Santana, O Teatro de Sandro Resiste a Um Confronto..., Santa Maria: *A Razão*, 13/09/49; Sálvio de Oliveira, "O Morro dos Ventos Uivantes", Florianópolis: *O Estado*, 19/11/1949, AMDC, Funarte.

20 Foi encontrado um exemplar do texto na Biblioteca Nacional do Rio de Janeiro, Seção Peças à Censura, Setor manuscritos, n. 0880022, texto datilografado; sem anotações, 74 p. Não é a mesma tradução usada pelo TPA; é assinada por Antônio Campos.

21 O material existente sobre a peça no AMDC, Funarte, é bem reduzido: Programa da Sociedade de Cultura Artística do Maranhão (SCAM), 22ª Festa de Arte, Teatro Arthur Azevedo, quarta-feira, 22/11/1950, 20h30; "Sandro e Maria Della Costa apresentam o Teatro Popular de Arte com Itália Fausta e Graça Mello em 'Peg do Meu Coração', de Larry Manners", recorte de jornal sem identificação do jornal; *Peg do Meu Coração* no São Pedro, Porto Alegre, 13/6/1949.

◨▽ A interpretação, marcada por gestos e intenções bem sublinhados, e o cenário pesado, realista, traduzem a inspiração cinematográfica de *O Morro dos Ventos Uivantes*. (AMDC, Cedoc/Funarte.)

▣ A indicação do exterior era um dos fatores de sucesso da encenação de *O Morro dos Ventos Uivantes*. (AMDC, Paraty.)

nos jornais de advertência aos católicos, para que não fossem ao teatro assistir às peças. Mesmo assim houve homenagem a Itália Fausta na cidade, com presentes para a atriz. Em nota de jornal, Sandro afirmou que partia de bolsos vazios, comentário que levou os conservadores a contra-atacar, exultando pela hipótese, mas acusando-o de mentiroso, pois teria conseguido uma renda de seis mil cruzeiros para cada artista por treze dias de trabalho, o que não consideravam mal para quem brigara com os "empresários do Teatro 7 de Abril que lhes cobraram 40% do bruto, depois de haver explorado, com peças imorais, os sentimentos menos nobres do povo..."[22].

Após a viagem ao Sul, o elenco regressou para São Paulo, cidade em que inaugurou um novo teatro, o Cultura Artística, com a montagem de O Fundo do Poço, de Helena Silveira. A escolha não poderia ser mais polêmica: a opção foi por uma espécie de teatro-reportagem, com texto inspirado em fato verídico[23]. Trata-se de peça em três atos, dividida em quadros, com a ação ambientada em 1950 construída em "*flashbacks*". Apresentava a história de uma família pobre que vivia em uma casa muito velha no centro de São Paulo. Úrsula, a mãe doente e duas vezes viúva, criava os filhos numa atmosfera de clausura, de repressão a qualquer manifestação de prazer e gosto pela vida. Sua filha mais velha, Conceição, 32 anos, não trabalhava e só saía de casa para a igreja. A mais nova, Cornélia (depois Cristina, na montagem), dezoito anos, nem sempre conseguia reprimir sua vaidade e seus impulsos sexuais, o que gerava vários conflitos e fazia com que ela sofresse *ataques* e fosse tratada por um psicanalista. O irmão, Júlio, estudante de medicina, desejava libertar-se da família para casar-se com a namorada Ismênia, mas sentia-se definitivamente preso à mãe e às irmãs por um laço que só a morte poderia romper. Além do mais, sua precária situação financeira não permitiria que saísse de casa para casar. Assim, decidiu matar a mãe e as irmãs, jogando-as no fundo do poço que mandara construir no quintal. A ação começava quando um vizinho, desconfiado, o denunciava à polícia.

A estreia da peça foi no dia 17/03/1950. Não houve possibilidade de estabelecer com exatidão absoluta a duração da temporada, pois o material disponível a respeito é escasso, tanto no dossiê da peça quanto no conjunto dos documentos que integram o Acervo Maria Della Costa. Anteriores à estreia, existem duas matérias jornalísticas que são simples análises do texto da peça e apenas citam a montagem do TPA, em vias de estrear, nas legendas das fotos publicadas[24]. As duas análises fazem parte do lançamento, da "estratégia de *marketing*". A encenação, no entanto, não é sequer comentada nas matérias, o texto é o grande foco de atenção. O único dado relativo à montagem veiculado é a presença de Maria Della Costa nas duas fotografias publicadas, ao lado de Graça Mello em uma delas. Importa considerar, todavia, a qualidade laudatória das matérias. Elas colocaram a autora em posição de igualdade frente aos grandes autores nacionais (em Pola de Resende) ou como a responsável pela elevação do nosso teatro a um rumo universal (Reinaldo Bairão).

22 Recortes diversos de jornal, sem identificação e sem data na maior parte. AMDC, Funarte.

23 Helena Silveira, colaboração de Jamil Almansur Haddad, *No Fundo do Poço*. Exemplar da Biblioteca da Funarte. O volume tem uma foto de Maria Della Costa na primeira página, autógrafo, dedicatória e um pequeno prefácio da autora.

24 Reinaldo Bairão, "O Fundo do Poço", São Paulo: *Folha da Tarde*, 11/02/1950; Pola de Resende, "O Fundo do Poço", São Paulo: *Folha da Manhã*, 07/03/1950; Nova temporada em S. Paulo do TPA, recorte de jornal não identificado, São Paulo: 16/03/1950.

Este último autor via no texto um caráter expressionista acentuado, enquanto a jornalista falava em análise de almas, indicação que parece correta. Não há como não associar o texto a certo clima rodrigueano. Apesar dos articulistas não constatarem o fato, a tentativa de assemelhar-se ao "estilo" de Nelson é patente, principalmente na caracterização doentia das personagens. O caráter expressionista da peça também lembra algo do *Anjo Negro*, de Nelson Rodrigues. No programa da peça, a razão da escolha do texto veiculada é o fato de ser um texto nacional para iniciar a temporada, como acontecera em 1948, com *Anjo Negro* – razão que subsiste em boa parte mesmo que se considere que a equipe possa ter sido na verdade convidada a montar o texto para inaugurar o teatro, em lugar de exatamente selecioná-lo.

É como se existisse um cálculo político, a busca da fixação de um marco inaugural, começando-se uma nova etapa em São Paulo, inclusive promovendo-se um corte com a orientação vigente até então quanto à implantação da cena moderna: a inserção direta no momento teatral da cidade é clara... E quis "a direção do Teatro Popular de Arte marcar sua orientação nacionalista" não apenas no texto, mas também na escolha do diretor Graça Mello, jovem ator que se lançou com *O Fundo do Poço* em "sua primeira grande experiência como diretor de cena", pois a direção da companhia "está certa de que já é chegado o momento do teatro brasileiro encontrar seu próprio caminho e conduzir-se por si próprio"[25], um comentário que era um ataque direto à política do TBC.

Vale observar ainda que a autora era prima de Miroel Silveira, irmã da romancista Dinah Silveira de Queirós e jornalista e escritora de certa notoriedade em São Paulo, sem, no entanto, conquistar os resultados de projeção que Nelson Rodrigues obtivera no Rio de Janeiro quando se deu a estreia da companhia. Também, à diferença de Nelson Rodrigues, a autora comentou rapidamente no prefácio as alterações que fez no texto em função da montagem; ela não comentou, mas também foi mudado o nome de uma personagem, Cornélia, interpretada por Maria Della Costa, que passou a ser chamada Cristina. É bastante provável que ela tenha conseguido o privilégio de inaugurar o teatro e tenha convidado o TPA, por intermédio de Miroel Silveira, para a montagem, mas esta hipótese não pôde ser comprovada totalmente, como se comentará adiante.

As pequenas notas sobre a estreia atestam que o próprio texto teatral, de uma escritora paulista *respeitada* em seu meio, é o "gancho" publicitário da peça. A expectativa é gerada em torno da novidade do texto de Helena Silveira, "conhecida por suas vitoriosas atividades na imprensa, no rádio e na literatura". Apesar de não ter sido encontrado material jornalístico significativo, sabe-se, através das entrevistas concedidas por Sandro Polônio e Maria Della Costa, que a montagem teria gerado polêmica, devido ao debate que sugeria, a respeito da eutanásia. Em relação ao fato, só foi encontrada uma pequena nota: *Sandro Fala sobre O Fundo do Poço* – o texto afirma que a peça teria sido ameaçada de interdição e Sandro teria esclarecido que ela não foi interditada e que procuraria seu advogado se tal acontecesse. Como não há data no recorte ou qualquer

[25] Ver Programa da peça, AMDC, Funarte. Anteriormente, Graça Mello já dirigira o infantil *O Casaco Encantado*, em 1948.

identificação do veículo, fica-se sem saber exatamente quando se deu a notícia.

A peça não foi sucesso de crítica; o texto não foi recebido favoravelmente, a julgar pelo material localizado. Duas críticas, das três disponíveis, no entanto, tentam salvar o original, observando que a peça é melhor lida do que encenada e transferindo para a encenação alguma responsabilidade quanto à perda de atrativo[26]. A direção de Graça Mello é questionada e não são feitos comentários particularizados sobre os atores. A única crítica que fez esse tipo de observação foi uma crítica em italiano, publicada em 26/03/1950, que elogiou a interpretação do elenco, citando Itália Fausta "com uma síntese do colorido humano" e Maria Della Costa, transformada em "olímpica beleza".

Outro crítico – Nicanor Miranda – citou alguns elementos da cenografia, como os "dois planos distintos ligados por um túnel" e da luz, "escurecimentos parciais", que dariam a ideia de um tratamento expressionista da encenação, bem aos moldes de Ziembinski. E, ao finalizar a sua apreciação, colocou Graça Mello e o grupo no interior do processo histórico teatral recente: "É bem fácil perceber que no trabalho de Graça Mello há reminiscências ou influências de montagens expressionistas já realizadas entre nós. Mas isto não tem maior significação". Ou melhor, tinha uma significação positiva, afinal, pois se Graça Mello trazia em seu trabalho heranças do tempo em que participou de Os Comediantes, a situação era não de demérito, mas ao contrário, como o próprio Nicanor Miranda conclui: "talvez prove que ele é o maior discípulo e a figura mais representativa daquele valoroso grupo que tendo Ziembinski ao leme, lançou-se corajosamente à tarefa da renovação e da criação do teatro moderno no Brasil".

Não há dúvida, pelo teor e pelo tom das observações, que houve um debate crítico desfavorável à equipe, no sentido provável de localizar uma subserviência às propostas *antigas*, mas especificamente expressionistas, tidas como *superadas*. O possível interlocutor omitido pode ser o crítico Décio de Almeida Prado, cujos comentários não foram localizados. De toda forma, mesmo que sob restrições, fica patente a projeção da equipe sob um perfil nítido, histórico e conceitual. Afinal, a imagem que desejavam propor já estava explicitamente formulada no programa da peça.

Trata-se de um documento que vale a pena examinar – é o primeiro programa da empresa com número alentado de páginas e de anunciantes, organizado muito mais em função do grande acontecimento que foi a inauguração do teatro do que em virtude das dimensões da companhia. Segundo Sandro Polônio, em depoimento a Mariângela Alves de Lima, quem organizara tudo fora Miroel Silveira, conseguindo que o TPA participasse do evento. O Teatro começara a ser construído pela Sociedade de Cultura Artística em 1947 e alguns dos anúncios são de congratulação ou alusão à obra.

Logo na primeira página há uma apresentação da companhia, com a listagem de seus integrantes e do repertório encenado e a ser encenado. Das onze peças pretendidas, duas foram encenadas e duas já haviam sido montadas, desconhecendo-se a razão de seu anúncio para o futuro. Sandro Polônio é o primeiro nome arrolado, como diretor. No elenco, estão

O MITO MODERNO /
O COMÉRCIO DO NOVO

[26] As críticas localizadas foram: Carlo Prima, No Fundo do Poço, 26/03/1950, coluna Arte e Artisti, crítica em italiano publicada em jornal italiano não identificado; Nicanor Miranda, A Encenação de O Fundo do Poço, São Paulo: *Diário de S. Paulo*, coluna Mundo Teatral, 29/03/1950; Cassiano Nunes, Uma Opinião sobre O Poço, São Paulo: *Folha da Manhã*, 30/03/1950, AMDC, Funarte.

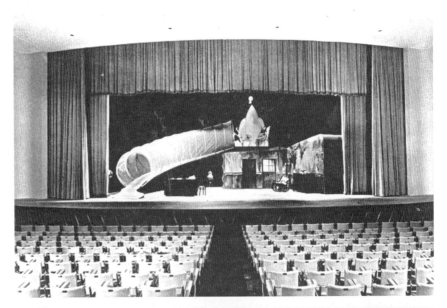

△ A inauguração do Teatro Cultura Artística aconteceu sob um clima *rodriguiano* e de abstração cênica, com a montagem de No Fundo do Poço. (AMDC, Cedoc/Funarte.)

Maria Della Costa, Itália Fausta, Sandro Polônio, Graça Mello, Lídia Vani, Samaritana Santos, Maria Vidal, J. Maia, Wallace Viana, Alberto Maduar, Silas Buarque Lira. Como diretores de cena aparecem apenas Graça Mello e Itália Fausta; como consultor literário, Miroel Silveira, e como "cenaristas", Sandro, Lazlo Meitner, Santa Rosa e Lofer.

O programa contém fotos ao lado de textos, ou ao menos de frases, de quase todos os integrantes do elenco. Sobre Maria Della Costa, afirma-se que "deixou de ser apenas a mais bela mulher do teatro brasileiro para transformar-se numa de suas atrizes mais sensíveis e conscientes". Há outra foto sua, caracterizada como a Lizzie de *A P... Respeitosa*, ao lado de um texto conhecido de Eleonora Duse em que a celebrada atriz italiana afirmava que seguia pela vida arrastada por um ritmo interior que era o seu destino. Sob a foto do ator J. Maia aparece uma singela frase de alcance preciso quanto à política teatral: "Veterano ator que está cada dia mais integrado no moderno teatro". Sobre o TPA há um texto de apresentação bastante eloquente e de grande importância para a análise subsequente da equipe:

> Nasceu a 1º de fevereiro de 1948 [sic: na verdade, 2/4/1948], com a representação de "*Anjo Negro*" no Teatro Fênix do Rio. Em seus dois anos de vida fez temporadas na Capital Federal, no Teatro Municipal de São Paulo e pelos estados do Sul, desde as suas mais importantes capitais até as pequenas cidades da fronteira, num trabalho de quase apostolado junto ao abandonado público de nosso interior, ávido de beleza, mas sempre condenado aos espetáculos destituídos de nível artístico.
>
> O Teatro Popular de Arte batalha pelo bom teatro.
>
> Deseja dar às suas apresentações qualidade artística tanto na escolha dos textos quanto na encenação, na direção e nas interpretações. Mas deseja também ser popular, isto é, deseja dirigir-se ao povo, e não apenas às classes privilegiadas pela fortuna. Acredita que um teatro de arte, implicitamente, não precisa ser um teatro de reação, um teatro de requintados e sibaritas. Sem se imiscuir em política, pretende o Teatro Popular de Arte dirigir-se ao povo, naquilo que ele tem de maior e de eterno: seu anseio de beleza, de elevação e de democracia.
>
> O Teatro Popular de Arte traz consigo outra grande preocupação: a de brasilidade. Suas temporadas se iniciam sempre por uma peça nacional de alto valor: "*Anjo Negro*" em 1948, e agora "*O Poço*" [sic] de Helena Silveira".

Tratava-se de uma declaração de guerra velada, ou da aceitação da guerra declarada – o opositor presumível seria o TBC, como já se observou. Ao mesmo tempo, pensava-se resolver os impasses que dificultavam a implantação da prática do teatro moderno, vividos intensamente até então, pondo-se em andamento a bandeira implícita na sigla, teatro popular de arte. O texto é um documento importante: foi o manifesto da equipe em São Paulo, o seu passaporte para o burburinho que fervia na cidade.

Finalmente, em suas últimas páginas, o programa anunciava a próxima peça do elenco, a ser apresentada no mesmo teatro: *A Família Barret*, de

Rudolf Besier, tradução de Miroel Silveira[27]. A peça não era inédita, não era um lançamento. Depois de alcançar notável sucesso na Broadway, em 1931, graças à atuação histórica da atriz Katharine Cornell (1893-1974), fora transformada em filme em 1934 – *The Barrets of Wimpole Street*. A fita, sob a direção de Sidney Franklin e com os atores Norma Shearer, Frederic March, Charles Laugthon, Maureen O'Sullivan e Una O'Connor, se tornou bastante conhecida. Em 1945 foi montada por uma companhia liderada por Maria Sampaio, a Sociedade Amigos do Teatro, que fazia temporada às segundas-feiras no Teatro Fênix, sob direção de Ziembinski, em seu primeiro trabalho profissional. Sem dúvida foi o diretor quem trouxe o texto para o Brasil, pois ele o dirigira na Polônia, em 1935, com o título de *Miss Ba*[28].

A versão não alcançou grande repercussão junto aos críticos; eles alegaram o alcance nocivo da modéstia da produção, visto como um decidido entrave para o brilho de uma peça de época. Tratava-se da dramatização de famoso caso de amor literário do século XIX, entre os poetas Robert Browing e Elizabeth Barret, o que estava longe de ser um tema convencional no teatro brasileiro da época e igualmente distante, por sua pouca ousadia e também pela modéstia da produção, do público de elite, mais exigente, que acompanhava Os Comediantes. Percebe-se assim o fio lógico que levou o TPA a reeditar em cena a mesma tradução de Miroel Silveira na temporada paulista: o texto era ótimo veículo para uma atriz, ainda que jovem, desde que vestido por uma produção de certa monta.

Segundo a documentação disponível, que não é abundante, a versão da peça pelo TPA foi apresentada no Teatro Cultura Artística (programas com as datas dos dias 21/4/1950, 06/5/1950 e 13/5/1950) e em viagens pelo país, em especial durante a viagem pelo Nordeste. Da montagem anterior, restou uma relíquia, o galã Rodolfo Arena, que fizera Browning no Rio, com Maria Sampaio, e repetiu a dose em São Paulo; nas viagens, segundo algumas fichas técnicas, o papel coube a Sandro Polônio. A estreia se deu no dia 20/4/1950 e no programa, de formato igual ao da montagem anterior, há a identificação da foto da atriz Ulla Lander (Bela) como sendo "elemento da nossa sociedade que por especial deferência toma parte neste espetáculo" e dos atores Alberto Maduar e Silas B. Costa como oriundos do concurso "um *galã* para Maria".

Ou seja, apesar do projeto moderno, ainda não havia ruptura absoluta com a terminologia antiga, que esteve patente em outro concurso promovido logo depois pela empresa, em que se buscava uma *ingênua*. Evidentemente estas promoções tinham um cálculo explícito de busca das manchetes, mas não estavam dissociadas por completo das engrenagens que moviam a empresa.

Da mesma forma, parece existir certo cálculo sensacionalista na divulgação da cifra que teria sido gasta na produção, a alentada quantia de cem mil cruzeiros (29/07/1952)[29]. Não é que se deva duvidar da veracidade da notícia: o que chama a atenção foi a decisão de divulgar o fato, quando a rotina sempre é cercar a produção com uma aura de confidencialidade. Certamente acreditou-se que o relativo fracasso da montagem anterior se dera por causa do investimento modesto.

---

27 Programa da peça, AMDC, Funarte.

28 Cf. Y. Michalsky, op. cit., p. 83-85; S. Britto, *Fábrica de Ilusões*, p. 29; *Cinemania 96*; M. Banham, *The Cambridge Guide to World Theatre*, p. 232.

29 Cf. *A Família Barret, Uma Grande Peça de Estreia*, Campinas: jornal não identificado, 26/5/1950; *A Família Barret*, São Paulo: *O Estado de S. Paulo*, 20/10/1950; *O Teatro Popular de Arte Estreou Ontem em Campinas*, Campinas: jornal não identificado, 30/5/1950. Foi localizada apenas a crítica Fernando Faro, Impressões sobre *A Família Barret*, São Paulo: jornal não identificado, [s.d.]; e ainda uma reportagem de Porto Alegre: jornal não identificado, 29/7/1952.

△ A influência do cinema, o gosto pela reconstituição de época e o cenário imponente, mas adequado tecnicamente para viagens, foram características importantes da montagem de *A Família Barret*. (AMDC, Cedoc/Funarte.)

◁ Detalhe da interpretação de Maria Della Costa em *A Família Barret*. (AMDC, Paraty.)

A peça, aliás, guarda paralelismo com a montagem seguinte, sem dúvida uma bobagem feita para viajar, chamada *A Escola das Cocottes*, de Armont e Gerbidon. Ela chegou a ser apresentada em São Paulo, no Teatro Cultura Artística, na temporada de 1950, mas sem sucesso. A tradução era mais uma vez do consultor literário da companhia, Miroel Silveira, provavelmente responsável pela indicação do texto. A temporada foi pequena e a peça não teve expressão maior, a não ser qualificar esta oscilação de repertório, de cálculo comercial, que Sandro Polônio vinha fazendo desde a saída do Rio de Janeiro. E indicar a construção de uma estrela de mil facetas, capaz de apresentar em uma mesma temporada originais tão diversificados quanto *A Família Barret*, *A P... Respeitosa* e *A Escola de Cocottes* (ou *A Carreira da Zuzu*).

Era este último um texto propício para a afirmação de uma espiral notável de sedução, em virtude das transformações da protagonista: de uma ex-costureira suburbana que ganhara uma herança de uma tia que morreu, ela passava ao casamento com um próspero negociante e chegava até à aclamação máxima como *socialite* influente e irresistível. Na peça, dirigida também por Graça Mello, Maria Della Costa estreou como figurinista e a empresa lançou um novo cenógrafo que marcará o palco brasileiro: Irênio Maia. A documentação localizada sobre a montagem é muito reduzida, registrando apenas a apresentação paulista e matérias muito pequenas, publicadas em diferentes pontos do país, até 1953. O texto não era inédito; fora dirigido anteriormente por Henriette Morineau, com a atriz Bibi Ferreira no principal papel[30].

Em outro trecho de seu depoimento a Mariângela Alves de Lima, Sandro Polônio fixou com precisão cristalina a essência deste longo período conturbado de transferência para São Paulo, que se prolongará até 1954, pontilhado por excursões frequentes. O empresário observou que a temporada do Cultura Artística foi pequena – "dois, três meses, porque também naquela época o profissional levava uma peça uma semana e nós, em São Paulo, se a gente conseguisse levar uma peça um mês, um mês e meio, já era muito". Observou então que o clima ainda não mudara muito, como resposta de público, ou pelo menos o conjunto não conseguiu reverter a dinâmica em vigor: "um mês, um mês e meio e a gente tinha que partir. E daí saímos para excursões". A seguir, no mesmo depoimento, ele indicou com clareza o sentido empresarial das viagens, uma rotina que ocupou muito da sua vida e na qual ele preferiu sempre fazer o sul, mais do que o norte, "porque o sul era mais rico. Então o sul era a nossa Caixa Econômica. A gente ficava no sul muito mais tempo. A Maria Della Costa sendo de lá, nós tínhamos quase que uma sede. Fizemos temporadas muito longas no sul".

Uma reportagem de *A Cena Muda* oferece um histórico bastante detalhado deste período, usando-se como título uma pergunta que com certeza era inquietante no momento, pois significava uma necessidade de definição de vida, até mesmo pessoal, da atriz: "Maria Della Costa Voltará ao Cinema?" A partir da temporada no Fênix, a reportagem historia toda a viagem, para o sul e para o norte, noticia a temporada

[30] M. Silveira, *A Outra Crítica*, p. 40.

paulista afirmando que durou quatro meses, em um apanhado geral elogioso mas também bastante informativo. O texto indica o tracejado claro da busca, aliás, bem sucedida, de uma consagração crescente de Maria Della Costa como estrela nacional[31].

A reportagem reproduz trechos curiosos de entrevista da atriz: em um deles, ela afirma que nunca abandonará o teatro – "Prefiro comer pão e banana... mas no teatro. Mas também gosto de cinema. Fui convidada por Cavalcanti para fazer *Terra Sempre Terra*, mas veio a temporada para o norte e resolvi partir. Mas outros convites virão, certamente. Agora começo a acreditar no cinema nacional".

O cineasta Alberto Cavalcanti (1897-1982) foi o produtor geral da Companhia Vera Cruz desde a sua fundação, em novembro de 1949, até o início de 1951; a crise de cerca de um mês que culminou com o seu desligamento começou no dia 10 de janeiro – por ocasião da elaboração da matéria, portanto, talvez o desligamento ainda não estivesse consumado, ainda que as notícias a respeito esquentassem as redações[32]. De toda forma, não era exatamente o famoso produtor geral quem mais se esforçava para ter Maria Della Costa sob contrato.

Sendo assim, o repórter observa que Maria Della Costa já deveria ter resolvido os seus problemas quando o texto foi publicado: "Certamente recebeu convites para filmar na Vera Cruz, onde Fernando de Barros é agora produtor. Mas o que terá resolvido, nenhum de nós pode adivinhar. Pois o teatro exerce sobre ela um fascínio irresistível. E o resto é silêncio".

O texto não explora a questão sentimental, mas ela existia e está insinuada com malícia nas entrelinhas da matéria – a atriz só se desquitou de Fernando de Barros quando regressou da excursão ao norte do país, segundo a longa matéria publicada a seu respeito por Helena Silveira, já citada. No texto, o bloco referente à história de seu casamento tem o subtítulo: "Um Casamento sem Amor". E após comentar o desquite, em 1951, a jornalista observava: "Continuam sendo o que sempre foram nem deveriam ter deixado de ser: bons amigos". A atriz iniciou então oficiosamente o casamento com Sandro Polônio, que iria durar a vida inteira. Só se casariam oficialmente muito mais tarde, pois ainda não existia o divórcio.

O MITO MODERNO /
O COMÉRCIO DO NOVO

31 "Ninguém pode negar que o teatro do Rio de Janeiro sentiu um vácuo quando a companhia de Sandro Polônio e Maria Della Costa abandonou a Capital para empreender uma excursão por outros Estados do país. Em verdade, essa excursão não tinha o objetivo de ser tão longa e demorada, mas o sucesso foi tanto que novas etapas eram vencidas e novos horizontes iam surgindo. E o tempo foi marchando. Há dois anos atrás, o Rio acabava de aplaudir *A P... Respeitosa* de Sartre, no Teatro Fênix. Foi quando a companhia partiu, rumo a São Paulo, depois Rio Grande do Sul, onde percorreu vinte cidades, regressando a São Paulo. Ali, inaugurando o Teatro da Cultura Artística, com a peça *No Fundo do Poço*, que permaneceu quatro meses em cartaz. Depois houve espetáculos durante um mês, no Colombo, a preços populares. Surgiu a ideia de visitar o norte. E lá se foi a companhia para Recife, João Pessoa, Natal, Mossoró, Fortaleza, São Luís do Maranhão, Belém do Pará, Maceió e Bahia. O repertório era de primeira. O teatro artístico e cultural invadia os Estados vizinhos com peças do quilate de *Desejo*, de O'Neill; *Tereza Raquin*, de Zola; *A Família Barret*, de Besier; *A P... Respeitosa*, de Sartre; *Morro dos Ventos Uivantes*, de Emily Brontëé, *Rebecca*, de Daphne du Maurier; *Tobacco Road*; *Carreira da Zuzu*; *Peg do Meu Coração*, etc. Sem falarmos que o repertório nacional estava muito bem representado por *No Fundo do Poço* e *A Xícara do Imperador*, do talentoso Pedro Bloch. As multidões deliravam e aplaudiam calorosamente não só a intenção da companhia em apresentar argumentos sólidos e de envergadura, como a interpretação impecável dos atores. Maria Della Costa não mediu sacrifícios. O público exigia sua presença e ela ali permaneceu no palco, para não desapontar seus fãs. Tanto que, durante sua temporada em Fortaleza, trabalhou diversas noites com febre, com uma temperatura de 39 graus e meio – e com o mesmo espírito dramático de sempre. Era como se a força de sua alma extinguisse o cansaço febril de seu corpo. Em Recife, teve o prazer de ouvir estas palavras, pronunciadas por Waldemar de Oliveira, diretor do Teatro Santa Izabel, depois de assistir à sua interpretação em *A P... Respeitosa*: 'Maria, você é a maior artista dramática do Brasil!' O sucesso foi absoluto. Mas a luta diária ia consumindo as forças da atriz. O drama da vida real era mais forte que a ficção e ela tinha também que viver o seu papel, fora do palco, com a mesma convicção que representava na ribalta. O trabalho exaustivo fez com que emagrecesse seis quilos (atualmente pesa 52) e compreendesse a necessidade imperiosa de um repouso. Por isso, só por isso, suspendeu as funções. De agora em diante, o espetáculo continuaria nos bastidores da vida". *A Cena Muda*, Rio de Janeiro, n. 6, 8/2/1951.

32 Afrânio Mendes Catani, *A Aventura Industrial e o Cinema Paulista* (1930 – 1955), em F. Ramos (org.), *História do Cinema Brasileiro*.

UMA EMPRESA E SEUS SEGREDOS: COMPANHIA MARIA DELLA COSTA

O palpite de *A Cena Muda* estava certo. Maria Della Costa foi efetivamente contratada pela Companhia Vera Cruz, mas, devido ao caos que começava a dominar a empresa, permaneceu ociosa, sem fazer um único filme. E esta situação explica o seu aparecimento no palco do Teatro Brasileiro de Comédia, exatamente a empresa a que o TPA estava se contrapondo. Não é possível avaliar se houve – e em que grau – influência de tramas pessoais no caso. Na verdade, a decisão empresarial de reduzir a lista de contratados sem trabalho significou o deslocamento de Maria Della Costa para o TBC, situação que irá desagradá-la decididamente, segundo seu depoimento. Mas ela cumpriu a obrigação contratual[33]. Era um período em que os dois atores necessitavam de dinheiro; na matéria de *A Cena Muda* ela anunciara que estavam construindo, na avenida Nove de Julho, em condomínio, um teatro com quatrocentos lugares com o custo de seis milhões de cruzeiros. O nome ainda não estava escolhido e a atriz aproveitava a ocasião para pedir sugestões aos leitores.

Um Rápido Entreato Trágico

O período foi marcado ainda por outros imprevistos, bem mais dolorosos e problemáticos. Após o retorno da excursão ao Nordeste, enquanto a companhia era reorganizada em São Paulo, Itália Fausta veio para a sua casa, no Rio de Janeiro. Em sua carteira profissional, a data da última baixa é 15 de janeiro de 1951, portanto provável retorno da excursão. No dia 29/04/1951, segundo as notícias dos jornais, ela foi encontrada pelo médico Laszlo Benenczky, seu inquilino, com o corpo caído metade sobre a cama. Segundo a reportagem de *O Globo*, era forte o cheiro de gás, que vinha da cozinha.

A sua morte foi atestada como tendo ocorrido provavelmente na tarde do dia 28/04/1951; ela teria ido naquele dia inspecionar a caixa de água e não teria resistido ao esforço excessivo, segundo uma das versões correntes na época. Assim como a data de seu nascimento é cercada de controvérsias, também a data de sua morte não é matéria cristalina – as datas de 26, 28 e 29/04/1951 são firmadas em diferentes fontes. A causa também permaneceu controvertida: sufocamento ou síncope cardíaca.

Em carta de 1957, sua irmã Tecla afirmou que ela morreu por querer ajudar Sandro; sua idade e saúde não permitiriam tantas viagens e fadigas, quando na verdade ela deveria estar apenas com 61 anos, de acordo com os seus documentos *legais*. A queixa de sua irmã ajuda a reforçar as suspeitas de que Itália Fausta efetivamente escondera a sua verdadeira data de nascimento, estratagema adotado para reivindicar a nacionalidade brasileira. Em diversas entrevistas, no final de sua carreira, a atriz revelara sempre grande vitalidade e a disposição de se manter ativa; costumava dizer que podiam chamá-la velha e gorda, mas não pararia. A sua casa foi encontrada arrumada, com livros e jornais sobre as mesas; em seu escritório, muitos livros encadernados e bem manuseados; fotos

---

[33] Cf. A. M. Catani, op. cit., p. 208.

novas e antigas nas paredes; na sala, dois discos quebrados (*Marcha Fúnebre*, de Chopin), e um livro novo aberto, *Poesias Póstumas*, de Amélia de Oliveira. Uma outra versão corrente no meio teatral sustenta que este *cenário* não seria real – teria sido divulgado por Sandro Polônio, para dar envergadura trágica ao momento.

Sandro Polônio estava em São Paulo e, por causa do mau tempo, não pode voar; só chegou, de táxi, no dia 30/04/1951, segunda-feira, bem cedo. A atriz determinara ser enterrada em São Paulo e foi preciso fretar um avião especial. O apelo da classe teatral fez com que fosse cedido para velório o saguão do Teatro Municipal, para onde foi o corpo, duas horas antes da partida; formou-se um desfile de admiradores e amigos. Era preciso apressar tudo, pois já teriam decorrido – talvez – 48 horas. Apressadamente, prestaram-lhe as últimas homenagens: Paschoal Carlos Magno, Álvaro Moreira, Jaime Costa, Delorges Caminha, Alda Garrido e Graça Mello (em nome da família). Milhares de pessoas acompanharam a pé o cortejo, até o Aeroporto Santos Dumont e ela foi enterrada em São Paulo no dia 30/04/1951. Nas notícias publicadas na imprensa, não faltam referências ao clima depressivo que sua morte provocou: ela teria abalado bastante o T.P.A... Os planos foram alterados, até mesmo os planos pessoais – um pouco antes, afirmara-se que Itália Fausta iria para a Europa com Maria Della Costa e Sandro Polônio, a passeio.

Neste momento conturbado, em que tanto a vida pessoal quanto a vida profissional estavam envoltas em impasses consideráveis, Maria Della Costa se defrontou com uma experiência um tanto imprevista no movimento seguido por sua carreira até então: o fato de figurar como simples presença decorativa em uma empresa, senão perdulária, no mínimo cara. Tal foi o seu ingresso na Vera Cruz, que se desdobraria na passagem pelo TBC já indicada. O curioso é que a vida da atriz até este momento – e a seguir também, depois que inaugurar seu próprio teatro – fora de um ritmo intenso de trabalho, algo oposto ao que teria se passado nos domínios de Franco Zampari, no núcleo Vera Cruz/TBC. A animosidade declarada logo marcará a relação entre os dois polos, o TPA e o TBC – esta é em boa parte a imagem negativa que passa, no depoimento da atriz, a respeito dos empreendimentos do mecenas italiano[34].

De qualquer forma, a experiência vivida no empreendimento de Franco Zampari não foi tão ruim: afinal Maria Della Costa esteve presente em uma das mais importantes produções do Teatro Brasileiro de Comédia, uma proposta de preocupação social que de alguma forma ecoava as proposições que o próprio TPA lançara com *Tobacco Road*.

O texto *Ralé*, de Maxim Górki (1868-1936), se tornara em 1902 um dos grandes triunfos do Teatro de Arte de Moscou[35], de Stanislávski. Em São Paulo, foi um acontecimento de primeira grandeza e não só pelo elenco, talvez a mais notável escalação realizada pelo teatro paulista: significou a estreia de um novo diretor estrangeiro – Flamínio Bollini Cerri. Ele fora convidado por Celi para trabalhar no TBC, na medida em que se tornava necessário contar com mais diretores para manter o ritmo de trabalho do teatro[36].

O MITO MODERNO / O COMÉRCIO DO NOVO

34 No trecho em que a atriz narrou a sua experiência no TBC, ela projetou para o passado, para a época de *Ralé*, uma situação de conflito mais aberto, mais declarado, que na realidade ocorreu mais adiante, quando construiu seu próprio teatro: "MARIA – Bom, no TBC, eu trabalhei, mas eu fui contratada no TBC não para fazer teatro, eu fui contratada no TBC para fazer a *Sonata a Quatro Mãos*. Era um filme, é…, dirigido pelo Fernando de Barros, meu ex-marido, que depois a Tônia é que fez. Mas o Zampari…, a verdade tem que ser dita aqui, o Zampari, ele fez o TBC onde eu trabalhei, que foi o melhor teatro em São Paulo, foi o cara que iniciou uma renovação em São Paulo, teatro moderno, bons atores". […] // E depois tinha um problema no TBC, tinha aqueles empresários ricaços que iam…, ele levantava muito dinheiro do pessoal todo, eu era muito bonita, ele virou e disse: 'olha, você escolhe o melhor vestido que tiver aqui…', tinha assim um armário, '…porque hoje vai ter, amanhã vai ter um coquetel e eu quero a sua presença nesse coquetel'. Ele convidava as mulheres bonitas, como se fossem uns manequins, as atrizes jovens, para apresentar aos empresários, entende, para cavar dinheiro. Então, essa mágoa eu tenho do Franco Zampari, e o Sandro, quando eu contei para o Sandro, o Sandro saiu de casa para bater no Franco Zampari. Ele queria pegar o Franco Zampari e matar o Franco Zampari, que ele estava querendo me prostituir dentro do TBC. E depois ele teve a pecha, entende, de ser aquele grande homem do TBC, realmente foi, mas o lado negativo dele, para mim, eu guardei esse lado dele, negativo. Ele quis boicotar o Teatro Maria Della Costa, aí ele começou a me perseguir, entende, várias maneiras, para ser um fracasso, mas graças a Deus não foi, porque ele queria ser absoluto, eu acho isso uma bobagem, aquela coisa, a riqueza do teatro paulista, paulistano, foi o quê? Foi… todos os teatros juntos. Com grandes espetáculos, isso que fazia a movimentação paulista, todo mundo ia ao teatro, cada noite, entende, puxa vida, era uma programação, de ir ao teatro bem vestido, era um ritual, era lindo demais!"

35 J. Gassner, *Mestres do Teatro*, p 211.

36 Sobre a história do diretor, ver aqui p. 291 e s.

UMA EMPRESA
E SEUS SEGREDOS:
COMPANHIA
MARIA DELLA COSTA

Cabe aqui destacar um dado importante – um analista minucioso como Yan Michalski, estranhou, em seu livro, a opção por este texto no TBC. A sua argumentação provém do fato de que, um pouco antes, a interdição em plena temporada da montagem de *A Ronda dos Malandros* provocara a saída de Jacobbi da empresa. E ele observa que logo a seguir jovens da classe média abastada, no Teatro de Arena e logo no CPC, iriam fazer a opção de usar o teatro para defender o direito das classes sociais desfavorecidas: "Nesse sentido, *Ralé*, com suas aparentes contradições dentro da estrutura social do TBC, foi um espetáculo até certo ponto precursor, de importância histórica e considerável ousadia"[37].

O crítico deixou de observar, no entanto, que a proposta já estivera em cena por iniciativa do Teatro Popular de Arte, este sim o verdadeiro precursor, se for o caso de levar a análise por estes termos. E que afinal existe uma distância considerável entre mostrar os pobres em sua ruína de *bas-fond*, como em *Ralé*, e parodiar a estrutura polarizada da sociedade refletida em um bando de mendigos, portanto em uma indagação lancinante a respeito da moral, do sentido da relação entre os semelhantes, como pretendia fazer a ópera de John Gay, na montagem de Jacobbi.

Contudo, a montagem tebecista significou muito mais em matéria de debate do próprio conceito de teatro moderno. O jovem diretor – foi o mais jovem dos diretores contratados pelo TBC, com apenas 23 anos – chegou com um método de trabalho totalmente diferente de tudo o que fora feito aqui até então, com a adoção de procedimentos do método Stanislávski que ele aprendera no Actor's Studio. Pela primeira vez, o diretor no TBC nem ensinava, nem sugeria, nem ordenava; simplesmente ele dizia ao ator que fizesse, lançando-o ao fogo; teria sido adotada pela primeira vez a "técnica de laboratório". O método causou espanto e revolta; o diretor recebeu um apelido ("Faça ver"), derivado de sua frase mais frequente para os atores, que se uniram contra o diretor. Celi chegou a ser chamado pelo elenco para ver um ensaio, mas a rebelião fracassou, pois o diretor geral adorou a forma usada para dirigir o texto. "Ao final, *Ralé* resulta num espetáculo surpreendente, onde o público descobre facetas insuspeitadas dos atores que ele se acostumara a assistir no palco da Major Diogo"[38].

Foi a primeira vez também que Maria Della Costa participou de uma produção em que o programa é quase um caderno: são 34 páginas ao todo. Além de farto material de publicidade, propício a ilustrar com requintes parâmetros sociais e comportamentos de época, há um número elevado de pequenas matérias sobre teatro e cinema, no Brasil e no mundo, inclusive um necrológio de Louis Jouvet, preocupado em avaliar a sua herança, através da atuação de Jean-Louis Barrault. E há uma página sobre Maria Della Costa, com uma foto sua de extrema atmosfera sensual e o texto "Maria Della Costa no T.B.C."; apesar de longa, a citação é importante:

> O Teatro Brasileiro de Comédia marca mais uma vitória, incorporando ao elenco de sua Companhia Permanente, a consagrada atriz Maria Della Costa. Tendo sua vida inteiramente voltada para o teatro, Maria Della Costa possui uma carreira artística das mais brilhantes

---

[37] Y. Michalski, op. cit., p. 199.

[38] Revista *Dionysos*, número especial, TBC. Na entrevista de Antunes, p. 135 e s., ele situa Bollini como o mais moderno dos italianos, mas não confirma que ele tenha usado "laboratórios" como outros contemporâneos declararam.

e seu nome está hoje definitivamente ligado ao teatro nacional. Fez sua estreia com os "Comediantes", há anos, aparecendo em *Rainha Morta*, depois em *Vestido de Noiva* e *Terras do Sem Fim*, de Jorge Amado. Com Sandro formou, em seguida, uma companhia, que estreou com *Anjo Negro*, de Nelson Rodrigues, no Fênix do Rio, onde trabalhou, também, em *Lua de Sangue*, ao lado de Ziembinski, em *Tereza Raquin*, ao lado da saudosa Itália Fausta, e em *Tobacco Road*. Em São Paulo a consagrada atriz repetiu aquelas peças no Municipal, seguindo, depois, em excursão para o sul, de onde regressou, para aqui apresentar-se em *A Família Barret* e na reprise de *A P... Respeitosa* e em *O Poço* [sic] de Helena Silveira. Viajou, a seguir, para o norte, representando em vários Estados, regressando para cumprir seu contrato com o Teatro Brasileiro de Comédia, que a apresenta hoje, com satisfação, em *Ralé*, de Máximo Górki. Maria Della Costa é também atriz da Companhia Cinematográfica Vera Cruz.

É bastante provável que a situação tenha sido gerada devido ao contrato citado acima, para trabalhar em cinema, firmado com Fernando de Barros, se bem que ele fosse de 1949. O texto tem um tom peculiar, importante, pois se refere à companhia de Sandro-Maria como um ponto de passagem na vida da atriz que agora fazia com que o TBC marcasse mais uma vitória – tê-la no elenco permanente. A suposição é a de que teria ocorrido um fim, situação não reconhecida pelo casal de atores que, ao contrário, trataram o episódio – ele sim – como um acidente um pouco inusitado, sem explicação muito nítida.

A estreia aconteceu no dia 05/09/1951. Décio de Almeida Prado comentou a montagem situando o texto dentre "as grandes obras de arte", dotada em primeiro plano de "conteúdo puramente humano". Após as referências ao texto, considerou os cenários de Túlio Costa "excelente ponto de partida para qualquer encenação de *Ralé*. Secos, incolores, ásperos, inumanos, estabelecem o ambiente ideal para o drama rude de Maxim Górki, além de renovar a cenografia do Teatro Brasileiro de Comédia.". O crítico observou que o cenógrafo estabeleceu dois planos no sentido da altura, oferecendo uma multiplicidade de perspectiva capaz de oferecer a ilusão de que a cena se espraiava pelos fundos, situação que sugeria uma movimentação hábil das personagens, em especial quando havia um momento particular de tensão.

Para o crítico, o diretor explorou de maneira exemplar a riqueza de segundos e terceiros planos, fazendo a ação serpentear pelos "meandros daquele quase labirinto". A qualidade, "a mecânica difícil e exatíssima da representação", é ressaltada pelo crítico, entre outras, tais como a "autoridade demonstrada nas cenas de conjunto" e a habilidade para manobrar um número muito grande de atores. Nas interpretações, Prado situou a existência de toda uma escala de interpretações, indo "de um máximo de teatralidade até um máximo de naturalidade", recaindo a preferência do crítico sobre esta última. Maria Della Costa não estava situada aí: entre os dois extremos estavam "os outros atores", com desempenhos acima do comum, e a atriz era "a Maria Della Costa de sempre, servida por um incontestável temperamento teatral e prejudicada pelo tom cantado de suas falas, como se estivesse perpetuamente sussurrando em voz alta". Já nos atores da casa, o crítico considerava visível a fase de amadurecimento, pois não mais se repetiam de peça para peça, muito embora a caracterização psicológica permanecesse ainda com frequência mais teatral do que sincera – restaria por aprender a mais importante das lições, talvez a última, "a de economia de meios, a de simplicidade que não é a falta de força, nem pobreza de expressão".

O sentido latente mais forte do comentário já se pode destacar: para Décio de Almeida Prado, este ainda não seria o momento maduro do novo teatro que estava sendo proposto, nem era o momento de uma possível aclamação de Maria Della Costa. Se ela deixara de ser apenas uma presença de beleza impressionante, ainda não era uma intérprete de impacto, capaz de arrebatar de forma sublime o espectador mais exigente. Também com relação aos cenários e à direção, vale chamar a atenção para o valor que o crítico atribuiu a certo realismo despojado. Esta situação é que, ao menos em parte, certamente justifica o fato de o crítico não ter estabelecido qualquer identidade entre esta montagem e as encenações anteriores do TPA, de *Desejo* e particularmente de *Tobacco Road*, inclinadas, a primeira para um expressionismo que o comentarista viu como arbitrário, posto que no seu entender se tratava de um texto do ciclo realista de O'Neill, e a segunda para um naturalismo ultrapassado à Zola; mas as duas sem dúvida estavam voltadas em grau razoável para o debate de temas sociais tensos.

É interessante observar que o TBC simplesmente não constou da reportagem de Helena Silveira citada acima: quer dizer, em um prazo imediato, ele foi simplesmente abolido da biografia da atriz, já que a jornalista escreveu a partir de seu depoimento, mesmo sem adotar a forma direta da entrevista.

As preocupações do casal passaram a ser a construção de seu teatro, a julgar por seu depoimento. Este teria sido o principal motor de sua transferência para São Paulo, pois a cidade vivia a febre de construção civil e construção teatral já analisada anteriormente. Ao menos esta foi a explicação dada por Maria Della Costa para a mudança de cidade, diante da pergunta direta a respeito das razões da transferência. A atriz afirmou que lá encontraram mais facilidade para construir o teatro: "porque eu acho que o dinheiro está em São Paulo, você não concorda?... o dinheiro... principalmente naquela época, que estava uma época boa de teatro, de companhias se formando, TBC e capitalistas, gente que estava apoiando".

Sandro Polônio apresentou uma versão um pouco diferente, com variações ao longo de sua vida. No mesmo depoimento concedido à autora, ele sustentou que a construção do teatro teria sido iniciada quase por acaso, mas em boa parte em função do amor dos dois ao teatro. O grande responsável pelo feito – aliás, durante o depoimento, sua personalidade projetou-se como um visionário protetor da cultura em São Paulo – teria sido Otávio Frias, na época ligado aos empreendimentos

△ Em uma curta passagem pelo TBC, Maria Della Costa atuou em *Ralé*, ao lado de Ziembinski, Carlos Vergueiro e Paulo Autran. (Foto de Fredi Kleemann. AMDC, Paraty.)

UMA EMPRESA
E SEUS SEGREDOS:
COMPANHIA
MARIA DELLA COSTA

imobiliários que ferviam na cidade. Os dois o teriam procurado, interessados em comprar um apartamento para eles próprios morarem em São Paulo. Durante o encontro, o empresário lhes teria perguntado por que não construíam um teatro; diante das hesitações, ele teria estimulado a iniciativa e teria mesmo assumido um compromisso formal de ajuda, recomendando que, em caso de dificuldade para o pagamento do imóvel, que o casal imediatamente entrasse em contato com ele, para ajudar a resolver os impasses[39].

Uma versão mais antiga, contemporânea à fundação do teatro, tem sabor irresistível de poesia e reforça a visão do empresário-publicista como um ser amante da fantasia. Sandro Polônio teria declarado ao *Diário da Noite* de São Paulo que, "No último dia da temporada [a primeira, no Fênix, T.B.], quando vi Maria arrumando as malas [...] pensei [...] até quando viveríamos aquela vida de ciganos. Jurei que daria um teatro para Maria Della Costa"[40].

A iniciativa da construção parece associável ao episódio da inauguração do Teatro Cultura Artística, fato que deve ter surgido como sugestão de possibilidade. De acordo com o noticiário da imprensa, a aventura teria começado justamente a partir de 1951: no início do ano, um banco de São Paulo se interessara pelo projeto e o teatro seria edificado à rua Paim, esquina com a avenida Nove de Julho, segundo construção apta a proporcionar a mais perfeita técnica para o palco e conforto para a plateia[41].

A conta foi paga pelos dois atores, em sua maior parte; estas novas condições objetivas explicam todo o período de trabalho em São Paulo, no início dos anos de 1950, em que a equipe não investiu seu esforço em qualquer texto mais denso ou ousado. É evidente que tais opções irão contribuir para fazer com que o empresário Sandro Polônio – mais do que tudo e todos – fique envolvido por uma aura de comercialismo de que não poderá se desvencilhar por toda a vida.

E foi assim que surgiu um espetáculo muito discutido e discutível enquanto "qualidade artística", que será um dos cavalos de batalha da empresa por alguns anos. As últimas apresentações documentadas foram realizadas no Teatro Maria Della Costa, em agosto de 1956, e no Teatro Apolo, de Lisboa, em fevereiro de 1957. O original é *Manequim*, de Henrique Pongetti, um autor que será sempre vinculado a um tipo de teatro menor, estreitamente comercial. O texto fora lançado no Rio, no Teatro Copacabana, em 1951, em uma montagem de Willy Keller, com Beatriz de Toledo (Beatriz Segall) e Jardel Filho.

Foi um regresso ao teatro, de certa maneira, pois a companhia ficara inativa por quase dois anos. Sandro, como Maria, também ingressara em aventuras cinematográficas. Pelo menos foi o que ele declarou, sobre a sua própria carreira, ao *Diário da Noite* – primeiro fora assistente de Camilo Mastrocinque, em *Areião* (1952), película em que Maria Della Costa trabalhara também, como atriz, e depois de Alberto Cavalcanti, em *Simão, o Caolho* (1952). As duas foram produções, por sinal, da Maristela Filmes, a empresa de cinema da família Audrá, de que participava Ruggero Jacobbi e que surgira em "oposição" à Vera Cruz[42].

---

39 O depoimento de Maria Della Costa é incisivo: "MARIA – Eu, que dei um teatro a São Paulo, viajei esse Brasil de ponta a ponta para pagar esse teatro, durante quinze anos, quinze anos para pagar esse teatro... E quem me construiu esse teatro, ele era diretor da bolsa predial, do Banco... [esquecimento] //TANIA – Interamericano? // MARIA – ... que era o dono das Folhas... // TANIA – Frias. // MARIA – O Frias. Ele ouviu a minha voz, a voz do meu marido, do Sandro, e disse 'Eu vou, eu vou arranjar... pessoas, e aqui no Banco, para construir o teatro'. // TANIA – E por quê? Ele gostava de teatro? // MARIA – Engraçado, como são as coisas... É que a gente foi falar com ele e a gente... acho que ele viu a nossa agonia. Eu disse para ele: 'Olha, Dr. Frias, a gente... nós somos muito jovens, e a gente quer construir o teatro e a gente quer pagar o teatro' e eu não sei por que que ele se tornou tão meigo, por que ele foi uma pessoa muito simpática conosco. E disse: 'Eu vou estudar' e estudou e nos telefonou e disse 'Olha, tem um terreno ali perto da Nove de Julho, na rua Paim'. 'E como é que vocês vão pagar esse teatro?' – ele disse, 'A única coisa que eu acho é que, quando vocês não puderem pagar uma mensalidade, vocês tem que vir a mim correndo e falar'. Eu disse: 'Eu espero nunca precisar do senhor, para dizer: Dr. Frias, eu estou em apuros e não posso pagar esse mês'. Nunca! Paguei durante anos, sagradas, as mensalidades".

40 Recorte de jornal, reportagem sem autor, O Amor Construiu Um Teatro, São Paulo: *Diário da Noite*, 27/10/1954, AMDC, Funarte.

41 Ney Machado, Rio de Janeiro: *Revista Carioca* n. 811, 19/4/1951.

42 A. M. Catani, A Aventura Industrial e o Cinema Paulista, F. Ramos, *História do Cinema Brasileiro*, p. 246.

O empresário declarou ainda que pretendia voltar ao Teatro Municipal, mas como a casa estava em reformas, resolveu iniciar as atividades no Teatro São Paulo mesmo, apesar dele "não ser um teatro de primeira grandeza". Já a obra escolhida foi *Manequim* "porque a peça apresentava, entre outras vantagens, o fato de ser uma ligeira sátira à sociedade, possuir ambiente que requereria uma *mise-en-scène* grata às mulheres e porque o cenário não seria difícil de fazer". Ele observava ainda que, como empresário, era obrigado a considerar também o aspecto econômico, "pois uma companhia, diz a experiência, não vive apenas de seu arrojo intelectual"[43].

Trata-se de uma opção irônica, uma espécie de sátira romântica da elite paulistana, retratada como consumista, superficial, preocupada com os modismos, as aparências e muito, muito dinheiro, para gastar no ritmo o mais perdulário possível, mas passível – é claro – de amar e ser amada. A rigor, era exatamente a mesma classe dominante que frequentava o TBC. A trama é um primor de ingenuidade – propícia mesmo para agradar aos amigos de Franco Zampari e, sobretudo, aquelas classes médias deslumbradas, ansiosas para ter alguns momentos de voyeurismo, similar ao que logo começaria a ser praticado através das colunas sociais, especialidade do jornalismo de nascimento contemporâneo. Era uma montagem de sucesso porque permitia contemplar o mundo dos ricos e um seu complemento irresistível, o mundo da moda[44]. Sandro Polônio, em seu depoimento, reconheceu que esticara a parte relativa aos desfiles – "era uma comédia bem gostosa, limpinha, arrumada... e vestido de noiva, muita roupa bonita, eu aumentei o desfile de guarda-roupa para dar mais ênfase e agradou, agradava em cheio".

Em cena, à vontade porque fora este o seu *métier* por algum tempo, estava uma Maria Della Costa deslumbrante, em modelitos da última moda, evocações do *frisson* da Casa Canadá, do Rio. Ela era Glorinha, uma manequim especial: uma moça simples, honesta, muito distinta, bonita e elegante, que trabalhava como manequim efetivo de uma casa de modas – "Créations de Paris". Ela era também, ao contrário das que normalmente trabalham no ramo, muito inteligente, "quartanista de Direito". Moisés era o dono da loja, mas tratava Glorinha como uma filha. Rosauro era um empregado, "interessado na firma". De tanto vestir os manequins artificiais, se afeiçoou a eles de um jeito mórbido. Roberto era um grã-fino, um banqueiro que negociava com Moisés; apaixonado pela modelo, se revelará tão interessante, apesar do dinheiro, ao ponto de ser um potencial bom marido.

A ação, entrecortada por desfiles de "manequins ultra-atuais" que "vestem as últimas novidades" devia, segundo palavras do próprio autor, oferecer uma amostra eloquente de "bom gosto moderno". Ela mostrava os esforços de Roberto para conquistar o coração da manequim, com a oposição inicial dela própria, que o via como um milionário de cabeça vazia, e de Rosauro, que sofria secretamente de paixão doentia por ela. Glorinha aceitava sair com o banqueiro, para fazê-lo sofrer. Os encontros se sucederam, enquanto Rosauro vai enlouquecendo e se tornando ameaçador. Aos poucos Glorinha começava a gostar de automóveis;

O MITO MODERNO /
O COMÉRCIO DO NOVO

[43] Luiz Giovannini, Lança Novos Artistas o Teatro Popular, São Paulo: *Diário da Noite*, 28/5/1952, AMDC, Funarte. A matéria enfatiza em especial o lançamento de Helena Barreto Leite, sobrinha de Luiza Barreto Leite, como atriz, e de Eugênio Kusnet como diretor.

[44] O próprio autor da peça escreveu, no programa da montagem de 1956, que o texto fazia muito sucesso há cinco anos, explorando o mesmo filão do "colunismo social" que surgiria em 1952, com Jacinto de Thormes e Ibrahim Sued. Em *Manequim*, Programa da peça. Sociedade Cultura Artística de Santos, julho de 1956, AMDC, Funarte.

Rosauro vai deixando-a em paz e tornando-se apaixonado pelos manequins. O desfecho reunia o casamento à loucura suicida de Rosauro.

O clima de voyeurismo, de *potin*, estava garantido já na primeira metade da peça, em que, além da apresentação da trama principal, era traçado um painel do ambiente das casas de modas, mostrando as madames que não se suportavam, não podiam se encontrar, disputavam o mesmo homem e os mesmos vestidos. O clima de fofocas, a influência das colunas sociais, tudo isso surgia nos diálogos e pequenas cenas dentro da loja. O exemplar do texto consultado foi o original aprovado pela censura de Portugal, em que foram cortados dois trechos, os dois referentes ao tema do homossexualismo. No primeiro, Roberto insinua que Glorinha poderia ter uma amiga a quem se afeiçoar, ele estava lendo Sartre e aprendendo sobre "dramas sexuais". Moisés negava veementemente e dizia que a única "anormalidade" de Glorinha era "não ser ordinária". No segundo trecho, Moisés dizia, falando com Rosauro, que só lhe perdoava a sua indiferença pelas mulheres porque nunca o viu interessar-se por homens[45].

A estreia da peça se deu no dia 15/05/1952. Nas reportagens de lançamento e em algumas críticas, devem ser destacadas duas informações. A primeira, o esforço de Sandro Polônio para reabilitar o "velho Teatro São Paulo", em condições bastante ruins de acústica, o que fez com que muitos articulistas escrevessem reclamando da Prefeitura algumas providências para melhorar a casa, reinscrita na vida cultural da cidade graças ao esforço do jovem empresário. A outra informação é relativa ao cenógrafo que a companhia estava lançando, Eduardo Suhr, que iniciara suas atividades como cenógrafo em 1918, na Europa, e trabalhara com diretores de grande projeção, tais como Piscator, Max Reinhardt, Heinrich George. As críticas foram sempre unânimes em indicar o caráter leve, moderno, da cenografia, inclusive durante as apresentações em Portugal, ainda que não tivesse surgido uma discussão mais densa a respeito do tema. As fotos revelam um cenário de extrema beleza.

E na verdade existiu um cálculo de produção preocupado com a densidade da cena, do espetáculo, ecoando na cenografia. Segundo depoimento de Sandro Polônio, o cenógrafo substituiu o celebrado arquiteto Eduardo Warchavchik, autor do primeiro projeto moderno construído em São Paulo em 1927, que não se adaptara bem à proposta de trabalho no teatro. Os figurinos, por sua vez, foram concebidos em uma temperatura semelhante à do texto – eram criações de conhecida senhora da sociedade paulistana, D. Lili Junqueira.

O texto não foi alvo de comentários semelhantes aos que a cenografia recebeu. Os críticos não aclamaram o original; escreveram avaliações que oscilaram da reserva tímida, em que se exaltava o ar moderno e o diálogo espirituoso, às restrições decididas, em que demoliam a carpintaria frágil e reprovavam a escolha, inadequada para uma temporada e uma empresa que falavam em "teatro de arte".

A direção de Eugênio Kusnet, por sua vez, foi em geral considerada "muito boa", uma forma para realizar um "espetáculo sólido e inteligente",

---

[45] Henrique Pongetti, *Manequim*. Exemplar datilografado, aprovado pela censura em Portugal em 20/12/1956. Doação do professor Antônio Mercado ao Programa de Pesquisa Teatro Brasileiro: a invenção do moderno.

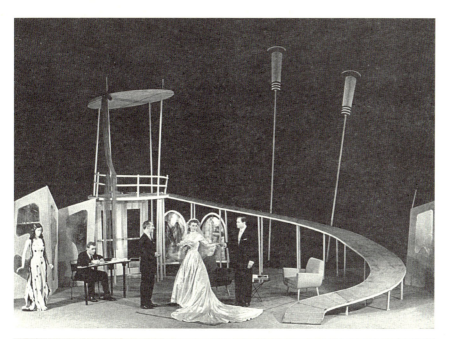

△ Apesar da beleza e do convite à abstração do impressionante cenário proposto por Eduardo Suhr, a montagem de *Manequim* foi vista como um mero golpe de bilheteria. (AMDC, Paraty.)

◁ Maria Della Costa em desfile, em *Manequim*, sucesso junto ao público feminino. (AMDC, Paraty.)

UMA EMPRESA E SEUS SEGREDOS: COMPANHIA MARIA DELLA COSTA

apesar das condenações, por vezes enfáticas, do desfile de modas que irrompia no primeiro ato, quebrando a continuidade da trama. Quanto à interpretação, as críticas negativas e as reservas a Sandro Polônio começaram a ser dominantes; Ruggero Jacobbi considerou-o "pouco à vontade" no papel do banqueiro, ainda que não comprometesse o conjunto. O inverso se observou em relação a Maria Della Costa – a atriz se destacava por sua "leveza e autoridade cênica", segundo Jacobbi. Chegava mesmo a receber aprovações irrestritas, que indicavam que já passara "o tempo em que era obrigatória uma referência à sua beleza. Ao lado da mulher, existe agora uma atriz, que não só representa como ousa até ser ela própria, libertando-se de todas as influências que marcaram a sua estreia" – comentário de extrema importância, pois o seu autor foi o crítico de O *Estado de S. Paulo*, Décio de Almeida Prado.

Em uma reportagem publicada no dia da estreia, o casal falava de sua imensa euforia devido à realização de um antigo sonho – estavam construindo o seu teatro, com financiamento do Banco Nacional Imobiliário e a ajuda de um livro de ouro, com a inauguração prevista para março de 1953. A atriz anunciou que após a temporada no Teatro São Paulo, iria filmar na Itália, proposta que não se concretizou. Seguiu-se na realidade nova excursão ao sul[46].

Segundo Sérgio Britto, a excursão ao sul, em 1952, foi realizada com um repertório variado – *Manequim, Desejo, No Fundo do Poço, A P... Respeitosa, A Família Barret*. Vale observar – peças *do repertório* e novos cartazes, como de hábito faziam as companhias mambembes. A empresa percorreu as cidades de Porto Alegre, Caxias, Pelotas, Rio Grande, Bagé, Santa Maria, Cachoeira, Rio Pardo, Passo Fundo, Lajes. A realização, no dizer de Sérgio Britto, deveria ser enquadrada como um mambembe de luxo, com cenários integrais, em dois caminhões[47]. A mesma versão dos fatos foi oferecida por Sandro Polônio em seu depoimento, ocasião em que observou que sentia verdadeira paixão por este tipo de aventura. O seu comentário foi enfático: "Era gostoso, você não sabe o que era carregar um caminhão na madrugada, para sair [risos], para amanhã estrear. E o dinheiro – falta dinheiro, não falta dinheiro... eu gostava *pra diabo*".

A extensão do sucesso alcançado pode ser conferida através de um dos raros borderôs preservados da história da empresa, da peça *No Fundo do Poço*, representada em Lajes (SC), em 04/10/1952[48]. O documento relaciona a venda de 87 poltronas e dez balcões no dia 4 de outubro de 1952, com uma renda total de Cr$ 2.275,00, no Cine-Teatro Tamoio, o que certamente deveria significar uma taxa baixa de ocupação do teatro, mas não tão negativa se se considerar que o caso era o de uma peça nacional de trama sombria, autor desconhecido e elenco jovem. O próprio grupo, aliás, divulgava a montagem como sendo incomum – uma matéria publicada em Cachoeira do Sul, no dia 9/9/1952, comentava que o espetáculo apresentava maravilhosos efeitos de luz e cenários complicadíssimos, era "um dos espetáculos de vanguarda mais modernos do momento", "uma forma diferente de teatro, uma forma inédita para o sul: o expressionismo".

---

46 Foram considerados os textos: A Estreia de "Manequim" no Teatro São Paulo, São Paulo: *A Gazeta*, 15/05/1952; Sem título, São Paulo: sem identificação do jornal, 18/05/1952; Ruggero Jacobbi, "Manequim", São Paulo: *Jornal Última Hora*, 23/05/1952, crítica; Manequim no Teatro São Paulo, São Paulo: *O Estado de S. Paulo*, 25/05/52, reportagem; Ruggero Jacobbi, O Cenógrafo de Manequim, São Paulo: *Última Hora*, maio de 1952, nota; "Manequim", artigo do dia no *Santana*, São Paulo: *O Dia*, 21/10/1953; Ruggero Jacobbi, "Manequim", São Paulo: *Folha da Noite*, 29/10/1953; Henrique Oscar, "Manequim", Rio de Janeiro: *Diário de Notícias*, 31/05/1956, crítica; Roberto Ruiz, Manequim no Municipal, Rio de Janeiro: *A Notícia*, 02/06/1956, crítica; N.L., Manequim, no Teatro Apolo, Lisboa: *Diário de Lisboa*, 22/02/1957, crítica; Armando Ferreira, *Manequim*, no Apolo, Lisboa: *Diário Popular*, 22/02/1957, crítica, AMDC, Funarte.

47 Sérgio Britto, op. cit., p. 49. Em matéria publicada no jornal *Correio do Sul*, de Bagé, 2/9/1952, Maria Della Costa comentou as dificuldades da viagem – "Correr horas infinitas num carro e aqui chegar para pisar imediatamente em cena, com os sapatos ainda salpicados de lama" – e afirmava que a equipe contava com oito caminhões, o que parece pouco provável. Segundo os recortes de jornais localizados, a excursão durou, no Rio Grande do Sul, de julho a setembro, indo a Porto Alegre, Caxias do Sul, Pelotas, Rio Grande, Bagé, Santa Maria, Cachoeira do Sul, Rio Pardo, Passo Fundo. Uma informação curiosa obtida em um recorte de jornal não identificado é a figuração do TPA em uma lista de entidades que pediram auxílio municipal à Prefeitura de Porto Alegre (prefeito Ildo Meneghetti), sem que se saiba o resultado final do pleito. Coleção de recortes de viagens e excursões, AMDC, Funarte.

48 AMDC, Funarte.

E 1952 guarda um outro sentido importante: no final deste ano, o casal fez a sua primeira viagem à Europa, "para estudar e ver novidades", enquanto a obra do teatro estava em andamento[49]. A longa viagem avançou pelo ano de 1953 e se estendeu até a Rússia, opção que mais tarde traria bastante problema para o casal, pois atravessaram a cortina de ferro em companhia de Jorge Amado e Zélia Gattai. E nesta viagem contrataram o quarto diretor estrangeiro com que trabalhariam – o terceiro diretor que lançaram – o cenógrafo do Piccolo Teatro de Milão, Gianni Ratto. Mas antes de ingressar nesta nova fase, alguns itens devem ser esclarecidos, em especial a conclusão da obra do novo teatro.

No regresso da Europa, a companhia voltou a se apresentar em São Paulo, agora com uma temporada no Teatro Santana. A inauguração do novo teatro, que estava em construção, foi comentada em reportagem de jornal: fora transferida para o ano seguinte, 1954, o ano do quarto centenário de São Paulo. Anunciou-se nos jornais que o teatro iria ser destinado a espetáculos de comédias e que haveria um concurso popular para a escolha do nome da casa – as duas notícias não se concretizaram e evidenciam que o projeto do teatro enquanto proposta cultural não estava claro, não esteve alheio a consideráveis oscilações.

A própria temporada apresentada em São Paulo não revelou outra coisa a não ser a necessidade da equipe de fazer dinheiro – foi oferecida uma temporada de reprise das melhores peças. Contudo, apesar de não existir uma coleção de documentos propícia para indicar o grau de sucesso do empreendimento, é possível afirmar que ele não foi absoluto. Um único borderô, da apresentação de *Desejo* no dia 18 de outubro de 1953, um domingo de chuva, segundo indicação do próprio documento, revela que, dos 1072 lugares (frisas, camarotes, poltronas, balcões e galerias) do Teatro Santana, apenas 179 foram vendidos na vesperal e 195 na primeira sessão[50].

Na ocasião, atuando como crítico, Ruggero Jacobbi analisou os cinco anos de atividade de Sandro e Maria, atribuindo-lhes a qualidade de organizadores de um movimento teatral dos mais adiantados no país. Os aspectos mais positivos dessa longa e vitoriosa luta podiam ser resumidos em dois pontos, a seu ver: a divulgação de algumas importantes expressões do teatro moderno e a defesa, dentro dos limites razoáveis das necessidades práticas, de certo nível artístico, apesar da preocupação comercial[51].

Mesmo assim, a temporada paulista levou à montagem de um espetáculo novo, que não obteve sucesso e se tornou mais um trunfo para as viagens, pois existem borderôs de Juiz de Fora e João Pessoa e crítica de Recife[52]. Trata-se de *Volta à Mocidade*, ou *Tentação*, ou ainda *É Preciso Viver!*, de William Inge (1913-1973), tradução de Miroel Silveira, no original *Come Back, Little Sheba*. A peça fora escrita em 1949 e alcançara sucesso na montagem do Theatre Guild (1950). O texto não era inédito: fora encenado por Graça Mello neste mesmo ano, no Teatro de Alumínio, com Olga Navarro e o próprio Graça Mello.

A trama era ácida, retratava as vidas patéticas de pessoas de baixa classe média de uma pequena cidade do interior dos Estados Unidos, o

49 Entrevista a Mariângela Alves de Lima, *Depoimentos I a VI*.

50 Teatro Santana, borderô n. 10, AMDC, Funarte.

51 Ver, em especial Ruggero Jacobbi, "Manequim", São Paulo: *Folha da Noite*, 29/10/1953.

52 Borderôs: João Pessoa, 20/06/1953 e Juiz de Fora, 29/08/1953. E Hermilo Borba Filho, Recife, 19/05/1953, AMDC, Funarte.

drama do casamento infeliz de Doc e Lola. O marido fora obrigado a desistir da escola de medicina para casar com a namorada, porque ela ficara grávida; aniquilado pela perda de seu sonho, ele se voltou para a bebida. A mulher, outrora uma moça bonita, perdeu o bebê e passou a sofrer com a impossibilidade de vir a ter outro; tornou-se desleixada e fixada no cachorrinho, Sheba[53].

Outro texto importante neste contexto foi *Um Drama em Casa do Diabo*, de Tono e Manzanos, também tradução de Miroel Silveira. A encenação foi o terceiro cartaz da temporada apresentada em São Paulo no Teatro Santana, com estreia no dia 27/10/1953. Ao que tudo indica, de acordo com o escasso, mas contundente material localizado, recebeu críticas muito negativas. A peça fora apresentada durante a excursão ao Nordeste, com boa recepção, talvez um dos fatores que a tenha conduzido a São Paulo, para ser tratada aí como "um original fraco", um daqueles textos pretensiosos, "metidos a engraçados e inteligentes". O mesmo comentarista, Cavalheiro Lima, afirma que os críticos em geral não gostaram do texto, e lamentava a atuação do elenco, cujos desempenhos estiveram, a seu ver, separados por um abismo dos resultados apresentados em *A P... Respeitosa*, mesmo que se descontassem "as concessões propositais ao gosto fácil, com vistas à atração de bilheteria", cometidas contra o texto de Sartre[54].

O original espanhol foi tratado como um "brinquedo" porque jogava em cena algumas versões possíveis a propósito de uma (ou duas?) hipótese(s) de adultério. Tratava-se de um casal que se preparava para viajar de maneira confusa e divertida; atrasados, o marido ligava para o secretário, que estava na estação, e este informava que só conseguira uma passagem de trem, em uma cabina que já tinha um passageiro. Roberto, o marido, decidia viajar sozinho; ao partir, aparecia outro homem, desconhecido, João, que alegava estar apaixonado pela mulher, Fernanda. Eles começavam a supor o que aconteceria se o marido voltasse e os encontrasse, o que efetivamente acontecia. E a trama ia até o final explorando as suposições variadas de desenvolvimento, sempre considerando a hipótese de adultério de uma das partes e sempre concluindo que o caso era apenas mais uma versão. A peça acabava sem que se estabelecesse uma verdade cristalina a respeito dos fatos: o público era convidado a tentar entender em casa o que acontecera.

Se os fatos forem examinados sob uma óptica restrita, não parece existir, portanto, neste longo interregno, uma continuidade cristalina de proposta cultural, coerente com a trajetória da companhia – a não ser que se perceba com clareza a necessidade absoluta de autossustentação e de autoviabilização imposta ao teatro moderno. Este foi, aliás, o viés adotado sempre por Ruggero Jacobbi em suas análises do conjunto e parece ser, no mínimo, esclarecedor. A rigor, foi um período de articulação da sobrevivência da equipe, em que a ênfase maior esteve na construção do teatro, que resultará em novas contundências culturais. É preciso entender em detalhes, portanto, esta obra considerável, decisiva, que foi a construção do Teatro Maria Della Costa.

---

53 J. Gould, *Dentro e Fora da Broadway*, p. 285 e seguintes.

54 O material existente a respeito da montagem, além do texto datilografado, é: Cavalheiro Lima, Coluna "Ronda", São Paulo: *Diário da Noite*, 29/10/1953; Rubens Pery, *Estado da Bahia*, Coluna "Teatro", Salvador: 28/07/1953; Secretaria de Estado dos Negócios da Segurança Pública, Departamento de Investigações, Divisão de Diversões Públicas, São Paulo, Certificado n. 3.621, de 27/10/1953, São Paulo. AMDC, Funarte.

O Templo Moderno, a Consagração Moderna

Em princípio, como já se estabeleceu nos capítulos anteriores, não havia subvenção para o empreendimento: havia apenas um movimento de construção de edifícios teatrais em São Paulo. Ao contrário do gesto inicial do ministro Capanema e da dinâmica vigente na Europa, o Estado, mesmo ingressando em uma óptica desenvolvimentista, não tinha projeto cultural, ou melhor – não tinha projeto teatral. E os teatros que estavam sendo construídos em São Paulo faziam parte da história da burguesia paulista e, é importante frisar, desta permanente "omissão indiferente" do Estado brasileiro frente à cultura.

Em tais condições, quem produziu o capital necessário para o empreendimento foi a companhia, com sua política específica, de conciliação do moderno com a bilheteria, e o processo mesmo de expansão imobiliária paulista. Em seu depoimento, Maria Della Costa e Sandro Polônio citaram um senador, César Vergueiro, muito amigo de Ademar de Barros, governador de São Paulo, que teria sido um artífice importante das relações construídas para garantir a viabilidade do projeto. O que não significou a participação do estado de São Paulo, cuja adesão não foi possível de obter, pois custaria um preço muito mais alto do que aquele que o casal estaria disposto a pagar.

O fato teria ocorrido quando a companhia estava em cartaz no Municipal, portanto em 1949. Segundo depoimento de Maria Della Costa, eles desejavam ficar mais uns dias no Municipal e, para tanto, aproveitando-se da aproximação com o governador, conseguida através do senador César Vergueiro, tentaram marcar uma audiência com Ademar de Barros. A aproximação se deu em uma festa, na casa de uma amiga íntima do governador, Climene, na qual estava reunida a nata da sociedade paulistana. Maria teria se aproveitado da oportunidade para solicitar ao governador Ademar de Barros uma prorrogação da temporada no Municipal e teria também comentado os projetos acalentados pela equipe, de viajar para o interior e construir um teatro, em suspenso por falta de dinheiro.

O relato da atriz oferece um quadro surpreendente: "Ele pegou, botou a mão no bolso assim e jogou várias notas no chão e disse: 'Aqui está, se você quiser. Pegue'. O senador, que era um homem muito fino, se abaixou, pegou, entregou para o Ademar e disse: 'Não, Ademar, não faça isso, ela me parece que é uma moça muito séria'." Mas a intervenção do senador não teria encerrado o episódio, muito embora ele tenha com elegância tentado contornar o mal-estar, no relato da atriz: "o senador disse: 'Amanhã ou depois, quando você puder, vai na minha secretaria me fazer uma visita'". Maria Della Costa afirmou que aproveitou a deixa para se retirar do grupo, mas logo teria começado a ser vítima de um assédio inconveniente: "Dali a pouquinho veio um secretário e disse: 'O Ademar de Barros mandou perguntar: quanto é que você quer para dormir com ele? Porque você é um cavalo de raça'. Eu disse: 'Olha, não quero nem papo!'"

UMA EMPRESA
E SEUS SEGREDOS:
COMPANHIA
MARIA DELLA COSTA

Nestas condições, teria se tornado impossível contar com o apoio do estado de São Paulo. A atriz observou em seu depoimento que foi obrigada a se afastar da cidade por algum tempo, para se livrar da perseguição do político. E o apoio efetivo mesmo veio do senador, que ofereceu as reuniões políticas que organizava em seu apartamento, aos sábados, para que a atriz passasse um livro de ouro, para conseguir dinheiro. O próprio senador abriu a lista, com uma quantia elevada, mas irreal, para inspirar os demais. Várias personalidades assinaram a lista e seus nomes foram incluídos no primeiro programa do teatro, como se verá adiante. Maria Della Costa destacou a importância do senador, que a protegeu, "mas feito pai, porque era um homem de quase 80 anos".

Já o governo federal, indiferente ao empreendimento, pouco se mobilizou. Afinal, Maria Della Costa e Sandro Polônio teriam conseguido uma entrevista com o presidente Getúlio Vargas pouco antes de sua morte e deste encontro surgiu uma ordem do presidente para liberar Cr$ 1.000.000,00 em benefício da companhia, para ajudar na construção do teatro. Esta informação foi estabelecida com dificuldade, pois nos diferentes documentos examinados não foi relatado nunca com clareza o processo e mesmo no depoimento do casal há um tom evasivo a respeito, como se a quantia fosse irrelevante, o que não parece ser bem verdade[55].

O projeto do teatro foi feito por Carlos Alberto Lemos, assistente de Niemeyer, com participação ativa de Sandro Polônio, que coordenou toda a parte específica de caixa e sala. O próprio Sandro Polônio enfatizou, em seu depoimento, que os engenheiros "não sabiam nada de teatro, nada, nada, não sabiam o que era um urdimento, o que é uma caixa, os nomes técnicos de teatro". E que ele próprio introduziu uma novidade no desenho do palco – o palco foi todo feito em madeira, desmontável, a um ponto tal que era possível retirar tudo e ver o porão lá embaixo, recurso que se mantinha até a época do depoimento (1995), apesar de ter sido pouco usado nas montagens. O empresário afirmou ter usado o recurso, hábil para a realização de muitos truques, apenas em duas montagens. E chamou a atenção para o fato de que o TMDC foi o primeiro teatro em São Paulo a ter inclinação boa na plateia, por isso "a visibilidade é perfeita".

A análise do teatro construído, ainda que seja uma parte no interior de um processo específico de São Paulo, deve ser formulada a partir de um conceito adequado, o conceito de edifício teatral inerente ao conceito de teatro moderno. O ponto de partida a considerar é a reflexão clássica de August Strindberg (1849-1912), no prefácio da peça Senhorita Júlia (1888), texto em que o autor propôs uma mudança radical da qualidade do teatro enquanto acontecimento cênico, como já se observou no capítulo I[56]. O que estava em questão não era mais o espetáculo social, de mundanismo e corte ou de formação didático-moral, que mobilizara a nobreza e a burguesia ascendente no século XIX, mas o tema da emancipação da arte e do moderno, impondo o nascimento de uma cena adequada ao puro exercício da encenação e, mais tarde, da visualidade.

---

55 Ver adiante, p. 291, nota 91.

56 A. Strindberg, Senhorita Júlia. O Pai, p. 15: "Num drama psicológico moderno, onde os mais sutis movimentos da alma devem refletir-se no rosto, mais do que em gestos e gritos, o mais indicado me parece trabalhar com um palco pequeno, utilizando-se uma forte iluminação lateral e com os atores renunciando à maquiagem ou usando-a com sobriedade.

Se pudermos, além disso, tornar invisível a orquestra, com suas luzes incômodas e suas caras voltadas para o público, se a plata pudesse ser levantada, de maneira que o espectador não precisasse erguer o olhar para ver mais acima da canela do ator, se suprimíssemos os camarotes de proscênio, com seus ocupantes mais interessados no jantar ou na ceia depois do espetáculo do que com o que se passa em cena; se nos permitissem que a sala ficasse na completa escuridão, durante a representação, e, condição primeira e última, nos dessem um *palco pequeno e uma sala pequena*, então surgiria, talvez, uma nova arte dramática e o teatro voltaria a ser, ao menos, uma instituição para o divertimento de pessoas cultas" (grifo nosso).

Portanto, um teatro pequeno, não mais o edifício teatral do século XIX, nem mesmo o cine-teatro.

É bem verdade que o tamanho dos teatros começara a ser reduzido até no Rio de Janeiro, nos anos de 1930; mas, na concepção destas novas salas cariocas, no entanto, eram procedimentos regulares as frisas, os camarotes e as instalações de serviço cercando a cena, a manutenção da caixa do ponto e do poço da orquestra. Estes componentes tornavam trágicas as condições de visibilidade, que eram descuidadas. Os principais exemplos são os teatros Rival (1934) e Regina (1935 – atual Dulcina), cujo pequeno formato, em comparação com as salas do século XIX, parece por vezes estimular a suspeita de que foram, antes, muito mais o resultado da geometria urbana saturada, inflacionada, do que de efetivo cálculo teatral de mudança.

Os novos edifícios teatrais de São Paulo, no entanto, parecem representar um cálculo efetivamente novo, se bem que o tema ainda não tenha merecido um estudo detalhado. As fontes disponíveis delineiam um edifício moderno porque mais intimista, de dimensão menor, marcado por alguma preocupação quanto à visibilidade, o conforto da plateia, a melhoria das possibilidades e necessidades técnicas do espetáculo. A situação foi gerada devido ao pioneirismo da construção do Teatro Brasileiro de Comédia, um prédio reformado em 1948, ainda com problemas de visibilidade, mas inegavelmente espelhando em seus 365 lugares uma ideia moderna da cena[57].

A julgar pelo acervo de matérias dos jornais e revistas, o Teatro Maria Della Costa surgiu como um empreendimento irretocável, radicalmente moderno em todas as acepções do termo. As descrições insistem, muitas vezes, no avanço tecnológico das instalações, observado sob uma aura sentimental, redencionista, ufanista mesmo. Alguns exemplos são eloquentes – "Maria [...] enriqueceu artisticamente São Paulo e o Brasil com o seu teatro. Em pleno coração da capital paulista [construiu um] [...] Teatro moderno, com todos os recursos necessários a [à] perfeita montagem de qualquer peça"[58].

Ou ainda a reportagem assinada por Oscar Nimtzovitch, em que as especificações técnicas do teatro são todas enumeradas em geral sob uma avaliação adjetiva – ele tem duas galerias para cinquenta refletores, suspensos no teto, e dez na plateia; cabina de projeção, que torna os cenários *mais reais*; o quadro elétrico *quase* eletrônico, aparelho de som, *inédito no Brasil*, permite *fidelidade absoluta* na recepção; para a acústica *ser melhor*, entre as telhas e o forro de madeira, há lã de vidro, com o emprego de celotex, que absorve e reflete o som; aparelhagem para renovação de ar; a plateia, com capacidade para 450 lugares, cóm *enorme* declive, terá luz fria devido a um sistema especial de iluminação, o sistema Lumina[59].

Além disso, o teatro possuía oito camarins, apartamento para visitantes, depósito, duas salas de espera e, como o TBC, um bar – que foi batizado Maria Bonita. As obras demoraram três anos, segundo as notícias dos diferentes recortes de jornal e depoimentos. Quanto à iluminação, é fundamental frisar que os recursos citados parecem tímidos para a atualidade informatizada, mas não eram para a época. Até porque Sandro

O MITO MODERNO /
O COMÉRCIO DO NOVO

57 Sábato Magaldi, na revista *Dionysos* citada, destaca que era "um teatrinho de 365 lugares, com um palco de grande profundidade mas de pouca altura, mais tarde melhorado, inclusive com afastamento de uma coluna que representava um desafio para os cenógrafos".

58 *Revista da Guaíra*, Curitiba: ano 7, n. 63, ago.-set., 1955, AMDC, Funarte.

59 Oscar Nimtzovitch, Ganha São Paulo o Teatro Maria Della Costa, São Paulo: *Correio Paulistano*, 24/10/1954, AMDC, Funarte.

▣ A imagem do prédio do teatro em obras dimensiona o feito de Maria Della Costa e Sandro Polônio, em particular porque o empreendimento foi financiado pelo trabalho teatral. (AMDC, Cedoc/Funarte)

▣ O interior do teatro, com a inclinação moderna da platéia. (AMDC, Cedoc/Funarte.)

Polônio sempre se apresentou como um discípulo de Ziembinski (e de Jouvet, a cujos ensaios assistira diversas vezes, escondido, no Teatro Municipal do Rio de Janeiro, segundo o seu depoimento). Ele sempre foi, portanto, um apaixonado pela poesia da luz.

Em 1979, quando o teatro, vendido pelo casal de artistas, passou para a Associação dos Produtores de Espetáculos Teatrais do Estado de São Paulo, ainda se comentava o impacto que foi a sua construção: o TMDC fora a primeira casa de espetáculos construída por particulares em São Paulo. O *Diário de S. Paulo* comentou, na ocasião, que "a sua inauguração causou grande impacto, porque trouxe uma série de inovações, uma vez que o TBC, na rua Major Diogo, era, apenas, uma adaptação, com péssima visibilidade e com acústica muito falha". Segundo a matéria, "a nova casa, entregue ao público há 25 anos, ao contrário, possuía uma queda na plateia, com poltronas recuáveis, permitindo conforto e total visão, além de uma acústica perfeita e um quadro de luz dos mais completos"[60]. Curiosamente, contudo, é importante assinalar que o teatro foi construído com ponto, este sintoma claro de descompasso com o moderno, se bem que Sandro Polônio tenha se apressado, em seu depoimento, em enfatizar que ele jamais chegou a ser usado.

A inauguração da nova casa de espetáculos não poderia ter sido mais solene, no melhor estilo *noite de grande gala paulista*: holofotes, ajuntamento popular, turma do sereno, locutores anunciando personalidades, televisão, cinema. O programa de sala de estreia da primeira peça (a da inauguração) dá bem a dimensão do fato – é um precioso caderno encapado em papel veludo vermelho, quase um álbum, com uma espécie de medalha ou condecoração com a inscrição das palavras "Superfino" e "Lazco" – uma famosa marca de cintos da época – que tem, penduradas, duas fitinhas de seda, uma com as cores do Brasil e a outra com as cores de São Paulo.

O primeiro texto do programa é uma pequena nota, "Ao público paulistano", sobre a qual se acha uma pequena foto da fachada do teatro e, abaixo, as fotos dos rostos de Maria Della Costa e Sandro Polônio. A mensagem comunica a entrega ao povo da casa de espetáculos, "que certamente a receberá de braços abertos [...], emprestando o seu incondicional apoio, como sempre tem feito, em todas as manifestações artísticas da Capital Bandeirante, que [...] recebe mais um presente no ano de seu IV Centenário de fundação".

Segundo a estrutura e os dados reunidos no programa, elaborado pela Publicidade Teatral Ribeiro Ltda., é possível afirmar que o Teatro Popular de Arte se tornara uma legítima companhia estável de teatro, com uma estrutura bastante fiel aos parâmetros europeus. Ou melhor, italianos, pois se tratava de algo bastante aproximável dos teatros estáveis. O texto de autoapresentação da companhia resumiu toda a trajetória realizada até o momento, definindo-a a partir de seu nome, Teatro Popular de Arte, e retirando dele os objetivos perseguidos: "fazer um teatro de nível artístico destinado ao povo". Considerando o presente vivido como a conquista de um porto que permitiria a conquista de novos horizontes, o texto era encerrado com a afirmação de que os fundadores da empresa

O MITO MODERNO /
O COMÉRCIO DO NOVO

[60] Novo Dono para o Maria Della Costa, São Paulo: *Diário de S. Paulo*, 8/4/1979. AMDC, Funarte. A superioridade do TMDC frente ao TBC é fato comprovado em diversas fontes e é tópico importante. Considere-se a propósito o seguinte trecho da entrevista do diretor José Renato, prestado ao programa de pesquisa: Teatro Brasileiro a Invenção do Moderno: "José Renato – Foi um grande acontecimento. Um teatro muito bem instalado que se anunciava como o grande adversário do TBC. Um grande concorrente do TBC. Que podia cediar uma companhia tão importante quanto era a do TBC. Como tinha sido a do TBC. E era mais promissor. Porque de repente era melhor como teatro. As instalações eram melhores. Os aparatos técnicos eram muito melhores. Então a esperança era muito grande. E aí também se formavam várias companhias nesta época. Muitas companhias se formaram. Algumas não conseguiram sobreviver, outras sobreviveram durante algum tempo e depois se transformaram".

estavam seguros de não ter faltado ao compromisso assumido, "o de levar ao povo um teatro de inteligência, beleza e cultura".

A insistência no caráter social do teatro, a consideração, embora esquemática, de sua finalidade social, indica ainda aqui o opositor explícito da companhia, o TBC, e o pioneirismo do Teatro Popular de Arte, pois o tema tem sido associado aos grupos modernos que se projetaram a seguir, em especial ao Arena e, em parte, ao Oficina, quando já estava decididamente em pauta por iniciativa desta companhia[61].

Com a inauguração de seu teatro, a contratação do diretor Gianni Ratto e a definição de sua estrutura, o Teatro Popular de Arte despontou aqui como um autêntico teatro moderno de orientação social – social-democrata, digamos, bastante aproximável do modelo italiano e do francês, neste caso do Théâtre National Populaire de Jean Vilar (1921-1971). Honrava, ainda, a sua trajetória até então. A diferença decisiva, contudo, é que, primeiro, Sandro Polônio não era um homem de teatro de cultura refinada, mas sim, antes, um homem simples, empresário, e daí talvez advenha em grande parte o sucesso de sobrevivência de seu empreendimento; e, segundo, o fato de que o governo brasileiro não manifestava (nunca manifestou) qualquer interesse pelo projeto – ou mesmo pelo teatro[62].

Em tais condições, a estrutura da empresa apresentava um contorno especial. O primeiro elemento apresentado é o Elenco Artístico, com o total de 21 atores enumerados por ordem alfabética dos sobrenomes[63]. Esta situação é importante, como se comentará adiante. A seguir, vem o organograma da empresa, que apresenta algumas curiosidades. A primeira e mais importante característica do organograma a observar é a dinâmica geral do diagrama. Há uma *Direção Geral*, exercida por Sandro, acima de tudo e de todos; ela envolve todos os demais níveis através de uma linha que desce para se encontrar com o degrau mais baixo da estrutura, a *Administração*, a cargo de M. Polloni, ou seja, o irmão mais novo do próprio Sandro, alguém de sua absoluta confiança. Trata-se de uma estrutura altamente centralizadora em que o diretor/encenador não tem plenos poderes: quem move e remove o conjunto é o empresário.

Não se pode afirmar que o caso é de uma mera atualização das antigas companhias teatrais brasileiras de primeiro ator, que eventualmente

---

61 D. A. Prado, *O Teatro Brasileiro Moderno*. Neste texto e em outros que serão oportunamente tratados, o crítico paulista cometeu visível injustiça com o Teatro Popular de Arte, provavelmente porque esteve próximo demais do Teatro Brasileiro de Comédia. Prado foi peça decisiva na formulação de um raciocínio que considera a História do Teatro Brasileiro Moderno como uma linha contínua abrangendo Comediantes – TBC – e outros sem projeção, ignorando ou reduzindo a importância das companhias modernas contemporâneas. O tema voltará a ser abordado adiante, mas é preciso registrar aqui um texto do autor de particular importância: "A geração de Os Comediantes e do Teatro Brasileiro de Comédia contentara-se em fazer bom teatro. A modernização do espetáculo parecia – e era naquele instante – um fim suficiente em si mesmo. Já os mais jovens passaram adiante, formulando outras questões. Qual o papel do teatro enquanto instituição social? Que teria ele de novo a dizer não só aos artistas mas aos homens e à sociedade de seu tempo? Tais perguntas, inspiradas por Marx e reavivadas por Brecht, estão na base de tudo o que o Arena fez em seu período mais produtivo" (p. 77-78). Observe-se aqui que o autor considera que o Arena fora o primeiro grupo a romper com o conceito de teatro popular do pós-guerra europeu, tal como pregado por Jean Vilar (TNP), Strehler (Piccolo de Milão); não observa, contudo, que o Teatro Popular de Arte foi o difusor aqui de um projeto teatral deste feitio e que o fundador do Arena, José Renato, simpatizava com esta proposta (tanto que recebeu os estudantes engajados Augusto Boal, Oduvaldo Vianna Filho e Gianfrancesco Guarnieri em seu grupo) a um ponto que foi estagiar na França com Jean Vilar no TNP em 1958. Isto é, o teatro popular do tipo europeu teve uma versão local, no TPA, com peculiaridades muito interessantes, historicamente decisivas; o interesse é grande até porque o Piccolo é de 1947 e o TNP de Vilar é de 1951.

62 A ilustração do paralelismo com Jean Vilar pode ser mais nítida se for considerado, por exemplo, o seguinte trecho do verbete dedicado ao homem de teatro francês no *Cambridge Guide to World Theatre* (p. 1047): "Ele fez o teatro se tornar o mais próximo possível de um espaço sem classes, transcendendo as divisões sociais, no qual todos poderiam se unir em um processo de reflexão, aprendizagem, e na celebração da humanidade comum. Ele insistia que o teatro devia ser acessível a todos: 'um serviço público exatamente no mesmo sentido que o gás, a água ou a eletricidade.' O seu repertório consistia em clássicos e modernos e ele lamentava não poder introduzir mais trabalhos modernos" [o impedimento era o fracasso de bilheteria] ("He made the theatre into as near as possible a classless space, transcending social divisions, in wich all could join in a process of reflection, learning, and a celebration of common humanity. He insisted that theatre should be avible to all: 'a public service in exactly the same way as gas, water or electricity'. His repertoire consisted of classics and modern classics and he regretted not being able to introduce more modern works").

63 Sérgio Britto, Benjamin Cattan, Maria Della Costa, Dalva Dias, Olindo Dias, Amando Silva Filho Marcos Granado, Serafin Gonzales, Wanda Kosmo, Eugênio Kusnet, Edmundo Lopes, Fausto Machado, Fernanda Montenegro, Milton Moraes, Córdula Reis, Fábio Sabag, Sandro, José Serber, Luís Tito, Fernando Torres, Fernanda Valle.

podiam contar com um empresário "de fora", tal como a Companhia Dramática Nacional de Itália Fausta, administrada por Gomes Cardim (1864-1932). E isto, em primeiro lugar, porque Sandro Polônio era ator e cenógrafo, além de hábil iluminador, algumas vezes diretor, muito embora tenha se inclinado, com o passar do tempo, a se retirar da cena, em benefício da administração. Depois, porque havia uma alentada estrutura supondo uma direção artística, mesmo que dotada de poderes reduzidos, situação que será a maior fonte de atritos da trajetória da empresa. E ainda porque Maria Della Costa, alvo de uma paixão sem limites por parte de Sandro Polônio, irá se manter a salvo das preocupações administrativas e gerenciais. Em seu depoimento, o empresário fez questão de afirmar que lutou para manter a cena livre e plácida para a atriz, a custa de qualquer preço[64]. Não há dúvida que se trata de um modelo novo, original, construído pela própria prática cotidiana.

O cronograma do TPA revela, portanto, um mecanismo de funcionamento bastante diferente daquele do TBC da época. O adversário girava ao redor de Franco Zampari, mas não era refratário ao poder da Sociedade Brasileira de Comédia e, ao menos nesta mesma época, contava com um diretor artístico muito poderoso, Adolfo Celi, e com diretores dotados de razoável influência. Excetuando-se o caso dos conflitos de ordem pessoal, em que naturalmente Zampari assumia o poder de decisão de forma inflexível, não era difícil que o mecenas do TBC se deixasse levar por propostas dos diretores artísticos contratados, propostas que eram por vezes enormes desafios de produção, situação distante da rotina do TPA.

Assim, em seguida, vale sublinhar que abaixo do diretor geral do TPA estavam os *Consultores* – Miroel Silveira, Mário da Silva, Gabad Safady, Clóvis Garcia e Hermilo Borba Filho – nomes que sofrerão algumas variações com o correr do tempo. De certa forma, eram uma ampliação do poder da direção geral, pois eles estavam acima dos *Diretores* – Itália Fausta, Eugênio Kusnet, Ruggero Jacobbi e Gianni Ratto. E estes estavam no mesmo plano que os demais profissionais que atuavam na direção artística, quer dizer, *Cenografia* (Eduardo Suhr, Lazlo Meituer, Santa Rosa e Gianni Ratto) e *Figurinistas* (Luciana Petruccelli, Darcy Penteado, Lili Junqueira e Maria Della Costa). A cada um destes especialistas correspondia uma categoria de profissionais auxiliares – *Assistentes de cena* (Geraldo Soares, Fernando Torres); *Maquinistas/Eletricista*; *Costureiro-chefe/Chapéus/Cabeleireiro*, cada um destes itens com os nomes dos profissionais em atividade[65].

Sem dúvida este tipo de organização deve bastante ao TBC e tudo indica que se tratava, em boa parte, de um esquema geral, para construir a concorrência, em lugar de uma realidade efetiva. Os numerosos profissionais citados representavam muito mais o *passado* do que o *presente* da companhia. De toda forma, a estrutura objetiva, latente por trás do esquema, precisava ser exposta, pois revela uma configuração peculiar, original em seu tempo, ainda que esteja sob a sombra do mito TBC.

O MITO MODERNO / O COMÉRCIO DO NOVO

64 Em sua entrevista à pesquisadora, José Renato comentou esta particularidade da história do casal, de extrema importância: "É preciso que a gente faça um pouco de justiça a uma pessoa que levou a Maria pelo dedo. Empurrou a Maria o tempo todo: o Sandro... Que o Sandro foi o grande criador da Maria. Porque a Maria, apesar de todas essas qualidades que a gente sabe dela, é a pessoa mais sem iniciativa na vida quotidiana. Quando o Sandro viajava para a Europa e nós estávamos produzindo o Motel Paradiso, por exemplo. O Sandro viajou. Ela não sabia sequer assinar um cheque. O Sandro é que fazia tudo por ela. Teve que botar uma pessoa para ficar junto com ela, para poder ajudá-la a fazer as coisas mais simples do cotidiano da vida. Porque o Sandro açambarcava toda a vida quotidiana dela. Ela só existia no palco [risos]. Só tinha vida através dos personagens. Daí talvez a intensidade com que ela se entregava aos personagens. É fantástico. Nos últimos anos em que o Sandro ficou doente, ela começou a ter um pouco mais de atividade, e tal, a se interessar, a ver que tinha outras coisas na vida. Porque ela realmente era uma flor que o jardineiro cuidava, fazia crescer e punha adubo e tal. A escolha das peças, a escolha de elenco, o diretor, isso tudo era o Sandro que fazia".

65 O programa da peça apresenta ainda: "Agradecimentos aqueles aos quais São Paulo deve esta concretização", em que se apresentam os nomes e as fotos de Orozimbo Roxo Loureiro e Otávio Frias de Oliveira seguidos de rápidos textos de identificação; Getúlio Vargas, pois encaminhara pouco antes de morrer o já comentado pedido de auxílio ao SNT para o casal; um texto rápido de agradecimento a César de Lacerda Vergueiro; a lista dos nomes dos que assinaram o livro de ouro; um pequeno texto de Louis Jouvet sobre o edifício teatral; um texto de Anouilh sobre Os Mistérios de Joana; um rápido anúncio da próxima montagem da empresa, um Feydeau; a lista do repertório do TPA; uma

UMA EMPRESA
E SEUS SEGREDOS:
COMPANHIA
MARIA DELLA COSTA

Existem diferenciais importantes, como em parte já se observou e como ainda se indicará adiante.

É preciso considerar a influência exercida pelo novo diretor na estruturação artística da companhia, a partir de sua trajetória profissional anterior. Gianni Ratto (1916-2005), nascido em Milão, é considerado pelos estudiosos e contemporâneos como o profissional mais amadurecido dentre os "italianos" que vieram para o Brasil no pós-guerra. A sua formação teatral, contudo, segundo entrevista especial à autora, foi puramente prática. Não cursou, como foi o caso em geral dos diretores italianos do TBC, a Escola de Arte Dramática de Roma, ou outra universidade qualquer. As influências básicas apontadas pelo próprio diretor para estabelecer o seu processo de formação foram as artes plásticas e o conhecimento, ainda que um tanto indireto, de Gordon Craig, cuja casa chegou a frequentar através de uma amiga, que era filha dele, com quem estudava canto.

Assim, as indicações que o próprio Gianni Ratto ofereceu em sua entrevista e em seus depoimentos sobre a sua formação contribuíram sempre para a percepção de um contorno peculiar – a valorização do tema da cena, ao lado do teatro da palavra, caro à dinâmica italiana, em um jogo tensionado de relações. Vale destacar o fato de que o seu interesse por teatro foi despertado através da possibilidade plástica da cenografia, atividade que conheceu graças a uma exposição itinerante, de 1932, que visitou a sua cidade, quando estava em um curso de artes plásticas[66].

biografia de Gianni Ratto; a ficha técnica; fotos de atores; um texto de Ratto sobre a peça; datas e fatos da vida de Joana D'Arc, uma página com fotos de Itália Fausta e texto sobre a sua vida, um pequeno texto sobre a figurinista Luciana Petruccelli; uma lista "Sandro e Maria agradecem..." e a lista das célebres atrizes que fizeram o papel de Joana D'Arc, (AMDC, Funarte). É importante chamar a atenção para a mudança do formato dos programas do TPA ao longo da história – formato no que diz respeito à densidade. A transformação, no entanto, nunca levou à supressão total de um certo tom apressado, de publicação de última hora, feita às carreiras, com dose elevada de erros e por vezes alguma pobreza de acabamento ou de meios.

66 As informações sobre a vida e a obra do diretor Gianni Ratto foram extraídas de T. Brandão, *A Máquina de Repetir e a Fábrica de Estrelas*; e G. Ratto, *A Mochila do Mascate*.

67 Em Piccolo Teatro de Milano, *Arlecchino servitore di due padroni*, Carlo Goldoni, regia di Giorgio Strehler, temporada 1982/1983, programa da peça.

Os alunos foram convidados a participar e Gianni Ratto gostou da ideia: fez um cenário para *As Nuvens*, de Aristófanes, mesmo sem conhecer nada de palco. Logo estava em contato com o teatro universitário, fazendo maquetes, ganhando concursos. Após esta singela iniciação em cenografia, foi estudar cinema em Roma, com uma bolsa de estudos no Centro Experimental de Cinematografia, curso de direção, sendo surpreendido, então, pela guerra. As atividades pararam, mas, durante um curso esporádico com Paolo Grassi, para oficiais, foi feito um espetáculo e o contato para trabalhar no Piccolo de Milão, teatro em que ele se tornou cenógrafo consagrado. Segundo as suas declarações, teria começado a trabalhar com Strehler em circunstâncias um tanto anedóticas – o cenógrafo que ia fazer o cenário de *O Luto Convém a Electra*, de O'Neill, na verdade sete cenários, desistiu e Strehler perguntou ao jovem inexperiente se ele seria capaz de fazer o trabalho. Gianni Ratto aceitou e selou o seu destino.

Portanto, quando Gianni Ratto veio para o Brasil, já apresentava um perfil nítido com relação ao teatro, já conquistara projeção como cenógrafo na Itália. Na cronologia *Il Piccolo – Teatro dal 1947 a oggi*[67] o seu nome aparece como o cenógrafo mais frequente da companhia no período de 1947-1953 e, depois, associado a remontagens. O repertório de que participou então é digno de nota, de importância decisiva para o estudo de sua atuação no Brasil. O ponto de partida foi a inauguração do Piccolo. A simples enumeração de títulos lança luzes produtivas sobre a história do teatro moderno no Brasil. Com este sentido, considere-se o quadro abaixo:

ANO/DIRETOR	PEÇAS
1947, sob a direção de Strehler.	L'Albergo dei poveri, de Górki, Le notti dell'ira, de Salacrou, Il maggo dei prodigi, de Calderón, Arlecchino servitore di due padroni, de Goldoni.
1947/1948, sob direções de Strehler, Landi e Salvini.	I giganti della montagna de Pirandello, L'uragano, de Ostrowskij, Querela contro ignoto, de Neveux, Dellito e castigo, de Dostoiévski, La selvaggia, de Anouilh, Ricardo II, de Shakespeare, La tempesta, de Shakespeare, Assassinio nella catedralle, de Eliot.
1948/1949, sob a direção de Strehler, salvo Filippo (Costa).	Il corvo, de Gozzi, Il gabiano, de Tchékhov, Filippo, de Alfieri, Gente nel tempo, de Chiesa.
1949/1950, sob a direção de Strehler, salvo a primeira citada (dirigida por Brissoni).	L'alba dell'ultima sera, de Bacchelli, Il piccolo Eyolf, de Ibsen, La parigina, de Becque, I giusti, de Camus, La puta onorata, de Goldoni.
1950/1951, sob a direção de Strehler.	Gli innamorati, de Goldoni, Estate e fumo, de Williams, La morte di Danton, de Büchner, Casa di bambola, de Ibsen, L'oro matto, de Giovaninetti, Non giurare su niente, de Musset, Frana allo scalo nord, de Betti, La dodicesima notte, de Shakespeare.
1951/1952, com Strehler	Il medico volante, de Molière, Oplà noi viviamo, de Toller, Emma, de Zardi.
1952/1953, com direção de Strehler e Enriquez.	Elisabetta d'Inghilterra, de Bruckner, Il revisore, de Gogol, L'ingrenagio, de Sartre, Sacrilegio massimo, de Stefano Pirandello, Sei personaggi in cerca d'autore, de Pirandello, Lulú, de Bertolazzi, Un caso clinico, de Buzzati, Appuntamento nel Michigan, de Cannarozzo, Le nozze di Giovanna Phile, de Magnoni, Le veglie inutil, de Sbragia.

Ao todo – até porque existem montagens no Scala de Milão – foram mais de meia centena de trabalhos antes de sua mudança para o Brasil, trabalhando com um repertório de alto padrão segundo os critérios modernos, em que a preocupação com a qualidade do texto era fundamental. Nestes espetáculos em que o homem de teatro se formou, o olhar treinado por Ratto, destaque-se, era aquele voltado para o tratamento teatral do espaço. E era um teatro em que o texto era clássico ou moderno – havia uma preocupação em estimular o surgimento de autores; o original estava sempre adequado a certo nível de exigência cultural, não era nunca boulevardier. A simples passada d'olhos sobre a listagem revela a influência do repertório do Piccolo sobre o repertório do teatro brasileiro moderno, influência que persiste até hoje. Indica ainda os parâmetros que Gianni Ratto trouxe para cá e que tentou instituir no Teatro Maria Della Costa como seu primeiro diretor.

Ele teria accitado a mudança para o Brasil exatamente por ser uma oportunidade para lançar-se como diretor, aventura que não poderia tentar com facilidade na Itália, precisamente por ser o cenógrafo mais importante de seu país. O próprio Gianni Ratto, contudo, não concordou nunca com esta versão, observando que o ponto central não é tão simples, posto que já recebera convites para dirigir na Itália. A seu ver, o problema básico era o desejo de experimentação, de ruptura com uma obsessão por qualidade; ele estaria cansado de "andar em volta do palco", entediado pela busca do teatro pelo teatro, requintado, que as conquistas – a seu ver, maravilhosas – do pós-guerra, com os teatros estáveis, determinaram na Itália.

É importante observar, todavia, que estes fatores não podem ter sido tão importantes assim, posto que Gianni Ratto nunca enveredou, aqui, por uma linha de trabalho radicalmente distante destes mesmos referenciais, que impregnavam o palco italiano. Em tais condições, parece natural que seja valorizado o simples desejo (e a chance) de mudança profissional sem uma exposição arriscada, a fascinação pela América e até os problemas pessoais apontados pelo diretor, que reconheceu em sua entrevista que tinha "uma situação familiar complicada, queria ir embora".

Portanto, as características peculiares do Teatro Popular de Arte em seu novo momento de São Paulo foram, em princípio, reforçadas pelo diretor importado da Itália; *a priori* não se poderia situar qualquer desacordo entre as duas partes, defensoras de um teatro de arte, moderno, do diretor. Gianni Ratto teria reforçado, inclusive, a principal característica que o TPA teria herdado de Os Comediantes, exatamente a noção de elenco ou conjunto, situação patente no lugar de destaque atribuído ao rol de nomes dos atores no programa de apresentação da companhia citado acima, em que o próprio nome da dona da companhia figurava humildemente na ordem alfabética dos sobrenomes.

A estreia da companhia significou uma reviravolta histórica, na medida em que se resolvera o maior obstáculo existente desde o Rio de Janeiro para o adensamento de sua proposta – a falta de teatro próprio. Em tais condições, a montagem de *O Canto da Cotovia*, de Anouilh, espetáculo de que Gianni Ratto já participara na Itália, possui grande importância para a história do teatro brasileiro e foi uma guinada decisiva nas condições gerais vigentes no palco nacional.

Para Gianni Ratto, a estreia, de saída, provocou um choque com o TBC, "que estava um pouco como na Itália, em volta do palco. Tudo muito *chique*, com categoria, na moda, ao mesmo tempo, de um certo ponto, nenhum *new look*"[68]. Não poderia ser de outra forma, aliás, pois em cena estava um autor querido do Teatro Brasileiro de Comédia, pela mão de um italiano, em um palco louvado na pauliceia por ter sido construído para ser teatro – ou seja, de certa forma era o TBC um ponto adiante.

Jean Anouilh (1910-1987), lá como aqui encantou a burguesia no pós-guerra, classe social que via como cultivada e céptica, mas que, no entanto, fustigou e perseguiu com os seus sacarmos, uma sutileza no jogo verbal que nem sempre transparecia para a plateia tropical, afrancesada mas não o bastante, segundo indicação do crítico Décio de Almeida Prado. O autor não era inédito aqui – fora montado pelo Grupo Universitário de Teatro (*O Baile dos Ladrões*, 1948, direção de Décio de Almeida Prado) e pelo TBC (*Convite ao Baile*, 1951, direção Luciano Salce; *Antígone*, 1952, direção Adolfo Celi)[69].

A observação relativa ao sucesso, digamos, *de classe*, não pretende ser um juízo de valor reducionista: ao contrário, é útil para dimensionar um projeto de teatro que possuía uma inserção social bem definida. O que o TPA pretendia expressamente era um alargamento de público, com relação ao TBC. Em cena, a proposta oscilava bastante; com frequência o popular não aparecia enquanto tema; sonhava-se com a classe média e bem pouco com a elite que absorvia bastante a preocupação tebecista. Os pontos sociais de partida eram um pouco diferentes, portanto, na sala e na cena.

[68] T. Brandão, op. cit.

[69] Em 1956 o TBC ainda montou *Eurydice*, direção e cenário de Gianni Ratto.

Com relação à maneira de encenar, também se pode traçar uma diferença sutil. Aos poucos, estava começando a ser processada uma mistura de vertentes e tendências transpostas da Europa. Esta mistura foi esfumando, pouco a pouco, os contornos dos modelos originais e irá colaborar para criar um conceito de teatro moderno local, instrumental, *social* mesmo, em que logo não se poderá com facilidade localizar a diferença entre o que seria uma vertente francesa ou italiana originais, ou entre um teatro italiano da palavra (D'Amico) ou da cena (Bragaglia, Craig). Neste caso aqui, o TPA estava ingressando no território do *inimigo*, o TBC, mas com armas mais afiadas e sofisticadas: uma concepção de elenco mais moderna, um palco tecnicamente melhor e um diretor-cenógrafo de alto gabarito e profundo conhecedor do texto, inclinado a conciliar com mais contundência visual o verbo com o espaço.

O *sffumato* do atrito entre os opostos convencionais, poética do texto e poética da cena, se não era radical, não era gratuito. O autor era propício para esta operação – ele próprio simbolizou um momento peculiar do teatro francês contemporâneo, em que a relação entre a cena e a palavra se tornou bastante teatral, pois não foi um autor de gabinete. Admirador do Cartel, secretário de Jouvet (que detestava cordialmente), teve a sua primeira peça representada em 1932 por Lugné-Poe, no Théâtre de l'Oeuvre, que se tornou célebre como centro de experimentação e descoberta. A partir de 1937 tornou-se colaborador íntimo de Pitoëff e André Barsacq, através dos quais conseguiu se integrar à "vida de companhia" que buscava, para se tornar um homem do palco. Em tais condições, Anouilh despontou como um autor em que a palavra não ofuscava a preocupação com a cena, muito ao contrário, até. A cena surgia mesmo como invenção e como pesquisa da própria história do teatro, distante do realismo, que repudiava, próxima do *realismo da cena* propriamente dita.

O texto em questão foi lançado em um dos templos da experimentação cênica de Paris, pela diretora mesma que se tornara a continuadora de Gaston Baty, o mais inventivo dos diretores do Cartel – a estreia aconteceu no dia 14/10/1953, no Teatro Montparnasse Gaston Baty, dirigida por Marguerite Jamois (1901-1964).

A peça encena a vida de Joana D'Arc a partir do eixo central de seu processo; não existe divisão em atos, condição que revela a opção básica do autor, de tratar a trama como um fluxo de memória. No primeiro ato, a cena começa com um membro da Igreja, o bispo Couchon, e outro do governo inglês, Warwick, dando início ao processo de condenação de Joana. Ela vem contar a sua história e começa a representá-la. As *unidades* de ação, tempo e lugar estão em suspenso, portanto, em um turbilhão positivo, pois a morte, aqui, significa um final otimista, na procissão da última cena – aliás, um fim considerado insólito na obra do autor pelos especialistas, posto que aí a beatitude e a alegria se fundem. À diferença do "projeto sartreano", em Anouilh a ação, antes de instaurar um humanismo ateu, apenas corrompe o puro, que deve dizer não até à morte para se preservar[70].

O MITO MODERNO /
O COMÉRCIO DO NOVO

70 Sobre o autor, foram consideradas as obras: M. Corvin, *Dictionnaire encyclopédique du théâtre*; Laffont-Bompiani, *Dictionnaire des auteurs*; J. G. Zamora, *Historia del Teatro Contemporaneo*, v. 3.

UMA EMPRESA
E SEUS SEGREDOS:
COMPANHIA
MARIA DELLA COSTA

Não há dúvida de que o autor recorreu a um tema histórico de profunda dimensão simbólica para a França com o objetivo de debater um dos temas quentes do momento, no pós-guerra: o sentido e a possibilidade da ação humana. Por isto, as rubricas do autor indicam um cenário neutro, para uma cena de tribunal, e figurinos "vagamente" medievais, mas bem despojados.

Diversos comentaristas apontaram aquela que seria, para os católicos, a grande falha do texto – a ausência do mistério da santidade em Joana, crítica que o autor rebateu sempre, pois não era este o seu objetivo: queria falar da força interior, simplesmente humana. Isto sem explicar aquilo que chamava de *mistérios de Joana*, pois a seu ver o encarniçamento com que os espíritos modernos tentavam explicar os mistérios "é uma das atividades mais tolas e ingênuas do magro cérebro humano, desde o dia em que ganhou superficialmente peso com umas quantas noções científicas e políticas"[71]. A peça não é nem pretende ser histórica, é análise da sociedade atual em seu tempo.

A montagem fez justiça à proposta do texto: estava retomada a meada com que a equipe trabalhava anteriormente, em seus primeiros tempos, do teatro de arte, depois da alentada dedicação ao teatro de bilheteria. Em tais condições, a diferença estava em cena em toda a sua extensão: havia um conceito no palco, erigindo uma concepção artística geral, traduzida em uma entidade de ação chamada elenco, desdobrada em atores; cenografia e figurino deixaram de ser decoração, tornaram-se expressão dramática, expressão psicológica, em uma sintonia fina com a proposição textual. O cenário único brincava com extrema habilidade com o truque de compressão do espaço – muitos lugares em um só lugar – através da conjugação de várias plataformas ligadas por escadas, usando-se uma só cor, neutra, verde acinzentado. A concepção do cenário, portanto, foi hábil para realizar plasticamente a unidade do estilo histórico, do tema, com o sentido moderno de construção do drama[72].

E a proposta foi prolongada no figurino. Bem colorido, buscava traduzir em algum grau as várias classes da Idade Média, mas, como se voltava muito mais para um *psicologismo* das personagens do que para um rigor histórico, revelava uma Joana atemporal, sem classe definida – e na luz, responsável por um truque final que alcançou sucesso junto aos críticos e comentaristas. O cenário, então, de opaco tornava-se transparente, obtendo-se como efeito a sugestão da catedral de Rheims através do jogo multicolorido de luzes dos vitrais.

Dificilmente se poderá encontrar na História do Teatro Brasileiro um episódio em que tenha acontecido uma aclamação tão completa de seus artífices, apesar do eco de algumas vozes dissonantes, como se comentará adiante. O júbilo foi enorme porque envolvia mais do que uma simples estreia: de certa forma, era como se fosse a materialização do espírito de São Paulo, a reencarnação teatral do bandeirante. Havia um novo teatro, o melhor em seu gênero, para ser admirado; uma companhia que trazia dos primeiros momentos modernos do Rio de Janeiro a sua força para o trabalho, sugerindo a transposição do ímpeto moderno

---

[71] Jean Anouilh, *Os Mistérios de Joana*, programa da peça, AMDC, Funarte.

[72] A homogeneidade do elenco, bastante elevada, não foi um resultado fácil de conquistar, pois se tratava de um grupo muito heterogêneo e com algumas substituições em cima da hora da estreia. Vale destacar que o ator Milton Moraes vinha dos elencos de Jayme Costa e Alda Garrido, portanto marcado por todos os recursos do teatro histriônico de ator, segundo comentário em S. Britto, op. cit., p. 55 e s.

◼ *O Canto da Cotovia*, visão geral da cena e dinâmica do cenário. (Acervo da autora.)

◼ *O Canto da Cotovia*, visão geral da cena e efeito catedral do final, com o aparecimento dos vitrais. (Acervo da autora.)

UMA EMPRESA
E SEUS SEGREDOS:
COMPANHIA
MARIA DELLA COSTA

para a pauliceia; uma atriz aclamada como magistral, neste trabalho, por unanimidade absoluta; um diretor italiano recém-chegado, que participara como cenógrafo da aristocracia da cena italiana do momento; um texto que fora no ano anterior o maior sucesso de Anouilh em Paris até então (608 apresentações). Segundo Sérgio Britto, o "espetáculo foi considerado ao nível dos melhores do TBC. Plasticamente, sob o aspecto visual, o TBC raramente tinha feito coisas iguais"[73].

Mas foi mais um sucesso de crítica do que exatamente de bilheteria. Os críticos, segundo a coleção de recortes examinada, aprovaram e vibraram com o espetáculo, promovendo restrições de pequeno alcance. E louvaram o empreendimento, construindo diversos textos laudatórios, de celebração do gesto dos dois atores dedicados que se esmeraram para construir a sua própria casa sem qualquer apoio oficial. Alguns críticos denunciaram mesmo a indiferença da Comissão do IV Centenário de São Paulo, que fora procurada e não se comovera. No conjunto dos textos dos jornais, contudo, dois merecem particularmente uma atenção mais detida[74].

O primeiro é Décio de Almeida Prado, aqui mais uma vez surgindo como parâmetro para outros textos de jornal, publicados após a edição de sua crítica; é fácil perceber a sombra das suas reflexões sobre outros juízos emitidos. São duas as versões existentes de sua crítica, a que foi coletada pelos criticados na época e a que foi publicada em livro. Esta última conta com uma primeira parte, uma introdução, que pode até ter sido publicada no jornal, mas em data e lugar diferenciado; ela não figura no Acervo Maria Della Costa e não era do conhecimento do casal, pois os atores não reconheceram o texto quando prestaram seus depoimentos à autora, sustentando com firmeza que não o conheciam. A polêmica é importante – Décio de Almeida Prado, por sua proximidade ao TBC, é fonte de algum ressentimento por parte dos dois artistas, em suas queixas por falta de reconhecimento. Este sentimento talvez explique o esquecimento do texto, na eventualidade de que o tenham lido na época.

Sérgio Britto observou, contudo, que o "excelente crítico que era Décio" chegara à percepção de bruxo, ao identificar alguns problemas da montagem derivados da oposição artística existente entre Gianni Ratto e Eugênio Kusnet. Este tendia a enfatizar o sentido das falas em detrimento do brilho inerente a Anouilh. O fato levou os atores a ensaiar com ele às escondidas de Ratto, situação que desagradou o diretor e causou alguma tensão no grupo[75].

Apesar das controvérsias inerentes à relação com os críticos, é fundamental destacar que reconhecimento, no entanto, não era o que faltava no texto de Almeida Prado publicado no livro. Só que existe aí um colorido impressionante, inusitado, diferenciado. Algumas de suas afirmações possuem uma dimensão de tal ordem que é preciso transcrevê-lo em boa parte, em que pese a sua extensão:

> A realidade se impõe de tal maneira que frequentemente deixamos de perceber o seu caráter *espantoso*. O hábito de viver, embotando-nos a sensibilidade, faz com que passemos distraidamente ao lado do

---

[73] Idem, p. 56.

[74] Os textos disponíveis analisados foram: Décio de Almeida Prado (autoria atribuída), "O Canto da Cotovia", São Paulo: O Estado de S. Paulo, Coluna Palcos e Circos, 7/11/1954; Nicanor Miranda, "O Canto da Cotovia", São Paulo: Diário de S. Paulo, 7/11/1954; Regina Helena, "O Canto da Cotovia", Rio de Janeiro: Tribuna da Imprensa, Coluna Teatro Claude Vincent, 9/11/1954; Ruggero Jacobbi, Joana e o Delfim, São Paulo: Folha da Noite, 11/11/1954; Ruggero Jacobbi, O Milagre da Rua Paim, São Paulo: Folha da Noite, 31/10/1954; Ruggero Jacobbi, Teatro Popular, São Paulo: Folha da Noite, [s.d.] [1954 (c.i.)]; Clóvis Garcia, Teatro em São Paulo, Rio de Janeiro: O Cruzeiro, 27/11/1954; A. Accioly Netto, Teatro no Rio, Rio de Janeiro: O Cruzeiro, 27/11/1954; Gustavo Renó, O Canto de Maria, Porto Alegre: Revista do Globo, 27/11 a 10/12/1954; R.L., "O Canto da Cotovia", Rio de Janeiro: Diário de Notícias, 12/4/1955; F.F., Lisboa: Diário de Notícias, 30/3/1957; Armando Vieira Pinto, "O Canto da Cotovia", Lisboa: Diário Ilustrado, 30/3/1957; V.T.R., "O Canto da Cotovia" no Teatro Apolo, Lisboa: Diário de Lisboa, 30/3/1957; J.R., Primeiras Representações, Lisboa: A Voz, 31/3/1957; Ney Machado, "Canto da Cotovia" Sucesso Pleno em Lisboa, Rio de Janeiro: A Noite, 8/4/1957; Sem autor, sem título, Montevidéu: El Debate, 8/11/1957; Alejandro Peñasco, sem título, Montevidéu: El Diario, 7/11/1957; Don Meliton, Otra vez la "Doncella de Orleans", Montevidéu: La Tribuna Popular, 8/11/1957; A.L., Un Debut Promissor, Montevidéu: El Pais, 8/11/1957.

[75] Op. cit., p. 55 e s.

milagre, sem darmos por ele. Aí está, por exemplo, o Teatro Maria Della Costa, inaugurado com *O Canto da Cotovia*, de Jean Anouilh. O perigo não é nos entusiasmarmos demais, mas não percebermos o que há de *fantástico*, de *inacreditável*, em toda a história.

O Teatro Brasileiro de Comédia tem esmagado, pela simples força de comparação, as outras companhias surgidas ultimamente em São Paulo. Sandro Polloni é o primeiro empresário a aceitar o desafio do T.B.C. em seus próprios termos, respondendo de igual para igual. Que um homem rico, vindo da indústria — Franco Zampari — tenha resolvido empregar capital no teatro, onde os lucros extraordinários são certamente menores, já nos parece suficientemente estranho. Mas que a sua *proeza* seja agora repetida, em ponto maior, com maior riqueza de recursos, por dois atores, sem outras armas senão uma incansável *pertinácia* e uma *teimosia* que chega às raias da *obstinação*, eis o que nos deixa positivamente sem palavras. O Teatro Maria Della Costa não fica nada a dever a nenhum outro, como edifício e como organização artística, a não ser, talvez, quanto ao amadurecimento do conjunto, que apenas o tempo poderá trazer. Possui só quatrocentos e vinte lugares, mas quatrocentos e vinte lugares privilegiados, absolutamente perfeitos como acústica e visibilidade. O palco é, sem discussão, o melhor que existe em São Paulo, dentro da sua categoria, isto é, excetuando-se os grandes teatros como o Municipal e o Santana. E a companhia tem o *desplante* de estrear com uma versão cuidadíssima, visualmente perfeita, de uma peça que pede cenários, roupas históricas em profusão e quase duas dezenas de atores. Tudo, enfim, como se fosse uma entidade do Estado, fartamente subsidiada, e não uma simples empresa particular.

A peça de Anouilh conta a vida de Joana D'Arc, a cotovia do título — e talvez haja uma afinidade maior do que poderíamos pensar entre a heroína francesa e a atriz brasileira encarregada de interpretá-la. Não que Maria Della Costa esteja destinada a coroar o próximo rei da França [...]. Mas também ela, à sua maneira, ouviu vozes misteriosas, escutou um apelo superior, vindo não se sabe de onde. Pelo menos toda a sua existência, até aqui, tem sido uma longa e, seguramente, penosa ascensão. Menina do povo, *teve inicialmente de vencer a pobreza, e as consequências da pobreza, educando-se, aprendendo a se exprimir, a vestir-se, a pensar e a ter personalidade*. Mas isso foi o de menos. O obstáculo maior, para chegar aonde chegou, era naturalmente a sua beleza, que a marcava entre as outras mulheres, abrindo-lhe uma série de carreiras fáceis, capazes de deslumbrar qualquer jovem. Maria Della Costa foi "girl", exibiu-se nos cassinos, passou pelas casas de moda, como modelo, e de toda essa experiência só trouxe o hábito do trabalho, a consciência profissional, e a ambição de ser uma grande atriz. Em vez do luxo, do dinheiro, da elegância, da vida social, preferiu meter-se num caminhão e percorrer cidadezinhas do sul e do norte do País, sacrificando alegremente a vaidade da mulher ao orgulho da atriz. E ainda acertou milagrosamente, não considerando o teatro, como tantas outras, um pretexto para exibições pessoais. *Sem qualquer cultura literária especial* (não houve tempo para tanto), preferiu sempre, *instintivamente*, o bom teatro, com essa *humildade perante a arte que é a sua melhor qualidade e a mais rara numa mulher bonita*. Estudou, *submeteu-se, voluntariamente, assim que pôde, à disciplina de um encenador, fazendo questão de criar uma companhia baseada, não na exaltação de sua pessoa, mas no valor do conjunto*. A peça de Anouilh é a consecução, finalmente, de todos os seus ideais. Talvez a cotovia francesa, evocada poeticamente por Anouilh, cantasse mais alto e mais forte, para todo o universo ouvir. Mas os *milagres* menores nem por isso deixam de ser milagres[76]. [grifos nossos]

Milagre ou trabalho – as duas abordagens se alternam nos comentários dos jornais relativos à obra de Sandro e Maria. Décio de Almeida Prado optou pela primeira, que tem o inconveniente sério de reduzir o perfil histórico dos dois artistas, pois os milagres dispensam maiores explicações humanas, acabam insinuando algum grau de facilidade: quando se fala em milagre, o que se reduz é o trabalho, o esforço efetivo, cotidiano, persistente e continuado.

Nos dois primeiros parágrafos, as palavras destacadas – *espantoso, milagre, fantástico, inacreditável, proeza, pertinácia, teimosia, obstinação, desplante* – complementam a ideia de milagre, transformando o imenso esforço realizado em rompantes de personalidade um tanto arrogante, o que reforça a óptica do inexplicável presente já no *milagre*. É um pouco como se existisse um projeto de ego voltado para enfrentar o TBC e – o que é pior – como se a empresa não existisse *antes*. A história do Teatro Popular de Arte foi omitida, a própria figura de Itália Fausta, decisiva para a formação do conjunto, que era homenageada no Teatro Maria Della Costa com uma vitrine e era, ao menos até segunda ordem, paulista, foi ignorada.

O parágrafo seguinte talvez tenha que ser considerado, no entanto, o mais discutível: ao omitir a história teatral da empresa e historiar o acontecimento como uma continuidade da história pessoal da atriz, o comentário de Décio de Almeida Prado se torna bastante injusto, ao que tudo indica involuntariamente. Pois o que é mais curioso, no caso, é que tal se deu em um texto de um comentarista que criou escola no país por defender uma postura britânica para o crítico de teatro, avessa ao "*personal remark*"[77]. Nas condições sociais brasileiras, em especial nos idos de 1950, em São Paulo, nas redondezas da classe que se considerava como a *aristocracia quatrocentona*, estava longe de ser meritório o percurso da garota-pobre-da-província-que-foi-girl-e-se-esforçou-para-ser-estrela-de-teatro. As boas famílias sequer aceitavam com bons olhos a carreira teatral e muitos artistas recorreram a nomes-fantasia para não expor os ancestrais que, do alto de seus pedestais, relutavam em aceitar a cena como ocupação profissional decente.

Portanto, mesmo no teatro, sobretudo depois que ele se tornara um território frequentado por elementos das boas famílias, a origem de classe contava. Ser pobre em sua origem e não ter tido tempo para "qualquer cultura literária especial" era uma péssima referência: o mesmo crítico

---

76 D. de A. Prado, *Apresentação do Teatro Brasileiro Moderno*, p. 227-228.

77 A reflexão crítica desenvolvida aqui não pretende ser, em qualquer grau, uma redução da dimensão ímpar do crítico e intelectual Décio de Almeida Prado. Quanto ao tema da *impessoalidade*, que bem pode figurar como essência definidora dos críticos modernos, que combateram a velha crítica personalista brasileira, ele parece ser confirmado em alguns textos publicados em J. R. Faria, V. Arêas e F. Aguiar (org.), *Décio de Almeida Prado: Um Homem de Teatro*.

não escreveu em suas crônicas, em nenhum momento, que a estrela do TBC, Cacilda Becker, nascera pobre e passara fome, precisara roubar para comer na infância, precisara ser autodidata e fora obrigada, por sua pobreza familiar, a estudar pouco[78]. A atriz Nydia Licia observou, em depoimento sobre o TBC, que todos os componentes originais da companhia eram alvo de comentários porque tinham pelo menos três nomes. E complementou: "Era uma doença tão contagiosa que, em sua peça de estreia, Cacilda se apresentou como Cacilda Becker Fleury Martins..."[79].

O texto acaba induzindo a um erro de informação teatral, pois sugere que Gianni Ratto teria sido um primeiro encenador a que a atriz se submetia, como se estivesse desabrochando, depois de uma vida mambembada, quando na realidade Maria Della Costa ingressava em sua maturidade profissional. Como já se observou, estreara (mal) em 1945, com Bibi Ferreira, e no ano seguinte começara a trabalhar com Ziembinski e os Comediantes. O crítico, no entanto, não deixou de ressaltar o fato novo que a companhia trazia, de certa forma a recuperação de uma das lições mais fundamentais de Os Comediantes, a noção de *elenco*, que no TBC estava, a esta altura, fora de cogitação devido às disputas dentre os atores de maior nomeada. A pergunta histórica a ser feita é se existe aí um *milagre menor*.

De resto, a crítica de Décio de Almeida Prado é um instrumento privilegiado para que se visualize com bastante eficiência a montagem. Ele comentou de saída a grande qualidade do espetáculo: "O ideal, no teatro, é que o cenário e a encenação nasçam de um só e mesmo momento de inspiração, explicando-se um pelo outro". O crítico viu em cena "uma unidade visual perfeita, englobando tudo, desde a disposição da cena até os movimentos dos atores. Cada personagem define-se pela roupa, pela maneira de gesticular e pelo lugar que ocupa no palco, formando, em conjunto, um desenho único".

Além disso, o crítico frisou que a ordem dos fatores foi a mais acertada: "Gianni Ratto, esplêndido cenógrafo como é, não cometeu o erro tão comum de trazer o cenário para o primeiro plano". Tirando partido da altura do palco, mais generosa do que os espaços laterais, criou a série de plataformas comentada acima, ligadas por escadas, "um espaço cênico concebido especialmente para fazer funcionar a peça, permitindo-lhe maior mobilidade plástica e cênica", na linha de cenários recentes que o Piccolo apresentara em São Paulo, de autoria do próprio Gianni Ratto. O caso não era, a seu ver, o de competir em importância com o texto, mas antes lhe servir de suporte. O crítico ressaltou que a cor neutra fazia com que ele surgisse como pano de fundo para a beleza cromática das roupas, que o animavam, povoando-o com todas as categorias sociais da Idade Média. Além disso, o seu despojamento viabilizava uma extraordinária riqueza de marcações. E daí advinha o *milagre*: "O resultado é uma constante alegria para os olhos, um espetáculo de extraordinária beleza plástica, um dos mais belos que São Paulo já viu, não se excetuando os das melhores companhias estrangeiras".

Na direção dos atores, o crítico considerou também que Gianni Ratto obtivera "ótimos resultados", incutindo em um conjunto heterogêneo e recém-formado "muita homogeneidade, baseado principalmente na

O MITO MODERNO /
O COMÉRCIO DO NOVO

[78] Cf. N. Fernandes; M. T. Vargas, *Uma Atriz: Cacilda Becker*; D. de A. Prado, *Peças, Pessoas, Personagens*. Foram considerados ainda os diferentes volumes de críticas do autor.

[79] Revista *Dionysos*, número especial, TBC, p. 167.

discrição e bom gosto". Ao comentar o desempenho da protagonista, Décio de Almeida Prado foi mais rigoroso: "Maria Della Costa progrediu incrivelmente e a sua interpretação... está bem próxima da obra-prima". O crítico destacou que a Joana D'Arc do autor era um paradoxo vivo, uma criatura complexa que reunia a camponesa, o soldado, a mocinha ingênua e a mulher astuciosa, aspectos apreendidos pela atriz, mas que ela deixava "escapar um: a santa". Vale acrescentar que, embora a atriz não necessite de defesa, talvez este aspecto, na realidade, não tivesse mesmo ocorrido ao autor ou, pelo menos, ao diretor, e não estivesse em questão.

O outro desempenho destacado a seguir foi o de Sérgio Britto, a "figura desempenhada com mais imaginação cênica", muito embora o ator não fosse, às vezes, simpático ao público. Como Carlos VII, no entanto, "até os seus defeitos – certa afetação, certa tendência histriônica – aparecem adaptados, conscientemente, à personalidade desse singular rei-bufão. É um exercício de virtuosismo, mas de um virtuosismo a serviço da peça e da personagem".

De um modo geral, as demais críticas coletadas enfatizaram o tema do trabalho como definição excelente para o que estava acontecendo com a empresa, agora sediada em São Paulo definitivamente. O crítico Nicanor Miranda dedicou um primeiro texto apenas para o comentário geral da dupla estreia, a do teatro e a da peça, insistindo em buscar uma explicação para o episódio. O autor também falou em milagre, mas como fruto do trabalho, usando a maior parte do texto para resumir a história da companhia até o momento analisado.

Em *O Cruzeiro*, Accioly Netto, que será sempre um amigo do casal, escreveu sobre a inauguração da nova casa em tom laudatório efusivo, apesar de não ter tido condições para aceitar o convite dos atores, o que considerou uma perda a lamentar. Na mesma página, Clóvis Garcia fez a crítica da montagem, ressaltando os méritos da construção do teatro e lamentando o descaso da Comissão do IV Centenário, que perdeu uma excelente oportunidade para comemorar o evento "com o melhor espetáculo do ano até esta data".

Uma das críticas cariocas mais consideradas da época, Claude Vincent, no entanto, não escreveu sobre a peça. O pequeno texto publicado em sua coluna foi assinado por Regina Helena, da sucursal de São Paulo da Tribuna da Imprensa e não foi muito além de um jornalismo impressionista esforçado, mais pródigo em adjetivos do que em análise efetiva.

Na verdade, o grande traço crítico diferencial será estabelecido por uma voz que já estivera anteriormente em atrito com o teatro moderno proposto em São Paulo – Ruggero Jacobbi. Foram três textos alentados dedicados ao empreendimento, o primeiro historiando a companhia, o segundo analisando o espetáculo e o terceiro propondo a discussão a respeito dos termos "teatro popular", em um prolongamento das proposições da companhia e uma antecipação do desenvolvimento subsequente do teatro brasileiro.

O primeiro texto – curiosamente intitulado "O Milagre da Rua Paim" – foi iniciado diretamente com a constatação de que Sandro e Maria Della

Costa, com oito anos de atividade, têm uma atividade que "nasce da confluência da melhor tradição dramática nacional, simbolizada pelo nome de Itália Fausta, com o movimento de renovação iniciado no Rio pelo grupo de 'Os Comediantes', a que ambos os artistas pertenceram". Seria assim um conjunto de aspirações e conceitos típicos do teatro carioca, agora transformado em realidade paulista, pois a cidade tornara-se "a capital artística do Brasil". O crítico seguiu enumerando as qualidades típicas herdadas pelo grupo do teatro carioca: "o sentido amplo e popular do espetáculo, o amor pela eloquência cênica, o arrojo, a tendência para a expansão fora do lugar de origem". Elas foram constatadas ao lado dos que seriam a seu ver os traços típicos da modalidade paulista de renovação – "o capricho técnico e o gosto fortemente policiado".

Assim, o que se via era um acontecimento histórico. O aparecimento do novo teatro "oferecia todas as possibilidades para uma síntese há muito tempo desejada e que provavelmente será a mesma que instintivamente Sérgio Cardoso já vem escolhendo para o seu trabalho". O crítico ressaltava então que o nome Teatro Popular de Arte era o mais belo e polêmico entre todos os usados pelos conjuntos teatrais da época, por indicar um caminho certo, apto para conduzir à ideia de nacional-popular, que considerava "a mais alta realidade da cena contemporânea", traduzida na França por Jean Vilar e na Alemanha pela reestruturação dos teatros de Estado. O passo curto, mas difícil, dependeria de um impulso sem dúvida a ser dado por governos realmente interessados na cultura do povo.

Mas o desejo real do crítico era falar do passado já consolidado e do presente que estava sendo vivido, não do futuro hipotético. O passado do casal focalizado tinha "sentido e cheiro de guerra". E a guerra que pintou em seu comentário não era localizada, mas antes "uma batalha solitária e violenta contra tudo e contra todos, cujo maior mérito residiu na regularidade da produção". A conquista desta produção, mantida com desesperada constância, foi o resultado de ter sabido "fechar os ouvidos às muitas sereias do bom senso, ao conselho dos falsos refinados e à literatice das igrejinhas". Assim, o presente tinha "sabor de milagre", pois o casal, com sua disposição a um só tempo humanística e proletária, conseguiu, extraindo-o praticamente de nada, oferecer um teatro superior a tudo que havia ao redor quanto à técnica e equivalente ao melhor no que se referia à arte. A estreia foi uma vitória do público, da minoria que conseguia ir ao teatro, ponto de que os realizadores poderiam partir para conquistar "todo" o público de teatro.

Ao homenagear Itália Fausta, o novo teatro investia também, segundo o crítico, contra o mito do marco zero que surgia então, buscando fazer do moderno teatro do Brasil "um território sem memória". E o crítico sentenciava que o "teatro tem pai e mãe, nome e sobrenome, data de nascimento e moradia certa. [...] O espírito dos velhos e dos novos que andaram 'mambembando' por este Brasil, heroicamente, está aqui presente e encontra a sua paz". Portanto, pode-se concluir – não era um *milagre menor*; no mínimo, milagre de trabalho e da ação própria da História, condições que excluem o adjetivo e invalidam o substantivo.

O segundo texto foi mais ácido e contundente: foi a crítica propriamente dita ao espetáculo, mas estruturada tendo como eixo geral os desempenhos de Maria Della Costa e Sérgio Britto. O texto foi iniciado com a afirmação, que parece correta e justa, de que Maria Della Costa alcançara "o ponto mais alto de sua carreira". E o tom usado a seguir não permite cogitar sequer a hipótese de milagre – o caso era de disciplina, capacidade de estudo, fidelidade ao texto e força de vontade. Estas qualidades lhe teriam permitido submeter "seu imenso talento a uma estruturação técnica rigorosa", obtida graças aos diretores e colorida por um tom de desembaraço e um espírito de iniciativa individual, desenvolvidos, os últimos, em virtude dos "longos anos de peregrinação quase solitária pelo Brasil".

Ao longo de todo o texto o crítico procurou sublinhar o seu pensamento, como se estivesse buscando interlocutores explícitos, embora não nomeados. Assim usou observações diretas: "Não gostaríamos de ouvir, de algum espectador superficial [...], não gostaríamos, nem um pouco, de ouvir dizer que Maria 'melhorou' ou 'evidencia progressos'". No parênteses ele ridicularizara o espectador superficial, enquadrando-o como influenciável pela cor da parede, pela fazenda do pano de boca ou pela qualidade do papel do programa, o que leva a supor um endereço certo, o TBC, lugar em que tais detalhes eram pontos de honra. Ou pontos de partida.

E o raciocínio parte para uma densidade de análise muito interessante: "Maria Della Costa é uma das maiores atrizes do Brasil desde 1948". A constatação foi construída considerando os desempenhos da atriz naquele ano, "quando conseguiu dar humanidade à figura irreal da protagonista do *Anjo Negro*, quando conseguiu transformar em uma impressionante realidade cênica o papel quase mudo de *Tobacco Road*" e por fim, "o exame de maturidade", o passo decisivo "quando descarregou uma força moderníssima de intensidade psicológica no papel, velho e convencional, de *Tereza Raquin*".

Mas o exercício da atriz não parou aí, não enveredou em alguma pausa indiferente ao aperfeiçoamento e aí reside a acuidade da análise do crítico. Jacobbi situou também a importância dos papéis desempenhados a partir de textos menores, por vezes alternados com obras de relevância – "No fim daquele mesmo ano, Maria realizava seus dois resultados mais singulares e sutis na esfera da interpretação", o primeiro a garota da *Sonata a Quatro Mãos*, "revelação de uma profunda vocação de comediante, seguido pela mulher lírico-extática de *Woyzeck* – figura de gravura popular esmagada pelo peso de um destino social, que a voz da poesia transforma em reflexo de uma desesperada angústia metafísica". A partir daí, a vitória definitiva "foi alcançada nos grandes, escuros, frios, pavorosos teatros da província – e foi traduzida em realidade positiva no belíssimo, humano e delicado trabalho de comediante que a atriz apresentou em *Manequim*". O crítico defendeu o interesse da montagem e atacou os "donos da bola", que deixaram passar em brancas nuvens até mesmo os cabelos brancos e gloriosos de Eduardo Suhr, autor de um cenário digno de nota.

Assim, o crítico pôde concluir asseverando que não havia surpresa ou revelação alguma no novo trabalho da atriz: "Esta Joana D'Arc é o resultado de uma carreira". A mesma trajetória analítica foi percorrida pelo crítico com relação ao ator Sérgio Britto, cujo Delfim tinha a seu ver os elementos dos papéis que desempenhara desde o início de sua carreira, marcada pela escolha do caminho mais difícil, o da técnica e da exteriorização. Em tais condições, o crítico observou que constatar a grandeza dos dois trabalhos era fonte de alegria e de tristeza, pois obrigava a pensar na funesta distração que reina no "mundo sem memória que é o teatro brasileiro".

Finalmente, o crítico tratou de refutar uma outra observação que alguém fizera na estreia – aqui o comentário era dirigido a Décio de Almeida Prado – "a de que no papel faltava a 'santa'", destacando que a restrição, a seu ver, deveria ser feita ao autor.

O terceiro texto do crítico foi um comentário bastante lúcido a respeito da trajetória do teatro brasileiro moderno, pois tocava, embora de leve, no limite mais grave que cercava o projeto da geração: a falta de público. O título – *Teatro Popular* – lançou mão do nome da empresa de Sandro e Maria Della Costa para enveredar em uma reflexão norteada pelo desejo de definir o que é teatro e qual o sentido social do teatro. De saída, ele destacou que o nome do elenco era sugestivo – Teatro Popular de Arte – e que jamais um nome de grupo teatral o entusiasmara e comovera tanto. Para as suas ambições, era preciso um teatro que fosse realmente teatro, rico do instinto quase indescritível que era capaz de desencadear nos homens em praça pública. De ARTE, pois colocaria tal instinto a serviço da palavra, da poesia. POPULAR – "aberto às grandes massas, colóquio solene entre a Mensagem e a Pólis".

O verdadeiro teatro popular a seu ver libertaria a arte dramática de todos os perigos que a ameaçavam: "formalismo, intelectualismo, snobismo, provincianismo, burguesismo, grã-finismo, futilidade…" Em praça pública, ele acreditava que os tiques resultantes destes perigos eram impossíveis de manter, posto que se tornavam ridículos – não haveria como tentar impor o detalhe como decisivo, deixar a análise ocupar o lugar da síntese, colocar a decoração externa no lugar do ritmo e da energia íntima do espetáculo, nem endossar os mitos da naturalidade, do bom gosto e da inteligência. Mas para realizar o fenômeno eram necessárias circunstâncias de ordem social e cultural; não se deveria, contudo, cruzar os braços e esperá-las, mas antes tentar tudo o que fosse possível nesta direção, inclusive para ampliar o fôlego dos artistas, encaminhar os grandes públicos do cinema e do esporte para o teatro e convencer os governos para que criassem as bases para um teatro popular.

A visão do crítico parece lúcida com relação ao seu tempo e aos desdobramentos imediatos que irão se seguir: "Chegou um tempo de grande polêmica teatral. Está para se definir a linha divisória das concepções, das mentalidades, dos interesses, dos estilos". A seu ver, era a hora de uma mudança, posto que o moderno se implantara – "Nesta segunda revolução do nosso teatro moderno, os que realmente compreendem o alcance do ideal de um teatro popular de arte podem e devem contribuir de todas as maneiras, começando pelas mais elementares".

UMA EMPRESA
E SEUS SEGREDOS:
COMPANHIA
MARIA DELLA COSTA

Uma primeira contribuição importante seria a redução do preço dos ingressos[80]. Era o que o TPA estava fazendo, há duas semanas, com ajuda parcial da Comissão do Teatro do Quarto Centenário, com apresentações a cinco e dez cruzeiros e um público totalmente diferente. O crítico esperava ainda que entre os jovens estudiosos do teatro surgissem novos rumos de estudo, de inspiração pelo popular, ainda mais que estava sendo anunciada a vinda do TNP de Vilar, que poderia ser comparado com a temporada recente de Barrault – o crítico denunciou então que já vira na mesa de trabalho de alguns destes jovens a revista *Théâtre Populaire* tomar o lugar das capas coloridas em papel *couché* e clichês perfeitíssimos da *Théâtre Arts*.

A carreira da peça não foi a melhor possível quanto à bilheteria, mas ela entrou para o repertório da companhia e conheceu diversas reapresentações e remontagens, em alguns casos com a direção atribuída a Sandro, no Brasil e no exterior. Em Lisboa (1957) o espetáculo foi aplaudido de pé longamente, ainda que tenha sofrido restrições de alguns críticos; o desempenho de Maria Della Costa chegou a ser comparado, negativamente, ao da atriz portuguesa Eunice Munhoz, que criara o papel. A peça foi apresentada em Montevidéu e Buenos Aires (1957). Ironicamente, foi remontada em 1958 em homenagem ao décimo aniversário do TBC, com apresentações em São Paulo e no Rio, enquanto o aniversário do TPA passava em brancas nuvens. A popularidade do tema se tornou de tal ordem que a peça foi apresentada na televisão.

Nesta primeira temporada, houve um saldo considerável de prêmios – Maria Della Costa recebeu o Saci, do jornal *O Estado de S. Paulo*, como melhor atriz; Gianni Ratto como melhor diretor e cenógrafo; Sérgio Britto recebeu o prêmio de melhor ator da ABCT (1955, Rio de Janeiro).

O ano de 1954 foi um ano de acontecimentos importantes para a análise do teatro brasileiro. Foi a época de eclosão pública da crise da Companhia Vera Cruz, que fechara as portas do estúdio em outubro do ano anterior e quebraria definitivamente no ano seguinte. Com a inflação e o aumento do custo de vida, o TBC aumentou mais ainda os seus preços, com razoável retração de público, mesmo transitória; para tentar compensar as perdas, Zampari estabeleceu uma *filial* do TBC no Teatro Ginástico, no Rio de Janeiro.

Quanto à dinâmica artística, a situação não era das mais estáveis – Sérgio Cardoso e Nydia Licia deixaram o TBC em 1953 e em 1954 fundaram companhia própria, depois de passar pela Dramática Nacional. Foi a primeira *companhia filhote* do TBC, isto é, a primeira companhia formada por atores que conseguiram conquistar projeção profissional nacional forte graças ao TBC e conseguiram, então, organizar um empreendimento dotado de alguma estabilidade. Foi também a primeira equipe de teatro moderno a propor um teatro de orientação vivamente nacionalista, um tanto, ao menos, ecoando as proposições de Jacobbi citadas acima. Ao mesmo tempo, também o quadro de diretores se revelava instável: Luciano Salce tivera uma briga séria com Zampari e retornara à Itália, fato que abriu uma vaga nos quadros tebecistas.

[80] Em matérias publicadas em *Radar*, de 2 a 6/6 de 1950, sobre a "verdadeira história da demissão" de Ruggero Jacobbi do TBC, Miroel Silveira acusava o teatro da Major Diogo de professar uma estranha mentalidade; um exemplo era o preço dos ingressos, os mais altos existentes no Brasil, Cr$ 55,00 por poltrona, enquanto os outros teatros cobravam em média, nos espetáculos especiais, Cr$ 40,00. E isto em um grupo que se apresentava como desprovido de propósito de lucro.

Em 1955 as questões debatidas no teatro, mas ainda sem uma tradução cênica eficiente, encontraram eco no cinema – foi o ano de *Rio 40 Graus*, de Nelson Pereira dos Santos[81]. O filme fora realizado em 1954, em um esquema de produção alternativo, independente do esquema capitalista dos grandes estúdios, com o recurso a uma estrutura cooperativada, formada por cotas de trabalho e de capital, que fora muito usada no começo do cinema e na Itália do pós-guerra. O sistema *coletivo* favoreceu uma certa liberdade de narrativa cinematográfica, de um realismo romântico e populista a um só tempo, que exaltava de forma deslumbrada pobres cândidos das favelas contrapostos aos ricos insensíveis, grosseiros e crus da praia e da grã-finagem. A repercussão do filme se tornou enorme com a sua proibição pelo chefe de Segurança Pública do Distrito Federal, após ter sido liberado pela censura para maiores de dez anos; a reação da opinião pública foi muito forte, determinando a sua estreia apenas em 1956, mas em grande circuito nacional. O sistema coletivo, de cotas, por vezes entre *cooperativados*, chegará ao teatro profissional, mas só nos anos de 1970.

Elenco Moderno, Autor Moderno

São temas que esclarecem muito dos fatos e dos conceitos que foram propostos a seguir. A segunda peça da companhia dirigida por Gianni Ratto teve a sua estreia no dia 28 de janeiro de 1955[82]. Era uma opção problemática, muito embora fosse um presumível sucesso de bilheteria, pois o perigoso domínio da comédia ainda ameaçava *macular* o prestígio do teatro moderno no caso brasileiro. O autor era Georges Feydeau (1862-1921) e o texto um de seus mais acelerados – e hilariantes – *vaudevilles*: *Com a Pulga Atrás da Orelha* (1907).

A opção era problemática em virtude da difusão, na época, de certa concepção tradicional, de pretensa origem aristotélica, devotada à defesa da hierarquia dos gêneros: situava-se a comédia e o riso no plano mais baixo da escala dramatúrgica. O moderno explodira esta visão antiga, mas os seus efeitos ainda não eram letra corrente por aqui, até porque o moderno tropical via exatamente no cômico muito do que desejava pôr abaixo no teatro brasileiro. Na França, o autor fora *recuperado*, digamos. Em 1951 fizera finalmente o seu ingresso triunfal no repertório da Comédie Française. Na Europa, houve uma febre de Feydeau da qual o próprio Gianni Ratto participara, pois fizera cenários exatamente para esta peça.

No programa da peça, Gianni Ratto assinou um texto em *defesa* do autor – de saída, observou que ele era exaltado ou desprezado, mas, sob crítica positiva ou negativa, "manteve intacta a sua posição de continuador de uma tradição que se liga, de maneira bem clara, ao teatro cômico imediatamente posterior à *Commedia dell'Arte*". A invocação da história, contudo, não impedirá o diretor de, no futuro, se recusar a montar o autor, sob a alegação de que se tratava de um

O MITO MODERNO /
O COMÉRCIO DO NOVO

[81] F. Ramos, Os Novos Rumos do Cinema Brasileiro, em F. Ramos (org.), op. cit., p. 303 e s.

[82] As fontes consultadas a propósito da montagem de *Com a Pulga Atrás da Orelha* foram: Teatro Maria Della Costa, *A Pulga Atrás da orelha* de Georges Feydeau, Segunda apresentação do Teatro Popular de Arte, n. 4, janeiro, 1955, programa da peça. Recortes de jornal: A Plata Ophia – Com Feydeau (Depois de Anouilh), o Teatro Maria Della Costa Conquista Um Novo Êxito, São Paulo: Folha da Noite, 31/01/1955; Ruggero Jacobbi, "A Pulga Atrás da Orelha", São Paulo: Folha da Noite, 31/01/1955; Décio de Almeida Prado, "Com a Pulga Atrás da Orelha", São Paulo: O Estado de S. Paulo, Palcos e Circos, 30/01/1955; Athos Abramo, "Com a Pulga Atrás da Orelha", São Paulo: O Tempo, Palco, 02/02/1955; Miroel Silveira, "Com a Pulga Atrás da Orelha", São Paulo: Folha da Manhã, 30/03/1955.

dramaturgo *menor*. O próprio fato de ser sucesso de bilheteria, portanto autor comercial, criava uma aura negativa ao redor do comediógrafo, quando, enfim, dinheiro era bem o que faltava com frequência para o teatro brasileiro. A situação guarda uma similaridade irônica com relação à figura de Sandro Polônio – estigmatizado como *empresário mercantilista* porque conseguia fazer dinheiro com o teatro moderno, quando o que faltava como oxigênio para o teatro moderno era precisamente o dinheiro.

Este raciocínio parece ser o mesmo que pairava sob as linhas escritas por Décio de Almeida Prado, em cuja crítica não se percebe grande entusiasmo pela proposta, apesar de concluir o seu texto afirmando que a montagem deixava a mesma impressão de *O Canto da Cotovia* – "um espetáculo de classe, preparado com cuidado e carinho". O crítico declarou que, em lugar da geometria perfeita, fria, calculista e alucinada do texto, que faz rodar casais respeitáveis e outras figuras nem tanto ao redor do hotel "O Gatinho Galante", preferia antes o Feydeau mais humano, verossímil, espontâneo de *Tome Conta da Amélia*.

Ruggero Jacobbi teve outra medida de avaliação. Em primeiro lugar, o seu jornal abriu um espaço muito generoso para o lançamento – uma grande coluna, "A Plateia Opina", tratou da estreia, reunindo comentários de personalidades e notas variadas sobre a noite, ao lado da extensa crítica que escreveu. Logo de saída o crítico buscou discutir os problemas que a seu ver eram propostos pela obra à reflexão: o tema técnico suscitado pelo geometrismo, a hipótese da inocência moral (ou não) do texto, a graduação da zombaria possível frente aos antepassados, aspecto que se tornou a preocupação central do diretor e ofereceu a linha do espetáculo, apesar de muitos intérpretes não conseguirem acompanhá-la, recorrendo a tintas carregadas e caricaturas redutoras do efeito cômico. A solução, aqui, seria inevitavelmente desigual, dependendo da força das personalidades dos atores e seu diferente grau de maturidade, situação que não era tão favorável, pois não havia homogeneidade.

Maria Della Costa, depois de "vencido o nervosismo da estreia", interpretava com naturalidade. "Sobre as qualidades de comediante de Maria não vale a pena insistir, pois já foram muitas vezes provadas". Ruggero elogiou ainda Fernanda Montenegro e Sérgio Britto. Os cenários e figurinos, a seu ver, estavam plenamente integrados na concepção do espetáculo, com sua clareza, leveza, sugerindo um mundo sem preocupações e cheio de formalismos. E nada, a seu ver, conseguia apagar a força substancial do espetáculo.

O sucesso, no entanto, não foi tanto quanto se poderia esperar; em seu depoimento, Maria Della Costa asseverou que, a seu ver, Feydeau é um autor mais próximo do espírito carioca do que do temperamento paulista. E logo a companhia estava na primeira excursão de sua nova fase, no Rio de Janeiro. A crítica carioca contemplou surpresa a transformação de Maria Della Costa, cujo processo de trabalho, fora do Rio desde 1948, não fora acompanhado. A analogia com Cacilda Becker era imediata, pois Cacilda trabalhara no Rio sem projeção, seguira para São Paulo, tornara-se estrela do TBC e nesta condição regressara ao Rio, sendo aclamada por seu desempenho em *Pega-fogo*. Mas a apresentação no Teatro Municipal não compensou os gastos necessários para a excursão – segundo um jornalista, Fernando Costa, o povo preferia pagar para ver futebol e as velhas piadas de Oscarito ou Alda Garrido; ou, ainda, lotar o auditório das rádios. Mas, segundo Sérgio Britto, as "críticas cariocas foram fantásticas". A noite da estreia foi uma das maiores que o ator viveu; a plateia gritava o nome de Maria e o seu: "Maria caiu de joelhos, chorando, e assim agradeceu ao público"[83].

O programa da peça de Feydeau já anunciava os dois próximos cartazes. O primeiro contava com texto de outra personalidade intelectual jovem de São Paulo, que já se tornava crítico respeitado, se bem que, então, atuasse mais como repórter – Sábato Magaldi. O seu tom era de saída de admiração – "Cumprindo o programa de realizações audaciosas, o Teatro Maria Della Costa vai lançar *A Moratória*, peça do jovem autor Jorge Andrade". Em uma outra reportagem mais adiante, após a estreia de sucesso artístico, Sábato Magaldi afirmou que corria o boato de que a montagem do texto de Jorge Andrade (1922-1984) era uma

83 S. Britto, op. cit., p. 58.

▽ Cálculo teatral e requinte no cenário de *Com a Pulga Atrás da Orelha*, do primeiro e terceiro atos. (AMDC, Cedoc/Funarte.)

▣ Para os equívocos e mal-entendidos, a indicação de teatralidade e intimidade no cenário do segundo ato de Com a Pulga Atrás da Orelha. (AMDC, Cedoc / Funarte.)

▣ A confusão em cena no segundo ato, cenário e clima na medida para as confusões propostas por Feydeau em Com a Pulga Atrás da Orelha. (Acervo da autora.)

■ Maria Della Costa e Fernanda Montenegro em cena, malícia e brejeirice nos figurinos requintados de *Com a Pulga Atrás da Orelha*. (AMDC, Paraty.)

UMA EMPRESA
E SEUS SEGREDOS:
COMPANHIA
MARIA DELLA COSTA

réplica a *Santa Marta Fabril S. A*, de Abílio Pereira de Almeida, encenada pelo TBC[84].

Os parâmetros parecem claros. Ainda no texto incluído no programa da peça de Feydeau, o crítico enfatizara "o arrojo da iniciativa", pois se tratava de dramaturgo brasileiro, o que por si já despertava desconfiança nos profissionais e no público, e ainda por cima estreante, em uma empresa iniciante, ainda sem estabilidade bastante para correr riscos. Mas, a seu ver, o produtor e o diretor, os promotores do evento, estavam seguindo uma verdade elementar, a de que os movimentos cênicos duradouros são os que têm raízes na dramaturgia nacional. O que ele não observou e que parece importante é o fato de que a proposta amplificava ainda uma vez o cálculo tebecista, mais restrito, ao buscar favorecer o autor nacional. A seguir, estava prevista a apresentação de *Mirandolina*, "considerada unanimemente, pela crítica italiana, a obra-prima de Carlo Goldoni". Quer dizer – o TPA contava com um elenco, um diretor e um projeto de trabalho.

É preciso considerar a alquimia em vigor no projeto, com certeza planejado com a interferência do empresário. Novamente, havia uma alternância sutil entre um texto mais denso e um texto cômico. O primeiro – *descoberto* pelo próprio diretor, segundo informação constante de todas as suas entrevistas e artigos e outras fontes contemporâneas – materializava em parte a voga nacionalista que se insinuava. Foi um espetáculo de sucesso artístico, segundo diversos depoimentos, mas não de bilheteria. Curiosamente não contou com a participação de Maria Della Costa. A atriz deixara o *estrelato* para uma outra, uma *novata* de sua companhia, Fernanda Montenegro. Esta foi uma das suas atitudes sempre lembradas, por estudiosos ou contemporâneos, para destacar o conceito de *elenco* predominante no conjunto. É difícil imaginar gesto semelhante em qualquer outra atriz da época, cabeça de elenco e dona de companhia; ao mesmo tempo, a situação revela um momento de liderança incontestável, absoluta, do diretor, que pôde optar por um texto em que não existia papel para Maria Della Costa.

Para Sérgio Britto, a montagem foi a melhor direção de Gianni Ratto em seu período de TPA e um dos melhores trabalhos de sua carreira[85]. Segundo todos os comentaristas disponíveis, contudo, o maior mérito da montagem foi a coragem de lançar um autor nacional, praticamente desconhecido do público e inédito no palco. Falou-se muito bem da peça, sem exceção; todos elogiaram Jorge Andrade. O autor, porém, não era um completo desconhecido antes de *A Moratória* ser levada ao palco. Ele ganhara alguns prêmios com outras peças, logo após terminar a Escola de Arte Dramática de São Paulo.

Em 1954, obtivera menção honrosa no Concurso "Martins Pena", da Comissão do IV Centenário, com a peça *O Faqueiro de Prata* (*As Colunas do Templo*). Ainda em 1954, obtivera o Prêmio Fábio Prado, com a peça em um ato, *O Telescópio*, e menção honrosa no mesmo concurso, com *As Colunas do Templo*. Assim, Jorge Andrade já era um "valor reconhecido" pelos prêmios literários, mas que ainda não tivera "a sorte de encontrar um

---

[84] Programa *A Moratória*, Teatro Maria Della Costa, n. 2, maio 1955. Sobre a montagem, foram considerados também: J. Andrade, *A Moratória*; Mattos Pacheco, Jorge Andrade no TMDC, São Paulo: *Diário da Noite*, coluna Ronda, 11/02/1955; Ruggero Jacobbi, sem título, São Paulo: *Folha da Noite*, 09/05/1955; Sábato Magaldi, A Tragédia do Café, sem lugar, sem nome da revista, 28/05/1955; Clóvis Garcia, *A Moratória*, Rio de Janeiro: *O Cruzeiro*, 11/06/1955; Paulo Francis, reportagem, sem título, sem lugar, sem jornal e sem data; Yan Michalski, Um Belo Espetáculo; Rio de Janeiro: *Jornal do Brasil*, 07/08/1964; revista *Teatro Brasileiro*, n. 9, *A Moratória*, de Jorge Andrade, edição da peça e vários trechos de críticas, São Paulo, ago.-set. 1956.

[85] Op. cit., p. 58

empresário disposto a arriscar seu capital, seu prestígio, lançando um autor inédito"[86]. Depois da estreia, *A Moratória* recebeu vários prêmios; foi considerado pelo jornalista Mattos Pacheco o melhor espetáculo de 1955.

A trama envolvia seis personagens: Joaquim, homem de aproximadamente setenta anos; Helena, sua esposa; Elvira, irmã de Joaquim; Lucília, filha do casal; Marcelo, irmão de Lucília; Olímpio, noivo de Lucília. Tratava-se de uma tradicional família de fazendeiros de café, obrigada a deixar suas terras para pagar dívidas decorrentes da queda da bolsa de Nova York, em 1929. Joaquim, o patriarca, vivia da esperança de recuperar os bens perdidos. Lucília, sua filha, moça ainda jovem, sustentava a todos com o dinheiro que ganhava costurando para fora. Marcelo, seu irmão, não conseguia se adaptar a nenhum tipo de trabalho, criando vários conflitos com o pai. Elvira, irmã de Joaquim, carregava a culpa (sem o demonstrar muito claramente) de não ter emprestado ao irmão o dinheiro que o teria salvado da miséria. Helena, mãe de Marcelo e Lucília, protege o filho, mimando-o como se ainda vivessem sob a segurança da fazenda.

A peça se desenvolve em dois planos temporais: o primeiro, do tempo presente (1932); o segundo, três anos atrás, pouco antes da derrocada da família. Os planos se inter-relacionam durante todo o transcurso da ação. Muito do encanto da peça é derivado de sua habilidade para lidar

O MITO MODERNO /
O COMÉRCIO DO NOVO

[86] Mattos Pacheco, São Paulo: *Diário da Noite*, 11/02/1955.

▽ A concepção geral da cena em dois tempos e a cenografia de traço límpido em *A Moratória*. (AMDC, Cedoc/Funarte.)

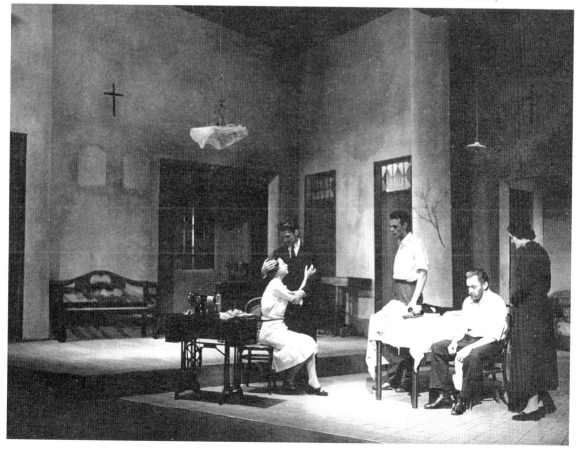

com o tempo e a discussão de seu impacto sobre as pessoas, alquimia patente na concepção da cena.

O texto de Gianni Ratto no programa da peça pouco comentou a encenação; o foco incidiu mais sobre o texto de Jorge Andrade. Ratto escreveu de forma fragmentada; abordou a busca de uma linguagem autêntica, que nortearia o trabalho do autor, o seu medo de encenar uma peça de autor brasileiro, pois, na condição de estrangeiro, poderia não conseguir captar uma linguagem regional e nacionalista. Gianni Ratto acrescentou que o medo se dissipara ao ler *A Moratória*, já que o tema, a linguagem, a história, os gestos, as emoções expostas na peça "são comuns a todos nós". A seu ver, emanava do texto uma comoção autêntica; não era possível deixar de participar da vida das personagens que, enfim, surgia como "a nossa mesma vida", a modesta e amarga história de cada dia, de cada hora. Gianni Ratto traçou ainda alguns comentários sobre a peça e terminou dizendo que em *A Moratória* se encontrava "um autor autêntico: um autor com o qual podemos conversar".

O programa conta também com um pequeno texto sobre Jorge Andrade, relacionando dados de seu curriculum, e um texto sobre Maria Della Costa; já que ela não estava presente no elenco, que pelo menos se fizesse presente no programa. O texto é, na verdade, um extrato de um discurso de Accioly Netto, feito em nome da Comissão Artística e Cultural da Prefeitura Carioca, por ocasião da despedida do TPA, no Teatro Municipal do Rio de Janeiro. O discurso elogia bastante a trajetória teatral de Maria Della Costa, bem como a do TPA.

Vale ressaltar, sobre a dinâmica de produção, alguns detalhes curiosos, que revelam um acabamento nem sempre tão cuidado. O programa de *A Moratória* traz um texto sobre o TPA e sua trajetória, citando a reencenação de "Depois", de O'Neill (e não *Desejo*), a reencenação de "Volta Mocidade" (*Come Back, Little Sheba*), de William Inge, e a encenação de "Um Drama, em Casa do Diabo" (*Um Drama em Casa do Diabo*), de Tono e Manzanos, peça que já fora montada. O mais curioso é que o mesmo programa apresenta uma lista com o repertório da companhia em que as duas últimas peças não são citadas.

A crítica, como já foi dito, "desfez-se em elogios". A crítica de Clóvis Garcia começou elogiando a coragem de Sandro e Maria Della Costa, por encenarem um autor nacional e estreante que, apesar de já ter ganho prêmios, ainda não se tornara conhecido do público. A iniciativa fora tomada pouco tempo depois da inauguração do teatro (era a terceira montagem), quando os seus donos provavelmente ainda se encontravam com "compromissos financeiros"; e mesmo assim eles tiveram coragem de arriscar e em uma peça em que Maria Della Costa não participava. Ela "cedeu seu lugar a outra atriz da Cia.", demonstrando, assim, "o nível de maturidade artística" que o TPA atingira.

Clóvis Garcia passa a elogiar, então, Jorge Andrade, colocando-o como "o mais importante autor nacional surgido nos últimos tempos". Em sua opinião, o movimento de renovação do teatro brasileiro atingira o

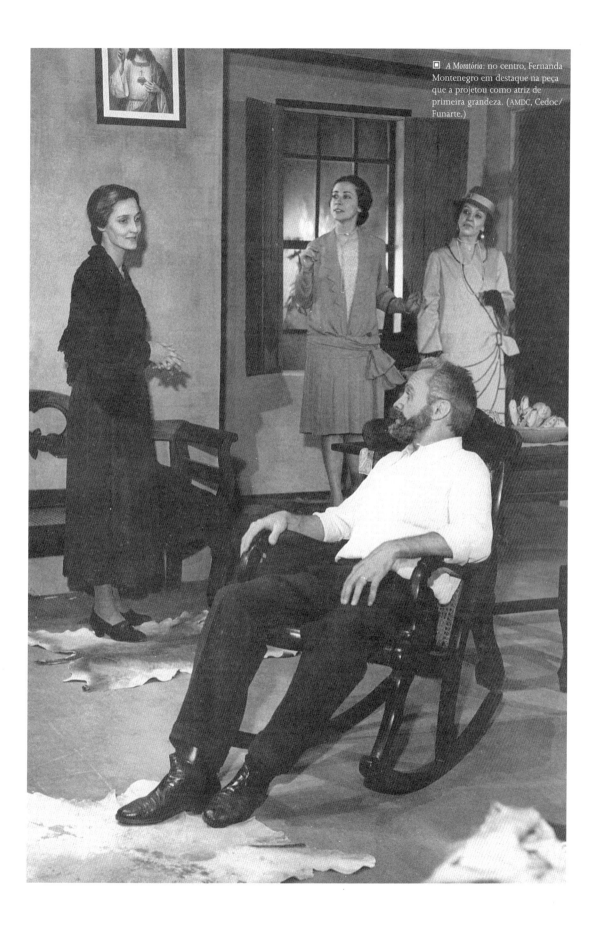

▪ *A Moratória*: no centro, Fernanda Montenegro em destaque na peça que a projetou como atriz de primeira grandeza. (AMDC, Cedoc/Funarte.)

seu ponto mais importante, a literatura dramática. Ele comentava a técnica teatral do autor: os dois planos temporais da ação, as personagens, os diálogos, valorizando, sobretudo, o caráter regional da peça, que não caía no estereotipado e, pelo contrário, atingia a universalidade. Quanto à direção e ao cenário de Gianni Ratto, o crítico sentenciou que o maior elogio que podia fazer era "afirmar a sua perfeita identificação com o espírito e a forma do texto", o que, para um estrangeiro como Ratto, só teria sido possível através de rigoroso "trabalho de pesquisa e estudo do ambiente do drama".

Os intérpretes "corresponderam inteiramente". Fernanda Montenegro esteve excepcional, "num papel difícil de expressão psicológica, com a vivência de sentimentos contraditórios". Moná Delacy, grande intérprete, fez uma autêntica mãe de família, aparentemente apagada e frágil, mas com grande densidade interior. Elísio de Albuquerque demonstrou seu talento dramático, diferenciando bem os dois tempos vividos pela personagem. Milton Moraes comprovou o "índice de evolução avançado", sendo aplaudido em cena aberta. Sérgio Britto prejudicou-se com um "tom excessivamente dramático" e Wanda Kosmo voltou a apresentar "antigos vícios de interpretação" que já tinha superado. Mas não eram restrições decisivas. "No conjunto, um grande elenco, um grande diretor, para um grande autor nacional".

Sábato Magaldi escreveu uma reportagem sobre a montagem em que fez um comentário elogioso da peça de Jorge Andrade, com ênfase também em seu caráter universal, que sobrepujaria o colorido regional, comparando o seu traçado ao texto de Abílio Pereira de Almeida recém-encenado pelo TBC – *Santa Marta Fabril SA*. A seu ver, a grande habilidade do autor ao criar os dois planos temporais residiu no fato de que, na verdade, só havia um bloco de tempo e que a tragédia das personagens se repetiria sem cessar, em qualquer recorte temporal que fosse proposto. O crítico iniciou o texto observando que a encenação estava sendo avaliada como o acontecimento teatral mais importante do ano; finalizou citando a exclamação de Nelson Rodrigues à sua leitura: "É a melhor peça brasileira escrita nos últimos 50 anos".

Outro comentário contundente pôde ser localizado na crítica escrita por Ruggero Jacobbi: a seu ver, o texto era um marco muito importante para a renovação da arte dramática no país, pois, apesar de tantos esforços, ela ainda estava limitada à renovação da "*mise-en-scène*" e da arte de representar; agora, no entanto, ela chegara "ao único resultado capaz de garantir sua permanência e de definir seu sentido: a criação de um autor absolutamente nacional e, ao mesmo tempo, perfeitamente enquadrado dentro da situação histórica e estética da poesia dramática universal neste após-guerra". Mais adiante, a avaliação ainda foi mais incisiva: "A história do drama moderno no Brasil, conta-se depressa. Conta-se em três etapas: *Vestido de Noiva – Paiol Velho – A Moratória*".

Paulo Francis (1931-1997), em uma crítica comparativa entre a montagem do TPA e a de Flávio Rangel, realizada em 1960, foi mais longe: "*A Moratória* marcou a 2ª fase de uma revolução dentro do teatro brasileiro", que aconteceu graças à união de Gianni Ratto e Jorge Andrade – "um brasileiro, sendo encenado por um estrangeiro, com um elenco da melhor qualidade – o que possibilitou uma competição no mercado teatral em pé de igualdade com os estrangeiros".

Yan Michalski (1932-1990), em outra crítica comparativa entre a montagem do TPA e a da Cia Teatro Jovem (06/08/1964), fez uma análise retrospectiva da peça, em que avaliou o impacto provocado em 1955 – "um autêntico choque". Sem negar a importância do texto – "um verdadeiro acontecimento histórico" – Yan Michalski concluiu que a comoção que a peça causou deveu-se muito mais a "fatores determinados pela época" do que a "qualidades intrínsecas" ao texto, muito embora ele não comente quais teriam sido esses fatores.

Talvez o instrumento mais hábil para dimensionar esta "comoção de época", insinuada pelo crítico carioca tanto tempo depois, seja a crítica de Décio de Almeida Prado. Ao que tudo indica, o meio teatral começava a ser tocado pelo desejo de brasilidade, uma nota ideológica que foi se tornando uma vaga crescente na década. E esta era uma oportunidade para comemorar, até porque o autor era originário da aristocracia do café e ingressara na aristocracia teatral, digamos, ao decidir estudar na EAD.

Assim, as referências em jogo puderam ser consideráveis – a primeira parte da crítica é dedicada ao texto de Jorge Andrade e o crítico percebe na peça algumas "reminiscências estéticas", de autores como Ibsen, Tennessee Williams, Tchékhov ou Arthur Miller, situação mais do que suficiente para situar o dramaturgo em um estatuto bastante especial. São apenas "afinidades literárias do autor", contudo, que construiu uma peça "genuinamente brasileira", não por causa de um pitoresco fácil ou por externalizar a cor local. A brasilidade da peça está na "qualidade de sua emoção" – uma peça de emoção pura, autêntica. Estamos diante do nascimento de um autor brasileiro que, "mais do que qualquer outro no presente momento, nos permite ter confiança no futuro da dramaturgia brasileira". Quer dizer – de certa forma, o novo autor permitia que se desse vazão à desconfiança paulista contra Nelson Rodrigues, já então mergulhado em sua fase maldita.

A segunda parte da crítica tratou mais da encenação, referindo-se primeiramente à construção do texto, com referências à nomenclatura musical (tema, contraponto etc.). O crítico elogiou esta que foi a terceira encenação de Gianni Ratto: ele possuía a seu ver "uma rara visão global do espetáculo, uma capacidade incomum de movimentar harmoniosamente um grande elenco e de apreender o tom que convém a um texto literário". Tais qualidades foram encontradas em *A Moratória* na solução cenográfica e na precisão com que eram feitas as passagens de um plano para o outro.

Gianni Ratto teria acertado, principalmente, na direção dos atores. Em três meses de ensaios, ele conseguiu que os atores "se despojassem de toda teatralidade, impregnando-se lentamente das personagens" e da atmosfera da peça. Obteve-se assim uma encenação verdadeira, fiel ao texto e sem excessos. O crítico teceu elogios às atuações de Fernanda Montenegro – "uma intérprete exemplar..., não tendo necessidade de sublinhar para transmitir ao público o seu menor pensamento", Elísio de Albuquerque, Milton Moraes e Moná Delacy. Fez algumas reservas ao desempenho de Sérgio Britto, que não teria conseguido a simplicidade "total e absoluta" que pedia a personagem do noivo: seu temperamento era por demais "dramático exuberante". Wanda Kosmo, na tia rica e egoísta, teria exagerado demais em sua maldade. Ao final, o crítico fez um apelo ao público, para que não decepcionassem Sandro e Maria e prestigiassem a peça – o apelo parece ser um indício revelador de um dos grandes problemas que rondava o palco, a ausência de uma política de formação de plateia.

O ponto de vista de Miroel Silveira não foi muito diferente. Ele iniciou o seu texto comentando a peça propriamente dita: apontou a importância da Escola de Arte Dramática para o surgimento de um autor genuinamente paulista, comentou as virtudes e defeitos do texto, ressaltando uma certa imaturidade do autor, ainda ligado a cânones acadêmicos limitadores de sua criação. Miroel foi o crítico que se deteve mais, em sua análise, no exame do que considerou como os pontos frágeis da peça. Em relação à encenação, sustentou que era o melhor trabalho de Gianni Ratto até o momento, conseguindo um excelente rendimento nas interpretações, quase todas muito boas (Fernanda Montenegro, Moná Delacy, Elísio de Albuquerque e Milton Moraes magníficos, Wanda Kosmo seguindo-os de perto). Apenas Sérgio Britto, embora fosse um excelente ator de caráter, não teria conseguido suficiente verossimilhança na simplicidade de sua personagem.

Existiu, portanto, uma primeira virada do sentido do teatro moderno brasileiro que foi obra do TPA e que se deu neste momento, logo após a fundação do Teatro Maria Della Costa, com a encenação de *A Moratória* – tratava-se da indicação concreta e objetiva de um caminho, traçando-se uma diferencial nítida com relação à proposta tebecista. Em texto posterior, de estudo do teatro brasileiro moderno, Décio de Almeida Prado incluiu o espetáculo no primeiro lugar da lista dos textos "que o nosso teatro reclamava para completar a sua maturidade"[87].

Em 1956, na revista *Teatro Brasileiro*, fundada no ano anterior por Alfredo Mesquita e dedicada a estimular o projeto cultural do teatro moderno, Gilda de Mello e Souza publicou um artigo comentando o aparecimento quase simultâneo, em 1955, das peças *Santa Marta Fabril*, de Abílio Pereira de Almeida, encenada no TBC, direção de Adolfo Celi, e *A Moratória*, de Jorge Andrade. A autora parte de uma afirmação de Pierre Abraham, segundo a qual os artistas surgem como testemunhas da realidade, para oferecer a imagem desejada, "quando a sociedade, inquieta por conhecer a sua fisionomia verdadeira, procura por espelhos onde se possa perscrutar à vontade". Segundo o seu raciocínio, no Nordeste surgiram os artistas e autores modernos, associáveis à crise da sociedade patriarcal dedicada ao açúcar e ao cacau, da mesma forma como surgem agora no Sul dramaturgos voltados para esta mesma crise patriarcal. A diferença era que, no caso atual, ao mesmo tempo se dava a célere transformação urbana e industrial, além de todas as decorrências da imigração.

[87] D. de A. Prado, *O Teatro Brasileiro Moderno*, p. 61.

Para a autora, Jorge Andrade ofereceu ao teatro um riquíssimo filão, o do drama do café, em um gesto a que atribui significado assemelhado ao de José Lins do Rego. E o seu juízo foi taxativo: "*A Moratória* é a primeira obra de arte verdadeira do moderno teatro brasileiro"[88]. Curiosamente, a autora passou por cima de Nelson Rodrigues. Mas o quadro geral do movimento teatral não pode ser visto de forma muito simplificada. Na verdade, havia um diálogo artístico muito peculiar ocorrendo em São Paulo, com uma dinâmica de trabalho intensa e altamente produtiva.

O que se passou para que o TPA conseguisse dar um passo tão grande foi a formulação de uma outra vertente de trabalho, tangenciando o TBC, proposta pela fundação da Companhia Nydia Licia-Sérgio Cardoso: a nova equipe estreou propondo "um novo autor", ou melhor, buscando o que poderia aparecer, à primeira vista, como o remédio mais fácil para neutralizar a pobreza do teatro nacional, como sentenciou Décio de Almeida Prado, que seria justamente a encomenda de peças a escritores consagrados. O casal recorrera a uma escritora, no caso Rachel de Queiroz, autora do texto inaugural da nova companhia, *Lampião*. O comentário de Décio de Almeida Prado foi incisivo: "Rachel de Queiroz pode escrever admiravelmente, mas ignora tudo de teatro". O saldo geral da montagem foi, em si, fraco, mas é inegável que a nova empresa trouxera um dado novo para o embate do mercado que o TPA, mais do que qualquer outro conjunto, soube aproveitar, lançando *A Moratória*.

O espetáculo seguinte foi pensado em boa parte para o cálculo de bilheteria, apesar de sua elegância: era um dos textos mais difíceis de Goldoni (1709-1793), *Mirandolina*[89]. Aqui o tributo às máscaras e aos mecanismos da *Commedia dell'Arte* praticamente está abolido, surgindo pessoas de carne e osso, comuns, dotadas de uma psicologia nítida e envoltas na dinâmica irresistível da comédia italiana. "Mirandolina...", tal como se afirma em um pequeno comentário incluído no programa da montagem, "perdeu a máscara e ganhou uma alma". Muito do impacto da peça, datado até, resulta do fato do autor colocar uma mulher do povo como personagem principal, articuladora de toda a ação.

Mirandolina, herdeira de uma hospedaria, é cortejada por dois de seus hóspedes, o Marquês de Forlipopoli e o Conde de Albafiorita, além de ser alvo da paixão de seu empregado, Fabrício. Mas o desprezo de um cavaleiro misógino a faz planejar uma vingança: uma aposta de que conseguiria seduzir, através das artimanhas mais tipicamente "femininas", o único homem que não se apaixonou por ela. A ação se desenvolve a partir das peripécias geradas pela vingança de Mirandolina, que, ao final, consegue conquistar o Cavaleiro, mas decide se casar com Fabrício, dando fim às confusões. Dejanira e Hortênsia são duas atrizes que se hospedam na casa de Mirandolina e distraem a atenção do Conde e do Marquês, permitindo à estalajadeira agir à vontade.

A direção, contudo, não coube a Gianni Ratto: ele fez apenas os cenários e Ruggero Jacobbi assinou a cena. No programa da peça, *Mirandolina* foi considerada uma obra-prima de Carlo Goldoni e do teatro. No pequeno texto sobre o autor e a peça, é dito que Maria Della Costa conheceu

O MITO MODERNO /
O COMÉRCIO DO NOVO

[88] Gilda de Mello e Souza, Teatro ao Sul, São Paulo. Teatro Brasileiro, n.3, jan. 1956, p. 8-9.

[89] As referências básicas foram retiradas de: S. Britto, op. cit., p. 59-60; "Mirandolina", El Bien Público, Montevideo: 12/11/1957; Nicanor Miranda, "Mirandolina" (2), São Paulo: Diário de S. Paulo, 26/07/1955; Mattos Pacheco, "Mirandolina", São Paulo: Diário da Noite, 13/07/1955; Marília Pederneiras, "Mirandolina", São Paulo: Correio Paulistano, 13/07/1955; Miroel Silveira, "Mirandolina", São Paulo: Folha da Noite, 21/01/1955.

a obra em sua viagem à Europa: ela viu o espetáculo dirigido por Luchino Visconti e "ficou logo entusiasmada pela imortal personagem". A atriz teria então convidado Ruggero Jacobbi, que já encenara *O Mentiroso* e *Arlequim, Servidor de Dois Amos*, para dirigir a peça.

Ruggero Jacobbi, por sua vez, não economizou elogios a *Mirandolina* em seu texto "Bom Dia, Mirandolina", publicado no programa. Considerou que o autor inaugurou "o realismo moderno, a comédia de costumes, psicológica e social". Como prova de seu profundo conhecimento da peça, Jacobbi faz uma análise de cada personagem, revelando o que ainda restava da *Commedia dell'Arte* e indicando onde Goldoni a criticou. O diretor apontou para o realismo social, que se somou ao realismo psicológico da peça, oferecendo "um retrato completo da sociedade do século XVIII". E empregou ainda algumas palavras sobre a "carpintaria", a "clareza límpida e essencial desse texto absolutamente clássico, onde não há uma palavra a mais, um gesto a menos, onde tudo é perfeição".

A compreensão intelectual do texto por Ruggero não poderia ser mais profunda, mas o mesmo resultado denso não foi alcançado na prática, na direção. A opinião foi, basicamente, unânime em todos os comentaristas. O desempenho mesmo de Maria Della Costa esteve longe de ser louvado, um pouco como se o papel não fosse adequado ao seu temperamento, segundo a avaliação de Miroel Silveira e de Sérgio Britto. Parece que, neste caso, houve uma uniformidade de opiniões, com dois pontos principais: a direção de Ruggero Jacobbi "decepcionou" (verbo contido em duas das quatro críticas analisadas); e Mirandolina era um papel *inadequado* para Maria Della Costa. Ainda assim, a temporada se estendeu de julho a outubro de 1955. Provavelmente o problema tem contorno mais complexo: posteriormente, como já se observou, diversos contemporâneos reconheceram em entrevistas e depoimentos que Ruggero fora muito mais um intelectual do que um diretor.

Em geral, foram vistos como pontos altos da montagem os cenários, os figurinos, os desempenhos de Fernanda Montenegro e Sérgio Britto. E um pouco das hesitações localizadas foram vinculadas, em alguns comentários, a um imprevisto de saúde com o ator Edmundo Lopes, que "quase" foi substituído, quatro dias antes da estreia; a companhia inteira teria sido afetada pelo imprevisto, que teria gerado um patente nervosismo na estreia, situação usada para explicar o fato de que os atores estariam um pouco contidos demais em seus papéis. No programa da peça, uma pequena nota sob uma foto de Maria Della Costa como Joana d'Arc em cena anunciava que *O Canto da Cotovia* retornaria ao cartaz após a temporada de *Mirandolina*.

A seguir, a companhia fez uma nova excursão ao Sul – Curitiba, Porto Alegre, Florianópolis. A viagem foi marcada por enorme tensão, pois Gianni Ratto resolvera deixar o conjunto, alegando dificuldades intransponíveis, artísticas, com o empresário Sandro Polônio. O choque teria se tornado incontornável devido ao planejamento da viagem, pois o empresário pretendia fazer mudanças de ordem econômica nas encenações, com redução de elenco e outras simplificações, para o diretor inacei-

△ *Mirandolina* – na cenografia e na concepção da cena, a opção pelo jogo teatral preocupado com a história do espetáculo. (AMDC, Cedoc/Funarte.)

táveis. Muito hábil politicamente – segundo a versão apresentada por Sérgio Britto – Gianni Ratto reuniu o elenco antes da viagem e declarou que, como o repertório artístico que estava propondo estava dando prejuízo, achava melhor sair da direção artística da empresa, em paz e harmonia, pois o que propusera não era ainda nem mesmo o seu ideal, era apenas uma preparação.

O último trabalho conjunto, após o retorno da excursão, foi a polêmica peça do ator italiano Sérgio Tófano, *A Ilha dos Papagaios*[90]. Tratava-se de uma aventura um tanto fantástica e fantasiosa de uma personagem – Bonaventura – criado para histórias em quadrinhos e aproveitado pelo próprio autor em peças infantis. Apesar do caráter inusitado da proposta, muitos críticos reagiram com entusiasmo diante do *nonsense* oferecido, pois o espetáculo fora montado no horário destinado aos adultos. Mas o público não concordou e a carreira da peça foi encerrada no mesmo mês em que se iniciara, dezembro de 1955. É interessante observar que Maria Della Costa também não trabalhou nesta montagem, com Gianni Ratto. Na verdade, a atriz só integrou a ficha técnica das duas primeiras montagens assinadas pelo diretor.

90 S. Britto, op. cit., p. 60-61. Texto da montagem datilografado, tradução: Ruggero Jacobbi. Programa da peça, Teatro Maria Della Costa, dezembro de 1955, certificado de censura n. 4154, 24/12/1955, São Paulo.

△ *Mirandolina*: Maria Della Costa, detalhe da interpretação e do figurino, destacando-se a aura de feminilidade sob o ar decidido. (AMDC, Paraty.)

A Poesia da Cena e o Encanto Feminino

O MITO MODERNO /
O COMÉRCIO DO NOVO

A situação estava longe de ser tranquila. O final da carreira da peça foi marcado por um duro golpe: Gianni Ratto, o diretor celebrado, partiu e levou boa parte do elenco. Foram para o TBC, impondo uma reorganização completa da empresa, antes que ela tivesse completado dois anos de seu aparecimento em seu palco próprio.

A trajetória da companhia parece se tornar bastante clara a partir deste momento: não há outra hipótese em jogo a não ser a opção decisiva de tornar o moderno comercialmente rentável, jogo de mercado exequível, posto que a mesma dificuldade que fora encontrada no Rio para obter verbas, financiamentos, subsídios, persistia e a empresa só podia contar mesmo com seus próprios meios de trabalho. Tudo indica que Sandro Polônio foi o primeiro moderno – e o de maior dimensão – a constituir um capital teatral, gerado e reinvestido na própria atividade produtiva, com raros apoios exteriores. E a grande qualidade de Sandro Polônio era efetivamente esta (aliás, ingenuamente lamentada por muitos contemporâneos), a de ser empresário, com todas as letras do termo. Esta qualidade parece tornar-se acabada, plenamente realizada, neste momento – quando o diretor italiano que contratara se vai, engrossando as fileiras do grande *monstro sagrado* do teatro paulista do momento, o TBC, para ocupar a vaga de diretor lá existente, carregando consigo atores que o empresário formara ou lançara ao estrelato.

Foi preciso recrutar um novo líder. O novo diretor contratado não era um estranho – estava na Europa e foi chamado de lá para assumir a direção – era um nome à altura do diretor que se retirara. Era Flamínio Bollini Cerri (1924-1978), o polêmico diretor de *Ralé*, que, portanto, já dirigira Maria Della Costa em sua estada no TBC. Segundo Sandro Polônio, em seu depoimento à autora, o texto montado a seguir foi escolhido por sua iniciativa direta, já que a saída de boa parte do elenco o deixara só com mulheres na companhia. A afirmação não resiste a uma simples leitura comparada das fichas técnicas, pois a única mulher que permanecia das montagens anteriores era a própria Maria. De toda forma, nas condições alegadas, o empresário teria optado pelo projeto de montar *A Casa de Bernarda Alba*, de Federico Garcia Lorca (1898-1936), projeto que Bollini aceitou.

A peça estava fazendo vinte anos e o autor também completaria outro tanto de aniversário de morte, mas não foram estes fatores que motivaram a escolha. E o sucesso também não chegou a ser considerável – junto ao público, a temporada não foi longa, junto aos críticos as opiniões se dividiram[91].

Para Miroel Silveira, era o *melhor trabalho* de Maria Della Costa até então – aliás, o crítico recorreu a uma fórmula de comentário de trabalho de ator que fora duramente combatida por Copeau em seus escritos sobre o ato de criticar, pois parece mesmo absurdo querer firmar o ápice de alguém que está vivo e em plena atividade. A seu ver, o cenário de Túlio Costa era exemplar, mas a direção pecara na condução do final e ao

[91] As fontes consultadas sobre a montagem foram: F. Garcia Lorca, *A Casa de Bernarda Alba*, tradução Alphonsus de Guimaraens Filho, texto em cópia xerox do dossiê da peça, Funarte; Programa Teatro Maria Della Costa, abril de 1956; Programa Teatro Municipal do Rio de Janeiro, maio de 1956; Programa Sociedade Cultura Artística de Santos, 18/6/1956; Sábato Magaldi, "A Casa de Bernarda Alba", São Paulo: *Teatro Brasileiro*, n. 6, abril de 1956, p. 12/13; Miroel Silveira, sem título, São Paulo: *Folha da Manhã*, 23/2/1956; Nicanor Miranda, TMDC, São Paulo: *Diário de S. Paulo*, 23/2/1956; Henrique Oscar, Teatro Municipal, Rio de Janeiro: *Diário de Notícias*, 27/5/1956; Gustavo Dória, Teatro Municipal, Rio de Janeiro: *O Globo*, 29/5/1956; Miroel Silveira, "A Casa de Bernarda Alba", São Paulo: *Folha da Manhã*, 20/02/1956. AMDC, Funarte.

△ Visão geral da concepção da cena e da cenografia, na montagem de *A Casa de Bernarda Alba*, em que o cenário construído obedece a um desenho poético rigoroso. (AMDC, Cedoc/Funarte.)

▷▷ *A Casa de Bernarda Alba*, detalhe da interpretação, caracterização e figurino. (AMDC, Paraty.)

desenhar um espetáculo, que deveria ser sombrio, de uma forma tal que os riscos eram frequentes. Esta restrição, aliás, esteve presente em muitos dos críticos, incomodados com o excesso de humor.

Percebe-se nos textos dos críticos de maior projeção alguma condescendência com a equipe, em função da crise enfrentada, que se considerou contornada com brilho e elegância, além da escolha apropriada do sucessor de Gianni Ratto. Sábato Magaldi considerou que a maior virtude da montagem era a de "incorporar ao movimento cênico um novo conjunto de mérito". O resultado alcançado provinha em grande parte, a seu ver, do talento do novo diretor: "Bollini, como havia feito anteriormente Ratto para a inauguração do TMDC com *O Canto da Cotovia*, conseguiu unidade com atores muito heterogêneos". Em consequência, moldara um novo grupo, desde já na primeira linha das companhias locais. Com relação ao desempenho de Maria Della Costa, o crítico foi bastante severo, afirmando que ela não fora adiante e repetia as soluções de que lançara mão em *O Canto da Cotovia*. Muitas das fotos do espetáculo registram o rosto da atriz com uma aparência hierática, sob uma maquiagem forte, indícios que talvez possam justificar algo do comentário crítico.

Nicanor Miranda, contudo, considerou completamente inadequada a escolha de Maria Della Costa para o papel, afirmando que lhe faltava vigor íntimo para a personagem, lacuna compensada por sua experiência de atriz. O cenário também era condenável aos seus olhos: não oferecia o ambiente compatível, carregado, funéreo e andaluz. De certa forma, o que se insinua é a sugestão de que a peça foi de alguma forma reduzida, para identificar-se ao gosto médio, inclusive com a diluição do sentido trágico. Cabe observar que a montagem registrou uma associação de produção curiosa: Fernando de Barros aparece como coprodutor, por ter se tornado marido de Odette Lara, nova aquisição da companhia.

De toda forma, não se pode afirmar que o diretor tenha aparecido sob destaque, tenha se projetado como encenador com personalidade nítida. Nenhuma nota especial chega a distingui-lo no material pesquisado: como se pode perceber nos textos acima, houve apenas um julgamento de teor literário ou dramatúrgico, tendente a situar as opções de direção como equívoco de leitura. A montagem a seguir, por sinal, com frequência apresentada em programa duplo com o Lorca durante viagens da companhia, deu margem a discussões mais contundentes a respeito da direção. O texto era novamente um veículo excelente para o trabalho feminino: *A Rosa Tatuada*, de Tennessee Williams (1914-1983).

Pois nesta montagem, mais do que em qualquer outra, Bollini pretendeu surgir como encenador: ele próprio procurou se justificar, em texto do programa da peça, e observou que ao se dedicar à tarefa de reescrever o texto, não desistira da ambição de fazer espetáculo, apenas procurara "fazer um espetáculo que não pretendesse exorbitar das dimensões e das razões de ser de um palco de teatro". Assim, foi com o olhar do encenador que examinou o texto e asseverou que sua construção técnica apresentava várias dificuldades para a *mise-en-scène*[92]. Para o diretor foi

[92] Sandro Polônio em seu depoimento considerou que não houve adaptação do texto, apenas "pequenos cortes" e acréscimos, como o cantor italiano. E asseverou: "aquilo era *mise-en-scène*".

necessário, então, expurgar o original de procedimentos que via como mais adequados ao cinema e ao romance do que ao teatro. Um outro interesse nítido do encenador foi a comédia, o riso, razão pela qual ele sublinhou esta qualidade de exceção do texto (*pièce rose*) na trajetória do autor e os seus votos de que Williams continuasse a escrever peças tão pródigas em amor à vida como esta.

A peça fora um sucesso internacional de larga escala e – mais uma vez na carreira do TPA – um filme de sucesso[93]. O sucesso de público, aqui, foi considerável, mas a crítica mais uma vez apareceu dividida, com restrições à proposta do diretor ou o seu combate veemente. Para alguns – e com certeza para a plateia – Maria Della Costa marcou um tento admirável em sua carreira, ao se transformar tão radicalmente – precisara até de enchimento na roupa. Passara, assim, da jovem, esfuziante e bela, Adela de Lorca, que tragicamente decidia morrer de amor, para a viúva humilde, envelhecida, inconsolável, uma matrona italiana que renunciara ao afeto após a morte do marido, até descobrir, sob um ritmo de humor bastante intenso, que ele não fora exatamente o homem que idealizara. Para muitos críticos – em particular para Décio de Almeida Prado – o desempenho não era nada admirável: simplesmente não era papel adequado para a atriz, que sequer poderia ser considerada intérprete ágil em composição, como seria o caso.

As razões que levaram a equipe à montagem do texto não foram explicitadas no programa da peça, mas podem ser cogitadas. Provavelmente, o simples fato de ser um Tennessee Williams seria motivo suficiente, pois o autor fazia sucesso na época em São Paulo entre os modernos; além disso, havia o sucesso da versão para o cinema, já comentado. Tudo leva a crer, portanto, que há uma aposta no desafio que representaria para Maria Della Costa, por causa do papel de Serafina Della Rose e pelas inevitáveis comparações com Anna Magnani. Jardel Filho, *partner* da atriz, em reportagem de lançamento da peça concedida a Miroel Silveira, declarou que não havia medo de comparações, pois Bollini dera à personagem de Maria Della Costa uma linha de atuação muito diferente daquela adotada no filme. A produção, em seu entender, era considerável, uma "realização honesta e expressiva artisticamente".

A peça estreou no TMDC, em 07/05/1956; logo depois fez uma temporada de duas semanas no Teatro Municipal do Rio de Janeiro, de 16/05 a 23/05, retornando ao TMDC no dia 02/06/1956. Um detalhe curioso da ficha técnica que não foi comentado nem considerado, mas que imprimiu colorido especial à proposta foi sem dúvida a presença única, na cenografia e na concepção da luz, de profissionais com razoável experiência de trabalho em cinema, inclusive da Vera Cruz: João Maria dos Santos e Chick Fowle[94]. O fato reforça a tese de que o caso era de valorização da cena e não do moderno calcado no texto, afirmado pelo TBC. Para elucidar mais este ponto de vista, vale considerar algo das críticas, em particular as críticas ácidas de Décio de Almeida Prado.

O ponto nevrálgico em discussão foi justamente a opção do diretor: *adaptar* o texto. Bollini observara, como já se comentou acima, que a

O MITO MODERNO /
O COMÉRCIO DO NOVO

93 *The Rose Tattoo* estreou em Chicago, no Erlanger Theater, a 29/12/1950 e transferiu-se para a Broadway com estreia a 3/2/1951. No cinema, em 1955, consagrou Anna Magnani, estrela da produção ao lado de Burt Lancaster, sob a direção de Daniel Mann; ela ganhou o Oscar e o Prêmio dos Críticos de Nova York de melhor atriz.

94 João Maria dos Santos foi diretor de arte de *Sinhá-Moça*, direção de Tom Paine, da Vera Cruz, São Paulo, 1953, cf. S. Augusto, *Este Mundo é um Pandeiro*, p. 237-238. Foi também cenógrafo do Teatro Nacional de Comédia, no Rio de Janeiro (*As Três Irmãs*). Segundo Sandro Polônio em seu depoimento, "ele não era um cenógrafo de carreira... Ele era um bom decorador... Ele fazia umas aventuras... felizes. Uma delas foi essa..." É curioso constatar o tom reticente do comentário, sobretudo se forem consideradas determinadas peculiaridades da montagem, comentadas adiante. Chick Fowle veio para o Brasil a convite de Alberto Cavalcanti, para a organização da Vera Cruz, onde trabalhou em diversos filmes; exerceu a função de iluminador chefe e diretor de fotografia, com um trabalho de padrão muito sofisticado; segundo depoimentos da época, era muito meticuloso e exigente; cf. F. Ramos, op. cit., e M. R. Galvão, *Burguesia e Cinema*.

◾ A composição da cena, detalhes do figurino, da cenografia e da interpretação em *A Rosa Tatuada*. (AMDC, Cedoc/Funarte.)

△ *A Rosa Tatuada*: comparação do desenho proposto para a montagem original, de Boris Aronson, e a visão geral da cena da montagem realizada aqui em 1956. (Acervo da autora e AMDC, Paraty.)

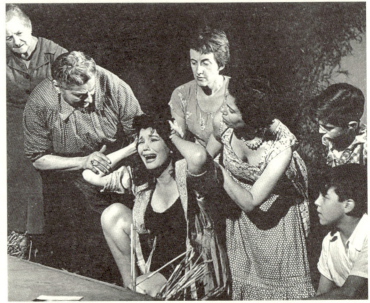

△ *A Rosa Tatuada*, detalhe da interpretação, exaltada e telúrica, e do figurino. (AMDC, Paraty.)

maneira como a peça fora construída acarretava uma certa dificuldade para encená-la. A seu ver, o primeiro ato era por demais fragmentado e carregado de detalhes, aproximando-se mais do romance e do cinema, situação que o levou a "remodelar" em parte o ato, cortando cenas, aglutinando personagens e "dividindo a peça em um prólogo e três atos", para evitar a duração e o fracionamento excessivos[95].

Décio de Almeida Prado escreveu duas críticas sobre o espetáculo, uma antes e outra depois da temporada no Rio de Janeiro. A primeira tratou da peça e da encenação de Bollini e a segunda comentou o trabalho dos atores, a seu ver menos importante, pois o núcleo decisivo da proposta era a direção. O crítico iniciou o seu texto comentando o que considerava mais positivo na montagem: o maior mérito do espetáculo era ser plenamente realizado, no "sentido de ter sido pensado e trabalhado a fundo", sem economia de esforços. O ambiente da peça fora enriquecido por vários detalhes, apenas indicados no texto, e que receberam destaque na encenação, como o "coro" de vizinhas tagarelando e as crianças brincando. O crítico elogiou, aliás, a participação das crianças, "representando com espontaneidade e simplicidade" – um critério importante nos seus textos de análise de espetáculos. A luz e o cenário também contribuíam, a seu ver, para a perfeita ambientação da peça: o cenário era um "dos mais belos, dos mais imaginosos, dos mais sensíveis", já vistos em nossos palcos. Os figurinos e a representação do conjunto completavam a realização, formando "um quadro esplêndido para o drama". O crítico chamou a atenção para a riqueza da encenação, "feita com desinteresse e amor ao teatro, uma produção que honra o teatro brasileiro e firma o conceito de honestidade e classe do TMDC".

Mas as restrições que Décio de Almeida Prado fez à montagem não foram poucas: ele próprio afirmou que eram "tão fortes quanto os elogios". De saída, ele não aceitava o fato de Bollini ter feito uma reinterpretação do texto, cortando cenas, fundindo outras, "alterando por completo a estrutura do primeiro ato". Ao substituir a estrutura fragmentada de Tennessee Williams por uma unidade da ação dramática, aproximando-se mais de uma construção tradicional de teatro, o diretor também teria alterado o conteúdo. Assim, o crítico enumerou quatro objeções, decorrentes dessa "reinterpretação" da obra. A primeira foi a tentativa de impor um outro ritmo ao texto que não o "fragmentado e impressionista". O segundo ponto foi a supressão de certas cenas que, se não eram indispensáveis para a compreensão intelectual da peça, atenuaram a repercussão dramática. Bollini teria rompido com a técnica de T. Williams, toda calcada na repetição de fatos como forma de tocar a imaginação do público. A terceira objeção é o fato de Bollini ter deixado de lado certas falas que "melhor esclarecem as personagens e a própria peça".

O crítico concordou que Tennessee Williams não conseguiu colocar em uma forma dramática clara as suas ideias; elas teriam ficado como um substrato do drama, sem vir à tona. Nesse ponto, Prado concordava com Bollini: a peça é "falhada". Mas ele achou que o papel do diretor deveria ter sido de, justamente, ressaltar essas ideias e não omitir diálogos que as esclare-

O MITO MODERNO /
O COMÉRCIO DO NOVO

95 O principal texto do diretor sobre a montagem, além do material publicado no programa da peça, foi a matéria-entrevista publicada na revista *Teatro Brasileiro*: "Não satisfazendo plenamente sua forma, o espetáculo necessita de uma certa complementação do diretor. O primeiro ato é até cenarizado com esforço. Não deu resultados inteiramente positivos a procura, que se percebe na peça, de um novo ritmo teatral. 'A Rosa Tatuada' está cheia de elementos desnecessários, de cores e personagens dispensáveis. O primeiro ato é tipicamente uma narrativa de romance, sem fluência cênica. A razão pela qual a peça pode ser um excelente 'script' de cinema é justamente esta: ela explora muitos dados estranhos às quatro paredes do teatro. Reúne no palco numerosos elementos que deveriam estar fora dele. O cinema, sim, deve aproveitar todos os 'exteriores'. Há tantos fios, dentro da peça, que dificilmente se pode juntá-los na representação. Por isso 'A rosa tatuada' não é funcional e não tem a objetividade necessária ao teatro. Evidentemente não me coloco contra a quebra das unidades tradicionais – mas esse rompimento, na peça, foi feito com desordem excessiva. Daí a necessidade de reduzir o primeiro ato. Formado na escola do respeito absoluto pelo texto, é esta, talvez, a primeira vez na minha vida que julgo necessário modificar uma peça, para reduzi-la à maior pureza teatral. O primeiro ato, que é constituído, no original, por seis cenas, foi transformado num prólogo e apenas numa longa cena. Fundi a personagem de Miss York com a do padre. E o fiz, conscientemente, porque Tennessee Williams havia adotado a discutível técnica teatral de lançar uma personagem e não desfrutá-la toda, passando a outra. A fusão, no caso, dará maior consistência ao caráter. Acredito, aliás, que é pelas dificuldades técnicas que 'A rosa tatuada' poucas vezes tem subido ao palco, fora dos Estados Unidos"; *Teatro Brasileiro*, São Paulo, n. 6, de abril de 1956, p. 6 e 7.

96 Sobre a montagem, foram considerados os textos: T. Williams, *A Rosa Tatuada*, tradução de R. Magalhães Júnior, 3 atos, 10 quadros, nota autobiográfica e nota do autor sobre a encenação da peça, 187 p.; *A Rosa Tatuada*, programas da peça, TMDC, São Paulo, e Teatro Municipal do Rio de Janeiro. E ainda: Miroel Silveira, "*A Rosa Tatuada*" em Jardel Filho, São Paulo: *Folha da Noite*, 04/05/1956; Sábato Magaldi, "*A Rosa Tatuada*", São Paulo; *Teatro Brasileiro*, n. 7, mai-jun. 1956; Hermilo Borba Filho, "*A Rosa Tatuada*" (A Realização), (A Peça), (A Interpretação) e (A Direção), São Paulo: *Última Hora*, 9, 12, 14, 15 de maio de 1956; Regina Helena, "*Rosa Tatuada*" no Maria Della Costa, São Paulo: *A Gazeta*, 14/05/1956; Décio de Almeida Prado, "*A Rosa Tatuada*", São Paulo: *O Estado de S. Paulo, Palcos e Circos*, 15/05/1956; Delmiro Gonçalves, "*Rosa Tatuada* III, São Paulo: *Correio Paulistano*, 16 e 18/05/1956; Henrique Oscar, "*A Rosa Tatuada*", Rio de Janeiro: *Diário de Notícias*, 18/05/1956; Décio de Almeida Prado, "*A Rosa Tatuada*", São Paulo: *O Estado de S. Paulo, Palcos e Circos*, 10/06/1956; Miroel Silveira, "*A Rosa Tatuada*", São Paulo: *Folha da Noite*, 13/06/1956; Armando Ferreira, "*A Rosa Tatuada*" no Apolo, Lisboa: 29/01/1957; A.V. P., No Apolo, "*A Rosa Tatuada*", Lisboa: *Diário Ilustrado*, 29/01/1957; Mattos Pacheco (coluna de), Novo triunfo de Maria em Portugal, São Paulo: *Diário de Noite*: 05/02/1957; Ney Machado, Visível desagrado com a Segunda Peça de Maria Della Costa, Rio de Janeiro: *A Noite*, 06/02/1957; Mario Alves, No Apolo "*Rosa Tatuada*", Lisboa: *Jornal Flama*, 08/02/1957; sem assinatura, Teatro Apolo – "*A Rosa Tatuada*", Lisboa: *Jornal do Comércio*, 03/02/1957. AMDC, Funarte.

ceriam. O quarto e último "erro teórico do espetáculo" foi "o de enxergar a peça principalmente como um texto cômico", realizando-a como uma caricatura, desprezando o lado patético da peça. Bollini recorreu, inclusive, ao "recurso supremo da caricatura que é o sotaque". Décio de Almeida Prado finalizou afirmando que "talvez o erro de Bollini tenha sido um só: o de encenar uma peça com a qual tinha, de início, tantas e tantas restrições".

A segunda crítica de Décio de Almeida Prado, voltada apenas para a interpretação do conjunto, comenta o sucesso rumoroso da montagem em duas semanas de apresentação no Teatro Municipal do Rio de Janeiro. O que é importante considerar, já que para o crítico o caso é de um espetáculo de conjunto, em que é difícil isolar os desempenhos, é a observação de Décio de Almeida Prado a propósito de um comentário da atriz Maria Della Costa. Ela teria dito que a Serafina Delle Rose era, em sua opinião, o seu melhor desempenho, o que mais lhe exigiu. O crítico não discordava, mas achava que este era um ponto de vista particular da atriz.

O ponto de vista da crítica, contudo, observava o resultado e não o processo: assim, considerava que a Serafina Delle Rose não era um "malogro", mas estava longe de ser uma "grande criação". A atriz trabalhou muito em cima da personagem, mas "permaneceu na superfície", na exteriorização dos gestos, e "foi quem mais sofreu com o sotaque italianado", ou carregando-o demais ou perdendo-o completamente. O crítico observou, então, que Maria não era uma atriz característica, sua personalidade era para outros tipos de papéis, que, provavelmente, não necessitavam de tanto esforço e que, "facilidade" e "naturalidade na execução" também eram excelentes critérios de julgamento em arte.

Quanto a Jardel Filho, sua entrada era sentida pelo crítico como um tanto estranha, desconcertante. Aos poucos se percebia que o ator era o intérprete ideal para o Álvaro Mangiacavallo de T. Williams e, principalmente, na linha de encenação que Bollini traçou para ele, trabalhando com o grotesco. Prado citou a cena de sedução de Jardel com Maria como o "triunfo de mau gosto deliberado", "grosseiro e cômico". Todos os desempenhos foram comentados pelo crítico, sempre valorizando a naturalidade e a simplicidade, até mesmo quando o foco recaía sobre personagens "menores, episódicas". Destaque-se aqui o comentário a respeito do trabalho de Edmundo Lopes, considerado como o menos convincente, devido ao sotaque e a uma impostação de voz própria do *velho teatro*. Cabe observar que o recurso à composição e aos procedimentos mecanizados típicos dos característicos não eram em si condenáveis: o crítico elogiou a habilidade de Sidnéia Rossi no gênero; a diferença era a forma como o desempenho era construído, mais ou menos natural, vale dizer mais ou menos *moderno*. Ou melhor – mais ou menos vinculado a uma poética textual, posto que ao menos em parte a óptica do natural deve se orientar por um critério fundado no texto.

O exame da coleção das críticas disponíveis sobre o espetáculo constitui uma empreitada curiosa[96]. A rigor, apesar das restrições tão fortes do crítico mais influente da época, Décio de Almeida Prado, não se incorreria em erro ao afirmar que a crítica aprovou, em geral, a montagem dirigida por Bollini. A visão de conjunto é a de que se trata de um espetáculo bem cuidado, bem feito, com os atores apresentando um bom desempenho. Já as modificações feitas no texto por Bollini, para muitos melhoraram o original, tornando-o mais claro. A peça em si, tal como Tennessee Williams a escreveu, não chegou a ser qualificada como obra teatral de peso, indicando-se várias deficiências. Vale destacar que alguns dos críticos possuíam ligações próximas com o TPA, assim como Décio de Almeida Prado se aproximava do TBC.

Posição semelhante era ocupada pelo crítico Sábato Magaldi, autor de crítica igualmente centrada na defesa da dramaturgia; a sua observação a respeito do texto considerou que as cenas do primeiro ato eram boas, mas davam a impressão de fragmentárias. De todo modo, para o crítico era discutível "o fato de um diretor interferir na criação do dramaturgo". E a interferência se tornava a seu ver mais discutível por "modificar o que é característico de Tennessee Williams: a sugestão por cenas sincopadas".

A constatação da proximidade entre segmentos da crítica e companhias de teatro da época não pretende funcionar como restrição dos juízos emitidos, mas situar um projeto geracional diversificado, em que a isenção, gerada pela distância reflexiva, não era uma constante absoluta. Alguns críticos, portanto, conheciam a proposta apresentada a partir da coxia e endossavam plenamente o que se pretendia fazer em cena. É possível perceber no conjunto geral dos textos dos críticos uma atmosfera arrebatadora de debate teatral – talvez o período de 1957/1958 tenha sido dos mais fecundos sob este aspecto.

Assim, vale ressaltar que Miroel Silveira, em pequeno texto crítico, apresentou um ponto de vista diametralmente oposto ao de Décio de Almeida Prado. Já na abertura de seu comentário ele lançou a constatação de que nenhuma peça se prestaria tanto para a criação de um grande espetáculo como esta, nas mãos de um diretor capaz, graças à colorida ambientação, favorável ao aproveitamento amplo de recursos visuais e auditivos, os quais o diretor não se furtou a usar. Quer dizer, a avaliação a partir do texto foi simplesmente desautorizada. Outro tanto de entusiasmo está presente nos comentários relativos ao trabalho de Maria Della Costa, que teria logrado defender uma linha diferente – e feliz – em comparação (inevitável) com o desempenho de Anna Magnani. Um outro comentário importante feito por Miroel Silveira foi relativo ao cenário, que ele elogiou, considerando-o, surpreendentemente, muito melhor do que o original, de Boris Aronson (1900-1980), um nome celebrado como um dos grandes cenógrafos americanos do século XX.

Ponto de vista aproximado foi defendido por Hermilo Borba Filho, apresentado em uma série de textos, marcados pela adesão plena à proposta. Ele não chegou a considerar a obra como *pretexto*, mas partiu da afirmação polêmica de que a peça de Williams agradava mais como espetáculo do que como texto. Ela teria sido, portanto, valorizada pela montagem "inteligente" de Bollini. Ao contrário de Décio de Almeida Prado, Hermilo apreciou as modificações feitas no texto pelo diretor, que em sua opinião conseguiu dar um "encadeamento lógico" à peça,

**UMA EMPRESA
E SEUS SEGREDOS:
COMPANHIA
MARIA DELLA COSTA**

evitando o "perigo de fragmentação". O resultado foi uma montagem harmoniosa, valorizada pelo "magnífico cenário de João Maria dos Santos" e pela "luzes bem colocadas". Ele comenta o uso do sotaque italiano pelos atores, achando-o válido para a encenação. Diferentemente de Décio de Almeida Prado, Hermilo considera a Serafina Delle Rose a maior criação de Maria Della Costa. A atriz compõe uma personagem bastante diferente "de sua maneira de ser, do seu físico, do seu temperamento". Ela conseguiu, a seu ver, atingir uma verdadeira "transfiguração", comovendo a plateia, graças à sua dedicação e entrega ao teatro.

Em geral, o trabalho dos atores conquistou unanimidade de opiniões junto aos críticos, à exceção de Maria Della Costa, que dividiu os pareceres. Ao lado dos que acharam que Serafina Della Rose era o melhor papel da atriz até então, um desafio por ser completamente diferente de seu temperamento e de seu físico, outros observaram, porém, que ela não conseguira realizá-lo plenamente; concordaram que era um desafio, viram o seu trabalho e esforço, mas não aprovaram o resultado. Um exemplo interessante foi o comentário realizado por Delmiro Gonçalves: ele admirou o trabalho de Maria Della Costa, no "mais difícil papel de sua carreira", vendo o seu esforço para abarcar a complexidade do papel, mas achou que em alguns momentos faltava-lhe "aquela onda de sensualismo animal e primitivo". Um ponto em comum entre os críticos quase que em sua totalidade foi a restrição ao uso do sotaque italiano, ou por discordarem do recurso ou por observarem que ele não era mantido por todos os atores durante a peça inteira.

De toda a forma, a montagem se tornou um sucesso da companhia, sendo apresentada em excursões e adquirindo notável projeção nas duas viagens que a seguir a equipe fez a Portugal. No Rio de Janeiro, o crítico Henrique Oscar denunciou indiretamente em sua crítica a existência em cena de um moderno do espetáculo, ao observar que não se tratava, a seu ver, de um texto de "grandes qualidades teatrais", adequado a uma "Temporada Nacional de Arte"[97], menção que indica a ocorrência de um apoio do Governo. A atmosfera da peça era cômica, "uma farsa por vezes carregada em torno de sexo". Mesmo assim, o crítico observou que se tratava de um trabalho "cuidado, bem feito, bem acabado, com os atores todos seguríssimos tanto do texto, como das marcações, tudo funcionando muito bem".

Observe-se que a produção foi uma das construções de luz das mais sofisticadas da história da empresa, condição comprovada pelo (raro) mapa de luz encontrado entre os documentos disponíveis para estudo. A sofisticação da luz é uma exigência textual da peça – o autor recomenda de saída que haja um primeiro efeito "muito romântico", ao lusco-fusco, a chamada hora azul, em que o ar se assemelha mais à água do que ao ar. O depoimento de Sandro Polônio confirma a constatação. O exame do plano de luz revela um padrão admirável de trabalho: os efeitos programados são resultados da análise combinatória de cinquenta circuitos diferentes, com o emprego de gelatinas nas cores azul, rosa, amarelo, vermelho, branco, rosa pálido, azul escuro e azul

[97] Não foi encontrada documentação detalhada sobre a temporada. Não parece claro, contudo, que o apoio oficial implícito seja de grande significado. Tudo indica que o conjunto passou a conseguir algum tipo de apoio oficial, embora descontínuo, episódico.

claro. No plano de luz aparecem desenhadas as áreas de luz criadas, marcadas com lápis de cor, de acordo ainda com a intensidade dada a cada ponto de luz.

Mas nem tudo é tão simples no processo de análise histórica do teatro, terreno em que ainda há muito por construir e em que é preciso se movimentar com cautela. Um dado curioso sobre a montagem surgiu durante a viagem a Portugal, cercada por inúmeros artigos nos jornais. Um longo texto publicado no *Jornal do Comércio*, sem assinatura, asseverou que o cenário era "exatamente o da representação no Erlanger Theatre de Chicago". A referência exige sem dúvida um trabalho de análise comparada de espetáculos que não se pôde efetuar aqui. A simples comparação entre a foto da cena e o desenho de Boris Aronson para a estreia americana insinua dúvidas quanto à criatividade da montagem brasileira.

Até certo ponto, contudo, talvez se possa considerar o comentário um reflexo da comunicação feita ao público, na noite da estreia, da notícia de que a montagem acabara de receber, em São Paulo, o prêmio da APCT de melhor cenário de 1956. De resto, vale observar que a montagem foi muito bem recebida em Portugal: os portugueses conheciam a obra de Tennessee Williams apenas através de versões cinematográficas, incluindo a da própria *A Rosa Tatuada*, pois a censura nunca permitira que uma companhia portuguesa representasse o autor. A estreia em Portugal se deu no dia 28/01/1957, no Teatro Apolo; a carreira estendeu-se até o dia 18/02/1957.

A temporada de lançamento da peça não chegou a ser muito longa, não se tratava de um estouro de bilheteria. Bem mais forte foi a montagem seguinte do TMDC, que, aliás, recebeu inúmeras remontagens depois, sem que se fale no sucesso alcançado em Portugal nas duas viagens realizadas ao país e no filme realizado sob a direção de Fernando de Barros. Era um texto brasileiro, do autor querido do TBC, Abílio Pereira de Almeida (1906-1972), *Moral em Concordata*. Lido pelo diretor Maurice Vaneau, no TBC, fora recusado por ele para montagem, no teatro de Franco Zampari. Sandro não hesitou em aceitá-lo. A proposta, aliás, tem muito a ver com a linha histórica de ação da companhia; a peça se tornou uma *peça-midas*, a mesma modalidade de *Manequim*, categoria essencial para a sobrevivência de todo o projeto.

Esta condição transparece bastante até na forma pela qual a montagem foi tratada por boa parte da crítica[98]. Curiosamente, a mesma linha de produção, quando assinada pelos rivais da rua Major Diogo, não era torpedeada pelos críticos com tanta veemência. A exceção foi quase sempre Miroel Silveira, *expert* em atacar o caráter mercenário que volta e meia localizava no TBC. Havia, portanto, uma espécie curiosa de inversão ou alternância de posições, em especial entre Décio de Almeida Prado e Miroel Silveira. Para Miroel Silveira, montar textos nacionais, mesmo "maus, regulares ou bons", mesmo no TBC, era atitude de extrema importância para a consolidação do teatro nacional[99], ao passo que Décio

O MITO MODERNO /
O COMÉRCIO DO NOVO

[98] A peça é uma das que possuem elenco generoso de fontes documentais. O material usado aqui, no entanto, foi o que se segue: Abílio Pereira de Almeida, *Moral em Concordata*, Cadernos da SBAT, n. 42; *Moral em Concordata*, programas de: São Paulo, TMDC, outubro e novembro de 1956; Lisboa, Teatro Apolo, 1956/1957; São Paulo, Teatro Leopoldo Fróes, 1957; Rio de Janeiro, Teatro Carlos Gomes, 1958; Lisboa, Teatro Capitólio, 1959/1960; Miroel Silveira, Aplausos no TMDC, São Paulo: *Folha da Noite*, 13/08/1956; Décio de Almeida Prado, "Moral em Concordata", São Paulo: *O Estado de S. Paulo*, Palcos e Circos, 14/08/1956; Hermilo Borba Filho, "Moral em Concordata", São Paulo: *Última Hora*, 14/08/1956; Nicanor Miranda, "Moral em Concordata" (1 e 2), São Paulo: *Diário de S. Paulo*, 17/08/1956; Miroel Silveira, "Moral em Concordata", São Paulo: *Folha da Manhã*, 18/08/1956; Mattos Pacheco, "Moral em Concordata", São Paulo: *Diário da Noite*, 18/08/1956; "Moral em Concordata" de Abílio Pereira de Almeida, revista *Teatro Brasileiro*, ago.-set. 1956; F.F., "Moral em Concordata", Lisboa: *Diário de Notícias*, 12/12/1957; M.S., "Moral em Concordata", Lisboa: *O Século*, 12/12/1957; Henrique Oscar, "Moral em Concordata", de Abílio Pereira de Almeida, Rio de Janeiro: *Diário de Notícias*, 11/03/1958; Paulo Francis, Moral e Timbira, Rio de Janeiro: *Diário Carioca*, 13/03/1958; L.B.L., Arte e Moral em Concordata, Rio de Janeiro: *Jornal do Comércio*, 21/03/1958. AMDC, Funarte.

[99] M. Silveira, *A Outra Crítica*, p. 144.

de Almeida Prado se inclinava muito mais a favor da qualidade artística que o original pudesse oferecer a seus olhos.

As observações são importantes para delinear com mais precisão o perfil do TMDC. É preciso, portanto, inventariar algumas linhas gerais da trajetória do espetáculo junto aos críticos. Um dos focos ajustados pelos contemporâneos para a avaliação da peça foi a trama. Tratava-se de um original de cores naturalistas, no dizer de Décio de Almeida Prado, preocupado em refletir o presente, o momento que corria célere, revelando a corrupção de costumes, o culto ao deus dinheiro, sob um véu de moralização. O entrecho contava a saga de duas irmãs, Estrela e Rosário; uma, honesta, casada, exaurida pelo trabalho em dupla jornada e pela submissão ao marido rústico, que acabava abandonando-a; a outra, livre, *crooner* de boate, de vida alegre, prostituída.

 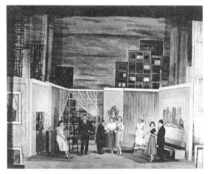

▷ A bela cenografia de Túlio Costa para *Moral em Concordata*: o espaço de representação aparecia envolvido por São Paulo, a cidade traduzida em dois tempos econômicos e sociais. (Acervo da autora.)

Após a apresentação da situação, a irmã *bem sucedida* conseguia tirar a outra, infeliz, com os filhos, do inferno doméstico em que vivia no Brás e ela, ao final, depois de umas férias em Poços de Caldas, se tornava amante de um ricaço – para desespero da irmã decaída, que sentia grande prazer em saber que existia uma mulher honesta na família. Mas a revolta durou pouco. Sob a atmosfera bem mais salubre de Higienópolis, tudo acabava bem, graças ao poder revigorante do dinheiro, capaz de favorecer a montagem de uma confecção, que reuniria os protagonistas em próspera harmonia. Vale destacar que, na época, o fato de abandonar o lar, mesmo após a evasão do marido, e tornar-se amante mantida por um homem rico era, para o senso comum, enveredar pela prostituição.

A polarização básica entre os críticos se deu entre Décio de Almeida Prado e Miroel Silveira, apesar do interesse de muitos dos comentários de Hermilo Borba Filho. Para o primeiro, tratava-se da peça mais "crua" de Abílio Pereira de Almeida. O comentário crítico sobre o texto ocupou o maior espaço da coluna, restando apenas os dois últimos parágrafos para o comentário de toda a cena, aliás, comentada apenas em geral, com observações genéricas sobre a interpretação. O crítico situou o texto na trajetória do autor, estendendo até o presente concepções já firmadas anteriormente sobre outras obras de sua autoria, levadas no TBC. E nesta avaliação, chega a pelo menos uma conclusão bastante dura – a de que o escritor acabara se tornando um moralista às avessas, em um retorno sobre si mesmo, posto que antes escrevera comédias que eram, no fundo, dramas. Assim, o autor abandonara também o recurso à *comicidade de situação*, procedimento técnico constante em sua produção anterior, para enveredar pela exploração das afirmações pitorescas e curiosas, que bastam por si e constituem um estágio inferior do cômico – como os *bordões*. Ou seja, o crítico dava razão ao TBC, que recusara o original...

Já para Miroel Silveira, cujo texto parece ter sido escrito tendo em vista os comentários de Décio de Almeida Prado, posto que a sua data é posterior, a grande qualidade da peça era justamente a de transformar o "teatro num acontecimento atual", que ecoava a realidade. "Trazer o teatro de um fenômeno puramente artístico para o plano da vida atuante, eis a maior virtude de Abílio Pereira de Almeida". Destaque-se que o conceito de arte como retrato da existência, à maneira naturalista, fora considerado procedimento típico do autor por Décio de Almeida Prado, que observara, no entanto, o fato de que neste texto ele surgira como advogado de acusação, uma forma de "perda artística".

Portanto, o fato de explorar e ecoar o senso comum, agradar ao homem médio, fazendo com que ele se sentisse em cena e, portanto, inteligente, foi apontado por Miroel Silveira como a qualidade da montagem. O texto, afinal, era para o crítico o maior panegírico contra um texto inserido no próprio programa – "Governo 3 X teatro 1" – de autoria de "um desconhecido senhor Gilberto Deserti Pozzi". O texto atacava furiosamente um decreto recente do governo, o Decreto 3x1, que obrigava as companhias nacionais a montar um texto de autor nacional a cada três montagens estrangeiras. A argumentação básica era a de que o governo não investia nada no teatro e, em tais condições, não poderia impor a programação. Além disso, as peças nacionais não existiam, enquanto o repertório estrangeiro significava não só toda a história, mas um rol alentado de nações. Sem falar que as peças nacionais – teria sido fato recente no TMDC – significavam quase sempre prejuízo, ameaça de ruína.

Assim, o primeiro parágrafo da crítica foi redigido contra este texto, combatendo-o. E o resultado foi positivo, pois ele foi retirado das edições seguintes do programa. Deduz-se que o comentário todo a seguir só poderia ser favorável à montagem. Após a exposição do argumento já aludido, o vínculo meritório do autor com a atualidade, Miroel Silveira, destacava que, para completar a felicidade, o autor teve a sorte de repetir a situação que marcou a montagem de *Santa Marta Fabril S. A.* Quer dizer, encontrou um encenador que soube valorizar todas as possibilidades do texto. Segue-se neste tom o comentário – genérico, é bem verdade – sobre as condições espetaculares da cena, com restrições finais ao cenário do terceiro ato, em que a seu ver a cidade de São Paulo, ao fundo, devia perder um pouco de seu ar fabril e fuliginoso, para que o contraste Brás-Higienópolis ficasse mais evidente. Por sinal uma das belezas inegáveis do espetáculo é o cenário, o contraponto visível das vistas da cidade.

△ A concepção da cena, pródiga em detalhes, e a interpretação, de colorido forte, de Jardel Filho e Maria Della Costa, em *A Rosa Tatuada*. (AMDC, Paraty.)

100 No programa da peça, na estrutura do Teatro Popular de Arte, o conjunto foi identificado com a legenda "Fundado em 1949", em lugar de 1948, sem que se tenha conseguido apurar a razão da mudança do ano; constam como consultores Miroel Silveira, Mário da Silva, Galeb Safady, Clovis Garcia, Hermilo Borba Filho, Fernando de Barros. AMDC, Funarte.

O texto de Miroel Silveira, portanto, parece traduzir com mais detalhes o projeto que estava sendo proposto. E que o público adorou – posto que se via na cena impregnada pela presença mesma de sua cidade. Se a opinião geral da crítica considerou que a peça não era nenhuma obra-prima da arte dramática, todos reconheceram também que ela sabia agradar "em cheio ao público", como destacou Hermilo Borba Filho, aliás, então um dos consultores da companhia[100]. Isto se devia ao fato de que a linguagem da peça era uma linguagem retirada diretamente do cotidiano da sociedade, realista e recheada de tiradas e clichês moralizantes, e ao assunto atual que a peça tratava. Abílio Pereira de Almeida foi considerado pelo crítico um cronista que observava e narrava situações presentes no cotidiano, sem querer tomar partido ou tirar conclusões.

Para Hermilo Borba Filho, a direção de Flamínio Bollini Cerri, ágil e brilhante, foi além do texto, valorizando cenas que "em mãos menos experimentadas ficariam não somente frouxas, mas ridículas". O crítico exemplificou com a cena da transmissão do jogo de futebol, a mesma que Décio de Almeida Prado considerara excessiva e de mau gosto. Além disso, Hermilo elogiou o diretor no trabalho com os intérpretes, nas "intenções sublinhadas" e nas marcações de cena, que resultaram num domínio consciente do espetáculo, prendendo a atenção e mantendo vivo o interesse do espectador. Para o crítico, que considerou os desempenhos dos atores dignos de elogios, como quase a totalidade dos críticos, por sinal, "Sandro acertou em cheio com uma peça que, sendo comercial, possui bons momentos artísticos".

Com relação aos atores, uma situação sublinhada em particular por Miroel Silveira e que é decisiva para que se considere o tipo de teatro praticado pelo conjunto foi o fato de que Maria Della Costa "não receou dividir as honras do estrelato com Odette Lara, cedendo-lhe importante papel, numa demonstração de consciência profissional e espírito de equipe". Na verdade, o papel de Estrela, defendido por Odette Lara, marcado por uma peripécia, reversão da sorte da personagem, oferecia uma possibilidade de projeção muito maior para a sua intérprete do que a borboleteante Rosário, entregue a Maria Della Costa.

A carreira da peça esteve sujeita a impactos razoáveis – após quase um mês de temporada, o juiz auxiliar da Vara de Menores decidiu "estender a proibição a menores de 21 anos, em atenção à representação recebida dos 'Cursos Atlas' e por considerar a peça autêntica apologia da prostituição", segundo o noticiário dos jornais[101]. No dia 05/09, sem aviso prévio, compareceu ao TMDC a comissária Gabi, para fazer cumprir a nova portaria, obrigando o teatro a inutilizar 155 entradas que já haviam sido vendidas. No dia 07, a comissária Gabi voltou ao TMDC para fiscalizar a entrada, provocando grande tumulto. A comissária discutiu com o gerente do teatro e deu-lhe ordem de prisão, retardou o início do espetáculo e ainda chamou o bombeiro do teatro para ajudá-la. Enfim, fez um verdadeiro *show*, que só foi resolvido com a chegada do juiz de menores, Francisco Davis. O caso foi muito mal explicado pelos jornais, não se sabia muito bem o porquê da mudança da censura e parece que o juiz só requisitou o texto da peça 24 horas depois de tê-la proibido a menores de 21 anos.

A temporada foi prolongada até novembro – no dia 22/11/1956 estreava no TMDC o cartaz seguinte e o elenco se despedia para a viagem a Portugal, país em que a companhia estreou com *Moral em Concordata*, no Teatro Apolo, aliás, alcançando mais sucesso com este texto do que com *A Rosa Tatuada*. Lá também houve atrito com a censura: inicialmente, o texto foi proibido por Eduardo Brazão, Secretário Nacional de Informações. O autor, então, fez uma série de modificações substanciais na peça, mudando inclusive o final para um *happy end*. Na peça apresentada em São Paulo, Estrela, que havia sido boa esposa, aceitava a nova situação de amante do milionário Katurian. Na versão portuguesa, ela voltou ao lar, desfazendo a ligação equívoca, transformada em Madalena arrependida. Dessa forma, a peça foi liberada pela censura, e a estreia se deu no dia 11/12/1956.

O Teatro Apolo de Lisboa era um teatro bastante antigo, que estava com os dias contados até a chegada da Cia. Maria Della Costa e que provavelmente foi demolido após a temporada da empresa. Sandro e sua companhia armaram uma exposição de arte brasileira no saguão do teatro, com artes plásticas, música, literatura e artesanato. No dia da estreia, o empresário apresentou todos os seus atores e fez um discurso, seguido por Abílio Pereira de Almeida. Também projetou *vistas do Brasil*

[101] Moral em Concordata Continuará Proibida para Menores de 21 anos, São Paulo: *Folha da Noite*, 11/09/1956. AMDC, Funarte.

com lanterna mágica – tanto o "falatório" quanto as "velhas imagens desbotadas" foram condenadas por diversos críticos, muito mais amantes e interessados no teatro moderno que Portugal ainda não praticava como rotina de cena. Tanto mais que Lisboa tampouco conhecia o teatro moderno brasileiro, só ouvira falar da sua famosa "renovação": as companhias brasileiras que até então se apresentavam em Lisboa, levavam "peçazinhas húngaras e teatro *boulevardier*".

Os atritos com a censura, inclusive ruidosos, não eram em absoluto um fato simplesmente desagradável ou lamentável, coisa que seria melhor não ter que enfrentar. Desde o início da história do TPA, como se comentou anteriormente, o sucesso de escândalo surgira como uma boa hipótese de trabalho, oportuno veículo para a divulgação. Eles não foram em nenhum momento construídos pelo empresário de forma explícita – não é isto que se deseja afirmar. Mas, diante da contingência, Sandro Polônio soube sempre tirar algum proveito do embate, produzir sucessos de escândalo.

As atribulações da peça não terminaram em Portugal: ao contrário, pontilharam um pouco toda a sua carreira. Em março de 1958, *Moral em Concordata* abriu a temporada do TMDC, no Teatro Carlos Gomes, no Rio de Janeiro. A peça já havia perdurado demais, sofrendo, com o tempo e com as várias trocas de elenco, uma deformação razoável de sua concepção original. A crítica carioca explorou este alvo, bem como o comercialismo da proposta. Destaque-se aqui o trabalho com uma jovem atriz que estava chegando à maturidade profissional, Glauce Rocha, que assumiu o papel de Estrela nesta temporada.

Henrique Oscar criticou duramente a peça de Abílio Pereira de Almeida, principalmente a quantidade de clichês, presentes nas cenas e nas sentenças moralizantes do texto. Observou que, apesar do diálogo vivo, o autor se perdeu em excesso ao recriar situações que funcionavam em si, mas que nada acrescentavam à trama da peça. "A peça vai piorando de ato para ato; o segundo já é pior que o primeiro, e o terceiro ainda mais, com uma monotonia, um desinteresse crescentes". Desde a temporada em Portugal, Bollini, que então fora dirigir uma peça na Itália, estava afastado do espetáculo e não dirigia as remontagens. Por isto, o crítico asseverou que o "atual remonte, efetuado com inúmeras substituições, se caracteriza por um curioso estilo de representar, próprio de nossas companhias do velho teatro, em que os atores estão sempre voltados de frente para o público". Havia, a seu ver, "um nítido predomínio do elenco feminino sobre o masculino". E Maria Della Costa estava muito bem, mas era lamentável que "uma atriz de talento procure impressionar (como faz no primeiro ato) pela exibição de seu belo físico, como se não tivesse outros atributos mais artísticos, com os quais se impôs".

Paulo Francis foi ainda mais agressivo, com uma crítica tão excessiva em seus termos que chegava à deselegância. De saída, observou que Maria Della Costa reaparecia na cidade "como corista, condescendendo em aparecer de pernas de fora". E logo a seguir foi taxativo: "As pernas funcionam, mas as tentativas da personagem de aparentar cinismo, carecem de compreensão da parte da intérprete". Segundo o crítico, a atriz emitia as máximas do autor "como se não tivesse a mais remota noção" do que dizia. Já Glauce Rocha era considerada como melhor do que o texto que lhe cabia, mero drama gráfico diante de sua força.

Um outro texto apresenta importância para a história da empresa. Não se tratou precisamente de uma crítica, mas de um artigo de Luiza Barreto Leite criticando a postura "comercial" de Maria e Sandro. Para a autora, era complicado tentar conciliar o difícil sucesso artístico com o fácil sucesso econômico. Mas considerava como um bom exemplo *O Canto da Cotovia*, em que a seu ver Maria soubera conciliar o sucesso artístico com o financeiro, "popularidade com respeitabilidade". Aos seus olhos, a Maria que fizera greve no Fênix ao lado de Itália Fausta para defender os direitos de sua classe artística estava muito distante da Maria "vedete que se orgulha de haver ganho milhões com *Moral em Concordata*". E o protesto vai em um crescendo – entre *Anjo Negro* e *Moral em Concordata* havia uma diferença enorme de concepção estética, o "antigo anseio de fazer bom teatro" parece ter sido substituído pelo "desejo de obter sucesso".

A conclusão era inflamada – Sandro e Maria deviam refletir mais sobre o assunto, pois Maria não seria uma atriz cuja carreira pudesse resistir a espetáculos de textos fracos e mal dirigidos. A sentença final foi implacável, em uma época em que o sonho do TBC já estava em liquidação: "Há intérpretes que fazem os textos, Maria pertence à categoria dos que precisam ser feitos por eles. Não farei crítica, pois francamente não sei o que comentar sobre uma peça fraca, interpretada por um elenco fraco e dirigida por um diretor fantasma [...] não se saberá jamais de quem é a culpa de certos absurdos". Mesmo assim, o poder (ou a necessidade) da bilheteria falou mais alto e o espetáculo permaneceu no repertório da empresa ainda por algum tempo.

Já o cartaz oferecido em seguida pelo teatro carece de maiores comentários[102]. Em seu depoimento, Sandro Polônio insistiu até em refutar com veemência a hipótese de que estivesse associado à montagem. Na verdade, *Esses Fantasmas*, de Eduardo de Filippo, foi uma produção do TMDC, dirigida por Flamínio Bollini Cerri, de que Maria Della Costa não participou. Nem Sandro, diretamente. Ou nem isto. De acordo com matéria de jornal assinada por Miroel Silveira, Bollini dirigira com grande sucesso uma versão amadora da peça no Clube Libanês. A montagem levara para o profissionalismo figuras tais como Felipe Carone e Armando Bogus, que passaram a integrar o elenco do TMDC. Nesta versão, Sérgio Tófano restabeleceu a direção anterior. Ingressaram no elenco original Córdula Reis e Sidnéia Rossi.

Como já se observou acima, a peça estreou no dia do coquetel que festejava a ida da companhia "principal" para Portugal, já que alguns de seus atores, do elenco de apoio, ficaram, engajados na nova montagem. Mas a carreira da peça foi curta, prevista (e concluída) para antes do Natal[103].

O MITO MODERNO /
O COMÉRCIO DO NOVO

102 A documentação disponível sobre a montagem também não é vasta. Foram consideradas as fontes: Eduardo de Filippo, *Esses Fantasmas*, exemplar datilografado, 58 p., tradução: Renato Alvim e Mário da Silva, SBAT, Biblioteca Nacional; *Esses Fantasmas*, programa, São Paulo TMDC (TPA apresenta), 1956; Miroel Silveira, Estreia e Despedida, São Paulo: *Folha da Noite*, 22/11/1956.

103 Miroel Silveira, reportagem citada, *Folha da Noite*, 22/11/1956. Já a ausência dos líderes da empresa foi longa. Uma matéria de Mattos Pacheco no *Diário de S. Paulo*, datada de 03/12/1957, Brecht no Repertório de Maria Della Costa, relatava que o casal chegara de Portugal, viajara para Porto Alegre, recebera convite inesperado para ir a Montevidéu, passara por Curitiba e estava iniciando temporada em São Paulo, no Leopoldo Fróes, ponto inicial de uma série de espetáculos nos teatros distritais que se prolongaria até dia 5/01/1958. Então iriam reorganizar a companhia para a temporada de 1958.

UMA EMPRESA
E SEUS SEGREDOS:
COMPANHIA
MARIA DELLA COSTA

Engajamento e Bilheteria

Se for considerada apenas a trajetória imediata anterior da companhia, parece surpresa absoluta o cartaz seguinte: *A Alma Boa de Se-Tsuan*, de Bertolt Brecht (1898-1956), uma opção inexplicável, para olhos ingênuos e mentes de má vontade, feita por um conjunto que estivera dedicado à *Moral em Concordata*. Uma matéria da época, em que Benjamin Cattan apareceu como porta-voz da companhia, comunicava ao público, através do jornalista Mattos Pacheco, os planos para os anos de 1958/1959. O ator frisava que, além da preocupação em manter um elenco de categoria, o que se pretendia era um repertório de qualidade artística e intelectual de primeiro plano, mas com uma qualidade comercial impossível de ser evitada. E o recado era direto: "Nenhum crítico nos poderá acusar de estarmos levando 'pecinha' ou '*boulevardiers*' franceses. Só faremos isso se o público não prestigiar as encenações que pretendemos fazer na temporada 1958-59"[104].

O fato é que, se Sandro e Maria não eram intelectuais nem possuíam cultura sofisticada, eles procuravam ter personalidades de destaque que os aconselhavam em suas decisões (inclusive os já citados consultores do TPA) e passaram a recorrer às viagens como forma de atualização cultural, ainda que se possa discutir qual o contorno exato destas aproximações com a cultura do primeiro mundo.

No programa da nova peça, o empresário escreveu um texto cuja primeira parte era dedicada à montagem e às razões para levá-la à cena. Sandro afirmou então, em evidente diálogo com as críticas que recebera na última montagem, que a principal preocupação do TPA era a escolha de seu repertório, "fugindo sempre às peças chamadas totalmente 'comerciais'" e "procurando textos capazes de tocar as diferentes classes sociais, colocando conflitos contemporâneos ao homem de hoje".

Portanto, sustentou, a escolha de Brecht vinha reforçar e situar ainda mais "nossa posição dentro do Teatro Brasileiro", que era a de propor um "teatro de debate, de controvérsias". E seu diagnóstico era contundente: *A Alma Boa de Se-Tsuan* contribuía para "transpor o Teatro Brasileiro a uma fase mais madura" e abria caminho para que a obra do autor se tornasse presente em nosso palco. Sandro Polônio estava certo – a encenação se tornou um marco na história do teatro brasileiro, sem dúvida contribuindo para fazer de 1958 um ano decisivo, com certeza o fim da primeira época do teatro moderno nacional.

Em março de 1958, Cacilda Becker estreou sua própria companhia, no Teatro Dulcina, no Rio, conseguindo um grande sucesso com *O Santo e a Porca*, de Ariano Suassuna, e *Longa Jornada Noite a Dentro*, de O'Neill. Foi o ano em que o Arena ascendeu ao primeiro plano da vida teatral brasileira, com a montagem de *Eles Não Usam Black-Tie*, de Guarnieri, acenando com uma nova proposta teatral que foi vista, ao menos a princípio, por muitos, como uma tábua de salvação. Foi o ano da fundação do Oficina, aquele que será o mais forte antagonista do Arena, e também foi o ano em que uma certa forma de fazer teatro começou claramente a agonizar.

---

[104] Mattos Pacheco, Sensacionais Planos do TMDC para a Temporada de 58-59, São Paulo: *Diário de S. Paulo*, 18/02/1958. Do repertório anunciado então, só foi montado Brecht. Os outros autores citados foram Pirandello, Crommelinck, Shakespeare (montado apenas em 1970), Salacrou, Lorca (montado novamente em 1973). O projeto de trazer diretores estrangeiros para cada montagem, de diversos países, nunca se realizou, mas o lançamento de um *jovem diretor* foi decisivo – será o celebrado Flávio Rangel.

O TBC estava completando dez anos; foi pensada a realização de uma comemoração em grande estilo, mas as peças encenadas no ano fracassaram na bilheteria e a peça escolhida para a festa, *Pedreira das Almas*, de Jorge Andrade, não agradou nem à crítica, nem ao público. No dia 13 de dezembro foi anunciado o fechamento provisório do TBC, pois Franco Zampari sofrera um espasmo cerebral; a decisão foi contornada devido à realização de uma reunião na casa do dr. Júlio de Mesquita Filho, em que foi constituída uma direção provisória, em atividade até março de 1959, quando Zampari retornou ao teatro.

Era um impasse decisivo para o modelo de teatro moderno adotado. E a situação é evidente na segunda parte do texto de Sandro, em que ele tratou de descrever os dilemas que cercavam o palco. Tratava-se de uma explosão pessoal, um desabafo, e como tal os termos usados, fortes, seriam revistos em outras edições do texto, incluídas igualmente em outros programas da peça[105].

O ponto de partida teria sido uma notícia de jornal, em que se noticiava que o governo concedera, somente em passagens aéreas para delegações estudantis que iriam ao Teatro do Estudante do Recife, "a simpática quantia de 4 bilhões de cruzeiros". O produtor denunciava então um fato bizarro: recebera como ajuda do governo federal, para manter toda uma companhia profissional, no ano de 1957, a quantia de 64 mil cruzeiros, e pagara em impostos, taxas, selagens, alvarás, contribuições previdenciárias – enfim pagamentos exigidos pelo governo – a quantia de 504 mil cruzeiros. Sandro Polônio ironizava, pedindo a Brecht que não saísse de sua tumba ao saber como o governo brasileiro ajudava as companhias profissionais brasileiras a levar teatro ao povo.

O texto não parou por aí. O ataque seguinte foi ainda mais contundente. O empresário protestava contra o anúncio que então se fazia de que o governo federal iria criar em breve uma Companhia Nacional de Teatro[106]. Observava que o ponto não era contestar a formação do empreendimento, mas reivindicar o direito de ser ouvido, direito dos profissionais de teatro, e de exigir ajuda efetiva do governo para o teatro profissional. O problema mais grave, a seu ver, era que a classe teatral não era unida: cada qual se preocupava apenas em defender seus próprios interesses, mentalidade que precisava ser superada. E o teatro brasileiro não podia mais "viver de favores", pois não fazia favor e sim produzia cultura. Em seu cálculo, apenas 1 ou 1,5 % da população de São Paulo ia ao teatro, o que não era culpa das empresas teatrais, pois não havia nenhum processo social de formação de plateias.

A lista das reivindicações que fazia era grande: isenção de impostos, facilidades de transporte, liberação para importação de material técnico sem similar nacional, subvenção para a criação de um maior número de escolas de teatro. Exemplificava com a viagem a Portugal do TPA, em que promoveu inúmeras atividades de difusão cultural do Brasil, sem receber sequer uma resposta, na volta, para sua solicitação de auxílio para as despesas de transporte. E encaminhava o seu texto para a conclusão a partir de uma constatação sombria e um tanto premonitória – "O Teatro

105 *A Alma Boa de Se-Tsuan*, programa, São Paulo: TMDC, 1958. O texto apresenta uma variante igualmente forte, mas bem menos explosiva e provocadora, incluída no programa do Teatro Municipal do Rio de Janeiro e em outros exemplares do TMDC.

106 Na realidade, já existia a companhia oficial, criada em 1956 com o nome Teatro Nacional de Comédia. O que se anunciava com certeza era a construção de uma casa própria, o Teatro Nacional de Comédia, atual Teatro Glauce Rocha, inaugurado em 1960. Ver Y. Michalski; R. Trotta, *Teatro e Estado: As Companhias Oficiais de Teatro no Brasil*.

Brasileiro de Comédia, após 10 anos de esplêndido teatro, [...] poderá declarar que tem reservas próprias que o possibilite(m) de [sic] enfrentar calmamente o futuro?"

Reconhecia que, de todo o seu repertório, somente *Moral em Concordata* dera retorno bastante para que ousasse ir até Portugal. E conclamava, então, a classe a se unir para procurar o governo. Não obteve resultado imediato, pois Sandro Polônio nunca se projetou como líder da categoria; os resultados obtidos, aquém da situação, serão comentados adiante: não detiveram a crise. Mas as suas observações, sobre a situação do teatro proposto por sua geração, estavam corretas e em 1960 Franco Zampari não teve mais como tocar o TBC.

Percorrer os registros a respeito da montagem de *A Alma Boa de Se-Tsuan* é uma emoção indizível, uma vivência única, exemplar, pois nenhum outro espetáculo montado pela companhia conquistou impacto de extensão semelhante, capaz de mobilizar gregos e troianos em torno de um palco. Curiosamente, também em boa parte o assunto aqui era a ética e a moral, o debate a propósito dos valores que deveriam presidir a ação humana, sua relação com os próximos, na verdade cordiais inimigos sociais.

Brecht escreveu um texto preocupado em explorar a reflexão sobre a bondade, seu sentido social; e recorreu a uma parábola para denunciar as condições de opressão vigentes em nosso tempo, que tornariam o amor ao próximo uma impossibilidade. Observe-se aqui que a evidente condição moral do texto não é – nem foi para os comentaristas na época – uma redução do valor artístico da peça, considerada por diversos autores uma das obras-primas do autor justamente por saber realizar uma alquimia muito especial de política e arte.

A trama, para viabilizar de saída o *efeito de distanciamento* que o autor propunha como *a* forma da cena de seu tempo, era ambientada em algum lugar perdido do Oriente. Lá, os espectadores acompanhavam a saga de três deuses que desceram à Terra para procurar uma alma boa, uma só que fosse, para garantir a salvação da Humanidade. Em Se-Tsuan, guiados pelo aguadeiro Wang, os deuses procuram abrigo e encontram a prostituta Chen-Tê, a única pessoa que os aceita. Depois de passarem a noite na casa de Chen-Tê, os deuses dão a ela um dinheiro, para que ela possa pagar o aluguel e continuar sendo boa. Com o dinheiro, Chen-Tê paga o aluguel e ainda compra uma tabacaria, que pretende usar para continuar fazendo o bem a muita gente. Logo aparece uma horda de miseráveis pedindo abrigo ou um pouco de arroz, credores antigos cobrando suas dívidas, e Chen-Tê tenta ajudar a todos. Uma velha, que foi quem acolheu Chen-Tê logo que ela chegou à cidade, anos atrás, e que agora Chen-Tê abrigou em sua tabacaria, dá a ideia de Chen-Tê ter um "primo" que assuma as responsabilidades do negócio e saiba dizer *não* quando necessário. A velha acaba levando a família inteira para ficar na tabacaria na ociosidade.

Chen-Tê então some e aparece o primo Chui-Tá, para espanto da velha e sua família que achavam que tudo era uma piada. Chui-Tá vem pôr ordem nos negócios. Ele começa por expulsar a família ociosa da velha, que ocupara a tabacaria, com a ajuda de um policial. Este jogo vai se prolongar até o desfecho. Desejosos de usufruir da bondade de Chen-Tê e de se livrar do primo inflexível, os amigos dela denunciam Chuí-Tá, culpando-o por seu desaparecimento. O recurso leva a ação necessariamente para um júri, meio eficiente para que se proponha a discussão da justiça. O final implica no retorno dos deuses como juízes — eles tomam conhecimento do estratagema inventado por Chen-Tê para ser boa tanto para os outros como para consigo mesma. E eles próprios consideram necessária a existência de um primo mau para que uma alma possa ser boa...

O primeiro grande trunfo do TPA com *A Alma Boa de Se-Tsuan* foi o de ter lançado Brecht no Brasil com um elenco profissional em uma grande produção. Para tanto, a direção foi entregue a Bollini, um nome de projeção talvez ainda não reconhecido em toda a sua competência, situação que explica o longo texto biográfico inserido no programa, que o aproxima de Luchino Visconti[107]. Brecht morrera em 1956 e começara a ser muito citado. Até então ainda era desconhecido do público e o seu teatro era praticamente inédito aqui. O país apenas começara a descobrir Stanislávski, coincidentemente tornado *público* por Bollini também, em sua estreia como diretor no TBC: em uma curiosa coincidência, no Brasil os dois encenadores foram transformados em contemporâneos. Antes do TPA, Alfredo Mesquita encenara *A Exceção e a Regra* com seus alunos, na Escola de Arte Dramática, mas sem repercussão maior[108].

A dimensão da proposta é evidente no artigo-reportagem de Sábato Magaldi sobre o episódio, publicado antes da estreia no TMDC e posteriormente incluído, na íntegra, no programa da peça[109]. A abertura do texto é bastante enfática: "Há, no teatro brasileiro, um grande acontecimento: a Companhia Maria Della Costa encena *A Alma Boa de Se-Tsuan*". Para o crítico, era uma tarefa "arrojada", uma escolha "das mais felizes". Não era pouco o que se poderia esperar: "O público paulista se encontra diante de um novo mundo". O autor procura apresentar o texto e o autor, fazendo uma grande análise da concepção teatral de Brecht e da peça propriamente dita. É um artigo extenso, cuidadosamente elaborado, para esclarecer o público quanto às peculiaridades do teatro brechtiano.

O MITO MODERNO / O COMÉRCIO DO NOVO

[107] O texto, na íntegra, é o que se segue: "Nasceu em Milão, Itália e aí cursou a Universidade. Fez depois a Academia Dramática de Roma, onde também por um ano, foi assistente de Luchino Visconti. Já então dirigia *Oreste*, de Alfieri e apresentava Tennessee Williams. Sua atividade de diretor levou-o à assistência de Strehler, em Milão, por mais de ano. Ainda nessa cidade, no Piccolo Teatro, dirigiu em 1949 a peça *A Guerra de Troia Não Se Fará*. // Um ano antes, em Florença, no Giardino del Boboli com Visconti, dirigia *Tróilo e Créssida*.// Em Veneza apresentava Goldoni, quando, em 1951, foi chamado pelo Teatro Brasileiro de Comédia (TBC) de São Paulo, onde estreou como diretor da peça *Ralé*, de Máximo Górki em cujo elenco sobressaía Maria Della Costa, atriz convidada pelo TBC. Dirigiu para a Companhia Vera Cruz, a película *Senda do Crime*, de cujo argumento foi também autor. Sua última direção para o TBC de São Paulo foi *Mortos Sem Sepultura*, de Sartre. Em homenagem ao Congresso Eucarístico Internacional, reunido em julho de 1955, no Rio de Janeiro, para os Artistas Unidos, dirigiu a peça *Diálogo das Carmelitas*.// Em 1956, convidado por Sandro e Maria Della Costa, veio dirigir a Companhia do Teatro Popular de Arte, onde é permanente diretor, tendo já realizado *A Casa de Bernarda Alba*, de Lorca, *A Rosa Tatuada*, de Tennessee Williams, e *Moral em Concordata*, de Abílio Pereira de Almeida e agora *A Alma Boa de Se-Tsuan*, de Brecht". Em programa da peça *A Alma Boa de Se-Tsuan*, AMDC, Funarte. Em Luiz F. Miranda, *Dicionário de Cineastas Brasileiros*, p. 96, o diretor conta com verbete resumindo sua trajetória no Brasil e revelando que, após o seu retorno à Itália, passou a trabalhar na RAI, situação que determinou o seu desaparecimento da história do teatro italiano.

[108] A montagem foi realizada em 1951, em programa com *O Imbecil*, de Pirandello, e com o pequeno esquete *Palavras Trocadas*, de Alfredo Mesquita, cf. D. de A. Prado, *Apresentação do Teatro Brasileiro Moderno*, p. 200-204. Em 1958, em um texto rápido publicado na revista *Teatro Brasileiro*, Ruggero Jacobbi relatou uma pequena entrevista que tivera com Brecht no Piccolo de Milão: "– Encenei uma nova adaptação da peça, no Brasil, sob o título de *A Ronda dos Malandros*. Não era a de John Gay, nem a sua. Acha que deveria ter *ambientado* a ação e as personagens no Brasil? // – Evidentemente. Se não fez, a obra não pode ter alcançado um resultado realmente positivo. Aconselhei Strehler a fazer isso, encomendando uma peça nova a um autor italiano. Strehler, porém, está apaixonado pelo meu velho texto". O autor alemão afirmou ainda que o texto era uma adaptação sua, mas não um texto original seu. Portanto, parece impossível aceitar que a estreia profissional de Brecht no Brasil tenha ocorrido com Ruggero no TBC, conforme se poderia por ventura deduzir a partir da nota existente em B.M. *A Alma Boa de Se-Tsuan*, Rio de Janeiro: *Revista Leitura*, n. 16, 16/10/1958. Para a entrevista, ver Ruggero Jacobbi, Cinco Perguntas a Bertolt Brecht, São Paulo: revista *Teatro Brasileiro*, n. 7, maio–junho, 1956.

[109] Sábato Magaldi, Fábula da Bondade Impossível, São Paulo: *O Estado de S. Paulo*, 16/08/1958. AMDC, Funarte.

UMA EMPRESA
E SEUS SEGREDOS:
COMPANHIA
MARIA DELLA COSTA

A ilustração usada foi uma foto da companhia, com uma legenda importante – o crítico informa que Bollini chegara da Itália com o propósito de encenar uma peça de Brecht; era a última vez que pretendia vir ao Brasil. Na Europa, mantivera contatos com Benno Besson (1922/2006) – que se tornara diretor no Berliner Ensemble a partir de 1949 – e com a atriz Helene Weigel (1900-1971), viúva de Brecht. Na montagem, segundo o texto, o diretor aproveitara sua experiência junto ao Berliner Ensemble, que vira na Alemanha em diversas apresentações. Portanto, a reportagem problematiza uma outra versão que circulava na imprensa, sustentando que Bollini fizera um estágio junto ao grupo alemão, que parece ser falsa.

No programa foi incluído também um texto de Anatol Rosenfeld, indício da voltagem intelectual do projeto. O estudioso analisou a peça e os procedimentos usados por Brecht, enfocando o caráter dialético das personagens inseridas num contexto social. No final de seu texto, Anatol Rosenfeld afirmou que a encenação do TMDC seguia "de perto os processos propostos pelo autor e concretizados no Ensemble de Berlim"; assim, devia ser considerada uma "autêntica versão brechtiana", em que contribuíam a música de Paul Dessau, os "décors", a "marcação" e a "técnica peculiar do desempenho dos atores".

A imprensa deu ampla cobertura à montagem, acompanhando o processo de lançamento com interesse[110]. São numerosas as matérias publicadas, em boa parte preocupadas em explicar a novidade que estava chegando, um novo tipo de teatro em que a estrutura da peça aparecia fragmentada em cenas mais ou menos independentes, constituindo parábolas, e em que a maior dificuldade talvez fosse dar ao espetáculo "uma unidade narrativa" e "uma evidência de seus significados, apesar de todas as peripécias da trama"; a música e o cenário estavam sendo trabalhados para que não "prejudicassem a fluência do espetáculo". Bollini teria declarado então que, apesar da influência do teatro chinês na obra de Brecht, a montagem da peça procurou não enfatizar um "colorido chinês" para a cena, na medida em que tratava de um tema universal e, portanto, escapava a uma localização precisa[111].

As críticas da peça, por unanimidade, consideraram o espetáculo do TMDC um marco para o teatro brasileiro. Os pontos favoráveis surgiram em número maior do que as restrições, embora elas tenham existido. O trabalho de Maria Della Costa foi bastante elogiado, bem como o do restante do elenco, considerando-se a existência de um conjunto bastante homogêneo de interpretações. A atriz desempenhava o papel de Chen-Tê e o do primo Chui-Tá, desdobrando-se nas duas atribuições. Ao mesmo tempo, ela era definitivamente alçada à posição de mito emblemático do teatro, com a fotografia de seu rosto, de resplandecente beleza, compondo a página inteira logo na primeira folha do programa da peça. Talvez os críticos não tenham feito plena justiça ao arrojo da atriz, que não recebeu sequer um prêmio por seu desempenho.

Décio de Almeida Prado, depois de fazer comentários minuciosos e ácidos a respeito da proposta brechtiana, fez duas restrições ao espetáculo

---

110 O material consultado foi basicamente: Bertolt Brecht, *A Boa Alma de Sé-Chuão*; *A Alma Boa de Se-Tsuan*, programa, TMDC, São Paulo, 1966; Décio de Almeida Prado, "*A Boa Alma de Se-Tsuan*", São Paulo: *O Estado de S. Paulo, Palcos e Circos*, 03/09/1958; Delmiro Gonçalves, Um Diretor Inteligente e Bons Intérpretes de Brecht, São Paulo: *Folha da Manhã*, 03/09/1958; Sérgio Viotti, Formas de idealismo – "*A Alma Boa de Se-Tsuan*" pelo TPA, São Paulo: *Correio Paulistano*, 12/09/1958; idem, Representando Brecht – "*A Alma Boa de Se-Tsuan*" pelo TPA, São Paulo: *Correio Paulistano*, 16/09/1958; sem autor, As Estras Desta Noite, Rio de Janeiro: *Correio da Manhã*, Coluna Teatro, 24/10/1958; Henrique Oscar, "*A Alma Boa de Se-Tsuan*", de Brecht no Municipal, Rio de Janeiro: *Diário de Notícias*, 26/10/1958; Paulo Francis, O Espetáculo no Municipal, Rio de Janeiro: *Diário Carioca*, 31/10/1958; Paschoal Carlos Magno fala de Brecht e de Maria, São Paulo: veículo não identificado, [s.d.]; Sábato Magaldi, Uma Alma Pior, São Paulo: *Jornal da Tarde*, 02/09/1966; Alberto D'Aversa, Atores Brasileiros Interpretando Chineses Numa Peça Alemã, São Paulo: *Diário de S. Paulo*, 06/09/1966; Outorgados os Prêmios Governador do Estado de Teatro do Ano Findo, São Paulo: *O Estado de S. Paulo*, abril de 1959; Prêmio "Saci" de Teatro e de Cinema, São Paulo: *A Gazeta*, 28/04/1959; certificado de censura, de 25/8/1958, São Paulo, peça traduzida por Geir Campos e Antonio Bulhões, imprópria até 18 anos e cortes na folha 5; certificado de censura, de 21/10/1958, Rio de Janeiro; certificado de censura, de 18/8/1966, São Paulo, peça proibida até 18 anos, com cortes na folha 5; carta do Piccolo Teatro di Milano, 20/01/1981. AMDC, Funarte.

111 J. J. de Barros Bella, Dos Aborrecimentos que Traz a Prática da Caridade, São Paulo: *Folha da Manhã*, 17/08/1958. AMDC, Funarte.

do TMDC, que, segundo ele, eram "pontos de resistência do material" com que Bollini trabalhava e não "falhas teóricas do diretor". A primeira foi relativa ao "tratamento musical" da peça. O crítico achou que era uma perda *recitar* as canções de Brecht em vez de cantá-las, pois elas perdiam a sua especificidade enquanto música, tornando-se "banais ou enfáticas", não acontecendo o distanciamento da realidade que a música deveria trazer. Em alguns momentos, no entanto, a música cumpria plenamente a sua função – como em "a história dos 7 elefantes" – e o público era imediatamente envolvido pela ação. Décio de Almeida Prado frisou que o melhor seria ter atores-cantores para fazer esse tipo de peça.

A segunda restrição dizia respeito à ironia, um "certo sarcasmo" presente na obra de Brecht e que os atores, com algumas exceções, não conseguiam "manejar" com sutileza. Apenas os mais experientes, como Sadi Cabral, Eugênio Kusnet, conseguiam "sugerir, sem quebrar a linearidade da interpretação épica, esta ponta indefinível de malícia, que faz o contracanto do didatismo com que Brecht se apresenta, e sem a qual o texto perde sua leveza de fábula". O restante do espetáculo esteve exemplar. Maria Della Costa – apesar de não ter nascido para cantar – foi feita para "papéis populares como este, em que brilham livremente a sua franqueza e inocência de atriz, a sua flama, uma certa humanidade simples e direta que ela possui como ninguém". Décio de Almeida Prado qualificou o espetáculo como "corajoso", "inteligente", "sério", "trabalhado", "limpo e honesto" e "novo entre nós". E encerrou o seu texto com uma ironia reveladora: comentou que não era fácil fazer restrições a um espetáculo que merecia tantos adjetivos. Mas, concluiu "também em relação à crítica a nossa doce amiga Chen-Tê nada significa e nada realiza sem o complemento do nosso implacável inimigo Chui-Tá".

Para Delmiro Gonçalves, Bollini entendeu bem a teoria brechtiana e soube fazer com que os atores a "transmitissem com clareza" na peça. Ele soube, antes de tudo, escolher bem seu elenco, o que para o crítico era uma tarefa difícil: achar atores, no Brasil, para encenar Brecht. Para o crítico, o diretor foi auxiliado pela "extraordinária maquilagem" feita por Vitor Merinov e pelos cenários de Túlio Costa, para dar ao público paulista "a mais inteligente e a mais lúcida encenação apresentada até hoje em palcos paulistas". Bollini teve a "exata compreensão do texto e das intenções do autor" e soube transmiti-las "a um público naturalmente refratário" por desconhecer o teatro de Brecht. A seu ver, o grande mérito da encenação foi o de fazer o público "participar da ação", tomar uma postura crítica, como desejava Brecht. "O trabalho de Bollini revelou, para os espectadores, um mundo novo dentro do teatro, com uma clareza e um rigor absolutamente lógicos".

Maria Della Costa, na opinião do crítico, estava, mais uma vez, "no melhor papel de sua carreira", superando todas as dificuldades de seu papel duplo. E ele destacou praticamente todo o resto do elenco por suas interpretações. Túlio Costa apresentou uma cenografia "funcional e dentro do espírito da peça". Jorge Kazas, na música, e Clara Heteny, nos figurinos, revelaram ter compreendido perfeitamente o texto. Ao final, o crítico louvou a iniciativa do TMDC, que "honra e eleva o nosso teatro a um nível de maturidade poucas vezes alcançado", merecendo por isso ser prestigiado pelo público.

Sérgio Viotti escreveu sobre a montagem elogiando a realização do TPA e tecendo um comentário revelador acerca da reação do público ao autor: uma reação normal em relação ao que é novo e diferente e que não deveria ser alimentada. O crítico afirmou que Bollini soube preservar "a simplicidade e a clareza" características das peças de Brecht, dirigindo o texto com "uma excelência e um cuidado" que já se tornaram uma marca do diretor. Sérgio Viotti admirou a "unidade que conseguiu dos atores". Os cenários de Túlio Costa lhe pareceram por vezes excessivos, na medida em que Brecht pretendia trabalhar com "o mínimo que possa sugerir o máximo da realidade". Mas, ainda assim, o crítico elogiou "as cortinas" do cenógrafo e considerou ótimos alguns cenários.

Em relação à luz, ele observou que Bollini teve que usar mais variações de luz do que exigiria Brecht, para facilitar as mudanças de cena, mas que esse recurso deu maior unidade "aos olhos do público mais convencional". Em relação às canções, depois de explicá-las dentro do teatro de Brecht como recurso de quebra da ação e efeito de distanciamento, Viotti argumentou que teria sido preferível que a parte musicada tivesse sido cortada, na encenação do TMDC, como fez George Devine em Londres, para melhor aceitação do público e maior continuidade. O crítico terminou elogiando a presença de Bollini em relação aos atores, que fez com que esses interpretassem e não representassem "papéis decorados".

Em outubro a peça seguiu para o Rio de Janeiro, para uma apresentação de 25/10/1958 a 02/11/1958 no Festival do Rio de Janeiro, no Teatro Municipal. Segundo a Coluna Teatro, do *Correio da Manhã*, Sandro Polônio gastara cerca de um milhão de cruzeiros na produção. Paschoal Carlos Magno, novamente atuando como crítico, diretamente atacado pelo texto de Sandro Polônio criticando as verbas do Festival do Estudante, reagiu como diplomata: não se manifestou sobre o protesto do empresário e escreveu as raras linhas disponíveis de louvação absoluta de Maria Della Costa. Ironicamente, parte do texto foi transcrito e publicado como matéria paga em São Paulo, em jornal e datas não identificados, sob o título "Novo Sucesso do TMDC – Paschoal Carlos Magno Fala de Brecht e de Maria".

O crítico considerou "louvável o esforço da Companhia Maria Della Costa em fazer o público do Municipal participar, como quer Brecht, do que ocorre no palco". No entanto, esta era a seu ver uma tarefa difícil, o público de Brecht não era, ainda, o "nosso" público, daí talvez "a perda de grande parte da substância polêmica da 'Alma Boa de Se-Tsuan' em sua apresentação entre nós". Após breve comentário sobre o autor, o articulista invocava Durrenmatt, que teria afirmado que o drama moderno carecia de heróis porque não conseguia converter os homens, através de sua humanidade, em heróis. A sua conclusão era inflamada: a sra. Maria Della Costa evidenciava que o autor suíço estava errado. E prosseguia observando que ela se tornava de fato "a Heroína completa, inconfundível pela convicção, pelo impulso vital com que incorporou a si mesma, não

■ Maria Della Costa e Odette Lara em *Moral em Concordata* – a corrupção dos costumes e a pobreza honrada. (AMDC, Cedoc/Funarte.)

◘ Os deuses Eugênio Kusnet, Joaquim Guimarães e Benjamin Cattan com Oswaldo Louzada, o aguadeiro, com a água teatral de telão pintado, ao fundo, na *A Alma Boa de Se-Tsuan*. (AMDC, Cedoc/Funarte.)

◘ *A Alma Boa de Se-Tsuan*: Maria Della Costa e a concepção geral da cena, que buscava traduzir o distanciamento proposto por Brecht. (AMDC, Paraty.)

◁ *A Alma Boa de Se-Tsuan*. Maria Della Costa, Chen-Te, detalhe do figurino e da interpretação. (AMDC, Paraty.)

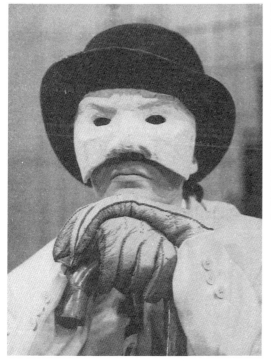

△ Maria Della Costa e a chegada dos deuses, em uma cena ilustrada por gráficos de denúncia da miséria, em *A Alma Boa de Se-Tsuan* (AMDC, Paraty.)

◁ Maria Della Costa no papel de Chui-Ta, em *A Alma Boa de Se-Tsuan* — a máscara da autoridade e do poder. (AMDC, Paraty.)

só a personagem como todos os que a cercavam, no palco e na plateia. Ela foi o espetáculo". A questão não era de um simples trabalho convencional – "A dualidade-unidade Chen-Tê, Chui-Tá, os mesmos seres numa dialética de planos diversos, foi perfeitamente compreendida e vivida pela estrela".

Oswaldo Louzada mereceu outro tanto de louvor – interpretava o aguadeiro "com uma poesia e uma nobre humildade", contracenava à altura com Maria Della Costa. Sua personagem salvava o espetáculo, "mais de uma vez, do ridículo iminente a certas situações de difícil aceitação". Os diálogos com os deuses eram "notáveis". Eugênio Kusnet, Joaquim Guimarães e Benjamin Cattan eram "deliciosos intérpretes" para os deuses. Os cenários, no entanto, eram "lamentavelmente, o ponto inferior do espetáculo". O crítico achava que Brecht pedia "um cenário menos pormenorizadamente realista", bem como personagens com características – movimentos, maquiagem etc. – mais "chineses". Sobre este último ponto, Paschoal humildemente reconhecia que não sabia quais eram as rubricas do autor, para dizer ao certo o que ele exigia, mas no Municipal as personagens tinham sido "ocidentalizados", "em benefício da universalidade do espetáculo".

Henrique Oscar também fez a crítica da apresentação no Teatro Municipal do Rio de Janeiro. Declarou em seu texto que saiu do teatro "com a alegria que gostaríamos de experimentar após cada estreia". A peça apresentada pelo TPA era uma realização com falhas, algumas até graves, mas com inegável saldo favorável. O ponto de partida era um grande texto "e as suas qualidades se transmitem à representação, dignificando-a, enriquecendo-a, fazendo-nos perdoar suas deficiências". O crítico reconheceu, contudo, não poder julgar até que ponto Bollini levou à risca a técnica teatral de Brecht, pois seu conhecimento desta técnica era apenas teórico. De qualquer forma, ele via personagens mais caricaturadas, seguindo uma linha mais brechtiana, e outros com uma realização muito realística: "No plano caricato há tipos bastante baratos".

No seu entender, o espetáculo deveria ter se aproximado mais do "estilo cênico" de Brecht, valorizando-lhe "ainda mais a obra". Mas isso exigiria atores especializados. No espetáculo, vê-se "como foi preciso adaptar a peça às condições dos intérpretes". As canções eram um exemplo disso. Maria Della Costa não cantava e sim recitava as letras das canções, resultando num tom por demais enfático. Afora esse ponto, a atriz tinha "um belo desempenho", "com cenas de muita beleza e poesia. É um de seus grandes trabalhos". Eugênio Kusnet era o melhor dos três deuses. As restrições enumeradas pelo crítico não eram de grande monta, envolvendo uma pequena parte do elenco de apoio e – surpreendentemente – o cenário de Túlio Costa, "painel do encarecimento da vida e alguns anúncios simbólicos", que seria uma solução um "tanto barata", embora "fiel ao espírito da peça". Uma realização que merece ser vista, era a sua conclusão.

Paulo Francis comparou a montagem, quanto à qualidade do espetáculo, com *Jornada de Um Longo Dia para Dentro da Noite*, representada pela

Cia Cacilda Becker no mesmo ano (1958); as duas teriam compensado o crítico pelas "inúmeras e infindáveis noites de tédio, mediocridade e trivialidade". A direção de Bollini colocara no palco o "jogo dialético de Brecht" de forma constante, seja no texto ou na parte formal. Isso podia ser observado no painel de fundo do cenário, o gráfico do aumento de custo de vida que estabelecia um contraste com o "sentimentalismo" de algumas personagens. Esse gráfico era uma "presença incômoda", lembrando sempre ao espectador a "sombria realidade econômica que o texto quer demonstrar". O contraste estava presente no restante da cenografia de Túlio Costa, calcada em motivos orientais. A iluminação procurava, como queria Brecht, a "clareza de contornos e formas", no lugar da ambientação realista.

Em relação ao texto e aos atores, Bollini também demonstrou controle, no seu entender. O diretor procurou trabalhar a dualidade da representação brechtiana, de representar uma história e ao mesmo tempo contá-la. Alguns atores não conseguiam manter o duplo comportamento que o texto requeria. Sadi Cabral e Ganzarolli destacavam-se dos outros, "sempre presentes e ausentes da trama". As cenas de conjunto careciam "de um maior desembaraço de movimento". Precisariam de um "treinamento de 'ensemble'", para concretizar melhor a ideia do diretor, de fazer do conjunto uma massa "informe", um "bolo humano". O trio dos deuses "conseguiu uma harmonia de interpretação do texto, de movimento e de unidade de propósito". Os maiores responsáveis pelo sucesso da peça eram Maria Della Costa e Oswaldo Louzada. Apesar de nem sempre conseguirem a "dualidade de representar e contar", e de uma certa "monotonia vocal" de Maria, os dois atores tinham empatia com o público, uma grande "força de comunicação", que tornava o texto mais claro e bem recebido. "Prazer e satisfação intelectual, duas coisas que raramente surgem juntas nos palcos do Rio, é a impressão final que nos ficou do espetáculo da Cia. Maria Della Costa".

A Alma Boa de Se-Tsuan estreou no TMDC no dia 28 de agosto de 1958. A peça ganhou três "Sacis", o prêmio instituído pelo jornal *O Estado de S. Paulo*, relativos ao ano de 1958: melhor espetáculo, melhor diretor e melhor ator coadjuvante para Eugênio Kusnet. Túlio Costa também foi premiado pelo conjunto de seus trabalhos, incluindo o cenário de *A Alma Boa de Se-Tsuan*. A peça ganhou ainda três prêmios Governador do Estado de São Paulo de Teatro: melhor espetáculo, melhor diretor e melhor ator coadjuvante para Sadi Cabral. Túlio Costa, da mesma forma, recebeu prêmio pelo conjunto de trabalhos.

Posteriormente, *A Alma Boa de Se-Tsuan* foi reapresentada no TMDC em setembro de 1966, como parte das comemorações dos dez anos da morte de Brecht. A montagem pretendia ser uma remontagem, mas foi na realidade uma revisão, com a mudança do conceito da cena no que se refere à interpretação, à cenografia e mesmo ao figurino e à caracterização dos atores.

Durante as reapresentações da peça em 1966, em um artigo publicado antes da estreia[112], afirmava-se que Brecht marcara "uma nova fase

112 H.V., Retorna ao Palco a "*Alma Boa de Se-Tsuan*", São Paulo: *Diário da Noite*, 16/8/1966.

no teatro brasileiro" e os responsáveis por isso foram Maria Della Costa e Sandro Polônio, lançando o autor aqui no Brasil. Depois de *A Alma Boa de Se-Tsuan* foram representadas no país, do autor, *A Ópera dos Três Vinténs, Os Fuzis da Sra. Carrar, Mãe Coragem e Círculo de Giz Caucasiano*. O ano de 1966 parecia um "verdadeiro ano de Brecht no Brasil", começando pela Companhia Maria Della Costa. "No Rio de Janeiro, três peças estão sendo ensaiadas: *O Sr. Puntila e seu Criado Matti, A Irresistível Ascensão de Arturo Ui* e *Um Homem é um Homem*".

Sábato Magaldi não gostou tanto da reencenação da peça, que foi assinada por Benjamin Cattan. Em uma nota publicada no *Jornal da Tarde*, ele afirmou que, sem a direção de Bollini, a peça "perdeu o ritmo primitivo, o esfuziante contato com o público". E acrescentou uma avaliação importante: "A melhor montagem brechtiana até agora realizada no Brasil se transformou em algo arrastado e semi-amador". Atrás de desempenhos fracos, nem "brechtianos", nem "stanislavskianos", "sempre se ouve o texto admirável". Por isto, ainda assim ele recomendava a peça – "pelo vigor da palavra de Brecht, vale a pena ver essa alma já não tão boa, mas ainda assim com méritos suficientes para interessar ao público. E também pelo excelente desempenho de Maria Della Costa, bem coadjuvada por Oswaldo Louzada e por Paulo Correa".

A crítica de Alberto D'Aversa oferece uma informação curiosa – ele afirmou que os atores foram reunidos somente para "dar vida a um único espetáculo". Na realidade não houve uma continuidade histórica de trabalho cristalina nesse momento – a empresa encenara *Depois da Queda*, de Miller, em 1964, partira em uma excursão que se estendeu durante o ano de 1965 e efetivamente promoveu uma remontagem um tanto episódica, como se tratará adiante.

D'Aversa indicou então o que seria a raiz provável do descontentamento com a montagem: o diretor Benjamin Cattan não optara por uma "interpretação épica", talvez "pela impraticabilidade de tal propósito aqui no Brasil", ou por causa do elenco reunido só para esta peça, ou talvez porque, até o momento, as teorias de Brecht só tivessem sido aplicadas com rigor em seu teatro, o Berliner Ensemble. Mas, a seu ver, a opção de Benjamin Cattan deu clareza ao espetáculo. O crítico destacou Sadi Cabral "numa criação autenticamente extraordinária", como o ator que deveria ser citado em primeiro lugar e estendeu-se por um parágrafo em seu comentário.

Em seguida, situou Oswaldo Louzada, uma "interpretação segura e precisa" quando contracenava com Maria, mas que se excedia, às vezes, em concessões histriônicas quando dialogava com os deuses. Dos três deuses, apenas Ednei Giovenazzi estava à "altura da personagem", por suas qualidades de ator. Os outros dois, Carlos Athos e Celso Nunes, apesar do esforço, ainda eram muito inexperientes. Assunta Perez atuava com segurança, faltando somente um pouco mais de "sentido cômico para ser ideal". D'Aversa finalizou o texto dizendo que as virtudes do espetáculo superavam em muito os defeitos e que era "um espetáculo obrigatório até para subdesenvolvidos mentais".

Após a montagem de impacto histórico, o TMDC abrigou outra proposta ruidosa – o espetáculo Ionesco (*A Lição* e *A Cantora Careca*), montagem assinada por Luís de Lima em que Sandro figurou como produtor, com a participação de alguns atores do elenco permanente do TPA. Na realidade, tratou-se de uma proposta de Luís de Lima que Sandro Polônio, empresário, aceitou abrigar em seu teatro[113]. No programa da peça, elaborado segundo o padrão da companhia, foi publicado um novo texto de Sandro Polônio: "Da Impraticabilidade de se Fazer Teatro Sério no Brasil".

Em suas linhas gerais, o texto deu continuidade aos pontos abordados no texto anterior, publicado no programa de *A Alma Boa de Se-Tsuan*. O tom é o mesmo, inflamado e irônico, provocativo. De saída, o empresário citava uma conversa que teria tido com um amigo de teatro, em que teria sido questionado por atacar sempre o governo federal nas entrevistas que concedia. O pseudoamigo argumentava que, se o teatro era um negócio como outro qualquer, por que motivo o governo teria que ajudar a atividade. E ainda – por que, em lugar de reclamar, não procurava uma profissão mais rendosa, em que pudesse obter lucros fáceis, pois o ato de viver estrilando era um pouco irritante…

O empresário argumentava, então, que o objetivo era efetivamente o de irritar, "fazer chegar aos senhores onipotentes do Brasil os reclamos de um grupo que luta exclusivamente para levar cultura ao povo, e pede meios para fazer isso…" O objetivo não era obter lucros fáceis: estes lutadores, no seu dizer, estavam "crentes" que só com a ajuda do governo poderiam "deixar de fazer teatro para uma elite com capacidade aquisitiva e intelectual privilegiada". O texto prosseguia enumerando medidas objetivas consideradas necessárias.

Em primeiro lugar, a partir da lotação de seu próprio teatro, fixada em 400 lugares para facilitar as contas (era bem pouco mais do que isso), o empresário observou que um sucesso absoluto atingiria, em uma semana, 2.800 pessoas; um sucesso regular duraria dois meses, portanto 22.400 pessoas; um pouco mais de sucesso elevaria a temporada para três meses, 33.600, um grande sucesso de quatro meses se traduziria em 44.800 pessoas e um sucesso gigantesco e raro (a chance era de uma em cada sete peças) de cinco meses atrairia 56.000 pagantes, pouco mais do que 1% da população da cidade.

Portanto, os números eram significativos – o povo não ia ao teatro. As companhias ficavam sujeitas "ao gosto, à formação, à psicologia, ao comportamento, às tendências de uma minoria que, indiretamente, dita os êxitos e a consolidação econômica das companhias organizadas". No seu entender, era necessário um público potencial de cerca de 10% da população da cidade para garantir uma frequência média de público razoável. Para tanto, era preciso subsidiar o preço dos ingressos das companhias estáveis comprovadamente voltadas para a cultura teatral, para barateá-los; essas companhias deveriam ter um repertório variado previamente planejado com o sentido de fomentar a cultura teatral; os edifícios de teatro deveriam ter isenção dos impostos que recaíssem sobre os ingressos e sobre os imóveis – o empresário usou o caso do Teatro Municipal do

[113] Um dos indícios sobre a condição da peça é sem dúvida o escasso volume de documentação, além do programa da peça: Sérgio Viotti, *Rir ou Não Rir com Ionesco*, São Paulo: *Correio Paulistano*, 13/12/1958; idem, *A Lição Perigosa*, São Paulo: *Correio Paulistano*, 16/12/1958.

UMA EMPRESA E SEUS SEGREDOS: COMPANHIA MARIA DELLA COSTA

Rio de Janeiro, para revelar que 55% do bilhete deste teatro não chegava à companhia que por acaso lá estivesse; frisou também que o TPA pagava por mês Cr$ 50.000, 00 de impostos diversos, um total anual de Cr$ 600.000, 00, contra a subvenção anual do SNT de Cr$ 64.000, 00. Para completar a lista das medidas julgadas necessárias, indicava a isenção de pagamento de transporte, a subvenção das viagens ao exterior e o auxílio para a fundação de Academias de Arte Dramática, para formação e aperfeiçoamento dos diferentes profissionais de teatro, inclusive os técnicos, para que se obtivesse "uma Escola Brasileira de Teatro".

Na verdade, o tema foi debate constante na década sem que se chegasse nunca a uma solução eficiente, que contentasse as partes envolvidas. Nunca o teatro conseguiu mais do que ser "assistido" pelo Estado, sem nunca lograr obter uma atenção política estruturante, tais como a questão da formação de plateia e da garantia de infraestrutura em boa parte demandadas no texto de Sandro Polônio. Às pressões, o governo respondia com subvenções e auxílios de caráter paternalista, circunstanciais. As próprias companhias calavam a respeito das dotações recebidas, pois elas eram conduzidas em boa parte de forma um tanto nebulosa, personalista. Neste texto, Sandro Polônio esclareceu, a certa altura, as cifras que o TPA teria recebido do governo federal.

A lista total incluída no texto envolve os seguintes valores:

ANO	VERBAS
1953	54.000, 00
1954	54.000, 00
1954	1.000.000, 00 (Presidente Vargas/obra do teatro)
1955	64.000, 00
1956	64.000, 00
1957	64.000, 00
?	300.000, 00 (auxílio SNT)

Existem outros documentos a respeito do tema, revelando peculiaridades do debate ao longo dos anos de 1950. Um material bastante esclarecedor pode ser localizado em *Teatro Brasileiro*, revista bimensal editada por Alfredo Mesquita nos anos de 1955 e 1956, até o número 9, cujo ponto de partida era justamente a constatação da existência de um "teatro brasileiro", que surgira recentemente graças a uma luta que fora dura, mas de curta duração[114]. Uma lacuna importante para incentivar este teatro deveria ser preenchida – o movimento de edições. E era aí que a revista pretendia atuar, com o compromisso de ser defensora plena do teatro. Logo a defesa exigiu que se tratasse do calcanhar de Aquiles do teatro moderno – o problema da fragilidade da bilheteria, da inexistência de um público significativo e a indiferença do Estado diante dos problemas da categoria.

---

114 Ver o editorial: Alfredo Mesquita, Teatro Brasileiro, São Paulo: *Teatro Brasileiro*, n. 1, novembro de 1955, p.1. O autor escreveu que "De fato, há vinte anos atrás, não havia teatro no Brasil. Havia, isso sim, alguns atores de talento, soltos, sem direção nem orientação, crivados de maus hábitos, de defeitos tremendos, peculiares aos antigos 'canastrões'; alguns autores sem maior importância que escreviam pecinhas regionais de uma ingenuidade desarmante e que, tentando alçar mais altos voos, descambavam invariavelmente para uma filosofia barata, rudimentar e pretensiosa. De diretores, não falemos. Era coisa que não existia". O autor prossegue tratando da época do amadorismo, em que a seu ver não teria ocorrido qualquer contato entre Rio e São Paulo e sobretudo não teria ocorrido qualquer influência da iniciativa de Paschoal Carlos Magno sobre a vida estudantil paulista, cita o aparecimento súbito de Nelson Rodrigues e sobretudo faz do teatro moderno uma obra de São Paulo, do núcleo a que pertencia e que criou o TBC e a EAD. É relato autocentrado, não é história, apesar do autor declarar "horror às *panelinhas*, às *igrejinhas*" e à falta de medo de elogiar os amigos, pois São Paulo já teria se livrado do bairrismo, a seu ver.

Já no número 2 foi aberto o debate: a revista decidiu aderir aos questionamentos que a classe estava fazendo à distribuição de verbas pelo SNT[115]. Como o objetivo do veículo era defender o teatro, a revista pretendia expor a sua "opinião serena e imparcial sobre assunto de tão grande importância". O problema mais grave era o critério que orientara a distribuição das verbas. A grita teria começado porque a maior parcela distribuída coubera a Walter Pinto, diretor da companhia de revistas do Teatro Recreio, uma reação que o articulista achava justa, pois a verba deveria destinar-se a auxiliar o teatro-cultura, "não o teatro comumente chamado 'digestivo', passatempo sem maiores preocupações artísticas ou culturais". E prosseguia taxativo: "os espetáculos do Sr. Walter Pinto, não possuem eles, nem poderiam possuir, o mais leve traço cultural, como acontece, aliás, com qualquer teatro de revista nacional ou estrangeiro".

A argumentação usada pelo conselho consultivo do SNT em resposta foi vista como impertinência absoluta, pois justificou-se que o volume de dinheiro fora concedido como auxílio à viagem que a Companhia Walter Pinto empreendeu ao Sul, o que não refutava o primeiro argumento e agravava a situação, porque o SNT negara apoio ao TPA para que fosse a Portugal. O governo sustentava, então, que o pedido do TPA fora negado porque a companhia recebera um milhão de cruzeiros para a construção de seu teatro. E mais: o grupo recebera também uma subvenção naquele ano. Para a revista, não havia qualquer lógica defensável nas respostas, pois o dinheiro para o teatro era necessário para a obra e a subvenção fora concedida "de cambulhada com as companhias Dercy Gonçalves, Alda Garrido e outras de um gênero muito próximo – quando não pior – ao dos nossos teatros de revistas…"

A conclusão do artigo era lacônica, em discordância inclusive com Adonias Filho, do Conselho Consultivo: quem estava com a razão eram os que se batiam contra a "injustificável distribuição de verbas", os que se batiam pelo teatro-cultura, único que deveria e teria que ser apoiado pelo governo. Dois números adiante surgia um artigo lúcido e capaz até de situar com precisão boa parte do movimento teatral da década. A reflexão partiu de Décio de Almeida Prado[116].

A construção de seu raciocínio tomou como ponto de partida duas epígrafes de um livro de Eric Bentley. A de um crítico, George Jean Nathan, que observava: "A crítica dramática considera, ou deveria considerar unicamente a arte dramática, ainda que à custa de levar à falência todos os teatros do país". A outra, de um empresário, Lee Shubert: "A bilheteria nunca mente". Para o crítico, os dois opostos sintetizavam a situação do teatro moderno brasileiro, pois este pleiteava ser arte sem ter qualquer meio de apoio para libertar-se da bilheteria; e sem bilheteria era impossível a existência até dessa coisa admirável que se chama arte dramática. A contradição não era irrelevante. Teria levado à ruptura entre Gianni Ratto e o TPA, então assunto do momento – Gianni Ratto chegara ao Brasil com a firme determinação de nunca ceder nem ao teatro comercial, nem ao gosto do público, lição de intransigência artística que trouxera do Piccolo Teatro de Milão.

O MITO MODERNO /
O COMÉRCIO DO NOVO

115 A. M., As Verbas Distribuídas pelo S.N.T., São Paulo: *Teatro Brasileiro*, n. 2, dezembro de 1955, p. 28.

116 Décio de Almeida Prado, Crônica de São Paulo, São Paulo: *Teatro Brasileiro*, n. 4, fevereiro de 1956, p. 26.

UMA EMPRESA
E SEUS SEGREDOS:
COMPANHIA
MARIA DELLA COSTA

No entanto, segundo o articulista, o teatro daqui aprendera a conciliar arte e comércio desde Os Comediantes – o que não era bem verdade, pois a bilheteria só fora reconhecida durante a tentativa de profissionalização – e este seria o único meio para conseguir continuidade, mesmo perdendo pureza artística. Assim, o ano de atividades de Gianni Ratto no TMDC teria causado grande impacto e o resultado mais importante fora a alteração do repertório do TBC: foi temporariamente abandonada a alternância de peças sérias e digestivas; após um Schiller seguiu-se um Ben Jonson e foram anunciados Ibsen, Shakespeare e talvez uma tragédia grega – se bem que no final do ano o TBC tenha lançado mão de novo de *Os Filhos de Eduardo*. A política de repertório de Gianni Ratto, portanto, teria surtido mais efeito junto ao TBC, para onde ele se transferira, enquanto no TMDC as peças de sua escolha não foram tão boas como bilheteria – caso contrário certamente a crise não teria existido. Para o crítico, o erro do diretor fora raciocinar em termos de teatro subvencionado, coisa muito diferente do problema das companhias particulares, amparadas exclusivamente pelo público. A sua conclusão era um prenúncio: seria preciso ficar de olho na bilheteria, para saber o destino das nossas companhias.

Diante da omissão do governo federal, que não se conseguia comover, a classe teatral buscou mobilizar o governo local, instância em que efetivamente conquistou a organização de instrumentos para acudir a prática do teatro[117]. Estes dispositivos começaram a ser discutidos na revista, no número seguinte, mas não alcançaram dimensão bastante para alterar a dinâmica teatral existente, pois significariam, em princípio, excetuando-se a construção de teatros, resultados a médio e longo prazo, em especial porque se referiam em sua maior parte à formação de plateia.

Em tais condições, o mérito de encenar Brecht não significava redenção ou qualquer perspectiva de estabilidade ou continuidade, ainda mais que o cenário ao redor era sombrio, com as notícias deprimentes a respeito do TBC. Assim, é necessário destacar a lucidez de Sandro Polônio como empresário: ela transparece cristalina no programa de *A Alma Boa de Se-Tsuan*. Neste ano, também o TPA completava dez anos, mas sem ambições comemorativas: esquecera a data. Alguma coisa acontecia em São Paulo, havia um curioso poder em São Paulo, tão forte que chegara a operar a supressão na memória de um ano de história da empresa, aquele primeiro ano de Rio de Janeiro[118]. A equipe passara a considerar como data de fundação o ano de 1949, quando se mudara para São Paulo, em lugar do ano de 1948, em que efetivamente estreara. E só ensaiou uma comemoração muito singela de décimo aniversário em 1959[119].

O que se pode perceber no programa da peça como indicador da lucidez do produtor surge aos olhos de súbito, quando o leitor folheia as suas páginas. Há uma falsa folha de rosto que se impõe de imediato à atenção: nela figura, na página inteira, o rosto de Maria Della Costa. A foto não era recente – fora feita por Fredi Kleeman (1927-1974), na época da montagem de *Ralé*, no TBC. E só agora surgia como instrumento de consagração, no TMDC. Sem dúvida trata-se de um momento privile-

[117] Plano de Incentivo ao Teatro em São Paulo, São Paulo: *Teatro Brasileiro*, n. 5, março de 1956, p.31. A revista publicou ainda um artigo sobre os planos do novo diretor do SNT, Edmundo Moniz, que não alterou a situação existente. Ao contrário, possivelmente aguçou a crise, posto que decidiu criar uma companhia estatal, em lugar de buscar ajudar as existentes, que davam sinais visíveis de esgotamento. Na matéria foi revelada a dotação orçamentária do SNT: "Em torno de 14 milhões de cruzeiros". Ver Programa Administrativo do Serviço Nacional de Teatro, São Paulo, *Teatro Brasileiro*, n. 6, abril de 1956, p. 32-33.

[118] Nos programas da companhia, o ano de 1949 passou a despontar lentamente como ano da fundação. No programa da montagem de *A Rosa Tatuada*, no texto em que Sandro Polônio resumiu sua biografia, ele afirmou que em 1948/1949 se desligou de Os Comediantes para fundar o TPA, informações incorretas.

[119] O tema será retomado no Capítulo VI.

giado, aquele em que decididamente foi proposta a celebração de Maria Della Costa como *mito* do teatro brasileiro[120]. Maria Della Costa estava defendendo um papel criado por Brecht, celebrado em todo o mundo como o formulador de um dos teatros mais novos e inventivos do século, um teatro que se propunha *apenas* a derrubar Aristóteles e toda a sua herança, para construir o teatro da nova era científica, que seria construída graças ao materialismo dialético.

Se Brecht pretendia falar à razão, estimular a análise crua dos fatos para viabilizar (ou ajudar) a mudança do mundo, o espectador encontrava de saída no programa da peça, antes de qualquer conceito, um libelo cristalino a favor da sensibilidade pura e extremada, o belo rosto de Maria resplandecente, solar, envolto nas ondulações da farta cabeleira. A maquiagem era leve, discreta, natural, realçava as linhas harmônicas e equilibradas. A pose, espontânea, supondo não ser pose, insinuava nenhuma premeditação nos menores detalhes. A boca sugeria um sorriso futuro, o olhar pura sedução, vontade de encantar, ligeira insinuação infantil. As leves rugas de expressão na pálpebra inferior sugeriam como se, de repente, em sua beleza etérea, ela tivesse erguido o olhar para contemplar aquele que a olhava, frontalmente, se expondo, se impondo, se oferecendo, como uma deusa da beleza que sabia o efeito fulminante que poderia provocar. Tratava-se de um ícone do encanto ou o próprio encanto em estado puro, um convite ao arrebatamento, um passo atrás com relação às sensações *a priori* frias, bastante platônicas, que Brecht propunha despertar no espectador.

Parece inegável, portanto, que no momento mesmo em que se tornara visível a falência do projeto de teatro de uma geração, surgia um de seus resultados mais palpáveis, a transformação em *mito moderno* de "maria della costa" – cujo nome aparecia assim, em minúsculas, despojado, no canto direito inferior da página, sobre volutas generosas de seu cabelo. Era como se fosse a imagem moderna viva por excelência. E ela era *moderna* por diversas razões. Construíra uma imagem de mulher avançada, despojada e ativa, capaz de buscar seu lugar no mundo, fumar, andar de calças compridas na avenida Paulista, se bem que sua vida fosse ainda, a esta altura, totalmente administrada pelo marido. Como muitas das mulheres da época, modernas ou não, ela não sabia ainda sequer preencher um cheque, este documento prático, novo, que surgia e se insinuava até nos "reclames" dos programas das peças, nem aprendera a dirigir automóveis, dificuldade comum a muitas das estrelas de sua geração.

Maria Della Costa era moderna também em função do teatro que praticava, da linguagem de cena que dominava. E porque era capaz de se transmudar em heroínas várias, contraditórias, concebidas tanto por autores nacionais, até mesmo discutíveis, como por grandes nomes discutidos da história do teatro. A tônica era sempre a mesma: uma presença dotada de um calor emocional ímpar, popular, vibrante, instrumentalizando a decantada beleza, que era tratada como um dado natural, trivial, sem afetação.

A temperatura e a densidade de Maria Della Costa como atriz determinam também o seu enquadramento no interior do conceito de moderno,

O MITO MODERNO /
O COMÉRCIO DO NOVO

120 O conceito de mito usado aqui foi estabelecido a partir de R. Barthes, Mitologias, p. 130 e s. Pensou-se no mito em especial como um sistema de comunicação, um sistema semiológico secundário, em que se constata a existência de dois sistemas semiológicos, um deslocado em relação ao outro, com uma constituição ambígua, o que faz com que o mito surja simultaneamente como notificação e constatação, portanto dotado de um caráter imperativo, interpelatório, que surge de um conceito histórico e se dirige ao indivíduo com toda a sua força intencional, obrigando o observador a aceitá-lo em toda a sua ambiguidade.

△ Visão geral da cena – a partida dos deuses, *A Alma Boa de Se-Tsuan*; os telões dedicados ao registro do custo da vida bastante visíveis. (AMDC, Cedoc/Funarte.)

121 M. Meiches; S. Fernandes, *Sobre o Trabalho do Ator*, p. 6 e s. Na realidade se poderia obstar que as três tendências são, na verdade, as possibilidades básicas do trabalho de interpretação em qualquer tempo ou lugar e não apenas as encontráveis no teatro contemporâneo.

122 Também em seu depoimento, relatando o encontro com Helene Weigel, esposa de Brecht, Maria Della Costa observou que a atriz alemã era dotada de capacidade semelhante à de Itália Fausta – uma certa *frieza* de palco. Podia comer um bife imenso e entrar em cena para representar, para seu espanto.

independentemente do seu processo de transformação em mito. Para Mauro Meiches e Silvia Fernandes, três grandes tendências podem ser usadas para definir o trabalho do ator na cena contemporânea – a encarnação, o distanciamento e a interpretação de si mesmo[121]. Esta última foi a forma de trabalho por excelência "dos antigos", em que a fala – a retórica ou a voz tonitruante – era a o procedimento básico para estar em cena.

Portanto, para a geração que os combateu, a encarnação, a capacidade de se anular e de se transformar era o sinal por excelência de uma nova era, à qual se seguiu – ou melhor, se completou – com o distanciamento, a capacidade de narrar em lugar de viver. Maria Della Costa sempre se notabilizou, em seus trabalhos como atriz, por sua capacidade de se transfigurar, se entregar à personagem vivida. Em seu depoimento ela se definiu como tal e comentou inclusive a estranheza que sentia ao lado de Itália Fausta, uma atriz conhecida por seu vozeirão e pela capacidade de entrar em cena após comer uma melancia inteira, um feito considerado fora de cogitação para Maria Della Costa, que era arrebatada inteira por seu desempenho e não podia suportar a menção sequer de um alimento que não fosse a pura vibração da personagem[122].

A condição de mito moderno que está sendo localizada aqui em Maria Della Costa engloba também este aspecto, bastante real. Por isto a aparência da atriz na foto é também bastante etérea, quase inefável, com tênues marcas de seu tempo, da moda. A foto insinua um ser de borracha, como se diz em teatro da disposição absoluta para a interpretação, o rosto pronto para ser moldado. Isto quer dizer apenas que a condição de mito não traduz uma operação arbitrária ou indevida, mas apenas que o mito, construído, se estruturou no sentido de escamotear parte da realidade, precisamente o processo histórico que permitiu a produção deste ser ímpar que pôde surgir como "maria della costa" e o presente concreto, atribulado, difícil, contraditório que era enfrentado pela companhia. E por todas as outras. Sem que se fale na própria peça que acompanhava o doce retrato da atriz, que poderia pretender ser tudo, menos um jogo de charme e sedução.

A operação é própria dos mitos. Os mitos não são construções ingênuas: foi em boa parte graças ao mito em que se transformara a sua estrela, que o Teatro Popular de Arte, há pouco transfigurado pela voz do povo em Teatro Maria Della Costa e neste momento se transmudando novamente, surgindo como Companhia Maria Della Costa, muito embora continuasse a ser Teatro Popular de Arte nos seus papéis – conseguiu atravessar o mar bravio do final da década em direção aos anos de 1960.

VI

O Moderno Brasileiro/ Moderno Moreno

> Depois de Brecht e Artaud – quem?
>
> Enquanto aguardamos, uma dúvida insidiosa infiltra-se em nosso espírito. Renascerá o teatro sob formas ainda inimagináveis, como tantas vezes sucedeu, ou morrerá, havendo cumprido honrosamente o seu destino histórico?
>
> DÉCIO DE ALMEIDA PRADO[1]

O Nacional, o Popular e a Brasilidade

Uma operação de redução: a definição abrupta é a melhor forma para qualificar o que aconteceu com o teatro moderno no Brasil, na virada dos anos de 1950 para os anos de 1960. A análise do processo revela uma verdadeira peripécia, a mudança da sorte do herói, posto que, de mocinho, ídolo encantado e inconteste de uma geração, ele passou a bandido, aos poucos acusado de todos os crimes possíveis que uma cena possa ser acusada de perpetrar, até mesmo o de ter maculado a identidade do homem brasileiro, sua essência, sua fala, seus gestos etc. A suposição era a de que existia uma identidade para moldar e de que ela era bastante vulnerável aos poderes de uma arte que interessava, em seus melhores momentos, a cerca de 1% da população de São Paulo, como Sandro Polônio demonstrou em diversas ocasiões. Esta reversão da sorte foi iniciada no final dos anos cinquenta e se prolongou pelos anos sessenta; será resumida aqui, através da história final do TPA, para que se possa, depois, lançar perguntas sobre o seu sentido enquanto história do teatro brasileiro.

Um dado *a priori* é importante situar: o modelo de teatro que começava a agonizar se debatia em meio a uma festa, pois o Brasil então era um jorro de euforia. Ao menos aparentemente, vivia-se a primeira grande época democrática da história do país, pois a redemocratização em 1945 propiciara as eleições mais livres realizadas até então.

O clima era conturbado – euforia e depressão percorriam as almas e os corações, pois acontecimentos de grande impacto marcaram o período,

[1] *O Teatro Brasileiro Moderno*, p. 140.

> UMA EMPRESA
> E SEUS SEGREDOS:
> COMPANHIA
> MARIA DELLA COSTA

insinuando a ação e o confronto de forças históricas consideráveis. A criação da Petrobrás e o suicídio de Getúlio são exemplos desta realidade. Fora da proteção oferecida pelas ditaduras, o senso comum esteve exposto em escala crescente à revolução das comunicações que marcou o pós-guerra – o rádio se tornou um amigo cotidiano, em 1950 foi criada a primeira emissora brasileira de televisão.

Em 1955 ocorreu a terceira eleição após a deposição de Vargas. Concorreram o general Juarez Távora, da UDN, e Juscelino Kubitschek, do PSD-PTB, que tinha como vice João Goulart. A plataforma de Juscelino acenava com o sonho: cumprir cinquenta anos em cinco, libertar o Brasil do grilhão do subdesenvolvimento. Era impossível não admirar a grandiosidade de sua proposta, gesto corrente mesmo entre aqueles que estavam na oposição mais radical. JK foi eleito por estreita maioria. E foi instaurada a "Era JK", uma era de modernização, em que o Brasil parecia que poderia finalmente vir a ser o país do futuro.

Era um presidente que dançava, que gostava um tanto de teatro – não o bastante para tomar qualquer atitude produtiva eficiente diante dos clamores da classe – e que jogou alto para fazer a população sonhar com outra forma de ser Brasil – e acreditava-se. O sonho se materializava tanto na construção de Brasília quanto na implantação da indústria de automóveis.

Foi a época do Cinema Novo – Nelson Pereira dos Santos lançou o seu segundo filme, *Rio Zona Norte*, em cartaz em dezessete cinemas de São Paulo; da Bossa Nova – João Gilberto estourou nas paradas de sucesso, com *Chega de Saudade*; do rompimento de Ferreira Gullar com os poetas concretos de São Paulo e logo do início do neoconcretismo no Rio. O teatro de revista carioca, que vivia a sua última fase de atividade (1956-1961), ainda conseguia algum brilho com personalidades de destaque. E 1958 foi ainda um tempo de euforia do teatro de revista carioca mais malicioso – Virgínia Lane encantava em *Bom Mesmo é Mulher*. E até de notáveis vitórias esportivas internacionais – em 29/06/1958 o Brasil venceu a Copa do Mundo na Suécia, mostrando que não era só café o que o país teria para vender e obrigando os gringos a se curvar aos nossos pés[2].

Do cenário teatral internacional – ou melhor, francês, ao qual em boa parte o teatro brasileiro continuava vinculado – chegavam também indícios de que uma nova cena se impunha, herdeira distante de Copeau, mesclada com Brecht, pois apregoava um despojamento ainda maior do que aquele pretendido pelos diretores do Cartel. Em 1957 os brasileiros amantes de teatro puderam constatar ao vivo estes sinais dos tempos com as apresentações do Théâtre National Populaire, o teatro de Jean Vilar (1912-1971). Ele mostrou *Don Juan*, de Molière, no Teatro Municipal de São Paulo, com elenco encabeçado pelo próprio Vilar, Philippe Noiret e Maria Casarès. Ao contrário do teatro praticado aqui, o que se viu foi a simplicidade da encenação.

A estética de Jean Vilar arrebatou porque, ao lado da ênfase no texto, recorria a um cenário simples, apenas uma estrutura básica para o jogo dos atores, inclinando-se pelo destaque dos figurinos. E propunha uma ruptura

---

[2] S. C. Paiva, *Viva o Rebolado! Vida e Morte do Teatro de Revista Brasileiro.*

singela da quarta parede, os atores atuando no proscênio e dialogando diretamente com o público, com muita simplicidade e humanidade, mas sem vulgarização. Estes vetores se encontraram para tecer o espetáculo seguinte do TPA e revelar os novos coloridos que passaram a ser perseguidos pela cena brasileira em geral.

Após o sensacional lançamento de Brecht no Brasil, o Teatro Popular de Arte não montou nenhum dos títulos que estava anunciando. Recorreu antes a um original de um jovem autor, Gianfrancesco Guarnieri (1934-2006), *Gimba – Presidente dos Valentes*. Era o segundo texto do autor, que despontara em 1958, quando a montagem de *Eles Não Usam Black-Tie* estourou. Ela fora realizada apenas porque o Arena estava para fechar, sem público, e José Renato (1926-) decidira usar para tanto um original brasileiro. O sucesso foi de tal ordem que reverteu a possibilidade de liquidação do grupo.

O Teatro de Arena, fundado por José Renato em 1953, se tornara precisamente a oposição "jovem" e informal ao tipo de teatro praticado pelo TBC e pelas grandes companhias *estáveis* de atores. A princípio, segundo declarações de José Renato em entrevista, a diferença entre os dois teatros era econômica – o Arena conseguia fazer uma montagem com dez por cento do valor usado pelo TBC. Logo a diferença foi se tornando conceitual, com um projeto estético-cultural de confronto, até se tornar projeto político.

Em 1956 o Arena incorporara Augusto Boal (1931-2009), recém-chegado dos EUA, que desembarcou em São Paulo reforçando a ideia da "fala normal", sem afetação, e montara, de saída, *Ratos e Homens*, de Steinbeck, segundo o estilo do Actor's Studio, lançando Gianfrancesco Guarnieri como ator. Iniciou-se aí o tema do realismo psicológico, um diferencial nítido com relação às proposições das companhias, mas que não seria uma linha aprofundada pelo Arena. Ao lado dos dois, também passara a fazer parte do grupo, vindo do teatro estudantil, Oduvaldo Viana Filho (1936-1974).

Os debates provocados por Jean Vilar alcançaram repercussões importantes. Os seus pressupostos iriam, ao menos indiretamente, provocar um rompimento no Arena, pois José Renato, seu fundador, comoveu-se com as propostas do diretor francês e aceitou uma bolsa de estudos no TNP, o que iria fazer com que, na volta ao Brasil, não se harmonizasse mais com a poética nacional-populista de seu antigo grupo, inclinado cada vez mais a romper com a *caretice* do palco convencional e a aproximar teatro e política de uma forma tão estreita que os contornos do primeiro acabaram esmaecidos. José Renato aceitou então trabalhar como diretor no Teatro Nacional de Comédia, em 1962, uma das tentativas fracassadas do governo para implantar uma companhia oficial.

Gimba – Presidente dos Valentes era, portanto, o que se poderia chamar um trunfo da oposição jovem, ainda que o texto pudesse ser bastante discutível para uma óptica à esquerda mais exigente. De qualquer forma, tratava-se de uma guinada forte no percurso do TPA e foi este o original escolhido para a comemoração do aniversário de dez anos do conjunto – que na realidade eram onze.

Mais uma vez, no programa da peça, Sandro Polônio publicou um texto – "Um Bolo sem Velinhas" – e o seu texto indica com clareza por que fora bastante fácil a aproximação com o Arena, mais do que com o TBC. O TPA era uma espécie de enjeitado, um patinho feio na cena nobre paulista, portanto tinha tudo para se aproximar dos rebeldes de plantão. O casamento inusitado, contudo, não causou estardalhaço ou estranheza ao redor[3].

O começo do texto comentava o aniversário discreto – "Muito na moita, muito em surdina, como um aniversariante envergonhado" – e partia para a ironia, indiretamente citando o TBC: "Felizmente, a ninguém ocorreu a ideia de promover comissões de festejos, planejamento do 'ano comemorativo' e suntuosidades semelhantes. Chego mesmo a pensar que muito poucos, realmente muito poucos se lembraram do fato". Em seguida, o empresário descartava a pertinência de tais manifestações, que marcaram no ano anterior o décimo aniversário do TBC, observando que tanto ele como Maria sentiriam constrangimento e embaraço diante delas; preferiam ficar em seu canto, trabalhando, pois entendiam assim ser o Teatro.

Seguia-se a retrospectiva do TPA, cujo ponto de partida ele localizou no Teatro do Estudante do Rio de Janeiro, de onde levara para o TPA o "micróbio sadio do bom teatro". Era citado então o primeiro ano de existência e a trajetória no Teatro Fênix, inclusive a greve, sem indicar que este ano fora na verdade 1948, a saga das excursões pelo Brasil, do Amazonas ao Rio Grande do Sul, viajando de trem, navio, caminhão, carroça, avião de bombardeio, e a fixação em São Paulo, com a inauguração do Teatro Cultura Artística e a construção do Teatro Maria Della Costa. A partir daí, a história do TPA surgia como sequências de montagens administradas por diretores – Gianni Ratto, "uma das maiores capacidades no seu métier e figura só comparável à de Ziembinski, pela sua importância e influência extraordinária para o teatro brasileiro", e Flamínio Bollini Cerri, que confirmara suas qualidades e realizara a montagem de Brecht, "entre as mais exatas e perfeitas até hoje apresentadas no Brasil".

O empresário referiu-se à viagem à Europa, ao convite recebido para o Festival Internacional de Paris, a que não compareceram por causa da agenda firmada na cidade do Porto e por falta absoluta de resposta, por parte do governo brasileiro, aos pedidos de apoio. Depois do retorno ao Brasil, seguira-se a viagem ao Uruguai e o regresso ao teatro próprio, após quase dois anos de ausência. Para a reabertura da casa, escolheram Brecht, que foi apresentado também no Rio de Janeiro, onde diariamente cerca de duas mil pessoas aclamaram a obra do autor, e, a seguir, Ionesco, com o espetáculo que fora encenado por Luís de Lima.

O texto se encaminhava para o final com a apresentação da nova temporada, sem grandes explicações para a grande mudança patente na escolha do novo cartaz. O empresário apenas declarava: "Para a abertura oficial da temporada de 1959, quisemos confirmar o talento de dois jovens

---

3 O conjunto da documentação consultada para a montagem abrangeu: Gianfrancesco Guarnieri, *Gimba – O Presidente dos Valentes*, exemplar datilografado, p. 77, visto do Departamento Federal de Segurança Pública, Serviço de Censura de Diversões Públicas de São Paulo, 02/09/1959; *Gimba – O Presidente dos Valentes*, programa da peça, São Paulo: TMDC, 1959; Rio de Janeiro: Teatro Municipal, 1959; Lisboa: Teatro Capitólio, 1959; Paris: Théâtre des Nations Sarah Bernhardt, 20, 21 e 23 de abril 1960; Delmiro Gonçalves, O Espetáculo do TMDC, São Paulo: *Folha da Noite*, 22/04/1959; idem, "Gimba – O presidente dos Valentes", São Paulo: *Folha da Noite*, 23/04/1959; Miroel Silveira, "Gimba – O Presidente dos Valentes", São Paulo: *Correio Paulistano*, 26/04/1959; Sábato Magaldi, De "Black-Tie" a "Gimba", São Paulo: *O Estado de S. Paulo*, 09/05/1959; Patrícia Galvão, Em torno de "Gimba", Santos: *A Tribuna*, 07/06/1959; Nicanor Miranda, Gimba (2), São Paulo: *Diário de S. Paulo*, 26/04/1959; Henrique Oscar, "Gimba" no Teatro Maria Della Costa em São Paulo, Rio de Janeiro: *Diário de Notícias*, 18/6/1959; Paulo Fábio, "Gimba" em Portugal, São Paulo: *O Independente*, 15/10/1959; Paulo Francis, Paulo Francis Apresenta Maria Della Costa em Gimba..., Rio de Janeiro: revista *Senhor*, Ano I, n. 5, julho de 1959; Mattos Pacheco, "Gimba" Venceu no Seu "Batismo" em Portugal, São Paulo: *Diário da Noite*, 16/10/1959. AMDC, Funarte.

de 24 anos de idade [...] A ambos demos o nosso crédito de confiança, porque acreditamos na juventude, na renovação, no entusiasmo, na tenacidade e na honestidade dos valores novos". A alavanca da virada teria sido oferecida pelo texto – a estrutura do repertório de 1959 teria sido mudada "quando deparamos com o valor insofismável que representa *Gimba, Presidente dos Valentes* para o teatro brasileiro. Não podíamos proceder de maneira diferente. Quem ama teatro, quem vive para teatro 'sente', 'sabe' o que é bom".

A versão de Flávio Rangel (1934-1988) – o jovem diretor escolhido – a respeito do encontro possui coloridos especiais. Era o início de sua carreira, ele nunca trabalhara em escala profissional comparável. Segundo José Rubens Siqueira, Flávio Rangel frisara, em depoimentos posteriores à época, que o TPA "não tinha nada de popular, no sentido que as esquerdas iriam popularizar em breve". Estava voltado para um público classe média, na verdade o único público brasileiro. O TPA estava completando dez anos "sempre em torno da figura estelar de Maria Della Costa", já então transformada em mito da companhia, como já se observou anteriormente. O repertório era mais "inquieto e ousado" que o do TBC: Sandro Polônio "estava atento aos novos tempos", tinha vontade de montar um musical e não hesitou quando Eugênio Kusnet lhe falou sobre a nova peça de Guarnieri – considerado o melhor dramaturgo do momento[4].

Segundo a mesma fonte, Guarnieri procurara com *Gimba* fazer uma peça para palco italiano e um espetáculo popular, grandioso, que mostrasse a favela carioca, de forma ampla (e não restrita às dimensões modestas do Teatro de Arena). No texto que assinou no programa da peça, Guarnieri declarou que escrevera para o povo; mas, como o povo *ainda* não podia ir ao teatro, escrevia para os que integravam o *povo de teatro*, pois estes *sentiriam* e esta já seria uma grande prova de solidariedade com o povo.

Portanto, o texto exigia um diretor com pleno domínio da linguagem teatral (como os italianos), mas José Rubens Siqueira sustentou em seu livro que Guarnieri sentia que devia ser um diretor brasileiro. Sandro Polônio concordou, apesar de ter tentado segurar Bollini na companhia para a montagem. A decisão recaiu sobre Flávio Rangel, com quem Guarnieri já havia trabalhado na TV, em teleteatro. Tinham algumas divergências políticas, mas nasceram ambos no mesmo dia, mês e ano, 06/08/1934, um em Tabapuã, o outro em Milão.

Para Flávio, ainda longe de se tornar um diretor profissional, o convite foi algo inesperado. Ele pediu uma licença no IAPC, onde trabalhava como fiscal, parou com a televisão, dedicando-se integralmente a *Gimba*. Ficou apavorado de estar trabalhando diante de tantos "luminares do teatro brasileiro" – Eugênio Kusnet, Sadi Cabral, Oswaldo Louzada, Ilema de Castro, Sebastião Campos, Maria Della Costa. "O ritmo dos ensaios era alucinante", ainda de acordo com José Rubens Siqueira. Havia o trabalho de integrar a ação dramática dos atores e os momentos de música e dança, a cargo do Conjunto Folclórico Teatro Popular Brasileiro de Solano Trindade.

O MODERNO BRASILEIRO / MODERNO MORENO

[4] J. R. Siqueira, *Viver de Teatro – Uma Biografia de Flávio Rangel*. Sobre o sucesso de Guarnieri então, existe a nota bem humorada da revista de bolso lançada por Meira Guimarães e Otelo Zeloni, *Elas Só Usam Baby-Doll*, que esteve no Rio, no Serrador, em 1959, cf. S. C. Paiva, op. cit.

UMA EMPRESA
E SEUS SEGREDOS:
COMPANHIA
MARIA DELLA COSTA

Em meio aos ensaios, Flávio Rangel, inexplicavelmente, aceitou dirigir um último programa na TV Itacolomi, de Belo Horizonte. Viajou preocupado com a marcação de uma cena de *Gimba*, a da invasão da favela, que envolvia todo o elenco de 42 pessoas e ele não estava conseguindo resolver. Depois de gravar o programa em Belo Horizonte, ele foi para o hotel e sonhou com a cena, inteirinha, com todos os detalhes. Quando acordou, anotou o sonho, voou para São Paulo e marcou a cena.

A luz de *Gimba* foi feita por Sandro, segundo Siqueira "um homem de teatro completo"; Flávio Rangel aprendeu com ele a iluminar. O ensaio geral, como era tradição na época, foi realizado à meia-noite, com a presença da classe teatral. Flávio Rangel buscou uma abordagem bem moderna, no sentido de atualizada, quis trabalhar com o público – teatro como festa, alegria, o espetáculo tendo que ser uma participação emocional e intelectual, uma interação entre palco e plateia. A estreia foi notável, interrompida muitas vezes por aplausos em cena aberta, segundo o biógrafo de Flávio Rangel.

Sandro Polônio, no dia seguinte da estreia, teria proposto um contrato de um ano para Flávio, como diretor artístico. José Rubens Siqueira garante que já tinham feito outras propostas a Flávio, mas cita apenas a de Brutus Pedreira e Edmundo Moniz, do Rio, para dirigir a Companhia Dramática Nacional. O contrato com o TPA exigiria exclusividade – Sandro Polônio agendou apresentações no Rio (Teatro Municipal), Portugal e Paris (no Festival das Nações). Flávio Rangel começou a estudar um repertório para a companhia, fazer mil planos: um novo horizonte teatral parecia abrir-se.

A peça estreou no dia 17/04/1959 em uma noite triunfal, descrita com ironia fina, elegante e velada, na abertura da crítica de Décio de Almeida Prado. A temporada prolongou-se até setembro, quando foi feita uma apresentação de uma semana no Municipal do Rio de Janeiro e logo iniciada a viagem da companhia para a Europa. Portanto, segundo a avaliação de Sandro Polônio comentada anteriormente, foi um belo sucesso. Mas se a montagem uniu o público, o mesmo não se deu com os críticos. As restrições foram fortes, por parte dos nomes mais expressivos em atividade na época. Para Décio de Almeida Prado, o novo texto de Guarnieri iria repetir o sucesso do primeiro em ponto três vezes maior, apenas porque o Teatro Maria Della Costa era três vezes maior do que o Teatro de Arena, mas o autor não progredira de uma peça para outra: esta tinha menos defeitos, mas também menos qualidades e é bastante agudo o diagnóstico do crítico ao situar o maniqueísmo, a ingenuidade, a mitificação, bem como a visão simplista, mecânica, dos graves problemas sociais abordados.

Sábato Magaldi e Miroel Silveira, por sua vez, endossaram a proposta plenamente, mas fizeram restrições, no fundo de pequena monta, ao texto da peça, um tanto no sentido de reconhecer deficiências de juventude. Sábato Magaldi, aliás, fora um grande incentivador da "virada" do Arena, acompanhando com entusiasmo a gestação de *Eles Não Usam Black-Tie*. A abertura de seu comentário oferece um contraponto absoluto com aquela usada por Décio de Almeida Prado – ele começou dizendo que eram múltiplos os aspectos pelos quais se podia ressaltar a importância da montagem – a excelência do espetáculo, a vitória da nova geração, a audácia do empresário e a característica brasileira da representação. Mas – por isto mesmo, por uma questão de seriedade, atitude que textualmente afirmou que não mais se poderia ter diante de originais de Abílio Pereira de Almeida ou de Pedro Bloch – era preciso analisar profundamente o texto, que ele considerou então como um recuo em comparação com o texto de estreia do autor.

Mitificação, edulcoramento da realidade, exageros e distorções foram temas localizados pelo crítico, que também considerou, em geral, o espetáculo melhor resolvido do que o texto. Sábato Magaldi fechou sua longa crítica explicitando o quanto estava ao lado e a favor da nova tendência – procurava se justificar um pouco diante do espectador que, rendido ao sortilégio do espetáculo, acharia a sua crítica ao texto demasiado severa.

Mais lúcida e mais contundente entre todos os críticos foi Patrícia Galvão, a Pagu, a única a vislumbrar que se dava uma perda importante na proposta da geração. Pagu nem se desculpou, nem buscou justificativas: abriu seu texto declarando que havia quem tivesse adorado *Gimba* – "Adorou porque é cretino, e não entende nada de teatro..." O centro de sua análise demolidora foi também o texto, de autoria de um rapaz bem dotado que mais uma vez a ideologia do PC fazia *passar pela linha* – "com essa coisa de nacionalismo cem por cento que anda por aí deturpando tudo, como se pela primeira vez os brasis se lembrassem de o ser". A crítica discutiu em princípio a identidade de Gimba – criminoso de crimes que não aparecem claramente – e a seguir o caráter rocambolesco e inverossímil da trama, que fazia até mesmo a polícia matar um bandido desarmado com testemunha assistindo.

O texto fulminante foi encerrado com três observações, tão rápidas como contundentes: a primeira, relativa ao público, que "adorou" a peça – "É o mesmo público que, vivendo no plano da especulação que a situação inflacionária permite, está se enchendo de dinheiro, e pensa obter, no teatro da falsificação do morro e dos seus tipos e estórias, a fatia de vida que não vive, mas que 'não ignora que existe'". A constatação era dura – "A isto, então, chamar-se-ia 'teatro nacionalista brasileiro'". A segunda, o reconhecimento de que havia uma "direção", mas que não era grande novidade para quem tivesse visto *Porgy and Bess*. E a última, apesar da superioridade que via na personagem de Maria Della Costa em comparação com Gimba, um lamento, por ver a atriz às voltas com o teatro que Lima Barreto fustigara em *Bruzundangas*, cujo trecho ela deixava de citar, "em respeito à criadora da Joana da *Cotovia*, e da heroína de Lorca em *A Casa de Bernarda Alba*"[5].

O biógrafo de Flávio Rangel, José Rubens Siqueira, confirmou a divisão da crítica e a resposta da bilheteria, hábil comprovante do fascínio que a peça exerce. A seu ver, o diretor e o autor tinham alguma consciência das deficiências de um trabalho que procurara dar *status* de teatro sério a um tipo de personagem, música, dança, até então só vistos em *shows* para turistas,

5 Em *Os Bruzundangas*, Lima Barreto, cronista do país que inventou, descreveu o teatro que era feito por lá com notável irreverência. Ele afirmou que lera na Warkad-Gazette "uma notícia elogiosa da estreia da revista *Mel de Pau*, no Teatro Mundhéu" e fora ver. Entrou e o espetáculo já começara; "uma dama em fraldas de camisa cantava ao som de uma música roufenha: Eu hei de saber //Quem foi aquela //A dizer ali em frente// Que eu chupava// Charuto de canela.// Por aí os pratos estridulavam, o bombo roncava e a orquestra iniciava alguns compassos de tango, ao som dos quais a dama bamboleava as ancas. As palmas choviam e, quase sempre, a cantora repetia a maravilha, que tanto fazia rir a plateia" (p.160-161). O texto prosseguia com o autor descrevendo mais três ou tantas noites em que fora ao Harapuka-Palace, ao Mussuah-Palace e a três ou quatro outros teatros nos quais encontrava... uma dama em fraldas de camisa, executando repetidas vezes o mesmo número portentoso, em cada teatro diferente com discretas alterações do ritmo, para regozijo delirante do público.

◼ Maria Della Costa, detalhe do rosto: foto de Fredi Kleemann, em Ralé, usada no programa de *A Alma Boa de Set-Tsuan*. (AMDC, Paraty.)

■ *Gimba – Presidente dos Valentes*, o cenário realista de impacto e a concepção geral em número de dança para mostrar a alegria do morro. (AMDC, Cedoc/Funarte.)

■ *Gimba – Presidente dos Valentes*, cenário e concepção geral, parte do elenco e áreas de representação. (AMDC, Cedoc/Funarte.)

UMA EMPRESA
E SEUS SEGREDOS:
COMPANHIA
MARIA DELLA COSTA

▷ Maria Della Costa em Portugal: detalhe da interpretação de Guiô, mulata de sucesso, na pose da capa da revista feminina (AMDC, Paraty.)

▽ Maria Della Costa: o corpo pintado e o gesto cotidiano para representar a mulata Guiô no cenário de Gimba – Presidente dos Valentes. (AMDC, Paraty.)

aquilo que se poderia muito bem qualificar como 'exótico'. A qualidade logo pôde ser testada diante de plateias europeias.

Depois da breve temporada no Municipal do Rio, iniciada no dia 02/09/1959, em que se repetiu o sucesso de público, a companhia embarcou, no dia 09/09, segundo o relato detalhado de José Rubens Siqueira, no navio Louis Lumière, rumo a Lisboa. No navio viajava, a convite de Sandro, o jornalista Mattos Pacheco, responsável pela coluna Ronda, do *Diário da Noite*, fazendo a cobertura completa da viagem. Chegaram em Lisboa no dia 21/09 e foram recebidos por uma pequena multidão de fãs de Maria Della Costa. A estreia em Lisboa, no dia 30/09, foi um grande acontecimento social e um triunfo popular, com desfile de celebridades portuguesas.

Ao longo da temporada portuguesa, repetiu-se o esquema de múltiplas atividades ao redor da companhia. Flávio Rangel, Guarnieri e Mattos

Pacheco compuseram um *show* para a boate Maxime, *Castanholas, Não*, porque seria o primeiro *show* de boate em Portugal sem bailarinas espanholas. Flávio Rangel levou *Iaiá Garcia*, uma adaptação de Manoel Carlos, para ser o primeiro programa do Grande Teatro na televisão portuguesa. Em meados de outubro, o Teatro Cacilda Becker chegou a Portugal e foi recebido pela companhia de Sandro, para evitar qualquer desentendimento entre os elencos. Em Lisboa foi confirmado o convite à peça para o Festival das Nações, em abril de 1960. Assim, era preciso que a companhia permanecesse em Lisboa até lá. Mas em novembro a bilheteria de *Gimba* começou a enfraquecer. Sandro Polônio e Flávio Rangel não conseguiram entrar em acordo quanto a uma nova peça.

O empresário buscava algo garantido, que pudesse sustentar uma companhia de cerca de 45 profissionais: queria montar *Society em Baby-Doll*, de Henrique Pongetti. Flávio Rangel, como diretor artístico, não aceitou. A tensão cresceu porque Sandro Polônio desejava também levar *Gimba* para outras cidades europeias, mas precisava para tanto fazer modificações, em especial aumentando a parte musical. Não houve acordo e os dois jovens abandonaram a companhia em Portugal, partindo com um grupo de atores. Guarnieri desautorizou a montagem da peça, o que era mais uma enorme dificuldade para o empresário, que já sofria com as limitações estreitas de trabalho impostas pela censura salazarista, implacável. Em seu depoimento, Sandro Polônio e Maria Della Costa revelaram que o jogo era tão duro que os censores chegavam até a carimbar o rosto dos atores nas fotos de divulgação, que também precisavam ser censuradas. De volta ao Brasil, Flávio Rangel foi justamente para o TBC – foi o primeiro diretor brasileiro a ser contratado pela casa em franca decadência – e as relações com o seu 'padrinho' mantiveram-se precárias por longo tempo.

Ao assumir o TBC, Flávio Rangel convenceu Franco Zampari da necessidade de uma reforma do palco e o elenco, que não podia ficar parado, partiu em excursão a Porto Alegre, ocasião em que foi possível estabelecer um acordo com Sandro para a apresentação de *Gimba* em Paris e Roma. Sandro Polônio cedeu, condescendendo que o espetáculo fosse mostrado na íntegra. Flávio Rangel retornou à Europa para as apresentações, que alcançaram enorme sucesso, segundo o empresário. A primeira grande sensação causada pela montagem em Paris foi o cenário: a princípio olhado com desprezo pelos técnicos do Teatro Sarah Bernhardt, quando viram aqueles montes de tabuinhas chegando, ele foi aplaudido, logo que ficou pronto, pelos mesmos críticos contumazes.

A estreia foi no dia 20/04/1960, com tradução simultânea e uma grande ovação no final, ao longo da qual se deu a cena incorporada ao anedotário do teatro e à lenda de Maria Della Costa – Sandro Polônio arrancou a peruca da atriz e o público exultou ao ver seus cabelos claros. "Elle est blonde! Elle est blonde!", gritavam entusiasmados. O papel de Maria Della Costa era o de uma mulata, o que lhe exigia uma longa e sofrida preparação no camarim, pois o seu corpo era inteiramente pintado com uma tinta especial. Os principais papéis negros, aliás, tal como acontecera antes, em *Anjo Negro* e n'*A P... Respeitosa*, eram defendidos por atores brancos pintados. Não existiam atores negros em grande disponibilidade, em particular aptos para o lugar de protagonistas, e não houve uma orientação política no sentido de *produzi-los*.

Na remontagem europeia, então, a situação foi complicada, pois os membros da escola de samba que haviam retornado ao Brasil antes, com Flávio Rangel, não foram convocados de volta. Sandro Polônio contratou os sambistas brasileiros que encontrou por lá. Flávio Rangel retomou o papel de médico. Rubens Teixeira, do elenco de Cacilda Becker, que havia se dissolvido, fez a personagem de Guarnieri (Mãozinha) e este teve que se encarregar do moleque Tico, pois a atriz Celeste Lima não quis voltar à Europa. *Gimba* recebeu o prêmio de Melhor Obra Popular, concedido informalmente pelos críticos; não era um prêmio oficial do Festival das Nações.

Em Roma, a companhia se apresentou nos dias 29 e 30/04, no Teatro Quirino, e contou com o apoio de Ruggero Jacobbi, que serviu de cicerone todo o tempo. Ruggero arranjou com Orazio Costa, irmão de Túlio Costa, para que fizesse um arranjo de praticáveis, agilizando a montagem do cenário. Como não havia tradução simultânea, Ruggero e Guarnieri escreveram juntos uma narração em italiano para ser lida pelo ator italiano Achille Millo, durante a encenação. Além disso, Ruggero preparou um volume de 24 páginas, *Immagine del Brasile*, com um panorama cultural do país. A recepção foi entusiástica. A aclamação, porém, não bastou para restabelecer as boas relações entre Sandro-Maria e Flávio-Gianfrancesco.

Alguns comentários dos críticos parisienses interessam porque revelam aspectos peculiares da proposta. Apesar de Flávio Rangel ter sustentado em seu livro-depoimento que a platéia gostara menos da parte folclórica e mais do texto, do assunto propriamente dito, nenhum documento foi localizado capaz de confirmar esta versão. Jean Jacques Gautier considerou a escola de samba como a melhor coisa do espetáculo. E afirmou, taxativo, que, no mais, a peça lhe parecia interminável, com um texto simplista e prolixo. Para P. Morel, do *Libération*, tratava-se de uma história convencional representada de forma muito europeizada, mas era um belo espetáculo. E Georges Lerminier, do *Le Parisien*, afirmou que Guarnieri era influenciado pelo realismo norte-americano, constatação que não era exatamente lisonjeira na França.

No dia 1º de abril de 1960 a lista dos vencedores do Prêmio Governador do Estado de São Paulo/1959 reconheceu méritos na montagem. *Gimba* recebeu três prêmios diretos: melhor espetáculo, melhor diretor, melhor coadjuvante feminina (Celeste Lima), e um prêmio indireto, Túlio Costa, pelo conjunto de trabalhos. Maria Della Costa não foi premiada como melhor atriz, mais uma vez.

A montagem seguinte da companhia, portanto, foi um tanto acidental, extemporânea, mas reveladora – indício claro do mecanismo de caixa adotado por Sandro Polônio, para garantir a sobrevivência da empresa a partir da prática mesma do teatro. *A Sociedade em Pijama*, de Henrique

Pongetti, que recebeu este nome em Portugal, onde a expressão original, *baby doll*, em moda no Brasil, não fazia sentido, foi o recurso usado para manter o conjunto em Lisboa enquanto se aguardava a ida para Paris. Com a ruptura de Flávio Rangel, que se recusou a dirigir o texto, Sandro Polônio teria recorrido a Bibi Ferreira, que estava em Portugal, segundo o seu depoimento. No programa, porém, o nome citado para a direção é o de Milton Moraes. O mais curioso é que o texto fora, aliás, precisamente, lançado por Augusto Boal na companhia Teatro Moderno de Comédia, organizada por Manoel Carlos em 1957, a pedido de Danilo Bastos. O ator Milton Moraes participara dessa montagem[6].

Apesar de Sandro Polônio ter declarado em seu depoimento que a peça fez sucesso, a impressão é a de que a própria companhia não *prezou* o feito a não ser como fonte de renda. Tanto é assim que a documentação disponível a respeito da montagem é mínima, apenas o programa da apresentação em Lisboa e um roteiro de contrarregragem, com as deixas de som, a implantação do cenário e a listagem de adereços. O material doado pelo casal de atores à Funarte não contém nenhuma crítica.

No fundo, o grande acontecimento da viagem a Portugal foi o texto de Brecht. Foi uma produção em larga escala, pois era necessário, de saída, conseguir a liberação da peça. Através de árdua negociação com a censura, mediada pelo embaixador brasileiro, Negrão de Lima, o TPA conseguiu liberar *A Alma Boa de Se-Tsuan* para apresentações em Portugal. Era só o início de uma intrincada cadeia de problemas, que é necessário resumir.

A estreia da peça foi marcada por uma tentativa de arruaça por parte de grupos de direita, que compraram ingressos para vaiar *os comunistas*. Antevendo o episódio, pois fora advertido por um telefonema anônimo de um amigo da empresa, Sandro Polônio declarou que reservou uns duzentos convites para amigos e, iniciada a vaia logo na abertura do espetáculo, interrompeu a apresentação, mandando o elenco para o palco. Como nada resultasse, nem as palmas dos amigos, o empresário afirmou que ele próprio entrou em cena e simulou uma síncope, remédio eficiente para acalmar os ânimos, até porque o embaixador brasileiro aderiu com veemência aos pedidos dos que queriam ver o espetáculo, em oposição à vaia, e protestou exigindo a ação da polícia para garantir a paz. A liberação, contudo, não foi simples ou cristalina — uma comunicação em papel timbrado do Secretariado Nacional da Informação, Cultura Popular e Turismo, enviada após o ensaio-geral, exigia a mudança do cenário, a manutenção dos cortes do texto e a renúncia a qualquer comentário antes das representações. A temporada durou uma semana, todo dia com ameaça de baderna e com o empresário falando ao público.

No fim da semana, a polícia proibiu a peça. A equipe iniciou uma greve, enfrentando a hostilidade velada da polícia; a tensão acabou levando o empresário a pedir asilo na Embaixada. Anteriormente, em uma noite no restaurante do aeroporto, que fechava mais tarde e era *point* dos boêmios, encontraram Leonel Brizola, que estava viajando; ao chegar ao Brasil, ele soube das notícias do escândalo e teria enviado trezentos mil cruzeiros de ajuda. Juscelino teria remetido quinhentos mil, notícia esta

6 Em sua entrevista a Mariângela Alves de Lima, Sandro Polônio observou que, com a ajuda de Bibi Ferreira, ele próprio teria dirigido para apresentar em Portugal, nesta temporada, *Mirandolina*, de Goldoni, *A Falecida*, de Nelson Rodrigues e *Do Tamanho de Um Defunto*, de Millôr Fernandes. A variedade teria sido pensada também para mostrar mais o trabalho de Maria Della Costa. Para o carnaval, Sandro Polônio organizou um baile-*show*, retirando as poltronas do teatro.

<small>UMA EMPRESA E SEUS SEGREDOS: COMPANHIA MARIA DELLA COSTA</small>

não confirmada em nenhuma outra fonte, de adiantamento por uma futura apresentação em Brasília, recém-inaugurada, que não foi possível apurar se aconteceu. A embaixada da França recebeu os atores e pagaria os salários.

Assim, foi possível seguir para Paris, mas, como era preciso voltar a Portugal, para pegar o navio contratado e retornar ao Brasil, e ainda todos os outros cenários ficaram em Lisboa, Sandro Polônio foi advertido pelas autoridades portuguesas para cuidar de suas palavras no exterior, ou não poderia entrar novamente em Portugal. Por isto, nos outros países, mesmo com assédio da imprensa, as declarações sobre Portugal foram lacônicas. No depoimento, Sandro Polônio garantiu que três grandes momentos marcaram a sua vida: a inauguração de seu teatro, a estreia de Brecht em Lisboa e a estreia de *Gimba* em Paris. Após a viagem turbulenta, com a tumultuada experiência portuguesa, seguida pelo êxito em Paris, a passagem pela Itália e seis apresentações do conjunto em Madri, a companhia voltou para o Brasil, para descansar.

Sandro Polônio e Maria Della Costa ficaram na Europa, foram convidados para visitar diversos países: Checoslováquia, Alemanha Oriental, Rússia e China. Na Alemanha Oriental visitaram o Berliner Ensemble e viram inúmeras peças de Brecht; se encontraram com Helene Weigel, a quem mostraram as fotos de sua montagem de *A Alma Boa de Se-Tsuan*. A atriz alemã deu de presente a Maria Della Costa a máscara que ela própria usara para fazer Chui-Tá, vestida de homem. Em tais condições, o regresso ao palco do TMDC levou dois anos para acontecer e, curiosamente, o inquieto empresário de certa forma escapou de viver em cena, aqui, plenamente, a primeira grande crise do teatro brasileiro moderno, de 1961, que foi tão violenta a ponto de unir a classe para a criação da campanha *Vá ao Teatro*[7].

O espetáculo da volta não poderia, portanto, ser nada pretensioso. Ao contrário, era necessário que fosse algo favorável à bilheteria. Sandro Polônio optou por *Armadilha para Um Homem Só*, de Robert Thomas. E o Teatro Popular de Arte, novamente sem diretor artístico, pela primeira vez depois de tanto tempo deixou de figurar no programa de sala da peça como uma *companhia*, pois nem mesmo um simples organograma da empresa figurou em suas páginas. É curioso observar a coincidência: o inimigo, o TBC, estava praticamente morto. Ou estava pelo menos impedido de ditar as regras de procedimento na vida teatral. Neste mesmo momento, o TPA deixava de usar os códigos comuns de definição empresarial.

Foi publicado no programa, contudo, um texto de Sandro Polônio marcado pelo espanto. Espanto, em primeiro lugar, com o que vira nas viagens que fizeram como convidados oficiais, em que se cansaram de ver muitos teatros funcionando e atraindo a paixão dos habitantes. Sandro mais uma vez conclamava à ação aqueles que faziam ou mesmo apenas gostavam de teatro; inflamado, sustentava que não era a cor do partido ou a inclinação política que fazia o teatro, mas o real interesse pela vida cultural[8].

<small>7 Observe-se que 1961 foi também o ano em que o velho teatro de revista, de grande produção, teria *acabado*, segundo S. C. Paiva, op. cit.

8 Robert Thomas, *Armadilha para Um Homem Só*, programa, São Paulo: TMDC, novembro de 1961, AMDC, Funarte.</small>

Espanto, em segundo lugar, pela situação que encontrou aqui: "um retrocesso de mil anos". O público estava desorientado, "fugindo dos teatros" – pode-se conjeturar hoje que tal se dava talvez em boa parte em função do avanço da tendência nacional-populista, que não seria a melhor forma para entreter as classes médias, ou, com certeza, não era a forma que mais atraía a sua atenção. O texto prosseguia com a afirmação de que os empresários desnorteados não sabiam o que fazer e a crítica permanecia neutra, exatamente quando a sua experiência e cultura eram necessárias. Sandro argumentava que não se podia contestar a importância da participação dos críticos, pois eles faziam parte das comissões governamentais que decidiam o destino do teatro paulista. Mais uma vez o empresário se perguntava por que não era feito um movimento para ampliar o papel do teatro na sociedade, atraindo o interesse dos homens de negócios para a construção de teatros e para a difusão do teatro nas fábricas e demais empreendimentos. Para completar o leque da formação de plateia, Sandro insistia na necessidade do ensino e da difusão do teatro nas escolas.

O texto do empresário explica por si a escolha da peça, de resto um policial sem maiores ambições do que divertir a plateia, com uma urdidura de suspense bem construída e elenco reduzido, um dos menores da história da empresa, que só uma vez, em sua história mais recente (*A Moratória*), reunira tão pouca gente em cena. No programa, solicitava-se que o desenlace não fosse contado aos amigos, para não estragar o efeito final. A história envolve um marido inconsolável com o desaparecimento de sua esposa, um detetive, um cura de província, uma pretensa esposa, uma enfermeira e um andarilho, todos ocupados com oscilações várias das versões da história. Até o desfecho, a hipótese da culpa de assassinato paira sobre todos; a surpresa do final era a revelação da culpa do... marido. Na única crítica de teatro arquivada pela empresa, escrita em um prodígio de adjetivos e elogios, consta a declaração de Maria Della Costa de que os atores ensaiaram quase todo o tempo sem acesso à leitura das páginas finais, recurso adotado pelo diretor Luís de Lima para que o próprio elenco construísse as atuações sob um clima de suspense.

Dispersos em matérias rápidas de jornais, alguns comentários indicam que houve razoável sucesso de público, inclusive nas diversas excursões pelo país, mas não de crítica. Apesar do texto de Sandro no programa de sala flertando com os críticos, o amor parece ter sido fugaz: por isto, sem dúvida, no material reunido pela empresa há apenas uma única crítica, citada acima, o que parece ser um sinal revelador. É um pequeno texto, de uma coluna e tipo miúdo, aspecto modesto, sem foto, publicado sem alarde na coluna "Notícias Teatrais", do *Diário Popular*, de São Paulo, assinado pelas iniciais H.A. Em outra reportagem publicada na revista *O Cruzeiro* de 21/07/1962, o articulista louvava a história e a arte da atriz, para apresentar a temporada do momento, no Teatro Copacabana Palace. No seu dizer, a peça era um êxito – mas a crítica carioca, por intermédio de seus "flibusteiros", não gostara nem do texto, nem da interpretação.

A matéria enverda por termos duros contra a crítica, que, "moços furiosos", se preocupava em usar o precioso espaço do jornal para derrubar,

UMA EMPRESA
E SEUS SEGREDOS:
COMPANHIA
MARIA DELLA COSTA

difamar ou exibir "uma cultura de almanaque". Se o teatro fosse uma atividade consolidada no país, com público certo e profissionais estáveis, compreender-se-ia, no dizer do colunista, que os críticos fossem exigentíssimos. Na situação vigente, o azedume equivalia a matar o teatro – e os tais críticos irão viver de quê?

No exame das fotos, percebe-se uma encenação convencional até mesmo simplória, um exercício de teatro profissional comercial bem executado, mas sem maiores ambições. Há na cena um realismo fotográfico minucioso, um preciosismo extremo, uma forma de pensar a cena que se tornava envelhecida, pois a linguagem acreditava em sua capacidade para produzir o múltiplo.

A montagem ficou cerca de um ano em cartaz, tudo indica que foi realmente um sucesso de público. E neste período a transformação de Maria Della Costa em grande estrela se consumou completamente, até porque foram muitas as temporadas populares, capazes de levá-la a novas plateias. O primeiro vestígio do processo pode ser localizado nas fotos dos programas, a partir de *A Alma Boa de Se-Tsuan*: é visível nas imagens a nova condição estelar, mítica, da atriz. As poses exploram deliberadamente a sua beleza, o seu carisma, o seu charme, os seus encantos; brincam com estas qualidades através de gestos, trejeitos, arroubos. São movimentos dos braços, do corpo, dos cabelos, insinuações do olhar, dos lábios, da expressão.

O segundo vestígio é mais impressionante para o historiador: trata-se de uma pequena coleção de cinco cadernos manuscritos a que dei o nome de "Cadernos da Fã". Foram todos confeccionados por Benedicta Moreira Santos, a Dicta de Jacareí, entre 1963 e 1968. O seu objetivo era extravasar a admiração, o carinho, a fascinação que a atriz lhe despertava, uma vertigem sentimental intensa o bastante para fazer com que recolhesse material de imprensa variado, informações diversas e até a guimba de um cigarro fumado pela atriz, que foi colada a uma das páginas[9].

9 Não foi possível restabelecer a história completa dos cadernos. O certo é que eles foram doados a Maria Della Costa pela fã, possivelmente por volta de 1968, quando houve uma pausa razoável de atividade por parte da atriz. A Dicta ainda está viva, mora em Jacareí e é uma figura popular da cidade, promovendo atividades culturais de sucesso, em especial excursões a São Paulo para ver teatro.

10 As trovas contam: "Dentre as peças da Maria/ Só as últimas tenho assistido/E garanto à vocês[sic]/ Que foram sucessos garantido! [sic]// Foi no dia 15-11-1962/Que a Maria Della Costa conhecí [sic]/Que figura encantadora/ Nunca mais à esquecí [sic]// Foi *Armadilha para um homem só*/ A primeira peça que com Maria assistí [sic]/E, achei-a sem dúvida alguma/ Uma das melhores atrizes que conhecí [sic]".

Os cadernos possuem volumes, formatos e materiais diferenciados. São quatro cadernos maiores, de desenho, e um pequeno, de anotações. Os cadernos maiores foram elaborados em 3/6/1963, 9/12/1963, 13/8/1964 e verão de 1964; o caderno pequeno foi provavelmente escrito em 1963 e é apenas um longo poema, "Retrato de Maria", em que a fã narrou a história da vida da atriz e como a conheceu[10]. Os cadernos maiores contêm basicamente decalques, desenhos, fotos publicadas na imprensa (muitas das quais coloridas pela fã) e pequenas matérias dos jornais, sobretudo *tijolinhos* e notas das colunas sociais. Uma constatação é muito reveladora a respeito da condição de fã: os cadernos basicamente *não* contêm críticas, salvo três dedicadas a *Depois da Queda*.

Cada um dos cadernos tem um certo perfil temático: os dois primeiros tratam mais de *Pindura Saia*, com alguns poucos recortes sobre *Armadilha para Um Homem Só*. O terceiro aborda em especial a peça *Depois da Queda* e o último, que se inicia com um poema dedicado a Malicó (o apelido da atriz quando criança), reúne quase que só fotos diversas, até o noticiário da candidatura da atriz a deputada. Os cadernos são interessantes não

◁ Em Portugal, o Conselho de Lisboa restringe a liberdade de apresentação de *A Alma Boa de Se-Tsuan*. (AMDC, Paraty.)

▽ Visão geral do cenário de *Armadilha para um Homem Só*: a geometria da entrada em cena de Maria Della Costa. (AMDC, Cedoc/Funarte.)

apenas porque denunciam a condição plena de *estrelato*, em que se percebe que a atriz era fielmente seguida nas minúcias de sua rotina, mas porque apresentam muitos materiais inexistentes no acervo, inclusive farta cobertura sobre a ida da atriz ao DOPS, em 1964. Maria Della Costa é mesmo chamada por sua fã de "estrela do Brasil", condição a que chegou, incontestavelmente, no início dos anos sessenta.

Em tais condições, é possível afirmar que Maria Della Costa tornara-se um *nome de bilheteria* – quer dizer, uma artista cuja simples menção do nome se traduzia em um potencial de público, fator que também ajudou o conjunto a sobreviver – e permitiu que a carreira de *Armadilha para Um Homem Só* fosse longa. Portanto, o cartaz seguinte subiu à cena apenas em 1962 e, ainda assim, apesar do fulgor da atriz, foi uma escolha que não estava longe da bilheteria. Se bem que não pudesse ser repudiada a pleno vapor pelos críticos, a montagem recebeu tratamento hostil por parte das colunas especializadas de maior projeção, segundo o depoimento do próprio Sandro Polônio.

Enquanto política de repertório, significou uma volta atrás, um retorno ao modelo do primeiro moderno, ainda mais porque o TPA conseguiu mobilizar um diretor que fora um dos sucessos do TBC, o belga Maurice Vaneau. O texto era *O Marido Vai à Caça*, de Feydeau. E, na verdade, a atmosfera de desconfiança com relação ao autor, já abordada anteriormente quando foi feita a análise da encenação de *Com a Pulga Atrás da Orelha*, persistia ainda incólume e o desprezo pela opção comercial, de bilheteria certa, andava mais forte ainda, malgrado a situação difícil vivida pelos palcos[11].

Novamente aqui não foram colecionadas as críticas pela companhia – não foi encontrado um único texto crítico sequer junto ao material do acervo, situação que não era casual. Sandro Polônio estava em conflito aberto com os profissionais da imprensa. O seu texto de praxe publicado no programa de sala recebeu o título "Não Existe Crise de Público mas Sim de Bons Espetáculos e Crítica Construtiva". Na realidade, o texto equivale a um atestado de óbito do primeiro teatro moderno, se for examinado em detalhe o raciocínio aí desenvolvido. De saída, o empresário afirma que obtiveram sucesso de público, permanecendo doze meses em cartaz. E estavam voltando para o seu público: "isto prova que sempre existiu público para o teatro".

O que existia, a seu ver, era o problema psicológico de cada momento, que era necessário respeitar; o momento que

11 A documentação considerada foi: Georges Feydeau, *O Marido Vai à Caça*, programa, São Paulo: TMDC, agosto de 1962, São Paulo: TMDC, setembro de 1962, AMDC, Funarte; Belo Horizonte: Cultura Artística de Minas Gerais, 5/2/1963; D. A. Prado, O Marido Vai à Caça, *Teatro em Progresso*, p. 253-254.

▽ *Armadilha para um Homem Só*, uma peça atual, detalhe visível no figurino do elenco, ao lado de Sandro Polônio: Sebastião Campos, Maria Della Costa, Fernando Balleroni, Tonia Greco, Marcus Vinicius, Caetano Gherardi. (AMDC, Cedoc/Funarte.)

era vivido, então, era de difícil luta pela vida, existia o dinheiro e não existia "nem o feijão, nem políticos capazes de resolver o problema da honestidade nacional". Portanto, o público queria se divertir, esquecer os dramas, não queria encontrar no palco tais problemas, ainda mais deturpados pela falta de técnica dos autores e pelas falsas mensagens sensacionalistas, "desprovidas de inspiração poética". Tratava-se aqui de um ataque direto ao Arena e ao teatro engajado, pois o empresário mantinha o rompimento com Guarnieri e Flávio Rangel.

Assim, em lugar de formar um público, o Sandro Polônio artesão do teatro moderno passava a propor, abertamente, o contrário, o flerte com a plateia, a busca do gosto médio, opção que lhe parecia, nesta altura, a única capaz de manter o teatro em atividade. "O melhor é, no momento, montar peças que sejam assimiladas pelo grande público". Mas o problema grave era a reação "de uma parte da crítica especializada", que exigia das empresas um alto nível de teatro, de autor e de interpretação, ignorando o fato notório de que, em qualquer parte do mundo, era impossível a existência de uma companhia teatral capaz de oferecer um repertório de alto valor educacional durante o ano inteiro. A seu ver, esta atitude deveria ser exigida dos governos, das companhias estáveis subvencionadas. E não das companhias particulares e solitárias que, quando montavam um texto para contrabalançar o repertório, recebiam os maiores insultos – "como se fôssemos criminosos". Na verdade, continuava o empresário, não existiam nem mesmo escolas capazes de garantir a formação de elencos...

Sandro Polônio frisou que seu espetáculo anterior fora repudiado pela "crítica exigente", mas sobrevivera, sem abalo de bilheteria, às provas tremendas que estavam afetando a vida política e social do país e a uma Copa do Mundo. Portanto, não havia crise de público, mas sim de bons espetáculos.

Em outro texto do programa, *Do Palais-Royal à Comédie Française*, assinado por Mário da Silva, tradutor da peça, o tema era a defesa da comédia – mais exatamente, defesa de Feydeau, enfatizando que ele se tornara autor respeitado na França depois de ter sido enquadrado como pornográfico. A abertura do texto era incisiva: "Acontece, às vezes, algum crítico descuidado sair-se a marcar seu desdém por uma peça, dizendo que ela visa somente a fazer rir". E o autor tratava de lançar o ridículo contra esta espécie de inimigo do teatro cômico, perguntando-se com que objetivo – não fora o riso – os autores cômicos escreveriam em todo o mundo, desde que o teatro existia. Em rápidas linhas, ele descreve o sucesso do autor na França, indicando a trajetória que já foi comentada anteriormente. O fecho do texto foi construído com perguntas preocupadas em tentar entender o sucesso de Feydeau – e uma delas tem um certo tom de época muito especial – "Será porque, nas situações, como nos fantoches animados de Feydeau, nós, público farto de mensagens, encontramos como que um sentimento do absurdo e uma irrealidade jocosa precursores, de certo modo, do fascínio tão atual que exerce o absurdo surrealista de um Ionesco?"

Na realidade, a pá de cal sobre o teatro moderno foi lançada aqui também porque se passou a atacar, em escala crescente, em especial a partir

UMA EMPRESA E SEUS SEGREDOS: COMPANHIA MARIA DELLA COSTA

dos setores jovens e de esquerda, o modo de encenação usado pelas grandes companhias, aliás, em extinção, e, em decorrência, a própria linguagem do teatro, um conjunto nebuloso visto como algo formal em demasia, grandiloquente, pesado – aquilo que logo ficará sendo tachado de teatrão. E porque, definitivamente, o fato teatral fora deslocado de registro: em lugar de ser visto, feito e proposto como intervenção cultural (em que pese a estranheza que a palavra intervenção possa causar), passou a ser encarado como moda, apreensão deliberada do puro momento fugaz. O tema será retomado adiante, pois é um dos eixos destas conclusões.

Portanto, as grandes companhias ou estavam morrendo ou começavam a agonizar ou passaram a ter sua identidade transformada, despontando como refúgios de estrelas mais ou menos solitárias. O programa de O Marido Vai à Caça não só não tem mais, também, o organograma, a estrutura da empresa, a sua apresentação como companhia: a novidade é também que, em seu lugar, surgiram novos materiais. Além da foto grande do rosto de Maria Della Costa na falsa folha de rosto, desta feita em uma pose sensual, mas com um toque inocente, de quem parece brincar com os cabelos revoltos, há no final uma coleção de quatorze pequenas fotos da atriz – Os Grandes Sucessos de Maria Della Costa – em que ela aparece posando em diferentes papéis. Sumira a companhia, o conjunto, o elenco permanente; restara a estrela. Persistia ainda uma ideia vaga de projeto; na última página do programa, o Teatro Popular de Arte anunciava os próximos cartazes previstos – Jubiabá, de Jorge Amado, Alma Negra, de Patrone Griff, Artur Ui, de Brecht, Aquelas, de Eugenio Kusnet. Nenhum destes textos foi montado pela empresa, mas o gesto denuncia ainda centelhas do modo de fazer teatro que estava em xeque.

A atitude dos críticos exigentes sem dúvida pode ser vislumbrada na crítica de Décio de Almeida Prado, em que há uma certa aura de enfado diante da proposta. O cerne deste aborrecimento parece ser gerado pelo texto, mero vaudeville do começo do século. E ainda mais porque, para o crítico, o espetáculo adquiriu uma falha imperdoável, o acento popular, quer dizer, uma maneira de falar pouco elegante em que não havia cuidado com a pronúncia, causando a perda de muitas réplicas. Sem dúvida era um tributo do TPA a um debate teatral de ocasião, sustentado pelo Arena, em que se pretendia alterar a prosódia em direção à fala das ruas.

Ainda assim, os três atores responsáveis pelos papéis centrais, Maria Della Costa, Sebastião Campos e Fernando Balleroni, apresentaram bons trabalhos, resultado surpreendente para o crítico no caso da atriz, pois o texto, a seu ver, não era dos mais propícios ao seu talento. A conclusão era a confirmação daquilo que os artistas pretendiam – apesar das restrições, o "espetáculo agrada ao público. Não será dos mais finos – mas faz realmente rir".

O ano seguinte – 1963 – conheceu a continuidade do processo de mudança. Uma nova montagem foi concebida por Sandro Polônio, desta vez especificamente para ir a Buenos Aires, portanto lançando mão de algo que fosse bem brasileiro. E a escolha recaiu sobre alguma coisa no gênero de Gimba, mas que fosse capaz de agradar ao gosto médio, em particular o gosto médio estrangeiro, sem que se recorresse ao texto de Guarnieri, pois as relações permaneciam precárias e o autor não aceitaria mexer em seu trabalho para torná-lo mais palatável para estrangeiros.

Na entrevista concedida a Mariângela Alves de Lima, Sandro Polônio não aceitou relatar as motivações que presidiram a concepção do espetáculo: pediu à jornalista a gentileza de desligar o gravador, para relatar-lhe pessoalmente o que acontecera. Em seu depoimento para esta pesquisa, no entanto, o empresário decidiu esclarecer sem reservas os fatos. E afirmou precisamente que o texto – ou melhor, o espetáculo – foi "uma não digo paródia, mas foi uma réplica para dar uma porretada na cabeça do Guarnieri. [risos] No *Gimba*. Era o *Gimba*. O Graça Mello escreveu a peça no sentido do *Gimba*. Passado no morro, tudo aquilo".

Existiu, portanto, um cálculo pessoal explícito. O empresário não gostara nada das dificuldades que fora obrigado a vencer, geradas em boa parte pela intransigência dos dois jovens, que não aceitaram, na Europa, primeiro dirigir um texto de Pongetti para gerar caixa e, depois, qualquer mudança de *Gimba* para tornar a peça *vendável* até mesmo para a União Soviética. O próprio empresário afirmou: "Eles fizeram muita malandrice e eu resolvi dar uma lição neles. Montei a peça sem precisar do Guarnieri e fui bem". E tampouco precisou de Flávio Rangel.

A montagem – *Pindura Saia* – possui, portanto, uma inserção curiosa na história da empresa, na medida em que radicaliza, embora inconscientemente, a ideia da cena como espetáculo sensorial, pleno de *brasilidade popular*, desvinculado de um texto, segundo a tradição local do teatro moderno. A cena, no entanto, não pretendia ter um cálculo político explícito, claro; advogava antes uma simpatia, uma espécie de neutralidade fotográfica imparcial. O efeito foi conquistado através de heróis ainda mais positivos do que os de *Gimba* – em lugar de bandido, existia um malandro – e uma atmosfera mais lírica, lúdica no tratamento da vida de morro. E demagógica.

Poder-se-ia – e com uma saudável dose de heresia – perguntar até que ponto a ousadia do empresário, cercada de razoável sucesso, não teria contribuído para adensar uma discussão sobre o espetáculo brasileiro, ajudando a gerar as linhas musicais da série *Arena Conta…* e do *Opinião*, iniciadas em 1965. É importante destacar que, em especial depois do colapso do TBC, em 1960, que ingressou na sua última fase, a *fase brasileira*, sob a direção de Flávio Rangel e identificada com a linha nacional-popular do Arena, o próprio Arena se tornou o grande interlocutor do TPA. Muitos dos *recados* de Sandro Polônio eram dirigidos ao inquieto grupo jovem, como já se observou algumas vezes aqui.

O espetáculo esteve em cartaz no TMDC de julho a agosto de 1963, apresentando-se em Buenos Aires em setembro e seguindo em excursão pelo sul. Era uma obra de *gente de palco*: Sandro Polônio assinou a direção, Graça Mello o texto. Em cena, um pedaço da ladeira do Morro Pindura-Saia, com um único barraco da favela, e as peripécias do malandro Zé Carioca, ao lado de um sindicalista, um compositor popular, uma mãe de santo e até um bandido, que só aparecia mais nítido no final, para garantir o desfecho da trama. As mulheres de maior projeção eram a filha do dono da fábrica (que não era do morro) e a namorada do malandro, aliás, filha do velho sindicalista. A alquimia permitiu que se mostrasse tudo os que os brancos estavam (estavam?) curiosos para ver a respeito do que seria o cotidiano do morro.

No programa, em seu texto habitual, o produtor se explicou afirmando que há muito queria montar um grande espetáculo musical-brasileiro; Gimba se aproximara, mas a música era ilustração e decorrência, não intento. O texto de Graça Mello teria surgido após longa procura – *era o espetáculo pelo espetáculo, conjugava texto, música e dança*. A tarefa da direção era nova para ele; nascera da visão de muitos espetáculos no exterior e não da vaidade; acreditava oferecer uma resposta ao anseio por espetáculos com cores e linguagem brasileiras.

Graça Mello, que teria sido companheiro de Noel Rosa, compôs músicas e letras também, para garantir a autenticidade. E procurara fazer um corte transversal na realidade social do morro, mas sem buscar dar solução. Na realidade, o espetáculo tinha muito pouco texto, era muito visual: tinha de tudo um pouco – macumba, batucada, escola de samba, capoeira, passista, briga, amor[12]. Destaque-se o fato muito revelador que o espetáculo teve também um outro título, bastante eloquente, usado na viagem à Argentina: *Favela dos Meus Amores*.

Depois da Queda, Depois do Golpe

Até certo ponto se poderia afirmar que a montagem foi uma espécie de grande abertura musical para aquele que seria o maior sucesso e o mais importante espetáculo da história da companhia. É bem verdade que a empresa iniciara a sua carreira em prédio próprio com a encenação de O *Canto da Cotovia* marcando época. Mas, àquela altura, existia o imenso poder do TBC, Maria Della Costa era ainda, para muitos observadores, de certa forma vítima e prisioneira de seu passado de manequim e de sua beleza, Sandro Polônio ainda não sedimentara a sua identidade como empresário.

Dez anos depois, em 1964, a situação era bem outra; Sandro Polônio tornara-se, inclusive, um dos raros timoneiros capazes de atravessar o mar de crise em que, mais uma vez, se afogava o teatro brasileiro; sua maestria chegava a ponto de conseguir montar espetáculo para enfrentar futebol, Copa do Mundo. E o resultado foi um dos maiores banhos de emoção que o palco do país já registrou.

O artífice da cena foi Flávio Rangel. O espetáculo marcou exatamente o reatamento das relações entre Flávio Rangel e Sandro Polônio/Maria Della Costa. O diretor trouxera o texto – *After the Fall*, de Arthur Miller (1915-2005), recém-lançado nos Estados Unidos – que considerara preciso para Maria Della Costa. O projeto nasceu da dedicação ao teatro por parte do diretor.

Flávio Rangel decidira sair do TBC e se tornar diretor independente. Depois de montar *Um Bonde Chamado Desejo* para Maria Fernanda, seguiu

12 As fontes consultadas sobre a montagem, além da entrevista e do depoimento citados, foram: Graça Mello, *Pindura a Saia*, texto datilografado, exemplar aprovado pela censura de Porto Alegre, 17/10/1963, Biblioteca da Funarte; Graça Mello *Pindura a Saia*, programa, São Paulo: TMDC, agosto de 1963; idem, *Favela dos Meus Amores*, Buenos Aires: Teatro Astral, s.d. (1963?); Maria Della Costa em "Pindura a Saia" inaugura o T. Leopoldina, Porto Alegre: *Correio do Povo*, 13/10/1963; Oliveira Ribeiro Neto, *Pindura-Saia*, São Paulo: *A Gazeta*, 9/7/1963; AMDC, Funarte.

O Marido Vai à Caça trouxe Feydeau de volta à cena da companhia e um clima mais teatral nos cenários e figurinos. (AMDC, Paraty.)

UMA EMPRESA
E SEUS SEGREDOS:
COMPANHIA
MARIA DELLA COSTA

para os Estados Unidos, para usufruir uma bolsa de estudos de teatro. Vale um parêntese para frisar que a influência americana no teatro brasileiro começou a se adensar então, ironicamente, por obra de dois líderes de esquerda – Augusto Boal, que trouxera a discussão sobre o método do ator, e Flávio Rangel, que iria trazer repertório, formas de conceber e de produzir a cena.

Em Nova York o diretor conheceu o texto ainda em ensaios e assim o Brasil foi o segundo país a montar o original que causou enorme comoção em todo o mundo. Em lugar de ser visto como uma prospecção vertiginosa da consciência do homem contemporâneo, a opinião pública mundial o recebeu como uma exposição indiscreta do casamento dilacerado do escritor com Marilyn Monroe[13]. A morte da atriz, em 1962, era muito recente e a peça foi acusada de profanação de cadáver.

Flávio Rangel voltou ao Brasil no começo de março, viu o comício do dia 13 de março de 1964 e achou que, no pouco tempo que ficara fora, o país mudara. Em 1961 tomara posse o presidente Jânio Quadros, para inaugurar uma década pródiga em crises, iniciada com a sua própria renúncia a 25 de agosto. O vice-presidente João Goulart – o Jango – assumiu o poder, apesar da oposição dos militares, graças à instituição do parlamentarismo. O clima era de efervescência política. Em 1963, através de plebiscito, foi restabelecido o regime presidencialista; as greves de trabalhadores e as mobilizações da direita não paravam de crescer. Ainda existia muita euforia, mesmo com inflação, instabilidade política e desemprego, até porque o Brasil se tornara bicampeão mundial de futebol em 1962 e em 1963 a Miss Brasil gaúcha Maria Ieda Vargas se tornara Miss Universo.

Em 1964 o presidente João Goulart regulamentou a lei sobre a remessa de lucros das empresas estrangeiras; as forças armadas decidiram pela derrubada do governo. Flávio Rangel, apesar das notícias que recebeu logo após o golpe militar de 31 de março de 1964, de que era uma das pessoas da classe teatral que corriam mais perigo (as outras eram Gianfrancesco Guarnieri, Juca de Oliveira e Paulo Francis), não saiu do país nem se escondeu. Ao contrário, partiu para traduzir a peça em parceria com seu primo Ênio Silveira, editor da Civilização Brasileira, uma das primeiras cassações do regime militar.

E o alerta era verdadeiro – o perigo era real. Nos "Cadernos da Fã", há um recorte de jornal – o único com data – narrando o depoimento de Maria Della Costa no DOPS, ao qual ela compareceu com elegância digna de nota, à la Marilyn, em provocante vestido de jérsei verde e casaco de pele de leopardo, comprado em Paris, que a imprensa anunciou ter custado três milhões de cruzeiros. O episódio figurou em várias notícias de jornal, sempre cercado pela aura que se associa às grandes estrelas: no DOPS, todos queriam tirar fotografias ao seu lado e ganhar autógrafos. A atriz fora chamada para explicar as suas viagens pelos países comunistas, o seu encontro com Sartre e as suas relações com Flávio Rangel, Gianfrancesco Guarnieri e o Partido Comunista. No dia seguinte, o diretor também se apresentou ao delegado Paulo Boncristiano para prestar depoimento[14].

13 Arthur Miller, *Depois da Queda*, exemplar datilografado, com anotações de autoria não identificada, contendo cortes do texto, indicações de entrada e saída e sonoplastia. AMDC, Funarte.

14 DOPS: Maria Della Costa fala de Sartre e Gimba, São Paulo: *Folha de S. Paulo* 12/05/1964, "Caderno da Fã", AMDC, Funarte.

Apesar de tudo, o trabalho de montagem prosseguiu sem problemas. A peça foi encenada por Flávio Rangel com o protagonista centrado na figura de Quentin e não em Maggie. O diretor convidou, primeiramente, Jardel Filho para fazer o papel principal. Mas o ator recusou a proposta, em função de outros compromissos. Paulo Autran foi o nome cogitado a seguir; ele já conhecia a peça através de Tônia Carreiro, mas não conseguira reservar os direitos, que já estavam com Flávio Rangel. Paulo Autran aceitou no ato. Segundo os jornais, recebeu o salário mais alto já pago a um ator então no teatro brasileiro: $800.000 por mês. E concordou com todas as propostas de Flávio, com todos os cortes feitos na peça. Depois da estreia, Arthur Miller teria enviado uma carta, com a última versão do texto, em que ele tinha feito cortes, e eles teriam coincidido em 90% com os cortes feitos por Flávio Rangel, segundo afirmou o diretor[15].

A peça teve uma pré-estreia beneficente para a WIZO no dia 22/7/1964 e em 23/07/1964 realizou uma sessão para crítica e convidados, entrando em temporada no dia seguinte. Foi um grande sucesso de crítica e de público[16]. Do ponto de vista artístico, Flávio Rangel considerava um de seus espetáculos mais importantes – quiçá o mais importante – devido ao equilíbrio que julgava ter obtido entre a emoção e a razão. A seu ver, teria conseguido sucesso na procura de uma forma de comunicação maior, mais intensa. Boa parte do acerto da proposta veio do cenário de Flávio Império – muito pensado e discutido até chegar à forma final, que conseguia ser despojada e lírica. A iluminação também foi um recurso muitíssimo importante, era explicativa e não decorativa; foram planejados 360 movimentos de luz que Ziembinski elogiou depois. O custo total da montagem, segundo um pequeno recorte sem identificação existente no "Caderno da Fã", teria sido de mais de dez milhões de cruzeiros.

Sandro Polônio e Maria Della Costa observaram em seu depoimento que Flávio Rangel não era diretor de atores, meticuloso, de instruir o elenco. Ele era antes o diretor do espetáculo, que não queria pausas, buscava incessantemente ritmo, ritmo, ritmo. Por isto, procurava ter grandes atores nos papéis centrais; o ator que não se cuidasse, ficava perdido. Assim, uma das poucas restrições à encenação foi relativa a fragilidades de escalação do elenco de apoio, suas hesitações ou mesmo inadequações[17].

Se no programa de O Marido Vai à Caça o empresário se lamentara da concorrência da televisão, em sua nova peça ele contava com "atores gentilmente cedidos" pela TV Excelsior, uma nova questão de mercado que então surgia e que permitiu ao crítico carioca Fausto Wolff acusá-lo de encenar de forma inadequada "o Hamlet do século XX", com atores secundários de novela de TV.

A bem sucedida carreira da peça fez com que diferentes edições do programa fossem realizadas. O programa da estreia registrou uma trégua relativa da oposição de Sandro Polônio ao governo, pois o espetáculo fora incluído nos planos da Comissão Estadual de Teatro e o empresário estava vendo com bons olhos a política que se pretendia implantar.

15 Ver a propósito J. R. Siqueira, op. cit.

16 A peça é, de todas as montagens da companhia, a que possui maior volume de material publicado na imprensa, de todas as que figuram no Acervo Maria Della Costa da Funarte. Do vasto conjunto, foram consideradas de particular importância as seguintes matérias: Sábato Magaldi, "Depois da Queda", São Paulo: O Estado de S. Paulo, 11/07/1964; Carvalhaes, sem título, São Paulo: Folha de S. Paulo, 25/7/1964 e 26/7/1964; Décio de Almeida Prado, Sobre o Texto de "Depois da Queda", São Paulo: O Estado de S. Paulo, 2/8/1964; idem, A Encenação de "Depois da Queda", São Paulo: O Estado de S. Paulo, 9/8/1964; Van Jafa, "Depois da Queda" Rio de Janeiro: Correio da Manhã, 10/11/1964; Henrique Oscar, "Depois da Queda"II, Rio de Janeiro: Diário de Notícias, 10/11/1964; Y. Michalski, "Depois da Queda", Rio de Janeiro: Jornal do Brasil, 10/11/1964; idem, "Depois da Queda" II, Rio de Janeiro: Jornal do Brasil, 11/11/1964; Fausto Wolff, "Depois da Queda"I, Rio de Janeiro: Tribuna da Imprensa, 11/11/1964; idem, Miller, "Depois da Queda", Rio de Janeiro: Tribuna da Imprensa, 12/11/1964; sem assinatura, Autran e Della Costa: Grau 10, Rio de Janeiro: O Jornal, 12/11/1964; Valter Galvani, "Depois da Queda" – O Texto, São Paulo: Folha da Tarde (Porto Alegre-RS), 23/11/1964; idem, "Depois da Queda" – Atores, São Paulo: Folha da Tarde (Porto Alegre-RS), 25/11/1964; sem assinatura, Apresentação de "Depois da Queda" no Rio de Janeiro, São Paulo: O Estado de S. Paulo, 03/10/1964; recorte de jornal não identificado, Autran deixa "Depois da Queda": Desentendimentos, Porto Alegre, dezembro de 1964.

17 Segundo o próprio Flávio Rangel, ele teria aprendido a dirigir graças a uma lenda que corria a propósito de Adolfo Celi, segundo a qual ele montava as peças com bonecos de chumbo em casa, antes de encontrar os elencos. Ele teria feito isto – comprou bonecos de chumbo e estudava toda a marcação, levando o espetáculo mais ou menos resolvido para os elencos que ensaiava. Por isto, vale observar, resolvia o espetáculo e não a direção de ator. Em J. R. Siqueira, op. cit, p. 47.

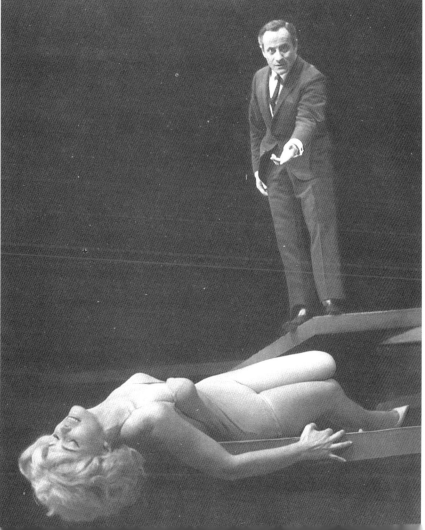

◁◁ Em resposta ao teatro político, o tema nacional-popular surgiu em cena sob um tom lúdico em *Pindura a Saia*. (AMDC, Paraty.)

△ De certa forma, a cenografia e a concepção geral de *Depois da Queda* sugeriam como se a cena de *O Canto da Cotovia* tivesse sido quebrada simbolicamente, em um ato novo de invenção, a proposta de um novo tempo teatral. (AMDC, Cedoc/Funarte.)

◁ Maria Della Costa e Paulo Autran, na ousada geometria humana de *Depois da Queda*. (AMDC, Paraty.)

◼ Maria Della Costa e Paulo Autran, *Depois da Queda*, cena de desespero existencial. (AMDC, Paráty.)

◼ Maria Della Costa e Carlos Alberto, que substituiu Paulo Autran e trouxe um colorido diferente para a interpretação. (AMDC, Cedoc/Funarte)

◾ Maria Della Costa e Paulo Autran, *Depois da Queda*, detalhe da interpretação, o clima de exposição intensa na cena limpa. (AMDC, Paraty.)

■ Maria Della Costa, *Depois da Queda*, detalhe da interpretação e composição da personagem. (AMDC, Paraty.)

Ainda assim, após completar dez anos da inauguração de seu teatro, suas conclusões eram "bastante pessimistas", pois a cidade crescera ao longo do período e a vida teatral não. Em São Paulo, naquela ocasião, existiam nas suas contas sete teatros, com cerca de dois mil e quinhentos lugares, se não fossem contadas as quatro casas dedicadas ao "rebolado". Muitos teatros, ainda, eram mantidos em péssimas condições pelo governo. A seu ver, a entrada não era cara, custava cerca de 1.500 cruzeiros, enquanto o preço de uma poltrona nos Estados Unidos era de dez dólares, ou seja, dez mil cruzeiros.

Ainda no programa, persistia o tratamento de Maria Della Costa como estrela, com profusão de fotos e um pequeno e curioso anúncio – "Maria como ela é" – em que a atriz aparecia em uma foto fazendo compras e louvando na legenda as virtudes dos produtos de beleza da Coty[18]. Das críticas de jornal, a única que teve um cálculo demolidor foi a de Fausto Wolff, no Rio de Janeiro, mas que ainda assim aprovou a interpretação de Paulo Autran e o cenário de Flávio Império, aliás, uma unanimidade absoluta.

A *plataforma* para a representação que ele criou, dividida em patamares, como que decomposta em planos geométricos, parecendo flutuar no ar, é sem dúvida um dos marcos visuais do teatro dos anos de 1960 e não há como não ver a sua importância na visualidade dos espaços contemporâneos do Arena que, por sinal, contaram com o mesmo cenógrafo. Era a cena livre para o ator e, ao mesmo tempo, a sugestão do mundo etéreo, volátil, contemporâneo, lugar da liberdade do indivíduo, e o território vago da consciência. Nenhuma imagem poderia ser mais eficiente, então, para falar da fugacidade da vida no século XX. Ou para falar da afetividade, do sensualismo e da fragilidade de Marilyn.

Precisamente a maioria dos críticos considerou a encenação exemplar, dotada de "notável força enquanto concepção visual, ao mesmo tempo plasticamente atraente, esclarecedora das ideias mestras da peça, e dramaticamente dinâmica", no dizer de Yan Michalski. O dispositivo cênico de Flávio Império, despojado, mas bonito, com vários planos de praticáveis, apresentava a vantagem de oferecer uma excelente margem para a movimentação das personagens.

Em seu depoimento, Sandro Polônio elogiou calorosamente o cenógrafo Flávio Império, definindo o cenário como genial. Segundo a sua descrição, ele era todo em platôs, mas apoiado em estacas de ferro que não eram vistas, provocando a impressão de que estava solto no ar, flutuando. A ação se passava toda nestes platôs, com luz, sem objetos, adereços. Na opinião do empresário, os dois cenários mais bonitos da história do TPA foram este e o do *Canto da Cotovia*.

Para muitos críticos, Maria Della Costa estava no "melhor desempenho de toda a carreira"; recebeu elogios que só eram superados por aqueles dedicados a Paulo Autran, pois nenhum crítico fez qualquer restrição, por mínima que fosse, ao trabalho do ator. Mas alguns receberam a atuação da atriz com reservas, como se ela estivesse em uma caracterização excessiva. A partir das fotos, é possível ver a intensa mutação da atriz, sua

[18] *Depois da Queda*, programa da peça, São Paulo: TMDC, 1964. Existem ainda os programas relativos ao TMDC, 1965; Rio de Janeiro: Teatro Dulcina, 1965; e Curitiba: Teatro Guaíra, 1965.

presença em cena como um turbilhão de afeto e de abandono, e dimensionar o trabalho da intérprete. Sem que se cogite desqualificar o olhar dos contemporâneos, parece imprescindível constatar a magnitude do trabalho realizado, em que a técnica de caracterização foi instrumento para a comunicação de um intenso fluxo interior, de sentimentos, intenções, desejos, pensamentos, de uma maneira de ser, enfim.

A temporada de sucesso não aconteceu apenas em São Paulo – estendeu-se ao Rio de Janeiro e alimentou algumas excursões. No Rio de Janeiro, à época da visita da companhia à cidade, estavam também em cartaz os seguintes espetáculos: *Os Pequenos Burgueses*, de Górki, com o Oficina, curiosamente um espetáculo mais velho do que a proposta do TPA; *Electra*, direção de Antonio Abujamra; *Diário de Um Louco*, de Gógol, com Rubens Corrêa, no Teatro do Rio (atual Cacilda Becker), nos primórdios da história do grupo Teatro Ipanema, e *As Feiticeiras de Salém*, também de Arthur Miller, direção de João Bethencourt. A Comissão do IV Centenário do Rio de Janeiro decidiu, inclusive, patrocinar a apresentação da peça por mais uma semana[19].

A montagem teve uma carreira bastante especial; em oito meses, foi vista por 56.799 espectadores. Conquistou um número elevado de prêmios – da APCT, de São Paulo, obteve os prêmios de melhor atriz, melhor ator, melhor cenário; do CICT, do Rio de Janeiro, recebeu os prêmios de melhor espetáculo, melhor atriz, melhor ator, melhor diretor; da Air France, conquistou o Prêmio Molière para a personalidade feminina do ano, Maria Della Costa, e do Prêmio Piratini, de Porto Alegre, ganhou as categorias de melhor espetáculo, atriz, ator e diretor.

Nem tudo foi paz na carreira da peça. No Rio Grande do Sul, quando o elenco estava em temporada no Teatro Leopoldina, de inauguração da casa, Paulo Autran desentendeu-se com Sandro Polônio e abandonou a montagem, retirando-se para São Paulo. A briga ocorreu porque uma emissora de televisão começou a gravar a peça sem que o produtor tivesse comunicado o fato ao ator. A companhia, então, fez um recesso de verão e em fevereiro de 1965 reorganizou a montagem com o ator Carlos Alberto, cujo desempenho também foi considerado excelente, mesmo por um inimigo declarado da montagem, como o crítico Fausto Wolff. A temporada de 1965, portanto, se deu sob nova escalação do elenco, mas sem que o sucesso da montagem diminuísse. Mas foi necessário parar com as apresentações porque Maria Della Costa precisou ser operada para a retirada de um ovário, segundo o seu depoimento.

Ao mesmo tempo, a situação política se agravava. Apesar de gostar de teatro e ir ver as peças pagando seu próprio ingresso, segundo Maria Della Costa, o presidente Humberto Castelo Branco não tomou quaisquer medidas favoráveis à mudança da sorte da cena, a cada dia pior. E com o agravamento da situação política em si, a intranquilidade aumentava vertiginosamente. O teatro, que tanto pressionara o governo para agir em prol da cena, agora se via diante do desafio de ter um *suposto grande aliado* – por vezes considerado como o que deveria ser o seu maior aliado – transformado em pior inimigo. Era um pouco como se a vovozinha

19 Recorte de jornal sem título, Rio de Janeiro: *O Globo*, 16/7/65, AMDC, Funarte.

se transformasse no lobo mau, com a diferença de que esta era a dura realidade e não uma história da carochinha.

A novidade imposta pelos anos de 1960 foi, antes mesmo do golpe de Estado, exatamente a inviabilização do próprio modo usado até então para fazer teatro, de acordo com o modelo moderno, um modo *pensado*, importado, que cogitava a parceria do Estado. O Estado não se mobilizara, como se viu, e o modo adotado se tornara impraticável, nas condições que vinham sendo sustentadas, graças à inflação galopante e às tremendas mudanças impostas ao país pela modernização. O TBC, desesperadamente tentando sobreviver na atribulada *fase nacional*, não resistiu aos novos tempos; primeiro, em 1962, depois de montar *A Revolução dos Beatos*, de Dias Gomes, Flávio Rangel saiu da casa para se tornar diretor independente. Depois, em 1964, após a encenação de *Vereda da Salvação*, de Jorge Andrade, direção de Antunes Filho, o TBC fechou as suas portas em definitivo.

As companhias que restavam começaram a abandonar a estrutura de companhia fixa e passaram a se organizar por montagem, com a contratação de elencos a cada produção. Logo surgiria o esquema de cooperativa, que será introduzido pelo próprio diretor Flávio Rangel a partir do modelo do cinema, inspirado no procedimento do Cinema Novo, que já se comentou aqui. A companhia de Maria Della Costa e Sandro Polônio vai ingressar em sua última fase, em que as produções não são tantas e o brilho de suas intervenções no mercado teatral não é tão intenso.

Ao mesmo tempo, o regime militar começou a se tornar bem mais duro. No dia 27/10/1965 o Ato Institucional nº 2 extinguiu os partidos políticos, impondo o bipartidarismo e eleições indiretas para todo o Executivo. A resistência ao governo começou a determinar o rumo da produção teatral. Em novembro deste ano, na II Conferência Interamericana da OEA, no Hotel Glória, o presidente Castelo Branco discursou em defesa da Força Interamericana de Paz e um pequeno grupo de ativistas se manifestou na rua, com faixas, gritando. Os seus componentes foram presos. O grupo era formado pelos cineastas Glauber Rocha, Joaquim Pedro de Andrade, Mário Carneiro; pelo embaixador Jayme de Azevedo Rodrigues; pelos jornalistas e escritores Antônio Callado, Carlos Heitor Cony e Márcio Moreira Alves; pelo poeta Thiago de Mello e pelo diretor Flávio Rangel. Os "oito da Glória", como ficaram conhecidos, passaram dez dias presos, incomunicáveis, no I Batalhão da Polícia do Exército, na rua Barão de Mesquita. A reação da imprensa e dos meios intelectuais foi forte e a liberdade veio no dia 28/11 para a maioria e para Thiago de Mello no dia 02/12.

Em tais condições, o TMDC viu apenas em 1966 a remontagem de *A Alma Boa de Se-Tsuan*, de Brecht, comemorativa dos dez anos de sua morte. Como já se comentou, o empreendimento foi muito menos bem sucedido do que a versão original e teve caráter episódico. Em função das enormes dificuldades políticas, uma outra novidade agitou o ano – a candidatura de Maria Della Costa a deputada estadual pelo MDB, o partido de oposição criado pelo governo. Apesar da votação elevada que conquistou – cerca de seis mil votos – Maria Della Costa não foi eleita,

UMA EMPRESA
E SEUS SEGREDOS:
COMPANHIA
MARIA DELLA COSTA

em parte por causa da fragilidade da legenda, em parte por causa das dificuldades decorrentes do conflito entre *nome oficial* e *nome artístico*.

Talvez em virtude das despesas da eleição, talvez em função do longo tempo parado, sem dúvida por causa das duas hipóteses e por causa do clima hesitante da época, o TMDC voltou à cena com duas montagens seguidas francamente comerciais, cujas qualidades de produção também foram muito discutidas pelos críticos, que condenaram o mau acabamento e a pobreza de concepção.

A primeira peça foi *Maria entre os Leões*, de Aldo de Benedetti, um texto sem qualquer pretensão a não ser o riso mais gratuito. O caráter singelo da produção pode ser percebido de saída no programa, um dos mais modestos da história do TMDC. Nele se pode encontrar uma novidade – Sandro, além de produtor, é o cenógrafo. Só que o cenário, ao contrário do desejo do teatro moderno, era na verdade uma decoração com móveis e outros apetrechos decorativos "gentilmente cedidos" por três empresas, identificadas no programa logo abaixo da ficha técnica. Quem anunciava o novo cartaz era ainda o Teatro Popular de Arte, mas não existia mais nenhuma insinuação a respeito da natureza da empresa, nem sequer a listagem de suas montagens anteriores ou dos trabalhos de sua primeira atriz. Ela, aliás, está na foto da capa, elegante e séria.

Por ironia, no programa, em que não foi incluído texto de Sandro, foi reproduzida uma notável crônica de Carlos Drummond de Andrade – *Fim da Cultura* – em que o poeta, com agudo senso de humor, criticava a supressão da palavra cultura da nova Constituição, bem como os artigos que anteriormente afirmavam que era dever do Estado ampará-la. Sandro escreveu apenas uma pequena nota, no final do texto, declarando que achara oportuna a transcrição do original "no momento em que o Brasil atravessa uma das suas mais sérias e tristes crises".

Os críticos foram impiedosos com a montagem: para eles, era teatro comercial ruim. Praticamente, não sobrou nada da proposta. O espetáculo foi considerado lamentável, erguido precariamente a partir de um texto tolo que a tradução piorou. A interpretação recebeu avaliações de desqualificação total – estava péssima, com o recurso a cacos e cheia de erros, excetuando-se a atriz, que teria respeitado o texto. A direção de Alberto D'Aversa foi considerada falha, o cenário medíocre, o figurino – planejado para fazer da cena um desfile – pior "do que teatro de revista". Na realidade, para *O Estado de S. Paulo*, a companhia estava oferecendo velhos telões desenterrados do porão e móveis emprestados, combinados com figurino arranjado sob o esquema de permuta: quer dizer, Maria Della Costa se comportava como modelo, em troca de vestidos grátis *em desfile*.

Apesar de algumas referências, nos jornais colecionados, insinuarem que houve sucesso de bilheteria, Sandro Polônio em seu depoimento sustentou que não foi o caso, situação que atribuiu também à montagem seguinte[20]. E tudo indica que a versão é verdadeira, ao menos com relação ao texto de Aldo de Benedetti – durante a temporada foi instituído o ingresso mais barato uma vez por semana (NCr$ 1,50) e ainda assim a vida da peça foi curta.

20 As principais referências foram extraídas de: Aldo de Benedetti, *Maria entre os Leões*, exemplar datilografado, 64 p.; *Maria entre os Leões*, programa, São Paulo: TMDC, 1967; Maria Vai Voltar: Teatro e Política, São Paulo: *Folha de S. Paulo*, 3/12/1966; Marco Antonio de Menezes, É Triste Assistir "*Maria entre os Leões*", São Paulo: *Jornal da Tarde*, 16/1/1967; Alberto D'Aversa, Autocrítica n.2 com "*Maria entre os Leões*", São Paulo: *Diário de S. Paulo*, 22/1/1967. AMDC, Funarte.

A trajetória de *A Próxima Vítima*, de Marcos Rey, o espetáculo seguinte, não foi muito diferente quanto ao conceito atribuído pela crítica — também aqui o que os colunistas viram em cena foi teatro comercial ruim[21]. É importante destacar, contudo, um sinal ameaçador dos tempos teatrais vividos unindo as duas peças, que não chegou a ser considerado pelos críticos — as fichas técnicas tornaram-se reduzidas, os elencos encolheram. No entanto, a exigência dos críticos não faz justiça a certas nuanças. A rigor, tratava-se agora de algo um pouco mais trabalhado, a julgar pelo programa da peça: afinal era uma montagem que contava com o apoio do governo do Paraná, estado que iniciara uma escalada muito produtiva de apoio ao teatro.

O texto de Sandro Polônio no programa de sala comentava a circunstância, insistindo, contudo, na omissão do governo federal. O empresário indiretamente mostrava como a sua empresa fizera mais, ao longo de sua existência, pelo autor nacional do que o órgão público. Além de seu texto, o programa apresentava a foto do rosto de Maria Della Costa, que já se convencionara expor logo na abertura, e mais as fotos pequenas no interior indicando momentos da carreira da atriz, em um total de dezoito. Mais uma vez estava ausente a estrutura da companhia; apenas o nome Teatro Popular de Arte tornou a figurar apresentando a ficha técnica.

Dentre os críticos, o texto de Décio de Almeida Prado é uma joia rara de humor e corrosão: liquidou a montagem com brilhantismo da primeira até a última linha. Ele destacou o fato de que o autor era escritor de televisão e não tinha — não tivera — o fôlego essencial para escrever uma peça de teatro. O público ficava exausto de ver tanta conversa, acompanhada de pouquíssima ação, quando o caso era de uma trama policial em que uma linda mulher surgia como suspeita de matar quatro de seus maridos. Na realidade, a seu ver, existiam funções e não personagens, e a fragilidade do texto era seguida por igual condição na direção, também neste cartaz de Alberto D'Aversa, e nos desempenhos, a um ponto que Maria Della Costa voltara a andar e a se exibir como modelo. Para o crítico, o cenário de Túlio Costa era um pouco menos ruim do que o resto e os figurinos ofereciam a chance, até agradável em algum sentido, de se ver uma mulher bonita em trajes excêntricos ou escassos...

Mas, surpreendentemente, o problema da baixa qualidade da peça não era muito grave para o articulista: pela primeira vez em tanto tempo, o crítico reconheceu que Maria Della Costa e Sandro Polônio já tinham acostumado a todos aos altos e baixos do seu repertório — "O que ganham honestamente com o teatro fácil gastam honestamente com o chamado teatro difícil". Portanto, era de se esperar que em seguida a companhia retornasse ao "seu verdadeiro nível".

A peça seguinte de certa forma confirmou o comentário do crítico; foi mais longe até, pois privilegiou outro autor nacional. O TPA lançou no mesmo ano o polêmico *Homens de Papel*, de Plínio Marcos (1935-1999), autor que radicalizara brutalmente a questão do realismo, inclinando-se por uma espécie de naturalismo psicológico exacerbado, enveredando pelo exame mais cru e incisivo da larga faixa social dos excluídos que

[21] Considerou-se em particular: Marcos Rey, *A Próxima Vítima*, Rio de Janeiro: *Revista de Teatro*, SBAT, julho/agosto de 1967; *A Próxima Vítima*, programas, Curitiba: Teatro Guaíra, 1967; Pelotas: Teatro Gonzaga, 1967, Porto Alegre: Teatro Leopoldina, 1967; Delmiro Gonçalves, Maria, a Vítima, São Paulo: *O Estado de S. Paulo*, 5/7/1967; Sábato Magaldi, Poucas Palavras para Esta Vítima, São Paulo: *Jornal da Tarde*, 5/7/1967; Décio de A. Prado, "*A Próxima Vítima*", São Paulo: *O Estado de S. Paulo*, 8/7/1967. AMDC, Funarte.

constituíam uma imensa parcela sombria da sociedade brasileira, o *lumpesinato*. O tema do texto *longo*, pois em dois atos, considerando-se a obra do autor até então, feita de atos únicos, era rascante. Em cena estava uma comunidade de catadores de papel, às voltas com suas misérias e doenças e com a exploração mais sórdida de seu trabalho por um atravessador. De certa forma, eram as entranhas da grande cidade, pintadas em tons fortes e pesados. Nada poderia estar mais distante da aura de estrela que envolvia a atriz neste momento – de saída, a proposta era de extrema ousadia.

No entanto, mesmo sendo peça nacional, talvez a encenação não se tratasse exatamente de um risco: o autor estava *na moda*, propiciava um novo *sucesso de escândalo* para a história do TPA. Era o décimo primeiro texto que o autor escrevia, era a terceira peça sua montada no mesmo ano, que ainda veria mais um original seu chegar à cena. O Rio já vira montagens de *Dois Perdidos Numa Noite Suja* e *Navalha na Carne*; em São Paulo, a estreia no TMDC coincidia com a de *Quando as Máquinas Param*, no anexo do TBC. A bem da verdade, o autor, apesar de ser paulista, conseguira se impor muito mais no Rio do que em São Paulo. Ainda assim, Décio de Almeida Prado abriu o texto de sua crítica afirmando que "1967 ficará como o ano no qual as companhias paulistas descobriram que representar Plínio Marcos é um bom negócio tanto artístico como econômico", isto depois de um longo jejum, em que se pensara justamente o contrário.

No programa da peça foi publicado o tradicional texto de Sandro Polônio, desta vez falando em 'recomeço' das carreiras e enumerando as encenações do Teatro Popular de Arte, que teria sido fundado em 1950 (sic). Na temporada carioca, foi incluído um texto sem assinatura, "Teatro como Manifestação Cultural", com certeza do Serviço de Teatro da Secretaria de Educação e Cultura, patrocinador da temporada. Após defender a importância social do teatro ao longo da história, recorrendo até ao discutível exemplo dos jesuítas e sua catequese, o texto comentava as iniciativas do governo de São Paulo a favor do teatro, enumerava as dificuldades existentes para a atuação do órgão carioca equivalente e citava a organização de um plano racional para o Serviço de Teatro que estaria em curso. O texto sintoniza com a preocupação permanente do produtor com a própria sobrevivência do teatro.

Já a foto de Maria Della Costa na abertura do programa apresentou uma mudança radical de concepção: ela aparece de corpo inteiro, abrindo o vestido (está com uma blusa por baixo) como se sugerisse que estava abrindo o peito e está sorrindo – o que é muito raro em sua galeria de fotos, pois o sorriso, sempre discutível em fotos profissionais, não era considerado favorável ao seu rosto. Abaixo, a legenda: "Estou falando com todos!!!"

A montagem alcançou em geral razoável sucesso de crítica em São Paulo, mas teve desempenho bem mais fraco no Rio de Janeiro, cidade em que a maioria dos críticos contestou o valor do texto – seria um retrocesso na obra do autor –, questionou a fragilidade da direção, de Jairo Arco e Flexa, e o tom declamatório do desempenho de Maria. Também foi recriminado o caráter teatral, decorativo, do cenário e dos figurinos,

△ *Depois da Queda*, concepção geral e cena final, de agradecimento. (AMDC, Cedoc/Funarte)

◁ *A Próxima Vítima*, a foto clássica do elenco em um cartaz considerado por muitos como simples cálculo comercial. (AMDC, Paraty.)

△ Uma nova ousadia: o universo violento de Plínio Marcos em *Homens de Papel*. (AMDC, Paraty.)

▷ Um sonho antigo que reatava com o clima da primeira luta moderna: Maria Della Costa em *As Alegres Comadres de Windsor*. (AMDC, Cedoc/Funarte.)

de Clóvis Bueno, que os críticos desejavam realistas. É bem verdade que, para Décio de Almeida Prado, Maria Della Costa apareceu como uma Joana D'Arc das sarjetas, devido à escala de grandeza usada em seu desempenho, o que não foi exatamente um elogio completo, pois ele queria apontar um certo tom desmedido em seu desempenho e a falta de unidade no elenco. Mas a tônica não foi semelhante em todos os textos críticos, nem sempre houve tanta sutileza[22].

Em seu depoimento, Sandro Polônio afirmou que a peça foi bem, não foi um estouro de bilheteria, como *Navalha na Carne*, que fora montada por Tônia Carrero. Nos dois casos, além do caráter *maldito* do autor, que começava a se diluir, existiu um cálculo de escândalo assemelhado: duas atrizes lindas apareciam em cena sem maquiagem adequada e sem *glamour*, defendendo mulheres de baixa condição social maltratadas pela vida. Um detalhe interessante que o empresário destacou na entrevista concedida à pesquisa foi o fato de ter lançado um novo diretor com a montagem, Jairo Arco e Flexa, mas que, todavia, não tinha *garra* de diretor – foi preciso que ele próprio e Plínio Marcos metessem a mão no espetáculo para salvá-lo, senão seria um desastre. O diretor, aliás, foi um dos alvos preferidos dos críticos, em especial no Rio de Janeiro, sofrendo restrições até mesmo nas poucas críticas cariocas favoráveis e empolgadas, como a que foi assinada por Luiza Barreto Leite.

Outro dado curioso: dentre as poucas críticas favoráveis publicadas no Rio, a mais entusiasta de todas foi a assinada por Brício de Abreu, representante da velha geração ainda em atividade. O articulista limitou o seu comentário ao texto e ao trabalho dos atores, sem qualquer referência ao diretor ou à direção. Ainda que ecoasse declarações de Maria Della Costa à imprensa, ele foi o único carioca a reconhecer o talento cintilante de uma jovem atriz que estava sendo lançada pela companhia – Walderez de Barros.

Para completar o inventário da encenação, vale destacar que Sandro Polônio recorreu a um dos antigos estratagemas: buscar o escândalo, que outrora usara no Rio. Foi publicado um anúncio grande na imprensa, anunciando a estreia "amanhã", com uma foto de Maria Della Costa no centro, vestida como a personagem, e cabeçalho e rodapé com declarações do próprio autor e trechos favoráveis das críticas paulistas. Cinco textos exaltavam o trabalho da atriz, um exaltava a proposta. O anúncio informava o preço do ingresso para estudantes, mais barato nas vesperais (NCr 2, 00) e com 50% de desconto nas sessões noturnas.

Observe-se que em São Paulo também existiu uma corte intensa aos estudantes, boa parte do público da hora; fora organizado um concurso de textos sobre a montagem, com prêmios em dinheiro; não foi possível descobrir o resultado da promoção. No Rio, além disso, uma nova circunstância aflorou para indicar o ar do tempo – quem assinava a festa não era mais o TPA. Retornava a maneira mais antiga de anunciar os espetáculos, com a velha fórmula "Sandro apresenta..." Agora, no entanto, o objeto do reclame era outro; desaparecera a ideia de equipe e o nome Maria Della Costa é que completava o verbo, em letras garrafais.

O MODERNO BRASILEIRO / MODERNO MORENO

22 Foram considerados em particular os textos: Plínio Marcos, Homens de Papel, exemplar datilografado, 56 p., Biblioteca do INACEN, cópia doada por Maria Della Costa e Sandro Polônio, com anotações; Homens de Papel, programa, São Paulo: TMDC, 11/10/1967; Desfila Violenta no Palco a Vida dos Catadores de Papel, São Paulo: Diário da Noite, 09/10/1967; Yan Michalski, "Homens de papel" em Carne e Osso, Rio de Janeiro: Jornal do Brasil, 12/11/1967; Alberto D'Aversa, "Homens de Papel" I, São Paulo: Diário de S. Paulo, 05/10/1967; idem, "Homens de Papel": o Texto (II), São Paulo: Diário de S. Paulo, 06/10/1967; idem, "Homens de Papel": Estilo e Linguagem (III), São Paulo: Diário de S. Paulo, 07/10/1967; Décio de Almeida Prado, Duas Peças de Plínio Marcos, São Paulo: O Estado de S. Paulo, [s.d.]; João Apolinário, "Homens de Papel", São Paulo: Última Hora, 13/10/1967; Paulo Mendonça, "Homens de Papel", São Paulo: Folha de S. Paulo, 15/10/1967; Henrique Oscar, "Homens de Papel" no Teatro João Caetano, Rio de Janeiro: Diário de Notícias, 30/11/1967; Yan Michalski, Homens de Papel Pintado, Rio de Janeiro: Jornal do Brasil, 05/12/1967; Fausto Wolff, "Homens de Papel" e "Uma Pulga na Balança", Rio de Janeiro: Tribuna da Imprensa, 06/12/1967. AMDC, Funarte.

UMA EMPRESA
E SEUS SEGREDOS:
COMPANHIA
MARIA DELLA COSTA

A próxima montagem só aconteceu no ano seguinte, com a estreia no dia 10/07/1968 e um resultado bem mais discutível, muito embora não fosse exatamente *teatro comercial, bom ou ruim*. A peça escolhida foi *Abre a Janela e Deixa Entrar o Ar Puro e o Sol da Manhã*, de Antonio Bivar (1939-), quer dizer, texto de novo de um autor nacional. Era um texto decididamente marcado por sua época, pródigo em valores ditados pela atmosfera política do tempo, com duas prisioneiras em uma ilha convivendo com um carcereiro e, depois, uma carcereira, sem que se explicasse a situação básica, realista, por critérios realistas. A peça se desenrolava sob uma aura de hermetismo e o resultado de crítica e público espelhou tal condição. Em seu depoimento, Sandro Polônio situou a peça como um momento fraco, sem maior projeção, ainda que uma nova luta estivesse configurada, a luta política contra a censura e o arbítrio do governo militar.

A direção coube a Fauzi Arap, exatamente o diretor que assinara a montagem de *Navalha na Carne*, texto de Plínio Marcos em que Tônia Carrero alcançara extremo sucesso. Vale frisar que o diretor fora citado na crítica de Yan Michalski de *Homens de Papel* como contraponto ideal para demonstrar os erros cometidos por Jairo Arco e Flexa na direção; aliás, para o mesmo crítico, autor de um dos comentários mais demolidores escritos na época contra a peça, *Homens de Papel* era um texto muito ruim.

O programa, como o da montagem anterior, também espelhou a época vivida: a contestação jovem, as drogas, a contracultura e o movimento *hippie* repercutiam na sociedade em geral, influenciavam o gosto do momento. Há um toque de *psicodelismo* no ar. Na capa, em uma espécie de *colagem*, um caleidoscópio de mãos e rostos construiu um painel em que se destacava o rosto de Maria Della Costa; outra montagem foi usada para figurar Sandro Polônio, cuja foto saía de dentro de outra foto dele cortada ao meio. Diversas fotos do elenco em cena, contracenando, apresentavam momentos da peça com molduras nas páginas sugerindo grades. O texto de Sandro Polônio foi substituído, sem comentários, por um texto de Herman Hesse a respeito do humor. Uma página, enfim, apresentava trechos de personalidades históricas sobre a censura, sob o título *O Que Pensamos sobre a Censura*.

Não se tratava de mera alusão ou referência gratuita. Um recorte de jornal da época informava que a peça encontrou dificuldades com a censura. Assim, em um ato coletivo de protesto, a reportagem informava que todos os espetáculos em cartaz na cidade atrasaram o seu início em uma hora, para que os elencos comparecessem à estreia, realizada sem o alvará da censura – Sandro decidira estrear sem ter o alvará de liberação do texto[23]. Uma grande agitação política contra a censura mobilizava a classe teatral, revoltada com as restrições ao seu direito de criação e com os prejuízos que atingiam as produções. Um dos assuntos quentes da matéria é a proibição do texto de *O Rei da Vela*, sucesso recente do grupo Oficina. Uma das vozes mais exaltadas é a de Cacilda Becker, que presidia a Comissão Estadual de Teatro de São Paulo.

As condições históricas estavam se tornando cada vez mais distantes dos tempos que viram o nascimento do teatro moderno brasileiro, nos

23 As principais fontes usadas foram: Antonio Bivar, *Abre a Janela e Deixa Entrar o Ar Puro e o Sol da Manhã*, Rio de Janeiro: *Revista de Teatro*, SBAT, jan.-fev. 1969; *Abre a Janela e Deixa Entrar o Ar Puro e o Sol da Manhã*, programa, São Paulo: TMDC, julho de 1968; recorte de jornal, sem título e sem assinatura, São Paulo: *A Gazeta*, 11/07/1968; Alberto D'Aversa, Sandro Abriu a Janela e Deixou Entrar... (2), São Paulo: *Diário de S. Paulo*, 14/07/1968; Paulo Mendonça, Abre a Janela, São Paulo: *Folha de S. Paulo*, 21/07/1968. AMDC, Funarte.

anos de 1940. No dia 13/03/1967 tomara posse o presidente Costa e Silva, tradução fiel do endurecimento do regime militar. Na cena teatral, as posições polarizavam-se entre aqueles que defendiam um teatro da palavra, da mensagem e do engajamento, ainda que cifrados a um ponto tal que se tornavam incompreensíveis, e os que defendiam o rompimento radical com todos os valores da sociedade careta e repressora. Foi o que o diretor Flávio Rangel chamou de embate entre o teatro civilizatório, teatro da razão, que ele próprio defendia e defendeu até certa altura de sua carreira, e o teatro anárquico, teatro da agressão. Os melhores exemplos deste último surgiram da mão do diretor José Celso Martinez Corrêa, que à frente do grupo Oficina encenara O Rei da Vela, em 1967, e, fora do grupo que cada vez mais se contrapunha ao Arena, Roda Viva, de Chico Buarque, em 1968.

A revolta começou a sacudir a classe teatral e nem sempre de forma muito sensata. Em 1968 o diretor José Celso Martinez Corrêa propôs a ocupação do Teatro Nacional de Comédia e a proposta foi aceita pelo grupo Opinião, que tentava com frequência esfriar os ímpetos mais incendiários da categoria. No mesmo ano foi aprovada em assembleia da classe a devolução dos Prêmios Saci, como represália contra o jornal *O Estado de S. Paulo*, que publicara um edital que teria ido contra a classe teatral. A proposta foi feita por Walmor Chagas e Bráulio Pedroso.

As estatuetas foram levadas do Teatro de Arena para o prédio do jornal, mas, como os artistas não puderam entrar, optaram por deixar lá, simbolicamente, apenas uma estatueta. Ainda assim, muitos dos contemplados com o prêmio, inconformados com a ameaça de perda de suas estatuetas, mas sem coragem para contrariar a ala radical, encenaram a devolução do prêmio, sem consumá-la. O único resultado concreto obtido, lamentável, foi o que fora anunciado: o crítico Décio de Almeida Prado, que lutara muito para que o prêmio fosse criado, abandonou a crítica teatral. E ajudou a esboçar o contorno de um tempo teatral novo.

Ainda em 1968, novas prisões atingiram o meio intelectual e entre os prisioneiros estava o diretor Flávio Rangel, que teve os seus cabelos raspados, como forma de humilhação. No dia 26/06/1968 acontecia a passeata dos cem mil. Ao longo do ano, o Comando de Caça aos Comunistas entrou em ação contra a classe teatral e atacou o espetáculo *Roda Viva*. O país vivia um tempo de extrema tensão, desfavorável à produção cultural, pois não havia liberdade de pensamento, nem de debate de ideias; assim, foi natural acontecer a *reificação* da palavra, ao lado da *fetichização* do corpo, as duas modalidades principais de expressão do teatro nos tempos mais duros da ditadura.

Outro acontecimento do ano digno de nota foi a mudança jurídica da empresa de Sandro Polônio. O Teatro Popular de Arte desapareceu, substituído pela firma Teatro Maria Della Costa; Gentile Maria Marchioro – Maria Della Costa – passou a fazer parte da firma e deixou de ser funcionária, condição em que estivera até então[24].

O final do ano foi marcado por uma mudança política ainda mais dura – a promulgação do Ato Institucional nº 5, que acabou de liquidar as liberdades políticas existentes. Por coincidência, no mesmo dia estava

[24] Fundo de Garantia por Tempo de Serviço: relação mensal de empregados afastados, Teatro Popular de Arte, 18/12/1968, AMDC, Funarte.

UMA EMPRESA
E SEUS SEGREDOS:
COMPANHIA
MARIA DELLA COSTA

acontecendo o ensaio geral de *Galileu Galilei*, do Oficina, direção de José Celso Martinez Corrêa.

No depoimento do casal, esta época apareceu envolta em sombras, como um emaranhado de más lembranças, com as notícias ruins e as dificuldades somando-se. Não foi possível conduzir as memórias dos dois em um sentido linear, não foi possível levá-los a estabelecer uma cronologia límpida dos fatos. Um episódio particularmente soturno foi contado alternadamente por Maria Della Costa e Sandro Polônio – foi, após a ida ao DOPS para depoimentos, a intimação para que a classe teatral paulista pagasse um suborno, condição imposta para que o processo *morresse* em São Paulo, não seguisse para o Rio de Janeiro. Seria uma modalidade de chantagem; ou de assalto. Apenas duas ou três empresas aceitaram contribuir e Sandro Polônio foi o encarregado de entregar o dinheiro; o empresário afirmou que a entrega foi em um automóvel, em que estavam alguns policiais. O carro ficou rodando por São Paulo: os agentes morriam de medo de cair em uma armadilha, sentimento que era também o de Sandro Polônio, que achou que seria assassinado. Maria Della Costa contou que teve a mesma sensação, com a demora do marido em regressar para casa.

Outro episódio tenso foi a prisão de Plínio Marcos. O responsável por sua prisão, não identificado no depoimento, nutria uma raiva intensa contra o dramaturgo porque achava que ele atentava contra a moral, com os palavrões de seus textos. A comissão que foi negociar a sua libertação contou com a presença da atriz, a única que o carcereiro anônimo deixou entrar. Depois de muita argumentação, o autor foi posto em liberdade, mas Maria Della Costa ficou responsável por ele e sob a ameaça de que, se ele fizesse algo *errado*, ela é que iria para a cadeia em seu lugar.

25 A peça conta com um volume razoável de recortes de jornal, pois a excursão feita ao Nordeste foi bem documentada. O material usado foi: E. Albee, *Tudo no Jardim*, exemplar datilografado, 77 p.; idem, programas, São Paulo: TMDC, 1968 e Rio de Janeiro: Teatro Santa Rosa, 1971; Paulo Mendonça, "Tudo no Jardim", São Paulo: *Folha de S. Paulo*, 11/11/1968; João Apolinário, No Maria Della Costa enterraram "Tudo no Jardim", São Paulo: *Última Hora*, 9/1/1969; A. C. de Carvalho, Tudo Acontece Entre o Jardim e o Dólar, São Paulo: *O Estado de S. Paulo*, 10/1/1969; Yan Michalski, "Tudo no Jardim", Rio de Janeiro: *Jornal do Brasil*, 1/5/1971; José Arrabal, No Jardim Somente Um Dramaturgo Morto, Rio de Janeiro: *O Jornal*, 4/5/1971, Yan Michalski, Nem Tudo Está no Jardim, Rio de Janeiro: *Jornal do Brasil*, 6/5/1971; Henrique Oscar, "Tudo no Jardim", Rio de Janeiro: *Diário de Notícias*, 7/5/1971; R. de Cleto, Em Defesa de Um Defunto, Rio de Janeiro: *O Dia*, 23/5/1971. AMDC, Funarte.

Com este pano de fundo surgiu a montagem seguinte, a última colaboração de Flávio Rangel com o casal, um insucesso bastante estrondoso, *Tudo no Jardim*, de Edward Albee (1928-). Para Flávio Rangel, segundo o seu biógrafo, a escolha não poderia ter sido mais infeliz e os estudantes chegaram a propor que o diretor fosse "enterrado" nos jardins da praça da República, para acabar com este tipo de comportamento artístico, este tipo de teatro[25].

Sem dúvida tratava-se de um texto menor, *Everything in the Garden* (1967), na realidade uma adaptação de uma comédia de Giles Cooper. A história revelava uma bela mulher que, sem que o marido soubesse, se dedicava à prostituição de luxo para que pudessem manter o *status* com que sonhavam. Um pouco antes do início de uma festa oferecida pelo casal, ele descobre a situação. Na festa, com a aparição da cafetina, todos ficam cientes de que as mulheres trabalhavam na mesma casa: os outros maridos sabiam. Eles conseguem conquistar a adesão do *novato* e juntos optam pela abertura de uma nova casa, pois a polícia fechara a anterior. Os planos são atrapalhados com a chegada de um amigo rico, que deixara sua fortuna para o casal, sem que os dois soubessem. Como ele descobriu tudo, eles o matam, com medo, e enterram o corpo no jardim.

Era o tipo da trama, com abordagem realista, perfeitamente inadequada para o momento, em particular porque o diretor se destacava por sua oposição política frontal à ditadura. Também os críticos em sua maioria atacaram a proposta, alegando que era fraca em si. Alguns partiram mesmo do fato de a peça não ser original do autor, condição que não fora divulgada pela montagem. Albee já possuía um perfil de sucesso aqui, graças às montagens de *História do Zoo* e *Quem Tem Medo de Virgínia Woolf*.

No programa da peça, depois de tantos anos, voltou a aparecer a forma de apresentação corrente no início da história do TPA, usada no Rio para o lançamento de *Homens de Papel*: "Sandro apresenta..." O programa da estreia, aliás, aproveitou muitas das fotos e soluções usadas na montagem da peça de Bivar. E o texto tradicional de Sandro Polônio voltou a aparecer, marcado por um tom melancólico; na abertura, ele afirmou: "De há muito venho falando que o teatro, da forma como vem sendo feito, nos levaria a uma crise de grande profundidade". O texto prosseguia considerando as razões que levaram ao afastamento do público e à constatação de sua redução. Para o empresário, não adiantava que se considerasse a aquisição de um novo público, os estudantes, porque eles só se interessavam por espetáculos de alta categoria e pelos espetáculos de protesto e denúncia. A desvantagem a seu ver era clara, pois houve perda do público tradicional e, além disso, os estudantes só pagavam meia entrada.

O texto tratava, em seguida, do velho tema da omissão dos homens públicos com relação ao teatro. E não se furtava em oferecer uma proposta objetiva de ação, para que o teatro voltasse "à sua antiga qualidade de outrora", mas que deveria caber à Comissão Estadual de Teatro, pois as iniciativas particulares já tinham tentado tudo, sem conseguir se afirmar soberanamente, distantes dos cofres públicos. Era preciso mudar os critérios de ação da comissão, que estavam errados, a seu ver, pois os grupos cujas longas carreiras já tinham revelado competência e honestidade deveriam receber apoio maior.

O empresário citava, em resumo, a própria história de sua equipe e lamentava o fato de ver que recebia por vezes a mesma subvenção que um grupo novato assinando um espetáculo menos importante. A solução – e aí o apego ao velho sonho de sua geração, de contar com teatros estáveis, era o que falava mais forte – seria a escolha de quatro ou cinco companhias idôneas, com casa própria, para o desenvolvimento de um programa de cerca de oitos meses de duração, com a contratação de elenco permanente e espetáculos de alto nível, para subvencionar muito bem. Uma verba menor seria dedicada aos grupos menores, às novas experiências e às excursões, mesmo que a atitude provocasse gritaria. O empresário fechava o texto confessando que, com a crise, esteve pensando em vender o seu teatro.

Mais uma vez a voz de Sandro ecoou sem resposta, aliás, uma situação de que ele também se queixara no texto. E a montagem, que voltara a ser um tanto generosa, pois reuniu onze atores, o diretor Flávio Rangel e o cenógrafo Túlio Costa, não teve, no entanto, indicação de figurinista. Os trajes masculinos foram criação exclusiva da loja Ducal, os femininos de Jason Bueno, cujo ateliê ficava na rua da Consolação, em tecidos Scala d'Oro. Uma pequena lista dos nomes e endereços de fornecedores de objetos ou artigos usados em cena integrou a ficha técnica. No programa do Rio, diferente do paulista que recorrera à citada colagem criada na peça anterior, a capa é uma foto de Maria Della Costa em *close*. Também neste caso os figurinos não contaram com autoria artística – foram obra de Nicole de la Rivière Couture, na avenida Copacabana, assim como os móveis foram gentilmente cedidos por Kogut, uma loja de Ipanema.

No programa paulista não foi feita qualquer referência à história da empresa: o passado sumiu de cena. No Rio, uma lista das peças montadas pelo TMDC, divididas em "repertório encenado" e "somente em excursão" era o único traço singelo de sugestão histórica. Dentro do programa, ironicamente, uma outra alusão ao passado ocupava uma página inteira: o anúncio de uma outra peça em cartaz no Teatro Copacabana, *O Camarada Mioussov*, assegurava que o público desfrutaria de "Duas horas de riso contagiante e contínuo". Era "o maior elenco de artistas de teatro e TV reunidos num só espetáculo": Ari Fontoura, Felipe Carone, Zilka Salaberry, Arlete Salles, Maria Cláudia, Maria Luiza Castelli, Araci Cardoso, Estelita Bell, Oswaldo Louzada, Lajar Muzuris e Adriano Reys. O vasto rol de personalidades não contemplava a direção.

Apesar das reivindicações de Sandro, o cenário geral permaneceu sem maiores mudanças e a peça fez alguma carreira em excursão nacional, por sinal organizada com o apoio do Serviço Nacional de Teatro. Isto apesar dos ataques que recebeu, por parte dos críticos, alguns bastante incisivos. Houve um número razoável de restrições ao texto, que por vezes se estendem ao próprio autor, considerado como um dramaturgo menor, um "gênio inventado", no dizer de José Arrabal. Estas observações críticas quase sempre se desdobraram em ataques à direção, que teria pecado por não suavizar as arestas do texto e por falhar na direção de ator.

O elenco também não foi poupado, seria em boa parte bisonho, para A.C. de Carvalho – os senões surgiram de todos os lados, ainda que Sérgio Viotti aparecesse em alguns textos como senhor da cena. É possível perceber, no entanto, um certo esforço para preservar a figura de Maria Della Costa. Definitivamente ela se tornara uma estrela e conseguira, com seu trabalho, impor uma aura de respeito. E de sucesso: não foram poucos os críticos que reconheceram, depois de torcer o nariz, que a montagem seria de agrado popular.

Mas a popularidade da atriz não era simples resultado de sua dedicação ao teatro. Maria Della Costa começara a trabalhar em novelas de televisão e se tornara ídolo dos meios de comunicação de massa. Apesar de ser uma figura um tanto suspeita politicamente em razão de seu apego à liberdade humana, participou, nesta mesma época, da histórica novela *Beto Rockfeller*, de grande repercussão em todo o país.

Ao mesmo tempo em que aparecia superexposta na televisão, a atriz não conseguia ficar indiferente às tensões geradas pelo regime militar. Os tempos negros da ditadura fizeram surgir uma novidade: optara, ao lado de Sandro, pela busca de um refúgio. Compraram uma casa em Paraty, local em que começaram a abrigar alguns artistas amigos e no qual acabaram construindo uma pousada. O casal começou a se retirar para lá cada vez mais, em uma época em que o acesso à pequena cidade ainda era um verdadeiro ato de bravura.

A montagem seguinte aconteceu em 1970. Representou, finalmente, a concretização de uma antiga ambição de repertório, um autor com frequência cogitado, mas não encenado, o autor que fora o ideal de Paschoal Carlos Magno e o começo da grande aventura moderna no teatro brasileiro. A equipe montou *As Alegres Comadres de Windsor*, de Shakespeare, com direção de Benedito Corsi, um ator formado pelo TBC que começara a atuar como diretor[26]. Apesar do reconhecimento geral de que se tratava de uma montagem generosa, honesta, cuidada, com ficha técnica alentada, o espetáculo foi um fracasso de crítica. Os ataques partiram de quase todas as frentes e os alvos mais visados foram os atores, em primeiro lugar.

Sábato Magaldi observou que o texto não era dos melhores do autor e que a sua montagem se justificava quando havia um grande intérprete para a difícil personagem de Falstaf – o que não fora o caso, pois o papel marcou o retorno ao palco de Sandro Polônio e a sua ausência por dez anos era, a seu ver, visível demais. Condenou-se no ator a composição, completamente exterior e mecânica, do papel. Além de Sandro, outros que foram considerados ruins foram os integrantes do elenco de apoio e muito em função da direção, que não obtivera uma real compreensão do texto junto aos intérpretes. A montagem chegou a ser qualificada como uma sucessão de enganos, apesar de apresentar alguma beleza plástica. Elogiou-se um tanto o cenário de Túlio Costa e os figurinos requintados de Ninette Van Vuchelen, considerou-se que a montagem era importante diante do quadro geral do teatro, mas a carreira da peça não foi das melhores. Em seu depoimento, no entanto, Sandro Polônio afirmou que a peça saiu de cartaz porque ele não aguentou o *tranco* – o papel era cansativo, a proposta extenuante[27].

E o cansaço não era pouco. Mas os tempos estavam bem longe da calmaria. Em 1970, no início de setembro, o presidente Costa e Silva foi afastado do poder, sob a alegação de trombose cerebral. A formação de uma Junta Militar para governar o país assinalou o triunfo da linha dura. O confronto se tornava intenso, materializado no sequestro do embaixador americano Burk Elbrick por militantes de esquerda, plano arquitetado para forçar a libertação de presos políticos. Logo se iniciaria a época mais sombria do regime militar, com a escolha do general Emílio Garrastazu Médici para o cargo de presidente da República; o seu mandato se prolongaria até 15/03/1974.

Um outro choque violento atingiu a classe teatral nesta época – a morte de Cacilda Becker, líder da categoria e cabeça da outra companhia que restava dos áureos tempos do teatro moderno, se bem que a sua empresa não fosse tão longeva, pois ela foi a primeira grande atriz do TBC e só partira para fundar um conjunto próprio em 1958. Cacilda praticamente morreu em cena, vítima de um derrame cerebral em pleno palco, quando fazia *Esperando Godot*, peça que estreara em abril de 1969.

26 Em 1960, dirigiu *O Anjo de Pedra*, de T. Williams, e *Um Gosto de Mel*, de Shelagh Delaney, no TBC.

27 As fontes consideradas para esta montagem foram: William Shakespeare, *As Alegres Comadres de Windsor*, exemplar datilografado, tradução livre de Millôr Fernandes, 53 p.; *As Alegres Comadres de Windsor*, programa, São Paulo: TMDC, 17/04/1970; Maria Volta ao Palco (reportagem), São Paulo: *Diário da Noite*, 23/03/1970, Maria Della Costa Retorna ao Palco (reportagem), São Paulo: *Diário de S. Paulo*, 12/04/1970; Maria Della Costa Voltou na Peça Mais Difícil de Sua Vida (reportagem), São Paulo: *Notícias Populares*, 21/04/1970; Sérgio Viotti, Falstaff Entre a Gente, São Paulo: *O Estado de S. Paulo*, 27/04/1970; Regina Helena, As Alegres Comadres: Altos e Baixos, São Paulo: *Gazeta de S. Paulo*, 14/05/1970; Sábato Magaldi, "*As Alegres Comadres de Windsor*", São Paulo: *Jornal da Tarde*, 15/05/1970; João Apolinário, As "*Alegres comadres de Windsor*", São Paulo: *Última Hora*, [s.d.]. AMDC, Funarte.

UMA EMPRESA E SEUS SEGREDOS: COMPANHIA MARIA DELLA COSTA

Em tais condições, a década de 1970 foi iniciada sob o signo do desaparecimento de cena de todos os conjuntos que defenderam o primeiro momento do teatro moderno no Brasil. Os seus sucessores imediatos, grandes antagonistas, os grupos Arena, Oficina e Opinião, também não iriam sobreviver aos primeiros anos da década. Restaria por algum tempo em atividade, com uma trajetória tumultuada, o mais jovem de todos, o Teatro Ipanema.

Mas ainda não era o fim absoluto do Teatro Popular de Arte, transmudado em Companhia Maria Della Costa. Após a temporada com a grande produção de Shakespeare e, em seguida, a excursão pelo país com a controvertida montagem de *Tudo no Jardim*, Maria Della Costa e Sandro Polônio refugiaram-se mais uma vez em Paraty. A atriz aceitou o cargo de Secretária de Cultura da cidade, empreendendo obras para melhorar a infraestrutura disponível para o turismo, apesar das dificuldades geradas pelo Arena, o partido governista a que ela se opunha. O intervalo foi bastante longo, cerca de três anos fora de São Paulo.

O casal só retornou para viver o final da história da Companhia Maria Della Costa, que ainda se arrastaria por alguns anos. Sandro Polônio já verbalizara algumas vezes a vontade de vender o teatro. E foi este processo, longo, que marcou a história da empresa nos anos setenta, culminando com a venda do TMDC em 1978. É possível sustentar que a companhia – ou os restos do que ela fora – sobreviveu apenas por mais duas montagens, até 1974.

Assim, depois desta data os dois atores investiram ainda em algumas produções, mas foram montagens isoladas, em que não se poderia mais localizar qualquer indício da companhia moderna de outrora. Era a adesão a uma nova forma de estruturação do mercado teatral, o que se poderia designar como mercado livre, de produções independentes. Ao longo deste processo, portanto, o final da história da Companhia Maria Della Costa, em que o teatro estava à venda, a empresa de Sandro ainda montou cinco textos, mas estas produções significaram uma outra dinâmica histórica, dissociada do movimento anterior que gerara a companhia primitiva[28].

A decisão da venda do teatro foi reforçada um pouco também pelo estado de saúde de Sandro Polônio. Segundo o depoimento de Maria Della Costa, ele sofreu no palco um colapso cuja recuperação foi lenta e trabalhosa. Com a venda do palco, elemento indispensável do projeto de teatro da primeira geração moderna brasileira, a bandeira de luta estava definitivamente perdida. A principal companhia moderna do teatro brasileiro saía finalmente de cena.

Resta considerar, então, estas duas últimas montagens da companhia. Em seu depoimento, Maria Della Costa observou que foi Antunes Filho quem a fez voltar de Paraty, para a montagem de *Bodas de Sangue*, de Lorca, em 1973. A história da montagem tem um irresistível sabor de época – Antunes Filho, segundo o seu próprio depoimento, estava voltado inteiramente para o que então era chamado *teatro de vanguarda*. A ideia do diretor era a de encenar a peça dentro da lama. Maria Della Costa comentou

---

28 Maria Della Costa e Sandro Polônio montaram ainda, depois de 1974, *Golpe Sujo*, de Mário Fratti (1975), *A Mala*, de Júlio Maurício (1977), *Agora Eu Conto*, de Cassiano Gabus Mendes (1978), *Motel Paradiso*, de Juca de Oliveira (1982), *Alice que Delícia!*, de Antonio Bivar (1987) e *Temos que Desfazer a Casa*, de Sebastian Junyenti (1989). A partir dos textos, mais da metade nacionais e todos em geral sintonizados com um gosto mais popular, e das datas, espaçadas, se percebe a diluição dos vínculos com o projeto geracional anterior. As montagens viajaram bastante pelo país e chegaram a inspirar protestos na crítica especializada, indignada com o seu caráter caça-níquel. Em 1988 Sandro Polônio foi o vitorioso empresário de *Macunaíma*, direção de Antunes Filho com o Grupo Pau Brasil, espetáculo de que fez também a elogiada luz.

que simplesmente não conseguia realizar ou alcançar o que o diretor pretendia, algo muito afastado, como se pode deduzir com facilidade, de tudo o que ela era, fora e representava.

Para Antunes Filho, a proposta era clara; "eu queria fazer muitas interferências, inclusive do amor, o amor do Sandro pela Maria Della Costa, um amor profundo, uma admiração profunda, uma lealdade profunda […], mas ele me corrompeu". Segundo o relato do diretor, o seu projeto era o de fazer a montagem dentro de uma piscina de uns trinta centímetros de altura, cheia de lodo, quase uma arena, dessas arenas de lutas, com rosários e outros ídolos cristãos – "naquela época valia isso", frisou. Seria um espetáculo bastante violento, é lícito imaginar, com a atriz, aclamada deusa da beleza, chafurdando na lama que, para o diretor, seria uma espécie de lodo primordial.

E, no entanto, contagiado pelo amor de Sandro por Maria, que queria preservar a imagem dela, o diretor declarou que foi cedendo e acabou fazendo "um negócio meio anti-séptico, muito pasteurizado". Era, no seu entender, um amor para preservar segundo padrões de época muito precisos, que limitavam o questionamento e a exposição da atriz. Com bastante humor, o diretor asseverou que, do outro lado, sempre existiu uma outra referência de geração forte: "eu acho que se a Tônia Carrero não existisse, eu teria feito no barro…"

A montagem estreou em outubro de 1973 e por ironia ocupou o Teatro Itália – o Teatro Maria Della Costa estava alugado, situação que fora se tornando mais frequente a cada ano. A temporada seguiu até o início de 1974, com resposta razoável de público. Era a volta de Maria – a situação foi considerada nas matérias e nas críticas de jornal. E era a volta de Sandro, produtor a que as reportagens e críticas faziam referência respeitosa – a velha imagem de mercenário esfumava-se no ar de mesquinharia que passou a marcar uma boa parcela das produções teatrais[29].

As críticas analisadas foram em geral favoráveis – elogiou-se o desprendimento de Maria Della Costa, ao deixar mais uma vez, em sua própria produção, o papel central da peça, da Mãe, para outra atriz, Márcia Real. Ao mesmo tempo, ninguém comentou com estranheza a diferença visível de idade entre a noiva (Maria Della Costa) e o noivo, a cargo do jovem ator Ney Latorraca. Afinal a montagem era também uma festa: comemorava os 25 anos de casamento de Maria Della Costa e Sandro Polônio e, curiosamente, os 25 anos de teatro da atriz, cujo início de carreira estava sendo contado então a partir de 1948, data em que foram iniciadas as atividades do TPA. Foram suprimidos alguns anos, caso se considere a estreia com Bibi Ferreira ou com Os Comediantes.

O crítico Sábato Magaldi elaborou um pequeno texto de análise com alguns comentários dignos de nota. Em primeiro lugar, observou que era animador constatar a ideia central da montagem, o abandono do psicodramatismo em favor do desempenho lúdico. Em seguida, assinalou que o diretor tomara a história escrita como referência para uma afirmação pessoal, em que o espetáculo deixava de ser uma ilustração do texto para despontar como a linguagem da criatividade do encenador.

29 Foram usados basicamente os seguintes documentos: Federico Garcia Lorca, Bodas de Sangue, tradução de Antônio Mercado Netto, exemplar datilografado, 42 p., Biblioteca do Inacen; Hilton Viana, sem título, entrevista com Maria Della Costa, São Paulo: Diário de S. Paulo, 12/08/1973; Cida Taiar e Roberto Trigueirinho, Vale a Pena Produzir? Entrevista com Sandro, Antunes e Maria, São Paulo: 31/8/1973; Leda Cavalcanti, A Dama não Quis Ficar à Beira-mar Sentada, São Paulo: A Gazeta, 17/09/1973; Hilton Viana, "Bodas de Sangue", São Paulo: Diário de S. Paulo, 13/10/1973; Ilka Marinho Zanotto, O Triunfo da Poesia de Frederico [sic] Garcia Lorca, São Paulo: O Estado de S. Paulo, 14/10/1973; Sábato Magaldi, Antunes Não se Contentou com o Texto de Lorca. Com Razão, São Paulo: Jornal da Tarde, 19/10/1973; Fausto Fuser, Bodas de Sangue e Amor – Poesia Presente de Lorca, São Paulo: Folha de S. Paulo, 3/11/1973. AMDC, Funarte.

△ (no alto) Visão geral da cena: a atmosfera religiosa e sombria de *Bodas de Sangue*. (AMDC, Paraty.)

△ (acima) O último trabalho de Sandro Polônio como ator, em *As Alegres Comadres de Windsor*. (AMDC, Cedoc/Funarte.)

▷▷ Em lugar do lodo primordial planejado pelo diretor Antunes Filho, a beleza inefável de Maria Della Costa em *Bodas de Sangue*. (AMDC, Paraty.)

Assim, o diretor logrou até mesmo disfarçar diversas fragilidades do texto, muito embora a imagem não fosse remédio bastante para substituir o que não foi resolvido em drama. A crítica Ilka Marinho Zanotto assinalou a beleza plástico-visual da encenação, destacando ainda a beleza da solução de cenografia encontrada por José de Anchieta, que lançou mão de biombos através dos quais os atores construíam, *brechtianamente*, os lugares da ação. E isto apesar da crítica considerar que a beleza maior residia nos momentos em que a invenção cênica surgia, na verdade, da poesia do autor.

Portanto, em seus momentos finais de existência, a Companhia Maria Della Costa, reeditada de forma efêmera e provisória, contribuía para alicerçar mais uma transformação decisiva da cena brasileira, que se estenderia dos anos de 1970 aos anos de 1990. A nova proposição era a ênfase no tema da tensão entre texto e cena, no teatro de invenção visual, ultrapassagem decidida do teatro moderno primeiro praticado aqui, fundado no texto. Quer dizer, a companhia atuou de maneira decidida para o surgimento da era do encenador, uma dinâmica poética em que o nome do diretor Antunes Filho ocupou lugar de absoluto destaque. Vale destacar, como se procurou com frequência indicar, que esta vertente de favorecimento do espetáculo e da visualidade, por vezes em detrimento do texto, fora sempre a linha para a qual se orientara o TPA, em contraposição ao pensamento dominante no TBC. Neste sentido, um outro episódio precisa ser estudado.

A última montagem a ser considerada foi a escolhida para marcar o fim da história da companhia enquanto desdobramento lógico ainda de alguma forma associável ao Teatro Popular de Arte; foi também a produção usada para comemorar os vinte anos da inauguração do edifício. Em sintonia com os novos tempos, inclusive, por ironia, diante de um certo *amadurecimento* do teatro na cidade de São Paulo, Sandro Polônio optou por estrear fora da capital, com apresentações de 2 a 18 de agosto no Teatro Municipal de Santo André, para *esquentar* a cena. Segundo os jornais, foi uma montagem cara, com um custo de Cr$ 150.000 cruzeiros. Para assinar o cenário, oneroso e pródigo em vidros, foi contratado um arquiteto, Laonte Klawa. Em cena, eram trinta atores, auxiliados por oito técnicos, necessários para que as confusões mostradas pudessem funcionar.

E eram muitas as confusões. O texto escolhido foi, mais uma vez, um Feydeau, *Tome Conta de Amélia*, e o diretor ainda Antunes Filho. Tratava-se de um original que fora elogiado pelo temido crítico Décio de Almeida Prado e que é sempre considerado pelos estudiosos como um dos melhores textos do autor. A conexão com o processo histórico da empresa deve ser feita de saída, neste caso, por causa da peça encenada. Apesar da diluição do que se poderia qualificar como *projeto* moderno, persistia ainda nestes tempos finais uma certa concepção de repertório, de escolha de texto, organicamente tributária do modelo moderno. No palco, uma irresistível Amélia, outrora empregadinha, administrava um salão de encontros em que os mal entendidos, os quiproquós e os imbróglios se sucediam vertiginosamente.

△ A concepção geral, de busca de reconstrução de época, e o desenho da contracena em *Tome Conta da Amélia*. (AMDC, Cedoc/Funarte.)

Curiosamente, o espetáculo revelou mais do que qualquer outro o calcanhar de Aquiles do teatro brasileiro. Ele não se tornara uma manifestação institucional orgânica, portanto produção cultural autojustificada, necessária; sobrevivia muito mais como lazer e, portanto, inteiramente à mercê da moda. Nas reportagens da época, o diretor comentou que usou o *método Cooper*, método aeróbico de treinamento cárdiopulmonar para atletas e não atletas de desportos terrestres e coletivos, que estava na crista da onda e valorizava em especial as corridas, para treinar os atores, já que Feydeau significava sempre uma correria rigorosamente cronometrada. O texto foi feito à brasileira, atualizado de acordo com a sensibilidade do público no momento, condensando-se o final. E a maioria dos críticos, muito embora aceitassem o espetáculo, lamentaram sempre as adaptações um tanto pesadas do texto, em desacordo com a leveza do autor[30].

Um outro tributo à moda do momento: o vestido de noiva foi uma criação exclusiva de Clodovil, costureiro brasileiro que fazia sensação em nossas rodas de alta costura, apesar dos figurinos assinados por Marlene Azevedo. E a moda também envolveu a época: a data da ação foi transposta da *belle époque* para 1928, segundo indicação das fichas técnicas dos programas localizados e segundo alguns textos críticos, e para os anos de 1930, de acordo com o texto sem assinatura "Feydeau e o 'vaudeville'", publicado no programa de estreia da montagem no TMDC, de agosto de 1974. A mudança foi considerada negativa pelo crítico Clóvis Garcia, que observou que, se ela permitiu colocar o espetáculo

30 Foram consultados em especial os documentos. G. Feydeau. *Toma Conta da Amélia*,tradução de João Bethencourt, texto datilografado, 45 p.; *Tome Conta da Amélia*, programa, Santo André: Teatro Municipal, 2 a 18/8/1974; Extra. *Tome Conta da Amélia*, programa, São Paulo: TMDC, agosto de 1974; Muito Riso, no Adeus de Maria ao Seu Teatro (reportagem), São Paulo: *Jornal da Tarde*, 30/8/1974; Clóvis Garcia, Encenação Prejudica Comédia de Feydeau, São Paulo: *O Estado de S. Paulo*, 03/9/1974; Sábato Magaldi, Antunes Filho Gosta de Feydeau?, São Paulo: *Jornal da Tarde*, [s.d.]. AMDC, Funarte.

em sintonia com a voga de nostalgia, prejudicou o espírito da peça, pois tudo se tornara inteiramente diferente nos "roaring twenties", os costumes, a maneira de pensar e agir das pessoas, o que, a seu ver, empobreceu o texto. Um problema menor, se poderia argumentar, já que a questão, para Antunes Filho, já não era mais aquela que aprendera em sua escola, o TBC, ou seja, o respeito ao texto. Havia um interesse, uma opção pelo ligeiro; mas não era qualquer teatro ligeiro – segundo declaração de Sandro Polônio aos jornais, tratava-se de "comédia fina", pois a sua companhia não sabia fazer chanchada e não apelava para "os apetites menores da plateia..." Os tempos eram outros, mas ainda era preciso se justificar para fazer comédias e montar Feydeau, que precisava ser proclamado como um autor de requinte, atitude assumida por Maria Della Costa em mais de uma entrevista aos jornais. A escolha do texto, dizia-se então, fora feita com a assessoria do diretor, para agradar ao público e para oferecer um "descanso" da atmosfera de drama do Lorca, anterior.

E a opção ligeira se tornara patente no programa de sala da peça, sob a forma do papel mais descartável do mundo, o jornal – o programa simulava ser um tablóide, com o nome de Extra, do qual foram localizadas duas edições, uma de agosto e outra de outubro de 1974. Uma singela folha de papel serviu como programa para as apresentações em Santo André. Já o programa-jornal, na segunda edição, conta com muitas fotos dedicadas à montagem, ao teatro e à carreira de Maria Della Costa, e poucos textos: além da ficha técnica, figuram textos pequenos sobre o autor, sobre Maria Della Costa e um histórico sumário do teatro. Dois textos exaltados de Sandro Polônio, incluídos na primeira edição, foram eliminados da nova versão. O que foi suprimido era bastante eloquente e figurava um momento histórico precioso, que é essencial comentar.

Por conta deste material, o programa da estreia no TMDC é bem mais intrigante. Apresentava um número menor de fotos, os dois textos sobre o autor e a atriz; na última página, contava com um texto emblemático de Sandro Polônio comentando a dificuldade insolúvel para fazer teatro, a sua decisão de vender o TMDC e agradecendo com veemência às autoridades estaduais – o governador Laudo Natel e o secretário de Esporte, Cultura e Turismo – que recentemente estavam preocupadas com o estímulo à vida cultural e optaram pela compra do prédio de seu teatro. Foi publicado também um pequeno texto de homenagem ao prefeito M.C. (Miguel Colassuono), afirmando que ele fora o prefeito da cidade que mais prestigiara o artista e incentivara as atividades culturais na capital. De acordo com o texto, Maria Della Costa fazia parte do Conselho de Cultura da Secretaria de Educação da Prefeitura e estava propondo medidas a favor da categoria. Algumas promessas nunca realizadas estariam na pauta do prefeito: um galpão para guarda de cenários das companhias e um local para afixação de cartazes de propaganda, "no momento em que a propaganda é tão cara". Fotos de Antunes Filho, da equipe envolvida na montagem e dos políticos homenageados completavam a página.

Ainda segundo o texto de Sandro Polônio e informações mais detalhadas de diversas matérias de lançamento publicadas nos jornais, o teatro fora vendido ao governo do estado por Cr$ 2.300.000, 00. O empresário esperava receber o cheque até novembro. Depois desta data, o produtor pretendia manter a empresa em atividade, mas atuando em salas alugadas: no seu entender, elas davam menos trabalho do que a manutenção de um teatro próprio. É justo considerar este programa de agosto como o indício decisivo do fim da empresa, ainda que as negociações de venda do teatro tenham falhado e o cheque não tenha sido recebido, como atesta a própria *limpeza* do programa subsequente, de outubro, que não contou mais com os mesmos textos e homenagens. A venda do TMDC não se consumou.

Algumas decisões são irreversíveis, são fortes demais para que possam ser contornadas. O teatro só seria vendido mesmo em 1978, para a APETESP, com verba do governo federal, através do SNT. A transmissão solene da posse se deu no dia 6 de abril de 1979, noite em que estreava na casa a peça É, com Fernanda Montenegro[31]. Mas a companhia acabara mesmo em 1974, com a montagem deste Feydeau. Após esta data, não existiria mais um projeto teatral continuado proposto pelo casal que protagonizou o TPA e construiu o TMDC; não existiu sequer uma continuidade da ideia de repertório.

Nesta despedida simbólica do passado, a crítica de Sábato Magaldi registrou um momento bastante interessante: o reconhecimento da teatralidade de Feydeau, a sua aceitação maior como autor, uma espécie de ingresso provisório em um panteão de grandes dramaturgos. A nova atitude intelectual fora tomada a partir da constatação de que o autor persistia, interessante e interessando, com o passar do tempo, mesmo que ainda não se pudesse, na sua opinião, dizer exatamente o que ele valia. De toda forma, o crítico questionava *se* o diretor gostava de Feydeau, invertendo a pergunta que vinha sendo feita anteriormente, pois os críticos em boa parte é que sustentaram um menosprezo pelo autor, que acabou sendo endossado por alguns diretores...

Também o formato das críticas se modificara e este exemplar, assinado por Sábato Magaldi, ilustra à perfeição os novos tempos: agora, os jornais são outros. As dimensões do texto são singelas: são duas modestas colunas com minguados oito parágrafos encimados por duas pequenas fotos. Três parágrafos rápidos cuidam do autor, mais três falam do espetáculo, um sumariza o desempenho dos atores. Além das restrições ao diretor por sua opção de *atualizar* o texto através do *engrossamento* do diálogo, o crítico também avaliou negativamente a mudança da época da ação, a seu ver contrária ao clima típico do autor. Com relação aos atores, inicia o parágrafo comentando que era difícil, naquele momento, conseguir-se um bom elenco por causa dos compromissos da maioria com a televisão. Além disso, a falta de experiência no *vaudeville* levava os intérpretes a mostrar o ritmo alucinado graças a corridas histéricas e a posturas artificiais. Assim, eram favorecidos os mais experientes, como a própria Maria Della Costa "uma deliciosa Amélia", Evilázio Marçal e A. C. de Carvalho. Para encerrar o comentário do elenco, o ator Carlos Bucka recebia um lacônico "excelente figura de General" e um jovem ator promissor era brindado com um lamento: "é pena que seja reduzida a intervenção de Edwin Luisi".

[31] Entrega do "Maria Della Costa" na Estreia do "É" (reportagem), São Paulo: *Diário da Noite*, 6/4/1979, AMDC, Funarte; Novo Dono para o Maria Della Costa (reportagem), [S.l., São Paulo?]: sem veículo, 08/04/1979, AMDC, Funarte.

O último parágrafo do crítico ainda demonstra uma certa reação contrária ao autor e ao riso. E mais – era uma avaliação sombria dos tempos que o teatro vivia então. No seu entendimento, a montagem do texto "em tempos normais" seria bem acolhida, pois indicaria uma diversificação dos cartazes "sempre proveitosa", o que fora apenas meia verdade, no passado, para o conjunto da crítica, sempre pronta a hostilizar em algum grau o autor e o riso. No entanto, ele concluía, com dolorosa acuidade de percepção: "No panorama de agora, ela parece o triste signo de um beco sem saída em que enfiaram o nosso teatro".

Uma outra crítica cujo autor foi impossível identificar comentara a estreia da peça em Santo André, lamentando a política teatral do município, preocupada em adquirir projeção através da compra de estreias nacionais. A descontração dos atores, contratempos com bigodes e figurinos, o ritmo de chanchada da interpretação e as galhofas em cena aberta indicavam, para o articulista, não só um Feydeau transformado em espetáculo menor, mas o uso da cidade e de sua plateia para *afinar* um espetáculo que ainda não se sentia *pronto* para enfrentar São Paulo. Para o crítico anônimo, a noite fora penosa; o grande elenco, a pesada cenografia, a riqueza dos figurinos não justificavam o espetáculo, que não acrescentava nada no momento, não renovava nada, não dizia nada. E concluía acenando com um dos grandes fantasmas que rondavam a cena: "Se é para rir de velhas piadas, vamos ficar com os humorísticos de TV, que pelo menos são mais atuais e dinâmicos".

Parece fora de dúvida que, ao se despedir da cena brasileira por não ter mais projetos para ocupá-la segundo os parâmetros de sua geração que nortearam sua existência, a Companhia Maria Della Costa estava encerrando um capítulo da história do teatro brasileiro em que exerceu um papel de destaque. Só que, em diversos momentos, ela atuou como *protagonista anônimo*, uma espécie de corifeu capaz de verbalizar para todos os meandros da trama vivida, os caminhos mais seguros a percorrer, sem que, contudo, sua cabeça fosse justamente coroada com os louros devidos. É evidente que o TPA formulou propostas que não surgiram, na história do teatro brasileiro, como tendo a sua participação intensa em sua elaboração ou que foram em sua origem formuladas por ele. Está em foco aqui a figura do empresário Sandro Polônio; não apenas Sandro, pois não há possibilidade de compreendê-lo dissociado de Maria Della Costa, a mulher que amou profundamente e em nome da qual empreendeu muitas batalhas. Existe uma figura híbrida, complexa, a figura do *casal*, que só pode ser percebida em todas as suas nuanças neste contexto.

José Renato afirmou em sua entrevista que Sandro Polônio era uma personagem discutida, um empresário agressivo, batalhador, que conseguia ser o administrador e a claque em suas montagens. Ele ficava na plateia e puxava os aplausos, gritava "Bravo, Maria", escondendo-se rapidamente ao acender das luzes, para não ser identificado. Ao mesmo tempo, era mal visto por alguns atores, que trabalharam com ele, e o consideravam meio sem caráter, um comerciante desenfreado, símbolo de um capitalismo selvagem, desmedido. Mas – frisou o diretor contemporâneo – ele era assim e dizia; e criou em torno dele uma mística de trabalho. Para José Renato, talvez Sandro Polônio tenha sido, de todos os cabeças da geração, o mais equilibrado, que teria sido capaz de manter vivo um modo de fazer teatro, se existisse uma possibilidade institucional para tanto. "Ele manteve sempre o Teatro Maria Della Costa como expoente, levando a Maria na frente, mas na realidade ele era o grande porta-bandeira".

O Moderno Moreno

Resta avaliar o saldo e as significações últimas que podem ser extraídos do estudo da história desta companhia. Uma primeira medida parece ser importante e produtiva, para dotar o longo percurso percorrido de uma certa objetividade – a divisão da trajetória da Companhia Maria Della Costa em fases. Este parece ser um meio eficiente para que se localize o sentido da história da empresa e algo da dinâmica peculiar da história do teatro brasileiro. Estabelecer estas fases possíveis, portanto, não é simples operação didática, mas instrumento útil para a formulação de conclusões.

A primeira seria a fase heroica, de 1948 a 1953, derivada em grande parte de sua *proto-história*, o período de iniciação teatral moderna efetiva, vivido por Sandro Polônio, Ziembinski e Maria Della Costa (e Itália Fausta) junto a Os Comediantes. A fase apresenta dois momentos diferenciados e complementares – uma aventura moderna, a princípio, seguida de uma investida comercial, situação que acarretará para a companhia o domínio de um repertório *sui generis*, capaz de viabilizar a alternância de peças *culturais* e *comerciais*, para usar uma classificação da época. Foi também um período *nômade*, de certa forma, posto que a empresa não tinha teatro próprio ainda, esteve um período no Rio de Janeiro, no Fênix, mudou-se para São Paulo e realizou diversas viagens para fazer caixa. O seu perfil tem ainda uma relativa fluidez, o que explica a contratação de Maria Della Costa pelo TBC. Sem conseguir subvenção oficial, sem um esquema de mecenato, restou ao TPA, que, aliás, como se viu, só passara a usar este nome em São Paulo, a obrigação de fazer a bilheteria dar certo, funcionar – foi preciso transformar o moderno em um novo comércio, atualizando a sabedoria das antigas companhias de atores.

A fase reúne um total de dezoito peças: *Desejo*, de O'Neill – texto originalmente montado por Os Comediantes e incorporado pela equipe; *Anjo Negro*, de Nelson Rodrigues, a peça da estreia; *Tobacco Road*, de Erskine Caldwell e Jack Kirkland; *Tereza Raquin*, de Zola; *Lua de Sangue*, de Büchner; *Sonata a Quatro Mãos*, de Cantini; *A P... Respeitosa*, de Sartre; *O Anel Mágico*, de Rebello de Almeida; *O Morro dos Ventos Uivantes*, de Brönte; *Rebecca*, de Daphne Du-Maurier; *Peg do meu Coração*, de Larry Manners; *O Fundo do Poço*, de Helena Silveira; *A Família Barret*, de Besier; *A Escola de Cocotes*, de Armont e Gerbidon; *Manequim*, de Pongetti; *Come Back Little Sheba*, de Inge; *Um Drama em Casa do Diabo*, de Tono e Manzanos.

A fase a seguir poderia ser designada como a fase de consagração moderna, de 1954 a 1958. A partir do capital obtido na fase anterior, a equipe construiu um teatro – o Teatro Maria Della Costa – cujo impacto foi tão forte que, de imediato, o seu nome, TMDC, passou a rivalizar com a sigla TPA para denominar o conjunto; logo o empresário Sandro Polônio passaria a usar o nome do teatro para designar a companhia, desistindo da denominação antiga, apesar de seu forte sentido enquanto projeto cultural. Uma estrela-mito da cena estava sendo construída. Este segundo momento foi marcado a princípio não só pela retomada, em certo sentido, da diretriz moderna original, com certa elevação do repertório: na realidade, o TPA deu um passo à frente de sua geração com o lançamento de Jorge Andrade e *A Moratória*. O diretor que comandou o início do processo, Gianni Ratto, originalmente cenógrafo, inspirado por Gordon Craig e amante do espetáculo, enfatizou uma linha de trabalho de invenção cênica que será peculiar ao TPA, muito embora não conseguisse se manter indiferente ao problema do teatro de texto defendido pelos demais italianos que vieram para o Brasil e comandavam o TBC. A rigor, a linha da ênfase no *espetáculo* já despontara na etapa carioca, resultante do trabalho de Ziembinski, Itália Fausta e Jacobbi.

Esta dinâmica moderna, sensível às necessidades de formação e reprodução do capital, se revelou um comércio difícil, posto que conflitante com a pretensa *pureza* de muitos dos conceitos artísticos veiculados por um núcleo cultural bem mais influente, que era o TBC. A vida da companhia foi de oscilação de propostas, com três diretores se seguindo uns aos outros – Gianni Ratto, Ruggero Jacobbi e Flamínio Bollini Cerri, este último o diretor que assinara a montagem de *Ralé* no TBC.

A atriz Maria Della Costa, ao longo desta fase, tornou-se um mito nacional, um *mito moderno do teatro*, capaz de viver um jorro considerável de emoção teatral no interior de um conceito de palco inteiramente forjado por seu tempo, portanto inovador. E foi feita a primeira viagem a Portugal, a primeira efetivada por uma companhia brasileira moderna. Também nesta fase a companhia começou a *contar a sua história* em textos nos programas, afirmando que o Teatro Popular de Arte nascera em 1948 como projeto cultural formulado por Sandro, Maria e Itália Fausta. Esta celebração teve importância decisiva para a própria sobrevivência da empresa, ainda que não tenha sido bastante forte para preservá-la da crise que ia, aos poucos, liquidando com o teatro moderno brasileiro.

As peças montadas foram dez – *O Canto da Cotovia*, de Anouilh; *Com a Pulga Atrás da Orelha*, de Feydeau; *A Moratória*, de Jorge Andrade; *Mirandolina*, de Goldoni; *A Ilha dos Papagaios*, de Tófano; *A Casa de Bernarda Alba*, de Lorca; *A Rosa Tatuada*, de Williams; *Moral em Concordata*, de Pereira de Almeida; *Esses Fantasmas*, de Filippo; *A Alma Boa de Se-Tsuan*, de Brecht.

A fase seguinte, que se estenderia de 1959 até 1964, poderia ser nomeada como afirmação do mito – a companhia conseguiu fazer a passagem do que se poderia designar como uma poética moderna primitiva, de alternância de textos comerciais e culturais, típica dos anos de 1950 e que a própria companhia formulara, para a óptica de brasilidade e de despojamento que se seguiu e que a maior parte das companhias modernas não logrou acompanhar; enveredou-se então, a seguir, por um caminho de escolha própria, peculiar, de textos.

Ao contrário dos conjuntos contemporâneos, assemelhados, o TMDC não ficou preso a uma proposta anterior, que se revelava ultrapassada pelos tempos, em um tempo em que o palco precisou tornar-se completamente submisso aos modismos. Poder-se ia sustentar que cunhou uma outra modalidade de trabalho, que logo seria tentada no próprio TBC (fase brasileira), a qual se poderia denominar *modernidade morena*, em que o cálculo de repertório era efetuado segundo uma mistura peculiar de inclinações – ao mesmo tempo em que era necessário honrar o nome do grupo, era preciso considerar o perfil de sua grande estrela, sondar o gosto do momento, o ar do tempo, as necessidades da bilheteria, a inclinação da plateia e o gosto pelo espetáculo.

A fase contou com apenas seis peças, descontadas as que foram montadas apenas para apresentações em Portugal; foi iniciada com *Gimba, Presidente dos Valentes*, de Guarnieri; e foi encerrada com *Depois da Queda*, de Arthur Miller. As peças montadas foram *Gimba*; *Sociedade em Pijama (Society em Baby-Doll)*, de Pongetti; *Armadilha para Um Homem Só*, de Robert Thomas; *O Marido Vai à Caça*, de Feydeau; *Pindura Saia*, de Graça Mello; e *Depois da Queda*. Uma novidade nesta fase foi o ritmo ralentado de montagem da empresa, que passou a oferecer basicamente apenas um espetáculo por ano, situação que tenderia a se agravar, mas que ainda era em boa parte derivada das viagens: nesta etapa, a companhia recebeu uma projeção na Europa que nenhum conjunto brasileiro recebera até então.

Seguiu-se um longo intervalo, sem montagens, até 1967, quando foi iniciada a última fase da companhia, a fase de dispersão, de 1967 até 1974. Nela, o casal de produtores se viu às voltas com o esgotamento do projeto de sua geração, as dificuldades causadas pelos governos militares mais radicais e decidiu vender o teatro que construíra e, consequentemente, liquidar a hipótese de manter a companhia no sentido defendido por sua geração. O processo de venda do teatro se estendeu de 1974 até 1978; no seu decorrer, não foram mais realizadas montagens que configurassem uma relação mais densa com o processo específico da companhia. Maria Della Costa se projetou também como atriz de telenovelas e esta condição interferiu um tanto nas escolhas dos cartazes. Ainda assim, ao longo da fase de dispersão o único traço capaz de associar a sequência de peças encenadas com a história do conjunto foi um tênue eco da concepção de repertório moderno professada pelo TPA. As peças apresentadas foram oito – *Maria entre os Leões*, de Aldo de Benedetti; *A Próxima Vítima*, de Marcos Rey; *Homens de Papel*, de Plínio Marcos; *Abre a Janela e Deixa Entrar o Ar Puro e o Sol da Manhã*, de Antonio Bivar; *Tudo no Jardim*, de Edward Albee; *As Alegres Comadres de Windsor*, de W. Shakespeare; *Bodas de Sangue*, de Federico Garcia Lorca; e *Tome Conta de Amélia*, de George Feydeau. Uma era fora encerrada: o moderno fora absorvido pela cena brasileira de maneira bastante peculiar.

É preciso avivar os contornos deste teatro – está em pauta o teatro moderno brasileiro. Parece bem claro que a sua primeira formulação se deu no Rio de Janeiro, através de Paschoal Carlos Magno e Itália Fausta, na estreia do Teatro do Estudante, em 1938. Não há como negar o início efetivo da proposição do novo neste momento, mais do que em qualquer outro: os quatro grandes vetores essenciais para tanto estiveram aí formulados pela primeira vez – a mudança do repertório e do conceito do texto, a proeminência do diretor, a qualificação do teatro como grande espetáculo, a encenação, e a formação de um novo tipo de ator, liberto e distante dos poderes cristalizados do mercado, recrutado em outro contexto social. O ponto, o indício mais evidente desta transformação, foi derrubado pela primeira vez na cena nacional, segundo o depoimento da atriz Sônia Oiticica: os jovens atores pediram ao funcionário que se calasse, pois ele atrapalhava a representação, como oportunamente se observou. Existiu ponto, portanto, mas ele foi transformado em espectador privilegiado – não foi suprimido porque era um funcionário público lotado no teatro, estava lá em seu trabalho e era uma prática consistente no meio teatral da época.

A continuidade se deu com Os Comediantes, pois a dinâmica proposta, ainda igualmente amadora, conheceu um passo à frente quando este grupo conquistou a adesão de Ziembinski, em 1941. Além de uma nova classe teatral, revelada pelo TEB, consolidou-se aí a percepção de que era necessária uma autoridade nova, a do encenador, papel que sem dúvida ao menos em parte Itália Fausta exercera, mas que era preciso adensar. Foi o que Ziembinski ofereceu. Foi, no entanto, ainda o caso de um movimento amador, à margem do mercado, portanto incapaz de promover um novo corte, maior do que o que já fora promovido com a iniciativa e a estreia do TEB, um corte inaugural muito mais decisivo para que se possa falar em início da prática do teatro moderno.

Desta forma, a montagem de *Vestido de Noiva* em 1943 constituiu um episódio importante, mas um episódio, parte de algo que já estava em andamento e que começara também a repercutir em São Paulo, através dos grupos amadores e por vezes estudantis que sugiram ecoando o TEB, liderados por Georges Readers, Alfredo Mesquita e Décio de Almeida Prado. A presença do texto nacional, apesar da importância de Nelson Rodrigues, exige certos cuidados de análise, pois não foi prioridade dominante para o primeiro teatro moderno praticado aqui. A princípio, ele esteve voltado muito mais para a dramaturgia estrangeira, como forma de atualização estética, do que para o autor nacional. Na época, inclusive, não existia nenhuma fragilidade cercando o autor nacional, que vinha de uma história recente de fortalecimento, graças à estruturação da SBAT; Nelson Rodrigues foi um passo adiante nesta trajetória, significou uma ruptura na prática corrente do teatro sentimental ou de sala de visitas que a letra dos contemporâneos consolidara.

Em tais condições, não há como contestar o papel decisivo desempenhado pelo Teatro do Estudante do Brasil, papel inaugural, pois não se pode atribuir a quaisquer montagens anteriores ao TEB a conjugação dos vetores indicados, reunidos no empreendimento de Paschoal Carlos Magno. As montagens realizadas por Alfredo Mesquita antes de 1938, por exemplo, além de episódicas, apresentam em suas fotos, visível a olho nu, uma identidade absoluta com o teatro *antigo*; é doloroso reconhecer que elas traduzem soluções teatrais, cristalizadas nas fotos, bem mais próximas de Genésio Arruda (?-1967) do que daquilo que se viria a fazer no processo moderno, fosse o *Romeu e Julieta*, de Itália Fausta, Os Comediantes, o TPA ou o TBC[32].

Depois do corte inaugural promovido em 1938, ao longo dos anos de 1940 restava por resolver o desafio maior: a transformação deste modo de fazer teatro em ocupação profissional. A primeira tentativa, como se viu, coube a Os V Comediantes e a Os Comediantes Associados, que não conseguiram êxito em sua investida profissional. O mercado teatral carioca era resistente a mudanças. E era tão resistente que conseguiu mesmo a organização de uma companhia oficial, a Comédia Brasileira, controlada pelos antigos, ao mesmo tempo em que se pressionava o SNT contra a concessão de verbas aos amadores. O apoio do Estado à transformação e à inquietude fora um episódio efêmero, associado à gestão do ministro Capanema, no Estado Novo.

A segunda tentativa, uma feliz alquimia entre o saber administrativo das antigas companhias e a ousadia das novas propostas estéticas, frutificou e foi levada a cabo pelos continuadores imediatos de Os Comediantes – foi o Teatro Popular de Arte, formado por Sandro Polônio, Maria Della Costa e Itália Fausta em 1948. O seu ponto de partida foi uma singela decisão de Nelson Rodrigues, de montar um de seus textos mais ousados, *Anjo Negro*, missão que confiou ao jovem empresário e que permitiu que ele, através de um golpe de mercado, assinasse uma continuidade de montagens, polêmicas o bastante para estruturar a primeira companhia teatral moderna estável do Rio de Janeiro, ou melhor, do Brasil, pois estreou em São Paulo em 1949, antes do início da carreira profissional do TBC.

A empresa retomou o gesto de Os Comediantes de trabalhar com diretor estrangeiro; primeiro, o próprio Ziembinski, depois um diretor italiano que aqui decidira se radicar, Ruggero Jacobbi. O TPA ainda retomaria o gesto primeiro do Teatro do Estudante elevado ao quadrado, pois de certa forma, como se viu, Itália Fausta "formou" Ruggero Jacobbi, o primeiro diretor italiano a trabalhar no teatro brasileiro. Sem dúvida a linha de ação da equipe e o trabalho do TPA com Ruggero Jacobbi foram influências decisivas para que Franco Zampari organizasse o TBC como companhia profissional e chamasse, na Argentina, Adolfo Celi para ser o diretor artístico da casa.

Foi o Teatro Popular de Arte o conjunto que galvanizou a fórmula, o modelo básico para a profissionalização do teatro brasileiro moderno, através do recurso ao diretor estrangeiro e à alternância de peças "de bilheteria" e "culturais" – este mesmo procedimento que tem sido atribuído ao TBC sob o nome de oscilação pendular de repertório. Só que a voracidade da vida teatral carioca era de tal ordem, o cenário contava com as cartas distribuídas de tal forma que foi impossível a continuidade, nessa cidade, das propostas defendidas pela equipe. Na realidade eles tiveram a sorte de conseguir um teatro, feito dos mais difíceis no

32 As fotos estudadas são as existentes nos livros: Mariângela M. Alves de Lima (org.), *Imagens do Teatro Paulista*; e revista *Dionysos*, Especial Teatro do Estudante do Brasil, Teatro Universitário, Teatro DUSE. Também foram consideradas as fotos do TEB expostas nas dependências da Escola de Teatro da UniRIO.

Rio de Janeiro da época, e souberam administrar esta vantagem com um tino comercial surpreendente – chegaram a fazer uma greve cujos contornos ficaram sombrios, já que o teatro não estava sob contrato direto da própria empresa, a greve do Fênix. Ela custou o estremecimento das relações com Nelson Rodrigues.

Em tais condições de *exposição*, contando com a solidariedade da classe teatral e sob a liderança de Itália Fausta, é evidente que a história recente do TPA estava sendo acompanhada em São Paulo pelo núcleo amador e estudantil que conseguira, justo em 1948, o apoio do industrial Franco Zampari. Neste mesmo ano, Zampari decidiu construir um teatro para ajudar o amadorismo – ou melhor, adaptar um prédio em três meses para abrigar os jovens renovadores. A estreia em outubro do Teatro Brasileiro de Comédia significou apenas isto, a inauguração de um edifício que poderia passar a abrigar os jovens amadores. Quando o primeiro diretor artístico do TBC chegou a São Paulo e foi contratado, no início de 1949, o TPA estava fazendo a sua primeira temporada paulista. Com tudo isto, o ano de 1948, em que surgiram o TPA e o edifício do TBC, em que estreou o segundo grande *escândalo* teatral do TEB, o *Hamlet*, lançando Sérgio Cardoso e uma segunda leva de atores modernos, parece muito mais adequado para marcar o advento do teatro moderno aqui, após um processo de formulação que fora iniciado em 1938.

Diante das dificuldades crescentes no Rio, o Teatro Popular de Arte não desanimou: partiu em excursão pelo país, perdeu o pouso carioca, foi para São Paulo e começou a acompanhar de perto o turbilhão moderno que logo iria se instalar na capital. Finalmente, em 1954, o TPA conseguiu inaugurar teatro próprio, o melhor teatro de São Paulo em sua categoria, construído para ser teatro. Trouxe da Itália, como Franco Zampari estava fazendo, mais um diretor, Gianni Ratto. E lançou uma nova tangente moderna muito curiosa, bem mais inquieta, pois era uma continuidade do Piccolo Teatro de Milão, sob uma aura mais *cênica* e socialmente engajada, em falta de nomes melhores, pois no caso o diretor era o cenógrafo de Giorgio Strehler, preocupado com o papel político do palco.

Logo a seguir, o TPA viabilizou uma continuidade de trabalho aqui para o diretor mais jovem e mais inquieto que o próprio TBC trouxera – Flamínio Bollini Cerri – que se voltou para ousadias tais com que o TBC não chegou sequer a sonhar: um Tennessee Williams cinematográfico que foi *teatralizado*, um Brecht.

A aventura não ficaria por aí. Logo o TPA estava encenando o autor mais discutido de uma nova geração que se projetava no Arena, o grupo que criticava o modelo de teatro moderno em vigor, a princípio em seu próprio campo de discussão, ou seja, no interior dos pressupostos conceituais defendidos pelas grandes companhias modernas. Nesta ocasião, o TPA projetou para o primeiro plano da vida teatral um dos primeiros e um dos maiores diretores brasileiros que se lançaram aqui, Flávio Rangel, que a seguir seria absorvido pela fase final do TBC, a fase brasileira.

É importante frisar que o tema da brasilidade não esteve distante da geração das companhias, não foi uma proposição extemporânea e abrupta formulada pelo Arena. O tema remontava a Os Comediantes e Jouvet, era um dos preferidos de Ruggero Jacobbi e de Miroel Silveira e em tais condições marcou profundamente aquele que parece ter sido o maior ator desta geração – Sérgio Cardoso. Infelizmente o intérprete e a sua companhia ainda não tiveram sua história estabelecida em detalhes, não foram merecedores de uma pesquisa alentada à altura de sua obra. Mas, em um levantamento sumário, pode-se perceber que o ator foi, entre todos os integrantes de sua geração, aquele que manteve a atenção mais decididamente voltada para a tessitura histórica do teatro brasileiro.

Sérgio Cardoso procurou interferir no sentido de uma *nacionalização teatral*, buscando o autor nacional e dialogando com a história do palco brasileiro anterior, ou seja, procurando conciliar o moderno com a dinâmica específica do país. Ao sair do TBC e depois de breve passagem pela Companhia Dramática Nacional, ele inaugurou a sua companhia com *Lampião*, de Rachel de Queiroz, e *Sinhá Moça Chorou*, de Ernani Fornari – este último lançado por Dulcina de Moraes em 1940. A proposta, como se comentou, deve ter sido o determinante básico para que o TPA lançasse Jorge Andrade, o segundo autor teatral brasileiro moderno a se projetar, depois de Nelson Rodrigues.

Em 1957, já no Teatro Bela Vista, Sérgio Cardoso lançou *O Comício*, de Abílio Pereira de Almeida, o autor nacional aclamado pelo TBC, apresentando como ator convidado Jaime Costa – aquele mesmo, com y, que outrora desejara festejar o fim do Teatro dos Doze e a submissão do vaidoso Hamlet nacional às velhas companhias profissionais, agora com o nome ortograficamente atualizado e a concepção estética transformada. O velho ator foi recebido pela companhia com honras de grande estrela e o líder da empresa mandou afixar na tabela a ordem de homenagem ao veterano[33].

Portanto, não é uma verdade exata que o tema da nacionalização fosse completamente estranho a este primeiro teatro moderno e que ele significasse mera reprodução de um teatro exterior, dissociado do país. A rigor, como observaram Antunes Filho e Paulo Autran em diversos depoimentos sobre o TBC e a época, ocorrera uma formação técnica. Esta limitara um tanto a relação com o nacional, pois o nacional moderno ainda não existia ou não se disseminara. Ao mesmo tempo, esta formação técnica esteve encoberta por uma capa de esnobismo, por parte de alguns setores, sobretudo no interior do TBC, para mascarar a situação de aprendizado e até mesmo por influência de um padrão ideológico colonizado, bastante impregnado no ideário nacional. Além disso, também era preciso formar o autor nacional. Assim, os pontos mais afastados, por diferentes razões, do núcleo, quer dizer, do setor que se via como elite, puderam se voltar para a questão do nacional na medida em que se julgavam capazes para realizar o equilíbrio entre as partes, ou seja, a técnica e a temática. E também porque esta *periferia teatral* precisava formular o seu teatro moderno de uma outra maneira – não podia ser o moderno de invenção do TBC, abrupto, que negava tudo e todos ao redor por ser um ato de mecenato e não de opção profissional. Esta outra possibilidade não passou desapercebida diante do TPA: foi a via que o conjunto explorou.

33 Acervo Jaime Costa, Funarte. Tabela era o tradicional quadro de avisos das companhias, em que se afixavam multas, punições, elogios, homenagens e rotinas importantes.

O TPA foi decisivo ainda para a indicação do valor da cena propriamente dita, com montagens que criticaram de forma contundente o teatro de texto defendido pelo TBC, culminando com a montagem histórica de *Depois da Queda*, em que os atores construíam, sós no espaço geométrico e com a luz, a exposição da consciência do homem ocidental na segunda metade do século, que começara há pouco. O texto fora bastante alterado pelo diretor com o intuito do espetáculo e é digna de nota a sua observação de que as mudanças que propôs teriam coincidido com muitas das alterações que o próprio autor teria feito, logo depois, em seu texto; trata-se de uma justificativa, real ou não. A tensão texto e cena foi proposta ainda no Lorca assinado por Antunes Filho, muito embora o espetáculo não tenha sido um dos pontos decisivos da carreira da companhia. E ecoou também no Feydeau que deve ser usado para marcar o fim da história da empresa.

Os grandes trabalhos da companhia que marcaram época e se tornaram referência obrigatória para todos e quaisquer estudos do teatro brasileiro moderno foram, no mínimo, *O Canto da Cotovia*, *A Alma Boa de Se-Tsuan* e *Depois da Queda*, com Maria Della Costa, e *A Moratória*, com Fernanda Montenegro. Logicamente para falar deles é fundamental fazer referência a *Anjo Negro*, a *Woyzeck*, a *Estrada do Tabaco* e a *Gimba*.

O movimento do teatro moderno no Brasil teve um resultado estético preciso: a difusão do realismo – ou do neorrealismo – como sendo a linguagem do teatro. Por uma razão bem simples: na impossibilidade de existência do teatro enquanto prática institucional, vida cultural, ele necessitava criar a sua necessidade de consumo. Como não existia e não foi formada uma plateia de teatro e tampouco surgiu no processo político uma mentalidade de gerência da cena como fato de importância social, era preciso manter os olhos na bilheteria. Quer dizer, descer dos manifestos e das torres de marfim e sintonizar com as sensações do homem médio, perceber qual era o seu gosto, colar o palco com a vida imediata que passa, transformá-lo em espelho tosco. O público era chamado a olhar a cena como se ela fosse simulacro da realidade, fatia de vida, lição de cotidiano, enfim manifestação ingênua da existência humana, em lugar de ser teatro, invenção, criação poética.

Portanto, realismo como ponto de chegada – quando o teatro moderno, em sua origem europeia, fora antes uma libertação formal e se propusera, de preferência, justamente a liquidar o realismo, esta simulação da razão século dezenovista de que é senhora do existente, capaz de entender e de explicar o real.

Uma dinâmica especial acabou surgindo: tangenciando o moderno abrupto, de invenção e chique, formulado pelo Teatro Brasileiro de Comédia, projetou-se o moderno moreno, quer dizer, o moderno que supunha o reconhecimento das condições de viabilidade ao redor, posto que não se produzia como mecenato, mas como profissionalismo assumido. Este segundo momento se desdobrou em duas frentes básicas, dois interlocutores fundamentais, a primeira desempenhada pela Companhia Maria Della Costa e a outra, mais efêmera posto que de curta duração, pela Companhia Nydia Licia-Sérgio Cardoso; nos dois casos, houve sempre a busca de uma sintonia com a realidade local, mas o diálogo fora proposto pela primeira. O desenvolvimento de outros estudos com certeza permitirá que se tenha um mapa do jogo de forças em ação, com as diferentes companhias modernas traduzidas em linhas de trabalho. O diálogo tornava-se cerrado, competitivo, entre as empresas, porque cada um precisava saber o que o outro estava fazendo, em especial se estivesse alcançando sucesso, e tentar trabalhar com a possível demanda reprimida em torno da cena vizinha.

Assim, em lugar de temas temporalmente mais estáveis, o que se poderia chamar "a cultura", a moda: portanto comportamento *coletivo*, padronizado, apreensão rápida e fugaz do que estava no ar, logo redução das vertentes possíveis de compreensão da encenação. Este foi o lugar social reservado ao teatro – o passo seguinte foi a *naturalização* dos procedimentos de linguagem, que passaram a se propor como transparência para tratar de importantes temáticas (estas, sim, importantes!) e deixaram de ser percebidos como o que eram, *formas de contar*. A busca da brasilidade e da denúncia social que se seguiram sem dúvida possuem um fundo naturalista, advogam uma *positividade*, condições que não podem ser abrigadas de maneira confortável no interior do moderno, como se discutiu no capítulo 2. Valeria indagar em que grau elas existiram como resultado da compreensão do Brasil segundo a razão dualista e em que medida, portanto, podem ser situadas como um duplo retrocesso: mas este é um outro tema.

Em todo caso, parece evidente que se operou uma redução histórica do moderno, portanto. Neste contexto, pode-se perceber com clareza as dificuldades e as hesitações da história do Teatro Popular de Arte em prol de um teatro da cena, pois a corrente que se tornou hegemônica em São Paulo foi a do teatro da palavra, com predomínio da *mise-en-scène* em que o texto era o eixo privilegiado de leitura e criação. A ela se contrapôs, em seguida, a encenação engajada, *ideotextual*, em que ainda estava em pauta a leitura do texto, mas em que o texto deveria contar com ideário específico, pré-determinado, necessariamente realista. Esta vertente se afirmou em atrito com a expansão crescente da performance e seus derivados.

Assim, a trajetória do moderno pode ser afirmada como um mecanismo de *fetichização* da linguagem teatral. Ocorreu um processo gradual de fechamento, perceptível nas reações contra Ziembinski, contra o TPA ou contra as liberdades de Flamínio Bollini Cerri e até de Flávio Rangel e Antunes Filho – diretores de espetáculo, um enquadramento pejorativo. O moderno que se tornou realismo tornou-se temático, voltou-se cada vez mais para o tema do nacional-popular, diluindo o próprio sentido do fazer teatral moderno.

Neste ponto se pode perceber muito da originalidade e da força do empresário Sandro Polônio. É claro que ele esteve sempre atento ao que acontecia ao redor, ao que os outros faziam. Mas, sobretudo, mais do que um imitador ou um carona do sucesso alheio, ele conseguia articular seus próprios meios para chamar a atenção e jogar o teatro sob o foco dos olhares da sociedade. Assim, ele concebeu meios eficientes para perseguir o sucesso quando ainda não era senhor da bilheteria, tirando proveito da aura que emanava de suas propostas ou enveredando pela exploração do escândalo, latente nos temas ou oferecido pela censura. Foi um grande articulador de sucessos de escândalo e de sucessos de bilheteria. Ele intuiu diversas transformações e foi capaz de tomar decisões adequadas para preservar, enquanto pode, a sua paixão, o teatro. Esta qualidade pode ser vista com clareza na construção do mito Maria Della Costa, registrada no uso das imagens da atriz ao longo da história dos programas da companhia. Ou na antevisão da crise que arrastaria o teatro de seu tempo, por ele tantas vezes anunciada.

Dois outros pontos de ordem geral precisam ser sublinhados: o mais importante é a absoluta necessidade de que se reconheça a condição de São Paulo como sede por excelência do palco moderno em nosso país. O teatro moderno só caminhou para a institucionalização aqui, necessariamente profissional, através de São Paulo, uma realidade que o bairrismo não deve ofuscar; foi São Paulo quem tornou moderno o teatro do país. Tal se deu, como se observou, em virtude da construção de uma ambiência cultural favorável, possível porque São Paulo não tinha teatro até então, não contava com forças cristalizadas de oposição.

Em tais condições, restaria um outro ponto a tratar – qual a razão que teria levado os analistas, muitos deles tendo vivido a aventura moderna em São Paulo, a celebrar a estreia de *Vestido de Noiva* como início do teatro moderno brasileiro, se a escolha nos impede de perceber com clareza a história de nosso palco, pois reduz o alcance do que se poderia chamar *revolução paulista*?

É preciso de saída descontar o brilho ímpar, efetivo, da encenação em sua época, capaz de ofuscar as plateias contemporâneas, fenômeno único que não se repetiu na remontagem de 1976 e que só pode ser compreendido com clareza enquanto fato teatral por quem já viveu situação coletiva semelhante de deslumbramento: este não foi o fator determinante da escolha, pois, como se viu, a eleição não foi contemporânea. Ao que tudo indica, há o peso de um conjunto de fatores, além do *poder de imprensa* de Nelson Rodrigues, capaz de conquistar na mídia intensa projeção para si e para os seus trabalhos. Assim, em primeiro lugar parece estar o nosso eterno desejo de nos ufanarmos de nosso país, a nossa terrível vergonha por nosso *atraso*. O moderno europeu datava da virada do século; em um teatro *tão atrasado* como o nosso, 1943 é muito melhor do que 1948 ou do que (horror supremo!) um ponto qualquer da década de 1950. Vem daí também a necessidade constante de buscar *precursores*, esta tentativa tão anacrônica de achar o futuro no passado, um meio para reduzir a incômoda distância temporal que nos separa do *progresso*, através da insinuação de que nossos bisavós ou avós já tinham tratado alguma vez de alguma forma em algum grau do assunto, em nosso benefício.

Em seguida, existe o problema da *caipirice* paulista, oprimida pelo *brilho cortesão* carioca e a realidade objetiva de que as primeiras proposições de corte efetivamente aconteceram no Rio de Janeiro, mas só puderam ser desdobradas em São Paulo, onde não existia um mercado cristalizado ao redor de práticas econômicas convencionais. Em São Paulo foram postos em prática procedimentos concebidos no Rio de Janeiro, mas que só se tornaram moeda corrente no Rio depois que surgiram como obra acabada entre os bandeirantes. Ao situar a dinâmica específica que existiu entre as duas cidades e a peculiaridade de cada uma, pode-se perceber que, apesar de São Paulo ter tido o poder e os meios para afirmar o moderno e revolucionar o teatro brasileiro, não teve força política suficiente para se identificar historicamente enquanto tal e aceitou que a sua obra fosse apresentada como humilde desdobramento do gesto amador dos cariocas, como se no Rio de Janeiro tivesse efetivamente ocorrido alguma transformação do palco.

Uma obra efêmera, é importante perceber. Uma geração inteira trabalhara em função de um modelo de teatro que desapareceu diante de seus próprios olhos. A proposta original do moderno, varia, multiforme, fora se esgarçando ao longo dos anos de 1950, invertendo os seus termos, pondo em lugar do cérebro a bilheteria, e a um ponto tal que se tornara apenas um adjetivo pesado, temido, combatido – teatrão. Os termos das gerações mais jovens para tratar deste teatro eram fortes, como se ele precisasse mesmo ser objetivamente *morto*, em lugar de operar-se uma subsunção. Dentre as quebras propostas pelos ventos de 1968, nenhuma foi com certeza tão radical: tomou-se o fazer em si como obsoleto e propôs-se uma obra de demolição eficiente para liquidá-lo. Um pouco como se a crítica a certas roupas levasse à nudez como único remédio.

É bem verdade que o inimigo derrubado já há muito fraquejava: mataram um cadáver. A falta de apoio oficial, a fragilidade do mecenato, a ausência de uma política eficiente de formação de plateia, a difusão do nacionalismo populista, a inflação, a instabilidade político-social, o horizonte mental estreito da ditadura, a canhestrice da censura, a entrega ao gosto médio, a necessidade de submeter-se ao realismo mais palatável aproximado aos grandes sucessos do cinema e da televisão, em que as diferenças estéticas foram se perdendo e acabaram reduzidas a diferenças de procedimentos, técnicas, solapando a formulação de projetos culturais, foram fatores decisivos para a desestabilização do modelo de teatro moderno tentado aqui, mesmo enquanto redução. A dinâmica de produção em grandes esquemas, com padrões europeus, se tornou, ao mesmo tempo, inviável e objeto de crítica, pois as novas gerações teatrais começaram a defender formas alternativas de produção, comunitárias e/ou coletivas, despojadas, sem que se fale na influência norte-americana, do mercado livre, de montagens independentes.

Progressivamente, o caro modelo moderno tentado começou a ser mal visto, portanto, rotulado de teatrão, jargão pejorativo até hoje usado na classe teatral, como se fosse uma única massa disforme de manifestação cênica: o moderno múltiplo se diluiu em um moderno amesquinhado

UMA EMPRESA
E SEUS SEGREDOS:
COMPANHIA
MARIA DELLA COSTA

e reduzido. Mais tarde, as formas cooperativadas de produção se tornaram a norma também no meio profissional, no que seria o "teatrão", por insuficiência do capital disponível para sustentar a atividade produtiva em moldes capitalistas mais rigorosos. A dinâmica de fundo se manteve: instabilidade de produção, oscilação vertiginosa de propostas, personalismo acentuado e um clamor universal contra uma atmosfera onipresente de crise. O teatro brasileiro enfrentou algumas peripécias – mudanças radicais de fortuna – mas tais mudanças foram modernas, não tiveram o efeito cumulativo de tensão próprio do trágico ou da tradição teatral; apenas conduziram-no a um mesmo ponto vazio, a própria cena, cujo sentido enquanto pura linguagem se perdeu ao longo do trajeto.

O saldo da história da Companhia Maria Della Costa foi, contudo, alentado. O edifício que abrigou a companhia ao longo de vinte anos assistiu à montagem de 25 peças produzidas pelo conjunto, com 2.562 representações, público pagante de 769.173 espectadores e 19.357 convidados, sem que se considere o uso do teatro por outras companhias. Foram montadas, desde 1948 até 1974, um total de 42 peças, 30 estrangeiras e 12 nacionais. Deste total, cerca de dois terços foram lançamentos, peças inéditas, condição que demonstra uma considerável atuação na abertura de repertório. No mesmo período, a companhia trabalhou com dezessete diretores e vinte cenógrafos diferentes; lançou os nomes dos diretores Ruggero Jacobbi, Gianni Ratto, Graça Mello, Eugênio Kusnet, Flávio Rangel e Jairo Arco e Flexa, sem que se fale nos atores, muitos dos quais transformados, no seu palco, em intérpretes de primeira grandeza, como foi o caso de Fernanda Montenegro.

Talvez Maria Della Costa tenha tido o melhor repertório de sua geração: este é um ponto interessante a debater. É bem verdade que ela não fez tragédia grega, como Cacilda Becker e Tônia Carrero, mas é justo perguntar-se sobre a propriedade da tragédia grega nesta geração. A temperatura geral destes primeiros atores modernos não era propriamente trágica, mas antes dramática, e tal condição parece se insinuar no espetáculo montado pelo TBC, com as duas *Antígone*, de Sófocles e de Anouilh, em que se percebe claro o gesto do crítico Décio de Almeida Prado, de simplesmente não comentar em detalhe o desempenho da musa do TBC no texto clássico[34]. Segundo a lenda que corre no meio teatral, Cacilda Becker não conseguiu *realizar* o texto, pois não possuía fôlego para a tragédia grega.

Maria Della Costa também não enveredou por textos-limite do moderno, como seria o caso do Beckett encenado por Cacilda Becker. Mas resta a questão da densidade deste Godot, quando o próprio diretor Flávio Rangel reconheceu que adaptara o texto, para dotá-lo de um *sentido* imediato para a plateia da época[35]. Ao mesmo tempo, vale reconhecer que a empresa de Maria Della Costa teve coragem para lançar Ionesco em São Paulo, sob a direção de Luís de Lima.

Assim, se o contorno do repertório for analisado sob uma estreita linha que conjuga os meios oferecidos, a temperatura da atriz e a qua-

[34] D. A. Prado, *Apresentação do Teatro Brasileiro Moderno*, p. 394.

[35] J. R. Siqueira, *Viver de Teatro*, p. 198. Flávio Rangel observou que leu Vladimir e Estragon como as duas faces do ser humano – um seria a inteligência, o outro o instinto. A abordagem, tenha viabilizado ou não um espetáculo forte, é uma redução do texto, uma leitura altamente discutível. Explica bastante os diversos problemas de compreensão de texto que podem ser encontrados na tradução assinada pelo diretor.

lidade do desempenho atingido, é provável que a atriz surpreenda o analista. Mas esta é ainda uma questão de literatura dramática. De toda forma, parece justo reconhecer que, apesar do TBC, nenhuma outra atriz de sua geração viveu a aventura da inventividade cênica com tanta intensidade quanto Maria Della Costa — até pela multiplicidade de diretores, ou antes, por sua extrema capacidade para viver diferentes papéis, sob diferentes orientações, anulando a sua presença com rara intensidade, apesar da beleza ímpar do rosto e do sucesso que os desfiles alcançavam sempre, em um teatro tristemente confundido com a moda.

O MODERNO BRASILEIRO / MODERNO MORENO

◁ Maria Della Costa, *Tome conta da Amélia* — detalhe da interpretação e do figurino. (AMDC, Cedoc/ Funarte.)

△ A foto foi usada em um cartazete, que ficava exposto nos balcões das perfumarias; ao longo de sua carreira, a imagem da atriz foi muito usada na divulgação de produtos de beleza, um indício da notoriedade alcançada. (AMDC, Cedoc/Funarte.)

VII

Anexos:
Fichas Técnicas[1]

[1] As fichas técnicas foram elaboradas ao longo da pesquisa, de 1993 a 1998, e revisadas em 2008; as fontes foram os Programas de Sala das montagens, críticas e reportagens dos jornais, bem como a bibliografia dedicada ao tema.

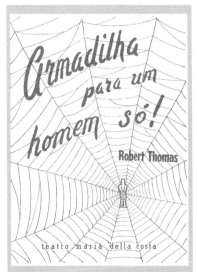

Romeu e Julieta[2], de Shakespeare

ANEXOS:
FICHAS TÉCNICAS

Versão portuguesa do Dr. Domingos Ramos
Apresentação: Dr. Abbadie Faria Rosa, diretor do Serviço Nacional de Theatro
Data da Estreia: 28/10/1938

ELENCO: (Por ordem de entrada em scena)
1º Acto

Sansão, criado de Capuleto – Sandro Polloni; *Gregório, criado de Capuleto* – Francisco Sette; *Abrahão, criado de Montecchio* – Mario Barata; *Balthazar, criado de Romeu* – Carlos Matos; *Benvolio, sobrinho de Montecchio e amigo de Romeu* – J. Baptista de Alvarenga; *Tebaldo, sobrinho da snra. Capuleto* – Athayde Ribeiro da Silva; *Pagem de Tebaldo* – Francisco Sampaio; *Capuleto* – Victorio Capparelli; *Snra. Capuleto* – Ilka Salles da Fonseca; *2º Capuleto* – José Amaral; *Montecchio* – Paulo Baptista Pereira; *Snra. Montecchio* – Ivette Salles da Fonseca; *Della Scala, Príncipe de Verona* – Justiniano J. Silva; *Romeu, filho de Montecchio* – Paulo Ventania Porto; *Conde Páris, jovem fidalgo, parente do Príncipe* – Geraldo Avellar; *Pagem de Páris* – Francisco Maia; *Pedro* – Milton Gaspar; *Ama de Julieta* – Elvira Salles da Fonseca; *Mercucio, parente do Príncipe e amigo de Romeu* – Antonio de Padua; *Pagem de Mercucio* – José Calheiros Bomfim; *Um fidalgo* – Nicéas Avellar.

2º Acto

Frei Lourenço, franciscano – Mafra Filho.

4º Acto

Boticario – José Rivera Miranda; *Segundo guarda* – Chue Filho.
Mascarados, Veronezes, Guardas, etc.
A ação passa-se em Verona. No 4º acto, um momento, em Mantua.

PRODUCÇÃO: Paschoal Carlos Magno
DIRECÇÃO SCENICA: Italia Fausta

MASSAS: Alunos das Escolas Secundarias e Superiores
MUSICA: F. Chiafitelli
DESENHOS: Tilde Canti
ESGRIMA: Paulo Savaterra
CABELLEIRAS: Assis
BAILADOS: Maria Olenewa e Corpo de Bailados do Municipal
CARTAZES DE PROPAGANDA: Sylvio Cerqueira – Percy Deane – José Moraes – Sandro Polloni – José Amaral

A Casa do Estudante do Brasil agradece a collaboração da Senhora Gabriella Bezanzoni Lage, vestindo as massas e ajudando a parte scenographica do espetaculo.

MUSICA
1º Acto

Concerto em lá menor – Vivaldi.
(Para instrumentos de arco)
Sarabanda – C. Saint-Saens.
Serenata – A. Nepomuceno.

2º Acto

Sommeil d'une Vierge – Massenet.
Largo (orgão) – Haendel.

3º Acto

Aria á l'anticca (Preludio) – F. Chiafitelli.

4º Acto

Visão Celeste – F. Braga.
Marcha Funebre – Beethoven.

BAILADOS
1º Acto – Quinto quadro
    1 – *Sarabanda* (musica de Saint-Saens)

[2] Obs.: Optou-se por reproduzir na íntegra e sem atualizações o programa original, em função da importância histórica atribuída ao evento. Observe-se que o programa não indicou o nome da Julieta, Sônia Oiticica.

Clara Bell – Elsa Carraro – Edith Vasconcellos – Antonia Bernardes – Annita Miranda – Isaura Seramota – Jocelina Leal – Noemia Mattos – Waldemar Rodrigues – Edgar Sant'Anna – Americo Pereira – Jorge Livert – Carlos Leite – Lourival Leal – Manuel Monteiro – Walter Simmons.
SOLISTAS: Luiza Cardonell e Yuco Lindberg.

2 – *Serenata Medieval* (musica de A. Nepomuceno)
Branca Brasil – Dina Pavone – Leda Yuqui – Selme Kenk – Helga Muttik – Clara Antunes – Italia Azevedo – Gertrudes Assan – Marilia Neri – Helena Pavone.
SOLISTA: Madeleine Rosay.

3 – Reprise da *Sarabanda* pelo Corpo de Baile, Yuco Lindberg e Sonia Oiticica

» O vestido de Julieta, do 1º acto, foi desenhado e confeccionado pela Snra. Edgard Sant'Anna.
» Os outros vestidos de Julieta foram gentilmente executados pela "Pelleteria Siberia" – Gonçalves Dias, 51.
» Os trajos da Senhora Capuleto – confeccionados pela Casa Sucena – Av. Rio Branco.
» Chapéo de Páris, gentilmente offerecido pela "Casa Julieta" – P. Tiradentes, 29.
» Malhas da "Malharia Ondina" – Zemenhoff, 15.
» Poltrona que pertenceu ao Principe Mauricio de Nassau; gentilmente cedida por Luis de Gongora, antiquario – Rua Honorio de Lemos, 40.
» Os moveis do quarto de Julieta pertencem ás senhoras Marcos de Mendonça e Viuva Queiroz Junior.
» O grande tocheiro de carvalho do mesmo é de propriedade de Paschoal Carlos Magno.
» A banqueta foi gentilmente cedida por Medina & Cia. – "A Razoavel" – Rua Chile, 25 – Loja
» Lustros de ferro e punhaes florentinos gentilmente cedidos por Raphael Pacci & Cia. Ltd. – Avenida Rio Branco, 183.
» Electrola gentilmente cedida pela Casa Italo-Brasil – Rua Buenos Aires.

A FUNDAÇÃO DA CASA DO ESTUDANTE DO BRASIL, creada em 13 de Agosto de 1929, membro da "Confédération Internationale des E'tudiants" e reconhecida de utilidade publica federal e municipal, com séde provisoria no Largo da Carioca, 11, 1º e 2º andares, desenvolvendo sempre a assistencia moral, intellectual e material que se propõe prestar á classe estudantina do paiz, em actualmente em funccionamento os seguintes serviços:

1 – Uma RESIDENCIA (rua do Riachuelo, 327), onde moram varios estudantes, sendo alguns gratuitos e outros contribuintes, sempre de accordo com suas posses.
2 – Um DEPARTAMENTO MEDICO, organizado por estudantes, com a colaboração de um corpo clinico de medicos especialistas, attendendo gratuitamente a todos os estudantes que o procuram.
3 – Um BUREAU DE INFORMAÇÕES E INTERCAMBIO que promove a correspondencia entre os estudantes do Brasil e do exterior, assim como a cooperação intellectual da mocidade.
4 – UM RESTAURANT a preços minimos, onde são servidas diariamente centenas de refeições fartas e sadias, entre as quaes certo numero gratuito. O restaurant, sendo de propriedade da C.S.B., funcciona sem interesses commerciaes, revertendo todo seu lucro em beneficios á classe.
5 – Um BUREAU DE EMPREGOS, que procura gratuitamente encaminhar, de accordo com suas tendencias e com seu horario, os estudantes que necessitam collocação para manter-se na escola.
6 – Um DEPARTAMENTO JUDICIARIO, que proporciona gratuitamente aos estudantes conselhos e orientação juridica.
7 – Um BOLETIM DA C.E.B. que circula mensalmente, collaborado por estudantes e professores e que resume a vida academica do paiz, sendo distribuido gratuitamente.
8 – Um DEPARTAMENTO SOCIAL, que promove conferencias, bailes mensaes, excursões, visitas a estabelecimentos educativos, etc.
9 – Um CURSO DE LINGUAS extrangeiras, de portuguez para extrangeiros, de preparatorios para gymnasio, de musica, onde ha sempre matriculas gratuitas para estudantes necessitados.
10 – Um DEPARTAMENTO DE PUBLICIDADE que fornece noticiario acerca das atividades da C.E.B., cooperando com outras organizações de classe na distribuição aos jornaes de notas de seus interesses.
11 – Uma BIBLIOTHECA CIRCULANTE, com cerca de 2.000 volumes, aberta diariamente e ao dispôr de todos que prezam a cultura.
12 – Um DEPARTAMENTO CULTURAL, que dirige o "Theatro do Estudante do Brasil", além de palestras e debates, exposições de arte, reuniões de intercambio, etc.

Desejo (Desire under the Elms), de Eugene O'Neill (Prêmio Nobel de Literatura)

ANEXOS:
FICHAS TÉCNICAS

PRODUÇÕES DE Os V Comediantes e do TPA

TEATRO GINÁSTICO [Rio de Janeiro, RJ, 17/06/1946] (Os V Comediantes)
   TRADUÇÃO: Miroel Silveira
   DIREÇÃO DE CENA: Ziembinski
   CENÁRIOS: Eros Gonçalves
   INDUMENTÁRIA: Oswaldo Motta
   ELENCO:
      Eben: Sandro Polônio; Simão: Graça Mello; Pedro: Jardel Filho; Abbie: Olga Navarro; Efraim Cabot: Ziembinski; Rabequista: Jackson de Souza; Convidado: David Conde; Delegado: João Angelo Labanca; Outros convidados: Virginia Vanni, Berta Scliar, Amalita, Maria Margarida Lopes, Nieta, Waldir Moura, Geraldo Ribeiro, Marcos R. dos Santos e Fernando Lanzelotte; Bêbedo: Alberto Maduar; A Moça: Lidia Vani; 1ª mulher: Wanda Marchetti; 2ª mulher: Rosely Mendes; A Mãe: Ermelinda Costa; 1º homem: Enôr Fonseca; 2º homem: Virgilio F. Paula; Polícia: N.N.; 1ª moça: Elza Rian; Homem: Sebastião Campos; Mulher: Ilema de Castro; Homens e moças da vila
   TÉCNICOS: assistente do diretor: João Angelo Labanca; regisseur: Armindo G. Lourenço; maquinista: Pilade Romano; eletricista: Jair de Andrade; assessor artístico: Brutus Pedreira
   DIREÇÃO GERAL: Miroel Silveira
      No Teatro de Os V Comediantes não há ponto, nem há claque, não há cambista

TEATRO MUNICIPAL [São Paulo, SP, 20/03/47] (Os V Comediantes)
   ELENCO (substitutos)
      Eben: Sandro Polônio; Simão: Orlando Guy; Pedro: Jardel Filho; Abbie: Olga Navarro; Efraim Cabot: Ziembinski; Rabequista: Jackson de Souza; Convidado: David Conde; Delegado: João Angelo Labanca; Outros convidados: Iara Isabel, Virginia Vanni, Margarida Rey, José de Magalhães Graça, Waldir Moura, Josef Guerreiro
   TÉCNICOS: assistente do diretor: não consta; regisseur: não consta; maquinista: não consta; eletricista: não consta; assessor artístico: não consta
   DIREÇÃO GERAL: Miroel Silveira
      No Teatro de Os V Comediantes não há ponto, nem há claque, não há cambista

TEATRO DEODORO [Maceió, AL, 1950] (TPA)
   INDUMENTÁRIA: não consta
   REVISÃO: Graça Mello
   DIRETOR LITERÁRIO: Dr. Miroel da Silveira
   ELENCO:
      Eben: Sandro Polônio; Simão: Wallace Vianna; Pedro: José Maia; Abbie: Maria Della Costa; Efraim Cabot: Graça Mello; Rabequista: Geraldo Soares; Convidado: o personagem não consta; Delegado: José Maia; Outros convidados: Bêbedo: Alberto Maduar; A Moça: Lidia Vani; 1ª mulher: Wanda Marchetti; 2ª mulher: Rosely Mendes; A Mãe: Ermelinda Costa; 1º homem: Enôr Fonseca; 2º homem: Virgilio F. Paula; Polícia: N.N.
   TÉCNICOS: assistente do diretor: não consta; regisseur: não consta; maquinista: não consta; eletricista: não consta; assessor artístico: não consta
   DIREÇÃO GERAL: Miroel Silveira

TEATRO MARIA DELLA COSTA [São Paulo, SP, 1959] (TPA)
   DIREÇÃO ORIGINAL: Ziembinski
   CENÁRIOS E FIGURINOS: Eros Martins Gonçalves
   PRODUÇÃO E REMONTAGEM: Sandro
   ELENCO:
      Eben: Sandro Polônio; Simão: Benjamin Cattan; Pedro: Oswaldo Louzada; Abbie: Maria Della Costa; Efraim Cabot: Eugênio Kusnet; Rabequista: Paulo Corrêa; Convidado: o personagem não consta; Delegado: Sadi Cabral; Outros convidados: 1ª moça: Elza Rian; Homem: Sebastião Campos; Mulher: Ilema de Castro; Homens e moças da vila
   TÉCNICOS: assistente do diretor: João Ângelo Labanca; regisseur: Armindo G. Lourenço; maquinista: Pupe e Paulinho; eletricista: Jair de Andrade; assessor artístico: Brutus Pedreira; contrarregra: Garcia
   DIREÇÃO GERAL: Miroel Silveira

UMA EMPRESA
E SEUS SEGREDOS:
COMPANHIA
MARIA DELLA COSTA

Terras do Sem Fim,
do romance de Jorge Amado

PRODUÇÃO Os Comediantes Associados
PEÇA EM 3 ATOS E 20 QUADROS

TEATRO GINÁSTICO [Rio de Janeiro, RJ, 08/08/1947 (estreia)]
ADAPTAÇÃO TEATRAL de Graça Mello
ENCENAÇÃO E DIREÇÃO de Zygmunt Turkov
CENÁRIOS DE SANTA ROSA – Execução de Sandro
MÚSICAS de Dorival Caymmi

ELENCO por ordem de entrada:
Cancioneiro Popular: Tito Fleury; *Coronel Horácio da Silveira*: Ziembinski; *Estér*: Maria Della Costa; *Dr.Virgílio*: Sandro Polônio; *Maneca Dantas*: Labanca; *Felismina*: Ruth de Souza; *Velho Antonio*: Wallace Vianna; *1º Trabalhador*: Waldir Moura; *2º Trabalhador*: Josef Guerreiros; *Sinhô Badaró*: Tito Fleury; *Juca Badaró*: Jardel Filho; *Don'Ana Badaró*: Margarida Rey; *Negro Damião*: Aguinaldo Camargo; *Viriato*: Magalhães Graça; *Firmo*: Waldir Moura; *Tonico Borges*: Jackson de Souza; *Dr. Jesse*: Magalhães Graça; *Dona Zefinha*: Yara Izabel; *Professora*: Nieta Junqueira; *Azevedo*: David Conde; *Margot*: Cacilda Becker; *Nhôzinho*: Josef Guerreiro; *Totonio*: Waldir Moura; *Raimunda*: Ruth de Souza; *Argemiro*: Josef Guerreiro; *Pai Jeremias*: Jackson de Souza; *Capanga*: Wallace Vianna; *Meirinho*: Waldir Moura; *Juiz*: Jardel Filho; *Promotor*: Tito Fleury; *Escrivão*: Josef Guerreiro; *Negros, Capangas, Soldados, Jurados*.
TÉCNICOS: *assistente de direção*: Labanca; *diretor de montagem*: Sandro; *assistente técnico*: David; *chefe contrarregra*: Waldir Moura; *chefe maquinária*: Romano; *chefe eletricista*: Elias; *guarda-roupa*: Nieta
Colaboração do Teatro Experimental do Negro
Ação – Município e Cidade de Ilhéus – Princípio do Século XX – Bahia

Anjo Negro,
de Nelson Rodrigues

PROGRAMAS DOS TEATROS

DIRETOR: Ziembinski
CENÓGRAFO: Ziembinski e Sandro
FIGURINISTA: Ziembinski
PRODUTOR: Sandro

TEATRO FÊNIX [Rio de Janeiro, RJ, 02/04/48]
DIRETOR SOCIAL: Hércio Caldas
ORGANIZAÇÃO E PUBLICIDADE: Expedito Porto
ELENCO:
Ismael: Orlando Guy; *Virgínia*: Maria Della Costa; *Tia*: Itália Fausta; *Elias*: Josef Guerreiro; *Ana Maria*: Nicette Bruno; *Criada*: Maria de Oliveira; *Senhoras*: Pérola Negra, Eunice Fernandes, Paula Silva, Regene Mileti, Zeni Pereira e Augusta Silva; *Carregadores*: Geraldo Pereira, Jorge Aguiar, Aimoré Nogueira e Milton Rocha; *Primas*: Nieta Junqueira, Rosely Mendes, Yára Brasil e Aurora La Bella
TÉCNICOS: *assistente de cena*: Waldir Moura; *confecção de figurinos*: Nieta; *eletricista*: Jorge; *maquinista*: Vitorino Coelho

TEATRO MUNICIPAL [São Paulo, SP, 01/02/49]
ELENCO:
Ismael: Graça Mello; *Virgínia*: Maria Della Costa; *Tia*: Itália Fausta; *Elias*: Josef Guerreiro; *Ana Maria*: Henriqueta Portillo; *Criada*: não consta; *Senhoras*: Adalgisa Oliveira, Eunice Fernandes, Elvira Querino, Regene Mileti, Zeni Pereira e Olívia Santos; *Carregadores*: Geraldo Pereira, Lima, Márcio e Milton Rocha; *Primas*: Yvone Hirata, Rosely Mendes, Aycilma Caldas e Tálula Abramo
TÉCNICOS: *assistente de cena*: Waldir Moura; *confecção de figurinos*: Nieta; *eletricista*: Pesce; *maquinista*: Romeu Camara

Tobacco Road,
de Erskine Caldwell e Jack Kirkland

ANEXOS:
FICHAS TÉCNICAS

CENÁRIO: Lazlo Meitner
TRADUÇÃO: R. Magalhães Jr.

TEATRO FÊNIX [Rio de Janeiro, RJ, 06/05/1948]
    DIREÇÃO: Ruggero Jacobbi
    ELENCO por ordem de entrada:
        Jeeter Lester: Sadi Cabral; *Dude Lester*: Josef Guerreiro; *Ada Lester*: Itália Fausta; *Vovó Lester*: Nieta Junqueira; *Ellie May*: Aurora Labella; *Lov Bensey*: Sandro; *Bessie Rice*: Yara Isabel; *Henry Peabody*: Waldir Moura; *Pérola*: Maria Della Costa; *Capitão Tim*: Cyrano; *George Payne*: Pery Falcão
    TÉCNICOS: *assistente de direção*: Waldir Moura; *confecção de figurino*: Nieta Junqueira; *maquinista*: Vitorino Coelho; *eletricista*: Jorge; *assistente de cena*: Elidio Costa

TEATRO MUNICIPAL [São Paulo, SP, 04/03/1949 ou 16/02/49]
    DIREÇÃO: Ruggero Jacobbi
    PRODUÇÃO: Sandro
    ELENCO por ordem de entrada:
        Jeeter Lester: E. Ziembinski; *Dude Lester*: Josef Guerreiro; *Ada Lester*: Itália Fausta; *Vovó Lester*: Talulah Abramo; *Ellie May*: Rosely Mendes; *Lov Bensey*: Fernando Vilar; *Bessie Rice*: Carolina Sotto Mayor; *Henry Peabody*: Romeu Camara (Pedbody); *Pérola*: Maria Della Costa; *Capitão Tim*: Duilio D. Efabricius; *George Payne*: Wallace Vianna
    EMPRESA: Farina Biloro

TEATRO JOSÉ DE ALENCAR [Fortaleza, CE, out. de 1950]
    DIREÇÃO: Itália Fausta
    ELENCO por ordem de entrada:
        Jeeter Lester: José Maia; *Dude Lester*: Alberto Maduar; *Ada Lester*: Itália Fausta; *Vovó Lester*: N.N.; *Ellie May*: Rosely Mendes (Haitinoil); *Lov Bensey*: Sandro; *Bessie Rice*: Wanda Marchetti; *Henry Peabody*: Enôr Fonseca (Duabody); *Pérola*: Maria Della Costa; *Capitão Tim*: Geraldo Soares; *George Payne*: Wallace Vianna
    TÉCNICOS: *técnico de montagem*: Virgilio F. Paula; *contrarregra*: Enôr

[São Luiz, MA, s/d]
    DIREÇÃO: Ruggero Jacobbi
    ELENCO por ordem de entrada:
        Jeeter Lester: José Maia; *Dude Lester*: Alberto Maduar; *Ada Lester*: Itália Fausta; *Vovó Lester*: N.N.; *Ellie May*: Rosely Mendes (Haitinoil); *Lov Bensey*: Sandro; *Bessie Rice*: Wanda Marchetti; *Henry Peabody*: Enôr Fonseca (Duabody); *Pérola*: Maria Della Costa; *Capitão Tim*: Geraldo Soares; *George Payne*: Wallace Vianna
    SUPERVISÃO: Itália Fausta

UMA EMPRESA
E SEUS SEGREDOS:
COMPANHIA
MARIA DELLA COSTA

Tereza Raquin, de Émile Zola

PRODUÇÃO: Sandro
CENÁRIO: Lazlo Meitner

TEATRO FÊNIX [Rio de Janeiro, jul. 1948 (16/07/48 – data em anúncio de jornal)]
SUPERVISÃO: Ruggero Jacobbi
ELENCO:
Acendedor de Lampiões: Josef Guerreiro; Tereza Raquin: Maria Della Costa; Suzana: Aurora Labella; Camilo: Sadi Cabral; Lourenço: Sandro; Sra. Raquin: Itália Fausta; Grivet: Ilidio Costa; Michaud: Pery Falcão
TÉCNICOS: assistente de cena: Waldir Moura; guarda-roupa: Nieta; técnico de luz: George Mizne; técnico de montagem: Vitorino Coelho; técnico de pintura: J. Lopes Pereira

TEATRO MUNICIPAL [São Paulo, SP, 09/04/1949]
DIREÇÃO: Itália Fausta
ADAPTAÇÃO MODERNIZADA: Itália Fausta
ELENCO:
Acendedor de Lampiões: Antonio Mello; Tereza Raquin: Maria Della Costa; Suzana: Rosely Mendes; Camilo: Wallace Vianna; Lourenço: Sandro; Sra. Raquin: Itália Fausta; Grivet: Olinto Dias; Michaud: J. Maia
TÉCNICOS: assistente de cena: Waldir Moura; guarda-roupa: Nieta; técnico de luz: George Mizne; técnico de montagem: Vitorino Coelho; técnico de pintura: J. Lopes Pereira

TEATRO SÃO PEDRO [Porto Alegre, RS, 1949]
DIREÇÃO: Itália Fausta
ADAPTAÇÃO MODERNIZADA: Itália Fausta
ELENCO:
Acendedor de Lampiões: Antonio Mello; Tereza Raquin: Maria Della Costa; Suzana: Rosely Mendes; Camilo: Wallace Vianna; Lourenço: Sandro; Sra. Raquin: Itália Fausta; Grivet: Olinto Dias; Michaud: J. Maia
TÉCNICOS: assistente de cena: Waldir Moura; guarda-roupa: Nieta; técnico de luz: George Mizne; técnico de montagem: Vitorino Coelho; técnico de pintura: J. Lopes Pereira

CINE-TEATRO PAX [Mossoró, RN, 19/10/50]
DIREÇÃO: não consta
ADAPTAÇÃO: Itália Fausta
ELENCO:
Acendedor de Lampiões: não consta o personagem; Tereza Raquin: Maria Della Costa; Suzana: Rosely Mendes; Camilo: Wallace Vianna; Lourenço: Sandro; Sra. Raquin: Itália Fausta; Grivet: Geraldo Soares; Michaud: José Maia
TÉCNICOS: assistente de cena: Waldir Moura; guarda-roupa: Nieta; técnico de luz: George Mizne; técnico de montagem: Vitorino Coelho; técnico de pintura: J. Lopes Pereira

CINE-TEATRO REX [João Pessoa, PB, out. 1950]
DIREÇÃO: não consta
TRADUÇÃO: Itália Fausta
ELENCO:
Acendedor de Lampiões: Alberto Maduar; Tereza Raquin: Maria Della Costa; Suzana: Rosely Mendes; Camilo: Wallace Vianna; Lourenço: Sandro; Sra. Raquin: Itália Fausta; Grivet: Geraldo Soares; Michaud: José Maia
TÉCNICOS: assistente de cena: Waldir Moura; guarda-roupa: Nieta; técnico de luz: George Mizne; técnico de montagem: Vitorino Coelho; técnico de pintura: J. Lopes Pereira

Lua de Sangue (Woyzeck),
de George Büchner

ANEXOS:
FICHAS TÉCNICAS

TEATRO FÊNIX [Rio de Janeiro, RJ, 25 ou 26 de agosto de 1948 (estreia)]
TRADUÇÃO: Mário da Silva
PRODUÇÃO: Sandro
DIREÇÃO E CENÁRIOS: Ziembinski
FIGURINOS: Waldir Moura
MÚSICA: Massarani
ELENCO (por ordem de entrada):
Capitão: Samborski; *Woyzeck*: Ziembinski; *Andrès*: Josef Guerreiro; *Maria*: Maria Della Costa; *Margarida*: Carolina Sotto Mayor; *Charlatão*: Sandro; *Tambor-Mor*: Antonio Gonçalves; *Sub-Oficial*: Waldir Moura; *Médico*: Wallace Vianna; 1º *Operário*: Elídio Costa; 2º *Operário*: Mário Braga; 3º *Operário*: Ney Marcos; *Taberneiro*: Milton José; 1ª *Mulher*: Yara Silva; 2ª *Mulher*: Adail; 3ª *Mulher*: Rosely Mendes; *Judeu*: Elídio Costa; *Idiota*: Pedro Henrique; 1ª *Criança*: Maria da C. de Brito; 2ª *Criança*: Helinton de Brito; 3ª *Criança*: Justo de Brito; 4ª *Criança*: Nely Valero; *Velha Mulher*: Itália Fausta; *Catarina*: Carolina Sotto Mayor; 1º *Transeunte*: Álvaro Santana; 2º *Transeunte*: Wilson Silva; *Policial*: Waldir Moura; *Estudantes*; *Operários*
TÉCNICOS: *cabeleiras de*: Eryck; *assistente de cena*: Waldir Moura; *técnico de montagem*: Aníbal Fernandes; *técnico de luz*: George Mizne; *guarda-roupa*: Esther Eshrigni; *secretário*: Angelo Damigo

Sonata a Quatro Mãos,
de Guido Cantini

TEATRO FÊNIX [Rio de Janeiro, outubro de 1948 (estreia)]
DIRETOR: Itália Fausta
CENÓGRAFO: Sandro
TRADUÇÃO/ADAPTAÇÃO: R. Magalhães e Ruggero Jacobbi
ELENCO:
Clara do Amaral: Olga Navarro; *Pinheiro*: Waldir Moura; *Marieta Marques*: Itália Fausta; *Diva*: Maria Della Costa; *Luiz*: Josef Guerreiro; *Carlos*: Wallace Vianna; *Prof. Adalberto Marques*: Pery Falcão; *Conrad Vaisll*: Paulo Gracindo; *Felipe*: Antonio Gonçalves
TÉCNICOS: *assistente de cena*: Waldir Moura; *técnico de montagem*: Anibal Fernandes; *técnico de luz*: George Mizne; *secretário*: Angelo Damigo

A Prostituta Respeitosa,
de Jean Paul Sartre

TRADUÇÃO: Miroel da Silveira
DIREÇÃO: Itália Fausta
PRODUÇÃO: Sandro
CENÁRIO: Waldir Moura (estreia, Teatro Fênix)

TEATRO FÊNIX [Rio de Janeiro, RJ, nov. 1948]
ELENCO:
Lizze: Olga Navarro; *O Negro*: José Maria Monteiro; *Fred*: Fernando Villar; *John*: Wallace Vianna; *James*: N.N.; *O Senador*: Roberto Durval; 1º *Homem*: Antonio Gonçalves; 2º *Homem*: W.W.
TÉCNICOS: *assistente de cena*: Waldir Moura; *maquinista*: Aníbal Fernandes; *eletricista*: George Mizne; *secretário*: Angelo Damigo

TEATRO DA PAZ [Belém, PA, 1950]
CENÁRIO: Sandro (Teatro da Paz)
ELENCO:
Lizze: Maria Della Costa; *O Negro*: José Maia; *Fred*: Sandro; *John*: Wallace Vianna; *James*: N.N.; *O Senador*: Graça Mello; 1º *Homem*: Virgílio F. Paula; 2º *Homem*: W.W.

UMA EMPRESA
E SEUS SEGREDOS:
COMPANHIA
MARIA DELLA COSTA

TÉCNICOS: *assistente de cena*: Waldir Moura; *maquinista*: Aníbal Fernandes; *eletricista*: George Mizne; *secretário*: Angelo Damigo

[Mossoró, RN, 1950]
ELENCO:
Lizze: Maria Della Costa; *O Negro*: José Maia; *Fred*: Sandro; *John*: não consta a personagem; *James*: N.N.; *O Senador*: Graça Mello; *1º Homem*: Geraldo Soares; *2º Homem*: Alberto Maduar; *Polícia*: Wallace Vianna; *2º Polícia*: N.N.
TÉCNICOS: *assistente de cena*: Waldir Moura; *maquinista*: Aníbal Fernandes; *eletricista*: George Mizne; *secretário*: Angelo Damigo

TEATRO COLISEU
ELENCO:
Lizze: Maria Della Costa; *O Negro*: José Maia; *Fred*: Sandro; *John*: Wallace Vianna; *James*: N.N.; *O Senador*: Olindo Dias; *1º Homem*: Antonio Mello; *2º Homem*: W.W.
TÉCNICOS: *assistente de cena*: Waldir Moura; *maquinista*: Aníbal Fernandes; *eletricista*: George Mizne; *secretário*: Angelo Damigo

TEATRO GUAÍRA [Curitiba, PR, 1957]
ELENCO:
Lizze: Maria Della Costa; *O Negro*: Serafim Gonzalez; *Fred*: Sandro; *John*: não consta; *James*: não consta; *O Senador*: Luis Tito; *1º Polícia*: Benjamin Cattan; *2º Polícia*: Joaquim Guimarães; *Homem do Povo*: Rubens Teixeira
TÉCNICOS: *assistente de cena*: Waldir Moura; *maquinista*: Aníbal Fernandes; *eletricista*: George Mizne; *secretário*: Angelo Damigo

TEATRO APOLO [Lisboa, 1957]
ELENCO:
Lizze: Maria Della Costa; *O Negro*: Serafim Gonzalez; *Fred*: Sandro; *John*: Benjamin Cattan; *James*: Rubens Teixeira; *O Senador*: Luis Tito; *1º Homem*: não consta; *2º Homem*: não consta; *Polícia*: Joaquim Guimarães;
TÉCNICOS: *assistente de direção*: Márcio Cunha; *maquinista*: Barros; *eletricista*: Adelino Carvalho; *guarda-roupa*: Helena Santini

TEATRO CARLOS GOMES, [Rio de Janeiro, RJ, 1958]
ELENCO:
Lizze: Maria Della Costa; *O Negro*: Serafim Gonzalez; *Fred*: Sandro; *John*: Benjamin Cattan (e um polícia); *James*: não consta; *O Senador*: Eugênio Kusnet; *1º Homem*: Antonio Ganzarolli (homem do povo); *2º Homem*: N.N.; *2º Polícia*: Joaquim Guimarães;
TÉCNICOS: *assistente de direção*: Márcio Cunha; *maquinista*: Barros; *eletricista*: Adelino Carvalho; *guarda-roupa*: Helena Santini

O Anel Mágico,
de Alberto Rebello de Almeida

TEATRO FÊNIX [Rio de Janeiro, RJ, dez. 1948]
CENÁRIO: Santa Rosa
FIGURINOS: Santa Rosa
DIREÇÃO: Itália Fausta
ELENCO:
Princesa: Maria Della Costa; *Rainha*: Itália Fausta; *Rei*: Augusto Anibal; *Príncipe*: Fernando Villar; *1º Cavaleiro*: Wallace Vianna; *1ª Dama*: Rosely Mendes; *Cavaleiro*: Elídio Costa; *Nobre*: Luiz Osvaldo; *Dama*: Lina Camargo; *Pajem*: Luiz Fernandes; *Floresta*: Marcos Aurélio; *Sábio*: Helvécio Aurélio; *Mágico*: Nelson Pena; *Bobo da Corte*: Edgar de Vasconcelos

ANEXOS:
FICHAS TÉCNICAS

O Morro dos Ventos Uivantes,
de Emile Brontë

CINE-TEATRO PAX [Mossoró, RN, 22/10/1950]
DIREÇÃO: Itália Fausta
ELENCO por ordem de entrada:
Heatchill: Sandro; José: José Maia; Kath: Maria Della Costa; Helena: Wanda Marchetti; Hindley: Geraldo Soares; Isabel: Lidia Vani; Edgar: Wallace Vianna
TÉCNICOS: técnico de montagem: Virgílio F. Paula; contrarregra: Enôr Fonseca
Obs.: Data da estreia em Porto Alegre – 10/05/49

Rebeca, a Mulher Inesquecível,
de Daphne Du-Maurier

CINE-TEATRO PAX [Mossoró, RN, 21/10/1950]
DIREÇÃO: Itália Fausta
TRADUÇÃO: Carlos Lage
PRODUÇÃO: Sandro
CENÁRIO: Sandro
Companhia de Sandro e seus Comediantes
ELENCO:
Alice: Rosely Mendes; Beatriz: Lidia Vani; John: Alberto Maduar; Frank: Wallace Vianna; Maxim Winter: Sandro; Sra. de Winter: Maria Della Costa; Mordomo: Enôr Fonseca; Sra. Danvers: Wanda Marchetti; Jack Farvel: Graça Mello; Inspetor: José Maia; Tabbe: Geraldo Soares
TÉCNICOS: técnico de montagem: Virgílio F. Paula; maquinistas: Alfredo Tuani e G. Soares; contrarregra: Enôr Fonseca

Peg do Meu Coração,
de Larry Manners

TEATRO ARTHUR AZEVEDO [São Luiz, MA, 22/11/1950]
ELENCO:
Senhora Watton: Wanda Marchetti; Ettel: Lidia Vani; Alarico: Wallace Vianna; Carolina: Rosely Mendes; Brent: Geraldo Soares; Peg: Maria Della Costa; Walter: J. Maia; Jerry: Sandro
Obs.: Em Porto Alegre, a peça foi apresentada em junho de 1949.

O Fundo do Poço,
de Helena Silveira e colaboração de Jamil A. Haddad

TEATRO CULTURA ARTÍSTICA [São Paulo, SP, 17/03/1950 (estreia)]
DIREÇÃO E CENÁRIOS: Graça Mello
PRODUÇÃO: Sandro
MÚSICA: Graça Mello
ELENCO:
Júlio: Graça Mello; Delegado: Scilas; Inspetor: José Maia; Conceição: Lidia Vani; Cristina: Maria Della Costa; Úrsula: Itália Fausta; 1º Vizinho: Geraldo Soares; 2º Vizinho: Wallace Vianna; 4 Poceiros
TÉCNICOS: eletricistas: Virgilio P. Freitas e José do Leggio; maquinista: Antonio Galdi; contrarregra: Enôr; cenógrafo: Alex Caroavishisk
Agradecimentos a: Simone, pela execução da roupa de Maria Della Costa, e Maestro Radamés, que orquestrou e gravou as músicas

UMA EMPRESA
E SEUS SEGREDOS:
COMPANHIA
MARIA DELLA COSTA

A Família Barret,
de Rudolf Besier

DIREÇÃO: Graça Mello
TRADUÇÃO: Miroel Silveira
PRODUÇÃO E CENÁRIOS: Sandro
FIGURINOS: Simone

TEATRO CULTURA ARTÍSTICA [São Paulo, SP, 21/4/1950 (provável estreia), 6/5/1950, 13/5/1950]
ELENCO:
Miss Bá: Maria Della Costa; Dr. Chambers: J. Maia; Wilson: Rosely Mendes; Henriette: Lidia Vani; Arabel: Samaritana Santos; Octave: Alberto Maduar (estreia); Alfred: Bruno (estreia); Charles: Virgílio (estreia); Henry: João Cândido (estreia); Georges: Silvio Soldi (estreia); Barrett: Graça Mello; Bela: Ula Lander; Mr. Bevan: Wallace Vianna; Roberto Browing: Rodolfo Arena; Dr.Waterloo: Scilas; Capitão Cook: Enôr
TÉCNICOS: eletricistas: Virgílio Freitas e José Leggio; maquinista: Antonio Galdi; contrarregra: Enôr

[Mossoró, RN, 20/10/1950]
ELENCO:
Miss Bá: Maria Della Costa; Dr. Chambers: J. Maia; Wilson: Rosely Mendes; Henriette: Lidia Vani; Arabel: Wanda Marchetti; Octave: Alberto Maduar; Alfred: Tuany Furtado; Charles: Virgílio; Henry: Idalto Vidal; Georges: Geraldo Soares; Barrett: Graça Mello; Bela: Ula Lander; Mr. Bevan: Wallace Vianna; Roberto Browing: Sandro; Dr.Waterloo: Soares; Sturdes Coock: Enôr Fonseca
TÉCNICOS: técnico de montagem: Virgílio F. Paula; contrarregra: Enôr

A Carreira de Zuzú,
de Armont e Gerbidon

CINE TEATRO ARTUR AZEVEDO [São Luiz, MA, provavelmente nov. de 1950]
DIREÇÃO: Graça Mello
CENÁRIO: Irênio Maia
TRADUÇÃO: Miroel da Silveira Figurino: Maria Della Costa
PRODUÇÃO: Sandro
ELENCO:
Ana: Rosely Mendes; Ricardina: Lidia Vani; Zuzú: Maria Della Costa; Roberto: Alberto Maduar; Frederico, Marquês de Pirapóia: Graça Mello; Gastão: Geraldo Soares; Nemésio Medeiros: José Maia; Florêncio: Wallace Viana

Obs.: Provável estreia no TEATRO CULTURA ARTÍSTICA, SP, em março ou abril de 1950.

Ralé,
de Máximo Górki

TBC [São Paulo, SP, 05/09/1951]
DIREÇÃO: Flamínio Bollini Cerri
CENÁRIO E FIGURINO: Túlio Costa
TRADUÇÃO E ADAPTAÇÃO DO TEXTO: Brutus Pedreira e Eugênio Kusnet
ELENCO:
O Barão: Ruy Affonso; Kvachnhá: Marina Freire; Bubnóf: Waldemar Wey; Klhêch: Luis Linhares; Nástia: Nydia Licia; Ana: Cleyde Yáconis; Satin: Mauricio Barroso; O Ator: Sérgio Cardoso; Kostilhóf: Carlos Vergueiro; Vaska Pêpel: Paulo Autran; Natacha: Elizabeth Henreid; Luká: Ziembinski; Alhóchka: Rubens Costa; Vassilissa: Maria Della Costa; Medvêdef: Luis Calderaro; O Tártaro: Victor Merinov; Krivoy: Fredi Kleemann; E vagabundos: Pedro Petersen, Arquimedes Ribeiro, Sebastião Ribeiro, José Silva, Walter Ribeiro e Zoraide Grego
TÉCNICOS: música de cena: Oleg Kusnetzow; Assistente de direção: Rubens Petrilli de Aragão; direção de cena: Pedro Petersen; supervisão de guarda-roupa: Cleyde Yáconis; maquiagem e cabeleiras: Victor Merinov; contrarregra: Sebastião Ribeiro

Manequim,
de Henrique Pongetti

ANEXOS:
FICHAS TÉCNICAS

PRODUÇÃO E SUPERVISÃO DE DIREÇÃO: Sandro
CENÁRIOS: Eduardo Suhr
DIREÇÃO: E. Kusnet
FIGURINOS: Lili Junqueira

TEATRO SÃO PAULO [São Paulo, SP, maio de 1952]
  ELENCO:
    Moysés: Edmundo Lopes; Rosauro: Serafim Gonzales; Glorinha: Maria Della Costa; Roberto Moreira: Jardel Filho; Mme. Cerdeira: Jurema Magalhães; Dora: Diana Morelli

TEATRO SANTANA [São Paulo, SP, outubro de 1953, 2ª montagem – reprise]

TEATRO GUAÍRA [Curitiba, PR, novembro de 1955]
  ELENCO:
    Moysés: Edmundo Lopes; Rosauro: Sérgio Britto; Glorinha: Maria Della Costa; Roberto Moreira: Sandro; Mme. Cerdeira: Moná Delacy; Dora: Fernanda Montenegro
  TÉCNICOS: assistente de direção: Fernando Torres; contrarregra: Júlio Prates; maquinista: José Barros, eletricista: ? Chosa

TEATRO SÃO PEDRO [Porto Alegre, RS, s/d]
  ELENCO:
    Moysés: Edmundo Lopes; Rosauro: Serafim Gonzales; Glorinha: Maria Della Costa; Roberto Moreira: Roberto Morais/Sandro Polônio; Mme. Cerdeira: Jurema Magalhães; Dora: Diana Morelli
  TÉCNICOS: figurinos: Luciana Petrucelli; assistente de direção: Jean Jacques; montagem: Barros; eletricidade: Adão e Enôr; guarda-roupa de propriedade do TPA; penteados de Maria Della Costa, por Gaeta; os chapéus utilizados em Manequim são de Rui
  NOTA: Escrito no programa a seguinte frase: "Fatos e personagens desta comédia são inventados. O autor considerará linguarudo o espectador que tentar atribuir-lhes autenticidade".

TEATRO COLISEU [Santos, SP, 23 de julho de 1956]
  ELENCO:
    Moysés: Edmundo Lopes; Rosauro: Serafim Gonzales; Glorinha: Maria Della Costa; Roberto Moreira: Jardel Filho; Mme. Cerdeira: Jurema Magalhães; Dora: Diana Morelli

TEATRO MARIA DELLA COSTA [São Paulo, SP, agosto de 1956]
  ELENCO:
    Moysés: Edmundo Lopes; Rosauro: Serafim Gonzales; Glorinha: Maria Della Costa; Roberto Moreira: Jardel Filho; Mme. Cerdeira: Jurema Magalhãe; Dora: Diana Morelli

TEATRO APOLO [Lisboa, fevereiro de 1957]
  ELENCO:
    Moysés: Edmundo Lopes; Rosauro: Serafim Gonzales; Glorinha: Maria Della Costa; Roberto Moreira: Jardel Filho; Mme. Cerdeira: Carmem Silva; Dora: Diana Morelli
  TÉCNICOS: assistente de direção: Márcio; execução de guarda-roupa: Helena Santini; montagem: José Barros; eletricista: Adelino Carvalho; produção e supervisão da direção: Sandro.

Come Back Little Sheba ou Volta Mocidade ou Tentação
de William Inge

Não foi possível estabelecer a ficha técnica.

Um Drama em Casa do Diabo,
de Tono e Manzanos (Antonio Lara Gavilán e Eduardo Manzanos)

Não foi possível estabelecer a ficha técnica.

UMA EMPRESA
E SEUS SEGREDOS:
COMPANHIA
MARIA DELLA COSTA

O Canto da Cotovia,
de Jean Anouilh

DIRETOR: Gianni Ratto
CENÓGRAFO: Gianni Ratto
FIGURINISTA: Luciana Petruccelli
PRODUTOR: Sandro
TRADUÇÃO: Mario da Silva e R. Alvim
ASSISTENTE DE CENA: Geraldo Soares
EXCURSÕES: Santos, Rio de Janeiro, Uruguai, Portugal

TEATRO MARIA DELLA COSTA [São Paulo, SP, 28/10/1954 (estreia)]
SOCIEDADE ARTÍSTICA [Santos, SP, OUTUBRO DE 1954]
    ELENCO:
        Delfim: Sérgio Britto; Pagem: Fausto Machado; Rainha Mãe: Wanda Kosmo; Pequena
        Rainha: não consta (posteriormente: Fernanda Valle); Agnes: Córdula Reis; Arcebispo:
        Benjamin Cattan; La Tremoville: José Serber; Promotor: Amândio Silva Filho; Ladvenu:
        Serafim Gonzales; Joana: Maria Della Costa; Mãe de Joana: Eny Autran; Pai de Joana:
        Manoel Carlos; Irmão de Joana: Marcos Granados; 1º Soldado: Júlio Prates; 2º Soldado:
        Regis Cardoso; O Inquisidor: Edmundo Lopes; Beaudricourt: Milton Moraes; Conde de
        Warwick: Luiz Tito; Cauchon: Eugênio Kusnet; Boudusse: Fábio Sabag; Carrasco: N.N.
    TÉCNICOS: cenários realizados por: Luciana Petruccelli e Francisco Giachieri; guarda-roupa executado
        por: Flávio Marchetti e Helena Santini; chapéus: Simone; montagem: Miúdo; cabeleiras:
        Simão Kravinchenko; maquinista: Bello; eletricista: Angelo Urosa

TEATRO MUNICIPAL [Rio de Janeiro, RJ, 1955]
    ELENCO:
        Delfim: Sérgio Britto; Pagem: Fausto Machado; Rainha Mãe: Wanda Kosmo; Pequena
        Rainha: Fernanda Montenegro; Agnes: Floramy Pinheiro; Arcebispo: Benjamin Cattan;
        La Tremoville: José Tácito; Promotor: Amândio Silva Filho; Ladvenu: Serafim Gonzales;
        Joana: Maria Della Costa; Mãe de Joana: Moná Delacy; Pai de Joana: Manoel Carlos; Irmão
        de Joana: Marcos Granados; 1º Soldado: Júlio Prates; 2º Soldado: Regis Cardoso; O Inquisidor:
        Elísio de Albuquerque; Beaudricourt: Milton Moraes; Conde de Warwick: Luiz Tito;
        Cauchon: Edmundo Lopes; Boudusse: Fábio Sabag; Carrasco: F. Sabag
    TÉCNICOS: cenários realizados por: Luciana Petruccelli e Francisco Giachieri; guarda-roupa executado
        por: Flávio Marchetti e Helena Santini; chapéus: Simone; montagem: Miúdo; cabeleiras:
        Simão Kravinchenko; maquinista: Bello; eletricista: Angelo Urosa

TEATRO MARIA DELLA COSTA [São Paulo, SP, outubro de 1955]
    ELENCO:
        Delfim: Sérgio Britto; Pagem: Fausto Machado; Rainha Mãe: Wanda Kosmo; Pequena
        Rainha: Leda Fortes; Agnes: Fernanda Montenegro; Arcebispo: Benjamin Cattan;
        La Tremoville: José Tácito; Promotor: Zé Luis Pinho; Ladvenu: Serafim Gonzales; Joana:
        Maria Della Costa; Mãe de Joana: Moná Delacy; Pai de Joana: Fernando Torres; Irmão de
        Joana: Marcos Granados; 1º Soldado: Júlio Prates; 2º Soldado: Domingos Paro; O Inquisidor:
        Elísio de Albuquerque; Beaudricourt: Milton Moraes; Conde de Warwick: Luiz Tito;
        Cauchon: Edmundo Lopes; Boudusse: Fábio Sabag; Carrasco: F. Sabag
    TÉCNICOS: assistente de cena: Marcio Cunha; guarda-roupa executado por: Danpierre; montagem: Barros

TEATRO SOLIS [Montevideo, 06/11/1957]
    ELENCO:
        Delfim: Joaquim Guimarães; Pagem: João Carlos Caldasso; Rainha Mãe: Alba Fae Drich;
        Pequena Rainha: Rosamaria Murtinho; Agnes: Joselita Alvarenga; Arcebispo: José Pupe; La
        Tremoville: Osmar Lara; Promotor: Benjamin Cattan; Ladvenu: Serafim Gonzales; Joana:
        Maria Della Costa; Mãe de Joana: Ilema de Castro; Pai de Joana: Glenis Péres; Irmão de
        Joana: Fernando Peixoto; 1º Soldado: Sidnei Fonseca; 2º Soldado: Júlio Prates; O Inquisidor:
        Rubes Teixeira; Beaudricourt: Ricardo Hoeper; Conde de Warwick: Luiz Tito; Cauchon:
        Edmundo Lopes; Boudusse: Ruy Silva; Carrasco: G. Péres
    TÉCNICOS: assistência de direção: Jean Jacques

TEATRO CARLOS GOMES [Rio de Janeiro, RJ, maio 1958]
    ELENCO:
        Delfim: Joaquim Guimarães; *Pagem:* João das Neves; *Rainha Mãe:* Marilú Bueno; *Pequena Rainha:* Elsa Rian; *Agnes:* Diana Morelli; *Arcebispo:* Geraldo Ferraz; *La Tremoville:* Ivan Ribeiro; *Promotor:* Benjamin Cattan; *Ladvenu:* Serafim Gonzales; *Joana:* Maria Della Costa; *Mãe de Joana:* Ilema de Castro; *Pai de Joana:* Antonio Ganzarolli; *Irmão de Joana:* Anael Herrera; *1º Soldado:* N.N.; *2º Soldado:* N.N.; *O Inquisidor:* Sadi Cabral; *Beaudricourt:* Atica Iorio; *Conde de Warwick:* Napoleão Moniz Freire; *Cauchon:* Eugênio Kusnet; *Boudusse:* N.N.; *Carrasco:* A. Ganzarolli
    TÉCNICOS: *produção e remontagem:* Sandro; *maquinista:* José Pupe; *contrarregra:* Amaral

ANEXOS:
FICHAS TÉCNICAS

Com a Pulga Atrás da Orelha,
de George Feydeau

TRADUÇÃO: Miroel Silveira
DIREÇÃO: Gianni Ratto
CENÓGRAFO: Gianni Ratto
FIGURINISTA: Luciana Petruccelli
PRODUTOR: Sandro

AÇÃO: Paris 1907
TÉCNICOS: *assistente de direção:* Fernando Torres; *cenários realizados por:* Luciana Petruccelli e Francisco Giachieri; *guarda-roupa masculino executado por:* Danpierre; *guarda-roupa feminino executado por:* Octavio Marchetti; *montagem:* G. Soares; *chapéus:* Aldo; *sapatos:* Americo Giovaneti; *eletricista:* Angelo Urosa

TEATRO MARIA DELLA COSTA [São Paulo, SP, janeiro de 1955]
    ELENCO:
        Camilo: Sérgio Britto; *Antonieta:* Fernanda Valli; *Etiènne:* não consta a personagem; *Dr. Finache:* Elisio de Albuquerque; *Luciana:* Fernanda Montenegro; *Raimunda Chaudebise:* Maria Della Costa; *Emanuel Chaudebise:* Edmundo Lopes; *Tournel:* Carlos Zara; *Homerides de Histangua:* Manoel Carlos; *Ferrailon:* Milton Moraes; *Eugênio:* Fábio Sabag; *Olimpia:* Wanda Kosmo; *Batista:* Geraldo Soares; *Rugby:* Serafim Gonzales; *Poche:* Edmundo Lopes

TEATRO MARIA DELLA COSTA [São Paulo, SP, abril de 1955]
    ELENCO:
        Camilo: Sérgio Britto; *Antonieta:* Florany Pinheiro; *Etiènne:* Amâncio Silva Filho; *Dr. Finache:* Elisio de Albuquerque; *Luciana:* Fernanda Montenegro; *Raimunda Chaudebise:* Maria Della Costa; *Emanuel Chaudebise:* Edmundo Lopes; *Tournel:* Carlos Zara; *Homerides de Histangua:* Manoel Carlos; *Ferrailon:* Milton Moraes; *Eugênio:* Fábio Sabag; *Olimpia:* Wanda Kosmo; *Batista:* Geraldo Soares; *Rugby:* Serafim Gonzales; *Poche:* Edmundo Lopes

A Moratória,
de Jorge Andrade

DIREÇÃO: Gianni Ratto
CENÓGRAFO: Gianni Ratto
FIGURINISTA: Luciana Petruccelli
PRODUTOR: Sandro
ASSISTENTE DE DIREÇÃO: Fernando Torres

TEATRO MARIA DELLA COSTA [São Paulo, SP, maio-junho 1955]
    ELENCO:
        Lucília: Fernanda Montenegro; *Joaquim:* Elísio de Albuquerque; *Helena:* Moná Delacy; *Marcelo:* Milton Moraes; *Elvira:* Wanda Kosmo; *Olímpio:* Sérgio Britto
    TÉCNICOS: *cenários realizados por:* Luciana Petruccelli e Francisco Giachieri; *guarda-roupa executado por:* Danpierre; *montagem:* Barros; *eletricista:* Angelo Urosa

    AÇÃO: Interior de São Paulo 1929 e 1932

UMA EMPRESA
E SEUS SEGREDOS:
COMPANHIA
MARIA DELLA COSTA

Mirandolina, de Carlo Goldoni

TRADUÇÃO: Itália Fausta
DIREÇÃO: Ruggero Jacobbi
CENÓGRAFO: Gianni Ratto
FIGURINISTA: Luciana Petruccelli
ASSISTENTE DE DIREÇÃO: Fernando Torres
PRODUTOR: Sandro
EXCURSÕES: Curitiba, Florianópolis, Portugal
MÚSICAS: Antonio Vivaldi

AÇÃO: Florença, 1753

TEATRO MARIA DELLA COSTA [São Paulo, SP, julho de 1955]
ELENCO:
1º Servidor: Fábio Sabag; Fabrício: Serafim Gonzales; 2º Servidor: Amândio Silva Filho; Marquês de Forlipópoli: Sérgio Britto; Conde de Albafiorita: Elísio de Albuquerque; Cavaleiro de Ripafratta: Edmundo Lopes; Mirandolina: Maria Della Costa; Hortênsia: Wanda Kosmo; Deianira: Fernanda Montenegro
TÉCNICOS: cenários realizados por: Luciana Petruccelli e Francisco Giachieri; guarda-roupa executado por: Danpierre; montagem: Barros; eletricista: Angelo Urosa

TEATRO MARIA DELLA COSTA [São Paulo, SP, set.-out. 1955];
TEATRO GUAÍRA [Curitiba, SP, novembro de 1955];
TEATRO ÁLVARO DE CARVALHO [Florianópolis, SC, dezembro de 1955]
ELENCO:
1º Servidor: Fábio Sabag; Fabrício: Serafim Gonzales; 2º Servidor: Fernando Torres; Marquês de Forlipópoli: Sérgio Britto; Conde de Albafiorita: Elísio de Albuquerque; Cavaleiro de Ripafratta: Milton Moraes; Mirandolina: Maria Della Costa; Hortênsia: Wanda Kosmo; Deianira: Fernanda Montenegro
TÉCNICOS: cenários realizados por: Luciana Petruccelli e Francisco Giachieri; guarda-roupa executado por: Danpierre; montagem: Barros; Eletricista: Angelo Urosa

TEATRO CAPITÓLIO [Lisboa, 1960]
ELENCO:
1º Servidor: Raul Martins; Fabrício: Altamiro Martins; 2º Servidor: Rubens Teixeira; Marquês de Forlipópoli: Sadi Cabral; Conde de Albafiorita: Benjamin Cattan; Cavaleiro de Ripafratta: Sebastião Campos; Mirandolina: Maria Della Costa; Hortênsia: Ruthinéa Moraes; Deianira: Joselita Alvarenga
TÉCNICOS: assistente de Direção: Benjamin Cattan; montagem: José Pupe; eletricista: Adelino de Carvalho

A Ilha dos Papagaios, de Sérgio Tófano

TEATRO MARIA DELLA COSTA [São Paulo, SP, dezembro de 1955 (ESTREIA)]
TRADUÇÃO E ADAPTAÇÃO: Ruggero Jacobbi
DIREÇÃO: Gianni Ratto
CENÓGRAFO: Gianni Ratto
FIGURINISTA: Figurino baseado nos desenhos do autor, Sérgio Tófano
PRODUTOR: Sandro
ASSISTENTE DE DIREÇÃO: Fernando Torres
MÚSICA E ARRANJOS: Jorge Kaszás
ELENCO:
O Capitão: Serafim Gonzales; 1º Marinheiro: Fernando Torres; 2º Marinheiro: Zé Luiz Pinho; Freguês com sono: José Tácito; Escarlatina: Célia Helena; O belíssimo Cécé: Milton Moraes; Barbanegra: Edmundo Lopes; Governanta: Moná Delacy; Sarampo, o Prefeito: Elisio de Albuquerque; Boaventura: Sérgio Britto; O Basset: Fábio Sabag; 1ª Moça: Wanda Kosmo; 2ª Moça: Mara Gonzales; Juiúk: Fernanda Montenegro; O Assistente Imponente: José Tácito; O Rei: Elísio de Albuquerque; A Rainha: Wanda Kosmo

A Casa de Bernarda Alba, de Frederico Garcia Lorca

ANEXOS:
FICHAS TÉCNICAS

TEATRO MARIA DELLA COSTA [São Paulo, SP, abril de 1956 (? – 15)]
    TRADUÇÃO: Hermilo Borba Filho
    DIREÇÃO: Flamínio Bollini Cerri
    CENÓGRAFO: Túlio Costa
    FIGURINISTA: Túlio Costa
    PRODUTOR: Sandro
    EXCURSÕES: Rio de Janeiro [Teatro Municipal, com o mesmo elenco]

"Drama de mulheres no povoado de Hespanha, em 3 atos".

   ELENCO:
       Criada: Sidnéa Rossi; *Pôncia:* Valery Martins; *Mendiga:* Gladys Areta; *Bernarda:* Jurema Magalhães; *1ª Mulher:* Eucharis Morais; *Mocinha:* Maria Luíza; *2ª Mulher:* Maria Lísia; *3ª Mulher:* Yara Maria; *4ª Mulher:* Marlene Rocha; *5ª Mulher:* N.N.; *6ª Mulher:* N.N.; *Amélia:* Rachel Forner; *Adela:* Maria Della Costa; *Martírio:* Beyla Genauer; *Magdalena:* Odette Lara; *Angústias:* Zaíde Hassel; *Maria Josefa:* Ilema de Castro; *Prudência:* Marlene Rocha
   TÉCNICOS: *coprodutor:* Fernando de Barros; *assistente de direção:* José Tácito; *guarda-roupa executado por:* Helena Santini; *montagem:* José Barros; *penteados:* Antoine; *eletricista:* Petros Collaros

A Rosa Tatuada, de Tennessee Williams

DIREÇÃO: Flamínio Bollini Cerri
CENÓGRAFO: João Maria dos Santos
FIGURINISTA: Magary Costa
ILUMINADOR: Chick Fowle
PRODUTOR: Sandro
TRADUÇÃO: R. Magalhães Júnior

A ação da peça é numa aldeia siciliana no Golfo do México.
Entre o prólogo e o I Ato, há um intervalo de 3 anos.

TEATRO MARIA DELLA COSTA [São Paulo, SP, 16/05/1956 (ESTREIA); temporada 16-23 DE MAIO de 1956]
TEATRO MUNICIPAL [Rio de Janeiro, RJ, maio-jul. 1956]
   ELENCO:
       Vivi: Leda Maria; *Bruno:* Sergio Agostini; *Salvatore:* Roberto Viana; *Rosa (em criança):* Virgínia Simões; *Serafina Delle Rose:* Maria Della Costa; *Assunta "la fattucchiera":* Jurema Magalhães; *Estelle Hoengasten:* Diana Morelli; *Padre di Leo:* Edmundo Lopes; *Peppina:* Sidnéa Rossi; *Concetta:* Ilema de Castro; *Maria:* Marlene Rocha, *Giuseppina:* Helena Santini; *Violeta:* Maria Lísia; *Rosa:* Maria Dilnah; *Bessie:* Odette Lara; *Flora:* Beyla Genauer; *Jack Hunter:* Serafim Gonzales, *O Camelot:* Benjamin Cattan; *Álvaro Mangiacavallo:* Jardel Filho; *Outros Meninos:* Francisco Papaiano, Adriana Sophia e Martinho Afonso; *Cantor siciliano:* Michele Cammarata

TEATRO APOLO [Lisboa, 1957]
   ELENCO:
       Vivi: N.N. (criança); *Bruno:* N.N. (criança); *Salvatore:* N.N. (criança); *Rosa (em criança):* não consta; *Serafina Delle Rose:* Maria Della Costa; *Assunta "la fattucchiera":* Ilema de Castro; *Estelle Hoengasten:* Diana Morelli; *Padre di Leo:* Edmundo Lopes; *Peppina:* C. Silva; *Concetta:* Maria Montanari; *Maria:* Marlene Rocha; *Giuseppina:* Helena Santini; *Violeta:* Maria Lísia; *Rosa:* Rosamaria; *Bessie:* Joselita Alvarenga; *Flora:* Carmem Silva; *Jack Hunter:* Serafim Gonzales; *O Camelot:* Benjamin Cattan; *Álvaro Mangiacavallo:* Jardel Filho; *Outros Meninos:* não consta no programa; *Cantor siciliano:* não consta no programa
   TÉCNICOS: *assistente de direção:* Alves Borges (Márcio – em Lisboa); *montagem:* José Barros; *execução de guarda-roupa:* Helena Santini; *eletricidade sob técnicos do Teatro Municipal; ensaiador das crianças:* Rodolfo Nanni

UMA EMPRESA
E SEUS SEGREDOS:
COMPANHIA
MARIA DELLA COSTA

Moral em Concordata,
de Abílio Pereira de Almeida

DIREÇÃO: Flamínio Bollini Cerri
CENÓGRAFO: Túlio Costa
FIGURINISTA: Túlio Costa
PRODUTOR: Sandro
EXCURSÕES: Rio de Janeiro, Santos, Porto Alegre, Lisboa
MONTAGEM: José Barros
ROUPAS de Maria Della Costa confeccionadas por Lili Junqueira

AÇÃO: 1º Ato – Uma casa antiga de uma rua mal calçada no Braz (4:00 horas da tarde).
        2º Ato – A mesma casa antiga, à noite uns 15 dias depois.
        3º Ato – "Living" de um luxuoso apartamento em Higienópolis (6:00 horas da tarde).

TEATRO MARIA DELLA COSTA [São Paulo, SP, novembro de 1956]
    ELENCO:
        Estrela: Joselita Alvarenga; *Yole:* Diana Morelli; *Rosário:* Maria Della Costa; *Encanador:*
        Benjamin Cattan; *Raul:* Jardel Filho; *Zeca:* Joaquim Guimarães; *Chico:* Armando
        Bógus; *Filomena:* Ilema de Castro; *Marcelo:* Luis Tito; *Juvenal:* Edmundo Lopes; *Doroteia:*
        Rosamaria Murtinho; *Katurian:* Felipe Carone
    TÉCNICOS: *assistente de direção:* Jardel Filho; *eletricista:* Virgílio Neto; *contrarregra:* Rogério Cardoso

TEATRO APOLO [Lisboa 1956/1957, 19-24 março 1957]
    ELENCO:
        Estrela: Joselita Alvarenga; *Yole:* Diana Morelli; *Rosário:* Maria Della Costa; *Encanador:*
        Benjamin Cattan; *Raul:* Jardel Filho; *Zeca:* Serafim Gonzales; *Chico:* Rubens Teixeira;
        Filomena: Ilema de Castro; *Marcelo:* Luis Tito; *Juvenal:* Edmundo Lopes; *Doroteia:*
        Rosamaria Murtinho; *Katurian:* Abílio P. A.
    TÉCNICOS: *assistente de direção:* Jardel Filho; *eletricista:* Virgílio Neto; *contrarregra:* Rogério Cardoso

TEATRO COLISEU / SOCIEDADE CULTURA ARTÍSTICA DE SANTOS [Santos, SP, 07/12/1957];
TEATRO LEOPOLDO FRÓES [São Paulo, SP, 1957];
TEATRO ARTHUR AZEVEDO [São Paulo, SP, 1957];
TEATRO. JOÃO CAETANO [São Paulo, SP, 1957]
    ELENCO:
        Estrela: Joselita Alvarenga; *Yole:* Rosamaria Murtinho; *Rosário:* Maria Della Costa;
        Encanador: Benjamin Cattan; *Raul:* Serafim Gonzales; *Zeca:* Joaquim Guimarães; *Chico:*
        Rubens Teixeira; *Filomena:* Ilema de Castro; *Marcelo:* Benjamin Cattan; *Juvenal:*
        Edmundo Lopes; *Doroteia:* Elza Rian; *Katurian:* Felipe Carone

TEATRO CARLOS GOMES [Rio de Janeiro, RJ, março de 1958 (estreia 7/03/1958)]
    ELENCO:
        Estrela: Glauce Rocha; *Yole:* Diana Morelli; *Rosário:* Maria Della Costa; *Encanador:* Elisio
        Albuquerque; *Raul:* Serafim Gonzales; *Zeca:* Joaquim Guimarães; *Chico:* Antonio
        Ganzarolli; *Filomena:* Ilema de Castro; *Marcelo:* Benjamin Cattan; *Juvenal:* Geraldo
        Ferraz; *Doroteia:* Elza Rian; *Katurian:* Sadi Cabral

TEATRO CAPITÓLIO [Lisboa 1959/1960]
    ELENCO:
        Estrela: Joselita Alvarenga; *Yole:* Ruthinéa Moraes; *Rosário:* Maria Della Costa; *Encanador:*
        Benjamin Cattan; *Raul:* Sebastião Campos; *Zeca:* Raul Martins; *Chico:* Altamiro Martins;
        Filomena: Ilema de Castro; *Marcelo:* Benjamin Cattan; *Juvenal:* Oswaldo Louzada; *Doroteia:*
        Iricena Nistche; *Katurian:* Sadi Cabral
    TÉCNICOS: *contrarregra:* Valdemar Garcia; *maquinaria:* José Pupe; *montagem:* José Pupe; *eletricista:*
        Adelino de Carvalho

TEATRO SÃO PEDRO [Porto Alegre, set.-out. 1957]
    ELENCO:
        Estrela: Joselita Alvarenga; *Yole:* Rosamaria Murtinho; *Rosário:* Maria Della Costa;
        Encanador: Benjamin Cattan; *Raul:* Serafim Gonzales; *Zeca:* Joaquim Guimarães; *Chico:*
        Rubens Teixeira; *Filomena:* Ilema de Castro; *Marcelo:* Luis Tito; *Juvenal:* Edmundo Lopes;
        Doroteia: Elza Rian; *Katurian:* Felipe Carone

ANEXOS:
FICHAS TÉCNICAS

Esses Fantasmas, de Eduardo de Filippo

TEATRO MARIA DELLA COSTA [São Paulo, SP, dezembro de 1956 (estreia 21/12)]
DIREÇÃO: Flamínio Bollini Cerri
PRODUTOR: Sandro
TRADUÇÃO: Renato Alvim e Mario da Silva
CODIREÇÃO: Sérgio Tófano
ELENCO:
1º *Carregador*: Cavagnoli Neto; *Rafael*: Felipe Carone; 2º *Carregador*: Roberto Pereira; *Gastão*: Roberto Safady; *Pascoal*: Armando Bógus; *Carmela*: Maria Olímpia; *Maria*: Córdula Reis; *Alfredo*: Mauro Edan; *Armida*: Sidnéa Rossi; *Pae*: Vicente Zirpolo

A Alma Boa de Se-Tsuan, de Bertolt Brecht

TRADUÇÃO E ADAPTAÇÃO: Geir Campos e Antônio Bulhões
DIREÇÃO: Flamínio Bollini Cerri
CENÓGRAFO: Túlio Costa
MÚSICA: Paul Dessau
FIGURINISTA: Clara Heteny
PRODUTOR: Sandro

TEATRO MARIA DELLA COSTA [São Paulo, SP, agosto de 1958];
TEATRO MUNICIPAL [São Paulo, SP, 1958]
ELENCO por ordem de entrada:
Wang, o aguadeiro: Oswaldo Louzada; 1º *Deus*: Eugênio Kusnet; 2º *Deus*: Joaquim Guimarães; 3º *Deus*: Benjamin Cattan; *Chen-Tê*: Maria Della Costa; *Sra. Chin*: Diana Morelli; *A mulher*: Ilema de Castro; *O Marido*: João Pontes; *O Sobrinho*: Paulo Queiróz; *O Esfarrapado*: Geraldo Ferraz; *O Marceneiro Lin-Tó*: Aldo de Maio; *A Cunhada*: Sidnéa Rossi; *Sra. Mi-Tsu*: Suzy Arruda; *Menino*: N.N.; *Avô*: Isaac Varge; *A Sobrinha*: Elza Rian; *A Tia Matrona*: N.N.; *Chui-Tá*: Maria Della Costa; *O Policial*: Paulo Côrrea; *Mulher dos Tapetes*: Eukaris Moraes; *Iang Sun*: Antonio Ganzarolli; *Chu Fu*: Sadi Cabral; *Homem dos Tapetes*: Moisés Tamarozzi; *Sra. Iang*: Jurema Magalhães; *O Bonzo*: João Pontes; *O Garçon*: Aldo de Maio
TÉCNICOS: *contrarregra*: Amaral

TEATRO MUNICIPAL [Rio de Janeiro, RJ, 1958]
ELENCO por ordem de entrada:
Wang, o aguadeiro: Oswaldo Louzada; 1º *Deus*: Eugênio Kusnet; 2º *Deus*: Joaquim Guimarães; 3º *Deus*: Benjamin Cattan; *Chen-Tê*: Maria Della Costa; *Sra. Chin*: Diana Morelli; *A mulher*: Ilema de Castro; *O Marido*: Geraldo Ferraz; *O Sobrinho*: Paulo Queiróz; *O Esfarrapado*: Moysés; *O Marceneiro Lin-Tó*: Aldo de Maio; *A Cunhada*: Sidnéa Rossi; *Sra. Mi-Tsu*: Suzy Arruda; *Menino*: N.N.; *Avô*: Tônio; *A Sobrinha*: Elza Rian; *A Tia Matrona*: N.N.; *Chui-Tá*: Maria Della Costa; *O Policial*: Paulo Côrrea; *Mulher dos Tapetes*: Eukaris Moraes; *Iang Sun*: Antonio Ganzarolli; *Chu Fu*: Sadi Cabral; *Homem dos Tapetes*: Moisés Tamarozzi; *Sra. Iang*: Jurema Magalhães; *O Bonzo*: João Pontes; *O Garçon*: Aldo de Maio
TÉCNICOS: *contrarregra*: Zezinho; *montagem*: Pupe e Paulo; *assistente de direção*: Benjamin Cattan; *direção musical*: Jorge Kaszás

TEATRO MARIA DELLA COSTA [São Paulo, SP, setembro de 1966]
ELENCO por ordem de entrada:
Wang, o aguadeiro: Oswaldo Louzada; 1º *Deus*: Edney Giovenazzi; 2º *Deus*: Carlos Athos; 3º *Deus*: Celso Nunes; *Chen-Tê*: Maria Della Costa; *Sra. Chin*: Joselita Alvarenga; *A mulher*: Ilema de Castro; *O Marido*: Gil Pereira; *O Sobrinho*: Carlos Arena; *O Esfarrapado*: Roberto Azevedo; *O Marceneiro Lin-Tó*: Telly Perez; *A Cunhada*: Cecília Rabello; *Sra. Mi-Tsu*: Assunta Perez; *Menino*: Nelson Troian; *Avô*: Octávio Drumond; *A Sobrinha*: Elza Rian; *A Tia Matrona*: Leana Saska; *Chui-Tá*: Maria Della Costa; *O Policial*: Paulo Côrrea; *Mulher dos Tapetes*: Yara Engel; *Iang Sun*: Sebastião Campos; *Chu Fu*: Sadi Cabral; *Homem dos Tapetes*: Arnaldo Muscardini; *Sra. Iang*: Lúcia Mello; *O Bonzo*: Felipe Tirrel; *O Garçon*: Silvio de Abreu
TÉCNICOS: *contrarregra*: Roberto; *montagem*: Enôr; *diretor*: Benjamin Cattan
Baseado na versão de 1958, por Bollini

UMA EMPRESA
E SEUS SEGREDOS:
COMPANHIA
MARIA DELLA COSTA

Espetáculo Ionesco — *A Lição* e *A Cantora Careca*, de Eugéne Ionesco

TEATRO MARIA DELLA COSTA [São Paulo, SP, dezembro de 1958 (provavelmente)];
TRADUÇÃO E ADAPTAÇÃO: Luís de Lima
DIREÇÃO: Luís de Lima
PRODUÇÃO: Sandro
CENÁRIOS: Supervisão de Túlio Costa
FIGURINOS: Malgary Costa
ELENCO:

A Lição — drama cômico: *Governanta*: Ilema de Castro; *Aluna*: Ruthinéa Wilches; *Professor*: Oswaldo Louzada

"*A Cantora Careca* — antipeça: *Mrs. Smith*: Suzy Arruda; *Mr. Smith*: Sadi Cabral; *Mary*: Ruthinéa Wilches; *Mrs. Martin*: Diana Morelli; *Mr. Martin*: Geraldo Ferraz; *Cap. de Bombeiros*: Benjamin Cattan

TÉCNICOS: *montagem*: Pupe e Paulo; *capa do programa*: Túlio Costa

Gimba — Presidente dos Valentes, de Gianfrancesco Guarnieri

DIREÇÃO: Flávio Rangel
CENÓGRAFO: Túlio Costa
FIGURINISTA: Malgary Costa
PRODUTOR: Sandro
EXCURSÕES: Rio de Janeiro, Lisboa, Paris, Roma
ASSISTENTE DE DIREÇÃO: Benjamin Cattan
COREOGRAFIA: Edson Souza e Marlene
MÚSICAS DO MAESTRO: Jorge Kaszás

TEATRO MARIA DELLA COSTA [São Paulo, SP, 17/04/1959 (estreia)];
TEATRO MUNICIPAL [Rio de Janeiro, RJ, 2 a 6 de setembro de 1959]
ELENCO:

Malandro 1: Frederico Santana; *Malandro 2*: Batista de Oliveira; *Malandro 3*: Edson de Souza; *Negrão*: Ivan de Paula; *Guiô*: Maria Della Costa; *Tico*: Celeste Lima; *Amélia*: Ruthinéa Moraes; *Rui*: Raul Martins; *Gabirá*: Oswaldo Louzada; *Chica Maluca*: Ilema de Castro; *Carlão*: Sadi Cabral; *Mãozinha*: Gianfrancesco Guarnieri; *Gimba*: Sebastião Campos; *Homem*: Jorge Vieira; *Mulher*: Jacyra Costa; *Médico*: Paulo Pinheiro; *Angelo*: Benjamin Cattan; *Santana*: Vitor Jamil; *Damasco*: Eugênio Kusnet; *Repórter*: Altamiro Martins; *Fotógrafo*: Tônio Savino; *Policial 1*: William Ricardi; *Policial 2*: Hilton Vianna; *Policial 3*: Regis Fioravante; *Mulheres e Homens do Morro*; *Policiais*; Conjunto Folclórico Teatro Popular Brasileiro de Solano Trindade [*Senhoras*: Alda Marina, Eurídice dos Santos, Jacyra Costa, Glória Moreira, Leda Maria, Marina Luisa, Tania Mara, Marlene Nascimento e Terezinha de Mello; *Senhores*: Assis Deodato, Frederico Santana, José Carlos, Batista de Oliveira, Fernando Bezerra, Laurindo Peixoto, Edson de Souza, Jorge Vieira, Mario Newton, Rafael T. Aguiar, Raul Martins]

TÉCNICOS: *contrarregra*: Garcia; *cabeleiras*: Timoschenko; *eletricista*: A. Mansso; TMDC – *montagem*: Paulino; Conjunto Folclórico Teatro Popular Brasileiro de Solano Trindade: *direção geral*: Solano Trindade; *1º coreógrafo*: Edson de Souza; TEATRO MUNICIPAL – *montagem*: José Pupe

TEATRO CAPITÓLIO [Lisboa, 1959]
ELENCO:

Malandro 1: Frederico Santana; *Malandro 2*: Sérgio Maia; *Malandro 3*: Edson de Souza; *Negrão*: Ivan de Paula; *Guiô*: Maria Della Costa; *Tico*: Gianfrancesco Guarnieri; *Amélia*: Ruthinéa Moraes; *Rui*: Raul Martins; *Gabirá*: Oswaldo Louzada; *Chica Maluca*: Ilema de Castro; *Carlão*: Sadi Cabral; *Mãozinha*: Gianfrancesco Guarnieri; *Gimba*: Sebastião Campos; *Homem*: Jorge Vieira; *Mulher*: Jacyra Costa; *Médico*: Flávio Rangel; *Angelo*: Benjamin Cattan; *Santana*: José Pupe; *Damasco*: Eugênio Kusnet; *Repórter*: Altamiro Martins; *Fotógrafo*: Valdemar Garcia; *Policial 1*: William Ricardi; *Policial 2*: Hilton Vianna; *Policial 3*: Regis Fioravante; *Mulheres e Homens do Morro*; *Policiais*; *Escola de Samba*: os mesmos componentes do Conjunto Folclórico Teatro Popular Brasileiro de

Solano Trindade [*Senhoras:* Alda Marina, Eurídice dos Santos, Jacyra Costa, Glória Moreira, Leda Maria, Marina Luisa, Tania Mara, Marlene Nascimento e Terezinha de Mello; *Senhores:* Assis Deodato, Frederico Santana, José Carlos, Batista de Oliveira, Fernando Bezerra, Laurindo Peixoto, Edson de Souza, Jorge Vieira, Mario Newton, Rafael T. Aguiar, Raul Martins]
TÉCNICOS: *Eletricista:* Adelino de Carvalho

ANEXOS:
FICHAS TÉCNICAS

TEATRO DAS NAÇÕES [Paris, 20, 21 e 23/04/1960]
ELENCO:
Malandro 1: Frederico Santana; *Malandro 2:* Sérgio Maia; *Malandro 3:* Edson de Souza; *Negrão:* Ivan de Paula; *Guiô:* Maria Della Costa; *Tico:* Gianfrancesco Guarnieri; *Amélia:* Ruthinéa Moraes; *Rui:* Raul Martins; *Gabirá:* Oswaldo Louzada; *Chica Maluca:* Ilema de Castro; *Carlão:* Sadi Cabral; *Mãozinha:* Rubens Teixeira; *Gimba:* Sebastião Campos; *Homem:* Jorge Vieira; *Mulher:* Jacyra Costa; *Médico:* Flávio Rangel; *Angelo:* Benjamin Cattan; *Santana:* José Pupe; *Damasco:* Eugênio Kusnet; *Repórter:* Altamiro Martins; *Fotógrafo:* Valdemar Garcia; *Policial 1:* William Ricardi; *Policial 2:* Hilton Vianna; *Policial 3:* Regis Fioravante; *Mulheres e Homens do Morro; Policiais; Escola de Samba:* [*Senhoras:* Alda Maria, Eurídice dos Santos, Jacyra Costa, Marina Luisa, Marlene Nascimento, Tania Mara, Terezinha de Mello; *Senhores:* Edson de Souza, Frederico Santana, Fernando Bezerra, Laurindo Peixoto, Raul Martins, Sergio Maia, Pedro Henrique, Fernando André, Joaquim Santos]

TEATRO QUIRINO [Roma, 29 e 30/04/1960]
ELENCO:
Malandro 1: Frederico Santana; *Malandro 2:* Sérgio Maia; *Malandro 3:* Edson de Souza; *Negrão:* Ivan de Paula; *Guiô:* Maria Della Costa; *Tico:* Gianfrancesco Guarnieri; *Amélia:* Ruthinéa Moraes; *Rui:* Raul Martins; *Gabirá:* Oswaldo Louzada; *Chica Maluca:* Ilema de Castro; *Carlão:* Sadi Cabral; *Mãozinha:* Rubens Teixeira; *Gimba:* Sebastião Campos; *Homem:* Jorge Vieira; *Mulher:* Jacyra Costa; *Médico:* Flávio Rangel; *Angelo:* Benjamin Cattan; *Santana:* José Pupe; *Damasco:* Eugênio Kusnet; *Repórter:* Altamiro Martins; *Fotógrafo:* Joaquim Santos; *Policial 1:* N.N.; *Policial 2:* N.N.; *Policial 3:* N.N.; *Mulheres e Homens do Morro; Policiais; Escola de Samba:* Marlene Nascimento, Edson Souza, Pedro Henrique, Fernando André e Joaquim Coelho
TÉCNICOS: *eletricista:* A. Mansso; *Diretor de Cena:* Joaquim Nogueira; *Arredamento de:* Giogio Desideri

Sociedade em Pijama (Society em baby doll),
de Henrique Pongetti

TEATRO CAPITÓLIO [Lisboa, 22/12/1959, estreia (data no roteiro de contrarregragem)]
DIRETOR: Milton Moraes (*mise-en-scène*)
CENÁRIOS: Barata de Carvalho
PRODUÇÃO: Sandro
FIGURINOS: Maria Della Costa
ELENCO:
Zuleika: Maria Della Costa; *Eulália:* Ilema de Castro; *Mario:* Milton Moraes; *Cidinha:* Ruthinéa Moraes; *Eustáquio:* Oswaldo Louzada; *Peggy:* Joy Fidoe; *Betinho:* Altamiro Martins; *Eduarda:* Glória May (atriz convidada); *Lourençinho:* Benjamin Cattan; *Conde di Torano Romanoff von Pupenstein:* Eugênio Kusnet
TÉCNICOS: *assistente de direção:* Benjamin Cattan; *decoração de cena:* do artista decorador Luis Rodrigues; *contrarregra:* Valdemar Garcia; *montagem:* José Pupe; *eletricista:* Adelino de Carvalho

UMA EMPRESA
E SEUS SEGREDOS:
COMPANHIA
MARIA DELLA COSTA

Armadilha para um Homem Só,
de Robert Thomas

TRADUÇÃO: Luís de Lima
DIREÇÃO E ENCENAÇÃO: Luís de Lima
PRODUÇÃO: Sandro
CENÁRIO: Darcy Penteado

TEATRO MARIA DELLA COSTA [São Paulo, SP, nov.-dez. 1961]
 ELENCO:
  Marido: Luís de Lima (nov.) / Sebastião Campos (dez.); *Comissário de Polícia*: Fernando Balleroni; *Padre*: Marcus Vinicius; *Mulher*: Maria Della Costa; *Vagabundo*: Gaetano Gherardi; *Enfermeira*: Márcia Real; *Policiais*: N.N.
  TÉCNICOS: *supervisão*: Malgary Costa; *secretaria*: Hilton Viana; *maquinista*: Arquimedes Ribeiro; *contrarregra*: Espanhol; *eletricista*: Antonio Mauro

TEATRO COPACABANA [Rio de Janeiro, RJ, jun. 1962];
[Santos, SP, 1962];
TEATRO MUNICIPAL CARLOS GOMES [Campinas, SP, 29 out. 1962]
 ELENCO:
  Marido: Sebastião Campos; *Comissário de Polícia*: Fernando Balleroni; *Padre*: Marcus Vinicius; *Mulher*: Maria Della Costa; *Vagabundo*: Gaetano Gherardi; *Enfermeira*: Ivanilde Alves; *Policiais*: N.N.
  TÉCNICOS: *supervisão*: Malgary Costa; *secretária*: Lourdes Picorelli; *maquinista*: Thiers; *contrarregra*: Vallim; *eletricista*: Afonso Adayala

TEATRO FRANCISCO NUNES [Belo Horizonte, MG, s/d]
 ELENCO:
  Marido: Sebastião Campos; *Comissário de Polícia*: Fernando Balleroni; *Padre*: Marcus Vinicius; *Mulher*: Maria Della Costa; *Vagabundo*: Elias Gleizer; *Enfermeira*: Neyde Pavani; *Policiais*: N.N.
  TÉCNICOS: *supervisão*: Malgary Costa; *secretária*: não consta; *maquinista*: Atilo Rossi; *contrarregra*: Espanhol; *eletricista*: Jean Carlo

TEATRO GUARANI [Pelotas, RG, 26 e 27 nov. 1963];
[Porto Alegre, 1963]
 ELENCO:
  Marido: Luís de Lima; *Comissário de Polícia*: Fernando Balleroni; *Padre*: Cláudio Oliane; *Mulher*: Maria Della Costa; *Vagabundo*: Gaetano Gherardi; *Enfermeira*: Tônia Grecco; *Policiais*: N.N.
  TÉCNICOS: *maquinista*: Enôr e Betinho; *contrarregra*: Zezinho e Gibi; *eletricista*: Osvar e Trigrinho

TEATRO MARIA DELLA COSTA [São Paulo, SP, out. 1966, remontagem];
TEATRO JOÃO CAETANO [São Paulo, SP, 26-30 out. 1966, remontagem]
 ELENCO:
  Marido: Luís de Lima; *Comissário de Polícia*: Fernando Balleroni; *Padre*: Cláudio Oliane; *Mulher*: Maria Della Costa; *Vagabundo*: Walter Stuart; *Enfermeira*: Sonia Greco; *Policiais*: N.N.

TEATRO INDEPENDÊNCIA [Santos, SP, 8 nov. 1966]
 ELENCO:
  Marido: Luís de Lima; *Comissário de Polícia*: Fernando Balleroni; *Padre*: Cláudio Oliane; *Mulher*: Maria Della Costa; *Vagabundo*: Walter Stuart; *Enfermeira*: Sonia Greco; *Policiais*: Waldemar
  TÉCNICOS: *direção*: Sandro; *maquinista*: Enôr Fonseca; *contrarregra*: Waldemar

O Marido Vai à Caça,
de G. Feydeau

ANEXOS:
FICHAS TÉCNICAS

DIREÇÃO: Maurice Vaneau
TRADUÇÃO: Mario da Silva
PRODUÇÃO: Sandro
CENÓGRAFO: Marice Vaneau
FIGURINISTA: Marie Claire Vaneau

TEATRO MARIA DELLA COSTA [São Paulo, SP, ago., set. e dez. 1962];
    ELENCO:
        Moricet: Sebastião Campos; *Leontina*: Maria Della Costa; *Duchotel*: Fernando Balleroni; *Babet*: Tina Rinaldi; *Gontrau*: Adriano Stuart; *Cassagne*: Elias Gleizer; *Sra. Latour*: Ilema de Castro; *Bridois*: Luciano Gregory; *Polícia*: N.N./Ojevan
    TÉCNICOS: *secretaria*: Hilton Viana; *maquinista*: Atílio Del Fiore; *contrarregra*: Espanhol; *eletricista*: Giancarlo Bortolotti; *confecções*: Danpierre; *ornamentação floral*: Floricultura São Caetano

TEATRO CULTURA ARTÍSTICA DE MINAS GERAIS [Belo Horizonte, MG, 5. fev. 1963]
    ELENCO:
        Moricet: Sebastião Campos; *Leontina*: Maria Della Costa; *Duchotel*: Fernando Balleroni; *Babet*: Eloisa Elena; *Gontrau*: Adriano Stuart; *Cassagne*: Elias Gleizer; *Sra. Latour*: Ilema de Castro; *Bridois*: Luciano Gregory; *Polícia*: Ojevan
    TÉCNICOS: *cenotécnico*: Atílio Del Fiore; *contrarregra*: Zezinho

TEATRO FRANCISCO NUNES [Belo Horizonte, MG, s/d]
    ELENCO:
        Moricet: Sebastião Campos; *Leontina*: Maria Della Costa; *Duchotel*: Fernando Balleroni; *Babet*: Eloisa Elena; *Gontrau*: Adriano Stuart; *Cassagne*: Elias Gleizer; *Sra. Latour*: Ilema de Castro; *Bridois*: Luciano Gregory; 1º *Polícia*: Atílio; 2º *Polícia*: Giancarlo
    TÉCNICOS: *cenotécnico*: Atílio Del Fiore; *contrarregra*: Zezinho

Pindura Saia,
de Graça Mello

DIREÇÃO: Graça Mello (*Diretor do texto*) e Sandro (*Diretor do espetáculo*)
PRODUÇÃO E CENOGRAFIA: Sandro
MÚSICAS: Graça Mello
COREOGRAFIAS: Aida Slon

TEATRO MARIA DELLA COSTA [São Paulo, SP, ago. 1963]
    ELENCO:
        Martinho: Cristiani Gade; 1º *Playboy*: Eduardo Sucena; 2º *Playboy*: Wilson Coca; *Zé-Carioca*: Sebastião Campos; 1ª *Mulher*: Olinda; 1º *Homem*: Sebastião Santos; 2ª *Mulher*: Emília; 2º *Homem*: Luis Augusto; 3ª *Mulher*: Alda Maria; 4ª *Mulher*: Yara; 1º *Bailarino*: Eduardo Sucena; 2º *Bailarino*: Wilson Coca; 1ª *Bailarina*: Marilena Silva; *Brigite*: Aracy Campos; *Mariazinha*: Maria Della Costa; *Zé Pretinho*: Gibi; *Maneco*: Elias Gleizer; *Paraíba*: Carlos Garcia; *Pedro Viola*: José Francisco; *Matias*: Fernando Balleroni; *Delegado*: Aylton R. Garcia; 1º *Polícia*: Sérgio Maia; 2º *Polícia*: João Ferreira; *Mãe Belarmina*: Ilema de Castro; *Ruivo*: Cláudio Oliani; *Ballet*: Graciete, Alda Maria, Cida, Inês, Deusa, Yara, Ferreira, Wallace, Waldemar, Sérgio Maia, Nenê, Carlos; *Homens e Mulheres do Morro*: Olinda, Tânia Maria, Emília, Jacy, Maria Helena, Mara Jane, Sebastião Santos, Roberto, Israel e Durvaltércio; *Ritmistas*: Milton, José Roberto, Walter Germano, Loevegildo, Bolinha, Luiz Augusto
    TÉCNICOS: *eletricista*: Antonio Manso; *contrarregra*: José Matos; *assistente de ballet*: Sérgio Maia; *capa e pintura do telão*: Cirso Teixeira; *confecções do guarda-roupa*: Mme. Simone e Toni; *instalação sonora*: Alitron; *maquinista*: Espanhol; *assistente*: Zezinho

UMA EMPRESA
E SEUS SEGREDOS:
COMPANHIA
MARIA DELLA COSTA

TEATRO ASTRAL [Buenos Aires, set. 1963]
ELENCO:
Martinho: Cristiani Gade; 1º Playboy: Eduardo Sucena; 2º Playboy: Wilson Coca; Zé-Carioca: Sebastião Campos; 1ª Mulher: Olinda; 1º Homem: Sebastião Santos ; 2ª Mulher: Emília; 2º Homem: Luis Augusto; 3ª Mulher: Alda Maria; 4ª Mulher: Yara; 1º Bailarino: Eduardo Sucena; 2º Bailarino: Wilson Coca; 1ª Bailarina: Marilena Silva; Brigite: Aracy Campos; Mariazinha: Maria Della Costa; Zé Pretinho: Gibi; Maneco: Elias Gleizer; Paraíba: Carlos Garcia; Pedro Viola: José Francisco; Matias: Fernando Balleroni; Delegado: Moysés Tomarozi; 1º Polícia: Sérgio Maia; 2º Polícia: João Ferreira; Mãe Belarmina: Ilema de Castro; Ruivo: Cláudio Oliani; Ballet: Regina Silva, Ilza Barbosa, Marly Bonifácio, Ruth Aprigio, Iara, Izidio dos Santos, Alcenir Barbosa, José Roberto, Nenê e Carlos Ferreira; Homens e Mulheres do Morro: Olinda, Tânia Maria, Emília, Jacy, Maria Helena, Sebastião Santos, Roberto e Durvaltércio; Músicos: Walter Germano, Oswaldo Drolhe, Luis Augusto Durvaltércio e Roberto

TÉCNICOS: eletricista: Antonio Manso; contrarregra: José Matos; assistente de ballet: Sérgio Maia; capa e pintura do telão: Cirso Teixeira; confecções do guarda-roupa: Mme. Simone e Toni; instalação sonora: Alitron; maquinista: Espanhol; assistente: Zezinho

TEATRO LEOPOLDINA [Porto Alegre, RG, out. 1963]
ELENCO:
Martinho: Cristiani Gade; 1º Playboy: Eduardo Sucena; 2º Playboy: Wilson Coca; Zé-Carioca: Sebastião Campos; 1ª Mulher: Olinda; 1º Homem: Sebastião Santos ; 2ª Mulher: Emília; 2º Homem: Luis Augusto; 3ª Mulher: Alda Maria; 4ª Mulher: Yara; 1º Bailarino: Eduardo Sucena; 2º Bailarino: Wilson Coca; 1ª Bailarina: Marilena Silva; Brigite: Aracy Campos; Mariazinha: Maria Della Costa; Zé Pretinho: Gibi; Maneco: Elias Gleizer; Paraíba: Carlos Garcia; Pedro Viola: José Francisco; Matias: Fernando Balleroni; Delegado: Moysés Tomarozi; 1º Polícia: não consta; 2º Polícia: João Ferreira; Mãe Belarmina: Mara Jane; Ruivo: Cláudio Oliani; Ballet: Regina Silva, Ilza Barbosa, Marly Bonifácio, Ruth Aprigio, Iara, Izidio dos Santos, Alcenir Barbosa, José Roberto, Nenê e Carlos Ferreira; Homens e Mulheres do Morro: Olinda, Tânia Maria, Emília, Jacy, Maria Helena, Sebastião Santos, Roberto e Durvaltércio; Músicos:, Walter Germano, Oswaldo Drolhe, Luis Augusto Durvaltércio e Roberto

TÉCNICOS: eletricista: Antonio Manso; contrarregra: José Matos; assistente de ballet: Sérgio Maia; capa e pintura do telão: Cirso Teixeira; confecções do guarda-roupa: Mme. Simone e Toni; instalação sonora: Alitron; maquinista: Espanhol; assistente: Zezinho

Obs: Elencos dos teatros Astral e Leopoldina não especifica os papéis (1ª Mulher, 1º Homem... 2º Bailarino, 1ª Bailarina). Toda esta parte é omitida nos dois programas

Depois da Queda,
de Arthur Miller

DIREÇÃO: Flávio Rangel
CENÓGRAFO: Flávio Império
FIGURINISTA: Helio Martinez
PRODUTOR: Sandro
TRADUÇÃO: Ênio Silveira e Flávio Rangel
ASSISTENTE DE CENA: Delmar Mancuso

TEATRO MARIA DELLA COSTA [São Paulo, SP, jul., set. e out (até 01/11) de 1964 (22/07, estreia)]
ELENCO:
Quentin: Paulo Autran; Felice: Dina Sfat; Holga: Thereza Austregésilo; Dan: Sylvio Zilber; Pai: Carlos Garcia; Mãe: Suzy Arruda; Elsie: Elza Riani; Lou: Ripoli Filho; Louise: Márcia Real; Mickey: Juca de Oliveira/Fernando Balleroni (out); Maggie: Maria Della Costa; Homem: Delmar Mancuso; Carrie: Aurea Campos; Presidente: Delmar Mancuso; Reverendo: João Ojevan; Lucas: N.N. (jul.)/Israel Silva; Enfermeira: N.N. (jul.)/Elza Verli; Figurantes*: Airton Garcia, Max Charles Falzetta(jul.)/Lino Sergio, Emiliano Queiróz, Francisco Fabrizio, Almir Amorim, José Carlos Massagarti (jul.)/Edson Santos, Miguel Luiz de Vasconcelos

* Nos demais programas do TMDC e de viagens, à excessão do Teatro Guaíra, que não apresenta esse item, ele aparece como: Rapazes do parque, diretor de TV e membros do Tribunal.

TÉCNICOS: contrarregra: Hélio Silva; maquinista: Enôr Fonseca; eletricista: Antônio Manso

"A ação da peça tem lugar na mente, memória e pensamentos de Quentin, um homem contemporâneo".

TEATRO MUNICIPAL [Rio de Janeiro, RJ, 5 nov. 1964]
    ELENCO:

ANEXOS:
FICHAS TÉCNICAS

        Quentin: Paulo Autran; *Felice:* Dina Sfat; *Holga:* Thereza Austregésilo; *Dan:* Delmar Mancuso; *Pai:* Carlos Garcia; *Mãe:* Suzy Arruda; *Elsie:* Elza Riani; *Lou:* Ripoli Filho; *Louise:* Márcia Real; *Mickey:* Juca de Oliveira/Fernando Balleroni (out); *Maggie:* Maria Della Costa; *Homem:* E. Queiroz; *Carrie:* Aracy Campos; *Presidente:* E. Queiroz; *Reverendo:* João Ojevan; *Lucas:* Israel Silva; *Enfermeira:* Elza Verli; *Rapazes do parque, diretor de TV e membros do Tribunal:* Airton Garcia, Lino Sergio, Emiliano Queiróz, Francisco Fabrizio, Almir Amorim, Edson Santos, Miguel Luiz de Vasconcelos
    TÉCNICOS: *contrarregra:* Betinho; *eletricista:* corpo do Teatro Municipal

TEATRO LEOPOLDINA [Porto Alegre, RG, 1964]
    ELENCO:

        Quentin: Paulo Autran; *Felice:* Dina Sfat; *Holga:* Isolda Cresta; *Dan:* Sylvio Zilber; *Pai:* Carlos Garcia; *Mãe:* Suzy Arruda; *Elsie:* Melany Del Nero; *Lou:* Ripoli Filho; *Louise:* Márcia Real; *Mickey:* Juca de Oliveira; *Maggie:* Maria Della Costa; *Homem:* Delmar Mancuso; *Carrie:* Aurea Campos; *Presidente:* Delmar Mancuso; *Reverendo:* João Ojevan; *Lucas:* N.N.; *Enfermeira:* N.N.; *Rapazes do parque, diretor de TV e membros do Tribunal:* Airton Garcia, Max Charles Falzetta, Emiliano Queiróz, Francisco Fabrizio, Almir Amorim, José Carlos Massagarti e Miguel Luiz de Vasconcelos

TEATRO GUAÍRA [Curitiba, PR, maio-jun. 1965 (estreia: 27/5/65)];
    ELENCO:

        Quentin: Carlos Alberto; *Felice:* Irene Thereza; *Holga:* Aracy Balabanian; *Dan:* Sale Wolokita; *Pai:* Carlos Garcia; *Mãe:* Suzy Arruda; *Elsie:* Márcia Carrara; *Lou:* Delmar Mancuso; *Louise:* Izabel Tereza; *Mickey:* Juca de Oliveira; *Maggie:* Maria Della Costa; *Homem:* Delmar Mancuso; *Carrie:* N.N.; *Presidente:* Ciro Magalhães; *Reverendo:* Francisco Fabrizio; *Lucas:* Israel Silva; *Enfermeira:* Elza Verli; *Guarda:* Edson Santos

TEATRO DULCINA [Rio de Janeiro, RJ, s/d]
    ELENCO:

        Quentin: Carlos Alberto; *Felice:* Irene Thereza; *Holga:* Aracy Balabanian; *Dan:* Victor Schnaider; *Pai:* Carlos Garcia; *Mãe:* Suzy Arruda; *Elsie:* Márcia Carrara; *Lou:* Delmar Mancuso; *Louise:* Izabel Tereza; *Mickey:* Juca de Oliveira; *Maggie:* Maria Della Costa; *Homem:* Delmar Mancuso; *Carrie:* N.N.; *Presidente:* Ciro Magalhães; *Reverendo:* Francisco Fabrizio; *Lucas:* Israel Silva; *Enfermeira:* Elza Verli; *Guarda:* Edson Santos

TEATRO MARIA DELLA COSTA [São Paulo, SP, s/d];
TEATRO LEOPOLDO FRÓES [São Paulo, SP, 21-25 jul. 1965]
    ELENCO:

        Quentin: Carlos Alberto; *Felice:* Thereza de Almeida; *Holga:* Aracy Balabanian; *Dan:* Emiliano Queiróz; *Pai:* Carlos Garcia; *Mãe:* Suzy Arruda; *Elsie:* Melany Del Nero; *Lou:* Delmar Mancuso; *Louise:* Izabel Tereza; *Mickey:* Juca de Oliveira; *Maggie:* Maria Della Costa; *Homem:* não consta o personagem; *Carrie:* Lourdes Amaral; *Presidente:* Ciro Magalhães; *Reverendo:* Lino Sergio; *Lucas:* Israel Silva; *Enfermeira:* Elza Verli; *Rapazes do parque, diretor de TV e membros do Tribunal:* Ciro Magalhães, Lino Sérgio, Edson Ferrari, Francisco Fabrizio, José Francisco, Israel Silva e Edson Santos

Maria Entre os Leões,
de Aldo de Benedetti

TEATRO MARIA DELLA COSTA [São Paulo, SP, 13/01/1967 (estreia; data retirada de jornal)]
    DIREÇÃO: Alberto D'Aversa
    CENÓGRAFO: Sandro
    FIGURINISTA: Hugo Castellana
    PRODUTOR: Sandro
    TRADUÇÃO E ADAPTAÇÃO: Elida Gay Palmer
    ELENCO:
        Maria: Maria Della Costa; *Leão:* Otello Zelloni; *Pedro:* Sebastião Campos
    TÉCNICOS: *cenotécnico:* Enôr Fonseca; *contrarregra:* Waldemar; *eletricista:* Antonio

UMA EMPRESA
E SEUS SEGREDOS:
COMPANHIA
MARIA DELLA COSTA

A Próxima Vítima,
de Marcos Rey

DIREÇÃO: Alberto D'Aversa
CENÓGRAFO: Túlio Costa
FIGURINISTA: Ninette Van Vuchelen
PRODUTOR: Sandro

EXCURSÕES: Campo Grande (MT), Santos e Curitiba

AÇÃO: Hoje; *Cidade*: Esta; *Cenário*: Living; *Gênero*: Proibido para cretinos; *Mensagem*: Nenhuma

TEATRO MARIA DELLA COSTA [São Paulo, SP, julho 1967];
TEATRO RADIO CLUB [Santos, SP, 31/7/67]
CLUBE LIBANÊS [Campo Grande, MT, agosto 1967];
TEATRO GUAÍRA [Curitiba, PR, maio 1967];
TEATRO ÁLVARO DE CARVALHO [Florianópolis, SC, 9 a 12/6/1967]
ELENCO:
Lucas: Waldemar Fonseca; *Mordomo*: Luciano Gregori; *Marta*: Maria Della Costa; *Dr. Sarmento*: Vicente Acedo; *Inspetor*: Fernando Balleroni; *Fernando*: Sebastião Campos

PROGRAMAS DA PREFEITURA DE SÃO PAULO
TEATRO ARTHUR AZEVEDO [São Paulo, SP, 4 a 7/9/1967];
TEATRO JOÃO CAETANO [São Paulo, SP, 8 a 10/9/1967];
TEATRO PAULO EIRÓ [São Paulo, SP, 12 a 14/9/1967];
AUDITÓRIO DA BIBLIOTECA MUNICIPAL DA LAPA [São Paulo, SP, 16 a 18/9/1967]
ELENCO:
Lucas: não consta no programa; *Mordomo*: Luciano Gregori; *Marta*: Maria Della Costa; *Dr. Sarmento*: Fernando Balleroni; *Inspetor*: o personagem não consta; *Fernando*: Sebastião Campos
TÉCNICOS: figurinos executados em tecidos Scala D'Oro, no atelier de Ninette e dirigido por Peggy Corrêa; *penteados*: Gaeta; *bijouteria* de Max Forti; *chapéu* de Ima Frank; *sapatos e bolsas*: Evany; *ótica cine-foto*: Poladian; *rádios e televisores*: Parliament; *cenotécnico*: Enôr Fonseca; *contrarregra*: Waldemar; *eletricista*: Antonio Manso

Homens de Papel,
de Plínio Marcos

TEATRO MARIA DELLA COSTA [São Paulo, SP, 11 out. 1967 (ESTREIA OFICIAL)]
DIREÇÃO: Jairo Arco e Flexa
PRODUÇÃO: Sandro
CENÁRIOS E FIGURINOS: Clóvis Bueno
MÚSICA: Gilberto Mendes
ELENCO por ordem de entrada:
Berrão: Elias Gleizer; *Gilo*: Raul Martins; *Chicão*: Eduardo Abas; *MariaVai*: Ruthinéa Moraes; *Pelado*: Vicente Acedo; *Noca*: Thereza de Almeida; *Tião*: Silvio Rocha; *Coco*: Oswaldo Louzada; *Bichado*: Raymundo Duprat; *Poquinha*: Ivete Bonfá; *Nhanha*: Maria Della Costa; *Frido*: Fernando Balleroni; *Ga*: Walderez de Barros
TÉCNICOS: *diretor técnico*: Waldemar; *cenotécnico*: Enôr Fonseca; *contrarregra*: Israel; *eletricista*: Antonio Manso; *efeitos de luz*: Sandro; *desenho de capa*: Clóvis Bueno

Abre a Janela e Deixa Entrar o Ar Puro e o Sol da Manhã, de Antônio Bivar

ANEXOS:
FICHAS TÉCNICAS

TEATRO MARIA DELLA COSTA [São Paulo, SP, 10 jul. 1968 (ESTREIA)]
    DIREÇÃO: Fauzi Arap
    CENÁRIOS E FIGURINOS: Sarah Feres
    ELENCO:
        Geni: Telma Reston; *Heloneida*: Maria Della Costa; *Carcereiro*: Jonas Mello; *Jandira*: Yolanda Cardoso
    TÉCNICOS: *assistente de direção*: Vicente Acedo; *contrarregra*: Waldemar Garcia; *maquinista*: Enôr Fonseca; *eletricista*: Antonio Silva; *diretor de cena*: Alex

Tudo no Jardim, de Edward Albee

DIREÇÃO: Flávio Rangel
CENÓGRAFO: Túlio Costa
FIGURINISTA: Jason Bueno
PRODUTOR: Sandro
TRADUÇÃO: Flávio Rangel

EXCURSÕES: Rio, Porto Alegre, Recife
OBSERVAÇÕES GERAIS: *Assistente*: Vicente Acedo; *Fontes*: Programa

Em 2 atos e uma passagem de tempo de seis meses. A ação nos arredores de New York (USA).

TEATRO MARIA DELLA COSTA [São Paulo, SP, 28/12/1968 (ESTREIA)]
    ELENCO:
        Jenny: Maria Della Costa; *Richard*: Sebastião Campos; *Jack*: Sérgio Viotti; *Lancaster*: Dina Lisbôa; *Roger*: Marcelo Marne; *Beryl*: Marilu Martinelli; *Chuck*: Lucas Gião; *Louise*: Marilda Pedroso; *Gilbert*: Paulo Gröbe; *Cynthia*: Luiza de Franco; *Perry*: Luiz Américo
    TÉCNICOS: *fotografia de* Eliseu Ricardo; *penteado por* La Femme; *contrarregra*: Waldemar Garcia; *cenotécnico*: Enôr Fonseca; *eletricista*: Antônio Silva

TEATRO LEOPOLDINA [Porto Alegre, RG, s/d]
    ELENCO
        Jenny: Maria Della Costa; *Richard*: Sebastião Campos; *Jack*: Lucas Gião; *Lancaster*: Dina Lisbôa; *Roger*: Marcelo Marne; *Beryl*: Analy Alvarez; *Chuck*: Luiz Parreiras; *Louise*: Cristiane; *Gilbert*: Paulo Gröbe; *Cynthia*: não consta; *Perry*: não consta

TEATRO SANTA ROSA [Rio de Janeiro, RJ, 1971]
    ELENCO
        Jenny: Maria Della Costa; *Richard*: Cécil Thiré; *Jack*: Napoleão Moniz Freire; *Lancaster*: Heloisa Helena; *Roger*: Joao Carlos Barroso; *Beryl*: Isolda Cresta; *Chuck*: Moacyr Deriquém; *Louise*: Iris Bruzzi; *Gilbert*: Maurício de Loyola; *Cynthia*: não consta; *Perry*: não consta

NOSSO TEATRO [Recife, PE, set.-out. 1971]
    ELENCO
        Jenny: Maria Della Costa; *Richard*: Fernando Villar; *Jack*: Paulo Ribeiro; *Lancaster*: Isolda Cresta; *Roger*: Abel Bravo; *Beryl*: Sonia Greis; *Chuck*: Armando Garcia; *Louise*: Luisa de Franco; *Gilbert*: Maurício de Loyola; *Cynthia*: não consta; *Perry*: não consta

UMA EMPRESA
E SEUS SEGREDOS:
COMPANHIA
MARIA DELLA COSTA

As Alegres Comadres de Windsor,
de William Shakespeare

DIREÇÃO: Benedito Corsi
CENÓGRAFO: Túlio Costa
FIGURINISTA: Ninette Van Vuchelen
PRODUTOR: Sandro
TRADUÇÃO E ADAPTAÇÃO: Millôr Fernandes

OBSERVAÇÕES GERAIS: Música de Julio Medaglia. Coreografia de Clarisse Abujamra

TEATRO MARIA DELLA COSTA [São Paulo, SP, 18/04/1970 (ESTREIA)]
ELENCO:
Sir John Falstaff: Sandro; Senhora Ford: Maria Della Costa; Senhora Pagem: Yolanda Cardoso; Ford (Burguês de Windsor): Zanoni Ferrite; Pagem (Burguês de Windsor): Fernando Balleroni; Leva e traz: Kleber Macedo; O Hospedeiro da "A Jarreteira": Eduardo Abas; Dr. Cairo (médico francês): Luciano Gregory; Magrella: Roberto Azevedo; Reduzido (Juiz de Paz): Henrique Amoedo; Sir Hugh Evans (reverendo galês): Carlos Silveira; Ana Pagem: Irene Thereza; Fenton: Baynho; Bardolfo (Comparsa de Falstaff): Vicente Acedo; Pistola (Comparsa de Falstaff): Lutero Luiz; Nunca (Comparsa de Falstaff): Carlos Guímas; Passarinho (Pagem de Falstaff): Paulino Raffanti; Simplissícimos (criado de Magrella): Carlos Pietro; Robim (criado do Dr. Cairo): Ronaldo Ciambroni; 1º Criado: Arthur P. Netto; 2º Criado: Raymundo de Souza; 3º Criado: Marcos Noronha; 20 bailarinos

TÉCNICOS: assistente de direção: Vicente Acedo; assistente de produção: Heitor Gaiotti; contrarregra; Waldemar Garcia; guarda-roupa: Francisca Silva; eletricista: Antonio Marcelo; médico dos artistas: Dr. Motta; projeção de efeitos: Sérgio e Jakie Fonseca; o guarda-roupa, confeccionado com tecidos Scala D'Oro e veludos de Corduroy; perucas das senhoras confeccionadas por Gaeta – La Fame Cabeleireiros; sapatos: Duduchi.

Bodas de Sangue,
de Garcia Lorca

DIREÇÃO: Antunes Filho
CENÁRIOS: José de Anchieta
FIGURINISTA: Lenita Perroy
PRODUTOR: Sandro
TRADUÇÃO: Antonio M.N.
ASSISTENTE DE DIREÇÃO: Antonio Mercado Neto
MÚSICA: Paulo Herculano
ASSISTENTE DE PRODUÇÃO: Vicente Acedo

TEATRO ITÁLIA [São Paulo, SP, out. 1973 (12/10 Estreia)]
ELENCO:
Mãe: Márcia Real; Filho: Ney Latorraca; Vizinha: Zaíra Cavalcanti; Sogra: Linda Gay; Mulher: Claudia Decastro; Leonardo: Jonas Mello; Mocinha: Teresa Cristina; Criada: Sidnéa Rossi; Pai: Carlos Garcia; Noiva: Maria Della Costa; Lenhador 1: Flávio Cardoso; Lenhador 2: Flávio Siqueira; Lenhador 3: Amaury Alvarez; Lua: Carlos Eduardo; Mendiga: Cláudia Decastro; Moço: Vicente de Luca; Menina: Mayara de Castro; Fiandeiras: Miriam Goldfeder, Sonia Goldfeder, Regina Helena, Lucia Taques, Angela Falcão

AUDITÓRIO DA RÁDIO CLUBE CENTRO DE EXPANSÃO CULTURAL [Santos, SP, 11/12/1973]
ELENCO:
Mãe: Márcia Real; Filho: Ney Latorraca; Vizinha: Zaíra Cavalcanti; Sogra: Linda Gay; Mulher: Claudia Decastro; Leonardo: Jonas Mello; Mocinha: Teresa Cristina; Criada: Sidnéa Rossi; Pai: Roque Rodrigues; Noiva: Maria Della Costa; Lenhador 1: Flávio Cardoso; Lenhador 2: Flávio Siqueira; Lenhador 3: Amaury Alvarez; Lua: Carlos Eduardo; Mendiga: Cláudia Decastro; Moço: Vicente de Luca; Menina: Mayara de Castro; Grupo de Crianças: Amaury Alvarez, Carlos Eduardo, Flávio Cardoso, Flavio Siqueira, Vicente De Luca, Angela Falcão, Lucia Taques, Mayara de Castro, Miriam Goldfeder, Regina Helena, Sonia Goldfeder e Teresa Cristina; Músicos: Murilo Alvarenga, Jorge Miller, Claudio Savetto.

Tome Conta de Amélia,
de George Feydeau

ANEXOS:
FICHAS TÉCNICAS

TRADUÇÃO E ADAPTAÇÃO: Antonio Mercado Neto
DIREÇÃO: Antunes Filho
CENÓGRAFO: Laonte Klawa
FIGURINISTA: Marlene Azevedo
PRODUTOR: Sandro Polônio

EXCURSÕES: Santo André
OBSERVAÇÕES GERAIS: O espetáculo iniciou carreira no Teatro Municipal de Santo André. Seguiu para o TMDC; em dezembro do mesmo ano se apresentou no Teatro Municipal de São Paulo.

AÇÃO: Paris, 1928

TEATRO MARIA DELLA COSTA [São Paulo, SP, ago. 1974]
  ELENCO:
    Amélia: Maria Della Costa; *Bibichon*: Adolfo Machado; *Ivone*: Analy Alvarez; *Mimi*: Maria Drummond; *Estácio*: Edwin Luisi; *Duval*: Hilton Have; *Adonis*: Crayton Sarzy; *Etienne*: Zé Carlos Andrade; *Pochet*: Evilazio Marçal; *Irene*: Isadora de Faria; *Marcel*: John Herbert; *General*: Carlos Bucka; *Van Putzebum*: A.C. Carvalho; *1º Florista*: Ubiratan Jr.; *2º Florista*: Edson Quaglio; *Príncipe*: Ruy Affonso; *Charlote*: Bárbara Bruno; *Mijanou*: Eleu Salvador; *Gaby*: Hilda Hasson; *Dorminhoca*: Celeste Neves; *Leitor de Jornal*: Edson Quaglio; *Valery*: Marcos Caruso; *Metamolle*: Ubiratan Jr.; *Menina*: Lea Beigler; *Virgínia*: Floriza Rossi
  OBS: No programa do TMDC a ordem dos personagens é dada por ato; aparecem personagens que não são apresentados nos demais programas. São eles: 2º Ato: *Empregados da loja* – Ubiratan Jr., Hilton Have, Edwin Luisi, Elen e Edson Quaglio; 3º Ato: *Juiz de Paz*: Adolfo Machado
  TÉCNICOS: *assistente de direção*: Lucia Capuani; *assistente de cenografia*: Carlos Duarte e José Marchesini; *adereços*: Carlos Duarte; *chefe de costura*: Maria Paulina Dias Machado; *contrarregra*: Edson Santos; *eletricista*: Antonio Manso; *cenotécnica*: José Pupe; *produtor executivo*: Carlos Armando

TEATRO MUNICIPAL DE SANTO ANDRÉ [Santo André, SP, 2 a 18/8/1974]
  ELENCO:
    Amélia: Maria Della Costa; *Bibichon*: Adolfo Machado; *Ivone*: Analy Alvarez; *Mimi*: Maria Drummond; *Estácio*: Edwin Luisi; *Duval*: Ailton Have; *Adonis*: Crayton Sarzy; *Etienne*: Zé Carlos Andrade; *Pochet*: Evilazio Marçal; *Irene*: Isadora de Faria; *Marcel*: John Herbert; *General*: Carlos Bucka; *Van Putzebum*: A.C. Carvalho; *1º Florista*: José Carlos; *2º Florista*: Antonio Mansso; *Príncipe*: Ruy Affonso; *Charlote*: Bárbara Bruno; *Mijanou*: Eleu Salvador; *Gaby*: Hilda Hasson; *Dorminhoca*: Celeste Neves; *Leitor de Jornal*: Edson Silva; *Valery*: Marcos Caruso; *Metamolle*: Ubiratan Jr.; *Menina*: Lea Beigler; *Virgínia*: Floriza Rossi

TEATRO MARIA DELLA COSTA [São Paulo, SP, out. 1974];
TEATRO MUNICIPAL DE SÃO PAULO [São Paulo, SP, 5 a 11/12/1974]
  ELENCO:
    Amélia: Maria Della Costa; *Bibichon*: Adolfo Machado; *Ivone*: Maria Drummond; *Mimi*: Michele Naily; *Estácio*: Edwin Luisi; *Duval*: Hilton Have; *Adonis*: Crayton Sarzy; *Etienne*: Zé Carlos Andrade; *Pochet*: Evilazio Marçal; *Irene*: Isadora de Faria; *Marcel*: John Herbert; *General*: Carlos Bucka; *Van Putzebum*: A.C. Carvalho; *1º Florista*: José Carlos; *2º Florista*: Antonio Mansso; *Príncipe*: Ruy Affonso; *Charlote*: Bárbara Bruno; *Mijanou*: Eleu Salvador; *Gaby*: Hilda Hasson; *Dorminhoca*: Celeste Neves; *Leitor de Jornal*: Edson Silva; *Valery*: Marcos Caruso; *Metamolle*: Ubiratan Jr.; *Menina*: Lea Beigler; *Virgínia*: Floriza Rossi

UMA EMPRESA
E SEUS SEGREDOS:
COMPANHIA
MARIA DELLA COSTA

Golpe Sujo,
de Mario Fratti

TRADUÇÃO: Marisa Murray
DIREÇÃO: José Renato
CENÓGRAFO: Colmar Diniz
FIGURINISTA: Colmar Diniz

TEATRO DA GALERIA [s/l, 22/04/1975 (estreia)]
ELENCO:
Jardel Filho; Maria Della Costa e Hélio Ary
TÉCNICOS: *assistente de direção*: Ricardo de Paula; *contrarregra*: Mario Figueiredo; *cenotécnico*: Jorge Gomes Trindade; *execução de figurinos*: Irene Manzoni; *fotos*: Ton Rica; *lingerie*: criação exclusiva da Íntima; *sapatos da atriz*: Clovistiago Silva; *a cópia do quadro de Modigliani exposta no cenário foi especialmente executada pelo Prof. Acelio Melo*.

Uma realização de "Maré-Jisso Movimento".
Patrocínio do MEC/DAC – Programa de Ação Cultural – SNT.
Obs.: excursão pelo sul e estreia em São Paulo em outubro de 1975

A Mala,
de Julio Maurício

TRADUÇÃO E ADAPTAÇÃO: Ronaldo Graça
DIREÇÃO: Luis Ernesto Imbassahy
CENÓGRAFO: Sandro
PRODUTOR: Sandro

EXCURSÕES: Rio de Janeiro (capital), São Paulo (interior) e RS (interior e capital)
TEMPORADA: 1977

SESC – TIJUCA [Rio de Janeiro, RJ];
ESCOLA 15 DE NOVEMBRO [Bagé, RS];
TEATRO GUARANY [Pelotas, RS];
SALÃO DE ATOS COLÉGIO SANTANENSE [Santana do Livramento, RS];
SALÃO DE FESTAS DO RECREIO DA JUVENTUDE [Caxias do Sul, RS]
ELENCO:
Luiza: Maria Della Costa; *Horácio*: Rômulo Marinho Jr.; *Oswaldo*: Leonardo Villar
TÉCNICOS: (RS): *eletricista*: Ezequiel; *contrarregra*: Edson Santos; *maquinista*: Fumega.; *técnicos* (Marília, SP): *cenário*: Lea Guarisse; *eletricista*: Jairzinho; *contrarregra*: Edson dos Santos; *maquinista*: N. Mello.

Agora eu Conto,
de Cassiano Gabus Mendes

DIREÇÃO: Regis Cardoso
CENÓGRAFO: Gerd Pfluger
PRODUTOR: Sandro Polônio

EXCURSÕES: Norte, Nordeste, Centro-Oeste e Sul do país (Brasil)
FIGURINISTA: Isabel Pancada (TV Globo)
ILUMINADOR: Cidinho Guedes (Técnico de luz e som)
OBSERVAÇÕES GERAIS: *Executivo*: Geraldo Lemos; *Fontes*: Programa

GRÊMIO LITERO RECREATIVO PORTUGUÊS [São Luiz]
ESTREIA: 15/09/78 [Vitória, ES]
TEMPORADA: 1978
ELENCO:
Ana Paula: Maria Della Costa; *Léo*: Luis Gustavo; *Shana*: Maria Cláudia.

Motel Paradiso,
de Juca de Oliveira

ANEXOS:
FICHAS TÉCNICAS

DIREÇÃO: José Renato
CENÁRIOS: José Dias
FIGURINOS: não consta
PRODUÇÃO: Sandro e Maré Produções

OBSERVAÇÕES: A peça estreou em 1981, no Rio de Janeiro, provavelmente no Teatro Villa Lobos ou Ginástico (a peça cumpriu temporada de mais de um ano, passando pelos dois teatros). Depois foi para São Paulo e excursionou pelo Sul e principais capitais do Centro-Oeste.

TEATRO PRESIDENTE [Porto Alegre, RS, 09-25/03/1984]
ELENCO:
Lurdes: Maria Della Costa; *Luiz Fernando*: Juca de Oliveira; *Anísia*: Célia Coutinho; *Roberto*: Luiz Guilherme; *Romero*: Sérgio Ropperto; *Silvia*: Nancy Galvão; *Henrique*: Bruno Giordano
OBS.: O papel de Juca de Oliveira foi, originalmente, representado por Oswaldo Loureiro e no elenco original faziam parte Yara Amaral e Leonardo Villar. Em Goiânia, em julho de 1984, Nancy Galvão foi substituída por Desirée Vignoli.

Alice que Delícia,
de Antônio Bivar

DIREÇÃO: Odavlas Petti (ou Odlavas Petti)
CENÁRIOS E FIGURINOS: Patrício Bisso
MÚSICA: Roberto de Carvalho e Antônio Bivar
DIREÇÃO MUSICAL: Murilo Alvarenga e Celso Del Neri
COREOGRAFIA: Mara Borba

OBSERVAÇÕES: Excursões para o Sul e pelo interior de São Paulo.

TEATRO MARIA DELLA COSTA [São Paulo, SP, 03/04/1987 (estreia)]
ELENCO:
Alice: Maria Della Costa; *O Homem Ideal*: Ênio Gonçalves; *Dilema (a filha)*: Christine Nazareth; *Aroldo (o filho)*: Renato Modesto

Temos que Desfazer a Casa,
de Sebastian Junyent

TRADUÇÃO: Mário Garcia-Guillén
DIREÇÃO: Marcio Aurelio
ESPAÇO CÊNICO: Marcio Aurelio
FIGURINISTA: Sandro
ILUMINADOR: Sandro
PRODUÇÃO EXECUTIVA: Sandro e Carmen Melló

OBSERVAÇÕES: A peça excursionou pelo interior de São Paulo e pelo Sul do país.

TEATRO HILTON [São Paulo, SP, 01/03/1989 (estreia)]
ELENCO:
Ana: Maria Della Costa; *Laura*: Maria Castelli
TÉCNICOS: *operadora de luz*: Maria Luíza Brito; *sonoplastia*: Tunica; *operadora de som*: Fernanda; *fotografia*: Valdir; *contrarregra*: Edson Santos e Alexandre Guedes; *camareiro*: Edson Santos; *administração*: Cidinho Guedes; *cabelereiros Colonial*: Eladio e Silvana; *maquilagem*: Max.

△ Amostra de capas de revista que renderam homenagem à beleza e ao talento de Maria Della Costa ao longo de sua carreira. (CMDC, Rio.)

Fontes e Bibliografia

Fontes

FONTES E BIBLIOGRAFIA

Fontes

Fontes Primárias:
Manuscritos, impressos (recortes de jornal, programas, convites, filipetas, panfletos, cartazes, livros), fotos, iconografia e outros:

Acervo Itália Fausta, Centro de Documentação em Arte da Funarte.
Acervo Jayme Costa, Centro de Documentação em Arte da Funarte.
Acervo Maria Della Costa, Centro de Documentação em Arte da Funarte.
Acervo Maria Della Costa, Parati, RJ.
Acervo Maria Della Costa, Secretaria de Estado da Cultura de São Paulo, Arquivo do Estado.
Acervo Procópio Ferreira, Centro de Documentação em Arte da Funarte.
Acervo Última Hora, Arquivo em Imagens, Secretaria de Estado da Cultura de São Paulo, Arquivo do Estado.
Baú da Atriz Itália Fausta
Dossiês nominais de peças, personalidades, empresas, companhias e casas de espetáculo do Arquivo do Centro de Documentação em Arte da Funarte.
Coleção Marcelo Del Cima, Rio de Janeiro, RJ.

Depoimentos e Entrevistas

Depoimentos de Sandro Polônio e Maria Della Costa, Parati, 23-26/8/1995.
Entrevista realizada com o diretor José Renato, Rio de Janeiro, 12/07/1996.
Entrevista com o diretor Antunes Filho, São Paulo: SESC-CPT, 13/10/1995.
Entrevista realizada com a atriz Sônia Oiticica, São Paulo, 12/3/1998.
LIMA, Mariângela Alves de. *Entrevista com Sandro Polloni e Maria Della Costa.* São Paulo, 14/12/1987. Exemplar datilografado cedido pela autora.
Seminário *A Permanência do Teatro.* Palestra de Paulo Porto. Teatro João Caetano. Rio de Janeiro, 9/11/1994. Anotações da estagiária de pesquisa Célia Grespan.

Processos Administrativos

TEATRO POPULAR DE ARTE:
    Miroel Silveira: n. 122/45, 28/46, 29/46
    Alexandre Marcello Polloni: n. 1189/48, 63786/48, 65731/48, 30/50, 149/56
SANDRO POLLONI: n. 230/53
    Teatro Popular de Arte: n. 47804/51
    Companhia Maria Della Costa: n. 121280/56
COMPANHIA ITÁLIA FAUSTA: n. 21087/45
ITÁLIA FAUSTA: n. 45061/45, 52948/47
COMPANHIA DRAMÁTICA NACIONAL: n. 1188/48

COMEDIANTES E OS V COMEDIANTES: n. 37658/42, 65674/43, 17/44, 8/45, 2/46, 52/46, 80/46, 16151/46, 107649/46, 14/47, 14037/47, 52531/47, 63365/47, 80601/47, 57/48, 413/53

Outros

ANUÁRIO DA CASA DOS ARTISTAS. Rio de Janeiro: [S.l.], 1947 e 1949.

APPLEBAUM, Stanley. *Teatro Brasileiro. Impressões de Um Norte-Americano.* Fortaleza: Imprensa Oficial, 1952.

ARQUIVO EM IMAGENS. São Paulo: Arquivo do Estado e Imprensa Oficial, 2001 (Série Última Hora, artes, n. 5).

BARROS, Fernando de. *O Livro da Beleza.* São Paulo: Editora Brasiliense, 1947.

BECKER, Cacilda. *Depoimento.* Rio de Janeiro: Museu da Imagem e do Som, 1991.

MAGALHÃES, Paulo de. *Como se Ensaia Uma Peça: Aula de Técnica Teatral.* Rio de Janeiro: snt, 1958.

RANGEL, Octávio. *Escola Teatral de Ensaiadores: Da Arte de Ensaiar.* Rio de Janeiro: Talmagráfica, 1954.

_____.*Técnica Teatral.* Rio de Janeiro: Artes Gráficas Inco, [s.d.]

RODRIGUES, Nelson. *Depoimento.* Rio de Janeiro: Museu da Imagem e do Som, 1991.

SERVIÇO NACIONAL DE TEATRO. Depoimentos I a VI. Rio de Janeiro: Funarte, 1977.

Bibliografia

1. Obras de Referência

BANHAM, Martin. *The Cambridge Guide to World Theatre*. Cambridge: Cambridge University Press, 1988.
BASTOS, Sousa. *Diccionario do Theatro Portuguez*. Lisboa: Imprensa Libanio da Silva, 1908.
CORVIN, Michel. *Dictionnaire encyclopédique du théâtre*. Paris: Bordas, 1991.
CUNHA, Antônio Geraldo da. *Dicionário Etimológico*. Rio de Janeiro: Nova Fronteira, 1991.
DICTIONNAIRE DU THÉÂTRE FRANÇAIS CONTEMPORAIN. Paris: Larousse, 1970.
GASSNER, John. *Mestres do Teatro* II. Trad. Alberto Guzik, J. Guinsburg. São Paulo: Perspectiva, 1980.
HARTNOLL, Phyllis. *The Oxford Companion to the Theatre*. Oxford: Oxford University Press, 1983.
KIRSCHENBAUM, Leo. Teatro. In: MORAIS, Rubens Borba de, BERIEN, William. *Manual Bibliográfico de Estudos Brasileiros*. Rio de Janeiro: Gráfica Editora Sousa, 1949.
LAFFONT-BOMPIANI. *Dictionnaire des auteurs*. Paris: Robert Lafont, 1990.
____. *Dictionnaire des personnages*. Paris: Robert Lafont, 1988.
LISTA, Giovanni. La Scène moderne. In: ___. *Encyclopédie mondiale des arts du spectacle dans la seconde moitié du XXe. Siècle*. Paris: Actes Sud, 1997.
MIRANDA, Luiz F. *Dicionário de Cineastas Brasileiros*. São Paulo: Art Editora/Secretaria do Estado da Cultura, 1990.
PAVIS, Patrice. *Dictionnaire du théâtre*. Paris: Dunod, 1996. Edição brasileira: *Dicionário de Teatro*. Trad. J. Guinsburg e Maria Lúcia Pereira. São Paulo: Perspectiva, 2008.
SADOUL, Georges. *Dicionário de Filmes*. Porto Alegre: L&PM, 1993.
TULARD, Jean. *Dicionário de Cinema. Os Diretores*. Porto Alegre: L&PM, 1996.
ZAMORA, Juan Guerrero. *Historia del Teatro Contemporaneo*. Barcelona: Juan Flors, 1962, v. III.

2. Artigos de Jornais e Revistas

BALME, Christopher. Beyond Style: Typologies of Performance Analysis. In: ___ *Theatre Research International*. [S.l]. Oxford University Press, v. 22, n. 1, 1997.
BRANDÃO, Tania. Esperando Godeau: Beckett e a inversao do classicismo *O Percevejo*. Rio de Janeiro, Escola de Teatro Universidade do Rio de Janeiro, ano 1, n. 1: 1993.
CARVALHO, Flávio. O Theatro de Ontem e de Hoje. *O Homem do Povo*, São Paulo, 31 mar. 1931.
CUNHA, Luiz Antonio. Antecedentes das Escolas de Aprendizes Artífices: O Legado Imperial/Escravocrata, *Revista Faculdade Educação*, UFF, Niterói, n.11, ano 2, jul./dez. 1984.
FOLHA DE S. PAULO. Vestido para Mudar. Caderno Mais, Edição especial, São Paulo, 26 dez. 1993.
____. Montagem de 43 Foi Um Mito. Entrevista com Antunes Filho.
GOMES, M. Tônia Carrero e o Cinema. *A Cena Muda*, Rio de Janeiro, 26 abr. 1949.
LÖWY, Michael. A Escola de Frankfurt e a Modernidade. *Novos Estudos Cebrap*, São Paulo: n.32, mar. 1992.

MAGALDI, Sábato; VARGAS, Maria Teresa. Cem Anos de Teatro em São Paulo. *O Estado de S. Paulo*, São Paulo, 03-17 jan. 1976. Suplemento do Centenário.

TEATRO BRASILEIRO. São Paulo: Livraria Jaraguá, n. 1 a 9, 1956.

VARGAS, Maria Teresa. A Idade do Teatro Paulista: 430 anos. *Folha de S. Paulo*, São Paulo, 16 ago. 1981. Folhetim.

VELHO, Gilberto. Memória, Identidade e Projeto: Uma Visão Antropológica. *Teatro Brasileiro*, Rio de Janeiro, n. 95, out.-dez. 1988.

3. História

ALBERTI, Verena. *História Oral: A Experiência do CPDOC*. Rio de Janeiro: FGV/CPDOC, 1990.

BOURDIEU, Pierre. La Ilusion Biografica. *História y Fuente Oral*, [S.l.: s.n.], 1989.

CANO, Wilson. *Raízes da Concentração Industrial em São Paulo*. São Paulo: TAO, 1981.

CARDOSO, Elizabeth Dezouart et al. *Copacabana – História dos Bairros, Memória Urbana*. Rio de Janeiro: João Fortes Engenharia/Index, 1986.

CASTRO, Ruy. *O Anjo Pornográfico*. São Paulo: Companhia das Letras, 1992.

CLOT, Yves. La Otra Ilusión Biografica. *Colloque Biographie et cycle de vie*. Marseille: [s.n], 27-29 jun. 1988.

CRULS, Gastão. *Aparência do Rio de Janeiro*. Rio de Janeiro: Livraria José Olympio, 1965. V. 2 (Coleção Rio 4 séculos)

FAUSTO, Boris (dir.). O Brasil Republicano. Economia e Cultura (1930-1964). In: *História Geral da Civilização Brasileira*. 2. ed. São Paulo: DIFEL, 1986. v. IV.

FERREIRA, Marieta de Moraes. História Oral: Um Inventário das Diferenças. In:_____ (coord.). *Entrevistas: Abordagens e Usos da História Oral*. Rio de Janeiro: Editora da Fundação Getúlio Vargas, 1994.

LEVY, Maria Bárbara. *A Indústria do Rio de Janeiro Através de suas Sociedades Anônimas*. Rio de Janeiro: Editora UFRJ, 1994.

MOTTA, Marly Silva da. *A Nação Faz Cem Anos*. Rio de Janeiro: Fundação Getúlio Vargas/CPDOC, 1992.

OLIVEIRA, Francisco de. *A Economia Brasileira: Crítica à Razão Dualista*. Petrópolis: Vozes, 1988.

PESCHANSKI, Dennis; POLLAK, Michael; ROUSSO, Henry. Le Temps présent, une démarche historienne à l'épreuve des sciences sociales. In: *Histoire politique et sciences sociales*. Paris: Complexe, 1991.

RODRIGUES, Marly. *A Década de 50. Populismo e Metas Desenvolvimentistas no Brasil*. São Paulo: Ática, 1994.

SIRINELLI, Jean-François. A geração. In: AMADO, Janaína; FERREIRA, Marieta de Moraes (coords.). *Usos e Abusos da História Oral*. Rio de Janeiro: Editora da Fundação Getúlio Vargas, 1996.

VOLDMAN, Danièle. Definições e usos. In: FERREIRA, Marieta de Moraes (coord). *Entrevistas: Abordagens e Usos da História Oral*. Rio de Janeiro: Editora da Fundação Getúlio Vargas, 1994.

4. Teatro

4.1. Peças*

ALMEIDA, Abílio Pereira de. *Moral em Concordata*. Cadernos da SBAT, Rio de Janeiro, n. 42, [s.d.].

ANDRADE, Jorge. *A Moratória*. Rio de Janeiro: Agir, 1976(Coleção Teatro Moderno).

ANOUILH, Jean. *Joana D'Arc. A Cotovia*. Trad. Alfredo Margarido. Lisboa: Presença, 1964.

BIVAR, Antônio. *Abre a Janela e Deixa Entrar o Ar Puro e o Sol da Manhã*. Revista de Teatro da SBAT, Rio de Janeiro, jan.-fev. 1969.

BRECHT, Bertold. *A Alma Boa de Sé-Chuão*. Trad. Yvette Centeno. Lisboa: Portugália, 1968.

BÜCHNER, Georg. *Woyzeck*. Trad. Mário da Silva. Teatro Brasileiro, São Paulo: Livraria Jaguará, n. 3, jan. 1956.

CALDWELL, Erskine; KIRKLAND, Jack. *Tobacco Road*. New York: A Signet Book/New American Library, 1959.

DE FILIPPO, Eduardo. *Esses Fantasmas*. Trad. Renato Alvim, Mário da Silva. Exemplar datilografado, SBAT, Biblioteca Nacional do Rio de Janeiro.

DU-MAURIER, Daphne. *Rebecca*. Trad. Carlos Lage. Exemplar da Biblioteca Nacional do Rio de Janeiro.

LORCA, Federico G. *Bodas de Sangue*. Trad. Antônio Mercado Netto. Exemplar datilografado, Biblioteca do Inacen.

MANNERS, John Hartley. *Peg do Meu Coração*. Trad. Antônio Campos. Exemplar datilografado, Seção Peças à Censura, Setor manuscritos, n. 088002, Biblioteca Nacional do Rio de Janeiro.

O'NEILL, Eugene. *Desejo*. Trad. Miroel Silveira. Rio de Janeiro: Bloch, 1970.

PONGETTI, Henrique. *Manequim*. Exemplar datilografado, aprovado pela Censura em Portugal, 20 dez. 1956. Doação do Professor Antônio Mercado ao Programa de Pesquisa Teatro Brasileiro: A Invenção do Moderno.

REY, Marcos. *A Próxima Vítima*. Revista de Teatro da SBAT, Rio de Janeiro, jul.-ago. 1967.

SARTRE, Jean Paul. *A Prostituta Respeitosa*. Trad. Miroel Silveira. Rio de Janeiro: Civilização Brasileira, 1970.

SILVEIRA, Helena. Colaboração de Jamil Almansur Haddad. *No Fundo do Poço*. São Paulo: Livraria Martins Editora, 1950.

STRINDBERG, August. *Senhorita Júlia. O Pai*. Trad. Knut Bernström, Mario da Silva, Birgitta Lagerblad de Oliveira. Rio de Janeiro: Civilização Brasileira, 1970.

WILLIAMS, Tennessee. *A Rosa Tatuada*. Trad. R. Magalhães Júnior. Rio de Janeiro: Civilização Brasileira, 1956.

ZOLA, Émile. *Thereza Raquin*. Drama em 4 actos. Trad. João Magalhães. [s.l], Biblioteca Nacional, [s.d.].

* Foram listadas apenas as peças que não se encontram no AMDC/Funarte.

4.2. Teoria e Crítica do Teatro

BABLET, Denis. *La Remise en question du lieu théâtral au vingtième siècle*. In: _____. JACQUOT, Jean (org.). *Le Lieu théâtral dans la société moderne*. Paris: CNRS, 1969.

BRECHT, Bertolt. *Escritos sobre Teatro*. Selección y Traducción de Jorge Hacker. Buenos Aires: Nueva Visión, 1973.

CRAIG, Gordon. *Da Arte do Teatro*. Trad., prefácio e notas de Redondo Júnior. Lisboa: Arcádia, [s.d.].

DURAND, Philippe. *Mise en scène et imagination*. Paris: Éditions Techniques Européennes, 1975.

FRANCASTEL, Pierre. *Le Théâtre est-il un art visuel?* In: BABLET, Denis; JACQUOT, Jean (orgs.). *Le Lieu théâtral dans la société moderne*. Paris: CNRS, 1969.

MACHADO, Alcântara. *Cavaquinho e Saxofone*. In: _____. *Obras Completas*, v I. Rio de Janeiro: Civilização Brasileira, 1983.

MAGALHÃES JR., Raimundo. *Um Dramaturgo Moderno*. In: O'NEIL, Eugene. *Desejo*. Rio de Janeiro: Bloch, 1970.

MAGALDI, Sábato. *O Teatro Moderno*. In: ___. *O Período Moderno*. Rio de Janeiro: MNBA, 1981.

MARINIS, Marco de. *Aristotele teorico dello spettacolo*. In: *Teoria e storia della messinscena nel teatro antico*. Atti del Convegno Internazionale, Torino, 17-19 aprile 1989. Genova: Costa & Nolan, 1991.

MEICHES, Mauro; FERNANDES, Sílvia. *Sobre o Trabalho do Ator*. São Paulo: Perspectiva, 1988.

NORMAN, Paul. *L'Apport de Copeau*. In: Actes du Colloque de London (Canada) *Aux sources de la verité au théâtre moderne*. 1972. Paris: Lettres Modernes, 1974.

PAVIS, Patrice. *Du texte à la scène: un enfantement difficile*. In: _____. *Le Théâtre au croisement des cultures*. Paris: José Corti, 1990. (Ed. brasileira: *O Teatro no Cruzamento de Culturas*. Trad. Nanci Fernandes. São Paulo: Perspectiva, 2008).

_____. *L'Analyse des spectacles*. Paris: Nathan, 1996. Edição brasileira: *A Análise dos Espetáculos*. Trad. Sergio Coelho. São Paulo: Perspectiva, 2008.

PRADO, Décio de Almeida. *Apresentação do Teatro Brasileiro Moderno*. São Paulo: Martins Fontes, 1955. (Nova edição – São Paulo: Perspectiva, 2001).

_____. *Exercício Findo*. São Paulo: Perspectiva, 1987.

_____. *Teatro em Progresso*. São Paulo: Martins Fontes, 1964. (Nova edição – São Paulo: Perspectiva, 2002).

_____. *Teatro 1930-1980*. In: FAUSTO, Boris (dir.). *História Geral da Civilização Brasileira*. São Paulo: DIFEL, 1986, v. XI.

SILVEIRA, Miroel. *A Outra Crítica*. São Paulo: Símbolo, 1976.

VEINSTEIN, André. *La Mise en scène théâtrale et sa condition esthétique*. Paris: Flammarion, 1955.

4.3. História Geral do Teatro

ABIRACHED, Robert. *Le Théâtre et le prince, 1981-1991*. Paris: Plon, 1992.

ANDERS, France. *Jacques Copeau et le Cartel des quatre*. Paris: Nizet, 1959.

D'AMICO, Silvio. *Dal capocomico al regista*. In: Centro di Ricerche Teatrali. *Cinquant'anni di Teatri in Italia*. Roma: Carlo Bestetti Edizione d'Arte, 1954.

GOLD, Arthur; FIZDALE, Robert. *A Divina Sarah*. Trad. Hildegard Feist. São Paulo: Companhia das Letras, 1994.

GOULD, Jean. *Dentro e Fora da Broadway. O Teatro Moderno Norte-Americano*. Rio de Janeiro: Bloch, 1968.

PICCOLO TEATRO DI MILANO. *Arlecchino servitore di due padroni*, Carlo Goldoni, regia di Giorgio Strehler. Temporada 1982/1983.

PONTIERO, Giovanni. *Eleonora Duse, Vida e Arte*. Trad. Eduardo Brandão. São Paulo: Perspectiva, 1995.

RADICE, Raul. *Verso il teatro stabile*. In: Centro di Ricerche Teatrali. *Cinquant'anni di Teatri in Italia*. Roma: Carlo Bestetti, 1954.

REDONDO JR., José Rodrigues. *Panorama do Teatro Moderno*. Lisboa: Arcádia, 1961.
RIÈSE, Laure. Les Hommes du Cartel. In: Actes du Colloque de London (Canada), *Aux sources de la verité au théâtre moderne*. 1972. Paris: Lettres Modernes, 1974.
ROUBINE, Jean-Jacques. *Théâtre et mise en scène*. Paris: PUF, 1980.
SMITH, Winifred. *Italian Actors of the Renaissance*. New York: Coward Mc Cann, 1930.
SONREL, Pierre. *Traité de scénographie*. Paris: Librairie Théâtrale, 1944.
VEINSTEIN, André. *Le Théâtre experimental*. Paris: La Renaissance du livre, 1968.

4.4. História do Teatro Brasileiro

ALVES DE LIMA, Mariângela Muraro (org.). *Imagens do Teatro Paulista*. São Paulo: Imprensa Oficial do Estado/Centro Cultural São Paulo, 1985.
BARSANTE, Cássio Emmanuel. *A Vida Ilustrada de Tomás Santa Rosa*. Rio de Janeiro: Fundação Banco do Brasil/Bookmakers, 1993.
BRANDÃO, Tania. *A Encenação Brasileira Moderna: Teatro dos Sete*. Rio de Janeiro, 1991. Exemplar datilografado. Tese de livre-docência em Teatro, Uni-Rio.
_____. *A Máquina de Repetir e a Fábrica de Estrelas*. Rio de Janeiro: Sete Letras, 2002.
_____. *Teatro Brasileiro no Século XX*. Cadernos de Pesquisa em Teatro. Rio de Janeiro: Uni-Rio, 1996 (Série Bibliografia).
BRITTO, Sérgio. *Fábrica de Ilusões. 50 Anos de Teatro*. Rio de Janeiro: Salamandra/Funarte, 1996.
CHAVES JR., Edgard de Brito. *Memórias e Glórias de um Teatro*. Rio de Janeiro: CEA, 1971.
DIONYSOS. Os Comediantes. Rio de Janeiro, n. 22, 1975. Número especial.
DIONYSOS. Teatro Brasileiro de Comédia. Rio de Janeiro, n. 25, set. 1980. Número especial.
DIONYSOS. Teatro do Estudante do Brasil. Rio de Janeiro, n. 23, set. 1978. Número especial.
DÓRIA, Gustavo. *Moderno Teatro Brasileiro*. Rio de Janeiro: SNT, 1975.
FARIA, João Roberto; ARÊAS, Vilma; AGUIAR, Flávio (orgs.). *Décio de Almeida Prado. Um Homem de Teatro*. São Paulo: Edusp/Fapesp, 1997.
FARIA, João Roberto. *Ideias Teatrais: O Século XIX no Brasil*. São Paulo: Perspectiva/Fapesp, 2001.
FERNANDES, Nanci; VARGAS, Maria Thereza. *Uma Atriz: Cacilda Becker*. São Paulo: Perspectiva, 1984.
FUSER, Fausto; GUINSBURG, J. A Turma da Polônia na Renovação Teatral Brasileira. In: SILVA, Armando Sérgio da. *Diálogos sobre Teatro*. São Paulo: Edusp, 1992.
GIANNELLA, Maria de Lourdes Rabetti. *Contribuição para o Estudo do Moderno Teatro Brasileiro: A Presença Italiana*. São Paulo, 1988. Exemplar datilografado. Tese de doutoramento apresentada ao Departamento de História da FFLCH USP.
GUZIK, Alberto. TBC – *Crônica de um Sonho*. São Paulo: Perspectiva, 1986.
LEITE, Luiza Barreto. *A Mulher no Teatro Brasileiro*. Rio de Janeiro: Espetáculo, 1965
LIVROS ÚTEIS AO TEATRO. Anuário da Casa dos Artistas. Rio de Janeiro: Casa dos Artistas, 1949.
MAGALDI, Sábato. *Panorama do Teatro Brasileiro*. Rio de Janeiro: SNT, Funarte, 1962.
_____. *Temas da História do Teatro*. Porto Alegre, Curso de Arte Dramática, Universidade do Rio Grande do Sul, 1963.
MAGNO, Paschoal Carlos. O Teatro do Estudante. Dionysos. Rio de Janeiro, [s.d.].
MARANHÃO, Armando. Paschoal Carlos Magno e o Teatro. Dyonisos, Rio de Janeiro, n. 23, 1978.
MARCHETTI, Wanda. *Diário de Uma Atriz, Reminiscências – Perfis – Estórias (1902-1976)*. Rio de Janeiro: SBAT, SNT, [s.d.].
MESQUITA, Alfredo. *Notas para a História do Teatro em São Paulo*. São Paulo: Gráfica da Revista dos Tribunais, 1975.
MICHALSKI, Yan. *Ziembinski e o Teatro Brasileiro*. São Paulo: Rio de Janeiro: Hucitec/Ministério da Cultura/Funarte, 1995.

MICHALSKI, Yan; TROTTA, Rosyane. *Teatro e Estado. As Companhias Oficiais de Teatro no Brasil: História e Polêmica.* São Paulo/Rio de Janeiro: Hucitec/Ibac, 1992.

PAIVA, Salvyano Cavalcanti de. *Viva o Rebolado! Vida e Morte do Teatro de Revista Brasileiro.* Rio de Janeiro: Nova Fronteira, 1991.

PRADO, Décio de Almeida. *O Teatro Brasileiro Moderno.* São Paulo: USP/Perspectiva, 1988.

_____. *Peças, Pessoas, Personagens. O Teatro Brasileiro de Procópio Ferreira a Cacilda Becker.* São Paulo: Companhia das Letras, 1993.

RATTO, Gianni. *A Mochila do Mascate.* São Paulo: Hucitec, 1996.

SILVEIRA, Miroel. *A Contribuição Italiana ao Teatro Brasileiro.* São Paulo: INL/Guirón, 1976.

SIQUEIRA, José Rubens. *Viver de Teatro – Uma Biografia de Flávio Rangel.* São Paulo: Secretaria do Estado e da Cultura de São Paulo/Nova Alexandria, 1995.

SOUSA, Galante de. *O Teatro no Brasil.* Rio de Janeiro: INL, 1960.

VIDAL, Armando. *O Teatro e a Lei (Estudos).* Rio de Janeiro: Edição da Sociedade Brasileira de Autores Teatrais, 1932.

VIOTTI, Sérgio. *Dulcina, Primeiros Tempos 1908-1937.* Rio de Janeiro: Fundacen/Minc, 1988.

5. Estética, Teoria e História da Arte

ARGAN, Giulio Carlo. *Arte Moderna.* São Paulo: Companhia. das Letras, 1992.

AUGUSTO, Sérgio. *Este Mundo é um Pandeiro.* São Paulo: Companhia das Letras, 1989.

BARTHES, Roland. *Mitologias.* São Paulo: DIFEL, 1975.

BRADBURY, Malcom; MCFARLANE, James (orgs.). *Modernismo: Guia Geral.* Trad.: Denise Bottmann. São Paulo: Companhia das Letras, 1999.

BUTCHER, Samuel H. *Aristotle's Theory of Poetry and Fine Art.* New York: Dover Publications, 1951.

BUTLER, Christopher. *Early Modernism. Literature, Music and Painting in Europe 1900-1916.* Oxford: Clarendon, 1994.

CAMARGO COSTA, Iná. *Sinta o Drama.* Petrópolis: Vozes, 1998.

CLAIR, Jean. Innovatio et renovatio: de l'avant-gard au post-moderne. *Le Débat,* n. 21. Paris: Gallimard, sept. 1982.

CROCE, Benedeto. Il carattere di totalità dell'espressione artistica. In: *Breviario di estetica.* Roma: Laterza, 1974.

FLETCHER, J.; MACFARLANE, James. O Teatro Modernista: Origens e Modelos. In: BRADBURY, Malcom; MCFARLANE, James (orgs.). op. cit.

GALVÃO, Maria Rita. *Burguesia e Cinema: O Caso Vera Cruz.* Rio de Janeiro: Civilização Brasileira, 1981.

GASSET, Ortega y. *A Desumanização da Arte.* Trad.: Ricardo Araújo. São Paulo: Cortez, 1991.

GASSET, Ortega y. Esquema de las crisis, 1942. In: _____. *Obras Completas,* v. 5. 2 ed., [s.l.: s.n.], 1951.

HABERMAS, Jurgen. Três Perspectivas: Hegelianos de Esquerda, de Direita e Nietzsche. In: _____. *O Discurso Filosófico da Modernidade.* Lisboa: Publicações D. Quixote, 1990.

_____. A Consciência de Época da Modernidade e a Sua Necessidade de Autocertificação. In: _____. *O Discurso Filosófico da Modernidade.* Lisboa: Publicações D. Quixote, 1990.

KARL, Frederick R. *O Moderno e o Modernismo.* Trad. Henrique Mesquita. Rio de Janeiro: Imago, 1988.

NAVES, Rodrigo. *A Forma Difícil.* São Paulo: Ática, 1996.

PROJETO CONSTRUTIVO BRASILEIRO NA ARTE: 1950-1962 (supervisão, coordenação geral e pesquisa: Aracy A. Amaral). Rio de Janeiro: Museu de Arte Moderna; São Paulo: Pinacoteca do Estado, 1977.

RAMOS, Fernão (org.). *História do Cinema Brasileiro.* São Paulo: Art, 1990.

6. Internet

BRITÂNICA ONLINE. Dados sobre Brecht, Garcia Lorca e Arthur Miller.
MINISTERIO DE EDUCACIÓN Y CULTURA. Direção General de Personal y Servicios – Sudirección de Tratamiento de la Información. Bases de Datos ISBN, CBPE y TEAT e Base Ariadna de la Biblioteca Nacional. Dados sobre os autores Tono y Manzanos (Antonio de Lara e Eduardo Manzanos). Madrid, 04/12/1997 (acesso *online* e resposta via correio).

7. Outros

BANDEIRA, Manuel; ANDRADE, Carlos Drummond de. *Rio de Janeiro em Prosa e Verso*. Rio de Janeiro: José Olympio, 1965.
BARRETO, Lima. *Os Bruzudungas*. São Paulo: Brasiliense, 1956.
BARROS, Fernando de. *O Livro da Beleza*. São Paulo: Brasiliense, 1947.
_____. *A Arte de Ser Bela*. Rio de Janeiro: Zélio Valverde, 1941.
BOECHAT, Ricardo. *Copacabana Palace: Um Hotel e sua História*. Rio de Janeiro: DBAM, 1998.

Índice Remissivo

Abreu, Brício de 109, 200, 203, 375
Abujamra, Antonio 132, 368
Accioly Netto, Antonio 127, 178, 179, 182, 213n, 274n, 278, 290
Achard, Marcel 53, 86, 107, 228
Actor's Studio 339, 250
Adacto Filho 127, 95n, 87, 86
Albee, Edward 378, 379, 393, 431
Albuquerque, Elísio de 127, 128, 292, 294, 418-420, 422
Alencar, Iracema de 193
Alencar, José de 105, 111n, 138n, 146
Almeida, Abílio Pereira de 129, 224, 288, 292, 294, 309-314, 319n, 343, 397, 422
Almeida, Alberto Rebello de 126, 217, 391, 414
Alves da Cunha 170
Amado, Jorge 87, 146-148, 172, 175, 251, 259, 356, 410
Anchieta, José de 386, 432
Andrade, Joaquim Pedro de 369
Andrade, Jorge 129, 132, 285, 288, 290, 292-295, 317, 369, 392, 397, 419
Andrade, Mário de 92, 93, 185n
Andrade, Oswald de 74, 92, 93
Andrêiev, Leonid 145
Anouilh, Jean 53, 57, 87, 129, 145, 267n, 269, 270, 271, 272n, 274-276, 392, 402, 418
Antoine, André 46, 49, 65
Antunes Filho 34, 69, 70, 128, 129, 185n, 369, 382-384, 386, 388, 397-399, 432, 433
Appia, Adolphe 50n, 51, 63
Applebaum, Stanley 117
Arap, Fauzi 376, 431
Arco e Flexa, Jairo 372, 375, 376, 402, 430
Arena, Rodolfo 126, 244, 416
Arena, Teatro de 34, 82, 131, 132, 140, 250, 266, 316, 399, 340, 342, 355-357, 367, 377, 382, 396, 397
Aristófanes 268
Aristóteles 40, 44, 333
Armont, Paul 246, 391, 416
Aronson, Boris 304, 307, 309
Arrabal, José 378n, 380
Arruda, Genésio 108, 395
Artaud, Antonin 52, 337
Associação Brasileira de Críticos Teatrais (ABCT) 114, 282
Athos, Carlos 328, 423
Autran, Paulo 114, 126, 127, 130n, 253, 361, 363-365, 367, 368, 397, 416, 428, 429

Avellar, Geraldo 222, 407
Azevedo, Artur 116, 138n, 216
Azevedo, Marlene 387, 433

Balleroni, Fernando 354, 356, 426-430, 432
Bandeira, Manuel 91, 166n, 182, 185n
Barrault, Jean-Louis 52, 55, 250, 282
Barreto Pinto, Edmundo 194
Barros e Silva (Fernando de Barros), Fernando Policarpo de 127, 154, 155, 160-163, 165-167, 170, 171, 215, 220, 247, 249n, 251, 302, 309, 312n, 421
Barros, Luiz de 108, 163n
Barros, Walderez de 375, 430
Barroso, Maurício 129, 130, 225, 416
Bastos, Danilo 129, 349
Baty, Gastón 53, 271
Beaumarchais, Pierre-Augustin Caron de 49
Becker (Fleury Martins), Cacilda 87, 115, 117, 118n, 123n, 127, 129, 130, 135, 172, 225, 226, 277, 284, 316, 348, 376, 381, 402, 410
Beherman, S.N. 106
Bell, Estelita 380
Benedetti, Aldo de 370, 393, 429
Benedetti, Lúcia 127, 217
Besier, Rudolf 126, 244, 247n, 319, 416
Besson, Benno 320
Bethencourt, João 368, 387n
Bittencourt, Paulo 224
Bivar, Antonio 376, 379, 382n, 393, 431, 435
Blasetti, Alessandro 57
Boal, Augusto 129, 131, 266n, 339, 349, 360
Bogus, Armando 315, 422, 423
Bollini Cerri, Flaminio 58, 133, 249, 250n, 299, 302, 303, 305-307, 312, 314, 315, 319-322, 326-328, 340, 341, 392, 396, 399, 416, 421-423
Borba Filho, Hermilo 259n, 267, 306n, 307, 309n, 310, 312, 421
Bragaglia, Anton Giulio 56, 57, 59, 97n, 185n, 271
Brandão (Pompeu de Sousa), Roberto 175n, 182, 184n, 193n, 200n, 203, 205, 206
Brecht, Bertold 129, 130, 132, 185n, 215, 266n, 315n, 316-322, 324, 326-328, 332, 333, 334n, 337-340, 349, 350, 356, 369, 392, 396, 423
Britto, Sergio 109, 115n, 125, 127, 128, 130, 135, 182, 184n, 188, 244n, 258, 266n, 272n, 274, 278, 280-282, 284, 285, 288, 292, 294, 295n, 296, 297, 417-420
Brönte, Emile 391, 415
Bruno, Nicette 124, 128, 140n, 182-184, 229, 410

449

UMA EMPRESA
E SEUS SEGREDOS:
COMPANHIA
MARIA DELLA COSTA

Buarque, Chico 377
Büchner, Georg 204, 205n, 207, 208, 269, 391, 413
Bucka, Carlos 389, 433
Bueno, Clóvis 375, 430
Bueno, Jason 379, 431

Cabral, Sadi 86, 111, 113, 126, 127, 130, 148n, 188, 192, 195, 231, 234n, 321, 327, 328, 341, 409, 411, 412, 419, 420, 422-425
Café Filho, João 194, 195
Caldwell, Erskine 186, 187, 391, 411
Callado, Antônio 128, 369
Calvet, Aldo 182
Calvo, Aldo 58, 129, 224, 226
Camargo, Joraci 76, 92, 110, 111n, 175
Caminha, Delorges 249
Camões 105
Campos, Sebastião 130, 341, 354, 356, 409, 420, 422-431
Canti, Tilde 102, 407
Cantini, Guido 150, 210, 212n, 391, 413
Capanema, Gustavo 85n, 106, 139, 143, 145, 146, 261, 395
Cardoso, Araci 128, 380
Cardoso, Lúcio 87, 126
Cardoso, Sérgio 72, 106, 110, 118n, 125, 127-129, 226, 279, 282, 396, 397, 399, 416
Carone, Felipe 129, 315, 380, 422, 423
Carrero, Tônia 114, 127, 170, 375, 376, 383, 402
Cartel dos Quatro 51-54, 86, 271, 338
Carvalho, A.C. de 378n, 380, 389, 433
Carvalho, Flávio de 76, 84n, 85, 93, 116
Casona, Alejandro 145
Castelo Branco, Humberto 368, 369
Castro, Vital Ramos de 193-197, 218, 219
Castro, Ilema 341, 409, 418, 419, 421-425, 427, 428
Castro, Jorge de 86, 90n, 93, 95n
Cattan, Benjamin 266n, 316, 324, 326, 328, 409, 414, 418-425
Cavalcanti, Alberto 226, 247, 254, 303n
Cavalheiro Lima 260
Caymmi, Dorival 175, 410
Celi, Adolfo 58, 114, 127, 133, 185n, 210, 224-227, 249, 250, 267, 270, 294, 361n, 395
Céo, Maria do 199
Centro Popular de Cultura (CPC) 132, 250
Chagas, Walmor 377
Chancerel, Léon 49
Cia. de Teatro Jovem 132, 293
Círculo Independente de Críticos Teatrais (CICT) 114, 368
Claudel, Paul 53, 214
Cocteau, Jean 53, 57, 125, 126, 128, 224
Coelho, Furtado 200

Comediantes, Os 28, 32, 62, 71, 72, 74-77, 80, 82, 85, 86n, 90n, 91, 95, 96, 105-107, 112-114, 116, 117, 120, 122, 123, 125-127, 130, 138, 139, 142n, 143-149, 151, 152, 170, 171, 173, 175-177, 183, 214, 224, 225, 231, 241, 244, 266n, 270, 277, 279, 332, 383, 391, 394, 395, 397
Comediantes Associados, Os 87, 125, 148, 176, 177, 395, 410
Compagnie des Quinze 49
Companhia Alma Flora 147
Companhia Atlântida Cinematográfica 108, 207
Companhia Bibi Ferreira 111, 113, 125, 146, 147n, 169, 171n, 193, 234n
Companhia Cassino Copacabana 161, 167, 171
Companhia Cinédia 108
Companhia Cinematográfica Maristela 109, 128, 185, 254
Companhia Cinematográfica Vera Cruz 137, 138, 163n, 185n, 226, 227, 247-249, 251, 282, 303, 319n
Companhia de Comédias Aimée 225
Companhia de Comédias de Luiz Iglezias 107
Companhia dos Artistas Unidos 76, 126, 148n, 319n
Companhia Dramática Álvaro Moreira 94, 95, 111n, 108
Companhia Dramática de São Paulo 142
Companhia Dramática Nacional 128, 142, 148n, 149, 150, 199, 267, 282, 342, 397
Companhia Dulcina-Odilon 106, 144, 146
Companhia Eva e seus Artistas 170
Companhia Itália Fausta 111n, 149, 217
Companhia Italiana de Comédias 185
Companhia Jaime Costa 83, 94, 98, 107, 108, 114, 231, 233
Companhia Marie Bell-Jean Chevrien 198
Companhia Nydia Licia-Sérgio Cardoso 129, 130, 140, 185, 295, 399
Companhia Raul Roulien 115
Companhia Tônia-Celi-Autran 114, 129
Conjunto Folclórico Teatro Popular Brasileiro de Solano Trindade 341, 424
Conservatório Nacional (Lisboa) 167, 170
Cony, Carlos Heitor 369
Cooper, Giles 378
Copeau, Jacques 48-54, 56, 58, 60, 80, 86, 90n, 97n, 299, 338
Cornell, Katherine 244
Correa, Paulo 328, 409, 423
Corrêa, Rubens 368
Corrêa, José Celso Martinez 131, 377, 378
Corsi, Benedito 381, 432
Costa e Silva, Artur da 377, 381
Costa, Elídio 209, 411, 413, 414
Costa, Hermelinda D. 170
Costa, Jaime 28, 74, 84n, 94, 97, 98, 107-109, 112, 114, 118n, 129, 143, 148n, 231, 233, 249, 397
Costa, Orazio 57-59, 348
Costa, Silas B. 244

ÍNDICE
REMISSIVO

Costa, Tulio 58, 251, 299, 310, 321, 322, 326, 327, 348, 371, 379, 381, 416, 421-424, 430-432
Cotton, John 106
Couto, Armando 124, 128
Craig, Gordon 47n, 49-51, 59, 62, 63, 268, 271, 392
Crommelinck 53, 316n

D'Amico, Silvio 56, 58, 60
D'Annunzio 106, 129
D'Aversa, Alberto 58, 185n, 320n, 328, 370, 371, 375n, 376n, 429, 430
Delacy, Moná 292, 294, 417-420
Dessau, Paul 320, 423
Devine, George 322
Di Cavalcanti 93
Dias Gomes 125, 129, 132, 185n, 369
Diniz, Samuel 170
Dória, Gustavo 73n, 76, 77, 85, 86, 90, 91, 93n, 95, 96n, 102n, 106, 125, 126, 139, 147n, 175n, 200n, 203, 205n, 207, 208, 299n
Drégely, Gabor 113
Drummond de Andrade, Carlos 139, 143, 166n, 185n, 370
Dullin, Charles 49, 51-53, 90n, 131
Du-Maurier, Daphne 391, 415
Durrenmatt, Friedrich 322
Duse, Eleonora 56, 60n, 97n, 243

Eliot, T.S. 57, 269
Ensemble, Berliner 320, 328, 350
Escola de Arte Dramática (EAD) 117, 130, 131, 293, 330n
Escola de Arte Dramática de Roma 268

Fabro, Wanda 57
Faissal, Floriano 194
Fausta, Itália 28, 32, 76, 85n, 93n, 94, 95, 97-105, 110-112, 116, 122, 125, 125, 127, 142, 148-151, 171, 175-177, 179, 181-183, 185, 186, 188, 190, 192-195, 198-200, 202-204, 208-211, 213, 215-217, 220-223, 228-230, 232-234, 236n, 239, 241, 243, 248, 249, 251, 267, 268n, 276, 279, 315, 334, 391, 392, 394-396, 407, 410-413
Ferreira, Bibi 111, 118n, 125, 128, 129, 146, 167, 169, 171, 193, 196, 234, 246, 277, 349, 383
Ferreira, Procópio 28, 74, 78, 79, 84, 85, 107, 109, 110, 118n, 185, 194, 195, 205, 233
Feydeau, Georges 85, 128, 267n, 283-286, 288, 354, 355, 359n, 386-390, 392, 393, 398, 410, 427, 433
Filippo, Eduardo de 57, 315, 392, 423
Fontoura, Ari 380
Ford, John 188
Fornari, Ernani 129, 397
Fortes, Roberto 194
Fowle, Chick 303n, 381

França Júnior 107, 138n
Francis, Paulo 101, 129, 288n, 292, 309n, 314, 320n, 326, 340n, 360
Franklin, Sidney 244
Frias, Otávio 252, 267n
Froés, Leopoldo 108
Fuser, Fausto 61n, 63n, 207, 383n

Galvão (Pagu), Patrícia 340n, 343,
Ganzarolli, Antonio 327, 414, 419, 422, 423
Garcia, Chianca de 120
Garcia, Clóvis 128, 129, 267, 274n, 278, 288n, 290, 312n, 387
Garrido, Alda 74, 249, 272n, 285, 331
Gattai, Zélia 259
Gautier, Jean Jacques 348
Gay, John 227, 250, 319n
Genet, Jean 53
George, Heinrich 256
Gerbidon, Marcel 246, 391, 416
Ghéon, Henri 49
Giannini, Ettore 57
Gide, André 49, 53
Giovenazzi, Ednei 328, 423
Giradoux, Jean 106
Gógol, Nikolai 147, 269, 368
Goldoni, Carlo 53, 55, 57, 58, 87, 127, 185n, 226, 268n, 269, 288, 295, 296, 319, 349, 390, 420, 444
Gomes Cardim, Pedro Augusto 142, 267
Gonçalves Dias 105, 408
Gonçalves, Antônio 209, 413
Gonçalves, Delmiro 306n, 308, 320n, 321, 340n, 371n
Gonçalves, Dercy 129, 185n, 331
Gorki, Maxim 58, 249, 251, 269, 319n, 368, 416
Goulart, João 338, 360
Graça Mello 34, 87, 118n, 125, 147, 172, 175n, 229, 230, 234n, 236n, 239-241, 243, 246, 249, 259, 357, 358, 393, 402, 409, 410, 413-416, 427
Gracindo, Paulo 211, 213, 413
Grande Otelo 120
Grassi, Paolo 58, 268
Gregor, Paul 219
Grupo de Teatro Experimental (GTE) 113, 127, 129, 130, 224
Grupo Universitário de Teatro (GUT) 77, 127, 129, 130, 270
Guarnieri, Gianfrancesco 131, 266n, 316, 339, 340n, 341, 342, 346-348, 355, 357, 360, 393, 424, 425
Guerreiro, Josef 127, 176n, 182, 183, 192, 208, 209, 230, 40-413
Guimarães, Joaquim 324, 326, 414, 418, 419, 422, 423
Guinsburg, Jacó 61n, 63n, 207
Gullar, Ferreira 338
Guy, Orlando 87, 127, 179, 181-183, 229, 409, 410

451

UMA EMPRESA
E SEUS SEGREDOS:
COMPANHIA
MARIA DELLA COSTA

Harnish, Hoffman 106, 127
Helena, Regina 274n, 278, 306n, 381n, 432
Hernandes, Clodovil 387
Heteny, Clara 321, 423
Housman, Alfred Eduard 106

Ibsen, Henrik 45, 53, 92n, 269, 293, 332
Iglezias, Luiz 107, 170, 171
Império, Flávio 131, 361, 367, 428
Independentes, Os 86, 90n, 130
Inge, William 128, 259, 290, 391, 417
Ionesco, Eugéne 340, 355, 402, 424

Jacinta, Maria 98, 105, 115, 125, 145
Jacobbi, Ruggero 58, 110, 118n, 127, 129, 135, 185, 186n, 188, 192, 195, 200, 205, 210, 213, 226, 227, 250, 254, 258-260, 267, 274n, 278, 280, 282, 283n, 284, 288n, 292, 295, 296, 297n, 319, 348, 392, 395, 397, 402, 411-413, 420
Jardel Filho 87, 254, 303, 306, 312, 361, 409, 410, 417, 421, 422, 434
João Caetano 104
Jonson, Ben 332
Jouvet, Louis 49, 51-53, 61, 87, 90n, 250, 265, 267n, 271, 397
Junqueira, Lili 256, 267, 417, 422

Kazas, Jorge 321
Keller, Willy 254
Kelly, Celso 85, 147n
Kesselring, Joseph 225
Kirkland, Jack 186, 391, 411
Klawa, Laonte 386, 433
Kleeman, Fredi 129, 253, 332, 344, 416
Kosmo, Wanda 128, 266n, 292, 294, 418-420
Kubitschek, Juscelino 338, 349
Kusnet, Eugênio 215, 255n, 256, 266n, 267, 274, 321, 324, 326, 327, 341, 356, 402, 409, 414, 416-419, 423-425

Labanca, Angelo 234n, 409
Lacerda, Carlos 98
Lander, Ulla 244, 416
Lara, Odette 129, 302, 313, 323, 421
Latorraca, Ney 383, 432
Laugthon, Charles 244
Leão, Ester 98, 101, 105, 107, 115, 125, 126
Leite, Luiza Barreto 86, 87, 90n, 93, 96n, 98, 114, 118n, 125-127, 130, 182, 184n, 207, 255, 315, 375
Lemos, Aimée 111n, 194, 225
Lemos, Carlos Alberto 262
Lerminier, Georges 348
Licia, Nydia 128-130, 277, 282, 416

Lima Barreto 343
Lima, Celeste 348, 424
Lima, Luís de 329, 340, 351, 402, 424, 426
Lima, Mariângela Alves de 33n, 233, 241, 246, 259n, 349n, 357, 395n
Lindenberg, Nestor 87
Lins do Rego, José 163n, 182, 214, 295
Lins, Álvaro 91
Lira, Silas Buarque 243
Lopes, Edmundo 126, 266n, 296, 306, 417-422
Lopes, Oscar 108
Lorca, Federico Garcia 185n, 299, 383, 393, 421, 432, 447
Louzada, Oswaldo 129, 324, 326-328, 341, 380, 409, 422-425, 430
Luchaire, Julien 105, 147n
Lugné-Poe, Alexandre 271
Luisi, Edwin 389, 433

Machado, Aníbal 139
Machado, Antônio Alcântara 81, 82, 138
Machado, Carlos 113
Maduar, Alberto 243, 244, 409, 411, 412, 414-416
Maeterlinck, Maurice 87, 185n, 214
Mafra Filho 86, 130, 407
Magaldi, Sábato 29, 70, 71, 73n, 74, 75, 77, 116, 126, 139n, 224, 263n, 285, 288n, 292, 299n, 302, 306n, 307, 319, 320n, 328, 340n, 342, 343, 361n, 371n, 381, 383, 387n, 389
Magalhães, Paulo 107, 118n
Magalhães Graça, José de 87, 128, 129, 409, 410
Magalhães Jr., Raimundo 91n, 92, 123, 145, 172n, 187, 411
Magnani, Anna 303, 307
Magno, Paschoal Carlos 32, 74, 75, 91, 96-98, 104, 105, 112, 115, 118n, 125, 175n, 182-184, 188, 200, 222, 249, 320n, 322, 330n, 381, 394, 407, 408
Maia, Irênio 128, 129, 246, 416
Maia, José 243, 409-416
Manners, John Hartley 236
Manners, Larry 236n, 391, 415
Manoel Carlos 129, 347, 349, 418, 419
Manzanos, Eduardo 260, 290, 391, 417
Marçal, Evilázio 289, 433
March, Frederic 244
Marchetti, Wanda 138, 233, 234n, 409, 411, 415, 416, 418, 419
Marchioro, Amadeus 170
Marcos, Plínio 371, 372, 374-376, 378, 393, 430
Maria Cláudia 380, 434
Maria Fernanda 127, 128, 358
Mário Filho 197
Marivaux, Pierre Carlet de Chamblain de 49, 105
Martins, Justino 154
Mastrocinque, Camilo 254

ÍNDICE
REMISSIVO

Matarazzo (Francisco Matarazzo sobrinho), Cicillo 224
Matos, Maria 170
May, Flora 126, 194
Mayer, Rodolfo 74, 94n, 125, 129, 185
Médici, Emílio Garrastazu 381
Meierhold, Vsevolod Emilievich 62, 227n
Meitner, Lazlo 188, 192, 201, 203, 210, 243, 267, 411, 412
Mello e Souza, Gilda de 294, 295n
Mello, Thiago de 369
Merinov, Vitor 321, 416
Mesquita Filho, Júlio de 317
Mesquita, Alfredo 69, 117, 118n, 130, 131, 224, 227, 294, 319, 330, 394
Michalski, Yan 61, 62, 79n, 120n, 138, 139n, 184, 185n, 204, 205n, 228, 244n, 250, 288n, 293, 317n, 361n, 367, 375n, 376, 378n
Miller, Arthur 57, 129, 293, 328, 358, 360n, 361, 368, 393, 428, 447
Millo, Achille 348
Miranda, Edgard da Rocha 87, 147, 148
Miranda, Nicanor 241, 274n, 278, 295n, 299n, 302, 309n, 340n
Molière 46, 49, 87, 107, 125, 185, 269, 338
Moniz 129, 332n, 342
Monroe, Marilyn 360
Montenegro, Fernanda 115n, 126, 130, 266n, 284, 287, 288, 291-294, 296, 389, 398, 402, 4118-420
Montherlant, Henry de 87, 89, 147, 228
Moraes, Aloisio D. 87
Moraes, Conchita de 113
Moraes, Milton 129, 266n, 272n, 292, 294, 349, 418-420, 425
Moraes, Dulcina de 74, 106, 107, 113, 147n, 182, 233, 397
Moreira Alves, Márcio 369
Moreira, Álvaro 74, 76, 85n, 87, 93-95, 97, 98, 143, 249
Moreira, Eugênia 93n, 95n, 98
Morel, P. 348
Morineau (Madame Morineau) Henriette 109, 126, 129, 148n, 194, 195, 224, 234, 246
Moura, Waldir 87, 215, 409-414
Munhoz, Eunice 282
Musset, Alfred de 49, 87, 269

Nathan, George Jean 331
Navarro, Olga 87, 127, 172, 211, 214-216, 229, 236, 259, 409, 413
Nello, Nino 125
Nicol, Madalena 118n, 124, 126n, 128, 130, 225
Nóbrega da Cunha, Carlos Alberto 146, 147
Novelli, Ermete 59
Nunes, Celso 328, 423
Nunes, Mário 175n, 183, 184

Obry, Olga 205n, 207n, 209
O'Connor, Una 244

Oficina 131, 132, 140, 266, 316, 376-378, 382
Oiticica, Sônia 34, 97n, 101, 104, 107, 113, 125, 128, 222, 394, 407, 408
Olavo, Agostinho 86, 125, 126, 129, 139
Oliveira, Juca de 360, 382n, 428, 429, 435
Oliveira, Oswaldo de 199, 200n, 203, 205n, 207n, 208, 209
O'Neill, Eugene 53, 57, 72, 87, 92n, 123, 126, 128, 147, 172-174, 247n, 252, 268, 290, 316, 391, 409
Oscar, Henrique 192, 215, 216, 258n, 299n, 306n, 308, 309n, 314, 320n, 326, 340n, 361n, 375n, 378n
Oscarito 120, 258
O'Sullivan, Maureen 244

Pavolini, Conrado 57
Pedreira, Brutus 86, 123, 125, 129, 144-147, 148n, 151, 342, 409, 416
Pedro Henrique 209, 413, 425
Pedroso, Bráulio 377
Peixoto, Luiz 93, 125
Pena, Alceu 94
Pena, Martins 84n, 86n, 107, 111n, 128, 138n, 140n, 288
Penteado, Darcy 267, 426
Perry, Carlos 139, 143n
Petrucelli, Luciana 267, 268n, 417-420
Piccolo Teatro de Milão 57-58, 185n, 259, 266n, 268, 269, 277, 319n, 320n, 331, 396
Pieralise, Alberto 109
Pinto, Walter 120, 141, 149n, 176, 331
Pirandello, Luigi 53, 57, 59, 85-87, 107, 111n, 112, 114, 127, 128, 130, 185, 215, 269, 316n, 319
Pires, Álvaro 94
Piscator, Erwin 256
Pitoëff, Georges 51-53, 90n, 271
Polônio, Sandro passim
Pongetti, Henrique 118n, 127, 129, 254, 256n, 347-349, 357, 391, 393, 417, 425
Portilho, Henriqueta 229, 410
Porto, Paulo 97n, 101, 125, 222
Prado, Décio de Almeida 29, 71, 72, 73n, 74, 77-79, 80n, 81, 82, 85n, 92, 103n, 107n, 118n, 124, 130, 172, 186, 210n, 214, 215n, 227n, 228-232, 241, 251, 252, 258, 266n, 270, 274, 276, 278, 281, 283n, 284, 293-295, 303, 305-312, 319n, 320, 321, 331, 337, 342, 343, 354n, 356, 361n, 371, 372, 375, 377, 386, 394, 402
Praga, Marco 185
Puget, Claude André 105, 147n

Quadros, Jânio 360
Queiroz, Hélio Pereira de 113, 224
Queiroz, Rachel de 128, 129, 193n, 196, 295, 397

Randolph, Clemence 106

Rangel, Flávio 129, 130, 292, 316n, 341-343, 346-349, 355, 357, 358, 360, 361, 369, 377-379, 396, 399, 402, 424, 425, 428, 431
Ratto, Gianni 58, 127, 129, 130, 259, 266-270, 274, 277, 282, 283, 288, 290, 292-297, 299, 302, 331, 332, 340, 392, 396, 402, 418-420
Readers, Georges 130, 394
Real, Márcia 383, 426, 428, 429, 432
Reinhardt, Max 53, 56, 62, 65, 227n, 256
Reis, Córdula 266n, 315, 418, 423
Renato, José 34, 129, 131, 265n-267n, 339, 390, 391, 434, 435
Rey, Marcos 371, 393, 430
Rey, Margarida 87, 128, 135, 409, 410
Reys, Adriano 126, 380
Ribeiro, Violeta 184, 200n
Rocha, Glauber 369
Rocha, Glauce 129, 314, 315, 317n, 422
Rodrigues, Jayme de Azevedo 369
Rodrigues, Milton 197, 219
Rodrigues, Nelson 70, 72, 87, 91, 92, 105, 112, 115n, 120, 125, 127, 128, 129, 145, 147, 150, 151, 172, 176-180, 182, 193n, 196, 197, 219, 227, 229-231, 240, 251, 292, 293, 295, 330n, 349n, 391, 394-397, 400, 410
Romain, Jules 53
Rosa, Abadie Faria 125, 143, 144, 407
Rosa, Noel 358
Rosenfeld, Anatol 320
Rossi, Sidnéia 306, 315, 421, 423, 432
Rostand, Edmond 105
Roulien, Raul 115
Rusiñol, Santiago 111, 216

Sablon, Jean 161, 167
Salaberry, Zilka 380
Salacrou, Armand 227, 269, 316n
Salce, Luciano 58, 133, 185n, 226, 270, 282
Salles, Arlete 380
Salvini, Guido 59, 269
Samborski, Boguslaw (Antony) 204, 207-210, 413
Sampaio, Maria 87, 126, 145, 193, 244,
Sampaio, Moreira 116
Santa Rosa, Tomás 70, 71, 86, 89, 90, 94, 95n, 118n, 125-129, 139, 144, 151, 175, 218n, 243, 267, 410, 414
Santos (Dicta de Jacareí), Benedicta Moreira 352
Santos, João Maria dos 129, 303, 308, 421
Santos, Nelson Pereira dos 283, 338
Santos, Samaritana 243, 416
Saroyan, William 225
Sartre, Jean-Paul 52, 57, 213-216, 226, 236, 247n, 256, 260, 269, 319n, 360, 391, 413
Sauvajon, Marc-Gilbert 226-228

Savoir, Alfred 53, 226
Scala de Milão 224, 269
Schiller, Friedrich von 332
Scliar, Berta 87, 409
Sêneca 53
Shakespeare, William 49, 53, 55, 76, 92n, 96, 97, 101, 104-107, 114, 116, 129, 130, 147n, 207, 215, 269, 316n, 332, 381, 382, 393, 407, 432
Shaw, Bernard 53, 106, 145, 165
Shearer, Norma 244
Sheriff, Robert 87
Shubert, Lee 331
Silva, Mário da 204n, 205, 267, 312n, 315n, 355, 413, 418, 423, 427
Silva, Palmeirim 233
Silveira, Ênio 360, 428
Silveira, Helena 162n, 239, 240, 243, 247, 251, 252, 391, 415
Silveira, Miroel passim
Simões, Lucinda 142, 200
Soares, Geraldo 267, 409, 411, 412, 414-416, 418, 419
Sociedade Brasileira de Comédia 140, 224, 267
Sófocles 105, 402
Sousa, Carlos de 170
Sousa, Cristiano de 142
Sousa, Galante de 73, 77n
Souto Mayor, Carolina 209
Souza, Jackson de 87, 111n, 409, 410
Stanislávski 49, 50n, 51, 62, 240, 250, 319
Steinbeck, John 147, 339
Stipinska, Irina 87, 145
Strehler, Giorgio 58, 266n, 268, 269, 319n, 396
Strindberg, August 46n, 53, 262
Stuckart, Max von, Barão 161, 168
Suassuna, Ariano 316
Suhr, Eduardo 129, 256, 257, 267, 280, 417
Synge, John Millington 53

Tchékhov, Anton 53, 129, 226, 269, 293
Teatrinho Íntimo 225
Teatro Brasileiro de Comédia (TBC) passim
Teatro Cacilda Becker 129, 316, 327, 347
Teatro de Alumínio 140, 259
Teatro de Brinquedo 74, 76, 85n, 86, 87, 93, 97
Teatro de Experiência 85n, 93
Teatro de Vanguarda 227
Teatro Delle Arti 57
Teatro do Atelier 51, 52, 85n, 131
Teatro do Estudante do Brasil (TEB) 32, 72, 75, 96, 102n, 110, 112, 113, 125, 151, 222, 317, 394, 395n
Teatro do Estudante do Recife 317
Teatro dos Doze 109, 110, 127, 185n, 397

ÍNDICE
REMISSIVO

Teatro Experimental do Negro 126, 175, 410
Teatro Ipanema 368, 382
Teatro Maria Della Costa 122, 124, 140, 249n, 254, 260, 263, 269, 275, 276, 283n, 285, 294, 335, 340, 342, 377, 383, 391, 392, 409, 417-424, 426-433, 435
Teatro Nacional de Comédia 129, 303n, 317n, 339, 377
Teatro Opinião 109, 132
Teatro Popular de Arte (TPA) passim
Teatro Universitário 76, 125, 194, 395n
Teixiera, Rubens 348, 414, 418, 420, 422, 425
Théâtre National Populaire (TNP) 266, 282, 338, 339
Thomas, Robert 350, 393, 426
Todor, Eva 74, 171
Tófano, Sérgio 297, 315, 392, 420, 423
Toledo (Beatriz Segall), Beatriz de 254
Tolstói, Alexei Konstantinovich 98
Tono (Antonio Lara Gavilán, dito) 260, 290, 391, 417
Torres, Fernando 126, 130, 266n, 267, 417-420
Turkov, Zygmunt 123, 175, 410
Turkow 87

V Comediantes, Os 87, 89, 113, 123, 125, 135n, 147, 171, 395, 409
Vaccarini, Bassano 58
Van Druten, John 224
Van Vuchelen, Ninette 381, 430, 432
Vani, Lídia 128, 243, 409, 415, 416
Vaneau, Maurice 309, 354, 427
Vanni, Virgínia 87, 409
Vargas, Getúlio 90, 143, 145, 262, 267n, 330, 338
Vargas, Maria Thereza 116, 123n, 126, 139n, 224, 277n

Vasques 193
Vergueiro, César de Lacerda 261, 267n
Viana, Renato 74, 76, 92, 118n, 125, 203
Vianna Filho, Oduvaldo 266n, 339
Vianna, Oduvaldo 76, 85n, 92, 106, 233
Vianna, Wallace 126, 208, 209, 409-416
Vicente, Gil 105
Victorino, Eduardo 106
Vidal, Maria 243
Vieira, Eduardo 94
Vieux-Colombier 49, 51, 52, 54, 85n
Vilar, Jean 52, 55, 266, 279, 282, 338, 339
Viotti, Sérgio 106, 320n, 322, 329n, 380, 381n, 431
Vincent, Claude 118n, 274n, 278
Vincent, J.-P. 65
Visconti, Luchino 57, 296, 319

Warchavchik, Eduardo 256
Weigel, Helene 320, 334n, 350
Werneck, Paulo 94, 95n
Wilde, Oscar 86n, 105
Williams, Tennessee 126, 293, 302, 303, 305, 307, 309, 319n, 396, 421
Wolff, Fausto 361, 367, 368, 375n

Zampari, Franco 72, 127, 140, 185n, 224-227, 249, 255, 267, 275, 282, 309, 317, 318, 347, 395, 396
Zanotto, Ilka Marinho 383n, 386
Ziembinski, Zbigniev Marian passim
Zola, Émile 198-200, 203, 232, 247n, 252, 391, 412

TEATRO NA PERSPECTIVA
Últimos Lançamentos

O Pós-Dramático: Um Conceito Operativo?
J. Guinsburg e Sílvia Fernandes (orgs.) [D314]

O Teatro no Cruzamento de Culturas
Patrice Pavis [E247]

Eisenstein Ultrateatral
Vanessa Teixeira de Oliveira [E249]

Teatro em Foco
Sábato Magaldi [E252]

A Arte do Ator entre os Séculos XVI e XVIII
Ana Portich [E254]

O Teatro no Século XVIII
Renata Soares Junqueira e Maria Gloria Cusumano Mazzi (orgs.) [E256]

A Gargalhada de Ulisses
Cleise Furtado Mendes [E258]

A Cena em Ensaios
Béatrice Picon-Vallin [E260]

O Teatro da Morte
Tadeusz Kantor [E262]

A Cinética do Invisível
Matteo Bonfitto [E268]

Dicionário do Teatro Brasileiro: Temas, Formas e Conceitos
J. Guinsburg, João Roberto Faria e Mariangela Alves de Lima (coords.) [LSC]

O Teatro Laboratório de Jerzy Grotowski
Ludwik Flaszen e Carla Pollastrelli (cur.) [LSC]

Agamêmnon de Ésquilo
Trajano Vieira [S046]

Antígone de Sófocles
Trajano Vieira [S049]

Diderot: Obras V – o Filho Natural
J. Guinsburg (org.) [T012 V]

Barbara Heliodora
Claudia Braga (org.) [T020]

Machado de Assis: do Teatro
João Roberto Faria (org.) [T023]

Este livro foi impresso em setembro de 2009
nas oficinas da Cherma Indústria da Arte Gráfica Ltda.,
na cidade de Guarulhos, para a Editora Perspectiva S.A.